LEYES DE LO CONTENCIOSO ADMINISTRATIVO EN AMÉRICA LATINA

Con un estudio preliminar sobre la Justicia Administrativa
en el derecho administrativo comparado latinoamericano

COLECCIÓN DERECHO PÚBLICO IBEROAMERICANO

Títulos publicados

1. *La jurisdicción contencioso administrativa en Iberoamérica,* Jaime Rodríguez-Arana y Marta García Pérez (Coordinadores), 1ra Edición, 2014, 540 pp.

2. *Código de Legislación sobre contratación pública en Iberoamérica,* Jaime Rodríguez Arana y José Antonio Moreno Molina (Directores), 1ra Edición, 2015, 1152 pp.

3. *Leyes de Amparo de América Latina,* Allan R. Brewer-Carías, 2da. Edición aumentada y actualizada, 2016, 610 páginas.

4. *Estudios sobre la Buena Administración en Iberoamérica,* Jaime Rodríguez-Arana Muñoz, José Ignacio Hernández G., (Coordinadores), 2017, 376 páginas.

5. *Bases y retos de la contratación pública en el escenario global,* Jaime Rodríguez-Arana Muñoz, Carlos E. Delpiazzo Rodríguez, Olivo Rodríguez Huertas, Servio Tulio Castaños Guzmán y María del Carmen Rodríguez Martín-Retortillo, (Editores), 2017, 1196 páginas.

6. *Código de Legislación Local Iberoamericana,* Armando Rodríguez García y Antonio Silva Aranguren (Compiladores), 2018, 1090 pp.

7. *Leyes de lo Contencioso Administrativo en América Latina con un estudio preliminar sobre la Justicia Administrativa en el derecho administrativo comparado latinoamericano,* Allan R. Brewer-Carías, 2019, 568 pp; 2a Edición 2021, 586 pp.

8. *Tratado de Derecho Público Comparado. Contratos Públicos.* Directores: Jaime Rodriguez Arana Muñoz y José Antonio Moreno Medina, Colección Derecho Público Iberoamericano, 2021, 560 pp.

9. *Código de Leyes de Procedimiento Administrativo en Iberoamérica. con Estudio Preliminar sobre El Procedimiento Administrativo en el Derecho Administraativo Com- parado Iberoamericano (Estudio de las Leyes de Procedimiento Administrativo hasta 2020),* Allan R. Brewer-Carías, Directores: Jaime Rodriguez Arana Muñoz y José Antonio Moreno Medina, 3a Edición, Octubre 2021, 1198 pp.

Allan R Brewer-Carías

LEYES
DE LO CONTENCIOSO
ADMINISTRATIVO EN
AMÉRICA LATINA

Con estudio preliminar sobre la justicia administrativa en el derecho comparado latinoamericano

Colección Derecho Público Iberoamericano
N° 7

Segunda edición

Editorial Jurídica Venezolana International

2021

A la memoria de Francis Gil, nuestra dedicada, entusiasta y leal colaboradora durante los últimos treinta años en Baumeister & Brewer y, además, en la Editorial Jurídica Venezolana, de la cual fue un pilar fundamental en el proceso de edición de los libros.

Este libro, que ahora se publica en Segunda Edición, fue uno de los últimos que pudo diagramar y formatear.

Primera edición: 2019
Segunda edición: 2021

©   Allan R. Brewer-Carías:

ISBN: 978-980-365-448-1
Depósito Legal: DC2018002337

Editado por: Editorial Jurídica Venezolana
Avda. Francisco Solano López, Torre Oasis, P.B., Local 4, Sabana Grande,
Apartado 17.598 – Caracas, 1015, Venezuela
Teléfono 762.25.53, 762.38.42. Fax. 763.5239
http://www.editorialjuridicavenezolana.com.ve
Email fejv@cantv.net

Impreso por: Lightning Source, an INGRAM Content company
para Editorial Jurídica Venezolana International Inc.
Panamá, República de Panamá.
Email: ejvinternational@gmail.com

Diagramación, composición y montaje
por: Francis Gil, en letra Times New Roman, 11
Interlineado Sencillo, Mancha 19 x 12.5

CONTENIDO

LEYES DE LO CONTENCIOSO ADMINISTRATIVO EN AMÉRICA LATINA

NOTA SOBRE LA SEGUNDA EDICIÓN (2021):

En esta segunda edición solo se han actualizado los textos de la **Ley que regula los procesos Contencioso Administrativos del Perú,** con las reformas de 2019; y del **Código de Procedimiento
Administrativo y de lo Contencioso Administrativo de Colombia,** con las reformas de 2021.

ESTUDIO PRELIMINAR

LA JUSTICIA ADMINISTRATIVA EN LATINOAMÉRICA. APROXIMACIÓN COMPARATIVA*

Allan R. Brewer-Carías

Profesor emérito, Universidad Central de Venezuela

Un Estado de derecho, en el cual impera el principio de limitación al poder con órganos dispuestos con base en el principio de la separación de poderes, existe efectivamente cuando todas las actuaciones de los mismos se encuentran sometidas al ordenamiento jurídico en su conjunto, es decir, no sólo a la Constitución y las leyes, sino a los reglamentos y normas dictados por las autoridades competentes; y además, cuando se hayan establecido las necesarias garantías judiciales para asegurar dicha sumisión de los órganos del Estado al derecho; todo lo cual en general se ha definido en sentido amplio como "principio de legalidad."[1]

Por ello, ese progresivo sometimiento de la Administración Pública a la legalidad en los países latinoamericanos, en un proceso desarrollado con todos los altibajos imaginables por las recurrentes rupturas de la estabilidad constitucional, en definitiva, originó el progresivo establecimiento de mecanismos judiciales de control de la actividad de la misma, producto de iniciativas constitucionales que se remontan básicamente a comienzos del siglo XX. Antes incluso, en

---

* Texto preparado para el *XIV Congreso de la Asociación Española de Profesores de Derecho Administrativo* "20 Años de la Nueva Ley de lo Contencioso-Administrativo," Universidad de Murcia, 8 y 9 de febrero de 2019.

1 Véase Antonio Moles Caubet, *El principio de legalidad y sus implicaciones,* Universidad Central de Venezuela, Facultad de Derecho, Publicaciones del Instituto de Derecho Público, Caracas, 1974.

algunos países, por la influencia del derecho norteamericano, como **Argentina** y **Brasil**, desde el siglo XIX los jueces en general al ser titulares del control judicial de las leyes y de las actuaciones de los órganos del Estado, pudieron ejercer el control de la constitucionalidad y legalidad de los actos de la Administración Pública en forma similar, como justicia difusa, como ha existido en los Estados Unidos de América.

En otros países, en cambio, como manifestación de justicia concentrada, se la fue asignando al máximo órgano judicial del país, como la Corte Suprema de Justicia, la competencia para juzgar a la Administración, como fue el caso de **Venezuela**. Así fue, primero, desde 1830, para "conocer de las controversias que resulten de los contratos o negociaciones que celebre el Poder Ejecutivo por sí solo o por medio de agentes" (Art. 145, Constitución de 1830), y segundo, a partir de la Constitución de 1925, para "declarar la nulidad de los decretos o reglamentos que dictare el Poder Ejecutivo para la ejecución de las leyes cuando alteren su espíritu, razón o propósito de ellas" (art. 120). Ello progresivamente se transformó en una competencia para "declarar la nulidad de los actos administrativos generales o individuales contrarios a derecho e incluso por desviación de poder" (Constitución de 1961),[2] en una redacción que se inspiró en la Constitución de **Uruguay** que asigna al Tribunal de lo Contencioso Administrativo, competencia privativa para anular los actos administrativos "contrarios a una regla de Derecho o con desviación de poder" (art. 309 ss.)

En **Uruguay**, así, y antes en **Colombia**, por ejemplo, la aproximación de justicia concentrada adquirió la importante característica de la especialización, al crearse una Jurisdicción contencioso administrativa dentro del orden judicial. En el caso de **Colombia**, en efecto, en 1913 se creó el Tribunal Supremo de lo Contencioso Administrativo y de los tribunales seccionales de la contencioso administrativo para conocer de los procesos contra la Administración Pública; y luego, a partir del año siguiente, en 1914, se asignaron las funciones del primero al Consejo de Estado que como institución aun cuando sin competencias jurisdiccionales, venía funcionando desde 1830.[3] Así, el Consejo de Estado, desde 1914 ha actuado entonces como órgano jurisdiccional especializado para controlar la actividad de la Administracion Pública, diferente a la justicia ordinaria, pero

---

2   Véase Allan R. Brewer-Carías, *Tratado de derecho Administrativo, Tomo VI, La Jurisdicción contencioso administrativa*, Editorial Civitas, Madrid, 2013, pp. 15 ss.

3   Véase Allan R. Brewer-Carías, "La creación del Consejo de Estado por Simón Bolívar en 1817, al proceder como Jefe Supremo a la reconstitución del Estado de Venezuela, y su reformulación, por el mismo Bolívar en 1828, al asumir el Poder Supremo en la República de Colombia," Conferencia en el *XXIII Encuentro de la Jurisdicción Contencioso Administrativa, Encuentro Bicentenario,* con ocasión del Bicentenario de la creación del Consejo de Estado, Consejo de Estado, Bogotá, 1 de noviembre de 2017.

integrado en el universo del Poder Judicial, como una más de las altas Cortes de Justicia, además de la Corte Suprema de Justicia y de la Corte Constitucional.[4]

Por ello puede decirse que en casi todos los países de América Latina al estructurarse un sistema de *control judicial de legalidad y constitucionalidad de los actos administrativos* y demás actuaciones de la Administración, atribuido inicialmente a las Cortes Supremas y luego progresivamente a Tribunales Contencioso Administrativos, configurados como *Jurisdicción Contencioso Administrativa*, en casi todos los países con excepción de **Argentina**, se han configurado en paralelo otros dos sistemas judiciales de control concentrado de la conformidad de los actos estatales con el derecho, que son, por una parte, el sistema de *control judicial de la constitucionalidad* de las leyes y todos los demás actos estatales dictados de ejecución directa de la Constitución, atribuido inicialmente también a las Cortes Supremas y en las últimas décadas a Tribunales o Cortes Constitucionales, configurados como *Jurisdicción Constitucional*; y por la otra, el sistema de *control de casación respecto de la legalidad de los actos judiciales*, atribuido en general a las Cortes Supremas de Justicia, como tribunales de casación.

Estas tres Jurisdicciones, con sus peculiaridades en cada caso, puede decirse que en términos generales se encuentran establecidas en la actualidad en casi todos los países del mundo contemporáneo, siendo lo importante a destacar en relación con la América Latina, que el criterio seguido en las Constituciones para distinguir, en particular, la Jurisdicción Constitucional de la Jurisdicción contencioso administrativa, no son los motivos de control, según sea de inconstitucionalidad o de ilegalidad, como solo sucede en **Panamá**; sino en el objeto de control, es decir, en los actos sujetos a control en cada caso como sucede en general en el derecho comparado.[5]

Un ejemplo preciso es el caso de **Venezuela**, donde la distinción entre dichas Jurisdicciones, en efecto, no se establece por el motivo de control (inconstitucionalidad o ilegalidad),[6] sino por el objeto controlado, por lo cual allí la Ju-

---

4   Véase Libardo Rodríguez Rodríguez, "Las características fundamentales de la jurisdicción de contencioso administrativo en Colombia," en *Contenciosos Administrativos en Iberoamérica, XIV FIDA, San Juan Puerto Rico*, (Coordinadores: Jaime Rodríguez Arana, William Vázquez Irizarry, María del Carmen Rodríguez Martín-Retortillo), Universidad de Puerto Rico, San Juan 2015, Tomo I, pp. 529-560; Jaime Orlando Santofimio, Compendio de Derecho Administrativo, Universidad Externado de Colombia, Bogotá 2017, pp. 843 ss.

5.   Véase Allan R. Brewer–Carías, *La Justicia Constitucional. Procesos y procedimientos constitucionales*, Porrúa México, 2007; *Derecho Procesal Constitucional. Instrumentos para la Justicia Constitucional*, Tercera edición ampliada: Colección Centro de Estudios de Derecho Procesal Constitucional, Universidad Monteávila, Nº 2, Editorial Jurídica Venezolana, Caracas 2014.

6   En tal sentido, la Sala Constitucional, en la sentencia Nº 194 de 4 de abril de 2000 ratificó lo que había decidido en sentencia de 27 de enero de 2000 (Caso *Milagros Gómez y otros*), así: "El criterio acogido por el Constituyente para definir las competencias de la Sala Constitucional, atiende *al rango de las actuaciones objeto de control*, esto es, que

risdicción Constitucional tiene por objeto conocer de las acciones de nulidad por inconstitucionalidad que se intenten *contra las leyes y demás actos de rango legal o ejecución directa e inmediata de la Constitución;* correspondiendo en cambio, a la Jurisdicción Contencioso Administrativa conocer de las *acciones de nulidad sea por inconstitucionalidad o ilegalidad, contra los reglamentos y demás actos administrativos*, que son siempre de rango *sub legal.*[7] En ese contexto, igualmente la Jurisdicción de Casación, conoce de los recursos de casación que se intenten tanto *por inconstitucionalidad o ilegalidad contra las sentencias judiciales.*

En contraste con esa tendencia general, sin embargo, como se indicó, el sistema panameño de garantías relativo a la conformidad con el derecho de los actos estatales, se presenta entonces como una disidencia en el derecho comparado,[8] pues al configurarse la *Jurisdicción Constitucional* con el monopolio para conocer *de la inconstitucionalidad* de todos los actos estatales (leyes, actos administrativos y sentencias), la *Jurisdicción contencioso administrativa* se establece para conocer sólo *de la ilegalidad* de los actos administrativos; y la Jurisdicción de Casación quedó también para conocer sólo del control *de la ilegalidad* de las sentencias casadas.

---

dichas actuaciones tienen una relación directa con la Constitución que es el cuerpo normativo de más alta jerarquía dentro del ordenamiento jurídico en un Estado de derecho contemporáneo. Así las cosas, *la normativa constitucional aludida imposibilita una eventual interpretación que tienda a identificar las competencias de la Sala Constitucional con los vicios de inconstitucionalidad que se imputen a otros actos o con las actuaciones de determinados funcionarios u órganos del Poder Público."* De lo anterior, la Sala concluyó precisando su propia competencia así: "la Sala Constitucional, en el ejercicio de la jurisdicción constitucional, conoce de los recursos de nulidad interpuestos contra los actos realizados en ejecución directa de la Constitución o que tengan forma de ley. De allí que, en el caso de autos, al tratarse el reglamento impugnado de un acto de rango sub-legal, esta Sala Constitucional carece de competencia para controlar su conformidad a Derecho, ya que tal competencia corresponde a la Jurisdicción Contencioso Administrativa. Así se decide". Véase en *Revista de Derecho Público,* N° 82, Editorial Jurídica Venezolana, Caracas 2000.

7   En tal sentido se resolvió en la sentencia de la Sala Constitucional N° 6 de 27 de enero de 2000 (Véase en *Revista de Derecho Público,* N° 81, (enero–marzo), Editorial Jurídica Venezolana, Caracas, 2000, p. 213.) lo que se ratificó expresamente para la misma Sala, en sentencia N° 194 de 04 de abril de 2000, indicándose "La Constitución vigente distingue claramente la jurisdicción constitucional de la contencioso administrativa, delimitando el alcance de ambas competencias en *atención al objeto de impugnación,* es decir, *al rango de los actos objeto de control y no a los motivos por los cuales se impugnan."* Véase en *Revista de Derecho Público,* N° 82, Editorial Jurídica Venezolana, Caracas 2000.

8   *V.* Allan R. Brewer–Carías, "El sistema panameño de justicia constitucional a la luz del Derecho Comparado," en *Revista Novum Ius,* Edicion N° 15°, Editada por los Miembros de la Asociación Nueva Generación Jurídica publicación estudiantil de la Facultad de Derecho y Ciencias Políticas de la Universidad de Panamá, Panamá, 2010, pp. 130-168.

Ahora bien, en cuanto a la *Jurisdicción contencioso-administrativa* que es a la cual nos referimos en esta aproximación comparativa,[9] su caracterización en América Latina puede hacerse analizando las diversas tendencias de su evolución y configuración, en los siguientes aspectos: en primer lugar, la tendencia a la especialización, lo que ha implicado su constitucionalización y codificación; en segundo lugar *en primer lugar,* la tendencia a la especialización, lo que ha implicado su constitucionalización y codificación; en *segundo lugar*, la configuración de la misma como un sistema de justicia administrativa, a través de la progresiva ampliación de los procesos contencioso administrativos para garantizar la tutela judicial efectiva frente a la Administración, de la progresiva ampliación del concepto de Administración Pública y de la actuación administrativa, a los efectos de garantizar la tutela judicial efectiva, así como del reforzamiento del derecho constitucional de acceso a la justicia y la progresiva flexibilización de las tradicionales condiciones de legitimidad y de agotamiento de la vía administrativa para acceder a la jurisdicción contencioso administrativa; en *tercer lugar*, la evolución del proceso contencioso administrativo contra los actos administrativos, y la ampliación de las pretensiones de condena y amparo, mediante la tendencia hacia la universalidad del control contencioso administrativo de todos los actos administrativos; en *cuarto lugar*, el desarrollo de otros procesos contencioso administrativos, dando lugar progresivamente a los procesos contencioso administrativos de las demandas de condena y reparación, de los contratos públicos; contra las vías de hecho y las actuaciones materiales de la Administración, de los servicios públicos, de los conflictos interadministrativos y de la interpretación de leyes; y en *quinto y sexto lugar*, los avances en las medidas cautelares y ejecución de sentencias en los procesos contencioso administrativos.

I. HACIA LA ESPECIALIZACIÓN DE LA JURISDICCIÓN CONTENCIOSO ADMINISTRATIVA

La primera tendencia que permite identificar a la Jurisdicción Contencioso Administrativa en América Latina, es la de su especialización manifestada en la creación de tribunales específicos que la conforman, de manera que salvo en países que recibieron desde comienzos del siglo XIX influencias directas del sistema judicial norteamericano de *judicial review*, como **Argentina** y **Brasil**, en

---

9   En general, en la literatura hispanoamericana de derecho administrativo, escasean los estudios de derecho comparado sobre lo contencioso administrativo. La excepción general, en España, son los estudios desarrollados por mi querido amigo de tantos años, Jesús González Pérez, en particular, el trabajo incorporado como capítulo primero del Título sobre Derecho comparado de su obra *Derecho procesal administrativo de los pueblos hispánicos,"* y su libro *Derecho procesal administrativo hispanoamericano*, Editorial Temis, Bogotá 1985; y en América Latina, el trabajo de mí también querido amigo de tantos años, Juan Carlos Cassagne, "La Justicia Administrativa en Iberoamérica," en *Revista de Derecho Administrativo*, Buenos Aires, 2005, pp. 3-32; y en revista *Juris Dictio*, Revista del Colegio de Jurisprudencia, N° 9, oct. 2005, pp. 91-103.

los cuales las competencias contencioso administrativas se atribuyen a tribunales de la jurisdicción ordinaria, en los demás, salvo el caso disidente de **Chile**, donde también conocer de la materia contencioso administrativa los tribunales ordinarios, la competencia contencioso administrativa se especializó sea atribuyéndosela a la Corte Suprema, sea creando tribunales especializados para el control de la actividad de la Administración.

Esta especialización orgánica, además, dio origen a la constitucionalización de la Jurisdicción Contencioso Administrativa y a la codificación de la legislación especial sobre la materia, que son las otras características derivadas de la especialización del contencioso administrativo.

1. *La especialización orgánica de la Justicia Administrativa*

La tendencia hacia la especialización orgánica de la Jurisdicción contencioso administrativa en América Hispana, en todo caso, puede decirse como cuestión de principio que se aparta del sistema francés que como es bien sabido nació de una peculiar interpretación del principio de la separación de poderes condicionada por la desconfianza en los jueces que tuvo su origen en los días de la Revolución francesa.[10]

De esta peculiaridad histórica derivó la prohibición para los jueces de poder controlar la Administración y sus actos, todo lo cual condujo al sometimiento de la Administración a unos órganos jurisdiccionales separados del Poder Judicial, en particular del Consejo de Estado, y con ello, al propio desarrollo del derecho administrativo en Francia que tanto influyó en todos los países latinos; influencia que, sin embargo, no comprendió el sistema jurisdiccional administrativo separado del judicial que se desarrolló en Francia.

En América Latina, en todos los países, incluyendo **Colombia** a pesar de su específica organización de la jurisdicción contencioso administrativa en torno al Consejo de Estado, impera el principio de la judicialización de la Jurisdicción contencioso administrativa,[11] quedando claro como lo han reconocido los pro-

---

10   En general, Allan R. Brewer–Carías *Reflexiones sobre la revolución norteamericana (1776), la revolución francesa (1789) y la revolución hispanoamericana (1810-1830) y sus aportes al constitucionalismo moderno*, 2ª Edición Ampliada, Serie Derecho Administrativo Nº 2, Universidad Externado de Colombia, Editorial Jurídica Venezolana, Bogotá, 2008.

11   Véanse las apreciaciones sobre ello de Juan Carlos Cassagne, "La Justicia Administrativa en Iberoamérica," en *Revista de Derecho Administrativo*, Buenos Aires, 2005, pp. 3-32; y en revista *Juris Dictio*, Revista del Colegio de Jurisprudencia, Nº 9, oct. 2005, pp. 91-103. No estamos de acuerdo, por tanto, con la apreciación de Jorge Fernández Ruiz en su "Presentación" al libro de Henry Alexander Mejía, Edmundo Orellana, Karlos Navarro Medal, Ernesto Jinesta Lobo y Carlos Gasnell Acuña, *Derecho procesal contencioso administrativo. Centroamérica y México,* Instituto de Estudio e Investigación Jurídica (INEJ), 2018, donde indicó en forma general que "la justicia contenciosa admi-

pios autores franceses, que una "jurisdicción administrativa" separada de la "jurisdicción judicial," no es condición necesaria para la existencia misma del derecho administrativo.[12]

Puede decirse, por tanto, que la tendencia en la configuración de la Jurisdicción Contencioso Administrativa entonces se ha caracterizado en América Latina por seguir el proceso universal de creación progresiva de órganos judiciales especializados para conocer de los procesos contra la Administración, dentro del ámbito del Poder Judicial, despojándose así progresivamente a los tribunales de la jurisdicción ordinaria de dichas competencias aun cuando persisten ciertas excepciones en las cuales la justicia administrativa se imparte por los tribunales ordinarios.

Por supuesto, en ningún caso se pueden considerar en América Latina a los llamados "tribunales administrativos" creados en el seno de la Administración Pública para resolver aspectos específicos en el mundo regulador,[13] como se han desarrollado por ejemplo en **Chile**[14] y en **Argentina**, en este último caso siguiendo incluso el modelo norteamericano,[15] pero que bajo ninguna circunstancia se pueden considerar como formando parte de la Jurisdicción Contencioso Administrativa. Se trata de órganos de la Administración Pública, que, si bien cumplen funciones jurisdiccionales, en definitiva, emiten actos administrativos, los cuales son en definitiva los que son revisables ante los órganos judiciales que imparten la justicia administrativa.

---

nistrativa se imparte a través de órganos jurisdiccionales que no dependen del Poder Judicial," p. 13.

12   Véase Jean Rivero, *Droit Administratif,* Precis Dalloz, París, 1962, pág. 118.

13   Véase por ejemplo, el trabajo de Pedro José Jorge Coviello, "La jurisdicción primaria (Primary Jurisdiction)," en *La jurisdicción contencioso administrativa en Iberoamérica* (Coordinadores: Jaime Rodríguez-Arana Muñoz, Marta García Pérez), Colección Derecho Público Iberoamericano, Editorial Jurídica Venezolana, 2014, pp. 37 ss.

14   Es el caso de los llamados "tribunales especiales," no integrados en el Poder Judicial, que toman decisiones que agotan la vía administrativa y son impugnables ante las Cortes de Apelaciones. Véase "Claudio Moraga Klenner, "Evolución de la justicia administrativa en Chile," en *Contenciosos Administrativos en Iberoamérica, XIV FIDA, San Juan Puerto Rico*, (Coordinadores: Jaime Rodríguez Arana, William Vázquez Irizarry, María del Carmen Rodríguez Martín-Retortillo), Universidad de Puerto Rico, San Juan 2015, Tomo I, pp. 482.

15   Véase por ejemplo, Pedro José Jorge Perrino, "La influencia de la jurisprudencia y doctrina norteamericanas en materia de tribunales administrativo en la República Argentina y sus consecuencias sobre el contencioso administrativo," en *Contenciosos Administrativos en Iberoamérica, XIV FIDA, San Juan Puerto Rico*, (Coordinadores: Jaime Rodríguez Arana, William Vázquez Irizarry, María del Carmen Rodríguez Martín-Retortillo), Universidad de Puerto Rico, San Juan 2015, Tomo I, pp. 60- 82. Véase además, las apreciaciones sobre ello de Juan Carlos Cassagne, "La Justicia Administrativa en Iberoamérica," en *Revista de Derecho Administrativo*, Buenos Aires, 2005, pp. 5, 13, 17 y 29.

Por ello, hasta cierto punto, el desarrollo contemporáneo de estos llamados "tribunales administrativos," lo que implica es que se trata de una instancia administrativa que debe agotarse, antes de que las decisiones de la Administración se sometan a control judicial por los órganos de la Jurisdicción contencioso administrativa. [16]

A. Las excepciones: La justicia administrativa atribuida a los tribunales ordinarios

La excepción fundamental, como se dijo, la constituyen **Argentina** y Brasil, que desde el siglo XIX fueron los que mayor influencia recibieron del sistema judicial norteamericano. En **Brasil** rige el sistema judicial de jurisdicción única inspirada en el sistema de los Estados Unidos,[17] por lo que no se ha desarrollado ninguna especialización jurisdiccional en materia contencioso administrativa.[18]

En **Argentina**, también, en principio son los jueces ordinarios los competentes en la materia,[19] como también lo son para ejercer el control de constitucionalidad de las leyes, de manera que como lo han destacado Juan Carlos Cassagne y destacó Miriam Ivanega:

"Siempre que exista un caso o una causa judicial, todos los jueces, de todos los fueros e instancias (incluyendo integrantes del Poder Judicial Nacional, provinciales y locales), pueden y deben ejercer el control de constitucionalidad de las leyes, decretos reglamentarios, actos administra-tivos, en estos casos con efectos erga omnes."[20]

---

16   Véase Juan Carlos Cassagne, "La Justicia Administrativa en Iberoamérica," en *Revista de Derecho Administrativo*, Buenos Aires, 2005, p. 18.

17   Véase Romeu Felipe Bacellar Filho, "A jurisdição administrativa no direito comparado: confrontações entre o sistema francês e o brasileiro," en *La jurisdicción contencioso administrativa en Iberoamérica* (Coordinadores: Jaime Rodríguez-Arana Muñoz, Marta García Pérez), Colección Derecho Público Iberoamericano, Editorial Jurídica Venezolana, 2014, p. 90.

18   *Idem*, p. 85.

19   Véase Miriam Mabel Ivanega, "Cuestiones acerca del control judicial de la Administración en la República Argentina," en *La jurisdicción contencioso administrativa en Iberoamérica* (Coordinadores: Jaime Rodríguez-Arana Muñoz, Marta García Pérez), Colección Derecho Público Iberoamericano, Editorial Jurídica Venezolana, 2014, pp. 16, 17/18.

20   Véase Juan Carlos Cassagne, "El sistema judicialista argentino," en *Tratado de Derecho Procesal Administrativo*, Título I, Capítulo Tercero, La Ley, Buenos Aires 2007, p. 49-72; y en "La Justicia Administrativa en Iberoamérica," en *Revista de Derecho Administrativo*, Buenos Aires, 2005, p. 26; y Miriam Ivanega, "Cuestiones acerca del control judicial de la Administración en la República Argentina," en *La jurisdicción contencioso administrativa en Iberoamérica* (Coordinadores: Jaime Rodríguez-Arana Muñoz, Marta García Pérez), Colección Derecho Público Iberoamericano, Editorial Jurídica Venezolana, 2014, pp. 17-18.

Ello ha llevado incluso a que en la doctrina del derecho administrativo no se estudie con la importancia que existe en todos los demás países, el contencioso administrativo, llegando Agustín Gordillo, por ejemplo, a criticar que se hable de "contencioso administrativo" considerando la materia más bien como "derecho procesal administrativo" fuera del derecho administrativo y en el ámbito del derecho procesar procesal.[21]

Sin embargo, esa apreciación general puede decirse que ha comenzado a cambiar, particularmente a partir de la reforma constitucional de 1994, al suprimirse la competencia originaria de Suprema Corte de Justicia en materia contencioso administrativa (art. 166 y 215), estableciéndose que los casos originados por la actuación u omisión de las Provincias, los municipios, los entes descentralizados y otras personas, realizada en ejercicio de funciones administrativas deben ser juzgados por los tribunales competentes de lo contencioso administrativo de acuerdo al procedimiento establecido por ley,[22] habiéndose con ello establecido en las Constituciones de las provincias tribunales especializados contencioso administrativos.

Otro país en el cual solo se ha originado un principio de especialización algo confuso es en **Chile**, donde son los tribunales ordinarios los competentes en la materia, careciendo el país de una Jurisdicción contencioso administrativa con competencia general.[23]

Se observa, sin embargo, que desde 1925 la Constitución hizo referencia a que la ley podía crear tribunales administrativos, lo que nunca ocurrió, razón por la cual la Corte Suprema siempre declaró la incompetencia tribunales ordinarios para conocer nulidad de los actos de la Administración. Con posterioridad hubo una evolución jurisprudencial, particularmente a partir de los años setenta[24] mediante la cual el tribunal supremo admitió la competencia de los tribunales ordi-

---

21   Véase Agustín Gordillo, *Tratado de derecho administrativo y obras selectas, Tomo 2, La defensa del usuario y del administrado*, Fundación de derecho administrativo, Buenos Aires 2014, pp. XIII-6 y ss.

22   Véase Pablo Esteban Perrino, "La tutela judicial efectiva y la reforma del régimen de la justicia contencioso administrativa en la provincia de Buenos Aires," en *Contenciosos Administrativos en Iberoamérica, XIV FIDA, San Juan Puerto Rico*, (Coordinadores: Jaime Rodríguez Arana, William Vázquez Irizarry, María del Carmen Rodríguez Martín-Retortillo), Universidad de Puerto Rico, San Juan 2015, Tomo I, p. 209.

23   Véase Gladys Camacho Cépeda, "La resolución de conflictos jurídico administrativos en Chile: la problemática coexistencia de recursos y jurisdicciones especiales," en *Contenciosos Administrativos en Iberoamérica, XIV FIDA, San Juan Puerto Rico*, (Coordinadores: Jaime Rodríguez Arana, William Vázquez Irizarry, María del Carmen Rodríguez Martín-Retortillo), Universidad de Puerto Rico, San Juan 2015, Tomo I, p. 321.

24   Véase Juan Carlos Ferrada Bórquez, "La Justicia Administrativa en el derecho chileno," en *La jurisdicción contencioso administrativa en Iberoamérica* (Coordinadores: Jaime Rodríguez-Arana Muñoz, Marta García Pérez), Colección Derecho Público Iberoamericano, Editorial Jurídica Venezolana, 2014, pp. 149, 152.

narios para declarar nulidad actos administrativos; lo cual fue al poco tiempo cambiada en los años ochenta, volviéndose a la incompetencia judicial para juzgar sobre los actos de la Administración, como prohibición general.[25]

A partir de la reforma constitucional de 1989 se eliminó la mencionada referencia que se estableció en 1925 sobre la creación de los tribunales administrativos, y en su lugar lo que se previó en la Constitución (art. 38), fue que "los tribunales que determine la ley" serían los que debían conocer de las reclamaciones presentadas por los particulares contra actos lesivos de la Administración del Estado, "de lo que la doctrina desarrolló la tesis de la asignación de una competencia general y residual a los tribunales ordinarios de justicia para conocer sobre la materia.

Se observa, por otra parte, que mediante ley se han establecido los llamados "tribunales especiales" con competencia para conocer de asuntos específicos, incluso ejerciendo la función jurisdiccional, pero que no son parte del poder judicial. Entre dichos Tribunales especiales que están fuera del Poder Judicial, ese destacan: el Tribunal de Contratación Pública (Ley N° 19886 sobre bases de contratos de suministro) y los Tribunales Tributarios y Aduaneros (Ley N° 20322 que perfecciona la Jurisdicción Tributaria), el Tribunal de Propiedad Industrial (DFL 3/2006 del Ministerio de Economía, que fija texto de la Ley de Propiedad Industrial) y el Tribunal de Defensa de la Libre Competencia (DFL N° 1/2005 del Ministerio de Economía, que fija texto del Decreto Ley N° 211, Ley Antimonopolios).[26]

Dichos Tribunales, sin embargo, no pueden en general considerarse parte de alguna jurisdicción contencioso administrativa, y más bien son los vehículos para agotar la vía administrativa en las materias específicas, pudiendo sus decisiones ser impugnadas ante las Cortes de Apelaciones.[27]

Por eso, en general, la competencia en materia contencioso administrativa la ejercen los tribunales ordinarios, sea por expresa disposición de la ley, en casos específicos y casuísticos;[28] o en los casos en los cuales no hay leyes que deter-

---

25 *Idem*, pp. 149, 152, 153.

26 *Idem*, pp. 155, 156; y Gladys Camacho Cépeda, "La resolución de conflictos jurídico-administrativos en Chile: la problemática coexistencia de recursos y jurisdicciones especiales," en *Contenciosos Administrativos en Iberoamérica, XIV FIDA, San Juan Puerto Rico*, (Coordinadores: Jaime Rodríguez Arana, William Vázquez Irizarry, María del Carmen Rodríguez Martín-Retortillo), Universidad de Puerto Rico, San Juan 2015, Tomo I, pp. 327 ss.

27 Véase Claudio Moraga Klenner, "Evolución de la justicia administrativa en Chile," en *Contenciosos Administrativos en Iberoamérica, XIV FIDA, San Juan Puerto Rico*, (Coordinadores: Jaime Rodríguez Arana, William Vázquez Irizarry, María del Carmen Rodríguez Martín-Retortillo), Universidad de Puerto Rico, San Juan 2015, Tomo I, p. 482.

28 Por ejemplo, en los procedimiento de reclamación por pérdida de nacionalidad (art. 12 de la Constitución Política de la República), impugnación de sanciones administrativas

minen cuál es el tribunal ordinario competente, mediante la denominada "acción de derecho público" ejercida específicamente ante los Jueces de letras civiles.[29]

B. La Justicia Administrativa atribuida a un solo órgano judicial: la Corte Suprema de Justicia o un Tribunal Contencioso Administrativo

Dejando aparte la situación de **Brasil**, **Argentina** y **Chile** la primera tendencia hacia la especialización de la Jurisdicción Contencioso Administrativa que se observa en América Latina, se ha producido mediante la asignación de la competencia judicial, al más alto tribunal del país, específicamente las Cortes Supremas de Justicia, o a un Tribunal Contencioso Administrativo singular.

En cuanto a la atribución de la Jurisdicción Contencioso Administrativa aun solo tribunal superior, por su antigüedad mencionamos el caso de **Paraguay**, donde la Ley N° 1462 de 1935 le atribuyó al entonces Superior Tribunal de Justicia la competencia en única instancia para conocer del recurso contencioso administrativo (art. 1) contra las resoluciones administrativas (art. 3).

A partir de la reforma constitucional de 1940, dicha competencia fue atribuida igualmente en única instancia al Tribunal de Cuentas, al cual también se le conoce como Tribunal Contencioso Administrativo.[30]

---

que imponga el Consejo Nacional de Televisión (art. 34 de la Ley N° 18838), impugnación de de las multas que aplique a un particular la Superintendencia de Electricidad y Combustibles (art. 19 de la Ley N° 18410), reclamación por acuerdos ilegales de un Gobierno Regional (art. 108 de la Ley N° 19175), impugnación de rechazo a solicitud de inscripción en registro de iglesias y confesiones religiosas (art. 11 de la Ley N° 19638), impugnación de resolución administrativa de Consejo para la Transparencia (art. 24 de la Ley N° 20285), Recurso de Protección (art. 20 de la Constitución Política de la República), Recurso de Amparo Económico (art. único de la Ley N° 18971), impugnación de acto administrativo de suspensión o cancelación de servicio de transporte público de pasajeros (art. 3° de la Ley N° 18696), rechazo a solicitud de inscripción o anotación de vehículo motorizado en el Servicio del Registro Civil (art. 43 de la Ley N° 18290), impugnación del rechazo del reconocimiento de la calidad de indígena (art. 3° de la Ley N° 19253) y impugnación de acto administrativo de rechazo de autorización para celebrar espectáculos deportivos, entre muchos otros casos. En todos ellos es el legislador el que dispone expresamente la competencia de los tribunales ordinarios para impugnar el acto administrativo específico, disponiendo al efecto el tribunal ordinario específico competente. Véase Juan Carlos Ferrada Bórquez, "La justicia administrativa en el derecho chileno," en *La jurisdicción contencioso administrativa en Iberoamérica* (Coordinadores: Jaime Rodríguez-Arana Muñoz, Marta García Pérez), Colección Derecho Público Iberoamericano, Editorial Jurídica Venezolana, 2014, p. 169.

29   *Idem.*, p. 163.

30   Véase "Tribunal de Cuentas," en la página de la Corte Suprema de Justicia, Paraguay (consultada 25/12/2018), en https://www.pj.gov.py/contenido/137-tribunal-de-cuentas/137

Igualmente, es el caso mencionado de **Panamá** donde si bien es cierto que sin duda por influencia de **Colombia** en 1941 se creó un Tribunal de lo Contencioso Administrativo (Ley 135 de 1943, luego reformada por la Ley Nº 33 de 1946), a partir de la reforma constitucional de 1956 la competencia contencioso administrativa fue asignada a la Sala Tercera de la Corte Suprema de Justicia. Ello, por supuesto, en el caso de **Panamá**, ha originado problemas de acumulación de casos, agravado por el hecho de que la referida Sala no sólo conoce de lo contencioso administrativo sino también de recursos en materia de casación laboral respecto de las resoluciones judiciales dictadas en asuntos obrero patronales del sector privado (art. 97.13 y 99 del Código Judicial, Ley Nº 29 de 1984).[31] En todo caso, a partir de la reforma de 1956, y con la atribución exclusiva a la Sala tercera de la Corte Suprema de Justicia de la competencia en materia contencioso administrativa, se produjo lo que en general se ha denominado "judicialización del contencioso administrativo,"[32] pasándose de una jurisdicción contencioso administrativa desconcentrada a una jurisdicción concentrada en la Corte Suprema.

En **Guatemala**, la competencia en materia Contencioso Administrativa está asignada también a un solo órgano judicial, pero en este caso, un Tribunal Superior de lo Contencioso administrativo, que tiene varias Salas con competencias en materias administrativas y tributarias.[33]

En **Bolivia**, Ley Orgánica del Poder Judicial y la Ley de Procedimiento Administrativo le atribuyeron competencia directamente a la Corte Suprema de Justicia (Tribunal Supremo de Justicia) para ejercer el control judicial de la Administración por la vía contencioso administrativa. Posteriormente, el Tribunal Constitucional mediante sentencia y para asegurar el acceso a la justicia, estableció en una decisión de 2006, que la competencia en los casos de impugnaciones contra actos municipales, debía ser ejercida por los Tribunales Departamentales de Justicia; lo que luego fue recogido en la Ley 620 Transitoria de los Procesos Contencioso Administrativos.[34]

---

31   Véase Javier Ernesto Sheffer Tuñón, "Un camino posible en pos de la reforma del contencioso administrativo en Panamá," en *La jurisdicción contencioso administrativa en Iberoamérica* (Coordinadores: Jaime Rodríguez-Arana Muñoz, Marta García Pérez), Colección Derecho Público Iberoamericano, Editorial Jurídica Venezolana, 2014, p. 401

32   *Idem*, p. 401.

33   Véase Hugo H. Calderón M., "El proceso contencioso administrativo en Guatemala," en *La jurisdicción contencioso administrativa en Iberoamérica* (Coordinadores: Jaime Rodríguez-Arana Muñoz, Marta García Pérez), Colección Derecho Público Iberoamericano, Editorial Jurídica Venezolana, 2014, p. 265

34   Véase José Mario Serrate Paz, "Contencioso administrativo en Bolivia," en *La jurisdicción contencioso administrativa en Iberoamérica* (Coordinadores: Jaime Rodríguez-Arana Muñoz, Marta García Pérez), Colección Derecho Público Iberoamericano, Editorial Jurídica Venezolana, 2014, pp. 67 ss.

En **República Dominicana**, conforme al artículo 164 de la Constitución, "la Jurisdicción Contencioso Administrativa esté integrada por tribunales superiores administrativos y tribunales contencioso administrativos de primera instancia. Los tribunales superiores podrán dividirse en salas y sus decisiones son susceptibles de ser recurribles en casación."

Debe mencionarse que desde la Ley N° 1494, que instituyó la Jurisdicción Contencioso-Administrativa de 1947, solo reguló un Tribunal Superior Administrativo como jurisdicción para conocer y decidir, en la primera y última instancia, las cuestiones relativas al contencioso administrativo; lo que fue ratificado en 2007 con la Ley N° 13-07 que dispuso que "las competencias del Tribunal Superior Administrativo atribuidas en la Ley N° 1494, de 1947, y en otras leyes, así como las del Tribunal Contencioso Administrativo de lo Monetario y Financiero, serían ejercidas por el Tribunal Contencioso Tributario instituido en la Ley 11-92, de 1992.

Este Tribunal Contencioso Administrativo y Tributario conforme a la Disposición Transitoria sexta de la Constitución ha pasado de nuevo a ser el Tribunal Superior Administrativo que la Constitución creó.

Sin embargo, se ha considerado que la Suprema Corte de Justicia, en su Tercera Sala o Sala de Tierras, Laboral, Contencioso Tributario y Contencioso Administrativo también ejerce competencias en materia contencioso administrativa, a través del recurso de casación

La Ley 13-07 de 2007, por otra parte, previó que en materia contencioso administrativo municipal, el Juzgado de Primera Instancia en sus atribuciones civiles, con la excepción de los del Distrito Nacional y la Provincia de Santo Domingo, son los tribunales competentes para conocer, en instancia única, y conforme al procedimiento contencioso tributario, de las controversias de naturaleza contenciosa administrativa que surjan entre las personas y los Municipios. Sin embargo, conforme a lo decidido por el Tribunal Constitucional en sentencia de TC/0598/18 del 10 de diciembre de 2018, dicho Tribunal ha reconocido competencia a estos juzgados para conocer de los recursos contencioso - administrativos contra todas las administraciones, y no exclusivamente la municipal, en lo que Eduardo Jorge Prats consideró como la "nacionalización" de jurisdicción contencioso-administrativa.[35]

Por último, en **Uruguay**, la competencia en la materia contencioso administrativa está asignada en la Constitución al Tribunal de lo Contencioso Administrativo (arts. 307 y 308), al cual se le asigna competencia privativa para anular los actos administrativos "contrarios a una regla de Derecho o con desviación de poder" (art. 309 ss.) (competencia de anulación), con posibilidad de que median-

---

35   Véase la referencia en Eduardo Jorge Prats, "El Juzgado de 1ª Instancia contencioso administrativo," en *HoyDigital*, 22 de febrero de 2019, en http://hoy.com.do/el-juzgado-de-1a-instancia-como-jurisdiccion-contencioso-administrativa/.

te ley se puedan crear "órganos inferiores dentro de la jurisdicción contencioso administrativa" (art. 320).

En paralelo, sin embargo, en lo que Delpiazzo ha denominado como *"sistema es de competencias diferenciadas"* los tribunales ordinarios del Poder Judicial, ejercen las competencias en "el contencioso de reparación, el contencioso interadministrativo basado en la Constitución, el contencioso represivo y el contencioso de amparo."[36]

C. La justicia administrativa asignada a una Jurisdicción Contencioso Administrativa integrada por la Corte Suprema de Justicia en la cúspide y otros tribunales inferiores Contencioso Administrativo

En contraste con los países donde la justicia contencioso administrativa se asigna a los tribunales ordinarios o a un solo órgano judicial, sea el Tribunal Supremo o un Tribunal Contencioso Administrativo, en los otros países hispano americanos se ha desarrollado el concepto de Jurisdicción Constitucional integrando un conjunto de tribunales especializados para ejercer el control de las actividades y omisiones de la Administración Pública, con la Corte Suprema en la cúspide; siempre, por supuesto, en el marco general del Poder Judicial, bajo el principio de la Justicia Administrativa como sistema "judicialista."

Es el caso de **Costa Rica**, donde se organizó la Jurisdicción Contencioso-Administrativa y Civil de Hacienda ejercida por los siguientes órganos: a) Los juzgados de lo Contencioso-Administrativo y Civil de Hacienda; b) Los tribunales de lo Contencioso-Administrativo y Civil de Hacienda; c) El Tribunal de Casación de lo Contencioso-Administrativo y Civil de Hacienda; y d) La Sala Primera de la Corte Suprema de Justicia.

En el caso de **Venezuela**, después de haber estado concentrada la Justicia Administrativa en la Corte Suprema de Justicia, desde 1830 (contencioso de los contratos) y luego desde 1925 (contencioso de los actos administrativos), con la constitucionalización del contencioso administrativo a partir de la Constitución de 1961 (art. 206), y la previsión en la norma de que la ley podía establecer tribunales contencioso administrativos, mediante la sanción de la Ley Orgánica de la Corte Suprema de Justicia de 1976,[37] se establecieron tres niveles de competencia judicial contencioso administrativa (Sala Político Administrativa de la Corte Suprema, Corte Primera de lo Contencioso Administrativo y Tribunales

---

36 Véase Carlos E. Delpiazzo, "Régimen contencioso administrativo uruguayo, "en *La jurisdicción contencioso administrativa en Iberoamérica* (Coordinadores: Jaime Rodríguez-Arana Muñoz, Marta García Pérez), Colección Derecho Público Iberoamericano, Editorial Jurídica Venezolana, 2014, p. 441.

37 Véase la Ley Orgánica de la Corte Suprema de Justicia del 30 de julio de 1976 (LOCSJ) en *Gaceta Oficial* N° 1.893, Extraordinaria del 30–07–76. Véase sobre dicha Ley: Allan R. Brewer–Carías y Josefina Calcaño de Temeltas, *Ley Orgánica de la Corte Suprema de Justicia*, Editorial Jurídica Venezolana, Caracas 1994.

Superiores Contencioso Administrativos), garantizándose en general el principio de la doble instancia.

Ese proceso se completó con la sanción de la Ley Orgánica de la Jurisdicción Contencioso Administrativa de 2010,[38] en la cual se establecieron cuatro niveles de tribunales contencioso administrativos, según la jerarquía de los actos controlados, siempre garantizándose el principio de la doble instancia, disponiéndose entonces en su artículo 11, los siguientes órganos de la Jurisdicción Contencioso Administrativa: 1. La Sala Político-Administrativa del Tribunal Supremo de Justicia; 2. Los Juzgados Nacionales de la Jurisdicción Contencioso Administrativa; 3. Los Juzgados Superiores Estadales de la Jurisdicción Contencioso Administrativa; y 4. Los Juzgados de Municipio de la Jurisdicción Contencioso Administrativa.[39]

En **El Salvador**, siguiendo esta misma orientación, mediante el Decreto Legislativo N° 760 de 28 de agosto de 2017 (con vigencia el 31 de enero de 2018) contentivo de la Ley de la Jurisdicción Contencioso Administrativa, se pasó de una Jurisdicción Contencioso Administrativa centralizada, conformada por un solo órgano que era la Sala de lo Contencioso Administrativa de la Corte Suprema de Justicia,[40] a una Jurisdicción Contencioso Administrativa conformada por una pluralidad de órganos, que comprenden, además de la Sala de lo Contencioso Administrativa en la cúspide de la Jurisdicción, a los Juzgados de lo Contencioso Administrativo, y a las Cámaras de lo Contencioso Administrativo, cada nivel con su respectiva competencia (arts. 1, 12 y 13).

En **Nicaragua**, igualmente conforme a la Ley del Poder Judicial (art. 3) y a la ley de la Jurisdicción contencioso administrativa (art. 19), se organizan como "órganos jurisdiccionales de lo Contencioso - Administrativo los siguientes: 1. La Sala de lo Contencioso-Administrativo de la Corte Suprema de Justicia. 2. Las Salas de lo Contencioso-Administrativo que se crean en los Tribunales de Apelaciones y que estarán integrados por tres miembros propietarios y dos suplentes."

---

38   Véase en *Gaceta Oficial* N° 39.447 de 16 de junio de 2010. Véase los comentarios a la Ley Orgánica en Allan R. Brewer-Carías y Víctor Hernández Mendible, *Ley Orgánica de la Jurisdicción Contencioso Administrativa*, Editorial Jurídica Venezolana, Caracas 2010.

39   Véase Allan R. Brewer-Carías, "El contencioso administrativo en Venezuela," en *La jurisdicción contencioso administrativa en Iberoamérica* (Coordinadores: Jaime Rodríguez-Arana Muñoz, Marta García Pérez), Colección Derecho Público Iberoamericano, Editorial Jurídica Venezolana, 2014, p. 466.

40   Véase Henry Alexander Mejía, "La jurisdicción contenciosa administrativa en El Salvador," en Henry Alexander Mejía, Edmundo Orellana, Karlos Navarro Medal, Ernesto Jinesta Lobo y Carlos Gasnell Acuña, *Derecho procesal contencioso administrativo. Centroamérica y México*, Instituto de Estudio e Investigación Jurídica (INEJ), 2018, p. 29.

En **Honduras**, conforme al artículo 7 de la Ley N° 189-87 de la Jurisdicción de lo Contencioso Administrativo, la misma es ejercida por los Juzgados de Letras de los Contencioso Administrativo, que actuarán como Juzgado de primera o única instancia, y las Cortes de Apelaciones de lo Contencioso Administrativo, que actuarán como tribunal de segunda instancia, todo conforme lo organice la Corte Suprema de Justicia, la cual actuará como tribunal de casación en la materia.[41]

Por último, en **Ecuador**, conforme al Código Orgánico de la Función Judicial (Registro Oficial N° 544 de fecha 09 de marzo de 2009), la Jurisdicción Contencioso Administrativa se estructuró, por una parte, en torno a Salas Especializadas de la Corte Nacional de Justicia como la Sala de lo Contencioso Tributario, con competencia para conocer de los recursos de casación en materia tributaria incluida la aduanera, y de las acciones de impugnación de reglamentos, ordenanzas, resoluciones y otras normas de carácter general de rango inferior a la Ley (art. 183); y por la otra, al atribuirse competencia en la materia de justicia contencioso administrativa a los Tribunales Distritales de lo Contencioso Administrativo en los distritos que determine el Consejo de la Judicatura, al cual compete fijar el número de salas, la sede y espacio territorial en que ejerzan su competencia (art. 216 ss.).

D. La justicia administrativa asignada a una Jurisdicción Contencioso Administrativa integrada separadamente del orden judicial ordinario

El ejemplo más destacado y de mayor tradición de la organización de la Justicia Administrativa en un orden judicial separado de la Corte Suprema de Justicia, es el caso de **Colombia**, con la asignación al Consejo de Estado de las competencias contencioso administrativas

Dicho Consejo de Estado fue creado y recreado por Simón Bolívar, primero en Venezuela en 1817, como órgano con ciertas potestades legislativas en la reconstitución del Estado venezolano; y segundo, en **Colombia** en 1828, como órgano consultivo del Poder Ejecutivo, lo cual se ratificó en 1830. La institución, si bien desapareció del constitucionalismo colombiano a partir de la Constitución de 1853, ello fue sólo por cuarenta años, habiendo sido recreado en 1886, con el cambio fundamental de habérsele atribuido a la institución, además de sus funciones consultivas, algunas funciones jurisdiccionales en materia de justicia administrativa, que lo comenzaron a convertir en la institución singular que es, en el constitucionalismo latinoamericano.

---

41 Véase Edmundo Orellana, "La jurisdicción contenciosa administrativa en Honduras," en Henry Alexander Mejía, Edmundo Orellana, Karlos Navarro Medal, Ernesto Jinesta Lobo y Carlos Gasnell Acuña, *Derecho procesal contencioso administrativo. Centroamérica y México,* Instituto de Estudio e Investigación Jurídica (INEJ), 2018, p. 78.

Después de un breve periodo de desaparición de una década (1905-1914), desde 1914 el Consejo de Estado ha funcionado con todo éxito en **Colombia** en la conducción de la Jurisdicción Contencioso Administrativa.

De acuerdo con el artículo 106 del Código de Procedimiento Administrativo y de lo Contencioso Administrativo de **Colombia** (Ley 1437 de 2011, Diario Oficial N° 47.956 de 18 de enero de 2011), "la Jurisdicción de lo Contencioso Administrativo está integrada por el Consejo de Estado, los Tribunales Administrativos y los juzgados administrativos," concibiendo el artículo 107 al Consejo de Estado como "el Tribunal Supremo de lo Contencioso Administrativo y Cuerpo Supremo Consultivo del Gobierno."

El Consejo de Estado, en materia contencioso Administrativo, cuenta con la "Sala Plena de lo Contencioso Administrativo" y cinco Secciones que ejercen separadamente las funciones que de conformidad con su especialidad y cantidad de trabajo le asigne la dicha Sala Plena (art. 110). [42]

También integran la Jurisdicción de lo Contencioso Administrativo, los Tribunales Administrativos creados por la Sala Administrativa del Consejo Superior de la Judicatura para el cumplimiento de las funciones que determine la ley procesal, en cada distrito judicial administrativo (art. 122); y los juzgados administrativos, que también se deben establecer por la Sala Administrativa del Consejo Superior de la Judicatura de conformidad con las necesidades de la administración de justicia, para cumplir las funciones que prevea la ley procesal en cada circuito o municipio (art. 124.)

En el **Perú**, de conformidad con el Texto Único Ordenado de la Ley N° 27584, Ley que Regula el Proceso Contencioso Administrativo, (Decreto Supremo N° 013-2008-JUS) de 2008, se establecen como principio general de la organización de la Jurisdicción Contencioso Administrativa, que la competencia territorial para conocer el proceso contencioso administrativo en primera instancia, corresponde al Juez en lo contencioso administrativo del lugar del domicilio del demandado o del lugar donde se produjo la actuación materia de la demanda o el silencio administrativo (art. 12); y en cuanto a la competencia funcional para conocer el proceso contencioso administrativo en primera instancia, corresponde al Juez Especializado en lo Contencioso Administrativo. En estos casos, "cuando el objeto de la demanda verse sobre una actuación del Banco Central de Reserva, Superintendencia de Banca y Seguros y Administradoras Privadas de Fondos de Pensiones, Comisión Nacional Supervisora de Empresas y Valores, Tribunal Fiscal, Tribunal del INDECOPI, Organismo Supervisor de Contrataciones del Estado, Consejo de Minería, Tribunal Registral, Tribunal de Servicio Civil y los

---

42 Véase Augusto Hernández Becerra, "El sistema colombiano de justicia contencioso administrativa," en *Contenciosos Administrativos en Iberoamérica, XIV FIDA, San Juan Puerto Rico*, (Coordinadores: Jaime Rodríguez Arana, William Vázquez Irizarry, María del Carmen Rodríguez Martín-Retortillo), Universidad de Puerto Rico, San Juan 2015, Tomo I, pp. 450-452.

denominados Tribunales de Organismos Reguladores," se le atribuye competencia en primera instancia, a la Sala Contencioso Administrativa de la Corte Superior respectiva. En este caso, la Sala Civil de la Corte Suprema resuelve en apelación y la Sala Constitucional y Social en casación, si fuera el caso (Art. 11). En todo caso en los lugares donde no exista Juez o Sala especializada en lo Contencioso Administrativo, es competente el Juez en lo Civil o el Juez Mixto en su caso, o la Sala Civil correspondiente (reforma por Ley N° 29364, de 2009).[43]

En **México**, la Jurisdicción Contencioso Administrativa también está configurada a nivel federal por un conjunto de Tribunales establecidos en forma especializada dentro del Poder Judicial, con el Tribunal Federal de Justicia Fiscal y Administrativa, en la cúspide, integrado por la Sala Superior y las Salas regionales, que son "el corazón de la jurisdicción."[44]

Por otra parte, tratándose de un Estado Federal, la Constitución mexicana dispuso en su artículo 116.IV, que en las Constituciones y leyes de los Estados de la Federación podían instituir tribunales contencioso administrativos con plena autonomía para dirimir las controversias entre la Administración Pública Estadual y los particulares, habiéndose en efecto creado en muchos Estados, como por ejemplo en el Estado de Michoacán, un Tribunal de Justicia Administrativa.

Igualmente, por ejemplo, en el Estado de Guanajuato se estableció un Tribunal de lo Contencioso Administrativo. En este último Estado, como conforme al artículo 116.V de la Constitución Federal, mediante leyes de los Estados se pueden establecer tribunales contencioso administrativos para conocer de las demandas contra los Municipios, en la Constitución del Estado dispuso en su artículo 117, que la justicia administrativa en los municipios del Estado se im-

---

43   Véase Jorge Danós Ordóñez, "El proceso contencioso administrativo y el proceso de amparo como instrumentos de protección de las personas frente a la actuación administrativa en el régimen jurídico peruano," en *Contenciosos Administrativos en Iberoamérica, XIV FIDA, San Juan Puerto Rico*, (Coordinadores: Jaime Rodríguez Arana, William Vázquez Irizarry, 'Maria del Carmen Rodríguez Martín-Retortillo), Universidad de Puerto Rico, San Juan 2015, Tomo II, pp. 856 ss.

44   Véase Luis José Béjar Rivera, "La justicia administrativa francesa y mexicana. un análisis comparativo," en *La jurisdicción contencioso administrativa en Iberoamérica* (Coordinadores: Jaime Rodríguez-Arana Muñoz, Marta García Pérez), Colección Derecho Público Iberoamericano, Editorial Jurídica Venezolana, 2014, pp. 302, 312; Gustavo Arturo Esquivel Vázquez, "El derecho contencioso administrativo en México," en *La jurisdicción contencioso administrativa en Iberoamérica* (Coordinadores: Jaime Rodríguez-Arana Muñoz, Marta García Pérez), Colección Derecho Público Iberoamericano, Editorial Jurídica Venezolana, 2014, p. 332; Manuel Luciano Hallivis Pelayo, "Evolución y perspectivas del contencioso administrativo en México," en *Contenciosos Administrativos en Iberoamérica, XIV FIDA, San Juan Puerto Rico*, (Coordinadores: Jaime Rodríguez Arana, William Vázquez Irizarry, María del Carmen Rodríguez Martín-Retortillo), Universidad de Puerto Rico, San Juan 2015, Tomo I, p. 427.

parte por un Juzgado Administrativo regional como órgano jurisdiccional administrativo de control de legalidad.[45]

2. La constitucionalización del contencioso administrativo

Una de las consecuencias inmediatas de la especialización orgánica del contencioso administrativo en los países hispanoamericanos, ha sido el proceso de constitucionalización de la jurisdicción,[46] mediante la incorporación en el texto mismo de las Constituciones de previsiones respecto de la justicia administrativa.

Es el caso, por ejemplo, de la Constitución de **Uruguay** que contiene una Sección XVII sobre "De lo Contencioso Administrativo", y que organiza en cinco Capítulos la composición e integración del Tribunal de lo Contencioso Administrativo (arts. 307 y 308), haciendo referencia a su competencia privativa para anular los actos administrativos "contrarios a una regla de Derecho o con desviación de poder" (art. 309 ss.).

En el caso de **Panamá**, el artículo 206.2 de la Constitución regula los principios de la justicia administrativa para controlar "los *actos, omisiones, prestación defectuosa o deficiente de los servicios públicos, resoluciones, órdenes o disposiciones* que ejecuten, adopten, expidan o en que incurran en ejercicio de sus funciones o pretextando ejercerlas, los funcionarios públicos y autoridades nacionales, provinciales, municipales y de las entidades públicas autónomas o semiautónomas," atribuyéndole a la Corte Suprema de Justicia en su Sala Tercera, la competencia para anular, con audiencia del Procurador de la Administración, "*los actos acusados de ilegalidad*; restablecer el derecho particular violado; estatuir nuevas disposiciones en reemplazo de las impugnadas y pronunciarse prejudicialmente acerca del sentido y alcance de un acto administrativo o de su valor legal."

A tal efecto, la misma norma regula las vías de acceso a la Jurisdicción contencioso-administrativa, ante la cual pueden acudir en contra de los actos administrativos de efectos particulares "las personas afectadas por el acto, resolución,

---

45 ' Véase Jorge Fernández Ruíz, "Actualidad y perspectivas del contencioso administrativo en México," en *Contenciosos Administrativos en Iberoamérica, XIV FIDA, San Juan Puerto Rico*, (Coordinadores: Jaime Rodríguez Arana, William Vázquez Irizarry, María del Carmen Rodríguez Martín-Retortillo), Universidad de Puerto Rico, San Juan 2015, Tomo I, p. 418; José Iván Sánchez Aldana Morales, "El contencioso administrativo en México en el ámbito local," en *Contenciosos Administrativos en Iberoamérica, XIV FIDA, San Juan Puerto Rico*, (Coordina-dores: Jaime Rodríguez Arana, William Vázquez Irizarry, María del Carmen Rodríguez Martín-Retortillo), Universidad de Puerto Rico, San Juan 2015, Tomo I, pp. 589.

46 Véase Allan R. Brewer-Carías, "La constitucionalización de la Jurisdicción contencioso administrativo en Venezuela. Formalidades y frustración, en *Contenciosos Administrativos en Iberoamérica, XIV FIDA, San Juan Puerto Rico*, (Coordinadores: Jaime Rodríguez Arana, William Vázquez Irizarry, María del Carmen Rodríguez Martín-Retortillo), Universidad de Puerto Rico, San Juan 2015, Tomo I, pp. 288 ss.

orden o disposición de que se trate"; y en cuanto a los actos de efectos generales, "en ejercicio de la acción pública, cualquier persona natural o jurídica domiciliada en el país."

En **Costa Rica**, el artículo 49 de la Constitución incorporado en la reforma de 1963, dispuso que quedaba establecida "la jurisdicción contencioso-administrativa como atribución del Poder Judicial, con el objeto de garantizar la legalidad de la función administrativa del Estado, de sus instituciones y de toda otra entidad de derecho público," agregando que "la desviación de poder será motivo de impugnación de los actos administrativos," debiendo la ley proteger "al menos, los derechos subjetivos y los intereses legítimos de los administrados."

En **Venezuela**, el proceso de constitucionalización de la competencia en materia contencioso administrativa para controlar los actos administrativos comenzó a partir de la Constitución de 1925, cuando se atribuyó a la Corte Suprema de Justicia en forma concentrada competencia en materia de demandas de nulidad contra los actos administrativos y de cuestiones derivadas de contratos del Estado, la cual se perfeccionó con la Constitución de 1961, al incluirse el muy importante artículo 206, cuyo texto se recogió ampliado, en el artículo 259 de la Constitución de 1999, en el cual se dispone que:

> "La Jurisdicción Contencioso Administrativa corresponde al Tribunal Supremo de Justicia y a los demás tribunales que determina la ley. Los órganos de la Jurisdicción Contencioso Administrativa son competentes para anular los actos administrativos generales o individuales contrarios a derecho, incluso por desviación de poder; condenar al pago de sumas de dinero y a la reparación de daños y perjuicios originados en responsabilidad de la Administración; conocer de reclamos por la prestación de servicios públicos y disponer lo necesario para el restablecimiento de las situaciones jurídicas subjetivas lesionadas por la actividad administrativa".

Sobre esta norma, la Sala Constitucional del Tribunal Supremo de Justicia, en su sentencia de 23 de abril de 2010, al declarar la constitucionalidad del carácter Orgánico de la Ley, ha dicho que con la misma, que es sustancialmente la misma de la Constitución de 1961 (Art. 206):

> "se terminó de desmontar la concepción puramente objetiva o revisora de la jurisdicción contencioso-administrativa, para acoger una visión de corte utilitarista y subjetiva, que no se limita a la fiscalización abstracta y objetiva de la legalidad de los actos administrativos formales, sino que se extiende a todos los aspectos de la actuación administrativa, como una manifestación del sometimiento a la juridicidad de la actuación del Estado y de la

salvaguarda de las situaciones jurídicas de los particulares frente a dicha actuación." [47]

En la norma del artículo 259 de la Constitución se sigue la misma tradición, al asignarse competencia en materia contencioso administrativa a unos tribunales que se integran en el Poder Judicial, pero ratificándose el principio de la pluralidad orgánica, en el sentido de que no sólo el Tribunal Supremo de Justicia tiene competencia en la materia, sino los demás tribunales que determine la Ley. Con ello, como lo dijo la antigua Corte Suprema de Justicia en sentencia de 15 de octubre de 1970 al comentar la norma similar del artículo 206 de la Constitución de 1961, se buscó:

"Sobre todo, resolver, de una vez, en nuestro país, mediante un precepto constitucional, la polémica que ha dividido a tratadistas y legisladores, tanto en Europa como en América, acerca de la conveniencia de que sean órganos independientes del Poder Judicial los que conozcan de las cuestiones que se susciten entre los particulares y la Administración con motivo de la actividad propia de ésta, en sus diversos niveles.

Como se indica en la Exposición de Motivos de la Constitución, ésta "consagra el sistema justicialista de la jurisdicción contencioso - administrativa", apartándose del sistema francés y reafirmando la tendencia tradicionalmente predominante en la legislación nacional, de atribuir el control jurisdiccional de la legalidad de los actos de la Administración a los órganos del Poder Judicial." [48]

Por su parte, en el **Perú**, el artículo 148 de la Constitución establece el principio de que "las resoluciones administrativas que causan estado son susceptibles de impugnación mediante la acción contencioso-administrativa."

En **Guatemala** la Constitución regula al Tribunal de lo Contencioso-Administrativo, asignándole la función "de controlar de la juridicidad de la administración pública y tiene atribuciones para conocer en caso de contienda por actos o resoluciones de la administración y de las entidades descentralizadas y autónomas del Estado, así como en los casos de controversias derivadas de contratos y concesiones administrativas" (art. 221).

En **Colombia**, la Constitución de 1991, al regular la "Rama Judicial" (Título CVII), destina el Capítulo III a la "Jurisdicción Contencioso Administrativa," con normas relativas al Consejo de Estado y a sus competencias generales (art. 236-238).

---

47 Véase la sentencia en http://www.tsj.gov.ve/decisiones/scon/Abril/290-23410-2010-10-0008.html.

48 Véase la sentencia de la Corte Suprema de Justicia, Sala Político Administrativa de 15 de diciembre de 1970 en Gaceta Forense, N° 70, 1970, pp. 179-185 y en *Gaceta Oficial*, N° 29.434 de 6-2-71, pp. 219-984/5.

3. *La codificación del contencioso administrativo*

La consecuencia directa de la especialización de la Jurisdicción contencioso administrativa en la Hispano América, ha sido la adopción de Leyes especializadas para regular los tribunales contencioso administrativos y los procesos contencioso administrativos, que en general se encuentran en casi todos los países. La excepción, por supuesto, es en **Brasil**, **Argentina** y **Chile**, donde la competencia para conocer de los asuntos de la Justicia administrativa está a cargo de los jueces ordinarios, rigiéndose el proceso por las normas generales del procedimiento.

En **Argentina**, sin embargo, aparte de algunas previsiones de la Ley de Procedimientos Administrativos en materia de "impugnación judicial de los actos administrativos" (Título IV, arts. 23 ss.), conforme a sus competencias constitucionales, muchas Provincias han dictado Códigos en materia Contencioso Administrativo, para regular los procesos contra las actuaciones provinciales, como es el caso, por ejemplo, del Código Contencioso de la provincia de Buenos Aires.[49]

Otro caso de excepción por la ausencia de una Ley específica sobre la Jurisdicción Contencioso Administrativa, a pesar de que la misma existe, es **Ecuador**, donde la Ley de la Jurisdicción Contencioso Administrativa que estuvo vigente desde 1968, fue derogada por el Código Orgánico General de Procesos (Registro Oficial Suplemento, 506 de 22 de mayo del 2015), en el cual se regula la actividad procesal en todas las materias, excepto la constitucional, electoral y penal, quedando incorporadas en el mismo, las disposiciones relativas al procedimiento contencioso administrativo.

En **Bolivia**, por otra parte, aparte de la previsión de la Ley de Procedimiento Administrativo que dispone que el control judicial por la vía administrativa debe ser realizado directamente por la Corte Suprema de Justicia, hoy Tribunal Supremo de Justicia; y de Ley Transitoria para la tramitación de los procesos contencioso y contencioso administrativo (Ley N° 620 de 29 de Diciembre de 2014) sobre los órganos judiciales de la Jurisdicción, la norma fundamental en la materia sigue estando en el Código de procedimiento Civil, que dispone que:

> "*Artículo 778*: El proceso contencioso administrativo procederá en los casos en que hubiere oposición entre el interés público y el privado y cuando la persona que creyere lesionado o perjudicado su derecho privado, hubiere ocurrido previamente ante el Poder Ejecutivo reclamando expresamente del acto administrativo y agotando ante ese Poder todos los recursos

---

49   Véase Pablo Esteban Perrino, "La tutela judicial efectiva y la reforma del régimen de la justicia contencioso administrativa en la provincia de Buenos Aires," en *Contenciosos Administrativos en Iberoamérica, XIV FIDA, San Juan Puerto Rico*, (Coordinadores: Jaime Rodríguez Arana, William Vázquez Irizarry, María del Carmen Rodríguez Martín-Retortillo), Universidad de Puerto Rico, San Juan 2015, Tomo I, 209-227.

de revisión, modificación o revocatoria de la resolución que le hubiere afectado"

Ahora, fuera de estas excepciones, en todos los otros países se han dictado Leyes especiales relativas a la Justicia Administrativa, como también ocurrió antes en España,[50] como ha ocurrido en:

Colombia: Código de Procedimiento Administrativo y de lo Contencioso Administrativo (Ley N° 1437 de 2011 (enero 18) Diario Oficial N° 47.956 de 18 de enero de 2011, Libro segundo, reformado por Ley No. 280 de 25 de enero de 2021)

Costa Rica: Código Procesal Contencioso-Administrativo (Ley N° 8508 de 24 de abril de 2006, con vigencia 1° de enero de 2008).

Ecuador: Código Orgánico General de Procesos (Registro Oficial Suplemento, 506 de 22 de mayo del 2015 (Disposiciones sobre procedimiento contencioso administrativo)

El Salvador: Ley de la Jurisdicción Contencioso Administrativa (Decreto Legislativo N° 760 de 28 de agosto de 2017, de 1 de noviembre de 2017, vigencia el 31 de enero de 2018).

Guatemala: Ley de lo contencioso administrativo (Decreto N° 119-96)

Honduras: Ley de la Jurisdicción contencioso-administrativa de 20 de noviembre de 1.987, que entró en vigencia el 1° de julio de 1988. *Gaceta Oficial* N° 25416 de 31 de diciembre de 1987.

México: Ley Federal de Procedimiento Contencioso Administrativo 2005.

Nicaragua: Ley N° 350, Ley de regulación de la Jurisdicción de lo Contencioso-Administrativo, 18 de mayo de 2000. (Anulada parcialmente mediante sentencia N° 40 de la Corte Suprema de Justicia).[51]

Panamá: Ley N° 135 de 1943 Orgánica de la Jurisdicción Contencioso administrativa, reformada sustancialmente por la Ley N° 33 de 1946 y reformada por Ley 38 de 2000.

Paraguay: Ley N° 1462 de 1935, que establece el procedimiento para lo contencioso administrativo. (18 de julio de 1935).

Perú: Texto Único Ordenado de la Ley N° 27584, Ley que Regula el Proceso Contencioso Administrativo 2019 (Decreto Supremo 011-20198-JUS).

---

50   Como también es el caso de España con la Ley 29/1998, de 13 de julio, reguladora de la Jurisdicción Contencioso-administrativa (Texto consolidado 2017).

51   Véase sobre dicha impugnación de la Ley N° 350 y la sentencia dictada, lo expuesto en Karlos Navarro, "La jurisdicción contenciosa administrativa en Nicaragua," en Henry Alexander Mejía, Edmundo Orellana, Karlos Navarro Medal, Ernesto Jinesta Lobo y Carlos Gasnell Acuña, *Derecho procesal contencioso administrativo. Centroamérica y México,* Instituto de Estudio e Investigación Jurídica (INEJ), 2018, p. 105 ss.

República Dominicana: Ley N° 1494, que instituye la Jurisdicción Contencioso-Administrativa (*G.O.* N° 6673, del 9 de agosto de 1947), reformada por Ley No. 13-07 que crea el Tribunal Contencioso Tributario y Administrativo de 5 de febrero de 2007

Uruguay: Ley Orgánica del Tribunal de lo Contencioso Administrativo (decreto ley N° 15.869 22 de junio de 1987 (reformó decreto ley N° 15.524 de 9 de enero de 1984).

Venezuela: Ley Orgánica de la Jurisdicción Contencioso Administrativa (2010)

Argentina, **Brasil** y **Bolivia**, carecen de leyes o códigos con regulaciones generales o nacionales sobre la Jurisdicción contencioso administrativa o sobre los procesos contencioso administrativos. [52]

II. HACIA LA CONFIGURACIÓN DEL CONTENCIOSO - ADMINISTRATIVO COMO UN SISTEMA DE JUSTICIA ADMINISTRATIVA

1. *La progresiva ampliación de los procesos contencioso administrativos para garantizar la tutela judicial efectiva frente a la Administración*

La segunda tendencia en el desarrollo de la Justicia Administrativa en América Latina, ha sido la de su progresiva transformación, al pasar de estar a cargo de una jurisdicción concebida inicialmente solo para juzgar la legalidad de los actos administrativos, a ser una Jurisdicción universal resultado de la "universalidad de la jurisdicción,"[53] que tiene a su cargo asegurar la tutela judicial efectiva de los derechos subjetivos e intereses legítimos o colectivos de las personas frente a cualquier "comportamiento ilícito"[54] en las actuaciones de la Administración Pública, cualquiera que sea la forma de su actuación o de su omisión,[55] en

---

52   En Bolivia solo existe una Ley 620 Transitoria de los Procesos Contencioso Administrativos, sin contenido normativo esencial.

53   Véase Javier Barnes, "Las transformaciones del derecho administrativo contemporáneo. Algunas consecuencias sobre el control judicial de la acción administrativa," en *Contenciosos Administrativos en Iberoamérica, XIV FIDA, San Juan Puerto Rico*, (Coordinadores: Jaime Rodríguez Arana, William Vázquez Irizarry, María del Carmen Rodríguez Martín-Retortillo), Universidad de Puerto Rico, San Juan 2015, Tomo I, p. 30

54   Como se expresó respecto de la reforma de la Jurisdicción Contencioso Administrativa de 1998 en España, por José Luis Meilán Gil y Marta García Pérez, "Una visión actual de la justicia administrativa en España," en *La jurisdicción contencioso administrativa en Iberoamérica* (Coordinadores: Jaime Rodríguez-Arana Muñoz, Marta García Pérez), Colección Derecho Público Iberoamericano, Editorial Jurídica Venezolana, 2014, pp. 213, 216.

55   Véase Juan Carlos Cassagne, "El principio de la tutela judicial efectiva," en *Contenciosos Administrativos en Iberoamérica, XIV FIDA, San Juan Puerto Rico*, (Coordinadores: Jaime Rodríguez Arana, William Vázquez Irizarry, María del Carmen Rodríguez Martín-Retortillo), Universidad de Puerto Rico, San Juan 2015, Tomo I, p. 44.

procesos judiciales que dejaron de ser objetivos y están caracterizados por su subjetividad.

Como se resumió en la Exposición de Motivos del Texto Único refundido de la Ley peruana que regula el proceso Contencioso Administrativo, éste se configura en la actualidad como un proceso "de carácter subjetivo de modo que el juez no se limita a efectuar un mero control de legalidad de los actos administrativos, sino que asume que su rol es la protección y la satisfacción de los derechos e intereses de los demandantes afectados por la actuación administrativa;"[56] a cuyo efecto en el artículo 1 del Texto Único se precisa que:

> *Artículo 1.* Finalidad La acción contencioso administrativa prevista en el Artículo 148 de la Constitución Política tiene por finalidad el control jurídico por el Poder Judicial de las actuaciones de la administración pública sujetas al derecho administrativo y la efectiva tutela de los derechos e intereses de los administrados.[57]

Ello también lo destacó Ernesto Jinesta al comentar la reforma en **Costa Rica** con la adopción en 2006 del Código Procesal Contencioso Administrativo, indicando que el mismo:

> "supone un giro copernicano respecto de la justicia administrativa concebida y regulada en la ahora derogada Ley Reguladora de la Jurisdicción Contencioso-Administrativa de 1966, la cual establecía un proceso contencioso administrativo revisor u objetivo o meramente anulatorio que se enfocaba en la fiscalización de la actividad formal de las administraciones públicas, esto es, los actos administrativos manifestados por escrito previo procedimiento. El nuevo Código del 2006 establece una jurisdicción predominantemente subjetiva, plenaria y universal que pretende controlar todas las formas de manifestación de la función o conducta administrativa, tanto la actividad formal, como las actuaciones materiales, las omisiones formales y materiales, en sus diversas y heterogéneas expresiones, y, en general, las relaciones jurídico-administrativas y cualquier conducta sujeta al Derecho Administrativo –aunque provengan de un sujeto de Derecho privado–."[58]

---

56   Véase Víctor Sebastián Baca Oneto, "Las pretensiones como objeto del proceso contencioso administrativo en el derecho peruano," en *Contenciosos Administrativos en Iberoamérica, XIV FIDA, San Juan Puerto Rico,* (Coordinadores: Jaime Rodríguez Arana, William Vázquez Irizarry, María del Carmen Rodríguez Martín-Retortillo), Universidad de Puerto Rico, San Juan 2015, Tomo II, p. 647.

57   *Idem.,* p. Tomo II, 644.

58   Véase en Ernesto Jinesta Lobo, "El proceso contencioso-administrativo en Costa Rica, en *La jurisdicción contencioso administrativa en Iberoamérica* (Coordinadores: Jaime Rodríguez-Arana Muñoz, Marta García Pérez), Colección Derecho Público Iberoamericano, Editorial Jurídica Venezolana, 2014, p. 123. Véase igualmente Ernesto Jinesta Lobo, "La Jurisdicción Contencioso Administrativa en Costa Rica," en Henry Alexander Mejía, Edmundo Orellana, Karlos Navarro Medal, Ernesto Jinesta Lobo y Carlos

Por ello, en **Costa Rica**, en resumen, de acuerdo con el nuevo Código, la Jurisdicción Contencioso-Administrativa, "tiene por objeto tutelar las situaciones jurídicas de toda persona, garantizar o restablecer la legalidad de cualquier conducta de la Administración Pública sujeta al Derecho administrativo, así como conocer y resolver los diversos aspectos de la relación jurídico-administrativa," estando por tanto sujeto a control judicial contencioso administrativo, cualquier "conducta administrativa" (art. 1.1), "cualquier infracción, por acción u omisión del ordenamiento jurídico" (artículo 1.2); "las conductas o relaciones regidas por el Derecho público, aunque provengan de personas privadas o sean estas sus partes," es decir, la conducta de los sujetos del Derecho privado que ejercen transitoriamente potestades o competencias públicas deben residenciarse ante la justicia administrativa (art. 2.e); "las relaciones sujetas al ordenamiento jurídico-administrativo, así como a su existencia, inexistencia o contenido" (inciso a), "las actuaciones materiales" (inciso d), las "conductas omisivas" (inciso e) y "cualquier otra conducta sujeta al derecho administrativo" (inciso f)."

La misma tendencia se aprecia en **El Salvador** respecto de la reforma de la Ley del contencioso administrativo de 2017,[59] la cual amplió en consecuencia las posibles pretensiones que pueden ejercerse ante la Jurisdicción para, con ello, transformar la jurisdicción contencioso administrativa en una efectiva garantía de defensa de los derechos de los ciudadanos y el buen funcionamiento de la Administración Pública. Es decir, de un contencioso administrativo de anulación de ciertos actos administrativos emanados de determinados órganos del Estado, por razones de ilegalidad o contrariedad al derecho, se pasó a un contencioso administrativo que además de pretensiones de anulación ahora incluye otras pretensiones de condena que puedan esgrimirse ante los jueces para lograr la tutela judicial efectiva frente a la Administración Pública.

Igualmente, en **Nicaragua**, donde la Ley de la Jurisdicción Contencioso Administrativa indica sobre el "ámbito de la Jurisdicción de lo Contencioso-Administrativo," que la misma conoce de "las pretensiones que los interesados

Gasnell Acuña, *Derecho procesal contencioso administrativo. Centroamérica y México,* Instituto de Estudio e Investigación Jurídica (INEJ), 2018, pp. 166 ss.

59 Véase Decreto Legislativo N° 81 de fecha 14 de noviembre de 1978 en el *Diario Oficial* N° 236, Tomo 261, de fecha 19 de diciembre de 1978. Véase sobre el régimen jurídico regulado en la Ley anterior, en Henry Alexander Mejía, "La Jurisdicción Contenciosa Administrativa en El Salvador," en *La jurisdicción contencioso administrativa en Iberoamérica* (Coordinadores: Jaime Rodríguez-Arana Muñoz, Marta García Pérez), Colección Derecho Público Iberoamericano, Editorial Jurídica Venezolana, 2014, pp. 177 ss.; y en Henry Alexander Mejía, "La jurisdicción contenciosa administrativa en El Salvador," en Henry Alexander Mejía, Edmundo Orellana, Karlos Navarro Medal, Ernesto Jinesta Lobo y Carlos Gasnell Acuña, *Derecho procesal contencioso administrativo. Centroamérica y México,* Instituto de Estudio e Investigación Jurídica (INEJ), 2018, pp. 25 ss.

presenten en la correspondiente demanda en relación con los actos, resoluciones, disposiciones generales, omisiones, situaciones y simples vías de hecho de la Administración Pública" (art. 14).

De ello, Miguel Ángel Sendín expresó que "en primer lugar, ya no se considera que el proceso tenga por objeto exclusivo, como ocurría conforme al dogma revisor, el examen de la legalidad objetiva de esa actividad jurídica previa (acto o disposición administrativa); sino que se convierte en un mecanismo de tutela de los derechos e intereses de los ciudadanos. Esto implica, por un lado, que constituye un mecanismo de defensa de esos derechos e intereses y no, solo un simple mecanismo de la revisión del acto o disposición, y; por otro, que opera ya no sólo contra una actividad jurídica previa dictada en el marco de un procedimiento, sino contra toda actuación administrativa, o incluso la omisión de ésta, capaz de lesionar esos derechos e intereses, incluyendo así la actividad material y las vías de hecho dentro de su ámbito objetivo."[60]

En **Honduras**, la Ley de la Jurisdicción Contencioso Administrativa de 1988, la concibe como la "encargada de conocer las pretensiones que se deduzcan en relación con los actos, de carácter particular o general, de la Administración Pública sujetos al Derecho Administrativo" (art. 1).

En esta misma orientación, en **Venezuela**, la Ley Orgánica de la Jurisdicción Contencioso Administrativa de 2010,[61] ha establecido un elenco de *recursos y acciones* que se han puesto a disposición de los particulares y de toda persona interesada, que les permiten acceder a la justicia administrativa, lo que implica que además del recurso de nulidad contra los actos administrativos de efectos generales o de efectos particulares, o contra los actos administrativos generales o individuales, con o sin pretensión patrimonial o de amparo constitucional, está el recurso por abstención o negativa de los funcionarios públicos a actuar conforme a las obligaciones legales que tienen; el recurso de interpretación; el conjunto de demandas contra los entes públicos de orden patrimonial o no patrimonial, incluyendo las que tengan por motivo vías de hecho; las acciones para resolver los conflictos entre autoridades administrativas del Estado; y las acciones destinadas

---

60   Véase Miguel Ángel Sendín y Karlos Navarro Medal, "La Jurisdicción contencioso administrativa en Nicaragua," en *La jurisdicción contencioso administrativa en Iberoamérica* (Coordinadores: Jaime Rodríguez-Arana Muñoz, Marta García Pérez), Colección Derecho Público Iberoamericano, Editorial Jurídica Venezolana, 2014, p. 367. Véase igualmente sobre la regulación en Nicaragua, en Karlos Navarro, "La jurisdicción contenciosa administrativa en Nicaragua," en Henry Alexander Mejía, Edmundo Orellana, Karlos Navarro Medal, Ernesto Jinesta Lobo y Carlos Gasnell Acuña, *Derecho procesal contencioso administrativo. Centroamérica y México,* Instituto de Estudio e Investigación Jurídica (INEJ), 2018, pp. 103 ss.

61   Véase Allan R. Brewer-Carías, "Aproximación general al nuevo régimen del contencioso administrativo conforme a la Ley Orgánica de la Jurisdicción Contencioso Administrativa de 2010" en *Revista de Derecho Público*, N° 122, Editorial Jurídica Venezolana, Caracas, 2010, pp. 102-130.

a reclamos respecto de la omisión, demora o prestación deficiente de los servicios públicos. [62]

En esta forma puede decirse que en relación con los particulares y los ciudadanos, la regulación de la Jurisdicción contencioso-administrativa en la Ley Orgánica venezolana de 2010, facilitando el control judicial de la actividad administrativa y en particular de los actos administrativos, viene a ser una manifestación específica del *derecho fundamental del ciudadano a la tutela judicial efectiva de sus derechos e intereses frente a la Administración*, en el sentido de lo establecido en el artículo 26 de la propia Constitución y de lo que se establecía en el artículo 18, primer párrafo de la derogada Ley Orgánica de la Corte Suprema de Justicia de 2004.

La consecuencia de ello es que la jurisdicción contencioso administrativa se configura constitucional y legalmente como un instrumento procesal para la protección de los administrados frente a la Administración, y no como un mecanismo de protección de la Administración frente a los particulares; ello a pesar de que en la Ley Orgánica de 2010 se atribuya a los órganos de la Jurisdicción competencia para conocer de las demandas que pueda intentar la Administración contra particulares, o de las demandas entre personas de derecho público (artículo 9,8), lo que convierte a la Jurisdicción en cierta forma, como el fuero de la Administración.

Sin embargo, en el primer aspecto, del control de la Administración a instancia de los administrados, tratándose de una manifestación de un derecho fundamental a dicho control, en la relación que siempre debe existir entre privilegios estatales, por una parte, y derechos y libertades ciudadanas, por la otra, este último elemento es el que debe prevalecer. [63]

Este derecho a la tutela judicial efectiva y la garantía del principio de legalidad implican por otra parte la asignación al juez contencioso-administrativo de *amplísimos* poderes de tutela, no sólo de la legalidad objetiva que debe siempre ser respetada por la Administración, sino de las diversas situaciones jurídicas subjetivas que pueden tener los particulares en relación a la Administración.

---

62 Véase Allan R. Brewer-Carías, Los diversos tipos de acciones y recursos contencioso-administrativos en Venezuela" en *Revista de Derecho Público*, N° 25, Editorial Jurídica Venezolana, Caracas, 1986. pp. 5-30.

63 Véase Allan R. Brewer-Carías, "Del derecho administrativo al servicio de los ciudadanos en el Estado democrático de derecho, al derecho administrativo al servicio de la burocracia en el Estado Totalitario: la mutación en el caso de Venezuela," en *Revista de Derecho Público*, N° 142, (Segundo semestre 2015, Editorial Jurídica Venezolana, Caracas, 2015. pp. 7-30, y Jesús María Alvarado Andrade, "Sobre Constitución y Administración Pública ¿Es realmente el Derecho Administrativo en Venezuela un Derecho Constitucional Concretizado?" en José Ignacio Hernández G, (Coord.), *100 Años de Enseñanza del Derecho Administrativo en Venezuela 1909-2009*, Centro de Estudios de Derecho Público de la Universidad Monteávila - Fundación de Estudios de Derecho Administrativo (FUNEDA), Caracas, 2011, pp. 165-263.

De allí que el contencioso-administrativo, conforme al artículo 259 de la Constitución, no sea solamente un proceso a los actos administrativos, sino que está concebido como un sistema de justicia para la tutela de los derechos subjetivos y de los intereses de los administrados, incluyendo los derechos e intereses colectivos y difusos, donde por supuesto, se incluye también los derechos y libertades constitucionales. Por tanto, no se concibe el contencioso-administrativo sólo como un proceso de protección a la legalidad objetiva, sino de tutela de los derechos e intereses de los recurrentes frente a la Administración.

Por ello, el juez contencioso-administrativo, de acuerdo a los propios términos del artículo 259 de la Constitución, tiene competencia no sólo para anular los actos administrativos contrarios a derecho, sino para condenar a la Administración al pago de sumas de dinero y a la reparación de daños y perjuicios originados en responsabilidad de la misma, y además, para disponer lo necesario para el restablecimiento de las situaciones jurídicas subjetivas lesionadas por la autoridad administrativa, incluyendo en la expresión "situaciones jurídicas subjetivas" no sólo el clásico derecho subjetivo, sino los derechos constitucionales y los propios intereses legítimos, personales y directos de los ciudadanos; y los reclamos derivados de la prestación de servicios públicos.

Y todo ello, sin que el elemento esencial que caracteriza a la jurisdicción contencioso administrativa de ser el medio por excelencia para asegurar la tutela judicial efectiva de los derechos e intereses de los particulares frente a la Administración, pueda verse relegado por el hecho de que también se atribuya a los órganos de la jurisdicción competencia para conocer de las demandas que la Administración puede intentar contra los particulares o de las demandas inter Administraciones, en las cuales por supuesto, el juez constitucional también debe asegurar la tutela judicial efectiva de los derechos reclamados.

Esto implica entonces, que en el caso de Venezuela, la Justicia Administrativa, en la actualidad se dispensa por los tribunales competentes a partir de múltiples procesos contencioso administrativos, indicados en los artículos 23, 24, 25 y 26 de la Ley Orgánica de la Jurisdicción Contencioso Administrativa de 2010, dando lugar a siete procesos contencioso administrativos,[64] que son: (i) el proceso contencioso administrativo de anulación de actos administrativos;[65] (ii) el proceso contencioso administrativo contra las carencias administrativas; (iii) el

---

64   Véase los antecedentes a este desarrollo en Allan R. Brewer-Carías, *Estado de Derecho y Control Judicial. (Justicia Constitucional, Contencioso-Administrativo y Amparo en Venezuela)*, (Prólogo de Luciano Parejo Alfonso), Instituto Nacional de Administración Pública, Madrid 1987, p. 243 ss.; *Tratado de derecho administrativo. Derecho Público Iberoamericano, Tomo VI, La Jurisdicción Contencioso Administrativa*, Editorial Thomson Aranzadi, Civitas, Madrid 2013.

65   Véase en general la obra colectiva, *Comentarios a la Ley Orgánica de la Jurisdicción Contencioso Administrativa,* Vol. I y II, FUNEDA, Caracas, 2010 y 2011, respectivamente.

proceso contencioso administrativo de las demandas patrimoniales;66 (iv) el proceso contencioso administrativo de las demandas contra las vías de hecho;67 (v) el proceso contencioso administrativo en materia de prestación servicios públicos;[68] (vi) el proceso contencioso administrativo para la resolución de las controversias administrativas; y (vii) el proceso contencioso administrativo de interpretación de las leyes.[69]

En el caso de **Panamá,** conforme a la Ley N° 135 de 1943, la Ley N° 38 de 2000 y al Código Judicial, igualmente los procesos contencioso administrativos regulados son básicamente los siguientes: (i) el proceso contencioso administrativo de anulación de actos administrativos; (ii) el proceso contencioso administrativo denominado de plena jurisdicción, contra actos de efectos particulares; (iii) el proceso de las demandas de plena jurisdicción e indemnización directa; (iii) el proceso de impugnación de actos administrativos dictados en función jurisdiccional en vía gubernativa; (iv) el proceso contencioso administrativo de protección de los derechos humanos; (v) el proceso contencioso administrativo de interpretación; (vi) y el proceso contencioso administrativo de apreciación de validez de los actos administrativos. El contencioso por la prestación defectuosa o deficiente de los servicios públicos se incluye, en **Panamá**, en las demandas para exigir responsabilidad patrimonial del Estado para reparar los daños causados a los particulares.

Todas estas previsiones, por lo demás, han tenido particular repercusión en cuanto a la legitimación activa para intentar las demandas contencioso administrativas, pudiendo hacerlo no sólo el titular de un derecho subjetivo sino el titular de un interés legítimo, siendo la lesión a éste igualmente resarcible o indemnizable. Por tanto, la tradicional idea de que el interés personal, legítimo y directo era sólo una situación jurídica procesal para impugnar actos administrativos, y de que la pretensión de condena sólo correspondía a los titulares de derechos subjetivos, puede decirse que con estas previsiones ha quedado superada, resul-

---

66   Véase Miguel Ángel Torrealba Sánchez, "Las demandas de contenido patrimonial en la Ley Orgánica de la Jurisdicción Contencioso Administrativa," en *Comentarios a la Ley Orgánica de la Jurisdicción Contencioso Administrativa,* Vol. II, FUNEDA, Caracas, 2011, pp. 299-340.

67   Véase Miguel Ángel Torrealba Sánchez, *La vía de hecho en Venezuela,* FUNEDA, Caracas, 2011.

68   Véase Jorge Kiriakidis, "Notas en torno al Procedimiento Breve en la Ley Orgánica de la Jurisdicción Contencioso Administrativa," *Comentarios a la Ley Orgánica de la Jurisdicción Contencioso Administrativa,* Vol. II, FUNEDA, Caracas, 2011, pp. 167-193.

69   Véase Allan R. Brewer-Carías, "Introducción General al Régimen de la Jurisdicción Contencioso Administrativa," en Allan R. Brewer-Carías y Víctor Hernández Mendible, *Ley Orgánica de la Jurisdicción Contencioso Administrativa,* Editorial Jurídica Venezolana, Caracas 2010, pp. 9-151. Véase además, Allan R. Brewer-Carías, "Los diversos tipos de acciones y recursos contencioso-administrativos en Venezuela", en *Revista de Derecho Público,* N° 25, Editorial Jurídica Venezolana, Caracas, 1986, pp. 6 ss.

tando por tanto que dentro de las situaciones jurídicas subjetivas sustantivas, además del tradicional derecho subjetivo también cabe ubicar los intereses legítimos, y éstos, al igual que aquéllos, pueden dar lugar a pretensiones de condena por responsabilidad y a su resarcimiento.

En fin, la anterior es la tendencia predominante en América Latina, a pesar de que subsistan excepciones. Es el caso, por ejemplo, de **Bolivia**, donde las demandas contencioso administrativas siguen estando restringidas a peticiones contra los actos y resoluciones del Poder Ejecutivo, en un proceso que sigue siendo objetivo, de puro derecho y en el cual incluso no se plantea la promoción de pruebas.[70] En sentido similar está el caso de **Chile**, donde en el procedimiento contencioso administrativo, tiene primacía la llamada "acción de nulidad de derecho público" que se ejerce contra los actos administrativos.[71]

En **México**, igualmente, el artículo 2 de la Ley federal de lo contencioso administrativo precisa que "el juicio contencioso administrativo federal, procede contra las resoluciones administrativas definitivas que establece la Ley Orgánica del Tribunal Federal de Justicia Fiscal y Administrativa. Asimismo, procede dicho juicio contra los actos administrativos, Decretos y Acuerdos de carácter general, diversos a los Reglamentos, cuando sean autoaplicativos o cuando el interesado los controvierta en unión del primer acto de aplicación.

2.   *La progresiva ampliación del concepto de Administración Pública y de la actuación administrativa, a los efectos de garantizar la tutela judicial efectiva*

Otra tendencia en el contencioso administrativo como instrumento para garantizar la tutela judicial efectiva en la protección de los derechos e intereses de las personas, ha sido la ampliación del concepto de la Administración, a los efectos de abarcar no sólo las actuaciones de la clásica Administración Pública integrada en el Poder Ejecutivo, sino las emanadas de la Administración que se ubica en otras ramas del Poder Público, e incluso las emanadas de particulares que en alguna forma ejerzan potestades administrativas.

Por ello, por ejemplo, el artículo 1.3, de la Ley de la Jurisdicción Contencioso Administrativa de **Costa Rica** precisa que a los fines de la misma:

"se entenderá por Administración Pública: a) La Administración central; b) Los Poderes Legislativo, Judicial y el Tribunal Supremo de Elecciones, cuando realicen funciones administrativas; c) La Administración des-

---

70   Véase José Mario Serrate Paz, "Contencioso administrativo en Bolivia," en *La jurisdicción contencioso administrativa en Iberoamérica* (Coordinadores: Jaime Rodríguez-Arana Muñoz, Marta García Pérez), Colección Derecho Público Iberoamericano, Editorial Jurídica Venezolana, 2014, p. 71.

71   Véase Juan Carlos Ferrada Bórquez, "La justicia administrativa en el derecho chileno," en *La jurisdicción contencioso administrativa en Iberoamérica* (Coordinadores: Jaime Rodríguez-Arana Muñoz, Marta García Pérez), Colección Derecho Público Iberoamericano, Editorial Jurídica Venezolana, 2014, p. 170.

centralizada, institucional y territorial, y las demás entidades de Derecho público."

En **Honduras**, el artículo 2 de la Ley de la Jurisdicción Contencioso Administrativa, entiende a sus efectos por "Administración Pública, a) El Poder Ejecutivo; y b) Las entidades estatales, entendiéndose por éstas las Municipalidades y las Instituciones Autónomas."

Y en **Nicaragua**, la Ley de la Jurisdicción Contencioso Administrativa en su artículo 2.2 define a la Administración pública, como:

"la que ejerce el Estado por medio de los órganos de la Administración del Poder Ejecutivo, de acuerdo con sus propias normativas; la Administración de las Regiones Autónomas de la Costa Atlántica y de las municipalidades; las instituciones gubernamentales autónomas o descentralizadas y las desconcentradas; las instituciones de creación constitucional y, en general, todas aquéllas que de acuerdo con sus normas reguladoras realicen actividades regidas por el ordenamiento jurídico administrativo y la doctrina jurídica y, en todo caso, cuando ejercieren potestades administrativas."

La Ley de **Nicaragua** además, incluye expresamente en el ámbito de lo contencioso administrativo a los "reclamos que los administrados formulen en contra de las actuaciones de la Administración concedente, relativos a la fiscalización y control de las actividades de los concesionarios de los servicios públicos, siempre que impliquen el ejercicio de potestades administrativas conferidas a ellos, así como en contra de las actuaciones de los propios concesionarios en cuanto implicaren el ejercicio de potestades administrativas" (art. 15. 4 LJ). [72]

En el caso de **Venezuela**, el artículo 7 de la Ley Orgánica de la Jurisdicción Contencioso Administrativa, es incluso más detallado al indicar que están sujetos al control de la Jurisdicción Contencioso Administrativa:

"1. Los órganos que componen la Administración Pública; 2. Los órganos que ejercen el Poder Público, en sus diferentes manifestaciones, en cualquier ámbito territorial o institucional; 3. Los institutos autónomos, corporaciones, fundaciones, sociedades, empresas, asociaciones y otras formas orgánicas o asociativas de derecho público o privado donde el Estado tenga participación decisiva; 4. Los consejos comunales y otras entidades o manifestaciones populares de planificación, control, ejecución de políticas y servicios públicos, cuando actúen en función administrativa; 5. Las entidades prestadoras de servicios públicos en su actividad prestacional; y 6. Cual-

---

72   Véase Karlos Navarro, "La jurisdicción contenciosa administrativa en Nicaragua," en Henry Alexander Mejía, Edmundo Orellana, Karlos Navarro Medal, Ernesto Jinesta Lobo y Carlos Gasnell Acuña, *Derecho procesal contencioso - administrativo. Centroamérica y México,* Instituto de Estudio e Investigación Jurídica (INEJ), 2018, p. 113.

quier sujeto distinto a los mencionados anteriormente, que dicte actos de autoridad o actúe en función administrativa."

Con estas previsiones queda definitivamente fuera de toda duda que están sujetos a control contencioso administrativo las actuaciones y los actos administrativos emanados de órganos y entes que no forman parte de la Administración Pública Central y descentralizada, y que integran los otros Poderes Públicos, como por ejemplo los actos dictados en función administrativa de la Asamblea Nacional y sus servicios, el Consejo Supremo Electoral, la Contraloría General de la República, la Fiscalía General de la República, la Contraloría General de la República la Defensoría del Pueblo.[73] Como también se estableció expresamente en **Nicaragua**, en el artículo 15 de la ley relativo a la "extensión de la Jurisdicción de lo Contencioso-Administrativo," indicando que la misma también conocerá de:

> "Las demandas incoadas contra las normativas, actos, resoluciones, decisiones, omisiones y simples vías de hecho emitidas por la Contraloría General de la República, Procuraduría para la Defensa de los Derechos Humanos, Fiscalía General de la República, Procuraduría General de Justicia, por la Superintendencia de Bancos y de Otras Instituciones Financieras y la Superintendencia de Pensiones" (art. 15.3).

Por último, en el proceso de ampliación del ámbito de la Jurisdicción contencioso administrativa para asegurar la tutela judicial efectiva frente a la Administración, se debe destacar que se ha venido incorporando en diferentes leyes, después del trabajo de la jurisprudencia,[74] la competencia de los tribunales de la misma para controlar también las actuaciones realizadas por los particulares, como lo indica la Ley Orgánica de **Venezuela**, cuando "dicten actos de autoridad o actúe en función administrativa" (art. 7.6).

Así, también, por ejemplo, la ley peruana sujeta a control contencioso administrativo, a las "personas jurídicas bajo el régimen de derecho privado que presten servicios públicos o ejercen función administrativa, en virtud de concesión, delegación o autorización del Estado" (art. 15.7);[75] en **Costa Rica**, la Ley

---

73   Véase Allan R. Brewer-Carías, "Introducción General al Régimen de la Jurisdicción Contencioso Administrativa," en Allan R. Brewer-Carías y Víctor Hernández Mendible, *Ley Orgánica de la Jurisdicción Contencioso Administrativa*, Editorial Jurídica Venezolana, Caracas 2010, pp. 9 ss.

74   Véase sobre el tema Allan R. Brewer-Carías, "El problema de la definición del acto administrativo" en *Libro Homenaje al Doctor Eloy Lares Martínez*, Tomo I, Facultad de Ciencias Jurídicas y Políticas, Universidad Central de Venezuela, Caracas 1984, pp. 25-78.

75   Véase en Víctor Sebastián Baca Oneto, "Las pretensiones como objeto del proceso contencioso administrativo en el derecho peruano," en *Contenciosos - Administrativos en Iberoamérica, XIV FIDA, San Juan Puerto Rico*, (Coordinadores: Jaime Rodríguez

de la Jurisdicción, dispone que   la Jurisdicción Contencioso-Administrativa y Civil de Hacienda también conocerá de "las conductas o relaciones regidas por el Derecho público, aunque provengan de personas privadas o sean estas sus partes" (art. 2.e); y en **El Salvador**, la ley indica que la jurisdicción contencioso administrativa también será competente para "de las pretensiones derivadas de actuaciones u omisiones de los concesionarios de la Administración Pública" (arts. 1, 8).

En **Colombia**, el artículo 149 del Código de Procedimiento Administrativo y de lo Contencioso Administrativo, al identificar la competencia de la Sala Plena de lo Contencioso Administrativo del Consejo de Estado, indica que conocerá en única instancia, de la "nulidad de los actos administrativos expedidos por las autoridades del orden nacional o por las personas o entidades de derecho privado cuando cumplan funciones administrativas del mismo orden."

3. *El derecho constitucional de acceso a la justicia y la progresiva flexibilización de las tradicionales condiciones de legitimidad y de agotamiento de la vía administrativa para acceder a la jurisdicción contencioso administrativa*

El desarrollo y garantía que en los últimos años ha tenido el derecho constitucional de acceso a la justicia, consagrado en la mayoría de la Constituciones, ha tenido importantes repercusiones en el ámbito contencioso administrativo, que han terminado conduciendo al abandono o flexibilización progresivos de las tradicionales condiciones de admisibilidad de las acciones contencioso administrativas, en particular, las desarrolladas legislativamente en los casos de las acciones de nulidad contra los actos administrativos, y en particular, respecto de la legitimación activa y el agotamiento de la vía administrativa.

A. Sobre la legitimación activa

En efecto, respecto de la legitimación activa en materia de acciones de nulidad contra los actos administrativos, desde hace unos lustros, ya se encontraba una distinción en materia de acceso a la jurisdicción administrativa según el objeto del recurso de nulidad. Si se trataba de actos de efectos generales, disposiciones administrativas generales o reglamentos, la legitimación era la propia del simple interés a la legalidad, que permitía a cualquier ciudadano acceder a la jurisdicción.

Se trataba, en definitiva, de una acción popular abierta a cualquier interesado para velar por la legalidad o constitucionalidad de los actos de efectos generales. Es el caso, por ejemplo, del **Perú**, donde el Texto Único de la Ley de lo contencioso administrativa le otorga legitimación a cualquier persona (art. 14).

Arana, William Vázquez Irizarry, María del Carmen Rodríguez Martín-Retortillo), Universidad de Puerto Rico, San Juan 2015, Tomo II, p. 645.

Igualmente es el caso de **Colombia**, donde la acción de nulidad contra los actos administrativos de efectos generales se configura como una típica acción popular que puede intentarse por cualquier persona con el simple interés en la legalidad.[76] Ese sería también en el caso de **Panamá**, como lo precisa el artículo 22 de la Ley N° 135 de 1943, la acción popular puede ejercerse por "cualquier persona natural o jurídica, nacional o extranjera, en cualquier caso en que la Administración haya incurrido en injuria contra el derecho;" y como se establece en el artículo 137 del Código de procedimiento y Contencioso Administrativo de **Colombia**, al garantizar que "toda persona podrá solicitar por sí, o por medio de representante, que se declare la nulidad de los actos administrativos de carácter general."

Era también el caso de **Venezuela**, donde el simple interés en la legalidad había sido la condición tradicional exigida para impugnar los actos administrativos de efectos generales. Sin embargo, con posterioridad a la entrada en vigencia de la Constitución de 1999, la Sala Político Administrativa destacó que "no puede confundirse la legitimación por simple interés legítimo que exige la nueva Constitución con la denominada acción popular. En esta última, en los casos en que la ley la acuerde, al particular deberá admitírsele la interposición del recurso con independencia de que pueda ostentar un derecho o interés lesionado. El fundamento de la acción popular es la voluntad del legislador, y sólo procede en los casos en que éste la admita.[77] Por tanto, de acuerdo con esta doctrina, al exigir a partir de 2010 el artículo 29 de la Ley Orgánica de la Jurisdicción Contencioso Administrativa, la existencia de un "interés jurídico actual" para recurrir, se abrió la posibilidad de que se pueda negar el carácter de acción popular que siempre tuvo la acción de impugnación de los actos administrativos de efectos generales.

Otros países, sin embargo, respecto de los actos administrativos de efectos generales, o disposiciones reglamentarias, como es el caso de **Costa Rica**, el artículo 2 del Código de Procedimiento Contencioso Administrativo, dispone que solo los podrán impugnar directamente "quienes ostenten, respecto de estas, algún interés legítimo, individual o colectivo, o algún derecho subjetivo, sin que se requiera acto de aplicación individual." Igualmente, en **Honduras**, la impugnación de los actos administrativos de carácter general, solo puede hacerse por "quienes estuvieren interés legítimo directo en ello" (art. 13.a, Ley)

---

76 Véase Consuelo Sarria Olcos, "Las acciones contencioso administrativas en la legislación positiva colombiana," en *La jurisdicción contencioso administrativa en Iberoamérica* (Coordinadores: Jaime Rodríguez-Arana Muñoz, Marta García Pérez), Colección Derecho Público Iberoamericano, Editorial Jurídica Venezolana, 2014, p. 102.

77 Véase sentencia de la Sala Político Administrativa del Tribunal Supremo, N° 873 de 13 de abril de 2000 (Caso: *Banco FIVENEZ vs. Junta de Emergencia Financiera*), en *Revista de Derecho Público,* N° 82, Editorial Jurídica Venezolana, Caracas, 2002, pp. 582-583.

En cuanto a la impugnación de los actos administrativos individuales o de efectos particulares, el principio general en las legislaciones latinoamericanas, en la mayoría de las legislaciones es que el impugnante debe tener un derecho subjetivo o interés personal, legítimo y directo para demandar la nulidad. Esa era también la tradición en **Venezuela** respecto de la legitimación activa para impugnar los actos administrativos de efectos particulares, la cual comenzó a ser cambiada por la jurisprudencia después de la entrada en vigencia de la Constitución de 1999, considerando el Tribunal Supremo que dicha condición resultaba incompatible con los principios de acceso a la justicia que la misma estableció, al menos por lo que respecta a la exigencia de que el interés legitimador fuera personal y directo. El Tribunal consideró entonces suficiente con que el interés alegado fuera legítimo.[78]

B.   Sobre la defensa de los intereses colectivos y difusos

Otra de las tendencias en materia de ampliación de la legitimación activa en las acciones de nulidad ha sido la admisión expresa en las Constituciones y legislaciones de la legitimación activa amplia cuando se trata de la defensa de derechos e intereses colectivos y difusos, cuya tutela, por ejemplo, encontró regulación en **Venezuela** en el artículo 26 de la Constitución, y posteriormente en la Ley Orgánica de la Jurisdicción contencioso administrativa ("las demandas de protección de derechos e intereses colectivos y difusos"), reconociendo legitimación para actuar a las entidades representativas de intereses colectivos legalmente establecidas y reconocidas (intereses colectivos), y a quienes en determinadas circunstancias invoquen la protección de los intereses supra-individuales que conciernen a toda la colectividad (intereses difusos).

En estos casos de demandas en defensa de intereses colectivos o difusos, como en **Costa Rica**, la acción se regula como una acción popular (art. 10.1, Código de Procedimiento Contencioso Administrativo). En **El Salvador**, por otra parte, también se incorporó expresamente la legitimación activa en materia de impugnación de actos administrativos a favor de los representantes de intereses colectivos o difusos, y en particular de "las asociaciones, fundaciones, entidades y uniones afectadas que estén legalmente habilitados para la defensa de los derechos e intereses colectivos" (art. 14.d, Ley de lo contencioso administrativo), y de las "entidades públicas con competencia en la materia y las asociaciones y fundaciones cuyo fin primordial sea la defensa de los intereses difusos, a quienes corresponderá exclusivamente la legitimación para demandar la defensa de tales intereses cuando los afectados sean una pluralidad de personas indeterminadas o de difícil determinación" (art. 14.e). En **Honduras**, por su parte, la

---

78   Véase sentencia de la Sala Político Administrativa del Tribunal Supremo, N° 873 de 13 de abril de 2000 (Caso: *Banco FIVENEZ vs. Junta de Emergencia Financiera*), en *Revista de Derecho Público*, N° 82, Editorial Jurídica Venezolana, Caracas, 2002, pp. 582-583.

Ley de la Jurisdicción Contencioso Administrativa otorga legitimación para impugnar directamente los actos de carácter general de la Administración Pública, a "cuantas personas jurídicas ostenten representación y defensa de intereses de carácter general o corporativo, "siempre que el acto impugnado les afectare directamente" (art. 13.b) Igualmente, en **Nicaragua**, la Ley de la Jurisdicción Contencioso Administrativo también otorga legitimación a las "entidades, corporaciones o instituciones de Derecho Público y cualquier otro organismo que ostentare la representación o defensa de los intereses de carácter general o corporativo, siempre y cuando la disposición impugnada los lesionare o afectare el interés general" (art. 27. 1).

C. Sobre el tema del agotamiento de la vía administrativa

La misma garantía de acceso a la justicia también ha repercutido en la flexibilización de la condición tradicional de agotamiento de la vía administrativa (que el acto impugnado haya causado estado), aun cuando sin la intensidad que se puede apreciar en relación con la legitimación activa., de manera que aún puede decirse que predomina el régimen tradicional.

Es el caso, aún en países como **Argentina,** donde los tribunales ordinarios son los competentes en materia de procesos administrativos, exigiéndose e todo caso la existencia de un acto previo.[79] En definitiva, como lo observó Miriam Ivanega, "la Administración no puede ser emplazada en juicio, si en forma previa no se ha producido una decisión previa y formal, emanada de la máxima instancia administrativa competente;[80] condición que si bien es la exigida a nivel federal, no lo es en las regulaciones provinciales sobre contencioso administrativo, como en la provincia de Buenos Aires.[81]

En **Bolivia**, también se exige el agotamiento de la vía administrativa para acceder al contencioso administrativo,[82] rigiendo en los procesos lo establecido en el artículo 778 del Código de Procedimiento Civil, que dispone:

---

79   Véase Miriam Mabel Ivanega, "Cuestiones acerca del control judicial de la Administración en la República Argentina," en *La jurisdicción contencioso administrativa en Iberoamérica* (Coordinadores: Jaime Rodríguez-Arana Muñoz, Marta García Pérez), Colección Derecho Público Iberoamericano, Editorial Jurídica Venezolana, 2014, pp. 18,19.

80   *Idem*, p. 19.

81   Véase Juan Carlos Cassagne, "El principio de la tutela judicial efectiva," en *Contenciosos Administrativos en Iberoamérica, XIV FIDA, San Juan Puerto Rico*, (Coordinadores: Jaime Rodríguez Arana, William Vázquez Irizarry, María del Carmen Rodríguez Martín-Retortillo), Universidad de Puerto Rico, San Juan 2015, Tomo I, pp. 53,54.

82   Véase José Mario Serrate Paz, "Contencioso administrativo en Bolivia," en *La jurisdicción contencioso administrativa en Iberoamérica* (Coordinadores: Jaime Rodríguez-Arana Muñoz, Marta García Pérez), Colección Derecho Público Iberoamericano, Editorial Jurídica Venezolana, 2014, p. 71.

"El proceso contencioso administrativo procederá en los casos en que hubiere oposición entre el interés público y el privado y cuando la persona que creyere lesionado o perjudicado su derecho privado, hubiere ocurrido previamente ante el Poder Ejecutivo reclamando expresamente del acto administrativo y agotando ante ese Poder todos los recursos de revisión, modificación o revocatoria de la resolución que le hubiere afectado."

En el mismo sentido, la Ley 2341 de 23 de abril de 2002, precisó en su artículo 70 que "Una vez resuelto el recurso jerárquico, el interesado podrá acudir a la impugnación judicial por la vía del proceso contencioso administrativo ante la Corte Suprema de Justicia."

En el **Perú**, el Texto Único sobre la ley del Contencioso Administrativo, en su artículo 20 en esta materia del "agotamiento de la vía administrativa" precisa, aun cuando previendo algunas excepciones art. 21) que "es requisito para la procedencia de la demanda, el agotamiento de la vía administrativa conforme a las reglas establecidas en la Ley de Procedimiento Administrativo General o por normas especiales.[83]

En **Guatemala** se establece el principio general en el artículo 19 de la ley sobre contencioso administrativo que "para que el proceso contencioso administrativo pueda iniciarse se requiere que la resolución que lo origina no haya podido remediarse por medio de los recursos puramente administrativos;" y en **El Salvador** la ley sobre el contencioso administrativo, exige que para que los actos administrativos se puedan impugnar de manera autónoma tienen que poner fin al procedimiento administrativo haciendo imposible su continuación (art. 4), no pudiendo deducirse pretensiones derivadas de "actos respecto de los cuales no se hubiera agotado la vía administrativa, en los términos establecidos en la ley de procedimientos administrativos´ (art. 11.b).

Igual exigencia se establece en la Ley sobre contencioso administrativa de **Nicaragua,** precisándose en el caso de los actos administrativos que para impugnarlos hayan agotado la vía administrativa, es decir, deben ser resoluciones o actos de trámite que decidan directa o indirectamente el fondo del asunto, de forma tal que pongan término a la vía administrativa o hicieran imposible continuar su tramitación (art. 35).[84]

---

83   Véase Jorge Danós Ordoñez, "El proceso contencioso administrativo y el proceso de amparo como instrumentos de protección de las personas frente a la actuación administrativa en el régimen jurídico peruano," en *Contenciosos Administrativos en Iberoamérica, XIV FIDA, San Juan Puerto Rico*, (Coordinadores: Jaime Rodríguez Arana, William Vázquez Irizarry, María del Carmen Rodríguez Martín-Retortillo), Universidad de Puerto Rico, San Juan 2015, Tomo II, p. 853.

84   Véase Miguel Ángel Sendin y Karlos Navarro Medal, "La Jurisdicción contencioso administrativa en Nicaragua," en *La jurisdicción contencioso administrativa en Iberoamérica* (Coordinadores: Jaime Rodríguez-Arana Muñoz, Marta García Pérez), Colección Derecho Público Iberoamericano, Editorial Jurídica Venezolana, 2014, p. 368.

En **Honduras**, en esta materia, el artículo 28 de la ley de la Jurisdicción Contencioso Administrativa, igualmente dispone que "la acción será admisible en relación con los actos definitivos de la Administración Pública que no sean susceptibles de ulterior recurso en vía administrativa," precisando además, el artículo 63.c de la misma Ley que "la falta de agotamiento de la vía administrativa" es una de las defensas que puede alegar la Administración demandada en el proceso contencioso administrativo.

Por último, también debe mencionarse en caso de **Uruguay**, donde la Constitución es la que exige el agotamiento de la vía administrativa mediante la interposición de los recursos administrativos correspondientes como requisito previo a la acción de nulidad (art. 317 ss.).; lo que se ratifica en el artículo 4 de la Ley N° 15.869 de 1987 Orgánica del Tribunal de lo contencioso administrativo);[85] y el caso de **Paraguay**, donde la Ley N° 1462/1935 exige para que se pueda intentar el recurso de lo contencioso administrativo que "acusen estado y no haya por consiguiente recurso administrativo contra ella" (art. 3.a).

En **Panamá**, el tema está regulado en la Ley 38 de Procedimiento Administrativo de 2000, al disponer que se considera agotada la vía administrativa cuando "transcurra el plazo de dos meses sin que recaiga decisión alguna sobre cualquier solicitud que se dirija a un funcionario o autoridad, siempre que dicha solicitud, sea de las que origina actos recurribles ante la jurisdicción contencioso-administrativa" (art. 200).

El principio, sin embargo, ha comenzado a ceder como consecuencia de los efectos garantistas del derecho constitucional de acceso a la justicia, de manera que, por ejemplo, en **Costa Rica**, dicha condición se había eliminado por la jurisprudencia por reñir con el derecho a la tutela y acceso a la jurisdicción,[86] habiéndose entonces previsto en el artículo 31.1 del Código de procedimiento contencioso administrativo, como una posibilidad de orden facultativa (art. 31.1), a juicio del interesado.

En el **Ecuador** también se eliminó la exigencia en el nuevo Código Orgánico de la Función Judicial, y en **Chile**, se ha considerado en general que no es necesario agotar vía administrativa para acceder a los tribunales a reclamar contra los actos administrativos, considerando Juan Carlos Ferradas, por ejemplo,

---

85   Véase Felipe Rotondo, "Aspectos organizativos de los contenciosos administrativos en el Uruguay. Sistema adoptado. Déficit y soluciones," en *Contenciosos Administrativos en Iberoamérica, XIV FIDA, San Juan Puerto Rico*, (Coordinadores: Jaime Rodríguez Arana, William Vázquez Irizarry, María del Carmen Rodríguez Martín-Retortillo), Universidad de Puerto Rico, San Juan 2015, Tomo I, p. 567.

86   Véase Juan Carlos Cassagne refiere al caso Fonseca Ledesma, de la Sala Constitucional de Costa Rica, 2006, en Juan Carlos Cassagne, "El principio de la tutela judicial efectiva," en *Contenciosos Administrativos en Iberoamérica, XIV FIDA, San Juan Puerto Rico*, (Coordinadores: Jaime Rodríguez Arana, William Vázquez Irizarry, María del Carmen Rodríguez Martín-Retortillo), Universidad de Puerto Rico, San Juan 2015, Tomo I, 58.

contrarias al derecho de acceso a la justicia y a la tutela judicial garantizada en la Constitución, las exigencias Ley de Procedimiento Administrativo sobre el agotamiento de la vía administrativa para acceder a la tutela judicial.[87]

Por último, en el caso de **Venezuela**, luego de que la jurisprudencia del Tribunal Supremo eliminó la condición de recurribilidad, la Ley Orgánica de la Jurisdicción Contencioso Administrativa nada estableció al respecto en materia de las acciones de nulidad de los actos administrativos.

Sin embargo, la Ley Orgánica de la Administración Pública si reguló la materia estableciendo un opción facultativa para el interesado al regular como derecho de los administrados en sus relaciones con la Administración, el de "ejercer, a su elección y sin que fuere obligatorio el agotamiento de la vía administrativa, los recursos administrativos o judiciales que fueren procedentes para la defensa de sus derechos e intereses frente a las actuaciones y omisiones de la Administración Pública" (art. 7,10). [88]

Ahora bien, en cuanto a las demandas contencioso administrativas con contenido patrimonial, en **Venezuela** la situación es otra ya que en esta materia sí se establece como causal de inadmisibilidad de las mismas, los casos en los cuales se produzca el incumplimiento del procedimiento administrativo previo a las demandas contra la República, los estados, o contra los órganos o entes del Poder Público a los cuales la ley les atribuye tal prerrogativa (art. 35,3). En esos casos, la Ley Orgánica de la Procuraduría General de la República regula el referido procedimiento administrativo previo a las demandas patrimoniales, al disponer que "los funcionarios judiciales deben declarar inadmisibles las acciones o tercerías que se intente contra la República, sin que se acredite el cumplimiento de las formalidades del procedimiento administrativo previo" (art. 60).

Conforme a este procedimiento, quienes pretendan instaurar demandas de contenido patrimonial contra la República deben manifestarlo previamente por escrito al órgano al cual corresponda el asunto y exponer concretamente sus pretensiones en el caso (art. 54); teniendo el órgano respectivo la obligación de formar el expediente correspondiente, el cual debe remitir a la Procuraduría General de la República, para que la misma formule y remita su opinión jurídica, que tiene carácter vinculante, sobre la procedencia o no de la reclamación.

Una vez que la decisión de la Administración se comunica al administrado éste debe manifestar ante la misma si acoge o no la decisión notificada, y solo en

---

87   Véase Juan Carlos Ferrada Bórquez, "La justicia administrativa en el derecho chileno," en *La jurisdicción contencioso administrativa en Iberoamérica* (Coordinadores: Jaime Rodríguez-Arana Muñoz, Marta García Pérez), Colección Derecho Público Iberoamericano, Editorial Jurídica Venezolana, 2014, pp. 165, 166.

88   Véase Allan R. Brewer-Carías, "Introducción General al Régimen de la Jurisdicción Contencioso Administrativa," en Allan R. Brewer-Carías y Víctor Hernández Mendible, *Ley Orgánica de la Jurisdicción Contencioso Administrativa,* Editorial Jurídica Venezolana, Caracas 2010, pp. 87-89.

caso de desacuerdo, es que entonces queda facultado para acudir a la vía judicial contencioso administrativa (art. 58). Igualmente, al interesado puede acudir a la vía judicial contencioso administrativa, en caso de ausencia de oportuna respuesta, por parte de la Administración, dentro del lapso señalado (art. 59).

III. HACIA LA AMPLIACIÓN DEL OBJETO Y DE LAS PRETEN-SIONES DEL PROCESO CONTENCIOSO ADMINISTRATIVO DE ANULACIÓN CONTRA LOS ACTOS ADMINISTRATIVOS

La consecuencia de la progresiva ampliación del contencioso administrativo para asegurar la tutela judicial efectiva frente a las actuaciones de la Administración, en líneas generales puede decirse que ha dado lugar en materia del proceso contencioso administrativo contra los actos administrativos, a dos tendencias: por una parte, la universalidad del control cuando se trata de actos administrativos cualquiera sea el motivo de ilegalidad o inconstitucionalidad, de manera que no pueden haber actos excluidos de control judicial; y por la otra la tendencia hacia la ampliación de las pretensiones que se pueden formular respecto de los actos administrativos que van más allá de las pretensiones que involucran la anulación de los actos administrativos.

1. *La tendencia hacia la universalidad del control contencioso administrativo de todos los actos administrativos*

A. Aspectos generales de la tendencia: control de todos los actos administrativos

El primer aspecto de la tendencia contemporánea que debe destacarse en materia contencioso administrativa, cuando se trata de la impugnación de los actos administrativos, es el de la prevalencia del principio de la universalidad del control,[89] que implica que todos los actos administrativos quedan sometidos a control judicial, sin importar su autor, cualquiera sea su naturaleza, de efectos generales o de efectos particulares y cualquiera que sea el motivo de impugnación, su naturaleza, reglados o discrecionales.[90]

---

[89] Lo que significa que no hay ni puede haber actos excluidos de control. *V.,* por ejemplo, Allan R. Brewer-Carías, "La universalidad del control contencioso administrativo" en *Libro de la Amistad en Homenaje a Enrique Pérez Olivares*, Caracas 1992, pp. 203-226, y en *Revista de Derecho Público*, N° 46, Editorial Jurídica Venezolana, Caracas, abril-junio 1991, pp. 5-22; "El proceso constitucional de amparo en Venezuela: su universalidad y su infectividad en el régimen autoritario," en *Horizontes Contemporáneos del Derecho Procesal Constitucional. Liber Amicorum Néstor Pedro Sagüés*, Centro de Estudios Constitucionales del Tribunal Constitucional, Lima 2011.

[90] Véase Allan R. Brewer-Carías, "Algunos aspectos del control judicial de la discrecionalidad" en Jaime Rodríguez Arana Muñoz et al. (Editores), *Derecho Administrativo Iberoamericano (Discrecionalidad, Justicia Administrativa y Entes Reguladores)*, Congre-

Esta tendencia se aprecia en el régimen constitucional y legal de la Jurisdicción Contencioso Administrativa en **Venezuela**, la cual, como manifestación del principio de legalidad, conforme al artículo 259 se ha establecido para controlar todos los actos administrativos, sin excepción, por motivos de contrariedad al derecho, es decir, sea cual sea el motivo de la misma: inconstitucionalidad o ilegalidad en sentido estricto. La Constitución no admite excepciones ni la Ley Orgánica las prevé, y como en su momento lo explicó la Exposición de Motivos de la Constitución de 1961, la fórmula "contrarios a derecho es una enunciación general que evita una enumeración que puede ser peligrosa al dejar fuera de control algunos actos administrativos"

Por tanto, de acuerdo con la intención de la Constitución, toda actuación administrativa y, en particular, los actos administrativos emanados de cualquier ente u órgano de la Administración Pública o de cualquier otra persona o entidad actuando en función administrativa, por cualquier motivo de contrariedad al derecho, puedan ser controlados por los Tribunales que conforman la jurisdicción contencioso-administrativa. Ello implica que cualquier exclusión de control respecto de actos administrativos específicos sería inconstitucional.

Este principio implica, *primero,* que toda actividad administrativa o toda forma de acto administrativo queda sometido a control judicial contencioso administrativo, lo que se recoge expresamente en el artículo 8 de la Ley de la Jurisdicción Contencioso Administrativa de 2010 al indicar bajo el acápite de "universalidad del control," que son objeto de control por la misma, "la actividad administrativa" desplegada por todos los órganos y entes sujetos a control, "lo cual incluye actos de efectos generales y particulares, actuaciones bilaterales, vías de hecho, silencio administrativo, prestación de servicios públicos, omisión de cumplimiento de obligaciones y, en general, cualquier situación que pueda afectar los derechos o intereses públicos o privados."

Por otro lado, en el caso de los actos administrativos, la Ley Orgánica no estableció nada sobre la necesidad de que los actos impugnables ante la Jurisdicción deban ser los de carácter definitivo, es decir, que pongan fin a un asunto, sin referencia a excluir de este control como lo desarrolló años atrás la jurisprudencia, a los actos de trámite, salvo que prejuzguen como definitivos, imposibiliten la continuación del procedimiento o causen gravamen irreparable.

Segundo, el principio implica que esa actividad administrativa o acto administrativo que está sometido a control puede emanar de cualquier ente y órgano de la Administración Pública, no sólo la que actúa en ejercicio del Poder Ejecutivo sino en ejercicio de cualquiera de los otros Poderes Públicos, o de cualquier entidad incluso no estatal que dicte actos de autoridad o actúe en función administrativa. De allí la ampliación legislativa de los órganos y entes que conforman

---

so Iberoamericano de Derecho Administrativo, Vol. II, Congrex SA, Panamá, 2009. pp. 475-512.

la Administración, "sujetos al control de la Jurisdicción Contencioso Administrativa" (at. 7).

Tercero, la universalidad del control no sólo radica en que todos los actos administrativos cualquiera sea el órgano, ente o entidad que los dicte están sometidos a control judicial, sino que lo son por cualquier motivo de contrariedad al derecho, es decir, por razones de inconstitucionalidad como ilegalidad propiamente dicha. No tendría sentido constitucional alguno en **Venezuela**, por tanto, que se pretendiera limitar la competencia de los Tribunales contencioso-administrativos a las solas cuestiones ·de ilegalidad, buscando por ejemplo concentrar en la Sala Constitucional del Tribunal Supremo de Justicia las cuestiones de inconstitucionalidad de los actos administrativos.

Ello ni resulta del texto constitucional ni fue la intención de los proyectistas, ya que la reserva de competencia en la materia al Tribunal Supremo de Justicia, sólo tiene una connotación orgánica en el sentido de que a ésta compete "declarar la nulidad de los actos administrativos del Ejecutivo Nacional, cuando sea procedente", cualquiera sea el motivo de contrariedad al derecho (inconstitucionalidad o ilegalidad), correspondiendo a los demás tribunales determinados en la Ley Orgánica, declarar la nulidad de los demás actos administrativos que no emanen de órganos del Ejecutivo Nacional, sea cual sea el motivo de contrariedad al derecho (inconstitucionalidad o ilegalidad).

Por tanto, hubiera sido contrario a la Constitución limitar la competencia de dichos demás Tribunales de la jurisdicción contencioso-administrativa (distintos al Tribunal Supremo de Justicia) a las solas cuestiones de ilegalidad en sentido estricto. [91]

Y *cuarto*, el principio también implica que están sometidos a control contencioso administrativo no solo los actos administrativos reglados, sino los actos discrecionales, los cuales están sometidos a límites. Como resulta de las clásicas regulaciones establecidas en la Ley General de la Administración Pública de **Costa Rica**, la Administración Pública no puede dictar actos contrarios "a las reglas unívocas de la ciencia o de la técnica, o a principios elementales de justicia, lógica o conveniencia" (art. 15.2.16), declarando que "el acto discrecional

---

91   En tal sentido, la Sala Constitucional, en la sentencia N° 194 de 4 de abril de 2000 ratificó lo que había decidido en sentencia de 27 de enero de 2000 (Caso *Milagros Gómez y otros*), así: "El criterio acogido por el Constituyente para definir las competencias de la Sala Constitucional, atiende *al rango de las actuaciones objeto de control,* esto es, que dichas actuaciones tienen una relación directa con la Constitución que es el cuerpo normativo de más alta jerarquía dentro del ordenamiento jurídico en un Estado de derecho contemporáneo. Así las cosas, *la normativa constitucional aludida imposibilita una eventual interpretación que tienda a identificar las competencias de la Sala Constitucional con los vicios de inconstitucionalidad que se imputen a otros actos o con las actuaciones de determinados funcionarios u órganos del Poder Público."* Véase en *Revista de Derecho Público*, N° 82, Editorial Jurídica Venezolana, Caracas, 2000.

será inválido, además, cuando viole reglas elementales de lógica, de justicia o de conveniencia, según lo indiquen las circunstancias de cada caso" (art. 160).[92]

La única excepción en este último principio está en la Ley 1462/1935 de **Paraguay**, cuyos artículos 2 y 3.b disponen que solo puede intentarse el recuso de lo contencioso administrativo contra las resoluciones de la administración cuando éstas "proceda del uso de sus facultades regladas," quedando excluidos así los actos administrativos discrecionales.

B. El necesario deslinde de los actos administrativos respecto de los "actos de gobierno"

Otra de las tendencias derivadas de la universalidad del control en el ámbito del contencioso administrativo se refiere a la progresiva reducción o eliminación de los llamados "actos políticos" como supuestos "actos administrativos" excluidos de control contencioso administrativo.

En general, debe recordarse que en el derecho comparado tanto europeo como latinoamericano, particularmente en el desarrollado en la primera mitad del siglo pasado, se fue configurando progresivamente la teoría de los actos de gobierno *(acte de gouvernement)* o de los actos políticos *(atto politico o atto di potere politico)* para identificar una serie de actos estatales que en muchos casos erradamente se consideraban como "actos administrativos" no justiciables, es decir, no sometidos a control judicial contencioso administrativo. Esto fue así, particularmente respecto del control de la Jurisdicción Contencioso - Administrativa, que era la única que existía en ausencia de los contemporáneos sistemas de control de la constitucionalidad. Con ello se buscaba, por tanto, identificar una serie de actos estatales, a veces y erradamente considerados como actos administrativos, que escapaban al control de la jurisdicción contencioso - administrativa.[93]

---

92 Véase Ernesto Jinesta Lobo, "El proceso contencioso-administrativo en Costa Rica, en *La jurisdicción contencioso administrativa en Iberoamérica* (Coordinadores: Jaime Rodríguez-Arana Muñoz, Marta García Pérez), Colección Derecho Público Iberoamericano, Editorial Jurídica Venezolana, 2014, p. 126; Allan R. Brewer-Carías, "Comentarios sobre los principios generales de la Ley General de la Administración Pública de Costa Rica," en *Revista Internacional de Ciencias Administrativas*, Vol. XLVIII, Institut International des Sciences Administratives, Bruselas 1982, N° 1, pp. 47-58.

93 Para un estudio comparativo de la doctrina del acto de gobierno, en su concepción más tradicional, véase Julio A. Prat, "Contribución al estudio del acto de gobierno," en *Revista de la Facultad de Derecho .y Ciencias Sociales,* Año IX, N° 4. Montevideo 1958. pp. 815 a 871; y José Luis Carro y Fernández-Valmayor, "La doctrina del acto político," en *Revista de Administración Pública,* N° 53, Madrid 1967, pp. 73 a 130. Véase en general sobre el tema, Allan R. Brewer-Carías, "Comentarios sobre la doctrina del acto de gobierno, del acto político, del acto de Estado y de las cuestiones políticas como motivo de inmunidad jurisdiccional de los Estados en sus Tribunales nacionales," en *Revista de Derecho Público*, N° 26, Editorial Jurídica Venezolana, Caracas 1986, pp. 65-68.

En esa forma, en Francia, principalmente por la ausencia de control judicial alguno de la constitucionalidad de los actos del Estado –lo que sin duda ha cambiado desde la creación del Consejo Constitucional y después de las reformas constitucionales de 2009–, y el poder limitado que había sido conferido a los tribunales administrativos, la jurisprudencia, en varias etapas, permitió a la doctrina ir identificando unos *actes de gouvernement* que escapaban del control jurisdiccional en la jurisdicción contencioso-administrativa. La doctrina en la materia fue producto de una creación casuística de la jurisprudencia, difícil de construir doctrinalmente[94] basada en el criterio del móvil político que movía a la autoridad respectiva a dictarlos, el cual por su imprecisión fue rápidamente abandonado, conduciendo en cambio a la elaboración de una "lista" de actos del Poder Ejecutivo en sus relaciones con otros Poderes Públicos, principalmente con el Legislador, que escapaban a todo control jurisdiccional.[95]

De acuerdo con ello, la "lista" de los actos de gobierno se redujo a los actos del Ejecutivo en sus relaciones con el Parlamento y en sus relaciones internacionales; a ciertos actos ejecutivos derivados del ejercicio del poder de gracia; y a determinados actos ejecutivos de orden excepcional (urgencia, emergencia, estado de sitio) con sus secuelas en materia de orden público.

La misma tendencia se siguió en Italia con la noción del *atto político*, pero con la gran diferencia de que en este caso fue en la Ley que estableció el Consejo de Estado a fines del siglo XIX, donde al regular la jurisdicción contencioso-administrativa, se excluyó de recurso por exceso de poder a los actos emanados del gobierno en el ejercicio del poder político los cuales, por tanto, adquirían una configuración distinta de los actos administrativos. Ello también condujo a la elaboración de una lista, que incluyó como tales actos políticos, a los actos dictados por el Ejecutivo en sus relaciones internacionales; en sus relaciones con el Parlamento; en ejercicio de una delegación legislativa, o en relación a la seguridad interior y exterior, con lo que se buscó dejarlos inmunes frente a una eventual acción de los particulares que pudiera paralizar sus efectos.[96]

En la misma orientación del sistema italiano, en Portugal la doctrina del acto político también tuvo su origen en el derecho positivo, en Ley Orgánica del Supremo Tribunal Administrativo de 1956 donde se consideró explícitamente

---

94 Véase, por ejemplo, los artículos de Chapus, "L'acte de gouvernement, monstre ou victime," en *Cronique Dalloz,* rec. 15-1-1958, p. 2; Virally "L'introuvable acte de gouvernement," en *Revue de Droit Public et de la Science Politique,* Paris 1952, p. 317.

95 Véase R. Capitant, "De la nature des actes de gouvernments," en *Etudes Juridiques offertes a Julliot de la Morandiere,* París 1964, pp. 99 ss.

96 Véase en particular Enrico Guicciardi, "L'Atto político," en *Archivio di diritto publico,* Vol. II, Padua 1937, pp. 265 a 486; Guglielmo Roehrssen, "L'atto di Potere Político e la Sua Sindi- cabilitá in sede Giudiziaria," en *Rivista di diritto público,* Vol. I, 1936, pp. 557 a 588; y el completo estudio de Cheli, *Atto político e funzione d'indirizzo político,* Milán 1961.

como no susceptibles de recurso contencioso administrativo de anulación a "los actos de gobierno de contenido esencialmente político."[97]

Igualmente, en España la Ley de la Jurisdicción Contencioso - Administrativa de 1956, en un esfuerzo mayor de precisión de esta noción, excluyó a los "actos políticos" de la jurisdicción contencioso-administrativa, enumerando dichos "actos políticos del Gobierno" como "los que afecten a la defensa del territorio nacional, las relaciones internacionales, seguridad interior del Estado y mando y organización militar;"[98] noción que se eliminó totalmente en la reforma de la Ley de 1998.[99]

En cuanto al sistema germánico, el tema de los actos de gobierno también se planteó, al discutirse la cláusula general de competencia de la jurisdicción contencioso-administrativa, y excluirse de la misma los actos de naturaleza política que tuvieran por objeto la salvaguarda de la seguridad y la existencia misma del Estado.[100]

En todos estos sistemas continentales, por tanto, la noción de acto de gobierno se presentó como un acto del Estado, que en realidad era sustancialmente distinto al acto administrativo o en otros casos como una especie de éstos, pero con la característica común de que gozaban de inmunidad jurisdiccional, en el sentido de que los mismos no podían ser impugnados fundamentalmente ante la jurisdicción contencioso-administrativa. En la ausencia de sistema alguno de control de la constitucionalidad de las leyes, esta fue la esencia de la doctrina del acto de gobierno, la cual, por supuesto, desde las últimas décadas del siglo pasado fue objeto de críticas tendientes a reducir su inmunidad jurisdiccional,[101] par-

---

97   Véase Alfonso Rodríguez Queiro, "Actos de Governo e contencioso de anulaçao," en *Estudios en Homenaje al Profesor López Rodó,* Madrid 1972, Vol. II, pp. 101 y ss.

98   Véase Aurelio Guaita, "Los actos políticos o de gobierno en el derecho español," en *Revista del Instituto de Derecho Comparado,* N° 4, 1955, pp. 74 ss.; L. Sánchez Agesta, "Concepto jurídico de acto político,'" en *Homenaje a Pérez Serrano,* Madrid 1959, Tomo I, pp. 183 ss.

99   En España si bien se conservó la mención al acto político en la Ley de 1956, ello desapareció en la ley de 1998. Véase José Luis Meilán Gil y Marta García Pérez, "Una visión actual de la justicia administrativa en España", en *La jurisdicción contencioso administrativa en Iberoamérica* (Coordinadores: Jaime Rodríguez-Arana Muñoz, Marta García Pérez), Colección Derecho Público Iberoamericano, Editorial Jurídica Venezolana, 2014, pp. 210, 217.

100   Véase Apelt, "L'acte de gouvernement en France et en Allemagne," en *Livre jubilaire du Conseil d'Etat,* Paris, p. 647 y ss.

101   Véase en general, Eduardo García de Enterría, *La lucha contra las inmunidades de poder* (Poderes discrecionales, poderes de gobierno, poderes normativos), Madrid 1979, pp. 50 ss.; Jacques Puisoye, "Pour une conception plus restrictive de la notion d'acte de gouvernement," en *L'Actualité Juridique,* N° 4, 20-4-1965, pp. 211. Algunos visionarios, sin embargo, como Gastón Jèze afirmaban, refiriéndose a la sustracción del control judicial de los actos de gobierno que "[...] a primera vista esta situación - que se halla en absoluta contradicción con las ideas modernas- parece un escándalo

ticularmente por el desarrollo en todos los países europeos de la jurisdicción constitucional atribuida a Tribunales o Cortes Constitucionales.

Por tanto, después de la consolidación durante las últimas décadas del siglo pasado, tanto en Europa como en América Latina, de los sistemas que aplican el método concentrado de justicia constitucional, puede decirse que la importancia que tuvo la doctrina tradicional de los actos de gobierno fue progresivamente desapareciendo, pues si bien en general escapaban del control judicial contencioso administrativo por no ser actos administrativos, no escapan en general al control que ejercen las cortes o tribunales constitucionales, donde al contrario, impera el principio de que no existen actos excluidos de control.

Por ello, en **Venezuela**, por ejemplo, a pesar de alguna decisión aislada de la Corte Suprema renunciando al control de ciertos "actos políticos" abrió, como lo dijimos hace décadas, innecesariamente "una brecha inadmisible en el control jurisdiccional de la constitucionalidad de los actos estatales,"[102] ello afortunadamente no tuvo mayores consecuencias doctrinales ni judiciales, cerrándose desde hace años por la propia jurisprudencia de la Corte Suprema. Posteriormente, a pesar de la influencia que el derecho continental europeo tuvo en la conformación del derecho público y administrativo, esa doctrina de los actos de gobierno, en **Venezuela** no tuvo aplicación alguna, pues al configurarse el sistema de justicia constitucional como un sistema mixto o integral[103] con una amplitud considerable,[104] respecto de la cual ningún acto del Estado puede escapar del control jurisdiccional de la constitucionalidad y legalidad.

---

intolerable y uno se asombra de que haya existido hasta nuestros días. En verdad, es injustificable: es razón de Estado, es decir, la arbitrariedad, bajo el pretexto de oportunidad política […]." *Vid.* Gastón Jèze, *Los Principios Generales del Derecho Administrativo.* Tomo I, Depalma, Buenos Aires 1948, p. 413-416, citado en la sentencia N° 2208 de 28 de noviembre de 2007 (Caso *Antonio José Varela y Elaine Antonieta Calatrava Armas vs. Proyecto de Reforma de la Constitución de la República Bolivariana de Venezuela*), en *Revista de Derecho Público*, N° 112, Caracas 2007, pp. 601-606.

102   Véase Allan R. Brewer-Carías, *El control de la constitucionalidad de los actos estatales,* Editorial Jurídica Venezolana, Caracas 1977, p. 114.

103   Véase Allan R. Brewer-Carías, *El sistema mixto o integral de control de la constitucionalidad en Colombia y Venezuela*, Universidad Externado de Colombia y Pontificia Universidad Javeriana, Bogotá 1995; "El sistema mixto o integral de control de la constitucionalidad en Colombia y Venezuela", en G. J. Bidart Campos y J. F. Palomino Mancheco (Coordinadores*), Jurisdicción Militar y Constitución en Iberoamérica, Libro Homenaje a Domingo García Belaúnde*, Instituto Iberoamericano de Derecho Constitucional (Sección Peruana), Lima 1997, pp. 483-560 y en *Anuario de Derecho Constitucional Latinoamericano*, Fundación Konrad Adenauer, Medellín-Colombia 1996, pp. 163-246.

104   Véase Allan R. Brewer-Carías, *La justicia constitucional (Procesos y procedimientos constitucionales)*, Editorial Porrúa, Instituto Mexicano de Derecho procesal Constitucional, México 2007; *El sistema de justicia constitucional en la Constitución de 1999 (Comentarios sobre su desarrollo jurisprudencial y su explicación, a veces errada, en*

Ello no significa, sin embargo, que en Venezuela no se haya desarrollado una "noción de acto de gobierno" con el objeto de diferenciar entre los actos estatales, determinados actos del Ejecutivo diferenciados de los actos administrativos; pero ello no ha tenido por objeto construir una "doctrina del acto de gobierno" para excluir esos actos del control de la constitucionalidad que ejerce el Tribunal Supremo de Justicia (Sala Constitucional) como Jurisdicción Constitucional.

Al contrario, la noción de acto de gobierno, como actos del Ejecutivo dictados en ejecución directa de normas y atribuciones constitucionales, siguiendo, sin duda, los criterios de la vieja doctrina europea[105] a lo que condujo en **Venezuela** fue a identificar un tipo de acto estatal que, por ser dictado en ejecución directa de la Constitución, sólo puede ser controlado jurisdiccionalmente por razones de inconstitucionalidad ante la Sala Constitucional del Tribunal Supremo de Justicia (art. 336.4 Constitución); lo que significa que la noción misma de acto de gobierno condicionada por un esquema formal de ejecución del derecho por grados, nada tiene que ver con una pretendida inmunidad jurisdiccional de los mismos.[106] De lo cual resulta que los actos administrativos se impugnan ante la Jurisdicción Contencioso Administrativa por razones de ilegalidad e inconstitucionalidad; y los actos de gobierno se impugnan exclusivamente ante la jurisdicción constitucional por razones de inconstitucionalidad.

Es en ese mismo sentido que, en definitiva, en **Colombia**, donde también existe un sistema concentrado de control de constitucionalidad atribuido a la Corte Constitucional, el artículo 237 de la Constitución atribuye al Consejo de Estado, que ejerce las funciones de Tribunal Supremo de lo Contencioso Administrativo, competencia para "conocer de las acciones de nulidad por inconstitucionalidad de los decretos dictados por el Gobierno Nacional, cuya competencia no corresponda a la Corte Constitucional;"[107] y que el artículo 97.7 del Código de Procedimiento Administrativo y Contencioso Administrativo en el mismo sentido, siguiendo también los criterios jurisprudenciales de la Corte Constitu-

la Exposición de Motivos), Editorial Jurídica Venezolana, Caracas 2000; "La justicia constitucional en la Constitución venezolana de 1999," en *Derecho Procesal Constitucional*, Colegio de Secretarios de la Suprema Corte de Justicia de la Nación, A.C., Tomo III, Editorial Porrúa, México 2003, pp. 2091-2122; y *Justicia Constitucional y Jurisdicción Constitucional*, Colección Tratado de Derecho Constitucional, Tomo XII, Fundación de Derecho Público, Editorial Jurídica Venezolana, Caracas 2017.

105   Véase. Carré de Malberg, *Contribution a la Théorie générale de l'Etat,* Vol. I, París 1920, pp. 523 y ss.; Duguit, *Manuel de Droit Constitutional,* París 1918, pp. 110 ss.

106   Véase lo expresado en Allan R. Brewer-Carías, Allan R. Brewer-Carías, *El control de la Constitucionalidad de los actos estatales,* Caracas 1977, pp. 84 ss. y 108 ss.

107   Véase Consuelo Sarria Olcos, "Las acciones contencioso administrativas en la legislación positiva colombiana," en *La jurisdicción contencioso administrativa en Iberoamérica* (Coordinadores: Jaime Rodríguez-Arana Muñoz, Marta García Pérez), Colección Derecho Público Iberoamericano, Editorial Jurídica Venezolana, 2014, p. 109.

cional, se establezca la competencia residual[108] de la Sala Plena de lo Contencioso Administrativo para conocer:

> "7. De las acciones de nulidad por inconstitucionalidad que se promuevan contra los Decretos de carácter general dictados por el Gobierno Nacional, que no correspondan a la Corte Constitucional, cuya inconformidad con el ordenamiento jurídico se establezca mediante confrontación directa con la Constitución Política y que no obedezca a función propiamente administrativa."[109]

En sentido similar, en **El Salvador**, también se excluye de la competencia de la Jurisdicción contencioso administrativa los actos del Estado dictados en ejecución directa de la Constitución, como serían las leyes y demás actos de rango legal de la Asamblea Legislativa, y los actos de gobierno del Estado, cuyo control jurisdiccional corresponde a la Jurisdicción Constitucional. Precisamente por esto último, en particular, en relación con los actos del presidente y vicepresidente de la República, es que el artículo 14.a de la Ley atribuye competencia a la Sala de lo Contencioso Administrativo de la Corte Suprema solo respecto de sus actuaciones cumplidas en "el ejercicio de función administrativa," lo que excluye del conocimiento de la Jurisdicción, de los actos de dichos funcionarios (decretos) dictados en ejecución directa de la Constitución, que son los que han de considerarse como actos de gobierno, respecto de los cuales solo la Sala de lo Constitucional puede conocer.

En **Guatemala**, donde también funciona una Corte de Constitucionalidad, la Ley de lo contencioso administrativo dispone en general que éste proceso es improcedente en los "asuntos referentes al orden político, sin perjuicio de las indemnizaciones que procedan" (art. 21.1); al igual que en **Nicaragua,** donde el artículo 17.1 de la ley de la Ley de la Jurisdicción Contencioso Administrativa indica que "quedan excluidos del conocimiento de la jurisdicción de lo contencioso administrativo … aquellos actos susceptibles del Recurso de Inconstitucionalidad, los referentes a las relaciones internacionales y a la defensa del territorio y la soberanía nacional; sin perjuicio de las indemnizaciones que fueren procedentes, cuya determinación sí corresponderá a la jurisdicción de lo contencioso-administrativa.

En **Honduras**, en la misma orientación el artículo 4.b de la Ley de la Jurisdicción Contencioso Administrativa dispone que "no corresponderán" a la misma "las cuestiones que se susciten sobre los actos de relación entre los Poderes del Estado o con motivo de las relaciones internacionales, defensa del territorio nacional y mando y organización militar, sin perjuicio de las indemnizaciones

---

108   Véase Jaime Orlando Santofimio, Compendio de Derecho Administrativo, Universidad Externado de Colombia, Bogotá 2017, p. 868.

109   *Idem*, p. 868.

que fueren procedentes cuya determinación si corresponde a la Jurisdicción de lo Contencioso Administrativo."

Por último, debe mencionarse el caso de **Argentina,** donde se excluye del ámbito de control judicial a las cuestiones políticas,[110] lo cual deriva de la influencia en el sistema de justicia argentino de los principios del *judicial review* norteamericano, donde siempre se han excluido de los poderes del juez el control sobre las llamadas *political questions*.[111] Aun cuando en esta materia nada se establece en la Constitución, de la jurisprudencia se la Suprema Corte se deduce que estas cuestiones políticas excluidas de control judicial están relacionadas precisamente con los "actos de gobierno" o "los actos políticos" dictados por los órganos del Estado de acuerdo con sus poderes directamente otorgados e la Constitución,[112] como por ejemplo podrían ser la declaración de guerra, la declaración de estado de sitio, la intervención federal de una Provincia, la declaración de "conveniencia pública" a los efectos expropiatorios; o la declaración de emergencia a los efectos de la aprobación de algunas impuestos directos; los actos concernientes a las relaciones exteriores; los actos de reconocimiento de nuevos Estados extranjeros, o los actos de expulsión de extranjeros.[113]

Habría que agregar a esta "lista" por ejemplo, los actos emanados en ejecución expresa de la Ley de defensa nacional, que fueron excluidos expresamente por la ley de Amparo de ser cuestionados mediante la acción de amparo (art. 2.b).[114]

---

110   Véase Miriam Mabel Ivanega, "Cuestiones acerca del control judicial de la Administración en la República Argentina," en *La jurisdicción contencioso administrativa en Iberoamérica* (Coordinadores: Jaime Rodríguez-Arana Muñoz, Marta García Pérez), Colección Derecho Público Iberoamericano, Editorial Jurídica Venezolana, 2014, p. 16.

111   Véase Allan R. Brewer-Carias, *Constitutional Protection of Human Rights in Latin America. A Comparative Study of the Amparo Proceedings*, Cambridge University Press, New York, 2008, 432 pp. Véase sobre las decisiones *Ware v. Hylton*, 3 Dallas, 199 (1796); *Chicago and Southern Air Lines v. Waterman Steamship Co.*, 333 US 103 (1948), y *Luther v. Borden* 48 U.S. (7 Howard), 1, (1849), en M. Glenn Abernathy and Barbara A. Perry, *Civil Liberties under the Constitution*, Sixth Edition, University of South Carolina Press, 1993, pp. 6–7.

112   Véase S. M. Losada, *Derecho Constitucional Argentino,* Buenos Aires, 1972, Vol. I, p. 343; J. R. Vanossi and P. E. Ubertone, "Control jurisdiccional de constitucionalidad," in *Desafíos del control de constitucionalidad*, Ediciones Ciudad Argentina, Buenos Aires, 1996.

113   Véase José Luis Lazzarini, *El juicio de amparo*, La Ley, Buenos Aires, 1987, pp. 190 ss.; Néstor Pedro Sagüés, *Derecho procesal Constitucional*, Vol. 3, "Acción de amparo," Editorial Astrea, Buenos Aires, 1988, pp. 270 ss.; Alí Joaquín Salgado, *Juicio de amparo y acción de inconstitucionalidad*, Astrea, Buenos Aires, 1987, p. 23.

114   Véase en caso *Diario El Mundo c/ Gobierno nacional*, CNFed, Sala 1 ContAdm, 30 abril 1974, JA, 23-1974-195. Véase los comentarios en Néstor Pedro Sagüés, *Derecho procesal Constitucional,* Vol. 3, *Acción de amparo*, Editorial Astrea, Buenos Aires, 1988, pp. 212–214.

Todos estos actos, en virtud de ser ejercidos en ejecución directa de la Constitución, que quedan excluidos del control judicial, han sido englobados bajo la denominación de "actos constitucionales."[115]

C. La impugnación de los actos administrativos tanto de efectos generales (disposiciones generales) como de efectos particulares

Cuando se afirma que todos los actos administrativos están sujetos al control judicial contencioso administrativo, ello implica que como principio, corresponde a la Jurisdicción conocer de las acciones de nulidad sea que se trate de actos administrativos de efectos generales, es decir, normativos o reglamentarios, de actos administrativos de efectos particulares.

Al contrario de lo que sucede en España, [116] la mayoría de las leyes sobre el contencioso administrativo en América Latina no distinguen entre disposiciones generales y actos administrativos, sino más bien se refieren a los actos administrativos de efectos generales o de efectos particulares, considerando sin duda a los reglamentos y disposiciones normativas emanadas de la Administración, como actos administrativos, todos sometidos a control contencioso administrativo.

Es excepcional, por tanto, que algunos países excluyan a los reglamentos del control ante la jurisdicción contencioso administrativa, como es el caso de **México** (art. 8.IX de la ley federal sobre lo contencioso administrativo); y como es el caso de **Guatemala** donde la Ley de lo contencioso administrativa declara expresamente improcedente la acción de nulidad contra "asuntos referentes a disposiciones de carácter general sobre salud e higiene públicas, sin perjuicio de las indemnizaciones que procedan." (art. 21.2).

En otros países, como **El Salvador** lo que se dispone es que los reglamentos solo pueden ser objeto de la acción contencioso administrativa por razones por ilegalidad, pero porque el control de constitucionalidad sobre los mismos corresponde a la Jurisdicción Constitucional que ejerce la Sala de lo Constitucional de la Corte Suprema de Justicia. Ésta, conforme a los artículos 174 y 183 de la Constitución solo tiene por objeto "conocer y resolver las demandas de inconstitucionalidad de las leyes, decretos y reglamentos," agregando así en el objeto de control de constitucionalidad además de los actos dictados en ejecución directa de la Constitución (leyes y decretos), a los "reglamentos," los cuales, si bien son actos administrativos de efectos generales, sin embargo, su impugnación por razones de inconstitucionalidad solo se puede formular ante la misma.

---

115   Véase Juan Carlos Cassagne, *Curso de derecho administrativo*, Décima segunda edición, Editorial Jurídica Venezolana, Caracas 2015, Tomo II, 534 ss.

116   Véase José Luis Meilán Gil y Marta García Pérez, "Una visión actual de la justicia administrativa en España," en *La jurisdicción contencioso administrativa en Iberoamérica* (Coordinadores: Jaime Rodríguez-Arana Muñoz, Marta García Pérez), Colección Derecho Público Iberoamericano, Editorial Jurídica Venezolana, 2014, pp. 210, 222.

Igualmente, en **Panamá**, los reglamentos solo pueden ser impugnados ante la jurisdicción contencioso administrativo por razones de ilegalidad, en virtud de regularse directamente en el artículo 206 de la Constitución la competencia de la Corte Suprema de Justicia en Pleno, como Jurisdicción constitucional, otorgándosele el monopolio del control de la constitucionalidad de todos los actos estatales, cualquiera que ellos sean.

En consecuencia, a la Jurisdicción contencioso administrativa, atribuida a la Sala Tercera de la Corte Suprema, inevitablemente se la concibió para efectuar solo el control de la legalidad de la actuación de la Administración, estándole vedada pronunciarse sobre la constitucionalidad de la actuación administrativa, lo que solo puede hacer en exclusiva la Jurisdicción constitucional. Por ello, el artículo 206.2 de la Constitución especifica que la Jurisdicción contencioso administrativa solo puede "anular los actos acusados de ilegalidad," quedándole vedado a la misma poder juzgar sobre la constitucionalidad de las actuaciones administrativas, lo que lamentablemente, en definitiva, aleja la Constitución del ciudadano y de la cotidianeidad del control.

En sentido similar, el artículo 27 de la Ley de la Jurisdicción Contencioso Administrativa de **Nicaragua**, el control contencioso administrativo se refiere a la "anulación los actos y disposiciones de la Administración Pública y la declaración de su ilegalidad," precisándose en el artículo 36 que:

"Contra las disposiciones de carácter general que dictare la Administración Pública podrá ejercerse directamente la acción contencioso - administrativa ante la Sala de lo Contencioso-Administrativo de la Corte Suprema de Justicia, sin necesidad de agotar la vía administrativa. Dicha Sala funcionará como Tribunal de única instancia. De la misma manera podrá procederse en contra de los actos que se produzcan por la aplicación de esas disposiciones, con fundamento de no ser conformes a derecho.

Si no se ejerciere directamente la acción contra la disposición general, o fuere desestimada la demanda que contra ella se hubiere presentado o incoado, siempre podrán impugnarse los actos de aplicación individual a que tal disposición de lugar, pero deberá agotarse previamente en este caso la vía administrativa."

En sentido similar, en cuanto a la impugnación de los actos de efectos generales, en el artículo 30 la Ley de la Jurisdicción Contencioso Administrativa de **Honduras,** se dispone que "los actos de carácter general o disposiciones que dictare la Administración Pública, podrán impugnarse directamente ante la Jurisdicción Contencioso- Administrativa, una vez que hayan entrado en vigencia en vía administrativa," atribuyendo expresamente el artículo 13.b de la Ley, como antes se dijo, a "las entidades estatales, las de Derecho Público y cuantas personas jurídicas ostenten representación y defensa de intereses de carácter general o corporativo, cuando el juicio tuviere por objeto la impugnación directa de actos de carácter general de la Administración Pública, siempre que el acto impugnado les afectare directamente."

D. La impugnación de los actos administrativos cualquiera que sea el vicio de contrariedad al derecho (inconstitucionalidad o de ilegalidad)

Otra de las obvias tendencias derivadas de la universalidad del control contencioso administrativo de los actos administrativos es que los jueces tienen competencia para anularlos cuando sean contrarios a derecho, sea por inconstitucionalidad o ilegalidad, incluso por desviación de poder.

Así lo dispuso por ejemplo, la Constitución del **Uruguay** al hacer referencia en la Sección XVII sobre "De lo Contencioso Administrativo," a la competencia privativa del Tribunal de lo Contencioso Administrativo (arts. 307 y 308), para anular los actos administrativos "contrarios a una regla de Derecho o con desviación de poder" (art. 309 ss.); lo que a partir de 1961 se recogió en la Constitución de **Venezuela**, estableciendo la de 1999 la competencia de los órganos de la Jurisdicción Contencioso Administrativa para anular los actos generales o individuales contrarios a derecho incluso por desviación de poder" (art. 295).

La Ley Orgánica de la Jurisdicción Contencioso Administrativa de 2010, por ello, al enumerar las competencias de la Jurisdicción, también indica la de conocer "las impugnaciones que se interpongan contra los *actos administrativos* de efectos generales o particulares contrarios a derecho, incluso por desviación de poder" (art. 9.1)

Esta amplitud se aprecia también en el Código de Procedimiento Administrativo y Contencioso Administrativo de **Colombia**, en cuyo artículo 84 se garantiza que toda persona puede solicitar por sí, o por medio de representante, la nulidad de los actos administrativos, lo cual procede:

> "no sólo cuando los actos administrativos infrinjan las normas en que deberían fundarse, sino también cuando hayan sido expedidos por funcionarios u organismos incompetentes, o en forma irregular, o con desconocimiento del derecho de audiencia y defensa, o mediante falsa motivación, o con desviación de las atribuciones propias del funcionario o corporación que los profirió." [117]

Esos vicios que se pueden denunciar en **Colombia** ante la Jurisdicción Contencioso administrativa como fundamento de la pretensión de anulación de los actos administrativos pueden ser por supuesto de ilegalidad e inconstitucionali-

---

117   Véase Consuelo Sarria Olcos, "Las acciones contencioso administrativas en la legislación positiva colombiana," en *La jurisdicción contencioso administrativa en Iberoamérica* (Coordinadores: Jaime Rodríguez-Arana Muñoz, Marta García Pérez), Colección Derecho Público Iberoamericano, Editorial Jurídica Venezolana, 2014, p. 102.

dad, de manera que la Corte Constitucional puede decirse que no tiene el monopolio de conocer sobre la inconstitucionalidad de todos los actos del Estado.[118]

En **Honduras**, la Ley de la Jurisdicción Contencioso Administrativa dispone que la acción de nulidad de los actos administrativos de carácter particular y general se puede formular basada en la pretensión de "la declaración de no ser conformes a Derecho" (art. 33 Ley); aun cuando sin embargo, en otras normas reduce las pretensiones de las demandas a la sola "declaración de ilegalidad" (art. 13, 14 y 15); pero precisando que "los motivos de no ser conforme a Derecho en que funde su acción para pretender la declaración, comprenderá cualquier infracción del ordenamiento jurídico, incluso la falta de jurisdicción o competencia, el quebrantamiento de formalidades esenciales, el exceso de poder y la desviación de poder," definiéndose en la propia norma de la Ley que "constituirá desviación de poder el ejercicio de potestades administrativas para fines distintos de los fijados por la ley."

En otros países, en cambio se ha reducido la competencia de la Jurisdicción contencioso administrativa a cuestiones de ilegalidad, cuando existe en paralelo una Jurisdicción Constitucional concentrada para el control de constitucionalidad de los actos estatales. Es el caso mencionado, por ejemplo, de **Panamá**, donde la Sección Tercera de la Corte Suprema de Justicia solo controla la legalidad de los actos administrativos, quedando atribuida a la Sala Plena de la Corte, como Jurisdicción Constitucional, el control de constitucionalidad de los mismos.

En **Costa Rica**, igualmente, el artículo 49 de la Constitución incorporado en la reforma de 1963, dispuso que quedaba establecida "la jurisdicción contencioso-administrativa como atribución del Poder Judicial, con el objeto de garantizar la legalidad de la función administrativa del Estado, de sus instituciones y de toda otra entidad de derecho público," agregando que "la desviación de poder será motivo de impugnación de los actos administrativo," debiendo la ley proteger "al menos, los derechos subjetivos y los intereses legítimos de los administrados," precisándose en el Código Orgánico del Procedimiento Contencioso Administrativo que "los motivos de ilegalidad comprenden cualquier infracción, por acción u omisión, al ordenamiento jurídico, incluso la desviación de poder."

En **Nicaragua**, igualmente, la Ley de la Jurisdicción Contencioso Administrativa en su artículo 14 se refiere al "examen de la legalidad de los actos y disposiciones generales de la Administración Pública" indicando que "comprenderá cualquier infracción del ordenamiento jurídico y de los principios generales del Derecho, incluso la falta de competencia, el quebrantamiento de las formalidades esenciales y la desviación de poder," definiéndose incluso en el artículo 2 la "desviación de Poder," como "Es el ejercicio de potestades administrativas para

118   *Idem.*, p. 108. Véase igualmente Jaime Orlando Santofimio, *Compendio de Derecho Administrativo*, Universidad Externado de Colombia, Bogotá 2017, pp. 847, 849, 863.

fines distintos de los establecidos por el ordenamiento jurídico o que no concordaren con el logro del interés público y el bien común."

En **El Salvador**, en los "considerandos" del correspondiente decreto legislativo de la Ley de la Jurisdicción Contencioso Administrativa de 2017, se hizo referencia al control de las actuaciones de la Administración Pública "que adolezcan de ilegalidad," lo que en estricto derecho puede decirse que no se ajusta a la letra de la Constitución pues la misma no emplea en ninguna de sus normas la palabra "ilegalidad," ni confina en ninguna de sus normas a la Jurisdicción Contencioso Administrativa para juzgar sólo sobre cuestiones de "ilegalidad" de las actuaciones de la Administración; ni en consecuencia le atribuye a la Jurisdicción Constitucional competencia exclusiva para resolver sobre la inconstitucionalidad de absolutamente todos los actos del Estado incluyendo a los actos administrativo.

El artículo 172 de la Constitución, en efecto, se limita a indicar que una de las materias que compete juzgar a la Corte Suprema de Justicia es la "contencioso administrativa" en relación con los actos administrativos y otras actuaciones administrativas, sin hacer referencia a los posibles vicios (de ilegalidad o inconstitucionalidad) que puedan afectar a los mismos. Esta referencia en el artículo 172 de la Constitución se establece en el mismo sentido de la que se hace en la materia "constitucional" la cual conforme a la norma también compete juzgar a la Corte Suprema de Justicia, (art. 172), pero atribuyéndosela a la Sala de lo Constitucional de la misma, y limitada exclusivamente respecto de las "las leyes, decretos y reglamentos" (aparte de los procesos de amparo, el hábeas corpus, y las controversias entre el Órgano Legislativo y el Órgano Ejecutivo).

Ello significa, en nuestro criterio, que de acuerdo con el texto de la Constitución, la Sala de lo Constitucional no tiene el monopolio de controlar las cuestiones de constitucionalidad respecto de cualquier otro acto del Estado, sino solo de las cuestiones de inconstitucionalidad referidas a las "leyes, decretos y reglamentos," razón por la cual, conforme a la Constitución todas las otras cuestiones de inconstitucionalidad respecto de otros actos de la Administración tendría que quedar incluidas dentro de la competencia de la Jurisdicción Contencioso Administrativa al juzgar las actuaciones de la Administración.

En todo caso, la limitación que deriva del sistema de **El Salvador**, de reservar el juzgamiento de los reglamentos al control de la Jurisdicción Constitucional y excluirlo del conocimiento de los órganos de la jurisdicción contencioso administrativo, también se sigue, como hemos visto en **Guatemala** respecto de ciertas disposiciones generales.

Por último, se destaca el caso de **México**, donde también, el artículo 51 de la Ley federal sobre el contencioso administrativo al referirse a la impugnación de los actos administrativos se limita a mencionar vicios de ilegalidad, al disponer que se debe declarar "que una resolución administrativa es ilegal cuando se demuestre alguna de las siguientes causales."

"I. Incompetencia del funcionario que la haya dictado, ordenado o tramitado el procedimiento del que deriva dicha resolución. II. Omisión de los requisitos formales exigidos por las leyes, siempre que afecte las defensas del particular y trascienda al sentido de la resolución impugnada, inclusive la ausencia de fundamentación o motivación, en su caso. III. Vicios del procedimiento siempre que afecten las defensas del particular y trasciendan al sentido de la resolución impugnada. IV. Si los hechos que la motivaron no se realizaron, fueron distintos o se apreciaron en forma equivocada, o bien si se dictó en contravención de las disposiciones aplicadas o dejó de aplicar las debidas, en cuanto al fondo del asunto. V. Cuando la resolución administrativa dictada en ejercicio de facultades discrecionales no corresponda a los fines para los cuales la ley confiera dichas facultades."

2. *La diversificación de los procesos contencioso administrativos contra los actos administrativos*

A. El contencioso administrativo de anulación de los actos administrativos

Ante todo está el proceso contra los actos administrativos, regulado en todas las legislaciones de los países de América Hispana, y que sin duda sigue siendo el corazón del sistema contencioso administrativo. Así se regula en todas las leyes de la materia.

Así, por ejemplo, como se ha indicado, en **Honduras**, la Ley de la Jurisdicción Contencioso Administrativa comienza en su artículo 1º, declarando que la misma es la "encargada de conocer las pretensiones que se deduzcan en relación con los actos, de carácter particular o general, de la Administración Pública sujetos al Derecho Administrativo."

En **Colombia** el artículo 84 del Código de Procedimiento Administrativo y Contencioso Administrativo, dispone que toda persona puede solicitar por sí, o por medio de representante, la nulidad de los actos administrativos; la cual procede "no sólo cuando los actos administrativos infrinjan las normas en que deberían fundarse, sino también cuando hayan sido expedidos por funcionarios u organismos incompetentes, o en forma irregular, o con desconocimiento del derecho de audiencia y defensa, o mediante falsa motivación, o con desviación de las atribuciones propias del funcionario o corporación que los profirió." [119]

En **Uruguay**, el Tribunal de lo contencioso administrativo conoce, en instancia única, de las demandas de nulidad contra actos administrativos, quedando

---

119　Véase Consuelo Sarria Olcos, "Las acciones contencioso administrativas en la legislación positiva colombiana," en *La jurisdicción contencioso administrativa en Iberoamérica* (Coordinadores: Jaime Rodríguez-Arana Muñoz, Marta García Pérez), Colección Derecho Público Iberoamericano, Editorial Jurídica Venezolana, 2014, p. 102.

por tanto "excluidos los actos legislativos y jurisdiccionales."[120] Sobre ello, el decreto ley N° 15.524 precisa que se consideran objeto de acción de nulidad "los actos administrativos unilaterales, convencionales o de toda otra naturaleza" (art. 23, lit. a), "los que sean separables de los contratos" (art. 23, lit. b) y "los que se hayan dictado durante la vigencia de la relación estatutaria que vincula al órgano estatal con el funcionario público" (art. 23, lit. c), sean de efectos particulares o generales (según surge del art. 25).[121]

En el **Perú**, el artículo 4 del Texto Único de la Ley del contencioso administrativo al referirse a las "actuaciones administrativas impugnables," además de indicar que "procede la demanda contra toda actuación realizada en ejercicio de potestades administrativas," especifica entre ellas, "los actos administrativos y cualquier otra declaración administrativa," "el silencio administrativo," donde se pueden incluir los actos administrativos tácitos o presuntos derivados del mismo.[122] Consecuentemente, el artículo 5.1 de la ley al referirse a las pretensiones que pueden plantearse en el proceso contencioso administrativo, identifica las que tienen por objeto de obtener "la declaración de nulidad, total o parcial o ineficacia de actos administrativos," y el "reconocimiento o restablecimiento del derecho o interés jurídicamente tutelado y la adopción de las medidas o actos necesarios para tales fines."

En **Guatemala,** la ley reguladora del contencioso administrativo precisa que el proceso contencioso administrativo procede "en caso de contienda por actos y resoluciones de la administración y de las entidades descentralizadas y autónomas del Estado" (art. 1).

En **Venezuela**, el artículo 9 de la Ley Orgánica de la jurisdicción contencioso administrativa al enumerar las competencias de la Jurisdicción, indica aquellas para conocer de:

> "1. Las impugnaciones que se interpongan contra los *actos administrativos* de efectos generales o particulares contrarios a derecho, incluso por desviación de poder."

En **Costa Rica**, el artículo 42 del Código Contencioso Administrativo al indicar que "el demandante podrá formular cuantas pretensiones sean necesarias,

---

120   Véase Carlos E. Delpiazzo, "Régimen contencioso administrativo uruguayo, "en *La jurisdicción contencioso administrativa en Iberoamérica* (Coordinadores: Jaime Rodríguez-Arana Muñoz, Marta García Pérez), Colección Derecho Público Iberoamericano, Editorial Jurídica Venezolana, 2014, pp. 443-444.

121   *Idem.*, pp. 443-444.

122   Véase Víctor Sebastián Baca Oneto, "Las pretensiones como objeto del proceso contencioso administrativo en el derecho peruano," en *Contenciosos Administrativos en Iberoamérica, XIV FIDA, San Juan Puerto Rico*, (Coordinadores: Jaime Rodríguez Arana, William Vázquez Irizarry, María del Carmen Rodríguez Martín-Retortillo), Universidad de Puerto Rico, San Juan 2015, Tomo II, pp. 648 ss.

conforme al objeto del proceso," destaca, entre otras pretensiones, la de poder solicitar:

a) La declaración de disconformidad de la conducta administrativa con el ordenamiento jurídico y de todos los actos o las actuaciones conexas; b) La anulación total o parcial de la conducta administrativa. [123]

En la **República Dominicana**, el artículo 165.2 de la Constitución, al precisar las atribuciones. De los tribunales superiores administrativos, identifica, la de:

"2) Conocer de los recursos contenciosos contra los actos, actuaciones y disposiciones de autoridades administrativas contrarias al Derecho como consecuencia de las relaciones entre la Administración del Estado y los particulares, si éstos no son conocidos por los tribunales contencioso administrativos de primera instancia."

En cuanto a **El Salvador**, el artículo 3.a de la ley de lo contencioso administrativo, indica que en la jurisdicción contencioso administrativa se pueden deducir pretensiones relativas a las actuaciones y omisiones administrativas, en particular, los "actos administrativos," lo que precisa el artículo 4 al reiterar que "podrán deducirse pretensiones derivadas de actos administrativos expresos, tácitos y presuntos," con l aclaratoria adicional que:

"Procederá la impugnación tanto de los actos definitivos como de los de trámite. Los actos de trámite podrán impugnarse de manera autónoma de los actos definitivos cuando pongan fin al procedimiento haciendo imposible su continuación, decidan anticipadamente el asunto de que se trate o cuando produzcan indefensión o un daño irreparable."

La Ley de **El Salvador** es reiterativa en la materia de manera que en su artículo 10.a, al identificar las pretensiones que pueden deducirse ante la jurisdicción contencioso administrativa, indica "La declaración de ilegalidad del acto que se impugne, y en consecuencia su anulación," en cuyo caso, conforme al artículo 58 de la Ley, el juez puede declarar "en su caso, la ilegalidad total o parcial del acto impugnado y, en consecuencia, su anulación."

En **Nicaragua**, el artículo 14 de la ley de lo contencioso administrativo, establece al definir el "ámbito de la Jurisdicción de lo Contencioso - Administrativo," que la misma:

"a través de los tribunales competentes, conocerá de las pretensiones que los interesados presenten en la correspondiente demanda en relación con los actos, resoluciones, disposiciones generales. El examen de la legali-

---

123   Véase Ernesto Jinesta Lobo, "El proceso contencioso-administrativo en Costa Rica, en *La jurisdicción contencioso administrativa en Iberoamérica* (Coordinadores: Jaime Rodríguez-Arana Muñoz, Marta García Pérez), Colección Derecho Público Iberoamericano, Editorial Jurídica Venezolana, 2014, p. 130.

dad de los actos y disposiciones generales de la Administración Pública comprenderá cualquier infracción del ordenamiento jurídico y de los principios generales del Derecho, incluso la falta de competencia."

En el caso de **Panamá**, la Ley N° 135 de 1943 Orgánica de la Jurisdicción Contencioso administrativa, reformada sustancialmente por la Ley N° 33 de 1954, enumera entre las competencias de la Sala Tercera de la Corte Suprema conforme al artículo 206.2 de la propia Constitución, la de"

"1. Controlar las *resoluciones, órdenes o disposiciones* que ejecuten, adopten, expidan o en que incurran en ejercicio de sus funciones o pretextando ejercerlas, los *funcionarios públicos y autoridades* nacionales, provinciales, municipales y de las entidades públicas autónomas o semiautónomas, y anular los *actos administrativos* que dicten acusados de ilegalidad, con competencia para estatuir nuevas disposiciones en reemplazo de las impugnadas y pronunciarse prejudicialmente acerca del sentido y alcance de un acto administrativo o de su valor legal."

En **Ecuador**, de acuerdo con el artículo. 217.1 del Código Orgánico de la Función Judicial, se establece la competencia de los Tribunales Distritales de lo Contencioso Administrativo en los distritos correspondiente para:

"Conocer y resolver las controversias que se suscitaren entre la administración pública y los particulares por violación de las normas legales o de derechos individuales, ya en actos normativos inferiores a la ley, ya en actos o hechos administrativos, siempre que tales actos o hechos no tuvieren carácter tributario; 2. Supervisar la legalidad de los actos y hechos administrativos, y la potestad reglamentaria de la Administración no tributaria, como también las acciones judiciales que se incoen por su inactividad; 3. Conocer y resolver las impugnaciones que se propusieren en contra de los reglamentos, resoluciones y más actos normativos de rango inferior a la ley, en materia no tributaria, provenientes de las instituciones del Estado que integran el sector público."

En **México**, el artículo 52.II y 52.IV de la Ley federal del procedimiento contencioso administrativo dispone que en la sentencia definitiva el juez competente puede "declarar la nulidad de la resolución impugnada," pudiendo además declarar "la nulidad para el efecto de que se reponga el procedimiento o se emita nueva resolución," e incluso "indicar los términos conforme a los cuales deberá dictar su resolución la autoridad administrativa." Además, en el artículo 52.V".c de la ley, el juez competente en materia contencioso administrativo puede "declarar la nulidad del acto o resolución administrativa de carácter general, caso en que cesarán los efectos de los actos de ejecución que afectan al demandante, inclusive el primer acto de aplicación que hubiese impugnado."

En **Chile**, con fundamento directo en la Constitución (art. 6 y 7[124]), la doctrina y la jurisprudencia han desarrollado la "acción de nulidad de derecho público" como un proceso administrativo general, que aun cuando no tiene desarrollo legislativo,[125] ha servido para declarar, en ausencia de procedimientos especiales, la ineficacia de "los actos de los órganos del Estado que contravienen el ordenamiento jurídico chileno, y cuya tramitación se sujeta a las reglas del juicio ordinario civil, procedimiento de lato conocimiento.[126]

Por último, debe mencionarse el caso de **Paraguay**, donde la Ley N° 1462/1935 sobre el procedimiento para lo contencioso administrativo se limita a indicar que la demanda contencioso administrativa puede deducirse por un particular o por una autoridad administrativa, contra las resoluciones administrativas" cuando "vulneren un derecho administrativo preestablecido a favor del demandante" (art. 3.d).

B. El contencioso administrativo de anulación y las pretensiones de condena

Pero una de las tendencias que se destaca del proceso contencioso administrativo contra los actos administrativos, es que ya en muchos países, la pretensión de anulación de los actos administrativos, puede acompañarse de otras pretensiones procesales, sin necesidad de que se tengan que intentar acciones o recursos adicionales, por ejemplo, pretensiones de condena y pretensiones de amparo.

En **Venezuela,** por ejemplo, con la pretensión de anulación contra actos administrativos, también pueden formularse pretensiones de condena derivada precisamente de esa anulación, y así la sentencia, además de anular el acto puede

---

124   Artículo 6: "Los órganos del Estado deberán someter su acción a la Constitución y a las normas dictadas conforme a ella, y garantizar el orden institucional de la República. Los preceptos de esta Constitución obligan tanto a los titulares o integrantes de dichos órganos como a toda persona, institución o grupo. La infracción de esta norma generará las responsabilidades y sanciones que determine la ley." Artículo 7: "Los órganos del Estado actúan válidamente previa investidura regular de sus integrantes, dentro de su competencia y en la forma que prescribe la ley. Ninguna magistratura, ninguna persona ni grupo de personas pueden atribuirse, ni aún a pretexto de circunstancias extraordinarias, otra autoridad o derechos que los que expresamente se le hayan conferido en virtud de la Constitución o las leyes. Todo acto en contravención a este art. es nulo y originará las responsabilidades y sanciones que la ley señale".

125   Véase Eduardo Soto Kloss., "La nulidad de derecho público en el derecho chileno", en *Revista de Derecho Público,* N° 47-48, 1990, p. 11-25 y Fiamma Olivares, G., "Acción constitucional de nulidad y legitimación activa objetiva", en *Revista de Derecho Público,* N° 49, 1991, p. 91-98.

126   Véase Juan Carlos Ferrada Bórquez, "La justicia administrativa en el derecho chileno," en *La jurisdicción contencioso administrativa en Iberoamérica* (Coordinadores: Jaime Rodríguez-Arana Muñoz, Marta García Pérez), Colección Derecho Público Iberoamericano, Editorial Jurídica Venezolana, 2014, pp. 170, 172, 174.

resolver condenar a la Administración al pago de sumas de dinero, y a la reparación de daños y perjuicios originados en responsabilidad administrativa, así como disponer lo necesario para el restablecimiento de las situaciones jurídicas subjetivas lesionadas por la actividad administrativa. En este campo, la pretensión de anulación, por tanto, también puede estar acompañada de una pretensión de condena.

Igualmente, en **Colombia**, el artículo 85 del Código Contencioso Administrativo consagra expresamente esta acción de anulación y condena, al establecer lo siguiente:

> "Artículo 85. Acción de nulidad y restablecimiento del derecho. Toda persona que se crea lesionada en un derecho amparado en una norma jurídica, podrá pedir que se declare la nulidad del acto administrativo y se le restablezca en su derecho; también podrá solicitar que se le repare el daño. La misma acción tendrá quien pretenda que le modifiquen una obligación fiscal, o de otra clase, o la devolución de lo que pagó indebidamente."

Lo mismo ocurre en **El Salvador** a cuyo efecto, el artículo 9 de la Ley de lo contencioso administrativo, la cual al disponer que "la jurisdicción contencioso administrativa conocerá de las reclamaciones por responsabilidad patrimonial," agrega que "tales reclamaciones también podrán plantearse en la misma demanda mediante la cual se deduzcan otras pretensiones derivadas de la impugnación de actuaciones u omisiones administrativas." Es decir, en materia de impugnación de los actos administrativos, las pretensiones no se agotan con la sola pretensión de anulación, pudiendo el interesado acompañar su pretensión de anulación con reclamaciones por responsabilidad patrimonial tanto contra el funcionario o el concesionario en forma directa, como contra la Administración Pública directa o subsidiaria, en su caso (art. 3).

Por último, en **México**, de acuerdo con el artículo 52. V de la ley federal sobre el procedimiento contencioso administrativo, el juez competente puede "declarar la nulidad de la resolución impugnada y además: a) Reconocer al actor la existencia de un derecho subjetivo y condenar al cumplimiento de la obligación correlativa. b) Otorgar o restituir al actor en el goce de los derechos afectados. d) Reconocer la existencia de un derecho subjetivo y condenar al ente público federal al pago de una indemnización por los daños y perjuicios causados por sus servidores públicos."

Por su parte en **Honduras**, los artículos 33 y 34 de la Ley de la Jurisdicción Contencioso Administrativa precisan que las pretensiones que puede deducir el demandante, además de ser "la declaración de no ser conforme a Derecho y, en su caso, la anulación de los actos de carácter particular y general susceptibles de impugnación," también puede ser "el reconocimiento de una situación jurídica individualizada y la adopción de las medidas necesarias para el pleno restablecimiento de la misma, entre ellas la indemnización de los daños y perjuicios, cuándo proceda." [127] En estos casos, cuando "además de la declaración de ilegalidad o nulidad, se pretendiere el reconocimiento de una situación jurídica individualizada y su restablecimiento, la legitimación para accionar se reserva exclusivamente al "titular de un derecho subjetivo derivado del ordenamiento que se considere infringido por el acto impugnado" (Art. 14).

C. El contencioso administrativo de anulación y las pretensiones de amparo

En **Venezuela**, también, junto con la acción de nulidad contra los actos administrativos puede formularse una pretensión de amparo cuando se denuncia la violación de derechos constitucionales, en cuyo caso, para garantizar que el proceso en estos casos sea un medio procesal breve, sumario y efectivo, acorde con la protección constitucional, el parágrafo único del artículo 5° de la Ley Orgánica de Amparo a los derechos y garantías Constitucionales, precisa que:

> "Cuando se ejerza la acción de amparo contra actos administrativos conjuntamente con el recurso contencioso-administrativo que se fundamente en la violación de un derecho constitucional, el ejercicio del recurso procederá en cualquier tiempo, aún después de transcurridos los lapsos de caducidad previstos en la Ley; y no será necesario el agotamiento previo de la vía administrativa."

Por tanto, un acto administrativo violatorio de un derecho o garantía constitucional, puede ser impugnado en vía contencioso-administrativa en cualquier tiempo, siempre que se acompañe al recurso de anulación una pretensión de amparo; y contra dicho acto sólo puede ejercerse la acción de amparo aún que hayan transcurrido más de seis meses de dictado (Art. 6, Ord. 4°) si se ejerce conjuntamente con el recurso contencioso-administrativo de anulación.

Así, cuando se ejerza la acción de amparo contra actos administrativos conjuntamente con el recurso contencioso-administrativo de anulación, no opera la causal de inadmisibilidad prevista en el ordinal 4° del artículo 6° de la Ley Orgánica de Amparo en casos de "consentimiento expreso" cuando hubieran transcurrido seis (6) meses después de la violación o la amenaza al derecho protegido.

Por último, el otro elemento que debe destacarse respecto del proceso contencioso-administrativo de anulación y amparo, se refiere a los poderes del juez. En este caso, de acuerdo a los artículos 259 y 25 de la Constitución, el juez contencioso-administrativo tiene "potestad para restablecer la situación jurídica infringida o en su caso, para disponer lo necesario para su restablecimiento. Esto

---

127   Véase Edmundo Orellana, "La jurisdicción contenciosa administrativa en Honduras," en Henry Alexander Mejía, Edmundo Orellana, Karlos Navarro Medal, Ernesto Jinesta Lobo y Carlos Gasnell Acuña, *Derecho procesal contencioso administrativo. Centroamérica y México,* Instituto de Estudio e Investigación Jurídica (INEJ), 2018, p. 86

significa que el juez del contencioso de anulación y amparo, una vez anulado el acto, puede directamente restablecer el derecho constitucional infringido y sustituirse a la Administración, y además, adoptar mandamientos de hacer o de no hacer en relación con la Administración, para asegurar no sólo dicho restablecimiento, sino además, impedir la sucesiva vulneración del derecho o garantía constitucional por la Administración. Por supuesto, además, y de acuerdo a lo señalado anteriormente, en caso de proceder, y conforme a lo solicitado, el juez podría adoptar las decisiones de condena respecto de la Administración, por los daños y perjuicios que se pudieran haber causado al recurrente por el acto anulado.

En la misma orientación, en **El Salvador**, también se puede identificar el proceso contencioso administrativo de anulación de los actos administrativos conjuntamente con la pretensión de amparo constitucional por la violación por el acto impugnado de una garantía o derecho constitucional.

En efecto, si bien en **El Salvador** la Constitución garantiza el derecho de amparo por violación de los derechos que la misma declara y otorga, que en general debe formularse ante la Sala de lo Constitucional de la Corte Suprema (arts. 174; 182.1; 247); conforme a lo que se establece en el artículo 12 de la Ley de Procedimientos Constitucionales,[128] la acción de amparo por violación de los derechos que otorga la Constitución que puede intentar cualquier persona contra cualquier acción u omisión de cualquier autoridad, funcionario del Estado o de sus órganos descentralizados, en particular, contra los actos administrativos, no puede intentarse directamente ante la Sala de lo Constitucional de la Corte Suprema de Justicia, sino que únicamente puede "incoarse cuando el acto contra el que se reclama no puede subsanarse dentro del respectivo procedimiento mediante otros recursos."

Esto significa que la acción de amparo contra actos administrativos debe considerarse como una acción subsidiaria respecto de la acción contencioso administrativa de anulación, pues si la lesión al derecho constitucional de una persona la provoca un acto administrativo, el amparo al mismo tiene que implicar su anulación, de manera que el agraviado debe solicitar su nulidad ante el juez contencioso administrativo competente, antes de acudir a la Jurisdicción Constitucional.

Esto significa que el juez en el proceso contencioso administrativo de anulación y amparo, una vez anulado el acto administrativo impugnado, puede directamente restablecer el derecho constitucional infringido y, además, adoptar mandamientos de hacer o de no hacer en relación con la Administración Pública, para asegurar no sólo dicho restablecimiento, sino impedir la sucesiva vulneración del derecho o garantía constitucional por la Administración. Por supuesto, además, y de acuerdo a lo señalado anteriormente, en caso de proceder, y con-

---

128   Véase Ley N° 2996, de 14/01/60, publicada en el *Diario Oficial* n° 15, Tomo 186, de 22 de enero de 1960.

forme a lo solicitado, el juez podría adoptar las decisiones de condena respecto de la Administración, por los daños y perjuicios que se pudieran haber causado al recurrente por el acto anulado.

D. Las pretensiones de amparo constitucional contra los actos administrativos

En la mayoría de los países, sin embargo, el amparo contra los actos administrativos se presenta como un proceso autónomo como el que existe en España, por ejemplo, en aplicación del "Procedimiento para la protección de los derechos fundamentales de la persona," regulado en el artículo 114.1 de la Ley reguladora del contencioso administrativo. Dicha norma, en efecto establece que el procedimiento de amparo judicial de las libertades y derechos, previsto en el artículo 53.2 de la Constitución española, se rige, en el orden contencioso-administrativo, por lo dispuesto en el capítulo de dicha ley. En particular se precisa que se pueden hacer valer en este proceso las pretensiones a que se refieren los artículos 31 (contra actos administrativos) y 32 (contra la inactividad de la Administración), "siempre que tengan como finalidad la de restablecer o preservar los derechos o libertades por razón de los cuales el recurso hubiere sido formulado."

En el **Perú**, por ello, se regula el proceso de amparo para la tutela de los derechos de las personas frente a actuaciones administrativas;[129] al igual que en **Colombia** se regula la acción de tutela para la protección de los derechos constitucionales fundamentales;[130] e igualmente para la protección derechos e intereses colectivos.[131]

Por otra parte, en Nicaragua, al atribuirse el conocimiento de la acción de amparo a la Jurisdicción Constitucional, el artículo 17.2 de la Ley de la Jurisdicción Contencioso Administrativo, cuando identifica las materias excluidas del conocimiento de la jurisdicción de lo contencioso administrativo, se refiere a "lo referente a las violaciones o intentos de violación de los derechos y garantías consagrados en la Constitución Política que corresponde a la jurisdicción constitucional, a través del Recurso de Amparo."

En **Brasil**, por supuesto, todas las acciones garantistas de los derechos fundamentales pueden ejercerse contra los actos administrativos ante los tribunales

---

129   Véase Jorge Danós Ordoñez, "El proceso contencioso administrativo y el proceso de amparo como instrumentos de protección de las personas frente a la actuación administrativa en el régimen jurídico peruano," en *Contenciosos Administrativos en Iberoamérica, XIV FIDA, San Juan Puerto Rico*, (Coordinadores: Jaime Rodríguez Arana, William Vázquez Irizarry, María del Carmen Rodríguez Martín-Retortillo), Universidad de Puerto Rico, San Juan 2015, Tomo II, p 865.

130   Véase igualmente Jaime Orlando Santofimio, *Compendio de Derecho Administrativo*, Universidad Externado de Colombia, Bogotá 2017, pp. 892 ss; 908 ss

131   *Idem*, p. 893.

ordinarios, en particular las acciones habeas data, *mandado de segurança colectivo, mandado de injunciao*, la *ação popular* y *ação civil publica*.[132] Igualmente en Uruguay procede intentar la acción de amparo contra actos administrativos lesivos ante tribunales ordinarios competentes.[133]

En el caso de **Chile** se ha regulado el recurso de protección, como un proceso excepcional, de características sumarísimas y urgente, que busca amparar de forma rápida y expedita a los particulares, frente a actos u omisiones que afecten sus derechos fundamentales. Sin embargo, en ausencia de una Jurisdicción contencioso administrativa, ha sido este proceso de protección el que ha jugado desde los años setenta, el rol de un verdadero contencioso administrativo general, ya que ha sido utilizado por los interesados afectados como un mecanismo rápido de impugnación de actos u omisiones ilegales o arbitrarias de los órganos de la Administración del Estado, solicitando indirectamente la anulación de los mismos.[134] Así, frente a actuaciones de un órgano de la Administración del Estado que un particular considere ilegales o arbitrarias, éste puede solicitar directamente a la Corte de Apelaciones respectiva el amparo constitucional de sus derechos, consecuencia de lo cual, normalmente, llevará envuelto, si cabe, la nulidad del acto impugnado.[135]

---

132   Véase Romeu Felipe Bacellar Filho, "A jurisdição administrativa no direito comparado: confrontações entre o sistema francês e o brasileiro," en *La jurisdicción contencioso administrativa en Iberoamérica* (Coordinadores: Jaime Rodríguez-Arana Muñoz, Marta García Pérez), Colección Derecho Público Iberoamericano, Editorial Jurídica Venezolana, 2014, p. 91.

133   Véase Carlos E. Delpiazzo, "Régimen contencioso administrativo uruguayo, "en *La jurisdicción contencioso administrativa en Iberoamérica* (Coordinadores: Jaime Rodríguez-Arana Muñoz, Marta García Pérez), Colección Derecho Público Iberoamericano, Editorial Jurídica Venezolana, 2014, p. 441; Felipe Rotondo, "Aspectos organizativos de los contenciosos administrativos en el Uruguay. Sistema adoptado. Déficit y soluciones," en *Contenciosos Administrativos en Iberoamérica, XIV FIDA, San Juan Puerto Rico*, (Coordinadores: Jaime Rodríguez Arana, William Vázquez Irizarry, María del Carmen Rodríguez Martín-Retortillo), Universidad de Puerto Rico, San Juan 2015, Tomo I, pp. 564.

134   Véase sobre cómo el proceso de amparo urgente de derechos fundamentales ha derivado en un proceso contencioso administrativo, en Juan Carlos Ferrada Bórquez, "El Recurso de Protección como mecanismo de control contencioso administrativo", en *La Justicia Administrativa*, 2005, pp. 129-164.

135   Véase Juan Carlos Ferrada Bórquez, "La justicia administrativa en el derecho chileno," en *La jurisdicción contencioso administrativa en Iberoamérica* (Coordinadores: Jaime Rodríguez-Arana Muñoz, Marta García Pérez), Colección Derecho Público Iberoamericano, Editorial Jurídica Venezolana, 2014, p. 170.

E. El proceso contencioso administrativo de nulidad de los actos administrativos iniciado por la propia Administración: el proceso de lesividad

Siendo el principio general en todas las legislaciones latinoamericanas de procedimientos administrativos, el de la irrevocabilidad de los actos administrativos creadores de derechos a favor de particulares, excepto en los casos de nulidad absoluta o de pleno derecho, en muchos sistemas contencioso administrativos se ha desarrollado, siguiendo la tradición española, el proceso contencioso administrativo contra los actos administrativos denominado de lesividad, en el cual la pretensión de nulidad es formulada por la propia Administración Pública emisora del acto impugnado.

Así se estableció, por ejemplo, desde 1935 en **Paraguay**, en la Ley N° 1462/1935 sobre el procedimiento para lo contencioso administrativo que permite que la demanda contencioso administrativa se pueda deducir por un particular "o por una autoridad administrativa" (art. 3).

En **El Salvador**, por ejemplo, la Ley sobre lo contencioso administrativo concede legitimación a la propia Administración Pública para "impugnar sus propios actos administrativos favorables que hubieren adquirido estado de firmeza" (art. 14.c), en cuyo caso, conforme al artículo 93 de la Ley, el órgano de la Administración Pública "autor de un acto favorable" para impugnarlo ante la jurisdicción contencioso administrativa, debe previamente adoptar una "declaración de lesividad para el interés público." [136]

Igualmente, en el **Perú**, el artículo 13 del Texto Único refundido de la ley sobre el contencioso administrativo, al referirse a la legitimación activa en los procesos de nulidad de los actos administrativos, dispone que

> "También tiene legitimidad para obrar activa la entidad pública facultada por ley para impugnar cualquier actuación administrativa que declare derechos subjetivos; previa expedición de resolución motivada en la que se identifique el agravio que aquella produce a la legalidad administrativa y al interés público, y siempre que haya vencido el plazo para que la entidad que expidió el acto declare su nulidad de oficio en sede administrativa." [137]

---

136   Véase Consuelo Sarria Olcos, "Las acciones contencioso administrativas en la legislación positiva colombiana," en *La jurisdicción contencioso administrativa en Iberoamérica* (Coordinadores: Jaime Rodríguez-Arana Muñoz, Marta García Pérez), Colección Derecho Público Iberoamericano, Editorial Jurídica Venezolana, 2014, p. 110; Jaime Orlando Santofimio, *Compendio de Derecho Administrativo*, Universidad Externado de Colombia, Bogotá 2017, p. 876.

137   Véase Juan Carlos Morón Urbina, "El proceso contencioso de lesividad: catorce años después de su incorporación en el derecho peruano," en *Contenciosos Administrativos en Iberoamérica, XIV FIDA, San Juan Puerto Rico*, (Coordinadores: Jaime Rodríguez Arana, William Vázquez Irizarry, María del Carmen Rodríguez Martín-Retortillo), Universidad de Puerto Rico, San Juan 2015, Tomo II, p 716 ss.

En **Colombia** también se admite el proceso de lesividad, estando el mismo previsto en forma indirecta[138] en el artículo 136.7 del Código de Procedimientos Administrativo y de lo Contencioso Administrativo cuando al regular la caducidad de las acciones, dispone que "Cuando una persona de derecho público demande su propio acto la caducidad será de dos años, contados a partir del día siguiente al de su expedición." Igualmente, la fundamentación legal del proceso de lesividad también se deriva de lo dispuesto por el artículo 149 del mismo Código Contencioso Administrativo, al prever que:

> "Las entidades públicas y privadas que cumplan funciones públicas podrán obrar como demandantes, demandadas o intervinientes en los procesos contencioso administrativos, por medio de sus representantes, debidamente acreditados. Ellas podrán incoar todas las acciones previstas en este código si las circunstancias lo ameritan…"[139]

En sentido similar, en **Guatemala**, el artículo 20 de la ley sobre lo contencioso administrativo establece la posibilidad de que el proceso de nulidad sea planteado por la administración por sus actos o resoluciones, lo que exige previamente que dicho "acto o resolución haya sido declarado lesivo para los intereses del Estado, en Acuerdo Gubernativo emitido por el Presidente de la República en consejo de Ministros," declaración que por lo demás, sólo puede hacerse dentro de los tres años siguientes a la fecha de la resolución o acto que la origina.

En **Honduras**, en artículo 15 de la Ley de la Jurisdicción Contencioso Administrativa dispone que la Administración Pública puede "pedir la ilegalidad o la anulación de un acto propio, firme y creador de algún derecho subjetivo, cuando el órgano superior de la jerarquía administrativa que lo dictó, haya declarado en resolución fundada, que es lesivo a los intereses públicos que ella representa," y en cuanto a la impugnación de actos administrativos de carácter generales de la Administración Pública, el artículo 13.b, le atribuye legitimación para impugnarlos a "las entidades estatales, las de Derecho Público" "siempre que el acto impugnado les afectare directamente."

En **Ecuado**r, en el artículo 217.11 del Código Orgánico de la Función Judicial, al enumerar las atribuciones y deberes de los jueces de las salas de lo con-

---

138   Véase Consuelo Sarria Olcos, "Las acciones contencioso administrativas en la legislación positiva colombiana," en *La jurisdicción contencioso administrativa en Iberoamérica* (Coordinadores: Jaime Rodríguez-Arana Muñoz, Marta García Pérez), Colección Derecho Público Iberoamericano, Editorial Jurídica Venezolana, 2014, p. 113,114; Jaime Orlando Santofimio, *Compendio de Derecho Administrativo*, Universidad Externado de Colombia, Bogotá 2017, p. 883.

139   Véase Consuelo Sarria Olcos, "Las acciones contencioso administrativas en la legislación positiva colombiana," en *La jurisdicción contencioso administrativa en Iberoamérica* (Coordinadores: Jaime Rodríguez-Arana Muñoz, Marta García Pérez), Colección Derecho Público Iberoamericano, Editorial Jurídica Venezolana, 2014, p. 113.

tencioso administrativo, les confiere competencia para conocer de las impugnaciones efectuadas por los titulares de la administración pública respecto de actos lesivos al interés público y que no puedan ser revocados por la propia administración;[140] disposición que sigue los principios que antes se habían establecido en el artículo 97 del Estatuto del Régimen Jurídico de la Función Ejecutiva, al disponer en su artículo 59, la posibilidad de que en el ámbito de la Función Ejecutiva, se proceda a la anulación por parte de la propia Administración de los actos declarativos de derechos y no anulables, previa la declaratoria de lesividad para el interés público y su impugnación entre el Tribunal Distrital de lo Contencioso Administrativo competente, en el plazo de tres meses.

Incluso en **Argentina**, en ausencia de ley reguladora de alguna jurisdicción contencioso administrativa, ha sido la Suprema Corte en su jurisprudencia (Caso *Pustelink*, fallo 291:133) la que con fundamento en el artículo 100 Ley de procedimiento Administrativo ha dispuesto que "el acto administrativo regular, aun cuando traiga aparejado vicios de ilegitimidad, ostenta cierto grado de legalidad que lo hace estable y produce presunción de legitimidad; la Administración no puede revocarlo por sí y ante sí, sino que debe demandar judicialmente al efecto o revocar el acto por razones de mérito, oportunidad conveniencia."[141]

En **Venezuela**, a pesar de que no hay previsión alguna en la Ley Orgánica de la Jurisdicción Contencioso Administrativa sobre el tema de la acción de lesividad, hemos sostenido que el recurso contencioso-administrativo de anulación de los actos administrativos de efectos particulares, contrariamente a lo resuelto por la Corte Primera de la Contencioso-Administrativo,[142] también podría ser interpuesto por la propia Administración Pública, particularmente respecto de los actos administrativos dictados y que sean irrevocables en virtud de haber creado o declarado derechos a favor de particulares.

Como hemos mencionado, de acuerdo a la Ley Orgánica de Procedimientos Administrativos, los actos administrativos creadores o declarativos de derechos a favor de los particulares no pueden ser revocados, por la Administración Pública (art.19.2 y 82),[143] sancionándose el acto revocatorio en esos casos, con la nuli-

---

140   Véase Lorena Vicuña Domínguez, *El Nuevo Procedimiento Contencioso Administrativo*, Tesis de doctorado, Universidad San Francisco de Quito (consultada en internet)

141   Véase Alejandro Pérez Hualde, "La acción de lesividad y los actos "inexistentes," en *Contenciosos Administrativos en Iberoamérica, XIV FIDA, San Juan Puerto Rico*, (Coordinadores: Jaime Rodríguez Arana, William Vázquez Irizarry, María del Carmen Rodríguez Martín-Retortillo), Universidad de Puerto Rico, San Juan 2015, Tomo II, p. 741.

142   Véase sentencia de 13 de octubre de 1988, Caso *Cememosa*, en *Revista de Derecho Público*, N° 36, Editorial Jurídica Venezolana, Caracas, 1988, pp. 106 ss.

143   Véase Allan R. Brewer-Carías, "Comentarios sobre la revocación de los actos administrativos" en *Revista de Derecho Público,* N° 4, Editorial Jurídica Venezolana, Caracas, 1980, pp. 27-30.

dad absoluta (art. 19. 2);[144] razón por la cual, dictado por la Administración un acto que sea irrevocable, la única vía que tendría para pretender la cesación de efectos de dicho acto, aparte de la expropiación de los derechos e intereses derivados del acto mediando justa indemnización, es a través de la interposición de un recurso contencioso de anulación del acto en cuestión, en cuyo caso, por supuesto, la Administración tendría la legitimación activa necesaria para ello.[145]

IV. HACIA LA AMPLIACIÓN DE LOS PROCESOS CONTENCIOSO ADMINISTRATIVOS, MÁS ALLÁ DEL CONTROL RESPECTO DE LOS ACTOS ADMINISTRATIVOS

1. *El proceso contencioso administrativo de las demandas de condena y reparación*

En segundo lugar, superada la estricta asociación del proceso contencioso administrativo con el proceso de anulación de los actos administrativos, como fue en sus orígenes, otro de los procesos fundamentales en el ámbito contencioso administrativo es el proceso de las demandas de condena contra la Administración en las cuales no se plantea la nulidad de actos administrativos, es decir, por ejemplo, conforme al artículo 9 de la Ley Orgánica de la Jurisdicción Contencioso Administrativa de **Venezuela,** las pretensiones de condena al pago de sumas de dinero y la reparación de daños y perjuicios originados por responsabilidad de la Administración, así como las demandas por la actuación material constitutiva de vías de hecho de la Administración(arts. 9; 23,4; 24,4;25,5). En particular, conforme a dicha norma, esas pretensiones son:

"4. Las pretensiones de condena al pago de sumas de dinero y la reparación de daños y perjuicios originados por responsabilidad contractual o extracontractual de los órganos que ejercen el Poder Público.

8. Las demandas que se ejerzan contra la República, los estados, los municipios, los institutos autónomos, entes públicos, empresas o cualquier otra forma de asociación, en las cuales la República, los estados, los municipios o cualquiera de las personas jurídicas antes mencionadas tengan participación decisiva.

9. Las demandas que ejerzan la República, los estados, los municipios, los institutos autónomos, entes públicos, empresas o cualquier otra forma de asociación, en la cual la República, los estados, los municipios o cualquiera

---

144   Véase Allan R. Brewer-Carías, *El Derecho Administrativo y la Ley Orgánica de Procedimientos Administrativos,* Editorial Jurídica venezolana, Caracas, 1982, p. 186.

145   Véase Allan R. Brewer-Carías, "Introducción General al Régimen de la Jurisdicción Contencioso Administrativa," en Allan R. Brewer-Carías y Víctor Hernández Mendible, *Ley Orgánica de la Jurisdicción Contencioso Administrativa,* Editorial Jurídica Venezolana, Caracas 2010, pp. 134-135.

de las personas jurídicas antes mencionadas tengan participación decisiva, si es de contenido administrativo."

En efecto, la Constitución de Venezuela, como se ha dicho, en su artículo 259 también atribuye competencia a los tribunales contencioso-administrativos para restablecer las situaciones jurídicas subjetivas lesionadas por la actividad administrativa. Ello da origen a esta competencia de los tribunales contencioso administrativos en las cuales no entran a declarar o no la nulidad de un acto administrativo por contrariedad al derecho, sino en las que pueden conocer y decidir con plenitud, dentro de los límites de sus atribuciones, de todas las pretensiones que se intenten contra los entes públicos.

La Constitución, en ese sentido, señala algunos supuestos de esta competencia cuando precisa en su artículo 259 sobre "la condena al pago de sumas de dinero, la reparación de daños y perjuicios, originados por la responsabilidad de la Administración; o el restablecimiento de situaciones jurídicas subjetivas lesionadas por la actividad administrativa". De acuerdo a esta norma, es indudable que se está en presencia de una competencia lo suficientemente amplia como para admitir cualquier tipo de pedimento frente a la Administración de parte de un particular lesionado, por supuesto en un derecho subjetivo.

En **Colombia,** en ese mismo sentido, el Código Contencioso Administrativo regula la acción de reparación directa,[146] estableciendo en su artículo 86, a tal efecto, que la persona interesada "podrá demandar directamente la reparación del daño cuando la causa sea un hecho, una omisión, una operación administrativa o la ocupación temporal o permanente del inmueble por causa de trabajos públicos o por cualquiera otra causa."

En este mismo sentido, en **Uruguay**, el equivalente sería el denominado "contencioso de reparación," el cual conforme al artículo 1 de la Ley N° 15.881, corresponde conocer a los Juzgados Letrados de Primera Instancia en lo Contencioso Administrativo, respecto de toda "la materia contencioso administrativa de reparación patrimonial, en que sea parte demandada una persona pública estatal." Ese contencioso de reparación, según la misma norma, comprende entre otros, el contencioso de reparación por daños causados por:

"a) Actos administrativos anulados por el Tribunal de lo Contencioso Administrativo o respecto de los cuales el Tribunal haya reservado la acción de reparación; b) actos administrativos respecto a los cuales no proceda la acción anulatoria, que son los de gobierno (siempre que así los califique el

---

146   Véase Consuelo Sarria Olcos, "Las acciones contencioso administrativas en la legislación positiva colombiana," en *La jurisdicción contencioso administrativa en Iberoamérica* (Coordinadores: Jaime Rodríguez-Arana Muñoz, Marta García Pérez), Colección Derecho Público Iberoamericano, Editorial Jurídica Venezolana, 2014, p. 115 ss.; Jaime Orlando Santofimio, *Compendio de Derecho Administrativo,* Universidad Externado de Colombia, Bogotá 2017, p. 877.

propio Tribunal de lo Contencioso Administrativo);[147] c) hechos u omisiones de la Administración; d) actos administrativos revocados en vía administrativa por razón de legitimidad; y e) actos legislativos y jurisdiccionales.'[148]

En el **Perú**, en el artículo 5.2 y 5.5 del texto Único sobre la Ley de lo contencioso administrativo se especifica que en el proceso contencioso administrativo se pueden plantear pretensiones con el objeto de obtener "el reconocimiento o restablecimiento del derecho o interés jurídicamente tutelado y la adopción de las medidas o actos necesarios para tales fines," así como "la indemnización por el daño causado con alguna actuación impugnable, conforme al artículo 238 de la Ley N° 27444, siempre y cuando se plantee acumulativamente a alguna de las pretensiones anteriores."

En **Costa Rica**, el contencioso de las demandas contra la Administración, se encuentra también regulado en el artículo 42 del Código Procesal Contencioso Administrativo, al enumerar dentro de las pretensiones que el demandante puede formular, *conforme al objeto del proceso, las siguientes:*

c) La modificación o, en su caso, la adaptación de la conducta administrativa; c) El reconocimiento, el restablecimiento o la declaración de alguna situación jurídica, así como la adopción de cuantas medidas resulten necesarias y apropiadas para ello; e) La declaración de la existencia, la inexistencia o el contenido de una relación sujeta al ordenamiento jurídico - administrativo; f) La fijación de los límites y las reglas impuestos por el ordenamiento jurídico y los hechos, para el ejercicio de la potestad administrativa; g) Que se condene a la Administración a realizar cualquier conducta administrativa específica impuesta por el ordenamiento jurídico; i) Que se ordene, a la Administración Pública, abstenerse de adoptar y ejecutar cualquier conducta

---

147   Véase Julio A. Prat, "Contribución al estudio del acto de gobierno", en *Revista de la Facultad de Derecho y Ciencias Sociales*, Año IX, N° 4, Montevideo pp. 815 ss.; Alberto Ramón Real, "El acto de gobierno", en *Revista de Derecho, Jurisprudencia y Administración,* T. 57, pp. 214 ss.; Horacio Cassinelli Muñoz, "Los actos de gobierno y los artículos 147, 160, 303 y 309 de la Constitución," en *Revista de Derecho, Jurisprudencia y Administración*, T. 67, pp. 241 ss.; Cristina Vazquez, "Actos políticos y de gobierno," en *Estudios Jurídicos en memoria* de Alberto Ramón Real, (F.C.U., Montevideo, 1996), pp. 545 ss.; y Graciela Ruocco, "Acto político y acto de gobierno. Derecho nacional," en *Estudios en memoria de Héctor Frugone Schiavone,* Montevideo, 2000), pp. 435 ss.

148   Véase Carlos E. Delpiazzo, "Régimen contencioso administrativo uruguayo, "en *La jurisdicción contencioso administrativa en Iberoamérica* (Coordinadores: Jaime Rodríguez-Arana Muñoz, Marta García Pérez), Colección Derecho Público Iberoamericano, Editorial Jurídica Venezolana, 2014, p. 447; y "Las pretensiones contencioso administrativas en Uruguay," en *Contenciosos Administrativos en Iberoamérica, XIV FIDA, San Juan Puerto Rico*, (Coordinadores: Jaime Rodríguez Arana, William Vázquez Irizarry, María del Carmen Rodríguez Martín-Retortillo), Universidad de Puerto Rico, San Juan 2015, Tomo II, pp. 676 ss.

que pueda lesionar el interés público o las situaciones jurídicas actuales o potenciales de la persona; [149] y j) la condena al pago de daños y perjuicios."[150]

A lo anterior se agrega lo establecido en el artículo 2 del Código sobre la competencia de la Jurisdicción Contencioso-Administrativa y Civil de Hacienda, para también conocer de "b) Las cuestiones de responsabilidad patrimonial de la Administración Pública y sus funcionarios; y f) Los procesos ordinarios en los que intervenga una empresa pública."

En el contencioso de las demandas destacan, por supuesto las relativas a la responsabilidad patrimonial, sobre las cuales, por ejemplo, en **Honduras**, la Ley de la Jurisdicción Contencioso Administrativa precisa que la misma conocerá de "las cuestiones que se susciten sobre la responsabilidad patrimonial del Estado y de las entidades estatales" (art. 3.b).

En **El Salvador**, el artículo 3 de la ley dispone que "también podrán deducirse pretensiones relativas a la responsabilidad patrimonial directa del funcionario o del concesionario, así como la responsabilidad patrimonial directa o subsidiaria de la Administración Pública, en su caso:" regulándose además, en el artículo 9, que "la jurisdicción contencioso administrativa conocerá de las reclamaciones por responsabilidad patrimonial en los términos establecidos en el artículo 3 de la presente ley. Tales reclamaciones también podrán plantearse en la misma demanda mediante la cual se deduzcan otras pretensiones derivadas de la impugnación de actuaciones u omisiones administrativas," y en el artículo 10, sobre las pretensiones que pueden deducirse ante la jurisdicción contencioso administrativa:

"b). El reconocimiento de una situación jurídica individualizada y la adopción de las medidas necesarias para su pleno restablecimiento;" y "e) La condena a la Administración Pública al cumplimiento de sus obligaciones en los términos precisos establecidos en el acto administrativo o disposición de carácter general, cuando se determine que ha incurrido en inactividad; f)La condena al pago de reclamaciones por responsabilidad patrimonial, para lo cual deberá señalarse el monto correspondiente en la demanda y acreditarse durante el proceso los elementos suficientes que permitan, al tribunal, fijar el importe de los mismos."

Ello se complementa con la previsión del artículo 58 de la Ley, al disponerse entre los poderes del juez contencioso administrativo, la condena al órgano de la Administración Pública al cumplimiento de sus obligaciones en los términos

---

149   Véase Ernesto Jinesta Lobo, "El proceso contencioso-administrativo en Costa Rica, en *La jurisdicción contencioso administrativa en Iberoamérica* (Coordinadores: Jaime Rodríguez-Arana Muñoz, Marta García Pérez), Colección Derecho Público Iberoamericano, Editorial Jurídica Venezolana, 2014, p. 130.

150   *Idem.*, p. 130.

precisos establecidos en el acto administrativo o disposición de carácter general, cuando se determine que ha incurrido en inactividad y la condena al pago de responsabilidad patrimonial en su caso; así como el poder de "reconocer total o parcial de la situación jurídica individualizada que se hubiere pretendido" pudiendo "adoptar las medidas necesarias para el pleno restablecimiento de los derechos vulnerados o, de manera sustitutiva, la indemnización de daños y perjuicios."

En **Nicaragua**, el artículo 15 de la ley de lo contencioso administrativo al regular la "extensión de la Jurisdicción de lo Contencioso-Administrativo," dispone que conocerá también de:

> "2. Las cuestiones que se suscitaren sobre la responsabilidad patrimonial del Estado y de la Administración Pública por los daños y lesiones que sufrieren los particulares en sus bienes, derechos e intereses, como consecuencia de las actuaciones, omisiones o vías de hecho de sus funcionarios y empleados, sin importar cuál sea la naturaleza de la actividad o tipo de relación de que se deriven. Se exceptúan aquellas demandas civiles, mercantiles o laborales que por su naturaleza deben tramitarse ante la jurisdicción ordinaria;" y

> 5. Las acciones de responsabilidad civil y administrativa que se produjeren en contra de los funcionarios y empleados públicos en el desempeño de sus funciones, sin perjuicio de las causas que podrían seguirse para determinar responsabilidades penales."

En el caso de **Panamá**, la Ley N° 135 de 1943 Orgánica de la Jurisdicción Contencioso administrativa, reformada sustancialmente por la Ley N° 33 de 1954, enumera dentro de las competencias derivadas del artículo 206.2 de la propia Constitución,[151] de la Sala Tercera de la Corte Suprema: la de:

> "4. Restablecer los derechos particulares violados por la *Administración* y condenar a la *Administración* por reparación por lesión de derechos subjetivos, lo que abre el enrome campo para el contencioso de la responsabilidad administrativa, contractual y extra contractual."

Por último, se destaca la previsión del artículo 217 del Código Orgánico de la Rama Judicial, que atribuye a los jueces de los Tribunales Distritales de lo Contencioso Administrativo, competencia para:

> "4. Conocer y resolver las demandas que se propusieren contra actos, contratos o hechos administrativos en materia no tributaria, expedidos o producidos por las instituciones del Estado que conforman el sector público

---

151 Lo que se complementa con lo establecido en el artículo 97 del Código Judicial, y por la Ley N° 38 de 2000, que contiene el procedimiento administrativo general, y cuyo Libro primero prevé el Estatuto Orgánico de la Procuraduría de la Administración.

y que afecten intereses o derechos subjetivos de personas naturales o jurídicas; inclusive las resoluciones de la Contraloría General del Estado, así como de las demás instituciones de control que establezcan responsabilidades
en gestión económica en las instituciones sometidas al control o juzgamiento de tales entidades de control. Igualmente conocerán de las impugnaciones
a actos administrativos de los concesionarios de los servicios públicos y de
todas las controversias relativas a los contratos suscritos por los particulares
con las instituciones del Estado."

2. *El proceso contencioso administrativo de los contratos públicos*

A pesar de que se trata también de un contencioso de las demandas de condena contra la Administración, en la mayoría de las leyes de América Hispana se
identifica el contencioso administrativo de los contratos públicos, atribuyéndose
competencia específica a los tribunales contencioso administrativos para conocer
de todas las pretensiones sobre los mismos.

En **Venezuela** así fue hasta la Ley Orgánica de 2010, que atribuye competencia a la jurisdicción contencioso administrativa no sólo conocer de las pretensiones de condena originadas por responsabilidad extracontractual de la Administración, sino también por responsabilidad contractual, sea cual fuere la naturaleza del contrato público específico (art. 9.3). En contraste, en la Ley Orgánica
del Tribunal Supremo de Justicia de 2004, que regulaba antes la materia, se establecía el contencioso de los contratos como un aspecto específico del contencioso de las demandas, al atribuirse a la Sala Político Administrativa del Tribunal Supremo competencia para conocer de las "cuestiones de cualquier naturaleza que se susciten con motivo de la interpretación, cumplimiento, caducidad,
nulidad, validez o resolución de los contratos administrativos en los cuales sea
parte la República, los Estados o los Municipios." (Art. 5,25).

En todo caso, en la mayoría de los países de América Latina, aparte del contencioso de las demandas de condena, se sigue regulando específicamente el
proceso contencioso administrativo de los contratos públicos.

Es el caso, por ejemplo, de **Colombia**,[152] a cuyo efecto el Código de procedimiento Administrativo y Contencioso Administrativo dispone en la materia
que:

> *Artículo 87.-* De las controversias contractuales. Cualquiera de las par-
> tes de un contrato estatal podrá pedir que se declare su existencia o su nuli-
> dad y que se hagan las declaraciones, condenas o restituciones consecuen-

---

152   Véase Consuelo Sarria Olcos, "Las acciones contencioso administrativas en la legislación positiva colombiana," en *La jurisdicción contencioso administrativa en Iberoamérica* (Coordinadores: Jaime Rodríguez-Arana Muñoz, Marta García Pérez), Colección Derecho Público Iberoamericano, Editorial Jurídica Venezolana, 2014, pp.
102, 118 ss.; Jaime Orlando Santofimio, *Compendio de Derecho Administrativo*, Universidad Externado de Colombia, Bogotá 2017, p. 884.

ciales, que se ordene su revisión, que se declare su incumplimiento y que se condene al responsable a indemnizar los perjuicios y que se hagan otras declaraciones y condenas."

También es el caso del **Perú**, donde el artículo 4.5 del Texto Único de la Ley del contencioso administrativo, al describir las actuaciones impugnables, e indicar que procede la demanda contra toda actuación realizada en ejercicio de potestades administrativas, específica:

"5. Las actuaciones u omisiones de la administración pública respecto de la validez, eficacia, ejecución o interpretación de los contratos de la administración pública, con excepción de los casos en que es obligatorio o se decida, conforme a ley, someter a conciliación o arbitraje la controversia."[153]

En **Guatemala**, el artículo 19.2 de la Ley de lo contencioso administrativo establece que el proceso contencioso administrativo procede: "en los casos de controversias derivadas de contratos y concesiones administrativas;" en **Costa Rica**, el artículo 2a del Código procesal Contencioso Administrativo dispone que la Jurisdicción Contencioso-Administrativa y Civil de Hacienda también conocerá de "la materia de contratación administrativa, incluso los actos preparatorios con efecto propio, así como la adjudicación, interpretación, efectos y extinción, cualquiera que sea su naturaleza jurídica;" y en **El Salvador,** la Ley de la Jurisdicción Contencioso Administrativa dispone en su artículo 3.b, que "en la jurisdicción contencioso administrativa podrán deducirse pretensiones relativas a las actuaciones y omisiones administrativas" en materia de "contratos administrativos," reiterando en el artículo 10.d que entre dichas pretensiones están "las relativas a las controversias suscitadas en relación con los contratos administrativos." A ello, el artículo 5 de la misma ley agrega que:

"podrán ser objeto de impugnación los contratos administrativos, así como los actos referidos a su interpretación, ejecución y extinción. También serán impugnables los actos de preparación y adjudicación de todos los contratos celebrados por la Administración Pública."

En **Nicaragua**, por su parte, el artículo 15.1 de la Ley sobre lo contencioso administrativo al tratar sobre la "extensión de la Jurisdicción de lo Contencioso-Administrativo," precisa que la misma conocerá de:

"Los asuntos referentes a la preparación, adjudicación, cumplimiento, interpretación, validez, resolución y efectos de los contratos administrativos

---

153   Véase Víctor Sebastián Baca Oneto, "Las pretensiones como objeto del proceso contencioso administrativo en el derecho peruano," en *Contenciosos Administrativos en Iberoamérica, XIV FIDA, San Juan Puerto Rico,* (Coordinadores: Jaime Rodríguez Arana, William Vázquez Irizarry, María del Carmen Rodríguez Martín-Retortillo), Universidad de Puerto Rico, San Juan 2015, Tomo II, p. 643 ss.

celebrados por la Administración Pública, especialmente cuando tuvieren por finalidad el interés público, la prestación de servicios públicos o la realización de obras públicas."

En **Honduras**, conforme a la Ley de la Jurisdicción Contencioso Administrativa, la misma también conocerá de "las cuestiones referentes al cumplimiento, interpretación, resolución, rescisión y efectos de los contratos regulados por la Ley de Contratación del Estado que hayan sido celebrados por cualquiera de los Poderes del Estado, por las Municipalidades y por las Instituciones Autónomas, y todo lo relativo a los Contratos de Servicios Profesionales o Técnicos que celebren los Poderes del Estado," (art. 3.a); e igualmente, de lo relativo al "cumplimiento, interpretación, resolución y efectos de los contratos" celebrados por "Entidades de Derecho Público, tales como Colegios Profesionales y Cámaras de Comercio e Industrias," y "cuando tuvieren por finalidad obras y servicios públicos de toda especie" (art. 3.ch).

3. *El proceso contencioso administrativo contra la carencia, omisión o abstención de la Administración*

Otro de los procesos contencioso administrativos que en las últimas décadas se ha regulado en la mayoría de las leyes sobre la materia, ha sido el proceso contencioso administrativo contra la carencia, la omisión o la abstención de la Administración Púbica.

Este proceso, por ejemplo, se estableció en **Venezuela** desde 1976 en la Ley Orgánica de la Corte Suprema de Justicia (arts. 42,23, y 182,1) al atribuir a la Sala Político Administrativa de dicha Corte competencia para:

"Conocer de la abstención o la negativa del presidente de la República, del vicepresidente ejecutivo de la República, de los ministros, así como de las máximas autoridades de los demás órganos de rango constitucional, a cumplir los actos a que estén obligados por las leyes."[154]

La competencia general se encuentra regulada desde 2010 en los artículos 9.2, 23.3, 24.3 y 25.4 de la Ley Orgánica de la Jurisdicción Contencioso Administrativa cuando al enumerar las competencias de todos los tribunales de la Jurisdicción, establece la referida a "la *abstención o la negativa* de las *autoridades* a producir un acto al cual estén obligados por la ley," incluyendo los Consejos Comunales y otras entidades que ejerzan la función administrativa (arts. 9, 2 y 10).

En el **Perú**, el artículo 4.2 del Texto Único de la Ley del contencioso administrativo, al referirse a las "actuaciones administrativas impugnables," además

---

154   Véase sobre esta norma en la Ley Orgánica de la Corte Suprema de Justicia de 1976, Allan R. Brewer-Carías, "La abstención, silencio y negativa de la Administración y su control" en *El Derecho Venezolano en 1982,* Ponencias al Congreso Internacional de Derecho Comparado, UCV, Caracas, 1982, pp. 603 ss.

de indicar que "procede la demanda contra toda actuación realizada en ejercicio de potestades administrativas," especifica entre ellas, "la inercia y cualquier otra omisión de la administración pública."[155]

Por ello, en el artículo 5.4 de la ley, al regularse las pretensiones, dispone que en el proceso contencioso administrativo se pueden plantear pretensiones con el objeto de que "se ordene a la administración pública la realización de una determinada actuación a la que se encuentre obligada por mandato de la ley o en virtud de acto administrativo firme."

En **Nicaragua** el artículo 14 de la Ley sobre lo contencioso administrativo, al regular el ámbito de la Jurisdicción de lo Contencioso-Administrativo, establece que también debe conocer "de las pretensiones que los interesados presenten en la correspondiente demanda en relación con omisiones" de la Administración, indicándose además, en el artículo 15.3 de la ley, al regular la "extensión de la Jurisdicción de lo Contencioso-Administrativo ," que la misma debe conocer, entre otras, pero específicamente, de las demandas contra las omisiones de "la Contraloría General de la República, Procuraduría para la Defensa de los Derechos Humanos, Fiscalía General de la República, Procuraduría General de Justicia, por la Superintendencia de Bancos y de Otras Instituciones Financieras y la Superintendencia de Pensiones."

En **Panamá**, la Ley N° 135 de 1943 Orgánica de la Jurisdicción Contencioso administrativa, reformada sustancialmente por la Ley N° 33 de 1954, al enumerar la competencia de la sala Tercera de la Corte Suprema, que deriva del artículo 206.2 de la propia Constitución, identifica la competencia para:

"2. Controlar las omisiones en que incurran, en el ejercicio de sus funciones, los funcionarios públicos y autoridades nacionales, provinciales, municipales y de las entidades públicas autónomas o semiautónomas".

En **El Salvador**, siguiendo la orientación de la legislación española,156 se reguló el llamado proceso contencioso administrativo contra "la inactividad de la Administración" (art. 3.d), entendiéndose que:

---

155   Véase Víctor Sebastián Baca Oneto, "Las pretensiones como objeto del proceso contencioso administrativo en el derecho peruano," en *Contenciosos Administrativos en Iberoamérica, XIV FIDA, San Juan Puerto Rico*, (Coordinadores: Jaime Rodríguez Arana, William Vázquez Irizarry, María del Carmen Rodríguez Martín-Retortillo), Universidad de Puerto Rico, San Juan 2015, Tomo II, pp. 643 ss.

156   El Artículo 29.1 de la ley sobre lo contencioso administrativo de España dispone, en efecto, que **"**Cuando la Administración, en virtud de una disposición general que no precise de actos de aplicación o en virtud de un acto, contrato o convenio administrativo, esté obligada a realizar una prestación concreta en favor de una o varias personas determinadas, quienes tuvieran derecho a ella pueden reclamar de la Administración el cumplimiento de dicha obligación. Si en el plazo de tres meses desde la fecha de la reclamación, la Administración no hubiera dado cumplimiento a lo solicitado o no

"la inactividad de la Administración Pública se generará cuando esta, sin causa legal, no ejecute total o parcialmente una obligación contenida en un acto administrativo o en una disposición de carácter general que no necesite de actos de ejecución para la producción de sus consecuencias jurídicas. Dicha obligación deberá ser concreta y determinada a favor de una o varias personas individualizadas o individualizables, y quienes tuvieran derecho a ella deben haber reclamado previamente su cumplimiento en los términos regulados en el artículo 88 de esta ley" (art. 6).

El artículo 3.4 de la Ley agrega, además, que ante la jurisdicción contencioso administrativa también pueden deducirse pretensiones relativas a las "omisiones de naturaleza administrativa de los concesionarios."

En sentido similar en **Nicaragua** en la Ley de la Jurisdicción Contencioso Administrativa se ha regulado el denominado "recurso especial por retardación," que conforme al artículo 37 de la misma procede "cuando la Administración Pública estuviere obligada a realizar una prestación concreta a favor de una o varias personas determinadas, ya fuere en virtud de una disposición general que no precisare de actos de aplicación o en virtud de un acto, contrato o convenio administrativo," en cuyo caso los administrados pueden "reclamar a la Administración el cumplimiento de dicha obligación." La norma agrega que

"si la Administración no diere cumplimiento a lo solicitado en un plazo de cuarenta y cinco días o no hubiere llegado a un acuerdo con los interesados, éstos podrán ejercer la acción contencioso-administrativa contra la inactividad administrativa demandando a la Administración el cumplimiento de sus obligaciones en los términos establecidos."

La misma norma agrega que cuando la Administración no ejecutare sus resoluciones firmes, los interesados pueden "solicitar su ejecución y si ésta no se produjere en el plazo de treinta días desde que hubiere sido formulada la petición, aquellos podrán acudir a la vía contencioso administrativa para su pronta ejecución, sin perjuicio de las responsabilidades e indemnizaciones a que hubiere lugar: De la misma forma podrá procederse cuando haya retardación del procedimiento administrativo."

Por último, debe mencionarse que, en **Colombia**, la defensa judicial frente al incumplimiento de la Administración respecto de sus deberes establecidos en leyes y actos administrativos, está garantizada mediante una acción constitucional, que es la acción de cumplimiento prevista en el artículo 87 de la Constitución que establece que:

"Toda persona podrá acudir ante la autoridad judicial para hacer efectivo el cumplimiento de una ley o un acto administrativo. En caso de prospe-

---

hubiera llegado a un acuerdo con los interesados, éstos pueden deducir recurso contencioso-administrativo contra la inactividad de la Administración."

rar la acción, la sentencia ordenará a la autoridad renuente el cumplimiento del deber omitido."

La acción está regulada en la Ley 1473 de 2011, como lo señala Jaime Orlando Santofimio, "como una acción de carácter constitucional que comparte naturaleza de acción popular con elementos propios de las acciones individuales o particulares de competencia de las autoridades judiciales, de interpretación y aplicación excepcional y restrictiva, intemporal, de trámite preferencial para "exigir de las autoridades la realización del deber omitido."[157]

4. *El proceso contencioso administrativo contra las vías de hecho y las actuaciones materiales de la Administración*

Otra de las tendencias que pueden destacarse en relación con las regulaciones sobre lo contencioso administrativo en los países hispanoamericanos, abandonando la vinculación con el acto administrativo otrora único objeto de los recursos, ha sido la regulación del proceso contencioso administrativo contra las vías de hecho o las actuaciones materiales de la Administración, en cuyos casos, precisamente no está en juego un acto administrativo.

Así se ha regulado, por ejemplo, en el artículo 42.2.a del Código del Procedimiento Contencioso Administrativo de **Costa Rica**, al establecer que el "demandante podrá formular cuantas pretensiones sean necesarias, conforme al objeto del proceso," pudiendo específicamente solicitar:

"h) La declaración de disconformidad con el ordenamiento jurídico de una actuación material, constitutiva de una vía de hecho, su cesación, así como la adopción, en su caso, de las demás medidas previstas en el inciso d) de este artículo." [158]

En sentido similar, en el **Perú**, los artículos 4.3 y 4.4 del texto Único de la Ley sobre el contencioso administrativo, entre las "actuaciones impugnables," al disponer que "procede la demanda contra toda actuación realizada en ejercicio de potestades administrativas," enumeran como impugnables en el proceso contencioso administrativo, tanto "la actuación material que no se sustenta en acto administrativo," como "la actuación material de ejecución de actos administrativos que transgrede principios o normas del ordenamiento jurídico."[159]

---

157   Véase Jaime Orlando Santofimio, Compendio de Derecho Administrativo, Universidad Externado de Colombia, Bogotá 2017, pp. 896, 987.

158   Véase Ernesto Jinesta Lobo, "El proceso contencioso-administrativo en Costa Rica, en *La jurisdicción contencioso administrativa en Iberoamérica* (Coordinadores: Jaime Rodríguez-Arana Muñoz, Marta García Pérez), Colección Derecho Público Iberoamericano, Editorial Jurídica Venezolana, 2014, p. 130.

159   Véase Víctor Sebastián Baca Oneto, "Las pretensiones como objeto del proceso contencioso administrativo en el derecho peruano," en *Contenciosos Administrativos en Iberoamérica, XIV FIDA, San Juan Puerto Rico,* (Coordinadores: Jaime Rodríguez

Por tanto, entre las pretensiones que pueden plantearse en el proceso contencioso administrativo, conforme al artículo 5.3 de la Ley están aquellas que tiene por objeto obtener "la declaración de contraria a derecho y el cese de una actuación material que no se sustente en acto administrativo."

En **Venezuela,** igualmente en forma general el artículo 9.3 de la Ley Orgánica de 2010 al enumerar las competencias de la Jurisdicción, establece aquella para conocer de "las reclamaciones contra las vías de hecho atribuidas a los órganos del Poder Público."

En **El Salvador**, igualmente, el artículo 3.d de la Ley sobre lo contencioso administrativo es clara en establecer que en la jurisdicción contencioso administrativa pueden deducirse pretensiones relativas a las actuaciones y omisiones administrativas respecto de la "actividad material de la Administración Pública constitutiva de vía de hecho;" precisando el artículo 7 de la ley que:

"Constituye vía de hecho la actuación material de la Administración Pública realizada sin respaldo en un acto administrativo previo, o en exceso del contenido de este."

En esta materia, conforme con los artículos 10.c y 58 de la misma Ley, la pretensión que en este caso se puede formular ante la jurisdicción contencioso administrativa, tiene por objeto "la declaración de ilegalidad de la actuación material constitutiva de vía de hecho, la orden de cese de dicha actuación" y, en su caso, adoptar las medidas necesarias para el pleno restablecimiento de los derechos vulnerados o, de manera sustitutiva, la indemnización de daños y perjuicios.

En **Nicaragua** el artículo 14 de la Ley sobre el contencioso administrativo, al definir el ámbito de la Jurisdicción, establece que puede conocer de las pretensiones que los interesados presenten en la correspondiente demanda en relación con situaciones y simples vías de hecho de la Administración Pública; agregando el artículo 15.3, al regular la "extensión de la Jurisdicción de lo Contencioso-Administrativo," que la misma también conoce de las demandas incoadas contra las simples vías de hecho emitidas por "la Contraloría General de la República, Procuraduría para la Defensa de los Derechos Humanos, Fiscalía General de la República, Procuraduría General de Justicia, por la Superintendencia de Bancos y de Otras Instituciones Financieras y la Superintendencia de Pensiones."

La Ley nicaragüense precisa en su artículo 38, que en estos casos de vías de hecho, el interesado puede solicitar a la Administración el cese de la actuación, pudiendo el interesado si la solicitud no fuere atendida dentro de los diez días siguientes a su presentación, acudir directamente a la jurisdicción contencioso

---

Arana, William Vázquez Irizarry, María del Carmen Rodríguez Martín-Retortillo), Universidad de Puerto Rico, San Juan 2015, Tomo II, pp. 648 ss.

administrativa "para que la actuación sea declarada contraria a derecho, se ordene el cese de dicha actuación y se adopten, en su caso, las medidas necesarias para restablecer la legalidad."

5. *El proceso contencioso administrativo de los servicios públicos*

Otro de los procesos contencioso administrativos que comienza a encontrar regulación expresa es el que se refiere a los servicios públicos. Sobre ello, el artículo 9 de la Ley Orgánica de la Jurisdicción Contencioso Administrativa de **Venezuela** de 2010, enumera entre las competencias de la misma:

"5. Los reclamos por la prestación de los servicios públicos y el restablecimiento de las situaciones jurídicas subjetivas lesionadas por los *prestadores* de los mismos."

Igualmente, en **Nicaragua**, al definir la "extensión de la Jurisdicción de lo Contencioso-Administrativo" el artículo 15.d de la Ley sobre el contencioso administrativo indica que también conocerá de:

"Los reclamos que los administrados formulen en contra de las actuaciones de la Administración concedente, relativos a la fiscalización y control de las actividades de los concesionarios de los servicios públicos, siempre que impliquen el ejercicio de potestades administrativas conferidas a ellos, así como en contra de las actuaciones de los propios concesionarios en cuanto implicaren el ejercicio de potestades administrativas."

En el caso de **Panamá**, igualmente, la Ley N° 135 de 1943 Orgánica de la Jurisdicción Contencioso administrativa reformada sustancialmente por la Ley N° 33 de 1954, conforme a las competencias definidas en el artículo 206.2 de la Constitución, para la Sala Tercera de la Corte Suprema, le asigna competencia para "controlar la prestación defectuosa o deficiente de los servicios públicos."

Por último, en **Ecuador**, de acuerdo al Art. 217.8 del Código Orgánico de la Función Judicial, corresponde a los jueces de los Tribunales Distritales de lo Contencioso Administrativo:

"Conocer y resolver las acciones propuestas contra el Estado, sus delegatarios, concesionarios y toda persona que actúe en ejercicio de una potestad pública, en las que se reclame la reparación de las violaciones a los derechos de los particulares por falta o deficiencia de la prestación de los servicios públicos, o por las acciones u omisiones de sus funcionarias y funcionarios y empleadas y empleados públicos en el desempeño de sus cargos."

6. *El proceso contencioso administrativo de los conflictos interadministrativos*

Otro de los procesos contencioso administrativos que se ha venido delineando en los últimos años ha sido el contencioso de los conflictos entre órganos de la Administración. En tal sentido, en **Venezuela**, respecto de los conflictos entre los órganos de las entidades territoriales, el artículo 9.7 de la Ley Orgánica de la Jurisdicción Contencioso Administrativa de 2010 incluye, entre las competencias de la Jurisdicción, la de conocer sobre:

"La resolución de las controversias administrativas que se susciten entre la República, algún estado, municipio u otro ente público, cuando la otra parte sea alguna de esas mismas entidades."

En la **República Dominicana**, por su parte, la Constitución de 2010 enumera en su artículo 165.3, entre las atribuciones de los tribunales superiores administrativos, la de:

"Conocer y resolver en primera instancia o en apelación, de conformidad con la ley, las acciones contencioso administrativas que nazcan de los conflictos surgidos entre la Administración Pública y sus funcionarios y empleados civiles."

Por su parte, en **Nicaragua,** el artículo 15.6 de la Ley sobre lo contencioso administrativo, al precisar la "extensión de la Jurisdicción de lo Contencioso-Administrativo," indica que la misma conocerá de:

"Los conflictos de carácter administrativo que surgieran entre los distintos organismos de la Administración Pública; los conflictos administrativos de carácter intermunicipal o interregional, o entre los municipios y las Regiones Autónomas, y los de éstos con la Administración Pública."

A tal efecto, el artículo 35 de la Ley sobre el Poder Judicial, le asigna competencia a la Sala de lo Contencioso Administrativo de la Corte Suprema, específicamente para:

"2. Conocer y resolver los conflictos administrativos surgidos entre los organismos de la Administración Pública y entre éstos y los particulares. 3. Conocer y resolver los conflictos que surjan entre las Regiones Autónomas o entre éstas y los organismos del Gobierno Central. 4. Conocer y resolver los conflictos que surjan entre los municipios, o entre éstos y los organismos de las Regiones Autónomas o del Gobierno Central. 5. Conocer las excusas por implicancias y recusaciones contra los miembros de la Sala."

7.   *El proceso contencioso administrativo de la interpretación de leyes*

Otro proceso contencioso administrativo que se ha regulado expresa y específicamente en algunos leyes sobre el contencioso administrativo de América Latina, es el proceso contencioso administrativo de interpretación de leyes que por ejemplo, se ha regulado en el artículo 9.6 de la Ley Orgánica de la Jurisdicción Contencioso Administrativo de **Venezuela**, al asignársele a los tribunales competencias para conocer de "la resolución de los recursos de interpretación de leyes de contenido administrativo."

Este proceso, que en definitiva es un proceso de interpretación abstracta de leyes, se estableció inicialmente en forma específica en la Ley de Carrera Administrativa de 1970, y de resto solo fue mencionado incidentalmente.[160] En dicha Ley, en efecto, se consagró un recurso de interpretación ante el Tribunal de la Carrera Administrativa, en relación a las dudas que surgieran en cuanto a la aplicación e interpretación de dicha Ley y sus Reglamentos, aclarándose que el ejercicio de dicho recurso no podía ser motivo para la paralización de ninguna medida que las autoridades competentes puedan ordenar.[161] Mediante esta norma puede decirse que por primera vez se consagró expresamente en **Venezuela** la competencia de interpretación atribuida a la jurisdicción contencioso - administrativa, aun cuando en este caso, limitada al contencioso-funcionarial.

Posteriormente, en la mencionada Ley Orgánica de la Corte Suprema de Justicia de 1976 se estableció en forma general la competencia del Supremo Tribunal para "conocer del recurso de interpretación y resolver las consultas que se le formulen acerca del alcance e inteligencia de los textos legales", pero precisándose que ello procedía solo "en los casos previstos en la Ley" (Art. 42,24), con lo cual dicha competencia quedaba sujeta a lo que se regulara expresamente en leyes específicas.

En la reforma de la Ley Orgánica del Tribunal Supremo de Justicia de 2004 se produjo un cambio sustancial en la materia, habiendo quedado regulado el recurso de interpretación en el artículo 5.52, como una competencia general de todas las Salas del Tribunal Supremo, que fue lo que se recogió en la Ley Orgánica del Tribunal Supremo de 2010. En el artículo 31,5 de dicha Ley, en efecto, se especifica que corresponde a cada Sala con competencia afín con la materia debatida, la competencia para:

> "Conocer de las demandas de interpretación acerca del alcance e inteligencia de los textos legales, siempre que dicho conocimiento no signifique una sustitución del mecanismo, medio o recurso que disponga la ley para dirimir la situación de que se trate".

Ahora conforme a la nueva Ley Orgánica de la Jurisdicción Contencioso Administrativa de 2010, la competencia de los tribunales contencioso administrativos específicamente se refiere a "la resolución de los recursos de interpretación de las leyes de contenido administrativo" (art. 9,5), competencia que por lo demás la Ley reservó a la Sala Político Administrativa del Tribunal Supremo (art. 23,21) como el más alto tribunal de la Jurisdicción.

---

160   Véase Allan R. Brewer-Carías y Enrique Pérez Olivares. "El recurso contencioso-administrativo de interpretación en el sistema jurídico venezolano," en *Revista de la Facultad de Derecho,* Universidad Central de Venezuela, Nº 32, Caracas, 1965, pp. 103-126.

161   Artículo 64 de la derogada Ley de Carrera Administrativa de 1970.

En otros países, sin embargo, se observa el desarrollo de un contencioso de interpretación, pero de los actos administrativos. Es el caso de **Panamá**, donde la Sala Tercera de la Corte Suprema de Justicia, mediante Resolución de 3 de agosto de 1993, estableció que el proceso contencioso de interpretación, es la vía jurídica adecuada para que la misma se pronuncie sobre "la recta interpretación de un acto administrativo, que constituye la base para decidir un negocio jurídico o que se ventila," cuando se necesita "deslindar el sentido, el verdadero significado y alcance de ese acto administrativo." [162]

V. HACIA LA AMPLIACIÓN DE POTESTAD CAUTELAR EN EL PROCESO CONTENCIOSO ADMINISTRATIVO, MÁS ALLÁ DE LA SUSPENSIÓN DE EFECTOS DE LOS ACTOS ADMINISTRATIVOS

Otra de las tendencias que se aprecia en el desarrollo del proceso contencioso administrativo en América Latina, igualmente para garantizar una tutela judicial efectiva de los administrados frente a la Administración, ha sido la progresiva ampliación del poder cautelar del juez, abriéndose así una amplia gama de medidas cautelares más allá de la clásica medida de suspensión de los efectos de los actos administrativos de efectos particulares impugnados.

En **Venezuela**, por ejemplo, después de años de desarrollo jurisprudencial en particular con motivo de las acciones de nulidad y amparo contra los actos administrativos, que con base en las previsiones generales establecidas en el Código de Procedimiento Civil en materia de medidas cautelares innominadas,[163] el artículo 4 de la Ley Orgánica de la Jurisdicción Contencioso Administrativa de 2010 ha terminado por establecer un amplio poder cautelar del juez contencioso administrativo disponiendo que "está investido de las más amplias potestades cautelares," quedando facultado, en consecuencia, para:

> "dictar, aún de oficio, las medidas preventivas que resulten adecuadas a la situación fáctica concreta, imponiendo ordenes de hacer o no hacer a los particulares, así como a los órganos y entes de la Administración Pública, según el caso concreto, en protección y continuidad sobre la prestación de los servicios públicos y en su correcta actividad administrativa." [164]

162   Véase Carlos Gasnell Acuña, "La jurisdicción contenciosa administrativa en Panamá," en Henry Alexander Mejía, Edmundo Orellana, Karlos Navarro Medal, Ernesto Jinesta Lobo y Carlos Gasnell Acuña, *Derecho procesal contencioso administrativo. Centroamérica y México,* Instituto de Estudio e Investigación Jurídica (INEJ), 2018, p. 238.

163   Véase Víctor Hernández Mendible, *La tutela judicial cautelar en el contencioso administrativo*, Vadell Hermanos Editores, Valencia 1998.

164   Alejandro Canónico, "La nueva regulación y tratamiento jurisprudencial sobre la tutela cautelar en el contencioso administrativo venezolano," en *Contenciosos Administrativos en Iberoamérica, XIV FIDA, San Juan Puerto Rico,* (Coordinadores: Jaime

En cuanto al procedimiento, la Ley Orgánica establece un procedimiento común para el caso de tramitación de medidas cautelares en los procesos contencioso administrativos, el cual se debe aplicar en general, incluso en los casos de solicitudes de amparo cautelar que se formulen junto con las acciones de nulidad de actos administrativos (art. 103), indicándose que pueden solicitarse por las partes en cualquier estado y grado del procedimiento, pudiendo ser acordadas por el tribunal como las estime pertinentes:

> "para resguardar la apariencia del buen derecho invocado y garantizar las resultas del juicio, ponderando los intereses públicos generales y colectivos concretizados y de ciertas gravedades en juego, siempre que dichas medidas no prejuzguen sobre la decisión definitiva." (art. 104)

A tal efecto, conforme a la Ley Orgánica, el tribunal cuenta con los más amplios poderes cautelares para proteger no sólo a los demandantes, sino como lo dice el artículo 104, "la Administración Pública, a los ciudadanos o ciudadanas, a los intereses públicos y para garantizar la tutela judicial efectiva y el restablecimiento de las situaciones jurídicas infringidas mientras dure el proceso."

En las causas de contenido patrimonial, la Ley Orgánica prescribe que el tribunal puede exigir garantías suficientes al solicitante. Al trámite de las medidas cautelares se le debe dar prioridad (art. 105); y en cuanto al trámite de la oposición a las mismas que formulen se debe aplicar lo dispuesto en el Código de Procedimiento Civil (art. 106).

Esta tendencia se aprecia igualmente en las previsiones del Código de Procedimiento Administrativo y de lo Contencioso Administrativo de **Colombia**, en el cual en los procesos contencioso administrativos se autoriza al Juez o Magistrado Ponente para decretar, en providencia motivada, "las medidas cautelares que considere necesarias para proteger y garantizar, provisionalmente, el objeto del proceso y la efectividad de la sentencia" (art. 229), indicándose en el artículo 230, que dichas medidas cautelares "podrán ser preventivas, conservativas, anticipativas o de suspensión, y deberán tener relación directa y necesaria con las pretensiones de la demanda," enumerándose en la norma las siguientes medidas que podrían ser decretadas:

"1. Ordenar que se mantenga la situación, o que se restablezca al estado en que se encontraba antes de la conducta vulnerante o amenazante, cuando fuere posible.

2. Suspender un procedimiento o actuación administrativa, inclusive de carácter contractual. A esta medida solo acudirá el Juez o Magistrado Ponente cuando no exista otra posibilidad de conjurar o superar la situación que dé lugar a su adopción y, en todo caso, en cuanto ello fuere

---

Rodríguez Arana, William Vázquez Irizarry, María del Carmen Rodríguez Martín-Retortillo), Universidad de Puerto Rico, San Juan 2015, Tomo II, pp. 793 ss.

posible el Juez o Magistrado Ponente in dictará las condiciones o señalará las pautas que deba observar la p arte demandada para que pueda
reanudar el procedimiento o actuación sobre la cual recaiga la medida.

3. Suspender provisionalmente los efectos de un acto administrativo.

4. Ordenar la adopción de una decisión administrativa, o la realización o
    demolición de una obra con el objeto de evitar o prevenir un perjuicio o
    la agravación de sus efectos.

5. Impartir órdenes o imponerle a cualquiera de las partes del proceso
    obligaciones de hacer o no hacer."[165]

En **Costa Rica**, el artículo 19.1 del Código de procedimiento Contencioso
Administrativo, establece una cláusula residual otorgándole al juez contencioso-
administrativo un poder de cautela general, al indicar que podrá ordenar "las
medidas cautelares adecuadas y necesarias para proteger y garantizar, provisionalmente, el objeto del proceso y la efectividad de la sentencia," con lo que su
contenido es *numerus apertus*, pudiendo decretar provisionales positivas, antici-
patorias o innovativas y no solo meramente conservativas,[166] específicamente,
"cuando la ejecución o permanencia de la conducta sometida a proceso, produzca graves daños o perjuicios, actuales o potenciales, de la situación aducida, y
siempre que la pretensión no sea temeraria o, en forma palmaria, carente de seriedad" (art. 21).

Al efecto, el artículo 20 del Código dispone que "las medidas cautelares podrán contener la conservación del estado de cosas, o bien, efectos anticipativos o
innovativos, mediante la regulación o satisfacción provisional de una situación
fáctica o jurídica sustancial," pudiendo el tribunal o el juez respectivo "imponerle, provisionalmente, a cualquiera de las partes del proceso, obligaciones de
hacer, de no hacer o de dar."

En todo caso, el Código le impone al Juez, para otorgar o denegar alguna
medida cautelar, el deber de "considerar, especialmente, el principio de proporcionalidad, ponderando la eventual lesión al interés público, los daños y los perjuicios provocados con la medida a terceros, así como los caracteres de instrumentalidad y provisionalidad, de modo que no se afecte la gestión sustantiva de
la entidad, ni se afecte en forma grave la situación jurídica de terceros" (art. 22).

---

165   Véase Jaime Orlando Santofimio, Compendio de Derecho Administrativo, Universi-
      dad Externado de Colombia, Bogotá 2017, pp. 914 ss.

166` Véase Ernesto Jinesta Lobo, "El proceso contencioso-administrativo en Costa Rica,
      en *La jurisdicción contencioso administrativa en Iberoamérica* (Coordinadores: Jai-
      me Rodríguez-Arana Muñoz, Marta García Pérez), Colección Derecho Público Ibe-
      roamericano, Editorial Jurídica Venezolana, 2014, p. 128; y "medidas cautelares en el
      proceso contencioso administrativo," en *Contenciosos Administrativos en Iberoamé-
      rica, XIV FIDA, San Juan Puerto Rico*, (Coordinadores: Jaime Rodríguez Arana, Wi-
      lliam Vázquez Irizarry, María del Carmen Rodríguez Martín-Retortillo), Universidad
      de Puerto Rico, San Juan 2015, Tomo II, p. 926.

Igualmente, en el **Perú**, en el artículo 38 del Texto único refundido de la Ley de lo Contencioso Administrativo, se dispone el poder del juez de dictar medidas cautelares antes de iniciado un proceso o dentro de éste, "siempre que se destine a asegurar la eficacia de la decisión definitiva," siguiéndose en general las previsiones del Código Procesal Civil con las especificaciones establecidas en la Ley,[167] siendo "especialmente procedentes en el proceso contencioso administrativo las medidas cautelares de innovar y de no innovar" (art. 41).

Conforme al artículo 39 de la misma Ley, las medidas cautelares se deben dictar "en la forma que fuera solicitada o en cualquier otra forma que se considere adecuada para lograr la eficacia de la decisión definitiva, siempre que de los fundamentos expuestos por el demandante:"

"1. Se considere verosímil el derecho invocado. Para tal efecto, se deberá ponderar la proporcionalidad entre la eventual afectación que causaría al interés público o a terceros la medida cautelar y, el perjuicio que causa al recurrente la eficacia inmediata de la actuación impugnable.

2. Se considere necesaria la emisión de una decisión preventiva por constituir peligro la demora del proceso, o por cualquier otra razón justificable. No es exigible este requisito cuando se trate de pretensiones relacionadas con el contenido esencial del derecho a la pensión.

3. Se estime que resulte adecuada para garantizar la eficacia de la pretensión."

En la ley, en ésta forma se han incorporado los clásicos principios a ser analizados por el Juez para dictar las medidas cautelares: en primer lugar el *fumus boni iuris*, con el objeto de concretar la presunción grave de violación o amenaza de violación del derecho alegado por el demandante; y en segundo lugar, el *periculum in mora*, con el objeto de preservarse la situación existente, ante el riesgo inminente de que pueda causarse un perjuicio irreparable en la definitiva si el acto se ejecuta.

Igualmente, en **El Salvador**, la Ley sobre lo contencioso administrativa de 2017 ha establecido en general, que las partes en los procesos contencioso administrativos, pueden "solicitar en cualquier estado del proceso, incluso en la fase de ejecución de la sentencia, la adopción de cuantas medidas fuere necesarias para asegurar la efectividad de la sentencia" (art. 97).

Igualmente, en **México**, el artículo 24 de la Ley federal sobre el contencioso administrativo autoriza al juez en el juicio contencioso administrativo, adoptar

---

167   Véase Ramón Huapaya Tapia, "Criterios para la adopción de medidas cautelares en la normativa que regula el proceso contencioso administrativo en el per (En particular el requisito de ponderación entre la verosimilitud del derecho y el interés legítimo," en *Contenciosos Administrativos en Iberoamérica, XIV FIDA, San Juan Puerto Rico*, (Coordinadores: Jaime Rodríguez Arana, William Vázquez Irizarry, María del Carmen Rodríguez Martín-Retortillo), Universidad de Puerto Rico, San Juan 2015, Tomo II, pp. 910 ss.

"todas las medidas cautelares positivas necesarias para evitar que el litigio quede sin materia o se cause un daño irreparable al actor," regulándose, además, específicamente la medida de suspensión de efectos al disponer la norma que:

"una vez iniciado el juicio contencioso administrativo, salvo en los casos en que se ocasione perjuicio al interés social o se contravengan disposiciones de orden público, y con el fin de asegurar la eficacia de la sentencia, el Magistrado Instructor podrá decretar la suspensión de la ejecución del acto impugnado, a fin de mantener la situación de hecho existente en el estado en que se encuentra."

La suspensión de efectos del acto recurrido, además, como lo indicó Gustavo Esquivel, debe proceder siempre "que no se trate de actos consumados irreparablemente; que causen al actor daños mayores de no concederse la suspensión y, que sin prejuzgar acerca del fondo de la cuestión planteada, se advierta claramente la ilegalidad manifiesta del acto administrativo controvertido, lo que se conoce como la apariencia del buen derecho." [168]

Sin embargo, no en todos los países latinoamericanos se pueden apreciar avances en materia de medidas cautelares como los indicados, habiendo permanecido en muchos de ellos circunscritas las medidas cautelares en el proceso contencioso administrativo a la clásica suspensión de efectos del acto administrativo recurrido, partiendo del principio general también clásico de los efectos no suspensivos de los recursos o acciones contencioso administrativas.

Por ello, por ejemplo, en **Guatemala** el artículo 18 de la Ley de lo contencioso administrativo especifica que el recurso contra los actos administrativos carece de efectos suspensivos, pudiendo sin embargo el juez, para casos concretos excepcionales, decidir lo contrario y suspender los efectos del acto recurrido.

En **Argentina**, la medida cautelar contencioso administrativa clásica es la suspensión de efectos del acto recurrido,[169] al igual que en el **Uruguay** [170] donde el artículo 30 del decreto ley N° 15.524 de 9 de enero de 1984, prevé que:

---

168   Véase Gustavo Arturo Esquivel Vázquez, "El derecho contencioso administrativo en México," en *La jurisdicción contencioso administrativa en Iberoamérica* (Coordinadores: Jaime Rodríguez-Arana Muñoz, Marta García Pérez), Colección Derecho Público Iberoamericano, Editorial Jurídica Venezolana, 2014, p. 347.

169   Julio Pablo Comadira, "La suspensión judicial de efectos del acto administrativo en Argentina en la nueva Ley de medidas cautelares en las que el Estado es parte," en *Contenciosos Administrativos en Iberoamérica, XIV FIDA, San Juan Puerto Rico*, (Coordinadores: Jaime Rodríguez Arana, William Vázquez Irizarry, María del Carmen Rodríguez Martín-Retortillo), Universidad de Puerto Rico, San Juan 2015, Tomo II, pp. 822 ss.

170   Véase Carlos E. Delpiazzo, "Las pretensiones contencioso administrativas en Uruguay," en *Contenciosos Administrativos en Iberoamérica, XIV FIDA, San Juan Puerto Rico*, (Coordinadores: Jaime Rodríguez Arana, William Vázquez Irizarry, María del Carmen Rodríguez Martín-Retortillo), Universidad de Puerto Rico, San Juan 2015, Tomo II, pp. 681.

"en las acciones deducidas ante el Tribunal de lo Contencioso Administrativo, a petición de parte interesada y previa vista por el término de seis días a la persona jurídica estatal demandada, el Tribunal podrá disponer la suspensión transitoria, total o parcial, de la ejecución del acto impugnado, si ésta fuere susceptible de causar un perjuicio grave, o de difícil reparación, o irreparable, en caso de dictarse ulteriormente un fallo anulatorio."[171]

Igualmente es el caso en **Uruguay**, donde solo se regula en la Ley N° 15.869 de 1987, que "el Tribunal de lo Contencioso Administrativo, a pedido de la parte actora, que deberá formularse con la demanda y previa sustanciación con un traslado por seis días a la parte demandada, podrá decretar la suspensión transitoria, total o parcial, de la ejecución del acto impugnado, siempre que la misma fuere susceptible de irrogar a la parte actora daños graves, cuyo alcance y entidad superen los que la suspensión pudiere ocasionar a la organización y funcionamiento del órgano involucrado"(art. 2).

En **Nicaragua,** en los artículos 62 y siguientes de la Ley de la Jurisdicción Contencioso Administrativa también se reducen las medidas cautelares a la suspensión de efectos del acto recurrido, la cual puede acordarla el Tribunal, de oficio o a solicitud de parte interesada, sin que ello pueda significar pronunciamiento alguno sobre el fondo del asunto.

La norma autoriza al demandante para que en el escrito de demanda el actor pueda "solicitar la suspensión del acto o sus efectos de la resolución, disposición, omisión o simple vía de hecho que le agravia, expresando las razones que crea le asistan y su ofrecimiento de garantizar los eventuales perjuicios que dicha suspensión pueda causarle a la administración o a terceros." En esos casos, la Sala respectiva del Tribunal competente debe acordar la suspensión del acto, "si a su juicio el interés público lo aconsejare, cuando concurrieren circunstancias que no contravengan al orden público ni causen perjuicios al interés general; que los daños y perjuicios que pudieren causársele al agraviado con la ejecución, a juicio del Tribunal no fueren susceptibles de reparación, o que el demandante otorgare la garantía suficiente y necesaria para reparar el daño o indemnizar los perjuicios que la suspensión solicitada pudiera causar a terceros, en caso de que la demanda fuere declarada sin lugar."

La suspensión de efectos del acto recurrido también puede pronunciarse de oficio por el tribunal, en los siguientes casos enumerados en el artículo 63 de la ley:

---

171   Véase Carlos E. Delpiazzo, "Régimen contencioso administrativo uruguayo, "en *La jurisdicción contencioso administrativa en Iberoamérica* (Coordinadores: Jaime Rodríguez-Arana Muñoz, Marta García Pérez), Colección Derecho Público Iberoamericano, Editorial Jurídica Venezolana, 2014, p. 453.

"1) Cuando se tratare de algún acto que, de llegar a consumarse, haría materialmente improbable e imposible restituir al demandante el goce del derecho reclamado.

2) Cuando fuere notoria o evidente la falta de competencia de la autoridad, funcionario o agente contra quien se interpusiere la demanda.

3) Cuando el acto fuere de aquellos que ninguna autoridad puede ejecutar legalmente. La suspensión a la que se refiere el presente artículo deberá ser declarada por la Sala respectiva del Tribunal competente, el cual deberá efectuar la respectiva notificación en un plazo de tres días hábiles por medio de cédula judicial o de cualquier medio o vía que contenga los elementos esenciales de la notificación y que dejare constancia por escrito para su cumplimiento inmediato."

En **Honduras**, igualmente, la regulación de la Ley de la Jurisdicción Contencioso Administrativa en la materia solo se refiere a la posibilidad de suspensión de los efectos del acto administrativo que el Tribunal puede decretar a solicitud del demandante (art. 120), en cualquier estado del proceso (art. 122), "cuando la ejecución hubiere de ocasionar daños o perjuicios de reparación imposible o difícil" (art. 121); pudiendo el Tribunal exigir "si pudiere resultar algún daño o perjuicio a los intereses públicos o de tercero, caución suficiente para responder de los mismos" (art. 123).

En otras países, donde no existe regulación legal sobre los procesos contencioso administrativos, como es el caso de **Chile**, las medidas cautelares en los casos de demandas contra os actos administrativos se adoptan aplicando en forma supletoria las normas en la materia en el Código de Procedimiento Civil, sobre lo cual como lo apunta Ferradas, "la propia insuficiencia de las medidas cautelares típicas del procedimiento civil –en relación al proceso administrativo– ya han supuesto un desafío al otorgamiento de la medida cautelar ordinaria de la justicia administrativa, la suspensión del acto administrativo impugnado, en la mediad que ésta no se encuentra expresamente reconocida en la normativa citada. A ello se añade la renuncia de los jueces a conceder esta medida suspensiva, exigiendo altos estándares de probabilidad del daño patrimonial y de apariencia de buen derecho, lo que hace prácticamente imposible su procedencia."[172]

---

172   Véase Juan Carlos Ferrada Bórquez, "La justicia administrativa en el derecho chileno," en *La jurisdicción contencioso administrativa en Iberoamérica* (Coordinadores: Jaime Rodríguez-Arana Muñoz, Marta García Pérez), Colección Derecho Público Iberoamericano, Editorial Jurídica Venezolana, 2014, pp. 173.

En **Panamá**, igualmente, la medida cautelar de suspensión de efectos de los actos administrativos impugnados, fue admitida por la jurisprudencia del Tribunal Supremo de Justicia desde 1991, desarrollándose en la doctrina de la Sala de lo Contencioso de la Corte Suprema para decretarla, la exigencia de que exista apariencia de buen derecho (*Fumus Bonis Iuris*) y de *Periculum in mora*. [173]

VI. HACIA LA AMPLIACIÓN DE LAS GARANTÍAS PARA LA EJECUCIÓN DE SENTENCIAS EN LOS PROCESOS CONTENCIOSO ADMINISTRATIVOS

Uno de los aspectos tradicionales de los procesos contencioso administrativos, en los cuales la tutela judicial efectiva no ha tenido las garantías suficientes, es el de la ejecución de las sentencias dictadas por los Tribunales, la cual tradicionalmente ha sido una función ejecutiva y no judicial, no habiéndose otorgado siempre a los jueces los poderes necesarios para lograrlo, los cuales, además, han tenido como escollo, entre otros, el clásico privilegio de la inembargabilidad de los bienes del Estado.

Para captar la situación de la problemática en América Latina, podemos comenzar haciendo referencia a la más reciente de las leyes dictadas en materia contencioso administrativa, que es la Ley de la jurisdicción Contencioso Administrativa de **El Salvador** de 2018, en la cual se ha reglado el tema de la ejecución de las sentencias dictadas en contra del Estado, en la cual se asigna al órgano correspondiente de la Administración Pública la obligación de practicar las diligencias necesarias para el cumplimiento de la sentencia en el plazo que establezca el Tribunal, el cual no debe ser superior a 30 días (art. 63).

El órgano de la Administración debe informar al Tribunal, al día siguiente del vencimiento del plazo establecido para la ejecución de la sentencia estimatoria, sobre "su cumplimiento exacto, so pena de la imposición de una multa diaria de acuerdo a lo establecido en el artículo 118 de la presente ley," estimándose que la falta del referido informe supone la falta de cumplimiento de la sentencia (art. 65).

En todo caso, si en el plazo señalado para la ejecución de la sentencia, el órgano de la Administración Pública no ha rendido el informe de cumplimiento o no ha dado cumplimiento a la sentencia, el Tribunal debe requerir al superior jerárquico, si lo hubiere, para que la haga cumplir (art. 66), disponiendo la ley que "el incumplimiento de la sentencia dará lugar a responsabilidad patrimonial directa del funcionario o concesionario obligado al cumplimiento," pudiendo además ser objeto de un proceso penal por desacato a cargo de la Fiscalía General de la República.

---

173 Véase Carlos Gasnell Acuña, "La jurisdicción contenciosa administrativa en Panamá," en Henry Alexander Mejía, Edmundo Orellana, Karlos Navarro Medal, Ernesto Jinesta Lobo y Carlos Gasnell Acuña, *Derecho procesal contencioso administrativo. Centroamérica y México,* Instituto de Estudio e Investigación Jurídica (INEJ), 2018, p. 218.

El artículo 67 de la ley, en todo caso de incumplimiento de las sentencias, establece las potestades del Tribunal para proceder a su ejecución forzosa, pudiendo:

"a. Ejecutarla a través de sus propios medios o requiriendo la colaboración de las autoridades y demás servidores del órgano de la Administración o del concesionario que hubiere sido condenado o, en su defecto, de otros órganos de la Administración Pública.

b. Adoptar todas aquellas medidas que sean necesarias hasta lograr la eficacia del fallo, entre las que se incluye la ejecución subsidiaria con cargo al órgano de la Administración Pública o al concesionario que hubiere sido condenado."

En estos casos, dispone la misma norma, si el órgano de la Administración Pública realizare "alguna actividad que contraviniera los pronunciamientos del fallo, el Tribunal, a instancia de los interesados, procederá a restablecer la situación en los términos exigidos por el fallo y determinará los daños y perjuicios que ocasionare el incumplimiento."

En los casos de sentencias condenatorias de la Administración al pago de cantidades liquidas, el artículo 68 autoriza al Tribunal a que ordene "se libren y autoricen las órdenes de pago con cargo a las partidas de su presupuesto," y solo si por razones financieras previamente calificadas por el Tribunal, no fuere posible cargar la orden de pago al presupuesto vigente, el funcionario respectivo está obligado a incluir en el presupuesto del año siguiente las asignaciones o partidas necesarias para el pago de lo ordenado en la sentencia. En este último caso, el cumplimiento de la sentencia debe ejecutarse dentro de los primeros noventa días del año fiscal correspondiente.

Otra de las legislaciones recientes dictadas en América Latina es el Código de procedimiento Contencioso Administrativo de **Costa Rica**, en el cual se establecieron disposiciones importantes en la materia, comenzando incluso con la creación de un cuerpo especializado de "jueces ejecutores," encargados de la ejecución de las sentencias del Juzgado de lo Contencioso Administrativo, a los cuales se asignan "todos los poderes y deberes necesarios para su plena efectividad y eficacia," pudiendo dictar o disponer "a solicitud de parte, las medidas adecuadas y necesarias para su pronta y debida ejecución" (art. 155), e incluso, "solicitar el auxilio de la Fuerza Pública para la ejecución plena e íntegra de las sentencias y demás resoluciones dictadas por el Tribunal de juicio, cuando contengan una obligación de hacer, de no hacer o de dar, y estas no sean cumplidas voluntariamente por la parte obligada" (art. 156).

De acuerdo con el artículo 159, los funcionarios que incumplan sin justa causa cualquiera de los requerimientos de los jueces ejecutores tendiente a la efectiva ejecución del fallo, deben ser sancionados "con una multa de uno a cinco salarios base, de conformidad con el artículo 2 de la Ley N° 7337" cuyo cobre efectivo se hará mediante el trámite del proceso ejecutivo (art. 160). En todo caso, si después de impuestas las multas, persiste el incumplimiento de la Administración, el juez ejecutor puede:

"a) Ejecutar la sentencia requiriendo la colaboración de las autoridades y los agentes de la Administración condenada o, en su defecto, de otras administraciones públicas, conforme a los procedimientos administrativos establecidos en el ordenamiento jurídico.

b) Adoptar las medidas necesarias y adecuadas para que el fallo adquiera la eficacia que, en su caso, sería inherente a la conducta omitida, entre las que se incluye la ejecución subsidiaria con cargo a la Administración Pública condenada; todo conforme a los procedimientos administrativos establecidos en el ordenamiento jurídico.

c) Para todos los efectos legales, el juez o la autoridad pública requerida por él, se entenderá competente para realizar todas las conductas necesarias, con el objeto de lograr la debida y oportuna ejecución del fallo, todo a cargo del presupuesto de la Administración vencida. El propio juez ejecutor podrá adoptar las medidas necesarias, a fin de allegar los fondos indispensables para la plena ejecución, conforme a las reglas y los procedimientos presupuestarios," (161).

En los casos de sentencias que condenen a la Administración Pública al pago de una cantidad líquida, la misma, conforme se dispone en el artículo 166, debe acordarlo y verificarlo de inmediato, "si hay contenido económico suficiente y debidamente presupuestado," para cuyo efecto, "la sentencia firme producirá, automáticamente, el compromiso presupuestario de los fondos pertinentes para el ejercicio fiscal en que se produzca la firmeza del fallo."

Para hacer cumplir el fallo, tratándose del Gobierno Central, el juez ejecutor debe remitir la certificación de lo dispuesto en la sentencia al Departamento de Presupuesto Nacional, constituyendo dicha certificación "título suficiente y único para el pago respectivo." Para tal efecto, el director del Departamento de Presupuesto Nacional está obligado a incluir, "en el presupuesto inmediato siguiente, el contenido presupuestario necesario para el debido cumplimiento de la sentencia, so pena de incurrir en responsabilidad civil, penal o disciplinaria; de no hacerlo así, el incumplimiento de la obligación anterior se presumirá falta grave de servicio" (art. 167).

En el caso de **Honduras**, es de interés destacar que la Ley de la Jurisdicción Contencioso Administrativa dispone, en el caso de condenas al pago de sumas de dinero contra la Administración, que si no se produce el cumplimiento voluntario por el órgano que hubiese producido el acto impugnado (art. 95), transcurridos un lapso de un año sin que se asegurase el medio de pago mediante los trámites presupuestarios, entonces "el Juzgado, a petición de parte, ejecutará la sentencia procediendo de conformidad con los trámites del procedimiento de apremio" (art. 98); entendiéndose por tal "el embargo de bienes suficientes para hacer efectivas las obligaciones de dar, cuando éstas consistan en entregar determinadas cantidades de dinero"(art. 133).

La Ley agrega además, una prohibición a la "la Secretaría de Estado en los Despachos de Planificación, Coordinación y Presupuesto" de presentar al Congreso Nacional "ningún Proyecto de Presupuesto o de reformas al Presupuesto vigente ni los órganos competentes emitirán dictámenes favorables sobre los Proyectos de Presupuesto o de reforma a los vigentes de las Instituciones Estatales, si en los mismos no se contemplan las partidas suficientes para el cumplimiento de las sentencias dictadas por el Juzgado de lo Contencioso Administrativo" (art. 99).[174]

El Código de **Costa Rica**, además, contiene una novedosa regulación en relación con la ejecución forzosa contra la Administración mediante la medida de embargo, al enumerar en su artículo 169, los siguientes bienes del Estado, como "bienes embargables:"

"a) Los de dominio privado de la Administración Pública, que no se encuentren afectos a un fin público.

b) La participación accionaria o económica en empresas públicas o privadas, propiedad del ente público condenado, siempre que la totalidad de dichos embargos no supere un veinticinco por ciento del total participativo.

c) Los ingresos percibidos efectivamente por transferencias contenidas en la Ley de Presupuesto Nacional, en favor de la entidad pública condenada, siempre que no superen un veinticinco por ciento del total de la transferencia correspondiente a ese período presupuestario."

Precisó además, el Código, como bienes inembargables, "los bienes de titularidad pública destinados al uso y aprovechamiento común," o los "vinculados directamente con la prestación de servicios públicos en el campo de la salud, la educación o la seguridad y cualquier otro de naturaleza esencial," al igual que "los bienes de dominio público custodiados o explotados por particulares bajo cualquier título o modalidad de gestión; sobre las cuentas corrientes y cuentas cliente de la Administración; sobre los fondos, valores o bienes que sean indispensables o insustituibles para el cumplimiento de fines o servicios públicos; sobre recursos destinados por ley a una finalidad específica, al servicio de la deuda pública tanto de intereses como de amortización, al pago de servicios personales, a la atención de estados de necesidad y urgencia o destinados a dar efectividad al sufragio; tampoco los fondos para el pago de pensiones, las transferencias del fondo especial para la Educación Superior, ni los fondos públicos otorgados en garantía, aval o reserva dentro de un proceso judicial" (art. 171).

---

174   Véase Edmundo Orellana, "La jurisdicción contenciosa administrativa en Honduras," en Henry Alexander Mejía, Edmundo Orellana, Karlos Navarro Medal, Ernesto Jinesta Lobo y Carlos Gasnell Acuña, *Derecho procesal contencioso administrativo. Centroamérica y México,* Instituto de Estudio e Investigación Jurídica (INEJ), 2018, p. 78.

En contraste con las previsiones contenidas en estas leyes recientes, en otra dictada en los últimos años, como es el caso de la Ley Orgánica de la Jurisdicción Contencioso Administrativa de **Venezuela** de 2010, las deficiencias y carencias tradicionales persisten. Dicha ley Orgánica, en efecto, en materia de ejecución de sentencias dictadas en los procesos contencioso administrativos, le asigna la competencia para ello al tribunal que haya conocido de la causa en primera instancia (art. 107), disponiéndose en el caso de demandas contra la República, como principio, el mecanismo de "ejecución voluntaria" por parte de la misma, conforme a las normas establecidas en la Ley Orgánica de la Procuraduría General de la República (art. 108).

Esta ley Orgánica, en efecto, cuando la República sea condenada en juicio, obliga al Tribunal encargado de ejecutar la sentencia a notificar al Procurador General de la República quien a su vez debe solicitar al órgano respectivo, que dentro del lapso de sesenta (60) días siguientes, informe al Tribunal sobre la forma y oportunidad de ejecución (art. 101). Si la persona interesada, en definitiva, no acepta la propuesta que se formule por la Administración interesada, la Ley Orgánica remite al Tribunal para que determinar la forma y oportunidad de dar cumplimiento a lo ordenado por la sentencia, según los procedimientos siguientes:

1.   Si se trata de cantidades de dinero, el Tribunal, a petición de la parte interesada, debe ordenar que se incluya el monto a pagar en la partida respectiva de los próximos dos ejercidos presupuestarios, a cuyo efecto debe enviar al Procurador o Procuradora General de la República copia certificada de la decisión, la cual debe ser remitida al órgano o ente correspondiente. El monto que se ordene pagar debe ser cargado a una partida presupuestaria no imputable a programas.

2.   Si se trata de entrega de bienes, el Tribunal debe poner en posesión de los mismos a quien corresponda. Si tales bienes estuvieren afectados al uso público, a actividades de utilidad pública o a un servicio público, el Tribunal debe acordar la fijación del precio mediante avalúo realizado por tres peritos, nombrados uno por cada parte y el tercero de común acuerdo. En caso de desacuerdo, el tercer perito es nombrado por el Tribunal" (art. 109).

Ahora bien, si se vence el lapso para el cumplimiento voluntario, el tribunal, a instancia de parte, debe determinar la forma y oportunidad de dar cumplimiento a lo ordenado por la sentencia, según las reglas siguientes establecidas en el artículo 110 de la misma ley Orgánica:

1.   Cuando la condena hubiese recaído sobre cantidad líquida de dinero, el tribunal ordenará a la máxima autoridad administrativa de la parte condenada que incluya el monto a pagar en el presupuesto del año próximo y el siguiente, a menos que exista provisión de fondos en el presupuesto

vigente. El monto anual de dicha partida no excederá del cinco por ciento (5%) de los ingresos ordinarios del ejecutado. Cuando la orden del tribunal no fuese cumplida o la partida prevista no fuese ejecutada, el tribunal, a petición de parte, ejecutará la sentencia conforme al procedimiento previsto en el Código de Procedimiento Civil para la ejecución de sentencias de condena sobre cantidades líquidas de dinero.

2. Cuando en la sentencia se hubiese ordenado la entrega de bienes, el tribunal la llevará a efecto. Si tales bienes estuvieren afectados al uso público, servicio público o actividad de utilidad pública, el tribunal acordará que el precio sea fijado mediante peritos, en la forma establecida por la Ley de Expropiación por Causa de Utilidad Pública o Social. Fijado el precio, se procederá como si se tratare del pago de cantidades de dinero.

3. Cuando en la sentencia se hubiese condenado al cumplimiento de una obligación de hacer, el tribunal fijará un lapso de treinta días consecutivos para que la parte condenada cumpla. Si no fuese cumplida, el tribunal procederá a ejecutar la sentencia. A estos fines, se trasladará a la oficina correspondiente y requerirá su cumplimiento. Si a pesar de este requerimiento la obligación no fuese cumplida, el tribunal hará que la obligación se cumpla. Cuando por la naturaleza de la obligación, no fuere posible su ejecución en la misma forma como fue contraída, el tribunal podrá estimar su valor conforme a lo previsto en este artículo y proceder a su ejecución como si se tratase de cantidades de dinero.

4. Cuando en la sentencia se hubiese condenado a una obligación de no hacer, el tribunal ordenará el cumplimiento de dicha obligación."

En todo caso, y en contraste con legislaciones como la de **Costa Rica**, en la Ley Orgánica de la Procuraduría General de la República de Venezuela, el artículo 89 es categórico al disponer que:

"Los bienes, rentas, derechos o acciones que formen parte del patrimonio de la República no están sujetos a embargos, secuestros, hipotecas, ejecuciones interdictales y, en general, a ninguna medida preventiva o ejecutiva.

Con disposiciones de esta naturaleza, como lo destacó Hernández Mendible, el procedimiento de ejecución de sentencias en la nueva Ley Orgánica no significó progreso, considerando que:

"si en algo el legislador fue continuista y hasta regresivo fue en esta materia, al proceder a regular en absoluta contravención de la Constitución los modos de ejecución de las sentencias, en los que simplemente se limitó a inventariar los ineficaces medios procesales de ejecución que de manera dispersa y asistemática establecían las distintas leyes preexistentes y que se pretendió organizar al indicar en cinco artículos donde se encuentran regulados y cómo se van a aplicar en cada caso, pero sin aportar en absoluto un moderno y efectivo proceso de ejecución de sentencias contra los órganos y entes públicos."[175]

REFLEXIÓN FINAL

La justicia administrativa en América Latina, en todo caso, como puede apreciarse de la aproximación comparativa que hemos hecho sobre el régimen constitucional y legal sobre la jurisdicción contencioso administrativa y los procesos contencioso administrativos, es ante todo, una manifestación específica del Estado de derecho,[176] como Estado sometido a control judicial.

Sin embargo, como en todas las instituciones del Estado de derecho, no basta para su existencia y efectividad que lo relativo al contencioso administrativo se haya consagrado en las Constituciones y en leyes especiales, sino que es necesario por sobre todo, que funcione en el marco de un sistema de separación de poderes, de manera que el Poder Judicial donde está inserta la Jurisdicción Contencioso Administrativa, pueda controlar real y efectivamente las actuaciones de la Administracion Púbica, estando a cargo de jueces autónomos e independientes, ejerciendo sus funciones sin presiones por parte del Poder Ejecutivo, o más precisamente, de la Administración controlada.

Sin esta garantía, por más perfectas y prolijas que sean las previsiones sobre lo contencioso administrativo, no habrá posibilidad efectiva de controlar a la Administración Pública, y como muestra está el caso de **Venezuela,** donde la progresiva instalación de un régimen autoritario ha convertido en letra muerta todas las previsiones constitucionales y legales sobre lo contencioso administrativo a las cuales nos hemos referido en este estudio.

Ello comenzó a evidenciarse abiertamente desde 2003 en un proceso contencioso administrativo de anulación y amparo, el último en el cual en alguna forma intervine indirectamente mediante la emisión de una opinión jurídica, que fue iniciado el 17 de julio de 2003, a solicitud de la Federación Médica Venezo-

---

175   Véase Víctor Hernández-Mendible, "Los recursos de apelación, especial de juridicidad y la ejecución de sentencias en el proceso administrativo", *Ley Orgánica de la Jurisdicción Contencioso Administrativa,* Vol. I, FUNEDA, Caracas, 2010, pp. 121-166; Álvarez Chamosa, M. L., "Visión de la tutela judicial efectiva: Ejecución de las sentencias contra el Estado en Venezuela", Comunicación presentada en las *VI Jornadas de Derecho Administrativo Iberoamericano. La Reforma del Estado y las transformaciones del Derecho Administrativo,* en el Pazo de Mariñán, La Coruña, España, abril, 2013.

176   Véase Allan R. Brewer-Carías, *Principios del Estado de Derecho. Aproximación histórica,* Cuadernos de la Cátedra Mezerhane sobre democracia, Estado de derecho y derechos humanos, Miami Dade College, Programa Goberna Las Américas, Editorial Jurídica Venezolana International, Miami-Caracas, 2016.

lana en contra los actos del Alcalde Metropolitano de Caracas, del Ministro de Salud y del Colegio de Médicos del Distrito Metropolitano de Caracas, que derivaron en la contratación indiscriminada de médicos extranjeros no licenciados para ejercer la medicina en el país; todo en violación de la Ley de Ejercicio de la Medicina, para atender el desarrollo de un importante programa asistencial de salud en los barrios de Caracas; proceso contencioso administrativo en el cual, al dictarse por la Corte una simple medida cautelar de suspensión de efectos de los actos impugnados, se produjo la lamentable destitución *in limine* e inmediata de los magistrados de la Corte Primera de lo Contencioso Administrativa que la dictaron.

La Federación Médica Venezolana, en efecto, en su demanda de nulidad, consideró que la actuación pública de las autoridades nacionales y municipales era discriminatoria y violatoria de los derechos de los médicos venezolanos (derecho al trabajo, entre otros) a ejercer su profesión médica, al permitir que médicos extranjeros no licenciados en Venezuela pudieran ejercerla sin cumplir con las condiciones establecidas en la Ley.

Por ello la Federación intentó la acción de nulidad y amparo, en representación de los derechos colectivos de los médicos venezolanos, solicitando su protección.[177] Un mes después, el 21 de agosto de 2003, la Corte Primera de lo Contencioso Administrativo dictó una medida cautelar de amparo considerando que había suficientes elementos en el caso que hacían presumir la violación del derecho a la igualdad ante la ley de los médicos venezolanos, ordenando la suspensión temporal del programa de contratación de médicos cubanos, ordenando al Colegio de Médicos del Distrito metropolitano sustituir los médicos cubanos ya contratados sin licencia por médicos venezolanos o médicos extranjeros con licencia, para ejercer la profesión en Venezuela.[178]

La respuesta gubernamental a esta decisión preliminar de carácter cautelar, que tocaba un programa social muy sensible para el gobierno, como fue la contratación masiva de médicos en ejecución de un Convenio de Cooperación con la República de Cuba, fue el anuncio público de los órganos sometidos a control, es decir, el Ministro de Salud, del Alcalde Metropolitano y del propio Presidente de la República en el sentido de que la medida cautelar dictada *no iba a ser aca-*

---

177   Véase Claudia Nikken, "El caso "Barrio Adentro": La Corte Primera de lo Contencioso Administrativo ante la Sala Constitucional del Tribunal Supremo de Justicia o el avocamiento como medio de amparo de derechos e intereses colectivos y difusos," en *Revista de Derecho Público*, N° 93–96, Editorial Jurídica Venezolana, Caracas, 2003, pp. 5 ss..

178   Véase la decisión de 21 de agosto de 2003 en *Revista de Derecho Público*, N° 93–96, Editorial Jurídica Venezolana, Caracas, 2003, pp. 445 ss.

tada en forma alguna;[179] anuncios que fueron seguidos de varias decisiones gubernamentales:

Primero, fue la Sala Constitucional del Tribunal Supremo de Justicia, ya controlada por el Poder Ejecutivo, la que adoptó una decisión de avocarse al caso decidido por la Corte Primera de lo Contencioso Administrativo, arrebatándole su jurisdicción y competencia contencioso administrativa, las cuales usurpó, procediendo a declarar la nulidad del amparo cautelar decidido por la Corte Primera.

Segundo, a ello siguió que un grupo de agentes de la policía política (DISIP) procedió a allanó la sede de la Corte Primera de lo Contencioso Administrativa, después de detener a un escribiente o alguacil de la misma, por motivos fútiles.

Tercero, fue el presidente de la República quien, entre otras expresiones usadas, se refirió al presidente de la Corte Primera como "un bandido,"[180] iniciando un ataque frontal contra los jueces contencioso administrativos

Y *cuarto*, unas semanas después, fue la Comisión Especial Judicial del Tribunal Supremo de Justicia, la cual sin fundamento legal alguno, destituyó a los cinco magistrados integrantes de la Corte Primera de lo Contencioso Administrativo, la cual fue abiertamente intervenida.[181]

A pesar de la protesta de los Colegios de Abogados del país e incluso, de la Comisión Internacional de Juristas;[182] el hecho fue que la Corte Primera permaneció cerrada sin jueces por más de diez meses,[183] tiempo durante el cual, en Venezuela, simplemente no hubo justicia contencioso administrativa alguna a ese nivel.

Esa fue la respuesta gubernamental a una decisión de amparo cautelar dictado por el juez contencioso administrativo competente respecto de un programa gubernamental sensible; respuesta que fue dada y ejecutada a través de órganos judiciales controlados políticamente.

Ello, por supuesto, lamentablemente significó, no sólo que los jueces que fueron luego nombrados para reemplazar a los destituidos comenzaron a enten-

---

179   El presidente de la República dijo: "*Váyanse con su decisión no sé para donde, la cumplirán ustedes en su casa si quieren...*", en el programa de TV *Aló Presidente*, N° 161, 24 agosto 2003.

180   Discurso público, 20 septiembre de 2003.

181   Véase la información en *El Nacional*, Caracas, 5 noviembre 2003, p. A2. En la misma página el presidente destituido de la Corte Primera dijo: "*La justicia venezolana vive un momento tenebroso, pues el tribunal que constituye un último resquicio de esperanza ha sido clausurado*".

182   Véase en *El Nacional*, Caracas, 12 octubre 2003, p. A–5; y *El Nacional*, Caracas, noviembre 18,2004, p. A–6.

183   Véase en *El Nacional*, Caracas, 24 octubre 2003, p. A–2; y *El Nacional*, Caracas, Julio 16, 2004, p. A–6.

der claramente cómo es que debían comportarse en el futuro frente al Poder; degradándose definitivamente la Jurisdicción Contencioso Administrativa, la cual posteriormente dejó de controlar a la Administración, conduciendo a los jueces de todos los niveles a abstenerse progresivamente a ejercer todo control contencioso administrativa de las acciones gubernamentales. Por ello, la Jurisdicción contencioso administrativa en Venezuela, de raigambre y jerarquía constitucional, y larga tradición histórica, desde entones, simplemente no existe en la práctica; solo en el papel de la Constitución y la Ley.

Y para que quedara claro la línea del gobierno en el caso, la demanda que intentaron los jueces contencioso administrativo destituidos ante la Comisión Interamericana de Derechos Humanos por violación a sus garantías constitucionales judiciales (al haber sido destituidos sin debido proceso), a pesar de que fue decidida a su favor por la Corte Interamericana de Derechos Humanos, en 2008, condenando al Estado,[184] de nada sirvió, sino para que la Sala Constitucional del Tribunal Supremo mediante sentencia N° 1.939 de 12 de diciembre de 2008,[185] citando como precedente una sentencia del Tribunal Superior Militar del Perú de 2002,[186] declarara que la sentencia del Tribunal internacional era simplemente

---

184   Véase sentencia de la Corte Interamericana de 5 de agosto de 2008, Caso *Apitz Barbera y otros ("Corte Primera de lo Contencioso Administrativo") vs. Venezuela,* Excepción Preliminar, Fondo, Reparaciones y Costas, Serie C, N° 182, en www.corteidh.or.cr Véase sobre esta sentencia los comentarios en Allan R. Brewer-Carías, "La interrelación entre los Tribunales Constitucionales de América Latina y la Corte Interamericana de Derechos Humanos, y la cuestión de la inejecutabilidad de sus decisiones en Venezuela," en *Gaceta Constitucional.* Análisis multidisciplinario de la jurisprudencia del Tribunal Constitucional, Gaceta Jurídica, Tomo 16 Año 2009, Lima 2009, pp. 17-48; en *Anuario Iberoamericano de Justicia Constitucional,* Centro de Estudios Políticos y Constitucionales, N° 13, Madrid 2009, pp. 99-136; y en Armin von Bogdandy, Flavia Piovesan y Mariela Morales Antonorzi (Coodinadores), *Direitos Humanos, Democracia e Integracao Jurídica na América do Sul,* Lumen Juris Editora, Rio de Janeiro 2010, pp. 661-701.

185   Véase sentencia de la Sala Constitucional, sentencia N° 1.939 de 18 de diciembre de 2008 (Caso *Abogados Gustavo Álvarez Arias y otros*), en http://www.tsj.gov.ve/decisio-nes/scon/Diciembre/1939-181208-2008-08-1572.html. Véase los comentarios en Allan R. Brewer-Carías, "La interrelación entre los Tribunales Constitucionales de América Latina y la Corte Interamericana de Derechos Humanos, y la cuestión de la inejecutabilidad de sus decisiones en Venezuela," en *Gaceta Constitucional.* Análisis multidisciplinario de la jurisprudencia del Tribunal Constitucional, Gaceta Jurídica, Tomo 16 Año 2009, Lima 2009, pp. 17-48; en *Anuario Iberoamericano de Justicia Constitucional,* Centro de Estudios Políticos y Constitucionales, N° 13, Madrid 2009, pp. 99-136; y en Armin von Bogdandy, Flavia Piovesan y Mariela Morales Antonorzi (Coodinadores), *Direitos Humanos, Democracia e Integracao Jurídica na América do Sul,* Lumen Juris Editora, Rio de Janeiro 2010, pp. 661-701.

186   Véase sobre ello, Sergio García Ramírez (Coord.), *La Jurisprudencia de la Corte Interamericana de Derechos Humanos,* Universidad Nacional Autónoma de México, Corte Interamericana de Derechos Humanos, México, 2001, p. 629.

"inejecutable" en Venezuela, exhortando además al Poder Ejecutivo, a que denunciara la Convención Americana de Derechos Humanos pues supuestamente la Corte Interamericana habría usurpado los poderes del Tribunal Supremo; exhortación que, lamentablemente, el Poder Ejecutivo cumplió cabal e inconstitucionalmente en 2012.

De todo lo cual resulta, que sin Estado de derecho y sin democracia, no puede desarrollarse cabalmente la Justicia Administrativa.

Diciembre 2019

BIBLIOGRAFÍA:

Abernathy, M. Glenn y Perry, Barbara A: *Civil Liberties under the Constitution*, Sixth Edition, University of South Carolina Press, 1993.

Álvarez Chamosa, M. L., "Visión de la tutela judicial efectiva: Ejecución de las sentencias contra el Estado en Venezuela", Comunicación presentada en las *VI Jornadas de Derecho Administrativo Iberoamericano. La Reforma del Estado y las transformaciones del Derecho Administrativo,* en el Pazo de Mariñán, La Coruña, España, abril, 2013.

Apelt, "L'acte de gouvernement en France et en Allemagne," en *Livre jubilaire du Conseil d'Etat,* Paris.

Baca Oneto, Víctor Sebastián:"Las pretensiones como objeto del proceso contencioso administrativo en el derecho peruano," en *Contenciosos Administrativos en Iberoamérica, XIV FIDA, San Juan Puerto Rico*, (Coordinadores: Jaime Rodríguez Arana, William Vázquez Irizarry, María Rodríguez Martín-Retortillo), Universidad de Puerto Rico, San Juan 2015, Tomo II.

Bacellar Filho, Romeu Felipe: "A jurisdição administrativa no direito comparado: confrontações entre o sistema francês e o brasileiro," en *La jurisdicción contencioso administrativa en Iberoamérica* (Coordinadores: Jaime Rodríguez-Arana Muñoz, Marta García Pérez), Colección Derecho Público Iberoamericano, Editorial Jurídica Venezolana, 2014.

Barnes, Javier: "Las transformaciones del derecho administrativo contemporáneo. Algunas consecuencias sobre el control judicial de la acción administrativa," en *Contenciosos Administrativos en Iberoamérica, XIV FIDA, San Juan Puerto Rico*, (Coordinadores: Jaime Rodríguez Arana, William Vázquez Irizarry, María del Carmen Rodríguez Martín-Retortillo), Universidad de Puerto Rico, San Juan 2015, Tomo I.

Béjar Rivera, Luis José: "La justicia administrativa francesa y mexicana. un análisis comparativo," en *La jurisdicción contencioso administrativa en Iberoamérica* (Coordinadores: Jaime Rodríguez-Arana Muñoz, Marta García Pérez), Colección Derecho Público Iberoamericano, Editorial Jurídica Venezolana, 2014.

Brewer-Carías, Allan R.: *Tratado de derecho Administrativo, Tomo VI, La Jurisdicción contencioso administrativa*, Editorial Cívitas, Madrid, 2013

Brewer-Carías, Allan R.: *Estado de Derecho y Control Judicial. Estado de Derecho y Control Judicial. (Justicia Constitucional, Contencioso-Administrativo y Amparo en Venezuela),* (Prólogo de Luciano Parejo Alfonso), Instituto Nacional de Administración Pública, Madrid 1987.

Brewer-Carías, Allan R.: *El control de la constitucionalidad de los actos estatales,* Editorial Jurídica Venezolana, Caracas 1977.

Brewer-Carías, Allan R.: *El sistema mixto o integral de control de la constitucionalidad en Colombia y Venezuela,* Universidad Externado de Colombia y Pontificia Universidad Javeriana, Bogotá 1995;

Brewer-Carías, Allan R.: *La justicia constitucional (Procesos y procedimientos constitucionales),* Editorial Porrúa, Instituto Mexicano de Derecho procesal Constitucional, México 2007.

Brewer–Carías, Allan R.: *El sistema de justicia constitucional en la Constitución de 1999 (Comentarios sobre su desarrollo jurisprudencial y su explicación, a veces errada, en la Exposición de Motivos),* Editorial Jurídica Venezolana, Caracas 2000.

Brewer-Carías, Allan R.: *El Derecho Administrativo y la Ley Orgánica de Procedimientos Administrativos,* Editorial Jurídica venezolana, Caracas, 1982.

Brewer-Carías, Allan R.: *El control de la Constitucionalidad de los actos estatales,* Caracas 1977.

Brewer-Carías, Allan R.: *Constitutional Protection of Human Rights in Latin America. A Comparative Study of the Amparo Proceedings,* Cambridge University Press, New York 2008.

Brewer–Carías, Allan R.: *La Justicia Constitucional. Procesos y procedimientos constitucionales,* Porrúa México, 2007.

Brewer–Carías, Allan R.: *Derecho Procesal Constitucional. Instrumentos para la Justicia Constitucional,* Tercera edición ampliada: Colección Centro de Estudios de Derecho Procesal Constitucional, Universidad Monteávila, N° 2, Editorial Jurídica Venezolana, Caracas 2014.

Brewer-Carías, Allan R.: "El contencioso administrativo en Venezuela," en *La jurisdicción contencioso administrativa en Iberoamérica* (Coordinadores: Jaime Rodríguez-Arana Muñoz, Marta García Pérez), Colección Derecho Público Iberoamericano, Editorial Jurídica Venezolana, 2014, p. 466

Brewer-Carías, Allan R.: "Los diversos tipos de acciones y recursos contencioso-administrativos en Venezuela", en *Revista de Derecho Público,* N° 25, Editorial Jurídica Venezolana, Caracas, 1986,

Brewer-Carías, Allan R.: "Introducción General al Régimen de la Jurisdicción Contencioso Administrativa," en Allan R. Brewer-Carías y Víctor Hernández Mendible, *Ley Orgánica de la Jurisdicción Contencioso Administrativa,* Editorial Jurídica Venezolana, Caracas 2010, pp. 9-151.

Brewer-Carías, Allan R. "El problema de la definición del acto administrativo" en *Libro Homenaje al Doctor Eloy Lares Martínez,* Tomo I, Facultad de Ciencias Jurídicas y Políticas, Universidad Central de Venezuela, Caracas 1984, pp. 25-78.

Brewer-Carías, Allan R. "La universalidad del control contencioso administrativo" en *Libro de la Amistad en Homenaje a Enrique Pérez Olivares,* Caracas 1992, pp. 203-226, y en *Revista de Derecho Público,* N° 46, Editorial Jurídica Venezolana, Caracas, abril-junio 1991, pp. 5-22.

Brewer-Carías, Allan R.: "El proceso constitucional de amparo en Venezuela: su universalidad y su inefectividad en el régimen autoritario," en *Horizontes Contemporáneos del Derecho Procesal Constitucional. Liber Amicorum Néstor Pedro Sagüés*, Centro de Estudios Constitucionales del Tribunal Constitucional, Lima 2011.

Brewer-Carías, Allan R.: "Comentarios sobre la doctrina del acto de gobierno, del acto político, del acto de Estado y de las cuestiones políticas como motivo de inmunidad jurisdiccional de los Estados en sus Tribunales nacionales," en *Revista de Derecho Público*, Nº 26, Editorial Jurídica Venezolana, Caracas 1986, pp. 65-68.

Brewer-Carías, Allan R.: "El sistema mixto o integral de control de la constitucionalidad en Colombia y Venezuela", en G. J. Bidart Campos y J. F. Palomino Manchego (Coordinadores*), Jurisdicción Militar y Constitución en Iberoamérica, Libro Homenaje a Domingo García Belaúnde*, Instituto Iberoamericano de Derecho Constitucional (Sección Peruana), Lima 1997, pp. 483-560 y en *Anuario de Derecho Constitucional Latinoamericano*, Fundación Konrad Adenauer, Medellín-Colombia 1996, pp. 163-246.

Brewer-Carías, Allan R.: "La justicia constitucional en la Constitución venezolana de 1999," en *Derecho Procesal Constitucional*, Colegio de Secretarios de la Suprema Corte de Justicia de la Nación, A.C., Tomo III, Editorial Porrúa, México 2003, pp. 2091-2122.

Brewer-Carías, Allan R.: "Comentarios sobre la revocación de los actos administrativos" en *Revista de Derecho Público,* Nº 4, Editorial Jurídica Venezolana, Caracas, 1980, pp. 27-30.

Brewer-Carías, Allan R.: "La interrelación entre los Tribunales Constitucionales de América Latina y la Corte Interamericana de Derechos Humanos, y la cuestión de la inejecutabilidad de sus decisiones en Venezuela," en *Gaceta Constitucional.* Análisis multidisciplinario de la jurisprudencia del Tribunal Constitucional, Gaceta Jurídica, Tomo 16 Año 2009, Lima 2009, pp. 17-48; en *Anuario Iberoamericano de Justicia Constitucional,* Centro de Estudios Políticos y Constitucionales, Nº 13, Madrid 2009, pp. 99-136; y en Armin von Bogdandy, Flavia Piovesan y Mariela Morales Antonorzi (Coodinadores), *Direitos Humanos, Democracia e Integracao Jurídica na América do Sul*, Lumen Juris Editora, Rio de Janeiro 2010, pp. 661-701

Brewer-Carías, Allan R.: "La abstención, silencio y negativa de la Administración y su control" en *El Derecho Venezolano en 1982,* Ponencias al Congreso Internacional de Derecho Comparado, UCV, Caracas, 1982, pp. 603 ss.

Brewer-Carías, Allan R.: "La creación del Consejo de Estado por Simón Bolívar en 1817, al proceder como Jefe Supremo a la reconstitución del Estado de Venezuela, y su reformulación, por el mismo Bolívar en 1828, al asumir el Poder Supremo en la República de Colombia," Conferencia en el *XXIII Encuentro de la Jurisdicción Contencioso Administrativa, Encuentro Bicentenario,* con ocasión del Bicentenario de la creación del Consejo de Estado, Consejo de Estado, Bogotá, 1 de noviembre de 2017.

Brewer-Carías, Allan R.: "La constitucionalización de la Jurisdicción contencioso administrativo en Venezuela. Formalidades y frustración, en *Contenciosos Administrativos en Iberoamérica, XIV FIDA, San Juan Puerto Rico,* (Coordinadores: Jaime Rodríguez Arana, William Vázquez Irizarry, María del Carmen Rodríguez Martín-Retortillo), Universidad de Puerto Rico, San Juan 2015, Tomo I, pp. 288 ss.

Brewer-Carías, Allan R. y Hernández Mendible, Víctor: *Ley Orgánica de la Jurisdicción Contencioso Administrativa*, Editorial Jurídica Venezolana, Caracas 2010.

Brewer–Carías, Allan R. y Calcaño de Temeltas, Josefina: *Ley Orgánica de la Corte Suprema de Justicia*, Editorial Jurídica Venezolana, Caracas 1994.

Brewer-Carías, Allan R. y Pérez Olivares, Enrique: "El recurso contencioso-administrativo de interpretación en el sistema jurídico venezolano," en *Revista de la Facultad de Derecho,* Universidad Central de Venezuela, Nº 32, Caracas, 1965, pp. 103-126.

Calderón M., Hugo H.: "El proceso contencioso administrativo en Guatemala," en *La jurisdicción contencioso administrativa en Iberoamérica* (Coordinadores: Jaime Rodríguez-Arana Muñoz, Marta García Pérez), Colección Derecho Público Ibe-roamericano, Editorial Jurídica Venezolana, 2014, p. 265

Camacho Cépeda, Gladys: "La resolución de conflictos jurídico-administrativos en Chi-le: la problemática coexistencia de recursos y jurisdicciones especiales," en *Con-tenciosos Administrativos en Iberoamérica, XIV FIDA, San Juan Puerto Rico*, (Coordinadores: Jaime Rodríguez Arana, William Vázquez Irizarry, María del Carmen Rodríguez Martín-Retortillo), Universidad de Puerto Rico, San Juan 2015, Tomo I.

Canónico, Alejandro, "La nueva regulación y tratamiento jurisprudencial sobre la tutela cautelar en el contencioso administrativo venezolano," en *Contenciosos Adminis-trativos en Iberoamérica, XIV FIDA, San Juan Puerto Rico*, (Coordinadores: Jaime Rodríguez Arana, William Vázquez Irizarry, María del Carmen Rodríguez Martín-Retortillo), Universidad de Puerto Rico, San Juan 2015, Tomo II, pp. 793 ss.

Capitant, R.: "De la nature des actes de gouvernments," en *Etudes Juridiques offertes a Julliot de la Morandiere,* París 1964, pp. 99 ss.

Carré de Malberg, *Contribution a la Théorie générale de l'Etat,* Vol. I, París 1920.

Carro y Fernández-Valmayor, José Luis: "La doctrina del acto político," en *Revista de Administración Pública,* Nº 53, Madrid 1967, pp. 73 a 130.

Cassagne, Juan Carlos: *Curso de derecho administrativo,* Décima segunda edición, Edi-torial Jurídica Venezolana, Caracas 2015, Tomo II, 534 ss.

Cassagne, Juan Carlos: *Tratado de Derecho Procesal Administrativo*, La Ley, Buenos Aires 2007.

Cassagne, Juan Carlos: "La Justicia Administrativa en Iberoamérica," en *Revista de Derecho Administrativo*, Buenos Aires, 2005, pp. 3-32; y en Revista *Juris Dictio,* Revista del Colegio de Jurisprudencia, No, 9, oct. 2005.

Cassagne, Juan Carlos: "El principio de la tutela judicial efectiva," en *Contenciosos Administrativos en Iberoamérica, XIV FIDA, San Juan Puerto Rico*, (Coordinado-res: Jaime Rodríguez Arana, William Vázquez Irizarry, María del Carmen Rodrí-guez Martín-Retortillo), Universidad de Puerto Rico, San Juan 2015, Tomo I, p. 44

Cassinelli Muñoz, Horacio: "Los actos de gobierno y los artículos 147, 160, 303 y 309 de la Constitución," en *Revista de Derecho, Jurisprudencia y Administración*, T. 67, pp. 241 ss.

Comadira, Julio Pablo: "La suspensión judicial de efectos del acto administrativo en Argentina en la nueva Ley de medidas cautelares en las que el Estado es parte," en

Contenciosos Administrativos en Iberoamérica, XIV FIDA, San Juan Puerto Rico, (Coordinadores: Jaime Rodríguez Arana, William Vázquez Irizarry, María del Carmen Rodríguez Martín-Retortillo), Universidad de Puerto Rico, San Juan 2015, Tomo II, pp. 822 ss.

Coviello, Pedro José Jorge: "La jurisdicción primaria (*Primary Jurisdiction*)," en *La jurisdicción contencioso administrativa en Iberoamérica* (Coordinadores: Jaime Rodríguez-Arana Muñoz, Marta García Pérez), Colección Derecho Público Iberoamericano, Editorial Jurídica Venezolana, 2014..

Chapus: "L'acte de gouvernement, monstre ou victime," en *Cronique Dalloz,* rec. 15-1-1958, p. 2;

Cheli: *Atto político e funzione d'indirizzo político,* Milán 1961.

Danós Ordoñez, Jorge: "El proceso contencioso administrativo y el proceso de amparo como instrumentos de protección de las personas frente a la actuación administrativa en el régimen jurídico peruano," en *Contenciosos Administrativos en Iberoamérica, XIV FIDA, San Juan Puerto Rico,* (Coordinadores: Jaime Rodríguez Arana, William Vázquez Irizarry, Maria del Carmen Rodríguez Martín-Retortillo), Universidad de Puerto Rico, San Juan 2015, Tomo II, pp. 856 ss.

Delpiazzo, Carlos E.: "Régimen contencioso administrativo uruguayo," en *La jurisdicción contencioso administrativa en Iberoamérica* (Coordinadores: Jaime Rodríguez-Arana Muñoz, Marta García Pérez), Colección Derecho Público Iberoamericano, Editorial Jurídica Venezolana, 2014, p. 441.

Delpiazzo, Carlos E.: "Las pretensiones contencioso administrativas en Uruguay," en *Contenciosos Administrativos en Iberoamérica, XIV FIDA, San Juan Puerto Rico,* (Coordinadores: Jaime Rodríguez Arana, William Vázquez Irizarry, María del Carmen Rodríguez Martín-Retortillo), Universidad de Puerto Rico, San Juan 2015, Tomo II, pp. 676 ss.

Duguit, L.: *Manuel de Droit Constitutional,* París 1918.

Esquivel Vázquez, Gustavo Arturo: "El derecho contencioso administrativo en México," en *La jurisdicción contencioso administrativa en Iberoamérica* (Coordinadores: Jaime Rodríguez-Arana Muñoz, Marta García Pérez), Colección Derecho Público Iberoamericano, Editorial Jurídica Venezolana, 2014, p. 332;

Fiamma Olivares, G.: "Acción constitucional de nulidad y legitimación activa objetiva", en *Revista de Derecho Público,* N° 49, 1991, p. 91-98.

Fernández Ruíz, Jorge: "Actualidad y perspectivas del contencioso administrativo en México," en *Contenciosos Administrativos en Iberoamérica, XIV FIDA, San Juan Puerto Rico,* (Coordinadores: Jaime Rodríguez Arana, William Vázquez Irizarry, María del Carmen Rodríguez Martín-Retortillo), Universidad de Puerto Rico, San Juan 2015, Tomo I, p. 418;

Fernández Ruiz, Jorge: "Presentación" al libro de Henry Alexander Mejía, Edmundo Orellana, Karlos Navarro Medal, Ernesto Jinesta Lobo y Carlos Gasnell Acuña, *Derecho procesal contencioso administrativo. Centroamérica y México,* Instituto de Estudio e Investigación Jurídica (INEJ), 2018.

Juan Carlos Ferrada Bórquez: "El Recurso de Protección como mecanismo de control contencioso administrativo", en *La Justicia Administrativa,* 2005, pp. 129-164.

Ferrada Bórquez, Juan Carlos: "La Justicia Administrativa en el derecho chileno," en *La jurisdicción contencioso administrativa en Iberoamérica* (Coordinadores: Jaime Rodríguez-Arana Muñoz, Marta García Pérez), Colección Derecho Público Iberoamericano, Editorial Jurídica Venezolana, 2014, pp. 149. 152

García de Enterría, Eduardo: *La lucha contra las inmunidades de poder* (Poderes discrecionales, poderes de gobierno, poderes normativos), Madrid 1979.

García Ramírez, Sergio (Coord.), *La Jurisprudencia de la Corte Interamericana de Derechos Humanos,* Universidad Nacional Autónoma de México, Corte Interamericana de Derechos Humanos, México, 2001

Gasnell Acuña, Carlos, "La jurisdicción contenciosa administrativa en Panamá," en Henry Alexander Mejía, Edmundo Orellana, Karlos Navarro Medal, Ernesto Jinesta Lobo y Carlos Gasnell Acuña, *Derecho procesal contencioso administrativo. Centroamérica y México,* Instituto de Estudio e Investigación Jurídica (INEJ), 2018, p. 238.

González Pérez, Jesús: *Derecho procesal administrativo hispanoamericano*, Editorial Temis, Bogotá 1985.

Gordillo, Agustín: *Tratado de derecho administrativo y obras selectas, Tomo 2, La defensa del usuario y del administrado*, Fundación de derecho administrativo, Buenos Aires 2014.

Guaita, Aurelio: "Los actos políticos o de gobierno en el derecho español," en *Revista del Instituto de Derecho Comparado,* N° 4, 1955, pp. 74 ss.

Guicciardi, Enrico: "L'Atto político," en *Archivio di diritto publico,* Vol. II, Padua 1937, pp. 265 a 486;

Hallivis Pelayo, Manuel Luciano: "Evolución y perspectivas del contencioso administrativo en México," en *Contenciosos Administrativos en Iberoamérica, XIV FIDA, San Juan Puerto Rico,* (Coordinadores: Jaime Rodríguez Arana, William Vázquez Irizarry, María del Carmen Rodríguez Martín-Retortillo), Universidad de Puerto Rico, San Juan 2015, Tomo I, p. 427.

Hernández Becerra, Augusto: "El sistema colombiano de justicia contencioso administrativa," en *Contenciosos Administrativos en Iberoamérica, XIV FIDA, San Juan Puerto Rico,* (Coordinadores: Jaime Rodríguez Arana, William Vázquez Irizarry, María del Carmen Rodríguez Martín-Retortillo), Universidad de Puerto Rico, San Juan 2015, Tomo I, pp. 450-452.

Hernández Mendible, Víctor: *La tutela judicial cautelar en el contencioso administrativo*, Vadell Hermanos Editores, Valencia 1998.

Hernández-Mendible, Víctor: "Los recursos de apelación, especial de juridicidad y la ejecución de sentencias en el proceso administrativo", en *Ley Orgánica de la Jurisdicción Contencioso Administrativa,* Vol. I, FUNEDA, Caracas, 2010, pp. 121-166;

Huapaya Tapia Ramón: "Criterios para la adopción de medidas cautelares en la normativa que regula el proceso contencioso administrativo en el per (En particular el requisito de ponderación entre la verosimilitud del derecho y el interés legítimo," en *Contenciosos Administrativos en Iberoamérica, XIV FIDA, San Juan Puerto Rico,* (Coordinadores: Jaime Rodríguez Arana, William Vázquez Irizarry, María del Carmen Rodríguez Martín-Retortillo), Universidad de Puerto Rico, San Juan 2015, Tomo II, pp. 910 ss.

Ivanega, Miriam Mabel: "Cuestiones acerca del control judicial de la Administración en la República Argentina," en *La jurisdicción contencioso administrativa en Iberoamérica* (Coordinadores: Jaime Rodríguez-Arana Muñoz, Marta García Pérez), Colección Derecho Público Iberoamericano, Editorial Jurídica Venezolana, 2014,

Iribarren M., Henrique: "¿Existe en Venezuela un recurso autónomo de plena jurisdicción?" en *Revista de la Fundación Procuraduría General de la República*, N° 1, Caracas, 1986, pp. 113-153.

Jèze, Gaston: *Los Principios Generales del Derecho Administrativo*. Tomo I, Depalma, Buenos Aires 1948.

Jinesta Lobo, Ernesto: "El proceso contencioso-administrativo en Costa Rica, en *La jurisdicción contencioso administrativa en Iberoamérica* (Coordinadores: Jaime Rodríguez-Arana Muñoz, Marta García Pérez), Colección Derecho Público Iberoamericano, Editorial Jurídica Venezolana, 2014, p. 123.

Jinesta Lobo, Ernesto: "La Jurisdicción Contencioso Administrativa en Costa Rica," en Henry Alexander Mejía, Edmundo Orellana, Karlos Navarro Medal, Ernesto Jinesta Lobo y Carlos Gasnell Acuña, *Derecho procesal contencioso administrativo. Centroamérica y México,* Instituto de Estudio e Investigación Jurídica (INEJ), 2018, pp. 166 ss.

Ernesto Jinesta Lobo "Medidas cautelares en el proceso contencioso administrativo," en *Contenciosos Administrativos en Iberoamérica, XIV FIDA, San Juan Puerto Rico*, (Coordinadores: Jaime Rodríguez Arana, William Vázquez Irizarry, María del Carmen Rodríguez Martín-Retortillo), Universidad de Puerto Rico, San Juan 2015, Tomo II, p. 926

Kiriakidis, Jorge: "Notas en torno al Procedimiento Breve en la Ley Orgánica de la Jurisdicción Contencioso Administrativa," *Comentarios a la Ley Orgánica de la Jurisdicción Contencioso Administrativa,* Vol. II, FUNEDA, Caracas, 2011, pp. 167-193.

Lazzarini, José Luis: *El juicio de amparo*, La Ley, Buenos Aires, 1987.

Losada, S. M.: *Derecho Constitucional Argentino,* Buenos Aires, 1972, Vol. I, p. 343.

Meilán Gil, José Luis y García Pérez, Marta: "Una visión actual de la justicia administrativa en España," en *La jurisdicción contencioso administrativa en Iberoamérica* (Coordinadores: Jaime Rodríguez-Arana Muñoz, Marta García Pérez), Colección Derecho Público Iberoamericano, Editorial Jurídica Venezolana, 2014.

Mejía, Henry Alexander; Orellana, Edmundo; Navarro Medal, Karlos; Jinesta Lobo, Ernesto; y Gasnell Acuña, Carlos: *Derecho procesal contencioso administrativo. Centroamérica y México,* Instituto de Estudio e Investigación Jurídica (INEJ), 2018.

Mejía, Henry Alexander:"La Jurisdicción Contenciosa Administrativa en El Salvador," en *La jurisdicción contencioso administrativa en Iberoamérica* (Coordinadores: Jaime Rodríguez-Arana Muñoz, Marta García Pérez), Colección Derecho Público Iberoamericano, Editorial Jurídica Venezolana, 2014.

Mejía, Henry Alexander: "La jurisdicción contenciosa administrativa en El Salvador," en Henry Alexander Mejía, Edmundo Orellana, Karlos Navarro Medal, Ernesto Jinesta Lobo y Carlos Gasnell Acuña, *Derecho procesal contencioso administrativo.*

Centroamérica y México, Instituto de Estudio e Investigación Jurídica (INEJ), 2018, pp. 25 ss.

Moles Caubet, Antonio: *El principio de legalidad y sus implicaciones,* Universidad Central de Venezuela, Facultad de Derecho, Publicaciones del Instituto de Derecho Público, Caracas, 1974.

Moles Caubet, Antonio y otros, *Contencioso Administrativo en Venezuela,* Caracas 1980.

Moraga Klenner, Claudio: "Evolución de la justicia administrativa en Chile," en *Contenciosos Administrativos en Iberoamérica, XIV FIDA, San Juan Puerto Rico,* (Coordinadores: Jaime Rodríguez Arana, William Vázquez Irizarry, María del Carmen Rodríguez Martín-Retortillo), Universidad de Puerto Rico, San Juan 2015, Tomo I, pp. 482.

Morón Urbina, Juan Carlos: "El proceso contencioso de lesividad: catorce años después de su incorporación en el derecho peruano," en *Contenciosos Administrativos en Iberoamérica, XIV FIDA, San Juan Puerto Rico,* (Coordinadores: Jaime Rodríguez Arana, William Vázquez Irizarry, María del Carmen Rodríguez Martín-Retortillo), Universidad de Puerto Rico, San Juan 2015, Tomo II, p 716 ss.

Navarro, Karlos: "La jurisdicción contenciosa administrativa en Nicaragua," en Henry Alexander Mejía, Edmundo Orellana, Karlos Navarro Medal, Ernesto Jinesta Lobo y Carlos Gasnell Acuña, *Derecho procesal contencioso administrativo. Centroamérica y México,* Instituto de Estudio e Investigación Jurídica (INEJ), 2018, p. 105 ss.

Nikken, Claudia: "El caso "Barrio Adentro": La Corte Primera de lo Contencioso Administrativo ante la Sala Constitucional del Tribunal Supremo de Justicia o el avocamiento como medio de amparo de derechos e intereses colectivos y difusos," en *Revista de Derecho Público,* N° 93–96, Editorial Jurídica Venezolana, Caracas, 2003, pp. 5 ss.

Orellana, Edmundo: "La jurisdicción contenciosa administrativa en Honduras," en Henry Alexander Mejía, Edmundo Orellana, Karlos Navarro Medal, Ernesto Jinesta Lobo y Carlos Gasnell Acuña, *Derecho procesal contencioso administrativo. Centroamérica y México,* Instituto de Estudio e Investigación Jurídica (INEJ), 2018, p. 86.

Pérez Hualde, Alejandro: "La acción de lesividad y los actos "inexistentes," en *Contenciosos Administrativos en Iberoamérica, XIV FIDA, San Juan Puerto Rico,* (Coordinadores: Jaime Rodríguez Arana, William Vázquez Irizarry, María del Carmen Rodríguez Martín-Retortillo), Universidad de Puerto Rico, San Juan 2015, Tomo II, p. 741.

Perrino, Pablo Esteban: "La tutela judicial efectiva y la reforma del régimen de la justicia contencioso administrativa en la provincia de Buenos Aires," en *Contenciosos Administrativos en Iberoamérica, XIV FIDA, San Juan Puerto Rico,* (Coordinadores: Jaime Rodríguez Arana, William Vázquez Irizarry, María del Carmen Rodríguez Martín-Retortillo), Universidad de Puerto Rico, San Juan 2015, Tomo I.

Perrino, Pedro José Jorge: "La influencia de la jurisprudencia y doctrina norteamericanas en materia de tribunales administrativo en la República Argentina y sus consecuencias sobre el contencioso administrativo," en *Contenciosos Administrativos en Iberoamérica, XIV FIDA, San Juan Puerto Rico,* (Coordinadores: Jaime Rodríguez

Arana, William Vázquez Irizarry, María del Carmen Rodríguez Martín-Retortillo), Universidad de Puerto Rico, San Juan 2015, Tomo I, pp. 60- 82.

Prat, Julio A.: "Contribución al estudio del acto de gobierno," en *Revista de la Facultad de Derecho .v Ciencias Sociales,* Año IX, N° 4. Montevideo 1958. pp. 815 a 871

Puisoye, Jacques: "Pour une conception plus restrictive de la notion d'acte de gouvernement," en *L'Actualité Juridique,* N° 4, 20-4-1965, pp. 211.

Real, Alberto Ramón: "El acto de gobierno", en *Revista de Derecho, Jurisprudencia y Administración,* T. 57, pp. 214 ss.;

Rivero, Jean : *Droit Administratif,* Precis Dalloz, París, 1962.

Rodríguez-Arana Muñoz, Jaime; García Pérez, Marta , (Coordinadores:): *La jurisdicción contencioso administrativa en Iberoamérica,* Colección Derecho Público Iberoamericano, Editorial Jurídica Venezolana, 2014.

Rodríguez Arana, Jaime; Vázquez Irizarry, William; Rodríguez Martín-Retortillo, María del Carmen (Coordinadores): *Contenciosos Administrativos en Iberoamérica, XIV FIDA, San Juan Puerto Rico,* Universidad de Puerto Rico, San Juan 2015.

Rodríguez Queiro, Alfonso: "Actos de Governo e contencioso de anulaçao," en *Estudios en Homenaje al Profesor López Rodó,* Madrid 1972, Vol. II, pp. 101 y ss

Rodríguez Rodríguez, Libardo: "Las características fundamentales de la jurisdicción de contencioso administrativo en Colombia," en *Contenciosos Administrativos en Iberoamérica, XIV FIDA, San Juan Puerto Rico,* (Coordinadores: Jaime Rodríguez Arana, William Vázquez Irizarry, María del Carmen Rodríguez Martín-Retortillo), Universidad de Puerto Rico, San Juan 2015, Tomo I, pp. 529-560.

Roehrssen, Guglielmo: "L'atto di Potere Político e la Sua Sindi- cabilitá in sede Giudiziaria," en *Rivista di diritto público,* Vol. I, 1936, pp. 557 a 588.

Rondón de Sansó, Hildegard, "Medios de proceder por la vía contencioso-administrativa" en A. Moles y otros, Antonio Moles Caubet y otros, *Contencioso Administrativo en Venezuela,* Caracas 1980, pp. 110-123.

Rotondo, Felipe: "Aspectos organizativos de los contenciosos administrativos en el Uruguay. Sistema adoptado. Déficit y soluciones," en *Contenciosos Administrativos en Iberoamérica, XIV FIDA, San Juan Puerto Rico,* (Coordinadores: Jaime Rodríguez Arana, William Vázquez Irizarry, María del Carmen Rodríguez Martín-Retortillo), Universidad de Puerto Rico, San Juan 2015, Tomo I, p. 567.

Ruocco, Graciela: "Acto político y acto de gobierno. Derecho nacional," en *Estudios en memoria de Héctor Frugone Schiavone,* Montevideo, 2000), pp. 435 ss.

Sagüés, Néstor Pedro, *Derecho procesal Constitucional,* Vol. 3, "Acción de amparo," Editorial Astrea, Buenos Aires, 1988.

Sánchez Agesta, L.: "Concepto jurídico de acto político," en *Homenaje a Pérez Serrano,* Madrid 1959, Tomo I, pp. 183 ss.

Sánchez Aldana Morales, José Iván: "El contencioso administrativo en México en el ámbito local," en *Contenciosos Administrativos en Iberoamérica, XIV FIDA, San Juan Puerto Rico,* (Coordinadores: Jaime Rodríguez Arana, William Vázquez Irizarry, María del Carmen Rodríguez Martín-Retortillo), Universidad de Puerto Rico, San Juan 2015, Tomo I, pp. 589.

Santofimio, Jaime Orlando, *Compendio de Derecho Administrativo*, Universidad Externado de Colombia, Bogotá 2017.

Salgado, Alí Joaquín: *Juicio de amparo y acción de inconstitucionalidad*, Astrea, Buenos Aires, 1987.

Sendin, Miguel Ángel y Navarro Medal, Karlos: "La Jurisdicción contencioso administrativa en Nicaragua," en *La jurisdicción contencioso administrativa en Iberoamérica* (Coordinadores: Jaime Rodríguez-Arana Muñoz, Marta García Pérez), Colección Derecho Público Iberoamericano, Editorial Jurídica Venezolana, 2014, p. 367.

Serrate Paz, José Mario: "Contencioso administrativo en Bolivia," en *La jurisdicción contencioso administrativa en Iberoamérica* (Coordinadores: Jaime Rodríguez-Arana Muñoz, Marta García Pérez), Colección Derecho Público Iberoamericano, Editorial Jurídica Venezolana, 2014, pp. 67 ss.

Sarria Olcos, Consuelo: "Las acciones contencioso administrativas en la legislación positiva colombiana," en *La jurisdicción contencioso administrativa en Iberoamérica* (Coordinadores: Jaime Rodríguez-Arana Muñoz, Marta García Pérez), Colección Derecho Público Iberoamericano, Editorial Jurídica Venezolana, 2014, p. 102.

Sheffer Tuñón, Javier Ernesto: "Un camino posible en pos de la reforma del contencioso administrativo en Panamá," en *La jurisdicción contencioso administrativa en Iberoamérica* (Coordinadores: Jaime Rodríguez-Arana Muñoz, Marta García Pérez), Colección Derecho Público Iberoamericano, Editorial Jurídica Venezolana, 2014, p. 401.

Soto Kloss, Eduardo: "La nulidad de derecho público en el derecho chileno," en *Revista de Derecho Público,* N° 47-48, 1990, p. 11-25.

Torrealba Sánchez, Miguel Ángel: "Las demandas de contenido patrimonial en la Ley Orgánica de la Jurisdicción Contencioso Administrativa," en *Comentarios a la Ley Orgánica de la Jurisdicción Contencioso Administrativa,* Vol. II, FUNEDA, Caracas, 2011, pp. 299-340.

Torrealba Sánchez, Miguel Ángel: *La vía de hecho en Venezuela*, FUNEDA, Caracas, 2011.

Vanossi, J. R. y Ubertone, P. E.: "Control jurisdiccional de constitucionalidad," in *Desafíos del control de constitucionalidad*, Ediciones Ciudad Argentina, Buenos Aires, 1996.

Vazquez, Cristina: "Actos políticos y de gobierno," en *Estudios Jurídicos en memoria* de Alberto Ramón Real, (F.C.U., Montevideo, 1996), pp. 545 ss.; y

Vicuña Domínguez, Lorena, *El Nuevo Procedimiento Contencioso Administrativo*, Tesis de doctorado, Universidad San Francisco de Quito (consultada en internet).

Virally, "L'introuvable acte de gouvernement," en *Revue de Droit Public et de la Science Politique,* Paris 1952, p. 317.

LEYES DE LO CONTENCIOSO ADMINISTRATIVO EN AMÉRICA LATINA

BOLIVIA

CÓDIGO PROCESAL CIVIL
LEY Nº 439 LEY DE 19 DE NOVIEMBRE DE 2013

De conformidad con la Disposición Final Tercera del Código Procesal Civil, queda vigente, entre otros, el artículo 778 del Código de Procedimiento Civil de 1975, que se deroga:

Artículo 778: El proceso contencioso administrativo procederá en los casos en que hubiere oposición entre el interés público y el privado y cuando la persona que creyere lesionado o perjudicado su derecho privado, hubiere ocurrido previamente ante el Poder Ejecutivo reclamando expresamente del acto administrativo y agotando ante ese Poder todos los recursos de revisión, modificación o revocatoria de la resolución que le hubiere afectado.

LEY N° 620.

LEY TRANSITORIA PARA LA TRAMITACIÓN DE LOS PROCESOS CONTENCIOSO Y CONTENCIOSO ADMINISTRATIVO

LEY DE 29 DE DICIEMBRE DE 2014.
EVO MORALES AYMA PRESIDENTE CONSTITUCIONAL DEL ESTADO PLURINACIONAL DE BOLIVIA *

Por cuanto, la Asamblea Legislativa Plurinacional,
ha sancionado la siguiente Ley:
LA ASAMBLEA LEGISLATIVA PLURINACIONAL,

DECRETA:

LEY TRANSITORIA PARA LA TRAMITACIÓN DE LOS PROCESOS CONTENCIOSO Y CONTENCIOSO ADMINISTRATIVO

Artículo 1. (Objeto). La presente Ley tiene por objeto crear en la estructura del Tribunal Supremo de Justicia y en los Tribunales Departamentales de Justicia, Salas en Materia Contenciosa y Contenciosa Administrativa, estableciendo sus atribuciones.

Artículo 2. (Sala especializada en materia contenciosa y contenciosa administrativa del Tribunal Supremo de Justicia). Se crea la Sala Contenciosa y Contenciosa Administrativa, como parte de la estructura del Tribunal Supremo de Justicia, con las siguientes atribuciones:

1. Conocer y resolver las causas contenciosas que resultaren de los contratos, negociaciones y concesiones del Gobierno Central, y demás instituciones públicas o privadas que cumplan roles de administración pública a nivel nacional.

2. Conocer y resolver las demandas Contenciosas Administrativas del nivel nacional, que resultaren de la oposición entre el interés público y privado.

Artículo 3. (Sala especializada en materia contenciosa y contenciosa administrativa de los Tribunales Departamentales de Justicia). Se crea la Sala Contenciosa y Contenciosa Administrativa, como parte de la estructura de los Tribunales Departamentales de Justicia, con las siguientes atribuciones:

1. Conocer y resolver las causas contenciosas que resultaren de los contratos, negociaciones o concesiones de los gobiernos autónomos departamentales, municipales, indígena originario campesinos y regionales; universidades públicas, y demás instituciones públicas o privadas que cumplan roles de administración estatal a nivel departamental.

2. Conocer y resolver las demandas contenciosas administrativas a nivel departamental, que resultaren de la oposición del interés público y privado.

Artículo 4. (Procedimiento). Para la tramitación de los procesos contenciosos y contenciosos administrativos, se aplicarán los Artículos 775 al 781 del Código de Procedimiento Civil, hasta que sean regulados por Ley, como jurisdicción especializada, con-

---

*   *Gaceta Oficial del Estado Plurinacional de Bolivia*, texto en http://tsj.bo/wp-content/uploads/2017/03/Ley-N%C2%BA-620-para-la-tramitacio%CC%81n-de-los-procesos-contencioso-y-contencios-administrativo.doc.pdf.

forme establece la Disposición Final Tercera de la Ley N° 439 de 19 de noviembre de 2013, "Código Procesal Civil".

Artículo 5. (Recurso de Casación).

I. Contra la resolución que resuelva el proceso contencioso, procederá el Recurso de Casación, conforme a lo siguiente:

1. En los procesos contenciosos tramitados en las Salas Contenciosas y Contenciosas Administrativas de los Tribunales Departamentales de Justicia, los Recursos de Casación serán resueltos por la Sala Contenciosa y Contenciosa Administrativa del Tribunal Supremo de Justicia.

2. En los procesos contenciosos tramitados en la Sala Contenciosa y Contenciosa Administrativa del Tribunal Supremo de Justicia, los Recursos de Casación serán resueltos por la Sala Plena de ese Tribunal.

II. Contra la resolución que resuelva el proceso contencioso administrativo, no procede recurso ulterior.

Artículo 6. (Procesos en trámite). Los procesos en curso, archivados y los presentados con anterioridad a la vigencia de la presente Ley, continuarán siendo de competencia de la Sala Plena del Tribunal Supremo de Justicia y de las Salas Plenas de los Tribunales Departamentales de Justicia, hasta su conclusión, conforme a normativa legal aplicable hasta antes de la promulgación de la presente Ley.

Artículo 7. (Restructuración). Al no implicar gastos del Tesoro General de la Nación – TGN la implementación de la presente Ley, en el plazo de cuarenta y cinco (45) días a partir de su promulgación, el Tribunal Supremo de Justicia y los Tribunales Departamentales de Justicia, deberán realizar la restructuración de sus salas.

Disposición Derogatoria Única. Se deroga el Parágrafo I del Artículo 10 de la Ley N° 212 de 23 de diciembre de 2011, de Transición para el Tribunal Supremo de Justicia, Tribunal Agroambiental, Consejo de la Magistratura y Tribunal Constitucional Plurinacional. Remítase al Órgano Ejecutivo para fines constitucionales.

Es dada en la Sala de Sesiones de la Asamblea Legislativa Plurinacional, a los diecinueve días del mes de diciembre del año dos mil catorce. Fdo. Eugenio Rojas Apaza, Marcelo William Elío Chávez, Efraín Condori Lopez, Marcelo E. Antezana Ruiz, Carlos Aparicio Vedia, Ángel David Cortés Villegas. Por tanto, la promulgo para que se tenga y cumpla como Ley del Estado Plurinacional de Bolivia. Palacio de Gobierno de la ciudad de La Paz, a los veintinueve días del mes de diciembre del año dos mil catorce.

FDO. EVO MORALES AYMA, Juan Ramón Quintana Taborga, Elizabeth Sandra Gutiérrez Salazar, Claudia Stacy Peña Claros, Amanda Dávila Torres.

COLOMBIA

CÓDIGO DE PROCEDIMIENTO ADMINISTRATIVO Y DE LO CONTENCIOSO ADMINISTRATIVO

Ley 1437 de 18 de enero de 2011, por la cual se expide el Código de Procedimiento Administrativo y de lo Contencioso Administrativo, reformada por Ley 2080 de 25 de enero de 2021

PARTE PRIMERA
PROCEDIMIENTO ADMINISTRATIVO
TÍTULO I
DISPOSICIONES GENERALES
CAPÍTULO I
FINALIDAD, ÁMBITO DE APLICACIÓN Y PRINCIPIOS

Artículo 1°. Finalidad de la parte primera. Las normas de esta Parte Primera tienen como finalidad proteger y garantizar los derechos y libertades de las personas, la primacía de los intereses generales, la sujeción de las autoridades a la Constitución y demás preceptos del ordenamiento jurídico, el cumplimiento de los fines estatales, el funcionamiento eficiente y democrático de la administración, y la observancia de los deberes del Estado y de los particulares.

Artículo 2°. Ámbito de aplicación. Las normas de esta Parte Primera del Código se aplican a todos los organismos y entidades que conforman las ramas del poder público en sus distintos órdenes, sectores y niveles, a los órganos autónomos e independientes del Estado y a los particulares, cuando cumplan funciones administrativas. A todos ellos se les dará el nombre de autoridades.

Las disposiciones de esta Parte Primera no se aplicarán en los procedimientos militares o de policía que por su naturaleza requieran decisiones de aplicación inmediata, para evitar o remediar perturbaciones de orden público en los aspectos de defensa nacional, seguridad, tranquilidad, salubridad, y circulación de personas y cosas. Tampoco se aplicarán para ejercer la facultad de libre nombramiento y remoción.

Las autoridades sujetarán sus actuaciones a los procedimientos que se establecen en este Código, sin perjuicio de los procedimientos regulados en leyes especiales. En lo no previsto en los mismos se aplicarán las disposiciones de este Código.

Artículo 3°. Principios. Todas las autoridades deberán interpretar y aplicar las disposiciones que regulan las actuaciones y procedimientos administrativos a la luz de los principios consagrados en la Constitución Política, en la Parte Primera de este Código y en las leyes especiales.

Las actuaciones administrativas se desarrollarán, especialmente, con arreglo a los principios del debido proceso, igualdad, imparcialidad, buena fe, moralidad, participación, responsabilidad, transparencia, publicidad, coordinación, eficacia, economía y celeridad.

1. En virtud del principio del debido proceso, las actuaciones administrativas se adelantarán de conformidad con las normas de procedimiento y competencia establecidas en la Constitución y la ley, con plena garantía de los derechos de representación, defensa y contradicción.

En materia administrativa sancionatoria, se observarán adicionalmente los principios de legalidad de las faltas y de las sanciones, de presunción de inocencia, de no *reformatio in pejus* y *non bis in idem*.

2. En virtud del principio de igualdad, las autoridades darán el mismo trato y protección a las personas e instituciones que intervengan en las actuaciones bajo su conocimiento. No obstante, serán objeto de trato y protección especial las personas que por su condición económica, física o mental se encuentran en circunstancias de debilidad manifiesta.

3. En virtud del principio de imparcialidad, las autoridades deberán actuar teniendo en cuenta que la finalidad de los procedimientos consiste en asegurar y garantizar los derechos de todas las personas sin discriminación alguna y sin tener en consideración factores de afecto o de interés y, en general, cualquier clase de motivación subjetiva.

4. En virtud del principio de buena fe, las autoridades y los particulares presumirán el comportamiento leal y fiel de unos y otros en el ejercicio de sus competencias, derechos y deberes.

5. En virtud del principio de moralidad, todas las personas y los servidores públicos están obligados a actuar con rectitud, lealtad y honestidad en las actuaciones administrativas.

6. En virtud del principio de participación, las autoridades promoverán y atenderán las iniciativas de los ciudadanos, organizaciones y comunidades encaminadas a intervenir en los procesos de deliberación, formulación, ejecución, control y evaluación de la gestión pública.

7. En virtud del principio de responsabilidad, las autoridades y sus agentes asumirán las consecuencias por sus decisiones, omisiones o extralimitación de funciones, de acuerdo con la Constitución, las leyes y los reglamentos.

8. En virtud del principio de transparencia, la actividad administrativa es del dominio público, por consiguiente, toda persona puede conocer las actuaciones de la administración, salvo reserva legal.

9. En virtud del principio de publicidad, las autoridades darán a conocer al público y a los interesados, en forma sistemática y permanente, sin que medie petición alguna,

sus actos, contratos y resoluciones, mediante las comunicaciones, notificaciones y publicaciones que ordene la ley, incluyendo el empleo de tecnologías que permitan difundir de manera masiva tal información de conformidad con lo dispuesto en este Código. Cuando el interesado deba asumir el costo de la publicación, esta no podrá exceder en ningún caso el valor de la misma.

10. En virtud del principio de coordinación, las autoridades concertarán sus actividades con las de otras instancias estatales en el cumplimiento de sus cometidos y en el reconocimiento de sus derechos a los particulares.

11. En virtud del principio de eficacia, las autoridades buscarán que los procedimientos logren su finalidad y, para el efecto, removerán de oficio los obstáculos puramente formales, evitarán decisiones inhibitorias, dilaciones o retardos y sanearán, de acuerdo con este Código las irregularidades procedimentales que se presenten, en procura de la efectividad del derecho material objeto de la actuación administrativa.

12. En virtud del principio de economía, las autoridades deberán proceder con austeridad y eficiencia, optimizar el uso del tiempo y de los demás recursos, procurando el más alto nivel de calidad en sus actuaciones y la protección de los derechos de las personas.

13. En virtud del principio de celeridad, las autoridades impulsarán oficiosamente los procedimientos, e incentivarán el uso de las tecnologías de la información y las comunicaciones, a efectos de que los procedimientos se adelanten con diligencia, dentro de los términos legales y sin dilaciones injustificadas.

Artículo 4°. Formas de iniciar las actuaciones administrativas. Las actuaciones administrativas podrán iniciarse:

1. Por quienes ejerciten el derecho de petición, en interés general.

2. Por quienes ejerciten el derecho de petición, en interés particular.

3. Por quienes obren en cumplimiento de una obligación o deber legal.

4. Por las autoridades, oficiosamente.

CAPÍTULO II.
DERECHOS, DEBERES, PROHIBICIONES, IMPEDIMENTOS Y RECUSACIONES

Artículo 5. Derechos de las personas ante las autoridades[187]. En sus relaciones con las autoridades toda persona tiene derecho a:

1. Presentar peticiones en cualquiera de sus modalidades, verbalmente, o por escrito, o por cualquier otro medio idóneo y sin necesidad de apoderado, así como a obtener información oportuna y orientación acerca de los requisitos que las disposiciones vigentes exijan para tal efecto.

Las anteriores actuaciones podrán ser adelantadas o promovidas por cualquier medio tecnológico o electrónico disponible en la entidad o integradas en medios de acceso unificado a la administración pública, aún por fuera de las horas y días de atención al público.

2. Conocer, salvo expresa reserva legal, el estado de cualquier actuación o trámite y obtener copias, a su costa, de los respectivos documentos.

---

[187] Modificado por Ley 2080 de 2021.

3. Salvo reserva legal, obtener información que repose en los registros y archivos públicos en los términos previstos por la Constitución y las leyes.

4. Obtener respuesta oportuna y eficaz a sus peticiones en los plazos establecidos para el efecto.

5. Ser tratado con el respeto y la consideración debida a la dignidad de la persona humana.

6. Recibir atención especial y preferente si se trata de personas en situación de discapacidad, niños, niñas, adolescentes, mujeres gestantes o adultos mayores, y en general de personas en estado de indefensión o de debilidad manifiesta de conformidad con el artículo 13 de la Constitución Política.

7. Exigir el cumplimiento de las responsabilidades de los servidores públicos y de los particulares que cumplan funciones administrativas.

8. A formular alegaciones y aportar documentos u otros elementos de prueba en cualquier actuación administrativa en la cual tenga interés, a que dichos documentos sean valorados y tenidos en cuenta por las autoridades al momento de decidir y a que estas le informen al interviniente cuál ha sido el resultado de su participación en el procedimiento correspondiente.

9. A relacionarse con las autoridades por cualquier medio tecnológico o electrónico disponible en la entidad o integrados en medios de acceso unificado a la administración pública

10. Identificarse ante las autoridades a través de medios de autenticación digital.

11. Cualquier otro que le reconozca la Constitución y las leyes.

Artículo 6°. Deberes de las personas. Correlativamente con los derechos que les asisten, las personas tienen, en las actuaciones ante las autoridades, los siguientes deberes:

1. Acatar la Constitución y las leyes.

2. Obrar conforme al principio de buena fe, absteniéndose de emplear maniobras dilatorias en las actuaciones, y de efectuar o aportar, a sabiendas, declaraciones o documentos falsos o hacer afirmaciones temerarias, entre otras conductas.

3. Ejercer con responsabilidad sus derechos, y en consecuencia abstenerse de reiterar solicitudes evidentemente improcedentes.

4. Observar un trato respetuoso con los servidores públicos.

Parágrafo. El incumplimiento de estos deberes no podrá ser invocado por la administración como pretexto para desconocer el derecho reclamado por el particular. Empero podrá dar lugar a las sanciones penales, disciplinarias o de policía que sean del caso según la ley.

Artículo 7°. Deberes de las autoridades en la atención al público. Las autoridades tendrán, frente a las personas que ante ellas acudan y en relación con los asuntos que tramiten, los siguientes deberes:

1. Dar trato respetuoso, considerado y diligente a todas las personas sin distinción.

2. Garantizar atención personal al público, como mínimo durante cuarenta (40) horas a la semana, las cuales se distribuirán en horarios que satisfagan las necesidades del servicio.

3. Atender a todas las personas que hubieran ingresado a sus oficinas dentro del horario normal de atención.

4. Establecer un sistema de turnos acorde con las necesidades del servicio y las nuevas tecnologías, para la ordenada atención de peticiones, quejas, denuncias o reclamos, sin perjuicio de lo señalado en el numeral 6 del artículo 5° de este Código.

5. Expedir, hacer visible y actualizar anualmente una carta de trato digno al usuario donde la respectiva autoridad especifique todos los derechos de los usuarios y los medios puestos a su disposición para garantizarlos efectivamente.

6. Tramitar las peticiones que lleguen vía fax o por medios electrónicos, de conformidad con lo previsto en el numeral 1 del artículo 5° de este Código.

7. Atribuir a dependencias especializadas la función de atender quejas y reclamos, y dar orientación al público.

8. Adoptar medios tecnológicos para el trámite y resolución de peticiones, y permitir el uso de medios alternativos para quienes no dispongan de aquellos.

9. Habilitar espacios idóneos para la consulta de expedientes y documentos, así como para la atención cómoda y ordenada del público.

10. Todos los demás que señalen la Constitución, la ley y los reglamentos.

Artículo 8°. Deber de información al público. Las autoridades deberán mantener a disposición de toda persona información completa y actualizada, en el sitio de atención y en la página electrónica, y suministrarla a través de los medios impresos y electrónicos de que disponga, y por medio telefónico o por correo, sobre los siguientes aspectos:

1. Las normas básicas que determinan su competencia.

2. Las funciones de sus distintas dependencias y los servicios que prestan.

3. Las regulaciones, procedimientos, trámites y términos a que están sujetas las actuaciones de los particulares frente al respectivo organismo o entidad.

4. Los actos administrativos de carácter general que expidan y los documentos de interés público relativos a cada uno de ellos.

5. Los documentos que deben ser suministrados por las personas según la actuación de que se trate.

6. Las dependencias responsables según la actuación, su localización, los horarios de trabajo y demás indicaciones que sean necesarias para que toda persona pueda cumplir sus obligaciones o ejercer sus derechos.

7. La dependencia, y el cargo o nombre del servidor a quien debe dirigirse en caso de una queja o reclamo.

8. Los proyectos específicos de regulación y la información en que se fundamenten, con el objeto de recibir opiniones, sugerencias o propuestas alternativas. Para el efecto, deberán señalar el plazo dentro del cual se podrán presentar observaciones, de las cuales se dejará registro público. En todo caso la autoridad adoptará autónomamente la decisión que a su juicio sirva mejor el interés general.

Parágrafo. Para obtener estas informaciones en ningún caso se requerirá la presencia del interesado.

Artículo 9°. Prohibiciones. A las autoridades les queda especialmente prohibido:

1. Negarse a recibir las peticiones o a expedir constancias sobre las mismas.

2. Negarse a recibir los escritos, las declaraciones o liquidaciones privadas necesarias para cumplir con una obligación legal, lo cual no obsta para prevenir al peticionario sobre eventuales deficiencias de su actuación o del escrito que presenta.

3. Exigir la presentación personal de peticiones, recursos o documentos cuando la ley no lo exija.

4. Exigir constancias, certificaciones o documentos que reposen en la respectiva entidad.

5. Exigir documentos no previstos por las normas legales aplicables a los procedimientos de que trate la gestión o crear requisitos o formalidades adicionales de conformidad con el artículo 84 de la Constitución Política.

6. Reproducir actos suspendidos o anulados por la Jurisdicción de lo Contencioso Administrativo cuando no hayan desaparecido los fundamentos legales de la anulación o suspensión.

7. Asignar la orientación y atención del ciudadano a personal no capacitado para ello.

8. Negarse a recibir los escritos de interposición y sustentación de recursos.

9. No dar traslado de los documentos recibidos a quien deba decidir, dentro del término legal.

10. Demorar en forma injustificada la producción del acto, su comunicación o notificación.

11. Ejecutar un acto que no se encuentre en firme.

12. Dilatar o entrabar el cumplimiento de las decisiones en firme o de las providencias judiciales.

13. No hacer lo que legalmente corresponda para que se incluyan dentro de los presupuestos públicos apropiaciones suficientes para el cumplimiento de las sentencias que condenen a la administración.

14. No practicar oportunamente las pruebas decretadas o denegar sin justa causa las solicitadas.

15. Entrabar la notificación de los actos y providencias que requieran esa formalidad.

16. Intimidar de alguna manera a quienes quieran acudir ante la Jurisdicción de lo Contencioso Administrativo para el control de sus actos.

Artículo 10. Deber de aplicación uniforme de las normas y la jurisprudencia[188]**.** Al resolver los asuntos de su competencia, las autoridades aplicarán las disposiciones constitucionales, legales y reglamentarias de manera uniforme a situaciones que tengan los mismos supuestos fácticos y jurídicos. Con este propósito, al adoptar las decisiones de su competencia, deberán tener en cuenta las sentencias de unificación jurisprudencial del Consejo de Estado en las que se interpreten y apliquen dichas normas.

Artículo 11. Conflictos de interés y causales de impedimento y recusación. Cuando el interés general propio de la función pública entre en conflicto con el interés particular y directo del servidor público, este deberá declararse impedido. Todo servidor

---

[188]   Artículo declarado EXEQUIBLE por la Corte Constitucional mediante Sentencia C-634 de 2011.

público que deba adelantar o sustanciar actuaciones administrativas, realizar investigaciones, practicar pruebas o pronunciar decisiones definitivas podrá ser recusado si no manifiesta su impedimento por:

1. Tener interés particular y directo en la regulación, gestión, control o decisión del asunto, o tenerlo su cónyuge, compañero o compañera permanente, o alguno de sus parientes dentro del cuarto grado de consanguinidad, segundo de afinidad o primero civil, o su socio o socios de hecho o de derecho.

2. Haber conocido del asunto, en oportunidad anterior, el servidor, su cónyuge, compañero permanente o alguno de sus parientes indicados en el numeral precedente.

3. Ser el servidor, su cónyuge, compañero permanente o alguno de sus parientes arriba indicados, curador o tutor de persona interesada en el asunto.

4. Ser alguno de los interesados en la actuación administrativa: representante, apoderado, dependiente, mandatario o administrador de los negocios del servidor público.

5. Existir litigio o controversia ante autoridades administrativas o jurisdiccionales entre el servidor, su cónyuge, compañero permanente, o alguno de sus parientes indicados en el numeral 1, y cualquiera de los interesados en la actuación, su representante o apoderado.

6. Haber formulado alguno de los interesados en la actuación, su representante o apoderado, denuncia penal contra el servidor, su cónyuge, compañero permanente, o pariente hasta el segundo grado de consanguinidad, segundo de afinidad o primero civil, antes de iniciarse la actuación administrativa; o después, siempre que la denuncia se refiera a hechos ajenos a la actuación y que el denunciado se halle vinculado a la investigación penal.

7. Haber formulado el servidor, su cónyuge, compañero permanente o pariente hasta el segundo grado de consanguinidad, segundo de afinidad o primero civil, denuncia penal contra una de las personas interesadas en la actuación administrativa o su representante o apoderado, o estar aquellos legitimados para intervenir como parte civil en el respectivo proceso penal.

8. Existir enemistad grave por hechos ajenos a la actuación administrativa, o amistad entrañable entre el servidor y alguna de las personas interesadas en la actuación administrativa, su representante o apoderado.

9. Ser el servidor, su cónyuge, compañero permanente o alguno de sus parientes en segundo grado de consanguinidad, primero de afinidad o primero civil, acreedor o deudor de alguna de las personas interesadas en la actuación administrativa, su representante o apoderado, salvo cuando se trate de persona de derecho público, establecimiento de crédito o sociedad anónima.

10. Ser el servidor, su cónyuge, compañero permanente o alguno de sus parientes indicados en el numeral anterior, socio de alguna de las personas interesadas en la actuación administrativa o su representante o apoderado en sociedad de personas.

11. Haber dado el servidor consejo o concepto por fuera de la actuación administrativa sobre las cuestiones materia de la misma, o haber intervenido en esta como apoderado, Agente del Ministerio Público, perito o testigo. Sin embargo, no tendrán el carácter de concepto las referencias o explicaciones que el servidor público haga sobre el contenido de una decisión tomada por la administración.

12. Ser el servidor, su cónyuge, compañero permanente o alguno de sus parientes indicados en el numeral 1, heredero o legatario de alguna de las personas interesadas en la actuación administrativa.

13. Tener el servidor, su cónyuge, compañero permanente o alguno de sus parientes en segundo grado de consanguinidad o primero civil, decisión administrativa pendiente en que se controvierta la misma cuestión jurídica que él debe resolver.

14. Haber hecho parte de listas de candidatos a cuerpos colegiados de elección popular inscritas o integradas también por el interesado en el período electoral coincidente con la actuación administrativa o en alguno de los dos períodos anteriores.

15. Haber sido recomendado por el interesado en la actuación para llegar al cargo que ocupa el servidor público o haber sido señalado por este como referencia con el mismo fin.

16. Dentro del año anterior, haber tenido interés directo o haber actuado como representante, asesor, presidente, gerente, director, miembro de Junta Directiva o socio de gremio, sindicato, sociedad, asociación o grupo social o económico interesado en el asunto objeto de definición.

Artículo 12. Trámite de los impedimentos y recusaciones. En caso de impedimento el servidor enviará dentro de los tres (3) días siguientes a su conocimiento la actuación con escrito motivado al superior, o si no lo tuviere, a la cabeza del respectivo sector administrativo. A falta de todos los anteriores, al Procurador General de la Nación cuando se trate de autoridades nacionales o del Alcalde Mayor del Distrito Capital, o al procurador regional en el caso de las autoridades territoriales.

La autoridad competente decidirá de plano sobre el impedimento dentro de los diez (10) días siguientes a la fecha de su recibo. Si acepta el impedimento, determinará a quién corresponde el conocimiento del asunto, pudiendo, si es preciso, designar un funcionario ad hoc. En el mismo acto ordenará la entrega del expediente.

Cuando cualquier persona presente una recusación, el recusado manifestará si acepta o no la causal invocada, dentro de los cinco (5) días siguientes a la fecha de su formulación. Vencido este término, se seguirá el trámite señalado en el inciso anterior.

La actuación administrativa se suspenderá desde la manifestación del impedimento o desde la presentación de la recusación, hasta cuando se decida. Sin embargo, el cómputo de los términos para que proceda el silencio administrativo se reiniciará una vez vencidos los plazos a que hace referencia el inciso 1 de este artículo.

TÍTULO II
DERECHO DE PETICIÓN
CAPÍTULO I.
DERECHO DE PETICIÓN ANTE AUTORIDADES. REGLAS GENERALES

Artículo 13. Objeto y modalidades del derecho de petición ante autoridades[189]. Toda persona tiene derecho de presentar peticiones respetuosas a las autoridades, en los términos señalados en este Código, por motivos de interés general o particular, y a obtener pronta resolución.

---

[189]   Declarado INEXEQUIBLE por la Corte Constitucional mediante Sentencia C-818 de 2011.

Toda actuación que inicie cualquier persona ante las autoridades implica el ejercicio del derecho de petición consagrado en el artículo 23 de la Constitución Política, sin que sea necesario invocarlo. Mediante él, entre otras actuaciones, se podrá solicitar el reconocimiento de un derecho o que se resuelva una situación jurídica, que se le preste un servicio, pedir información, consultar, examinar y requerir copias de documentos, formular consultas, quejas, denuncias y reclamos e interponer recursos.

El ejercicio del derecho de petición es gratuito y puede realizarse sin necesidad de representación a través de abogado.

Artículo 14. Términos para resolver las distintas modalidades de peticiones[190]. Salvo norma legal especial y so pena de sanción disciplinaria, toda petición deberá resolverse dentro de los quince (15) días siguientes a su recepción.

Estará sometida a término especial la resolución de las siguientes peticiones:

1. Las peticiones de documentos deberán resolverse dentro de los diez (10) días siguientes a su recepción. Si en ese lapso no se ha dado respuesta al peticionario, se entenderá, para todos los efectos legales, que la respectiva solicitud ha sido aceptada y, por consiguiente, la administración ya no podrá negar la entrega de dichos documentos al peticionario, y como consecuencia las copias se entregarán dentro de los tres (3) días siguientes.

2. Las peticiones mediante las cuales se eleva una consulta a las autoridades en relación con las materias a su cargo deberán resolverse dentro de los treinta (30) días siguientes a su recepción.

Parágrafo. Cuando excepcionalmente no fuere posible resolver la petición en los plazos aquí señalados, la autoridad deberá informar de inmediato, y en todo caso antes del vencimiento del término señalado en la ley, esta circunstancia al interesado expresando los motivos de la demora y señalando a la vez el plazo razonable en que se resolverá o dará respuesta, el cual no podrá exceder del doble del inicialmente previsto.

Artículo 15. Presentación y radicación de peticiones[191]. Las peticiones podrán presentarse verbalmente o por escrito, y a través de cualquier medio idóneo para la comunicación o transferencia de datos. Los recursos se presentarán conforme a las normas especiales de este Código.

Cuando una petición no se acompañe de los documentos e informaciones requeridos por la ley, en el acto de recibo la autoridad deberá indicar al peticionario los que falten. Si este insiste en que se radique, así se hará dejando constancia de los requisitos o documentos faltantes.

Si quien presenta una petición verbal pide constancia de haberla presentado, el funcionario la expedirá en forma sucinta.

Las autoridades podrán exigir que ciertas peticiones se presenten por escrito, y pondrán a disposición de los interesados, sin costo, a menos que una ley expresamente señale lo contrario, formularios y otros instrumentos estandarizados para facilitar su diligenciamiento. En todo caso, los peticionarios no quedarán impedidos para aportar o formular con su petición argumentos, pruebas o documentos adicionales que los formularios

---

[190]   Declarado INEXEQUIBLE por la Corte Constitucional mediante Sentencia C-818 de 2011.

[191]   Declarado INEXEQUIBLE por la Corte Constitucional mediante Sentencia C-818 de 2011.

por su diseño no contemplen, sin que por su utilización las autoridades queden relevadas del deber de resolver sobre todos los aspectos y pruebas que les sean planteados o presentados más allá del contenido de dichos formularios.

A la petición escrita se podrá acompañar una copia que, autenticada por el funcionario respectivo con anotación de la fecha y hora de su presentación, y del número y clase de los documentos anexos, tendrá el mismo valor legal del original y se devolverá al interesado. Esta autenticación no causará costo alguno al peticionario.

Artículo 16. Contenido de las peticiones[192.] Toda petición deberá contener, por lo menos:

1. La designación de la autoridad a la que se dirige.

2. Los nombres y apellidos completos del solicitante y de su representante y o apoderado, si es el caso, con indicación de su documento de identidad y de la dirección donde recibirá correspondencia. El peticionario podrá agregar el número de fax o la dirección electrónica. Si el peticionario es una persona privada que deba estar inscrita en el registro mercantil, estará obligada a indicar su dirección electrónica.

3. El objeto de la petición.

4. Las razones en las que fundamenta su petición.

5. La relación de los requisitos exigidos por la ley y de los documentos que desee presentar para iniciar el trámite.

6. La firma del peticionario cuando fuere el caso.

Parágrafo. La autoridad tiene la obligación de examinar integralmente la petición, y en ningún caso la estimará incompleta por falta de requisitos o documentos que no se encuentren dentro del marco jurídico vigente y que no sean necesarios para resolverla.

Artículo 17. Peticiones incompletas y desistimiento tácito[193]. En virtud del principio de eficacia, cuando la autoridad constate que una petición ya radicada está incompleta pero la actuación puede continuar sin oponerse a la ley, requerirá al peticionario dentro de los diez (10) días siguientes a la fecha de radicación para que la complete en el término máximo de un (1) mes. A partir del día siguiente en que el interesado aporte los documentos o informes requeridos comenzará a correr el término para resolver la petición.

Cuando en el curso de una actuación administrativa la autoridad advierta que el peticionario debe realizar una gestión de trámite a su cargo, necesaria para adoptar una decisión de fondo, lo requerirá por una sola vez para que la efectúe en el término de un (1) mes, lapso durante el cual se suspenderá el término para decidir.

Se entenderá que el peticionario ha desistido de su solicitud o de la actuación cuando no satisfaga el requerimiento, salvo que antes de vencer el plazo concedido solicite prórroga hasta por un término igual.

Vencidos los términos establecidos en este artículo, la autoridad decretará el desistimiento y el archivo del expediente, mediante acto administrativo motivado, que se notificará personalmente, contra el cual únicamente procede recurso de reposición, sin

---

[192]   Declarado INEXEQUIBLE por la Corte Constitucional mediante Sentencia C-818 de 2011.

[193]   Declarado INEXEQUIBLE por la Corte Constitucional mediante Sentencia C-818 de 2011.

perjuicio de que la respectiva solicitud pueda ser nuevamente presentada con el lleno de los requisitos legales.

Artículo 18. Desistimiento expreso de la petición[194]. Los interesados podrán desistir en cualquier tiempo de sus peticiones, sin perjuicio de que la respectiva solicitud pueda ser nuevamente presentada con el lleno de los requisitos legales, pero las autoridades podrán continuar de oficio la actuación si la consideran necesaria por razones de interés público; en tal caso expedirán resolución motivada.

Artículo 19. Peticiones irrespetuosas, oscuras o reiterativas[195]. Toda petición debe ser respetuosa. Sólo cuando no se comprenda su finalidad u objeto, se devolverá al interesado para que la corrija o aclare dentro de los diez (10) días siguientes. En caso de no corregirse o aclararse, se archivará la petición.

Respecto de peticiones reiterativas ya resueltas, la autoridad podrá remitirse a las respuestas anteriores.

Artículo 20. Atención prioritaria de autoridades darán atención prioritaria a las peticiones de reconocimiento de un derecho fundamental cuando deban ser resueltas para evitar un perjuicio irremediable al peticionario, quien deberá probar sumariamente la titularidad del derecho y el riesgo de perjuicio invocados.

Cuando por razones de salud o de seguridad personal esté en peligro inminente la vida o la integridad del destinatario de la medida solicitada, la autoridad deberá adoptar de inmediato las medidas de urgencia necesarias para conjurar dicho peligro, sin perjuicio del trámite que deba darse a la petición.

Artículo 21. Funcionario sin competencia[196]. Si la autoridad a quien se dirige la petición no es la competente, informará de inmediato al interesado si este actúa verbalmente, o dentro de los diez (10) días siguientes al de la recepción, si obró por escrito.

Dentro del término señalado remitirá la petición al competente y enviará copia del oficio remisorio al peticionario.

Los términos para decidir se contarán a partir del día siguiente a la recepción de la petición por la autoridad competente.

Artículo 22. Organización para el trámite interno y decisión de las peticiones[197]. Las autoridades deberán reglamentar la tramitación interna de las peticiones que les corresponda resolver, y la manera de atender las quejas para garantizar el buen funcionamiento de los servicios a su cargo.

Cuando más de diez (10) ciudadanos formulen peticiones de información análogas, la Administración podrá dar una única respuesta que publicará en un diario de amplia circulación, la pondrá en su página web y entregará copias de la misma a quienes las soliciten.

Artículo 23. Deberes especiales de los Personeros Distritales y Municipales y de los servidores de la Procuraduría y la Defensoría del Pueblo[198]. Los servidores de la

---

[194]   Declarado INEXEQUIBLE por la Corte Constitucional mediante Sentencia C-818 de 2011.

[195]   Declarado INEXEQUIBLE por la Corte Constitucional mediante Sentencia C-818 de 2011.

[196]   Declarado INEXEQUIBLE por la Corte Constitucional mediante Sentencia C-818 de 2011.

[197]   Declarado INEXEQUIBLE por la Corte Constitucional mediante Sentencia C-818 de 2011.

[198]   Declarado INEXEQUIBLE por la Corte Constitucional mediante Sentencia C-818 de 2011.

Procuraduría General de la Nación, de la Defensoría del Pueblo, así como los Personeros Distritales y Municipales, según la órbita de competencia, tienen el deber de prestar asistencia eficaz e inmediata a toda persona que la solicite, para garantizarle el ejercicio del derecho constitucional de petición. Si fuere necesario, deberán intervenir ante las autoridades competentes con el objeto de exigirles, en cada caso concreto, el cumplimiento de sus deberes legales. Así mismo recibirán, en sustitución de dichas autoridades, las peticiones, quejas, reclamos o recursos que aquellas se hubieren abstenido de recibir, y se cerciorarán de su debida tramitación.

CAPÍTULO II
DERECHO DE PETICIÓN ANTE AUTORIDADES. REGLAS ESPECIALES

Artículo 24. Informaciones y documentos reservados[199]**.** Sólo tendrán carácter reservado las informaciones y documentos expresamente sometidos a reserva por la Constitución o la ley, y en especial:

1. Los protegidos por el secreto comercial o industrial.

2. Los relacionados con la defensa o seguridad nacionales.

3. Los amparados por el secreto profesional.

4. Los que involucren derechos a la privacidad e intimidad de las personas, incluidas en las hojas de vida, la historia laboral y los expedientes pensionales y demás registros de personal que obren en los archivos de las instituciones públicas o privadas, así como la historia clínica, salvo que sean solicitados por los propios interesados o por sus apoderados con facultad expresa para acceder a esa información.

5. Los relativos a las condiciones financieras de las operaciones de crédito público y tesorería que realice la Nación, así como a los estudios técnicos de valoración de los activos de la Nación. Estos documentos e informaciones estarán sometidos a reserva por un término de seis (6) meses contados a partir de la realización de la respectiva operación.

Artículo 25. Rechazo de las peticiones de información por motivo de reserva.[200] Toda decisión que rechace la petición de informaciones o documentos será motivada, indicará en forma precisa las disposiciones legales pertinentes y deberá notificarse al peticionario. Contra la decisión que rechace la petición de informaciones o documentos por motivos de reserva legal, no procede recurso alguno, salvo lo previsto en el artículo siguiente.

La restricción por reserva legal no se extenderá a otras piezas del respectivo expediente o actuación que no estén cubiertas por ella.

Artículo 26. Insistencia del solicitante en caso de reserva.[201] Si la persona interesada insistiere en su petición de información o de documentos ante la autoridad que invoca la reserva, corresponderá al Tribunal Administrativo con jurisdicción en el lugar donde se encuentren los documentos, si se trata de autoridades nacionales, departamentales o del Distrito Capital de Bogotá, o al juez administrativo si se trata de autoridades distritales y municipales decidir en única instancia si se niega o se acepta, total o parcialmente, la petición formulada.

---

[199]   Declarado INEXEQUIBLE por la Corte Constitucional mediante Sentencia C-818 de 2011.
[200]   Declarado INEXEQUIBLE por la Corte Constitucional mediante Sentencia C-818 de 2011.
[201]   Declarado INEXEQUIBLE por la Corte Constitucional mediante Sentencia C-818 de 2011.

Para ello, el funcionario respectivo enviará la documentación correspondiente al tribunal o al juez administrativo, el cual decidirá dentro de los diez (10) días siguientes. Este término se interrumpirá en los siguientes casos:

1. Cuando el tribunal o el juez administrativo solicite copia o fotocopia de los documentos sobre cuya divulgación deba decidir, o cualquier otra información que requieran, y hasta la fecha en la cual las reciba oficialmente.

2. Cuando la autoridad solicite, a la sección del Consejo de Estado que el reglamento disponga, asumir conocimiento del asunto en atención a su importancia jurídica o con el objeto de unificar criterios sobre el tema. Si al cabo de cinco (5) días la sección guarda silencio, o decide no avocar conocimiento, la actuación continuará ante el respectivo tribunal o juzgado administrativo.

Artículo 27. Inaplicabilidad de las excepciones.[202] El carácter reservado de una información o de determinados documentos, no será oponible a las autoridades judiciales ni a las autoridades administrativas que siendo constitucional o legalmente competentes para ello, los soliciten para el debido ejercicio de sus funciones. Corresponde a dichas autoridades asegurar la reserva de las informaciones y documentos que lleguen a conocer en desarrollo de lo previsto en este artículo.

Artículo 28. Alcance de los conceptos[203]. Salvo disposición legal en contrario, los conceptos emitidos por las autoridades como respuestas a peticiones realizadas en ejercicio del derecho a formular consultas no serán de obligatorio cumplimiento o ejecución.

Artículo 29. Reproducción de documentos[204]. En ningún caso el precio de las copias podrá exceder el valor de la reproducción. Los costos de la expedición de las copias correrán por cuenta del interesado en obtenerlas.

Artículo 30. Peticiones entre autoridades[205.] Cuando una autoridad formule una petición de información a otra, esta deberá resolverla en un término no mayor de diez (10) días. En los demás casos, resolverá las solicitudes dentro de los plazos previstos en el artículo 14.

Artículo 31. Falta disciplinaria[206.] La falta de atención a las peticiones y a los términos para resolver, la contravención a las prohibiciones y el desconocimiento de los derechos de las personas de que trata esta Parte Primera del Código; constituirán falta gravísima para el servidor público y darán lugar a las sanciones correspondientes de acuerdo con la ley disciplinaria.

CAPÍTULO III
DERECHO DE PETICIÓN ANTE ORGANIZACIONES E INSTITUCIONES PRIVADAS

Artículo 32. Derecho de petición ante organizaciones privadas para garantizar los derechos fundamentales.[207] Toda persona podrá ejercer el derecho de petición para

---

[202]   Declarado INEXEQUIBLE por la Corte Constitucional mediante Sentencia C-818 de 2011.

[203]   Declarado INEXEQUIBLE por la Corte Constitucional mediante Sentencia C-818 de 2011.

[204]   Declarado INEXEQUIBLE por la Corte Constitucional mediante Sentencia C-818 de 2011.

[205]   Declarado INEXEQUIBLE por la Corte Constitucional mediante Sentencia C-818 de 2011.

[206]   Declarado INEXEQUIBLE por la Corte Constitucional mediante Sentencia C-818 de 2011.

[207]   Declarado INEXEQUIBLE por la Corte Constitucional mediante Sentencia C-818 de 2011.

garantizar sus derechos fundamentales ante organizaciones privadas con o sin personería jurídica, tales como sociedades, corporaciones, fundaciones, asociaciones, organizaciones religiosas, cooperativas, instituciones financieras o clubes.

Salvo norma legal especial, el trámite y resolución de estas peticiones estarán sometidos a los principios y reglas establecidos en el Capítulo Primero de este Título.

Las organizaciones privadas sólo podrán invocar la reserva de la información solicitada en los casos expresamente establecidos en la Constitución y la ley.

Las peticiones ante las empresas o personas que administran archivos y bases de datos de carácter financiero, crediticio, comercial, de servicios y las provenientes de terceros países se regirán por lo dispuesto en la Ley Estatutaria del Hábeas Data.

Parágrafo 1°. Este derecho también podrá ejercerse ante personas naturales cuando frente a ellas el solicitante se encuentre en situaciones de indefensión, subordinación o la persona natural se encuentre ejerciendo una función o posición dominante frente al peticionario.

Parágrafo 2°. Los personeros municipales y distritales y la Defensoría del Pueblo prestarán asistencia eficaz e inmediata a toda persona que la solicite, para garantizarle el ejercicio del derecho constitucional de petición que hubiere ejercido o desee ejercer ante organizaciones o instituciones privadas.

Artículo 33. Derecho de petición de los usuarios ante instituciones privadas[208]. Sin perjuicio de lo dispuesto en leyes especiales, a las Cajas de Compensación Familiar, y a las Instituciones del Sistema de Seguridad Social Integral, que sean de carácter privado, se les aplicarán en sus relaciones con los usuarios, en lo pertinente, las disposiciones sobre derecho de petición previstas en los dos capítulos anteriores.

TÍTULO III
PROCEDIMIENTO ADMINISTRATIVO GENERAL
CAPÍTULO I
REGLAS GENERALES

Artículo 34. Procedimiento administrativo común y principal. Las actuaciones adminis-trativas se sujetarán al procedimiento administrativo común y principal que se establece en este Código, sin perjuicio de los procedimientos administrativos regulados por leyes especiales. En lo no previsto en dichas leyes se aplicarán las disposiciones de esta Parte Primera del Código.

Artículo 35. Trámite de la actuación y audiencias. Los procedimientos administrativos se adelantarán por escrito, verbalmente, o por medios electrónicos de conformidad con lo dispuesto en este Código o la ley.

Cuando las autoridades procedan de oficio, los procedimientos administrativos únicamente podrán iniciarse mediante escrito, y por medio electrónico sólo cuando lo autoricen este Código o la ley, debiendo informar de la iniciación de la actuación al interesado para el ejercicio del derecho de defensa.

Las autoridades podrán decretar la práctica de audiencias en el curso de las actuaciones con el objeto de promover la participación ciudadana, asegurar el derecho de

---

[208]   Declarado INEXEQUIBLE por la Corte Constitucional mediante Sentencia C-818 de 2011.

contradicción, o contribuir a la pronta adopción de decisiones. De toda audiencia se dejará constancia de lo acontecido en ella.

Artículo 36. Formación y examen de expedientes. Los documentos y diligencias relacio-nados con una misma actuación se organizarán en un solo expediente, al cual se acumularán, con el fin de evitar decisiones contradictorias, de oficio o a petición de interesado, cualesquiera otros que se tramiten ante la misma autoridad.

Si las actuaciones se tramitaren ante distintas autoridades, la acumulación se hará en la entidad u organismo donde se realizó la primera actuación. Si alguna de ellas se opone a la acumulación, podrá acudirse, sin más trámite, al mecanismo de definición de competencias administrativas.

Con los documentos que por mandato de la Constitución Política o de la ley tengan el carácter de reservados y obren dentro de un expediente, se hará cuaderno separado.

Cualquier persona tendrá derecho a examinar los expedientes en el estado en que se encuentren, salvo los documentos o cuadernos sujetos a reserva y a obtener copias y certi-ficaciones sobre los mismos, las cuales se entregarán en los plazos señalados en el artículo 14.

Artículo 37. Deber de comunicar las actuaciones administrativas a terceros[209]. Cuando en una actuación administrativa de contenido particular y concreto la autoridad advierta que terceras personas puedan resultar directamente afectadas por la decisión, les comunicará la existencia de la actuación, el objeto de la misma y el nombre del peticio-nario, si lo hubiere, para que puedan constituirse como parte y hacer valer sus derechos.

La comunicación se remitirá a la dirección o correo electrónico que se conozca si no hay otro medio más eficaz. De no ser posible dicha comunicación, o tratándose de terceros indeterminados, la información se divulgará a través de un medio masivo de comunicación nacional o local, según el caso, o a través de cualquier otro mecanismo eficaz, habida cuenta de las condiciones de los posibles interesados. De tales actuaciones se dejará constancia escrita en el expediente.

Artículo 38. Intervención de terceros. Los terceros podrán intervenir en las actua-ciones administrativas con los mismos derechos, deberes y responsabilidades de quienes son parte interesada, en los siguientes casos:

1. Cuando hayan promovido la actuación administrativa sancionatoria en calidad de denunciantes, resulten afectados con la conducta por la cual se adelanta la investigación, o estén en capacidad de aportar pruebas que contribuyan a dilucidar los hechos materia de la misma.

2. Cuando sus derechos o su situación jurídica puedan resultar afectados con la ac-tuación administrativa adelantada en interés particular, o cuando la decisión que sobre ella recaiga pueda ocasionarles perjuicios.

3. Cuando la actuación haya sido iniciada en interés general.

Parágrafo. La petición deberá reunir los requisitos previstos en el artículo 16 y en ella se indicará cuál es el interés de participar en la actuación y se allegarán o solicitarán las pruebas que el interesado pretenda hacer valer. La autoridad que la tramita la resolve-rá de plano y contra esta decisión no procederá recurso alguno.

---

[209] Artículo declarado EXEQUIBLE por la Corte Constitucional mediante Sentencia C-341 de 2014.

Artículo 39. Conflictos de competencia administrativa[210]. Los conflictos de competencia administrativa se promoverán de oficio o por solicitud de la persona interesada. La autoridad que se considere incompetente remitirá la actuación a la que estime competente; si esta también se declara incompetente, remitirá inmediatamente la actuación a la Sala de Consulta y Servicio Civil del Consejo de Estado en relación con autoridades del orden nacional o al Tribunal Administrativo correspondiente en relación con autoridades del orden departamental, distrital o municipal. En caso de que el conflicto involucre autoridades nacionales y territoriales, o autoridades territoriales de distintos departamentos, conocerá la Sala de Consulta y Servicio Civil del Consejo de Estado.

De igual manera se procederá cuando dos autoridades administrativas se consideren compe-tentes para conocer y definir un asunto determinado.

En los dos eventos descritos se observará el siguiente procedimiento: recibida la actuación en Secretaría se comunicará por el medio más eficaz a las autoridades involucradas y a los particulares interesados y se fijara un edicto por el término de cinco (5) días, plazo en el que estas podrán presentar alegatos o consideraciones. Vencido el anterior término, la Sala de Consulta y Servicio Civil del Consejo de Estado o el tribunal, según el caso, decidirá dentro de los cuarenta (40) días siguientes. Contra esta decisión no procederá recurso alguno.

Mientras se resuelve el conflicto, los términos señalados en el artículo 14 se suspenderán.

Artículo 40. Pruebas. Durante la actuación administrativa y hasta antes de que se profiera la decisión de fondo se podrán aportar, pedir y practicar pruebas de oficio o a petición del interesado sin requisitos especiales. Contra el acto que decida la solicitud de pruebas no proceden recursos. El interesado contará con la oportunidad de controvertir las pruebas aportadas o practicadas dentro de la actuación, antes de que se dicte una decisión de fondo.

Los gastos que ocasione la práctica de pruebas correrán por cuenta de quien las pidió. Si son varios los interesados, los gastos se distribuirán en cuotas iguales.

Serán admisibles todos los medios de prueba señalados en el Código de Procedimiento Civil.

Artículo 41. Corrección de irregularidades en la actuación administrativa. La autoridad, en cualquier momento anterior a la expedición del acto, de oficio o a petición de parte, corregirá las irregularidades que se hayan presentado en la actuación administrativa para ajustarla a derecho, y adoptará las medidas necesarias para concluirla.

Artículo 42. Contenido de la decisión. Habiéndose dado oportunidad a los interesados para expresar sus opiniones, y con base en las pruebas e informes disponibles, se tomará la decisión, que será motivada.

La decisión resolverá todas las peticiones que hayan sido oportunamente planteadas dentro de la actuación por el peticionario y por los terceros reconocidos.

Artículo 43. Actos definitivos. Son actos definitivos los que decidan directa o indirectamente el fondo del asunto o hagan imposible continuar la actuación.

---

[210]   Modificado por Ley 2080 de 2021.

Artículo 44. Decisiones discrecionales. En la medida en que el contenido de una decisión de carácter general o particular sea discrecional, debe ser adecuada a los fines de la norma que la autoriza, y proporcional a los hechos que le sirven de causa.

Artículo 45. Corrección de errores formales. En cualquier tiempo, de oficio o a petición de parte, se podrán corregir los errores simplemente formales contenidos en los actos administrativos, ya sean aritméticos, de digitación, de transcripción o de omisión de palabras. En ningún caso la corrección dará lugar a cambios en el sentido material de la decisión, ni revivirá los términos legales para demandar el acto. Realizada la corrección, esta deberá ser notificada o comunicada a todos los interesados, según corresponda.

CAPÍTULO II
MECANISMOS DE CONSULTA PREVIA

Artículo 46. Consulta obligatoria. Cuando la Constitución o la ley ordenen la realización de una consulta previa a la adopción de una decisión administrativa, dicha consulta deberá realizarse dentro de los términos señalados en las normas respectivas, so pena de nulidad de la decisión que se llegare a adoptar.

CAPÍTULO III
PROCEDIMIENTO ADMINISTRATIVO SANCIONATORIO

Artículo 47. Procedimiento administrativo sancionatorio[211]. Los procedimientos administrativos de carácter sancionatorio no regulados por leyes especiales o por el Código Disciplinario Único se sujetarán a las disposiciones de esta Parte Primera del Código. Los preceptos de este Código se aplicarán también en lo no previsto por dichas leyes.

Las actuaciones administrativas de naturaleza sancionatoria podrán iniciarse de oficio o por solicitud de cualquier persona. Cuando como resultado de averiguaciones preliminares, la autoridad establezca que existen méritos para adelantar un procedimiento sancionatorio, así lo comunicará al interesado. Concluidas las averiguaciones preliminares, si fuere del caso, formu-lará cargos mediante acto administrativo en el que señalará, con precisión y claridad, los hechos que lo originan, las personas naturales o jurídicas objeto de la investigación, las disposiciones presuntamente vulneradas y las sanciones o medidas que serian procedentes Este acto administrativo deberá ser notificado personalmente a los investigados. Contra esta decisión no procede recurso.

Los investigados podrán, dentro de los quince (15) días siguientes a la notificación de la formulación de cargos, presentar los descargos y solicitar o aportar las pruebas que pretendan hacer valer. Serán rechazadas de manera motivada, las inconducentes, las impertinentes y las superfluas y no se atenderán las practicadas ilegalmente.

Parágrafo 1. Las actuaciones administrativas contractuales sancionatorias, incluyendo los recursos, se regirán por lo dispuesto en las normas especiales sobre la materia.

Parágrafo 2. En los procedimientos administrativos sancionatorios fiscales el término para presentar descargos y solicitar o aportar pruebas será de cinco (5) días.

Artículo 47A. Suspensión provisional en el procedimiento administrativo sancionatorio fiscal[212]. Durante el procedimiento administrativo sancionatorio fiscal, el

---

[211] Modificado por Ley 2080 de 2021.

[212] Agregado por Ley 2080 de 2021.

funcionario que lo esté adelantando podrá ordenar motivadamente la suspensión provisional del servidor público, sin derecho a remuneración alguna, siempre y cuando se evidencien serios elementos de juicio que permitan establecer que la permanencia en el cargo, función o servicio público posibilita la interferencia del autor de la conducta en el trámite del proceso o permite que continúe cometiéndola o que la reitere.

El término de la suspensión provisional será de un (1) mes, prorrogable hasta en otro tanto. En todo caso, cuando desaparezcan los motivos que dieron lugar a la medida, la suspensión provisional deberá ser revocada por quien la profirió, o por el superior funcional del funcionario competente para dictar el fallo de primera instancia.

El acto que decreta la suspensión provisional y las decisiones de prórroga serán objeto de consulta, previo a su cumplimiento.

Para los efectos propios de la consulta, el funcionario competente comunicará la decisión al afectado, quien contará con tres (3) días para presentar alegaciones en su favor y las pruebas en las que se sustente. Vencido el término anterior, se remitirá de inmediato el proceso al superior, quien contará con diez (10) días para decidir sobre su procedencia o modificación. En todo caso, en sede de consulta no podrá agravarse la medida provisional impuesta.

Cuando la sanción impuesta fuere de suspensión, para su cumplimiento se tendrá en cuenta el lapso cumplido de la suspensión provisional.

Parágrafo 1. Quien hubiere sido suspendido provisionalmente será reintegrado a su cargo o función y tendrá derecho al reconocimiento y pago de la remuneración dejada de percibir durante el período de suspensión, cuando el procedimiento administrativo sancionatorio fiscal termine o sea archivado sin imposición de sanción.

No obstante, la suspensión del pago de la remuneración subsistirá a cargo de la entidad la obligación de hacer los aportes a la seguridad social y los parafiscales respectivos.

Parágrafo 2. La facultad prevista en el presente artículo será ejercida exclusivamente por la Contraloría General de la República.

Artículo 48. Período probatorio[213]**.** Cuando deban practicarse pruebas se señalará un término no mayor a treinta (30) días. Cuando sean tres (3) o más investigados o se deban practicar en el exterior el término probatorio podrá ser hasta de sesenta (60) días.

Vencido el período probatorio se dará traslado al investigado por diez (10) días para que presente los alegatos respectivos.

Parágrafo. En los procedimientos administrativos sancionatorios fiscales el término para la práctica de pruebas no será mayor a diez (10) días, si fueran tres (3) o más investigados o se deban practicar en el exterior podrá ser hasta de treinta (30) días. El traslado al investigado será por cinco (5) días.

Artículo 49. Contenido de la decisión[214]**.** El funcionario competente proferirá el acto administrativo definitivo dentro de los treinta (30) días siguientes a la presentación de los alegatos.

---

[213]   Modificado por Ley 2080 de 2021.
[214]   Modificado por Ley 2080 de 2021.

El acto administrativo que ponga fin al procedimiento administrativo de carácter sancionatorio deberá contener:

1. La individualización de la persona natural o jurídica a sancionar.

2. El análisis de hechos y pruebas con base en los cuales se impone la sanción.

3. Las normas infringidas con los hechos probados.

4. La decisión final de archivo o sanción y la correspondiente fundamentación.

Parágrafo. En los procedimientos administrativos sancionatorios fiscales se proferirá el acto administrativo definitivo dentro de los quince (15) días siguientes a la presentación de los alegatos.

Los términos dispuestos para el procedimiento administrativo sancionatorio fiscal deberán cumplirse oportunamente so pena de las sanciones disciplinarias a las que haya lugar.

Artículo 49A. Recursos en el procedimiento administrativo sancionatorio fiscal[215]. Contra las decisiones que imponen una sanción fiscal proceden los recursos de reposición, apelación y queja. Los recursos de reposición y apelación se podrán interponer y sustentar dentro de los cinco (5) días siguientes a la notificación de la respectiva decisión al interesado.

El recurso de reposición deberá resolverse dentro de los quince (15) días siguientes a su interposición. Cuando se interponga recurso de apelación el funcionario competente lo concederá en el efecto suspensivo y enviará el expediente al superior funcional o jerárquico según el caso, dentro de los cinco (5) días siguientes a su interposición o a la última notificación del acto que resuelve el recurso de reposición, si a ello hubiere lugar.

El recurso de apelación contra el acto administrativo que impone sanción deberá ser decidido, en un término de tres (3) meses contados a partir de su debida y oportuna interposición. Si los recursos no se deciden en el término fijado en esta disposición, se entenderán fallados a favor del recurrente.

Dentro de los cinco (5) días siguientes a la notificación de la decisión que niega el recurso de apelación, se podrá interponer y sustentar el recurso de queja. Si no se hiciere oportunamente, se rechazará.

Parágrafo. Contra las decisiones de simple trámite no procede recurso alguno.

Artículo 50. Graduación de las sanciones. Salvo lo dispuesto en leyes especiales, la gravedad de las faltas y el rigor de las sanciones por infracciones administrativas se graduarán atendiendo a los siguientes criterios, en cuanto resultaren aplicables:

1. Daño o peligro generado a los intereses jurídicos tutelados.

2. Beneficio económico obtenido por el infractor para sí o a favor de un tercero.

3. Reincidencia en la comisión de la infracción.

4. Resistencia, negativa u obstrucción a la acción investigadora o de supervisión.

5. Utilización de medios fraudulentos o utilización de persona interpuesta para ocultar la infracción u ocultar sus efectos.

---

[215] Agregado por Ley 2080 de 2021.

6. Grado de prudencia y diligencia con que se hayan atendido los deberes o se hayan aplicado las normas legales pertinentes.

7. Renuencia o desacato en el cumplimiento de las órdenes impartidas por la autoridad competente

8. Reconocimiento o aceptación expresa de la infracción antes del decreto de pruebas.

Artículo 51. De la renuencia a suministrar información. Las personas particulares, sean estas naturales o jurídicas, que se rehúsen a presentar los informes o documentos requeridos en el curso de las investigaciones administrativas, los oculten, impidan o no autoricen el acceso a sus archivos a los funcionarios competentes, o remitan la información solicitada con errores significativos o en forma incompleta, serán sancionadas con multa a favor del Tesoro Nacional o de la respectiva entidad territorial, según corresponda, hasta de cien (100) salarios mínimos mensuales legales vigentes al momento de la ocurrencia de los hechos. La autoridad podrá imponer multas sucesivas al renuente, en los términos del artículo 90 de este Código.

La sanción a la que se refiere el anterior inciso se aplicará sin perjuicio de la obligación de suministrar o permitir el acceso a la información o a los documentos requeridos.

Dicha sanción se impondrá mediante resolución motivada, previo traslado de la solicitud de explicaciones a la persona a sancionar, quien tendrá un término de diez (10) días para presentarlas.

La resolución que ponga fin a la actuación por renuencia deberá expedirse y notificarse dentro de los dos (2) meses siguientes al vencimiento del término para dar respuesta a la solicitud de explicaciones. Contra esta resolución procede el recurso de reposición, el cual deberá interponerse dentro de los cinco (5) días siguientes a la fecha de la notificación.

Parágrafo. Esta actuación no suspende ni interrumpe el desarrollo del procedimiento administrativo sancionatorio que se esté adelantando para establecer la comisión de infracciones a disposiciones administrativas.

Artículo 52. Caducidad de la facultad sancionatoria[216]. Salvo lo dispuesto en leyes especiales, la facultad que tienen las autoridades para imponer sanciones, caduca a los tres (3) años de ocurrido el hecho, la conducta u omisión que pudiere ocasionarlas, término dentro del cual el acto administrativo que impone la sanción debe haber sido expedido y notificado. Dicho acto sancionatorio es diferente de los actos que resuelven los recursos, los cuales deberán ser decididos, so pena de pérdida de competencia, en un término de un (1) año contado a partir de su debida y oportuna interposición. Si los recursos no se deciden en el término fijado en esta disposición, se entenderán fallados a favor del recurrente, sin perjuicio de la responsabilidad patrimonial y disciplinaria que tal abstención genere para el funcionario encargado de resolver.

Cuando se trate de un hecho o conducta continuada, este término se contará desde el día siguiente a aquel en que cesó la infracción y/o la ejecución.

---

[216] Artículo declarado EXEQUIBLE por la Corte Constitucional, mediante Sentencia C-875 de 2011.

La sanción decretada por acto administrativo prescribirá al cabo de cinco (5) años contados a partir de la fecha de la ejecutoria.

CAPÍTULO IV
UTILIZACIÓN DE MEDIOS ELECTRÓNICOS EN EL PROCEDIMIENTO ADMINISTRATIVO

Artículo 53. Procedimientos y trámites administrativos a través de medios electrónicos. Los procedimientos y trámites administrativos podrán realizarse a través de medios electrónicos. Para garantizar la igualdad de acceso a la administración, la autoridad deberá asegurar mecanismos suficientes y adecuados de acceso gratuito a los medios electrónicos, o permitir el uso alternativo de otros procedimientos.

En cuanto sean compatibles con la naturaleza de los procedimientos administrativos, se aplicarán las disposiciones de la Ley 527 de 1999 y las normas que la sustituyan, adicionen o modifiquen.

Artículo 53A. Uso de medios electrónicos[217]. Cuando las autoridades habiliten canales digitales para comunicarse entre ellas, tienen el deber de utilizar este medio en el ejercicio de sus competencias.

Las personas naturales y jurídicas podrán hacer uso de los canales digitales cuando así lo disponga el proceso, trámite o procedimiento.

El Gobierno nacional, a través del Ministerio de Tecnologías de la Información y las Comunicaciones, podrá a través de reglamento establecer para cuáles procedimientos, trámites o servicios será obligatorio el uso de los medios electrónicos por parte de las personas y entidades públicas. El ministerio garantizará las condiciones de acceso a las autoridades para las personas que no puedan acceder a ellos.

Artículo 54. Registro para el uso de medios electrónicos[218]. Toda persona tiene el derecho de actuar ante las autoridades utilizando medios electrónicos, caso en el cual deberá realizar sin ningún costo un registro previo como usuario ante la autoridad competente. Sí así lo hace, las autoridades continuarán la actuación por este medio.

Las peticiones de información y consulta hechas a través de medios electrónicos no requerirán del referido registro y podrán ser atendidas por la misma vía.

El registro del que trata el presente artículo deberá contemplar el Régimen General de Protección de Datos Personales.

Artículo 55. Documento público en medio electrónico. Los documentos públicos autorizados o suscritos por medios electrónicos tienen la validez y fuerza probatoria que le confieren a los mismos las disposiciones del Código de Procedimiento Civil.

Las reproducciones efectuadas a partir de los respectivos archivos electrónicos se reputarán auténticas para todos los efectos legales.

Artículo 56. Notificación electrónica[219]. Las autoridades podrán notificar sus actos a través de medios electrónicos, siempre que el administrado haya aceptado este medio de notificación.

---

[217] Agregado por Ley 2080 de 2021.
[218] Modificado por Ley 2080 de 2021.
[219] Modificado por Ley 2080 de 2021.

Sin embargo, durante el desarrollo de la actuación el interesado podrá solicitar a la autoridad que las notificaciones sucesivas no se realicen por medios electrónicos, sino de conformidad con los otros medios previstos en el Capítulo Quinto del presente Título, a menos que el uso de medios electrónicos sea obligatorio en los términos del inciso tercero del artículo 53A del presente título.

Las notificaciones por medios electrónicos se practicarán a través del servicio de notificaciones que ofrezca la sede electrónica de la autoridad.

Los interesados podrán acceder a las notificaciones en el portal único del Estado, que funcionará como un portal de acceso.

La notificación quedará surtida a partir de la fecha y hora en que el administrado acceda a la misma, hecho que deberá ser certificado por la administración.

Artículo 57. Acto administrativo electrónico. Las autoridades, en el ejercicio de sus funciones, podrán emitir válidamente actos administrativos por medios electrónicos siempre y cuando se asegure su autenticidad, integridad y disponibilidad de acuerdo con la ley.

Artículo 58. Archivo electrónico de documentos. Cuando el procedimiento administrativo se adelante utilizando medios electrónicos, los documentos deberán ser archivados en este mismo medio. Podrán almacenarse por medios electrónicos, todos los documentos utilizados en las actuaciones administrativas.

La conservación de los documentos electrónicos que contengan actos administrativos de carácter individual deberá asegurar la autenticidad e integridad de la información necesaria para reproducirlos, y registrar las fechas de expedición, notificación y archivo.

Artículo 59. Expediente electrónico[220]. El expediente electrónico es el conjunto de documentos electrónicos correspondientes a un procedimiento administrativo, cualquiera que sea el tipo de información que contengan. El expediente electrónico deberá garantizar condiciones de autenticidad, integridad y disponibilidad.

La autoridad respectiva garantizará la seguridad digital del expediente y el cumplimiento de los requisitos de archivo y conservación en medios electrónicos, de conformidad con la ley.

Las entidades que tramiten procesos a través de expediente electrónico trabajarán coordinadamente para la optimización de estos, su interoperabilidad y el cumplimiento de estándares homogéneos de gestión documental.

Artículo 60. Sede electrónica[221]. Se entiende por sede electrónica, la dirección electrónica oficial de titularidad, administración y gestión de cada autoridad competente, dotada de las medidas jurídicas, organizativas y técnicas que garanticen calidad, seguridad, disponibilidad, accesibilidad, neutralidad e interoperabilidad de la información y de los servicios, de acuerdo con los estándares que defina el Gobierno nacional.

Toda autoridad deberá tener al menos una dirección electrónica.

Artículo 60A. **Sede electrónica compartida[222].** La sede electrónica compartida será el Portal Único del Estado colombiano a través de la cual la ciudadanía accederá a

---

220   Modificado por Ley 2080 de 2021.
221   Modificado por Ley 2080 de 2021.
222   Agregado por Ley 2080 de 2021.

los contenidos, procedimientos, servicios y trámites disponibles por las autoridades. La titularidad, gestión y administración de la sede electrónica compartida será del Estado colombiano, a través del Ministerio de Tecnologías de la Información y las Comunicaciones.

Toda autoridad deberá integrar su dirección electrónica oficial a la sede electrónica compartida, acogiendo los lineamientos de integración que expida el Ministerio de Tecnologías de la Información y las Comunicaciones.

La sede electrónica compartida deberá garantizar las condiciones de calidad, seguridad, disponibilidad, accesibilidad, neutralidad e interoperabilidad. Las autoridades usuarias de la sede electrónica compartida serán responsables de la integridad, confidencialidad, autenticidad y actualización de la información y de la disponibilidad dc los servicios ofrecidos por este medio

Artículo 61. Recepción de documentos electrónicos por parte de las autoridades[223]. Para la recepción de documentos electrónicos dentro de una actuación administrativa, las autoridades deberán contar con un registro electrónico de documentos, además de:

1. Llevar un estricto control y relación de los documentos electrónicos enviados y recibidos en los sistemas de información, a través de los diversos canales, incluyendo la fecha y hora de recepción.

2. Mantener los sistemas de información con capacidad suficiente y contar con las medidas adecuadas de protección de la información, de los datos y en general de seguridad digital.

3. Emitir y enviar un mensaje acusando el recibo o salida de las comunicaciones indicando la fecha de esta y el número de radicado asignado.

Artículo 62. Prueba de recepción y envío de mensajes de datos por la autoridad. Para efectos de demostrar el envío y la recepción de comunicaciones, se aplicarán las siguientes reglas:

1. El mensaje de datos emitido por la autoridad para acusar recibo de una comunicación, será prueba tanto del envío hecho por el interesado como de su recepción por la autoridad.

2. Cuando fallen los medios electrónicos de la autoridad, que impidan a las personas enviar sus escritos, peticiones o documentos, el remitente podrá insistir en su envío dentro de los tres (3) días siguientes, o remitir el documento por otro medio dentro del mismo término, siempre y cuando exista constancia de los hechos constitutivos de la falla en el servicio.

Artículo 63. Sesiones virtuales. Los comités, consejos, juntas y demás organismos colegiados en la organización interna de las autoridades, podrán deliberar, votar y decidir en conferencia virtual, utilizando los medios electrónicos idóneos y dejando constancia de lo actuado por ese mismo medio con los atributos de seguridad necesarios.

Artículo 64. Estándares y protocolos. Sin perjuicio de la vigencia dispuesta en este Código en relación con las anteriores disposiciones, el Gobierno Nacional establecerá

---

[223]   Modificado por Ley 2080 de 2021.

los estándares y protocolos que deberán cumplir las autoridades para incorporar en forma gradual la aplicación de medios electrónicos en los procedimientos administrativos.

CAPÍTULO V
PUBLICACIONES, CITACIONES, COMUNICACIONES
Y NOTIFICACIONES

Artículo 65. Deber de publicación de los actos administrativos de carácter general[224]. Los actos administrativos de carácter general no serán obligatorios mientras no hayan sido publicados en el Diario Oficial o en las gacetas territoriales, según el caso.

Cuando se trate de actos administrativos electrónicos a que se refiere el artículo 57 de esta Ley, se deberán publicar en el Diario Oficial o gaceta territorial conservando las garantías de autenticidad, integridad y disponibilidad

Las entidades de la administración central y descentralizada de los entes territoriales que no cuenten con un órgano oficial de publicidad podrán divulgar esos actos mediante la fijación de avisos, la distribución de volantes, la inserción en otros medios, la publicación en la página electrónica, o cualquier canal digital habilitado por la entidad, o por bando, en tanto estos medios garanticen amplia divulgación.

Las decisiones que pongan término a una actuación administrativa iniciada con una petición de interés general se comunicarán por cualquier medio eficaz.

En caso de fuerza mayor que impida la publicación en el Diario Oficial, el Gobierno nacional podrá disponer que la misma se haga a través de un medio masivo de comunicación eficaz.

Parágrafo. También deberán publicarse los actos de nombramiento y los actos de elección distintos a los de voto popular.

Artículo 66. Deber de notificación de los actos administrativos de carácter particular y concreto. Los actos administrativos de carácter particular deberán ser notificados en los términos establecidos en las disposiciones siguientes.

Artículo 67. Notificación personal. Las decisiones que pongan término a una actuación administrativa se notificarán personalmente al interesado, a su representante o apoderado, o a la persona debidamente autorizada por el interesado para notificarse.

En la diligencia de notificación se entregará al interesado copia íntegra, auténtica y gratuita del acto administrativo, con anotación de la fecha y la hora, los recursos que legalmente proceden, las autoridades ante quienes deben interponerse y los plazos para hacerlo.

El incumplimiento de cualquiera de estos requisitos invalidará la notificación.

La notificación personal para dar cumplimiento a todas las diligencias previstas en el inciso anterior también podrá efectuarse mediante una cualquiera de las siguientes modalidades:

1. Por medio electrónico. Procederá siempre y cuando el interesado acepte ser notificado de esta manera.

La administración podrá establecer este tipo de notificación para determinados actos administrativos de carácter masivo que tengan origen en convocatorias públicas. En

---

[224]   Modificado por Ley 2080 de 2021.

la reglamentación de la convocatoria impartirá a los interesados las instrucciones pertinentes, y establecerá modalidades alternativas de notificación personal para quienes no cuenten con acceso al medio electrónico.

2. En estrados. Toda decisión que se adopte en audiencia pública será notificada verbalmente en estrados, debiéndose dejar precisa constancia de las decisiones adoptadas y de la circunstancia de que dichas decisiones quedaron notificadas. A partir del día siguiente a la notificación se contarán los términos para la interposición de recursos.

Artículo 68. Citaciones para notificación personal. Si no hay otro medio más eficaz de informar al interesado, se le enviará una citación a la dirección, al número de fax o al correo electrónico que figuren en el expediente o puedan obtenerse del registro mercantil, para que comparezca a la diligencia de notificación personal. El envío de la citación se hará dentro de los cinco (5) días siguientes a la expedición del acto, y de dicha diligencia se dejará constancia en el expediente.

Cuando se desconozca la información sobre el destinatario señalada en el inciso anterior, la citación se publicará en la página electrónica o en un lugar de acceso al público de la respectiva entidad por el término de cinco (5) días.

Artículo 69. Notificación por aviso. Si no pudiere hacerse la notificación personal al cabo de los cinco (5) días del envío de la citación, esta se hará por medio de aviso que se remitirá a la dirección, al número de fax o al correo electrónico que figuren en el expediente o puedan obtenerse del registro mercantil, acompañado de copia íntegra del acto administrativo. El aviso deberá indicar la fecha y la del acto que se notifica, la autoridad que lo expidió, los recursos que legalmente proceden, las autoridades ante quienes deben interponerse, los plazos respectivos y la advertencia de que la notificación se considerará surtida al finalizar el día siguiente al de la entrega del aviso en el lugar de destino.

Cuando se desconozca la información sobre el destinatario, el aviso, con copia íntegra del acto administrativo, se publicará en la página electrónica y en todo caso en un lugar de acceso al público de la respectiva entidad por el término de cinco (5) días, con la advertencia de que la notificación se considerará surtida al finalizar el día siguiente al retiro del aviso.

En el expediente se dejará constancia de la remisión o publicación del aviso y de la fecha en que por este medio quedará surtida la notificación personal.

Artículo 70. Notificación de los actos de inscripción o registro. Los actos de inscripción realizados por las entidades encargadas de llevar los registros públicos se entenderán notificados el día en que se efectúe la correspondiente anotación. Si el acto de inscripción hubiere sido solicitado por entidad o persona distinta de quien aparezca como titular del derecho, la inscripción deberá comunicarse a dicho titular por cualquier medio idóneo, dentro de los cinco (5) días siguientes a la correspondiente anotación.

Artículo 71. Autorización para recibir la notificación[225]. Cualquier persona que deba notificarse de un acto administrativo podrá autorizar a otra para que se notifique en su nombre, mediante escrito. El autorizado solo estará facultado para recibir la notificación y, por tanto, cualquier manifestación que haga en relación con el acto administrativo se tendrá, de pleno derecho, por no realizada.

---

[225] Artículo modificado por el literal a), art. 626, Ley 1564 de 2012.

Lo anterior sin perjuicio del derecho de postulación.

En todo caso, será necesaria la presentación personal del poder cuando se trate de notificación del reconocimiento de un derecho con cargo a recursos públicos, de naturaleza pública o de seguridad social.

Artículo 72. Falta o irregularidad de las notificaciones y notificación por conducta concluyente. Sin el lleno de los anteriores requisitos no se tendrá por hecha la notificación, ni producirá efectos legales la decisión, a menos que la parte interesada revele que conoce el acto, consienta la decisión o interponga los recursos legales.

Artículo 73. Publicidad o notificación a terceros de quienes se desconozca su domicilio. Cuando, a juicio de las autoridades, los actos administrativos de carácter particular afecten en forma directa e inmediata a terceros que no intervinieron en la actuación y de quienes se desconozca su domicilio, ordenarán publicar la parte resolutiva en la página electrónica de la entidad y en un medio masivo de comunicación en el territorio donde sea competente quien expidió las decisiones. En caso de ser conocido su domicilio se procederá a la notificación personal.

CAPÍTULO VI
RECURSOS

Artículo 74. Recursos contra los actos administrativos[226]. Por regla general, contra los actos definitivos procederán los siguientes recursos:

1. El de reposición, ante quien expidió la decisión para que la aclare, modifique, adicione o revoque.

2. El de apelación, para ante el inmediato superior administrativo o funcional con el mismo propósito.

No habrá apelación de las decisiones de los Ministros, Directores de Departamento Administrativo, superintendentes y representantes legales de las entidades descentralizadas ni de los di-rectores u organismos superiores de los órganos constitucionales autónomos.

Tampoco serán apelables aquellas decisiones proferidas por los representantes legales y jefes superiores de las entidades y organismos del nivel territorial.

3. El de queja, cuando se rechace el de apelación.

El recurso de queja es facultativo y podrá interponerse directamente ante el superior del funcionario que dictó la decisión, mediante escrito al que deberá acompañarse copia de la providencia que haya negado el recurso.

De este recurso se podrá hacer uso dentro de los cinco (5) días siguientes a la notificación de la decisión.

Recibido el escrito, el superior ordenará inmediatamente la remisión del expediente, y decidirá lo que sea del caso.

Artículo 75. Improcedencia. No habrá recurso contra los actos de carácter general, ni contra los de trámite, preparatorios, o de ejecución excepto en los casos previstos en norma expresa.

---

[226] Artículo declarado EXEQUIBLE por la Corte Constitucional mediante Sentencia C-248 de 2013.

Artículo 76. Oportunidad y presentación. Los recursos de reposición y apelación deberán interponerse por escrito en la diligencia de notificación personal, o dentro de los diez (10) días siguientes a ella, o a la notificación por aviso, o al vencimiento del término de publicación, según el caso. Los recursos contra los actos presuntos podrán interponerse en cualquier tiempo, salvo en el evento en que se haya acudido ante el juez.

Los recursos se presentarán ante el funcionario que dictó la decisión, salvo lo dispuesto para el de queja, y si quien fuere competente no quisiere recibirlos podrán presentarse ante el procurador regional o ante el personero municipal, para que ordene recibirlos y tramitarlos, e imponga las sanciones correspondientes, si a ello hubiere lugar.

El recurso de apelación podrá interponerse directamente, o como subsidiario del de reposición y cuando proceda será obligatorio para acceder a la jurisdicción.

Los recursos de reposición y de queja no serán obligatorios.

Artículo 77. Requisitos. Por regla general los recursos se interpondrán por escrito que no requiere de presentación personal si quien lo presenta ha sido reconocido en la actuación. Igualmente, podrán presentarse por medios electrónicos.

Los recursos deberán reunir, además, los siguientes requisitos:

1. Interponerse dentro del plazo legal, por el interesado o su representante o apoderado debidamente constituido.

2. Sustentarse con expresión concreta de los motivos de inconformidad.

3. Solicitar y aportar las pruebas que se pretende hacer valer.

4. Indicar el nombre y la dirección del recurrente, así como la dirección electrónica si desea ser notificado por este medio.

Sólo los abogados en ejercicio podrán ser apoderados. Si el recurrente obra como agente oficioso, deberá acreditar la calidad de abogado en ejercicio, y prestar la caución que se le señale para garantizar que la persona por quien obra ratificará su actuación dentro del término de dos (2) meses.

Si no hay ratificación se hará efectiva la caución y se archivará el expediente.

Para el trámite del recurso el recurrente no está en la obligación de pagar la suma que el acto recurrido le exija. Con todo, podrá pagar lo que reconoce deber.

Artículo 78. Rechazo del recurso. Si el escrito con el cual se formula el recurso no se presenta con los requisitos previstos en los numerales 1, 2 y 4 del artículo anterior, el funcionario competente deberá rechazarlo. Contra el rechazo del recurso de apelación procederá el de queja.

Artículo 79. Trámite de los recursos y pruebas. Los recursos se tramitarán en el efecto suspensivo.

Los recursos de reposición y de apelación deberán resolverse de plano, a no ser que al interponerlos se haya solicitado la práctica de pruebas, o que el funcionario que ha de decidir el recurso considere necesario decretarlas de oficio.

Cuando con un recurso se presenten pruebas, si se trata de un trámite en el que interviene más de una parte, deberá darse traslado a las demás por el término de cinco (5) días.

Cuando sea del caso practicar pruebas, se señalará para ello un término no mayor de treinta (30) días. Los términos inferiores podrán prorrogarse por una sola vez, sin que con la prórroga el término exceda de treinta (30) días.

En el acto que decrete la práctica de pruebas se indicará el día en que vence el término probatorio.

Artículo 80. Decisión de los recursos. Vencido el período probatorio, si a ello hubiere lugar, y sin necesidad de acto que así lo declare, deberá proferirse la decisión motivada que resuelva el recurso.

La decisión resolverá todas las peticiones que hayan sido oportunamente planteadas y las que surjan con motivo del recurso.

Artículo 81. Desistimiento. De los recursos podrá desistirse en cualquier tiempo.

Artículo 82. Grupos especializados para preparar la decisión de los recursos[227]. La autoridad podrá crear, en su organización, grupos especializados para elaborar los proyectos de decisión de los recursos de reposición y apelación.

El Gobierno Nacional podrá crear mesas de trabajo con carácter temporal o permanente, con funcionarios de distintas entidades públicas, para apoyarlas y asesorarlas en la decisión de los recursos de apelación interpuestos contra los actos administrativos proferidos por las entidades del orden nacional de acuerdo con la reglamentación que para el efecto se expida. Las entidades territoriales de conformidad con el reglamento podrán dar aplicación a lo previsto en el presente inciso.

El apoyo y asesoramiento de las mesas de trabajo no es vinculante para el funcionario que resuelve el recurso de apelación.

CAPÍTULO VII
SILENCIO ADMINISTRATIVO

Artículo 83. Silencio negativo. Transcurridos tres (3) meses contados a partir de la presentación de una petición sin que se haya notificado decisión que la resuelva, se entenderá que esta es negativa.

En los casos en que la ley señale, un plazo superior a los tres (3) meses para resolver la petición sin que esta se hubiere decidido, el silencio administrativo se producirá al cabo de un (1) mes contado a partir de la fecha en que debió adoptarse la decisión.

La ocurrencia del silencio administrativo negativo no eximirá de responsabilidad a las autoridades. Tampoco las excusará del deber de decidir sobre la petición inicial, salvo que el interesado haya hecho uso de los recursos contra el acto presunto, o que habiendo acudido ante la Jurisdicción de lo Contencioso Administrativo se haya notificado auto admisorio de la demanda.

Artículo 84. Silencio positivo. Solamente en los casos expresamente previstos en disposiciones legales especiales, el silencio de la administración equivale a decisión positiva.

Los términos para que se entienda producida la decisión positiva presunta comienzan a contarse a partir del día en que se presentó la petición o recurso.

El acto positivo presunto podrá ser objeto de revocación directa en los términos de este Código.

Artículo 85. Procedimiento para invocar el silencio administrativo positivo. La persona que se hallare en las condiciones previstas en las disposiciones legales que esta-

---

[227]   Modificado por Ley 2080 de 2021.

blecen el beneficio del silencio administrativo positivo, protocolizará la constancia o copia de que trata el artículo 15, junto con una declaración jurada de no haberle sido notificada la decisión dentro del término previsto.

La escritura y sus copias auténticas producirán todos los efectos legales de la decisión favorable que se pidió, y es deber de todas las personas y autoridades reconocerla así.

Para efectos de la protocolización de los documentos de que trata este artículo se entenderá que ellos carecen de valor económico.

Artículo 86. Silencio administrativo en recursos. Salvo lo dispuesto en el artículo 52 de este Código, transcurrido un plazo de dos (2) meses, contados a partir de la interposición de los recursos de reposición o apelación sin que se haya notificado decisión expresa sobre ellos, se entenderá que la decisión es negativa.

El plazo mencionado se suspenderá mientras dure la práctica de pruebas.

La ocurrencia del silencio negativo previsto en este artículo no exime a la autoridad de responsabilidad, ni le impide resolver siempre que no se hubiere notificado auto admisorio de la demanda cuando el interesado haya acudido ante la Jurisdicción de lo Contencioso Administrativo.

La no resolución oportuna de los recursos constituye falta disciplinaria gravísima.

CAPÍTULO VIII
CONCLUSIÓN DEL PROCEDIMIENTO ADMINISTRATIVO

Artículo 87. Firmeza de los actos administrativos. Los actos administrativos quedarán en firme:

1. Cuando contra ellos no proceda ningún recurso, desde el día siguiente al de su notificación, comunicación o publicación según el caso.

2. Desde el día siguiente a la publicación, comunicación o notificación de la decisión sobre los recursos interpuestos.

3. Desde el día siguiente al del vencimiento del término para interponer los recursos, si estos no fueron interpuestos, o se hubiere renunciado expresamente a ellos.

4. Desde el día siguiente al de la notificación de la aceptación del desistimiento de los recursos.

5. Desde el día siguiente al de la protocolización a que alude el artículo 85 para el silencio administrativo positivo.

Artículo 88. Presunción de legalidad del acto administrativo. Los actos administrativos se presumen legales mientras no hayan sido anulados por la Jurisdicción de lo Contencioso Administrativo. Cuando fueren suspendidos, no podrán ejecutarse hasta tanto se resuelva definitivamente sobre su legalidad o se levante dicha medida cautelar.

Artículo 89. Carácter ejecutorio de los actos expedidos por las autoridades. Salvo disposición legal en contrario, los actos en firme serán suficientes para que las autoridades, por sí mismas, puedan ejecutarlos de inmediato. En consecuencia, su ejecución material procederá sin mediación de otra autoridad. Para tal efecto podrá requerirse, si fuere necesario, el apoyo o la colaboración de la Policía Nacional.

Artículo 90. Ejecución en caso de renuencia. Sin perjuicio de lo dispuesto en leyes especiales, cuando un acto administrativo imponga una obligación no dineraria a un particular y este se resistiere a cumplirla, la autoridad que expidió el acto le impondrá multas sucesivas mientras permanezca en rebeldía, concediéndole plazos razonables para que cumpla lo ordenado. Las multas podrán oscilar entre uno (1) y quinientos (500) salarios mínimos mensuales legales vigentes y serán impuestas con criterios de razonabilidad y proporcionalidad.

La administración podrá realizar directamente o contratar la ejecución material de los actos que corresponden al particular renuente, caso en el cual se le imputarán los gastos en que aquella incurra.

Artículo 91. Pérdida de ejecutoriedad del acto administrativo. Salvo norma expresa en contrario, los actos administrativos en firme serán obligatorios mientras no hayan sido anulados por la Jurisdicción de lo Contencioso Administrativo. Perderán obligatoriedad y, por lo tanto, no podrán ser ejecutados en los siguientes casos:

1. Cuando sean suspendidos provisionalmente sus efectos por la Jurisdicción de lo Contencioso Administrativo.

2. Cuando desaparezcan sus fundamentos de hecho o de derecho.

3. Cuando al cabo de cinco (5) años de estar en firme, la autoridad no ha realizado los actos que le correspondan para ejecutarlos.

4. Cuando se cumpla la condición resolutoria a que se encuentre sometido el acto.

5. Cuando pierdan vigencia.

Artículo 92. Excepción de pérdida de ejecutoriedad. Cuando el interesado se oponga a la ejecución de un acto administrativo alegando que ha perdido fuerza ejecutoria, quien lo produjo podrá suspenderla y deberá resolver dentro de un término de quince (15) días. El acto que decida la excepción no será susceptible de recurso alguno, pero podrá ser impugnado por vía jurisdiccional.

CAPÍTULO IX
REVOCACIÓN DIRECTA DE LOS ACTOS ADMINISTRATIVOS

Artículo 93. Causales de revocación. Los actos administrativos deberán ser revocados por las mismas autoridades que los hayan expedido o por sus inmediatos superiores jerárquicos o funcionales, de oficio o a solicitud de parte, en cualquiera de los siguientes casos:

1. Cuando sea manifiesta su oposición a la Constitución Política o a la ley.

2. Cuando no estén conformes con el interés público o social, o atenten contra él.

3. Cuando con ellos se cause agravio injustificado a una persona.

Artículo 94. Improcedencia. La revocación directa de los actos administrativos a solicitud de parte no procederá por la causal del numeral 1 del artículo anterior, cuando el peticionario haya interpuesto los recursos de que dichos actos sean susceptibles, ni en relación con los cuales haya operado la caducidad para su control judicial.

Artículo 95. Oportunidad. La revocación directa de los actos administrativos podrá cumplirse aun cuando se haya acudido ante la Jurisdicción de lo Contencioso Administrativo, siempre que no se haya notificado auto admisorio de la demanda.

Las solicitudes de revocación directa deberán ser resueltas por la autoridad competente dentro de los dos (2) meses siguientes a la presentación de la solicitud.

Contra la decisión que resuelve la solicitud de revocación directa no procede recurso.

Parágrafo. No obstante, en el curso de un proceso judicial, hasta antes de que se profiera sentencia de segunda instancia, de oficio o a petición del interesado o del Ministerio Público, las autoridades demandadas podrán formular oferta de revocatoria de los actos administrativos impugnados previa aprobación del Comité de Conciliación de la entidad. La oferta de revocatoria señalará los actos y las decisiones objeto de la misma y la forma en que se propone restablecer el derecho conculcado o reparar los perjuicios causados con los actos demandados.

Si el Juez encuentra que la oferta se ajusta al ordenamiento jurídico, ordenará ponerla en conocimiento del demandante quien deberá manifestar si la acepta en el término que se le señale para tal efecto, evento en el cual el proceso se dará por terminado mediante auto que prestará mérito ejecutivo, en el que se especificarán las obligaciones que la autoridad demandada deberá cumplir a partir de su ejecutoria.

Artículo 96. Efectos. Ni la petición de revocación de un acto, ni la decisión que sobre ella recaiga revivirán los términos legales para demandar el acto ante la Jurisdicción de lo Contencioso Administrativo, ni darán lugar a la aplicación del silencio administrativo.

Artículo 97. Revocación de actos de carácter particular y concreto. Salvo las excepciones establecidas en la ley, cuando un acto administrativo, bien sea expreso o ficto, haya creado o modificado una situación jurídica de carácter particular y concreto o reconocido un derecho de igual categoría, no podrá ser revocado sin el consentimiento previo, expreso y escrito del respectivo titular.

Si el titular niega su consentimiento y la autoridad considera que el acto es contrario a la Constitución o a la ley, deberá demandarlo ante la Jurisdicción de lo Contencioso Administrativo.

Si la Administración considera que el acto ocurrió por medios ilegales o fraudulentos lo demandará sin acudir al procedimiento previo de conciliación y solicitará al juez su suspensión provisional.

Parágrafo. En el trámite de la revocación directa se garantizarán los derechos de audiencia y defensa.

TÍTULO IV
PROCEDIMIENTO ADMINISTRATIVO DE COBRO COACTIVO

Artículo 98. Deber de recaudo y prerrogativa del cobro coactivo. Las entidades públicas definidas en el parágrafo del artículo 104 deberán recaudar las obligaciones creadas en su favor, que consten en documentos que presten mérito ejecutivo de conformidad con este Código. Para tal efecto, están revestidas de la prerrogativa de cobro coactivo o podrán acudir ante los jueces competentes.

Artículo 99. Documentos que prestan mérito ejecutivo a favor del Estado. Prestarán mérito ejecutivo para su cobro coactivo, siempre que en ellos conste una obligación clara, expresa y exigible, los siguientes documentos:

1. Todo acto administrativo ejecutoriado que imponga a favor de las entidades públicas a las que alude el parágrafo del artículo 104, la obligación de pagar una suma líquida de dinero, en los casos previstos en la ley.

2. Las sentencias y demás decisiones jurisdiccionales ejecutoriadas que impongan a favor del tesoro nacional, o de las entidades públicas a las que alude el parágrafo del artículo 104, la obligación de pagar una suma líquida de dinero.

3. Los contratos o los documentos en que constan sus garantías, junto con el acto administrativo que declara el incumplimiento o la caducidad. Igualmente lo serán el acta

de liquidación del contrato o cualquier acto administrativo proferido con ocasión de la actividad contractual.

4. Las demás garantías que, a favor de las entidades públicas, antes indicadas, se presten por cualquier concepto, las cuales se integrarán con el acto administrativo ejecutoriado que declare la obligación.

5. Las demás que consten en documentos que provengan del deudor.

Artículo 100. Reglas de procedimiento. Para los procedimientos de cobro coactivo se aplicarán las siguientes reglas:

1. Los que tengan reglas especiales se regirán por ellas.

2. Los que no tengan reglas especiales se regirán por lo dispuesto en este título y en el Estatuto Tributario.

3. A aquellos relativos al cobro de obligaciones de carácter tributario se aplicarán las disposiciones del Estatuto Tributario.

En todo caso, para los aspectos no previstos en el Estatuto Tributario o en las respectivas normas especiales, en cuanto fueren compatibles con esos regímenes, se aplicarán las reglas de procedimiento establecidas en la Parte Primera de este Código y, en su defecto, el Código de Procedimiento Civil en lo relativo al proceso ejecutivo singular.

Artículo 101. Control jurisdiccional. Sólo serán demandables ante la Jurisdicción de lo Contencioso Administrativo, en los términos de la Parte Segunda de este Código, los actos administrativos que deciden las excepciones a favor del deudor, los que ordenan llevar adelante la ejecución y los que liquiden el crédito.

La admisión de la demanda contra los anteriores actos o contra el que constituye el título ejecutivo no suspende el procedimiento de cobro coactivo. Únicamente habrá lugar a la suspensión del procedimiento administrativo de cobro coactivo:

1. Cuando el acto administrativo que constituye el título ejecutivo haya sido suspendido provisionalmente por la Jurisdicción de lo Contencioso Administrativo; y

2. A solicitud del ejecutado, cuando proferido el acto que decida las excepciones o el que ordene seguir adelante la ejecución, según el caso, esté pendiente el resultado de un proceso contencioso administrativo de nulidad contra el título ejecutivo, salvo lo dispuesto en leyes especiales. Esta suspensión no dará lugar al levantamiento de medidas cautelares, ni impide el decreto y práctica de medidas cautelares.

Parágrafo. Los procesos judiciales contra los actos administrativos proferidos en el procedimiento administrativo de cobro coactivo tendrán prelación, sin perjuicio de la que corresponda, según la Constitución Política y otras leyes para otros procesos.

TÍTULO V

EXTENSIÓN DE LA JURISPRUDENCIA DEL CONSEJO DE ESTADO

Artículo 102. Extensión de la jurisprudencia del Consejo de Estado a terceros por parte de las autoridades[228]. Las autoridades deberán extender los efectos de una sentencia de unificación jurisprudencial dictada por el Consejo de Estado, en la que se

---

[228]   Modificado por Ley 2080 de 2021.

haya reconocido un derecho, a quienes lo soliciten y acrediten los mismos supuestos fácticos y jurídicos.

Para tal efecto el interesado presentará petición ante la autoridad legalmente competente para reconocer el derecho, siempre que la pretensión judicial no haya caducado. Dicha petición contendrá, además de los requisitos generales, los siguientes:

1. Justificación razonada que evidencie que el peticionario se encuentra en la misma situación de hecho y de derecho en la que se encontraba el demandante al cual se le reconoció el derecho en la sentencia de unificación invocada.

2. Las pruebas que tenga en su poder, enunciando las que reposen en los archivos de la entidad, así como las que haría valer si hubiere necesidad de ir a un proceso.

3. La referencia de la sentencia de unificación que invoca a su favor.

Si se hubiere formulado una petición anterior con el mismo propósito sin haber solicitado la extensión de la jurisprudencia, el interesado deberá indicarlo así, caso en el cual, al resolverse la solicitud de extensión, se entenderá resuelta la primera solicitud.

La autoridad decidirá con fundamento en las disposiciones constitucionales, legales y reglamentarias aplicables y teniendo en cuenta la interpretación que de ellas se hizo en la sentencia de unificación invocada, así como los demás elementos jurídicos que regulen el fondo de la petición y el cumplimiento de todos los presupuestos para que ella sea procedente.

Esta decisión se adoptará dentro de los treinta (30) días siguientes a su recepción, y la autoridad podrá negar la petición con fundamento en las siguientes consideraciones:

1. Exponiendo las razones por las cuales considera que la decisión no puede adoptarse sin que se surta un periodo probatorio en el cual tenga la oportunidad de solicitar las pruebas para demostrar que el demandante carece del derecho invocado. En tal caso estará obligada a enunciar cuales son tales medios de prueba ya sustentar de forma clara lo indispensable que resultan los medios probatorios ya mencionados.

2. Exponiendo las razones por las cuales estima que la situación del solicitante es distinta a la resuelta en la sentencia de unificación invocada y no es procedente la extensión de sus efectos.

Contra el acto que reconoce el derecho no proceden los recursos administrativos correspondientes, sin perjuicio del control jurisdiccional a que hubiere lugar. Si se niega total o parcial-mente la petición de extensión de la jurisprudencia o la autoridad guarda silencio sobre ella, no habrá tampoco lugar a recursos administrativos ni a control jurisdiccional respecto de lo negado. En estos casos, el solicitante podrá acudir dentro de los treinta (30) días siguientes ante el Consejo de Estado en los términos del artículo 269 de este Código.

La solicitud de extensión de la jurisprudencia suspende los términos para la presentación de la demanda que procediere ante la Jurisdicción de lo Contencioso Administrativo.

Los términos para la presentación de la demanda en los casos anteriormente señalados se reanudarán al vencimiento del plazo de treinta (30) días establecidos para acudir ante el Consejo de Estado cuando el interesado decidiere no hacerlo o, en su caso, de conformidad con lo dispuesto en el artículo 269 de este Código.

PARTE SEGUNDA
ORGANIZACIÓN DE LA JURISDICCIÓN
DE LO CONTENCIOSO ADMINISTRATIVO
Y DE SUS FUNCIONES JURISDICCIONAL Y CONSULTIVA
TÍTULO I
PRINCIPIOS Y OBJETO DE LA JURISDICCIÓN
DE LO CONTENCIOSO ADMINISTRATIVO

Artículo 103. Objeto y principios. Los procesos que se adelanten ante la jurisdicción de lo Contencioso Administrativo tienen por objeto la efectividad de los derechos reconocidos en la Constitución Política y la ley y la preservación del orden jurídico.

En la aplicación e interpretación de las normas de este Código deberán observarse los principios constitucionales y los del derecho procesal.

En virtud del principio de igualdad, todo cambio de la jurisprudencia sobre el alcance y contenido de la norma debe ser expresa y suficientemente explicado y motivado en la providencia que lo contenga.

Quien acuda ante la Jurisdicción de lo Contencioso Administrativo, en cumplimiento del deber constitucional de colaboración para el buen funcionamiento de la administración de justicia, estará en la obligación de cumplir con las cargas procesales y probatorias previstas en este Código.

Artículo 104. De la Jurisdicción de lo Contencioso Administrativo. La Jurisdicción de lo Contencioso Administrativo está instituida para conocer, además de lo dispuesto en la Constitución Política y en leyes especiales, de las controversias y litigios originados en actos, contratos, hechos, omisiones y operaciones, sujetos al derecho administrativo, en los que estén involucradas las entidades públicas, o los particulares cuando ejerzan función administrativa.

Igualmente conocerá de los siguientes procesos:

1. Los relativos a la responsabilidad extracontractual de cualquier entidad pública, cualquiera que sea el régimen aplicable.

2. Los relativos a los contratos, cualquiera que sea su régimen, en los que sea parte una entidad pública o un particular en ejercicio de funciones propias del Estado.

3. Los relativos a contratos celebrados por cualquier entidad prestadora de servicios públicos domiciliarios en los cuales se incluyan o hayan debido incluirse cláusulas exorbitantes.

4. Los relativos a la relación legal y reglamentaria entre los servidores públicos y el Estado, y la seguridad social de los mismos, cuando dicho régimen esté administrado por una persona de derecho público.

5. Los que se originen en actos políticos o de gobierno.

6. Los ejecutivos derivados de las condenas impuestas y las conciliaciones aprobadas por esta jurisdicción, así como los provenientes de laudos arbitrales en que hubiere sido parte una entidad pública; e, igualmente los originados en los contratos celebrados por esas entidades.

7. Los recursos extraordinarios contra laudos arbitrales que definan conflictos relativos a contratos celebrados por entidades públicas o por particulares en ejercicio de funciones propias del Estado.

Parágrafo. Para los solos efectos de este Código, se entiende por entidad pública todo órgano, organismo o entidad estatal, con independencia de su denominación; las sociedades o empresas en las que el Estado tenga una participación igual o superior al 50% de su capital; y los entes con aportes o participación estatal igual o superior al 50%.

Artículo 105. Excepciones. La Jurisdicción de lo Contencioso Administrativo no conocerá de los siguientes asuntos:

1. Las controversias relativas a la responsabilidad extracontractual y a los contratos celebrados por entidades públicas que tengan el carácter de instituciones financieras, aseguradoras, intermediarios de seguros o intermediarios de valores vigilados por la Superintendencia Financiera, cuando correspondan al giro ordinario de los negocios de dichas entidades, incluyendo los procesos ejecutivos.

2. Las decisiones proferidas por autoridades administrativas en ejercicio de funciones jurisdiccionales, sin perjuicio de las competencias en materia de recursos contra dichas decisiones atribuidas a esta jurisdicción. Las decisiones que una autoridad administrativa adopte en ejercicio de la función jurisdiccional estarán identificadas con la expresión que corresponde hacer a los jueces precediendo la parte resolutiva de sus sentencias y deberán ser adoptadas en un proveído independiente que no podrá mezclarse con decisiones que correspondan al ejercicio de función administrativa, las cuales, si tienen relación con el mismo asunto, deberán constar en acto administrativo separado.

3. Las decisiones proferidas en juicios de policía regulados especialmente por la ley.

4. Los conflictos de carácter laboral surgidos entre las entidades públicas y sus trabajadores oficiales.

TÍTULO II
ORGANIZACIÓN DE LA JURISDICCIÓN DE LO CONTENCIOSO ADMINISTRATIVO
CAPÍTULO I
INTEGRACIÓN

Artículo 106. Integración de la Jurisdicción de lo Contencioso Administrativo. La Jurisdicción de lo Contencioso Administrativo está integrada por el Consejo de Estado, los Tribunales Administrativos y los juzgados administrativos.

CAPÍTULO II
DEL CONSEJO DE ESTADO

Artículo 107. Integración y composición. El Consejo de Estado es el Tribunal Supremo de lo Contencioso Administrativo y Cuerpo Supremo Consultivo del Gobierno. Estará integrado por treinta y un (31) Magistrados.

Ejercerá sus funciones por medio de tres (3) salas, integradas así: la Plena, por todos sus miembros; la de lo Contencioso Administrativo, por veintisiete (27) Magistrados y la de Consulta y Servicio Civil, por los cuatro (4) Magistrados restantes.

Igualmente, tendrá una Sala de Gobierno, conformada por el Presidente y el Vicepresidente del Consejo de Estado y por los Presidentes de la Sala de Consulta y Servicio Civil y de las secciones de la Sala de lo Contencioso Administrativo.

Créanse en el Consejo de Estado las salas especiales de decisión, además de las reguladas en este Código, encargadas de decidir los procesos sometidos a la Sala Plena de lo Contencioso Administrativo, que esta les encomiende, salvo de los procesos de pérdida de investidura y de nulidad por inconstitucionalidad. Estas Salas estarán integradas por cuatro (4) Magistrados, uno por cada una de las secciones que la conforman, con exclusión de la que hubiere conocido del asunto, si fuere el caso.

La integración y funcionamiento de dichas salas especiales, se hará de conformidad con lo que al respecto establezca el reglamento interno.

Artículo 108. Elección de dignatarios. El Presidente del Consejo de Estado será elegido por la misma corporación para el período de un (1) año y podrá ser reelegido indefinidamente y ejercerá las funciones que le confieren la Constitución, la ley y el reglamento interno.

El Consejo también elegirá un Vicepresidente, en la misma forma y para el mismo período del Presidente, encargado de reemplazarlo en sus faltas temporales y de ejercer las demás funciones que le asigne el reglamento interno.

Cada sala o sección elegirá un Presidente para el período de un (1) año y podrá ser reelegido indefinidamente.

Artículo 109. Atribuciones de la Sala Plena. La Sala Plena del Consejo de Estado tendrá las siguientes atribuciones:

1. Darse su propio reglamento.

2. Elegir a los Magistrados que integran la Corporación.

3. Elegir al Secretario General.

4. Elegir los demás empleados de la corporación, con excepción de los de las salas, de las secciones y de los despachos, los cuales serán designados por cada una de aquellas o por los respectivos Magistrados. Esta atribución podrá delegarse en la Sala de Gobierno.

5. Proveer las faltas temporales del Contralor General de la República.

6. Distribuir las funciones de la Sala de lo Contencioso Administrativo que no deban ser ejercidas en pleno, entre las Salas de Decisión que organice la ley, las secciones y subsecciones que la constituyen, con base en los criterios de especialidad y de volumen de trabajo.

7. Integrar las comisiones que deba designar para el buen funcionamiento de la Corporación.

8. Hacer la evaluación del factor cualitativo de la calificación de servicios de los Magistrados de los Tribunales Administrativos, que servirá de base para la calificación integral.

9. Elegir, de terna enviada por la Corte Suprema de Justicia, para períodos de dos (2) años, al Auditor General de la República o a quien deba reemplazarlo en sus faltas temporales o absolutas, sin que en ningún caso pueda reelegirlo.

10. Elegir el integrante de la terna para la elección de Procurador General de la Nación.

11. Elegir el integrante de la terna para la elección de Contralor General de la República.

12. Elegir los integrantes de tres (3) ternas para la elección de Magistrados de la Corte Constitucional.

13. Elegir tres (3) Magistrados para la Sala Administrativa del Consejo Superior de la Judicatura.

14. Emitir concepto en el caso previsto en el inciso 2° del numeral 3 del artículo 237 de la Constitución Política.

15. Ejercer las demás funciones que le prescriban la Constitución, la ley y el reglamento.

Parágrafo. El concepto de que trata el numeral 14 del presente artículo no estará sometido a reserva.

Artículo 110. Integración de la Sala de lo Contencioso Administrativo. La Sala de lo Contencioso Administrativo se dividirá en cinco (5) secciones, cada una de las cuales ejercerá separadamente las funciones que de conformidad con su especialidad y cantidad de trabajo le asigne la Sala Plena del Consejo de Estado, de acuerdo con la ley y el reglamento interno de la Corporación y estarán integradas de la siguiente manera:

La Sección Primera, por cuatro (4) Magistrados.

La Sección Segunda se dividirá en dos (2) subsecciones, cada una de las cuales estará integrada por tres (3) Magistrados.

La Sección Tercera se dividirá en tres (3) subsecciones, cada una de las cuales estará integrada por tres (3) Magistrados.

La Sección Cuarta, por cuatro (4) Magistrados, y

La Sección Quinta, por cuatro (4) Magistrados.

Sin perjuicio de las específicas competencias que atribuya la ley, el Reglamento de la Corporación determinará y asignará los asuntos y las materias cuyo conocimiento corresponda a cada sección y a las respectivas subsecciones.

Parágrafo. Es atribución del Presidente del Consejo de Estado, resolver los conflictos de competencia entre las secciones de la Sala de lo Contencioso de la Corporación.

Artículo 111. Funciones de la Sala Plena de lo Contencioso Administrativo[229]. La Sala de lo Contencioso administrativo en pleno tendrá las siguientes funciones:

1. Conocer de todos los procesos contenciosos administrativos cuyo juzgamiento atribuya la ley al Consejo de Estado y que específicamente no se hayan asignado a las secciones.

2. Resolver los recursos extraordinarios de revisión contra las sentencias dictadas por las secciones o subsecciones y los demás que sean de su competencia.

3. Dictar auto o sentencia de unificación en los asuntos indicados en el artículo 271 de este código.

4. Requerir a los tribunales el envío de determinados asuntos que estén conociendo en segunda instancia con el fin de unificar jurisprudencia en los términos del artículo 271 de este código.

5. Conocer de la nulidad por inconstitucionalidad que se promueva contra los decretos cuyo control no corresponda a la Corte Constitucional.

6. Conocer de la pérdida de investidura de los congresistas, de conformidad con el procedimiento establecido en la ley.

---

[229] Modificado por Ley 2080 de 2021.

7. Conocer del recurso extraordinario especial de revisión de las sentencias de pérdida de investidura de los congresistas. En estos casos, los Magistrados del Consejo de Estado que participaron en la decisión impugnada no serán recusables ni podrán declararse impedidos por ese solo hecho.

8. Ejercer el control inmediato de legalidad de los actos de carácter general dictados por autoridades nacionales con fundamento y durante los estados de excepción.

Parágrafo. La Corte Suprema de Justicia conocerá de los procesos contra los actos administrativos emitidos por el Consejo de Estado.

Artículo 112. Integración y funciones de la Sala de Consulta y Servicio Civil[230]. La Sala de Consulta y Servicio Civil cumplirá funciones separadas de las funciones jurisdiccionales y actuará en forma autónoma como cuerpo supremo consultivo del gobierno en asuntos de administración. Estará integrada por cuatro (4) Magistrados.

Los conceptos de la Sala no serán vinculantes, salvo que la ley disponga lo contrario.

La Sala de Consulta y Servicio Civil tendrá las siguientes atribuciones:

1. Absolver las consultas generales o particulares que le formule el Gobierno Nacional, a través de sus Ministros y Directores de Departamento Administrativo.

2. Revisar o preparar a petición del Gobierno Nacional proyectos de ley y de códigos. El proyecto se entregará al Gobierno por conducto del Ministro o Director del Departamento Administrativo correspondiente, para su presentación a la consideración del Congreso de la República.

3. Preparar a petición de la Sala Plena del Consejo de Estado o por iniciativa propia proyectos de acto legislativo y de ley.

4. Revisar a petición del Gobierno los proyectos de compilaciones de normas elaborados por este para efectos de su divulgación.

5. Realizar los estudios que sobre temas de interés para la Administración Pública la Sala estime necesarios para proponer reformas normativas.

6. Conceptuar sobre los contratos que se proyecte celebrar con empresas privadas colombianas escogidas por concurso público de méritos para efectuar el control fiscal de la gestión administrativa nacional, de conformidad con lo previsto en el artículo 267 de la Constitución Política.

7. Emitir concepto, a petición del Gobierno nacional o de la Agencia Nacional de Defensa Jurídica del Estado, en relación con las controversias jurídicas que se presenten entre entidades públicas del orden nacional, o entre estas y entidades del orden territorial, con el fin de precaver un eventual litigio o poner fin a uno existente. El concepto emitido por la Sala no está sujeto a recurso alguno.

Cuando la solicitud no haya sido presentada por la Agencia Nacional de Defensa Jurídica del Estado, esta podrá intervenir en el trámite del concepto.

La solicitud de concepto suspenderá todos los términos legales, incluida la caducidad del respectivo medio de control y la prescripción, hasta el día siguiente a la fecha de comunicación del concepto.

En el evento en que se haya interpuesto demanda por la controversia jurídica base del concepto, dentro de los dos (2) días siguientes a la radicación de la solicitud, las

---

[230]   Modificado por Ley 2080 de 2021.

entidades parte del proceso judicial o la Agencia Nacional de Defensa Jurídica del Estado deberán comunicar al juez o magistrado ponente que se solicitó concepto a la Sala. La comunicación suspenderá el proceso judicial.

El ejercicio de la función está sometido a las siguientes reglas:

a) El escrito que contenga la solicitud deberá relacionar, de forma clara y completa, los hechos que dan origen a la controversia, y acompañarse de los documentos que se estimen pertinentes. Asimismo, deberán precisarse los asuntos de puro derecho objeto de la discrepancia, en relación con los cuales se pida el concepto;

b) El consejero ponente convocará audiencia a las entidades involucradas, a la Agencia Nacional de Defensa Jurídica del Estado y al Ministerio Público para que se pronuncien sobre la controversia jurídica sometida a consulta y aporten las pruebas documentales que estimen procedentes;

c) Para el ejercicio de la función prevista en este numeral, el consejero ponente podrá decretar pruebas en los términos dispuestos en este código;

d) Una vez cumplido el procedimiento anterior y se cuente con toda la información necesaria, la Sala emitirá el concepto solicitado dentro de los noventa (90) días siguientes. No obstante, este plazo podrá prorrogarse hasta por treinta (30) días más, de oficio o a petición de la Agencia Nacional de Defensa Jurídica del Estado, en el evento de presentarse hechos sobrevinientes o no conocidos por la Sala en el trámite del concepto.

8. Verificar, de conformidad con el Código Electoral, si cada candidato a la Presidencia de la República reúne o no los requisitos constitucionales y expedir la correspondiente certificación.

9. Ejercer control previo de legalidad de los Convenios de Derecho Público Interno con las Iglesias, Confesiones y Denominaciones Religiosas, sus Federaciones y Confederaciones, de conformidad con lo dispuesto en la ley.

10. Resolver los conflictos de competencias administrativas entre organismos del orden nacional o entre tales organismos y una entidad territorial o descentralizada, o entre cualesquiera de estas cuando no estén comprendidas en la jurisdicción territorial de un solo tribunal administrativo. Una vez el expediente ingrese al despacho para resolver el conflicto, la Sala lo decidirá dentro de los cuarenta (40) días siguientes al recibo de toda la información necesaria para el efecto.

11. Presentar anualmente un informe público de labores.

12. Ejercer las demás funciones que le prescriban la Constitución y la ley.

Parágrafo 1°. Los conceptos de la Sala de Consulta y Servicio Civil estarán amparados por reserva legal de seis (6) meses. Esta podrá ser prorrogada hasta por cuatro (4) años por el Gobierno Nacional. Si transcurridos los seis (6) meses a los que se refiere este parágrafo el Gobierno Nacional no se ha pronunciado en ningún sentido, automáticamente se levantará la reserva.

En todo caso, el Gobierno Nacional podrá levantar la reserva en cualquier tiempo.

Parágrafo 2°. A invitación de la Sala, los Ministros, los Jefes de Departamento Administrativo, y los funcionarios que unos y otros requieran, podrán concurrir a las deliberaciones del Consejo de Estado cuando este haya de ejercer su función consultiva, pero la votación de los Magistrados se hará una vez que todos se hayan retirado. La Sala realizará las audiencias y requerirá las informaciones y documentación que considere necesarias para el ejercicio de sus funciones.

Artículo 113. Concepto Previo de la Sala de Consulta y Servicio Civil. La Sala de Consulta y Servicio Civil deberá ser previamente oída en los siguientes asuntos:

1. Proyectos de ley o proyectos de disposiciones administrativas, cualquiera que fuere su rango y objeto, que afecten la organización, competencia o funcionamiento del Consejo de Estado.

2. Todo asunto en que, por precepto expreso de una ley, haya de consultarse a la Sala de Consulta y Servicio Civil.

Parágrafo. En los casos contemplados en el anterior y en el presente artículo, los conceptos serán remitidos al Presidente de la República o al Ministro o jefe Departamento Administrativo que los haya solicitado, así como a la Secretaría Jurídica de la Presidencia de la República.

Artículo 114. Funciones de la Sala de Gobierno. Corresponde a la Sala de Gobierno:

1. Examinar la hoja de vida de los candidatos para desempeñar cualquier empleo cuya elección corresponda a la Sala Plena e informar a esta sobre el resultado respectivo.

2. Elegir conforme a la delegación de la Sala Plena los empleados de la corporación, con excepción de los que deban elegir las salas, secciones y despachos.

3. Asesorar al Presidente de la Corporación cuando este lo solicite.

4. Estudiar la hoja de vida de los candidatos al premio José Ignacio de Márquez y presentar las evaluaciones a la Sala Plena.

5. Cumplir las comisiones que le confiera la Sala Plena.

6. Cumplir las demás funciones que le señalen la ley y el reglamento interno.

Artículo 115. Conjueces. Los conjueces suplirán las faltas de los Magistrados por impedimento o recusación, dirimirán los empates que se presenten en la Sala Plena de lo Contencioso Administrativo, en la Sala de lo Contencioso Administrativo en sus diferentes secciones y en Sala de Consulta y Servicio Civil, e intervendrán en las mismas para completar la mayoría decisoria, cuando esta no se hubiere logrado.

Serán designados conjueces, por sorteo y según determine el reglamento de la corporación, los Magistrados de las Salas de lo Contencioso Administrativo y de Consulta y Servicio Civil de la Corporación.

Cuando por cualquier causa no fuere posible designar a los Magistrados de la Corporación, se nombrarán como conjueces, de acuerdo con las leyes procesales y el reglamento interno, a las personas que reúnan los requisitos y calidades para desempeñar los cargos de Magistrado en propiedad, sin que obste el haber llegado a la edad de retiro forzoso, las cuales en todo caso no podrán ser miembros de las corporaciones públicas, empleados o trabajadores de ninguna entidad que cumpla funciones públicas, durante el período de sus funciones. Sus servicios serán remunerados.

Los conjueces tienen los mismos deberes y atribuciones que los Magistrados y estarán sujetos a las mismas responsabilidades de estos.

La elección y el sorteo de los conjueces se harán por la Sala Plena de lo Contencioso Administrativo, por la Sala de lo Contencioso Administrativo en sus diferentes secciones y por la Sala de Consulta y Servicio Civil, según el caso.

Parágrafo. En los Tribunales Administrativos, cuando no pueda obtenerse la mayoría decisoria en sala, por impedimento o recusación de uno de sus Magistrados o por empate entre sus miembros, se llamará por turno a otro de los Magistrados de la respectiva corporación, para que integre la Sala de Decisión, y solo en defecto de estos, de acuerdo con las leyes procesales y el reglamento de la corporación, se sortearán los conjueces necesarios.

Artículo 116. Posesión y duración del cargo de Conjuez. Designado el conjuez, deberá tomar posesión del cargo ante el Presidente de la sala o sección respectiva, por una sola vez, y cuando fuere sorteado bastará la simple comunicación para que asuma sus funciones.

Cuando los Magistrados sean designados conjueces sólo se requerirá la comunicación para que asuman su función de integrar la respectiva sala.

Los conjueces que entren a conocer de un asunto deberán actuar hasta que termine completamente la instancia o recurso, aunque concluya el período para el cual fueron elegidos, pero si se modifica la integración de la sala, los nuevos Magistrados desplazarán a los conjueces, siempre que respecto de aquellos no se les predique causal de impedimento o recusación que dé lugar al nombramiento de estos.

Artículo 117. Comisión para la práctica de pruebas y diligencias. El Consejo de Estado podrá comisionar a los Magistrados Auxiliares, a los Tribunales Administrativos y a los jueces para la práctica de pruebas y de diligencias necesarias para el ejercicio de sus funciones.

Igualmente, podrá comisionar mediante exhorto directamente a los cónsules o a los agentes diplomáticos de Colombia en el país respectivo para que practiquen la diligencia, de conformidad con las leyes nacionales y la devuelvan directamente.

Artículo 118. Labores del Consejo de Estado en vacaciones. El Consejo de Estado deberá actuar, aún en época de vacaciones, por convocatoria del Gobierno Nacional, cuando sea necesario su dictamen, por disposición de la Constitución Política. También podrá el Gobierno convocar a la Sala de Consulta y Servicio Civil, cuando a juicio de aquel las necesidades públicas lo exijan.

Artículo 119. Licencias y permisos. El Consejo de Estado podrá conceder licencia a los Magistrados del Consejo de Estado y de los Tribunales Administrativos para separarse de sus destinos hasta por noventa (90) días en un año y designar los interinos a que haya lugar.

El Presidente del Consejo de Estado o del respectivo tribunal administrativo podrá conceder permiso, hasta por cinco (5) días en cada mes, a los magistrados de la corporación correspondiente.

Artículo 120. Auxiliares de los Magistrados del Consejo de Estado. Cada Magistrado del Consejo de Estado tendrá al menos dos Magistrados auxiliares de su libre nombramiento y remoción.

Artículo 121. Órgano oficial de divulgación del Consejo de Estado. El Consejo de Estado tendrá los medios de divulgación necesarios para realizar la publicidad de sus actuaciones. Para cada vigencia fiscal se deberá incluir en el presupuesto de gastos de la Nación una apropiación especial destinada a ello.

CAPÍTULO III
DE LOS TRIBUNALES ADMINISTRATIVOS

Artículo 122. Jurisdicción. Los Tribunales Administrativos son creados por la Sala Administrativa del Consejo Superior de la Judicatura para el cumplimiento de las funciones que determine la ley procesal en cada distrito judicial administrativo. Tienen el número de Magistrados que determine la Sala Administrativa del Consejo Superior de la Judicatura que, en todo caso, no será menor de tres (3).

Los Tribunales Administrativos ejercerán sus funciones por conducto de la Sala Plena, integrada por la totalidad de los Magistrados; por la Sala de Gobierno, por las salas especializadas y por las demás salas de decisión plurales e impares, de acuerdo con la ley.

Artículo 123. Sala Plena. La Sala Plena de los Tribunales Administrativos ejercerá las siguientes funciones:

1. Elegir los jueces de lo contencioso administrativo de listas que, conforme a las normas sobre carrera judicial le remita la Sala Administrativa del respectivo Consejo Seccional de la Judicatura.

2. Nominar los candidatos que han de integrar las ternas correspondientes a las elecciones de contralor departamental y de contralores distritales y municipales, dentro del mes inmediatamente anterior a la elección.

3. Hacer la evaluación del factor cualitativo de la calificación de servicios de los jueces del respectivo distrito judicial, que servirá de base para la calificación integral.

4. Dirimir los conflictos de competencias que surjan entre las secciones o subsecciones del mismo tribunal y aquellos que se susciten entre dos jueces administrativos del mismo distrito.

5. Las demás que le asigne la ley.

CAPÍTULO IV
DE LOS JUECES ADMINISTRATIVOS

Artículo 124. Régimen. Los juzgados administrativos que de conformidad con las necesidades de la administración de justicia establezca la Sala Administrativa del Consejo Superior de la Judicatura para el cumplimiento de las funciones que prevea la ley procesal en cada circuito o municipio, integran la Jurisdicción de lo Contencioso Administrativo. Sus carac-terísticas, denominación y número serán fijados por esa misma Corporación, de conformidad con lo dispuesto en la Ley Estatutaria de la Administración de Justicia.

CAPÍTULO V
DECISIONES EN LA JURISDICCIÓN DE LO
CONTENCIOSO ADMINISTRATIVO

Artículo 125. De la expedición de providencias[231]. La expedición de las providencias judiciales se sujetará a las siguientes reglas:

1. Corresponderá a los jueces proferir los autos y las sentencias.

2. Las salas, secciones y subsecciones dictarán las sentencias y las siguientes providencias:

a) Las que decidan si se avoca conocimiento o no de un asunto de acuerdo con los numerales 3 y 4 del artículo 111 y con el artículo 271 de este código;

---

[231]   Modificado por Ley 2080 de 2021.

b) Las que resuelvan los impedimentos y recusaciones, de conformidad con los artículos 131 y 132 de este código;

c) Las que resuelvan los recursos de súplica. En este caso, queda excluido el despacho que hubiera proferido el auto recurrido;

d) Las que decreten pruebas de oficio, en el caso previsto en el inciso segundo del artículo 213 de este código;

e) Las que decidan de fondo las solicitudes de extensión de jurisprudencia;

f) En las demandas contra los actos de elección y los de contenido electoral, la decisión de las medidas cautelares será de sala;

g) Las enunciadas en los numerales 1 a 3 y 6 del artículo 243 cuando se profieran en primera instancia o decidan el recurso de apelación contra estas;

h) El que resuelve la apelación del auto que decreta, deniega o modifica una medida cautelar. En primera instancia esta decisión será de ponente.

3. Será competencia del magistrado ponente dictar las demás providencias interlocutorias y de sustanciación en el curso de cualquier instancia, incluida la que resuelva el recurso de queja secciones y subsecciones de decisión con exclusión del Magistrado que hubiere proferido el auto objeto de la súplica.

Artículo 126. Quórum deliberatorio en el Consejo de Estado. El Consejo de Estado en pleno o cualquiera de sus salas, secciones o subsecciones necesitará para deliberar válidamente la asistencia de la mayoría de sus miembros.

Artículo 127. Quórum para elecciones en el Consejo de Estado. El quórum para las elecciones que realice el Consejo de Estado en pleno o cualquiera de sus salas, secciones o subsecciones será el establecido por el reglamento de la Corporación.

Artículo 128. Quórum para otras decisiones en el Consejo de Estado. Toda decisión de carácter jurisdiccional o no, diferente de la indicada en el artículo anterior, que tomen el Consejo de Estado en Pleno o cualquiera de sus salas, secciones, o subsecciones o los Tribunales Administrativos, o cualquiera de sus secciones, requerirá para su deliberación y decisión, de la asistencia y voto favorable de la mayoría de sus miembros.

Si en la votación no se lograre la mayoría absoluta, se repetirá aquella, y si tampoco se obtuviere, se procederá al sorteo de conjuez o conjueces, según el caso, para dirimir el empate o para conseguir tal mayoría.

Es obligación de todos los Magistrados participar en la deliberación y decisión de los asuntos que deban ser fallados por la corporación en pleno y, en su caso, por la sala o sección a la que pertenezcan, salvo cuando medie causa legal de impedimento aceptada por la corporación, enfermedad o calamidad doméstica debidamente comprobadas, u otra razón legal que imponga separación temporal del cargo. El incumplimiento sin justa causa de este deber es causal de mala conducta.

El reglamento interno señalará los días y horas de cada semana en que ella, sus salas y sus secciones celebrarán reuniones para la deliberación y decisión de los asuntos de su competencia.

Cuando quiera que el número de los Magistrados que deban separarse del conocimiento de un asunto por impedimento o recusación o por causal legal de separación del cargo disminuya el quórum decisorio, para completarlo se acudirá a la designación de conjueces.

Artículo 129. Firma de providencias, conceptos, dictámenes, salvamentos de voto y aclaraciones de voto. Las providencias, conceptos o dictámenes del Consejo de Estado, o de sus salas, secciones, subsecciones, o de los Tribunales Administrativos, o de cualquiera de sus secciones, una vez acordados, deberán ser firmados por los miembros de la corporación que hubieran intervenido en su adopción, aún por los que hayan disentido. Al pie de la providencia, concepto o dictamen se dejará constancia de los Magistrados ausentes. Quienes participaron en las deliberaciones, pero no en la votación del proyecto, no tendrán derecho a votarlo.

Los Magistrados discrepantes tendrán derecho a salvar o aclarar el voto. Para ese efecto, una vez firmada y notificada la providencia, concepto o dictamen, el expediente permanecerá en Secretaría por el término común de cinco (5) días. La decisión, concepto o dictamen tendrá la fecha en que se adoptó. El salvamento o aclaración deberá ser firmado por su autor y se agregará al expediente.

Si dentro del término legal el Magistrado discrepante no sustentare el salvamento o la aclaración de voto, sin justa causa, perderá este derecho.

CAPÍTULO VI
IMPEDIMENTOS Y RECUSACIONES

Artículo 130. Causales. Los magistrados y jueces deberán declararse impedidos, o serán recusables, en los casos señalados en el artículo 150 del Código de Procedimiento Civil y, además, en los siguientes eventos:

1. Cuando el juez, su cónyuge, compañero o compañera permanente, o alguno de sus parientes hasta el segundo grado de consanguinidad, segundo de afinidad o único civil, hubieren participado en la expedición del acto enjuiciado, en la formación o celebración del contrato o en la ejecución del hecho u operación administrativa materia de la controversia.

2. Cuando el juez, su cónyuge, compañero o compañera permanente, o alguno de sus parientes hasta el segundo grado de consanguinidad, segundo de afinidad o único civil, hubieren intervenido en condición de árbitro, de parte, de tercero interesado, de apoderado, de testigo, de perito o de agente del Ministerio Público, en el proceso arbitral respecto de cuyo laudo se esté surtiendo el correspondiente recurso de anulación ante la Jurisdicción de lo Contencioso Administrativo.

3. Cuando el cónyuge, compañero o compañera permanente, o alguno de los parientes del juez hasta el segundo grado de consanguinidad, segundo de afinidad o único civil, tengan la condición de servidores públicos en los niveles directivo, asesor o ejecutivo en una de las entidades públicas que concurran al respectivo proceso en calidad de parte o de tercero interesado.

4. Cuando el cónyuge, compañero o compañera permanente, o alguno de los parientes del juez hasta el segundo grado de consanguinidad, segundo de afinidad o único civil, tengan la calidad de asesores o contratistas de alguna de las partes o de los terceros interesados vinculados al proceso, o tengan la condición de representantes legales o socios mayoritarios de una de las sociedades contratistas de alguna de las partes o de los terceros interesados.

Artículo 131. Trámite de los impedimentos[232]. Para el trámite de los impedimentos se observarán las siguientes reglas:

1. El juez administrativo en quien concurra alguna de las causales de que trata el artículo anterior deberá declararse impedido cuando advierta su existencia, expresando los hechos en que se fundamenta, en escrito dirigido al juez que le siga en turno para que resuelva de plano si es o no fundado y, de aceptarla, asumirá el conocimiento del asunto; si no, lo devolverá para que aquel continúe con el trámite. Si se trata de juez único, ordenará remitir el expediente al correspondiente tribunal para que decida si el impedimento es fundado, caso en el cual designará el juez ad hoc que lo reemplace. En caso contrario, devolverá el expediente para que el mismo juez continúe con el asunto.

2. Si el juez en quien concurra la causal de impedimento estima que comprende a todos los jueces administrativos, pasará el expediente al superior expresando los hechos en que se fundamenta. De aceptarse el impedimento, el tribunal designará conjuez para el conocimiento del asunto.

3. Cuando en un Magistrado concurra alguna de las causales señaladas en el artículo anterior, deberá declararse impedido en escrito dirigido al ponente, o a quien le siga en turno si el impedido es este, expresando los hechos en que se fundamenta tan pronto como advierta su existencia, para que la sala, sección o subsección resuelva de plano sobre la legalidad del impedimento. Si lo encuentra fundado, lo aceptará. Cuando se afecte el quórum decisorio, se integrará la nueva sala con los magistrados que integren otras subsecciones o secciones de conformidad con el regla-mento interno.

Sólo se ordenará sorteo de conjuez, cuando lo anterior no fuere suficiente.

4. Si el impedimento comprende a todos los integrantes de la sección o subsección del Consejo de Estado o del tribunal, el expediente se enviará a la sección o subsección que le siga de conformidad con el reglamento, para que decida de plano sobre el impedimento; si lo declara fundado, avocará el conocimiento del proceso. En caso contrario, devolverá el expediente para que la misma sección o subsección continúe el trámite del mismo.

5. Si el impedimento comprende a todo el Tribunal Administrativo, el expediente se enviará a la Sección o Subsección del Consejo de Estado que conoce la materia objeto de controversia, para que decida de plano. Si se declara fundado, devolverá el expediente al tribunal de origen para el sorteo de conjueces, quienes deberán conocer del asunto. En caso contrario, devolverá el expediente al referido tribunal para que continúe su trámite.

6. Si el impedimento comprende a todos los miembros de la Sala Plena de lo Contencioso Administrativo, o de la Sala de Consulta y Servicio Civil del Consejo de Estado, sus integrantes deberán declararse impedidos en forma conjunta o separada, expresando los hechos en que se fundamenta. Declarado el impedimento por la sala respectiva se procederá al sorteo de conjueces quienes de encontrar fundado el impedimento asumirán el conocimiento del asunto.

7. Las decisiones que se profieran durante el trámite de los impedimentos no son susceptibles de recurso alguno.

---

[232] Modificado por Ley 2080 de 2021.

Artículo 132. Trámite de las recusaciones[233]. Para el trámite de las recusaciones se observarán las siguientes reglas:

1. La recusación se propondrá por escrito ante el juez o Magistrado Ponente con expresión de la causal legal y de los hechos en que se fundamente, acompañando las pruebas que se pretendan hacer valer.

2. Cuando el recusado sea un juez administrativo, mediante auto expresará si acepta los hechos y la procedencia de la causal y enviará el expediente al juez que le siga en turno para que resuelva de plano si es o no fundada la recusación; en caso positivo, asumirá el conocimiento del asunto, si lo encuentra infundado, lo devolverá para que aquel continúe el trámite. Si se trata de juez único, remitirá el expediente al correspondiente tribunal para que decida si la recusación es fundada, caso en el cual designará juez ad hoc que lo reemplace; en caso contrario, devolverá el expediente para que el mismo juez continúe el trámite del proceso. Si la recusación comprende a todos los jueces administrativos, el juez recusado pasará el expediente al superior expresando los hechos en que se fundamenta. De aceptarse, el tribunal designará conjuez para el conocimiento del asunto.

3. Cuando el recusado sea un Magistrado, mediante escrito dirigido al ponente, o a quien le siga en turno si el recusado es este, expresará si acepta o no la procedencia de la causal y los hechos en que se fundamenta, para que la sala, sección o subsección resuelva de plano sobre la recusación. Si la encuentra fundada, la aceptará. Cuando se afecte el quórum decisorio, se integrará la nueva sala con los magistrados de otras subsecciones o secciones que indique el reglamento interno. Sólo se ordenará sorteo de conjuez, cuando lo anterior no fuere suficiente.

4. Si la recusación comprende a toda la sección o subsección del Consejo de Estado o del tribunal, se presentará ante los recusados para que manifiesten conjunta o separadamente si aceptan o no la recusación. El expediente se enviará a la sección o subsección que le siga en turno, para que decida de plano sobre la recusación; si la declara fundada, avocará el conocimiento del proceso, en caso contrario, devolverá el expediente para que la misma sección o subsección continúe el trámite del mismo.

5. Si la recusación comprende a todo el Tribunal Administrativo, se presentará ante los recusados para que manifiesten conjunta o separadamente si aceptan o no la recusación. El expediente se enviará a la Sección o Subsección del Consejo de Estado que conoce la materia objeto de controversia, para que decida de plano. Si se declara fundada la recusación, enviará el expediente al tribunal de origen para el sorteo de conjueces, quienes deberán conocer del asunto. En caso contrario, devolverá el expediente al referido tribunal para que continúe su trámite.

6. Cuando la recusación comprenda a todos los miembros de la Sala Plena de lo Contencioso Administrativo o de la Sala de Consulta y Servicio Civil del Consejo de Estado, se presentará a los recusados para que manifiesten en forma conjunta o separada si la aceptan o no. Aceptada la recusación por la sala respectiva, se procederá al sorteo de Conjueces para que asuman el conocimiento del proceso, en caso contrario, la misma sala continuará el trámite del proceso.

---

[233]   Modificado por Ley 2080 de 2021.

7. Las decisiones que se profieran durante el trámite de las recusaciones no son susceptibles de recurso alguno.

En el mismo auto mediante el cual se declare infundada la recusación, si se encontrare que la parte recusante y su apoderado han actuado con temeridad o mala fe, se les condenará solidariamente a pagar una multa en favor del Consejo Superior de la Judicatura de cinco (5) a diez (10) salarios mínimos mensuales legales vigentes, sin perjuicio de la investigación discipli-naria a que hubiere lugar.

La decisión, en cuanto a la multa, será susceptible únicamente de reposición.

CAPÍTULO VII
IMPEDIMENTOS Y RECUSACIONES DE LOS AGENTES DEL MINISTERIO PÚBLICO

Artículo 133. Impedimentos y recusaciones de los agentes del Ministerio Público ante esta jurisdicción. Las causales de recusación y de impedimento previstas en este Código para los Magistrados del Consejo de Estado, Magistrados de los Tribunales y jueces administrativos, también son aplicables a los agentes del Ministerio Público cuando actúen ante la Jurisdicción de lo Contencioso Administrativo.

Artículo 134. Oportunidad y Trámite. El agente del Ministerio Público, en quien concurra algún motivo de impedimento, deberá declararse impedido expresando la causal y los hechos en que se fundamente, mediante escrito dirigido al juez, sala, sección o subsección que esté conociendo del asunto para que decida si se acepta o no el impedimento. En caso positivo, se dispondrá su reemplazo por quien le siga en orden numérico atendiendo a su especialidad. Si se tratare de agente único se solicitará a la Procuraduría General de la Nación, la designación del funcionario que lo reemplace.

La recusación del agente del Ministerio Público se propondrá ante el juez, sala, sección o subsección del tribunal o del Consejo de Estado que conozca del asunto, para que resuelva de plano, previa manifestación del recusado, sobre si acepta o no la causal y los hechos. Si se acepta la recusación, dispondrá su reemplazo por quien le siga en orden numérico atendiendo a su especialidad. Si se tratare de agente único, se solicitará a la Procuraduría General de la Nación la designación del funcionario que lo reemplace.

Parágrafo. Si el Procurador General de la Nación es separado del conocimiento del proceso, por causa de impedimento o recusación, lo reemplazará el Viceprocurador.

TÍTULO III
MEDIOS DE CONTROL

Artículo 135. Nulidad por inconstitucionalidad[234]. Los ciudadanos podrán, en cualquier tiempo, solicitar por sí, o por medio de representante, que se declare la nulidad de los decretos de carácter general dictados por el Gobierno Nacional, cuya revisión no corresponda a la Corte Constitucional en los términos de los artículos 237 y 241 de la Constitución Política, por infracción directa de la Constitución.

---

[234] Artículo declarado EXEQUIBLE por la Corte Constitucional, mediante Sentencia C-400 de 2013.

También podrán pedir la nulidad por inconstitucionalidad de los actos de carácter general que por expresa disposición constitucional sean expedidos por entidades u organismos distintos del Gobierno Nacional.

Parágrafo[235] El Consejo de Estado no estará limitado para proferir su decisión a los cargos formulados en la demanda. En consecuencia, podrá fundar la declaración de nulidad por inconstitucionalidad en la violación de cualquier norma constitucional. Igualmente podrá pronunciarse en la sentencia sobre las normas que, a su juicio, conforman unidad normativa con aquellas otras demandadas que declare nulas por inconstitucionales.

Artículo 136. Control inmediato de legalidad. Las medidas de carácter general que sean dictadas en ejercicio de la función administrativa y como desarrollo de los decretos legislativos durante los Estados de Excepción, tendrán un control inmediato de legalidad, ejercido por la Jurisdicción de lo Contencioso Administrativo en el lugar donde se expidan, si se tratare de entidades territoriales, o del Consejo de Estado si emanaren de autoridades nacionales, de acuerdo con las reglas de competencia establecidas en este Código.

Las autoridades competentes que los expidan enviarán los actos administrativos a la autoridad judicial indicada, dentro de las cuarenta y ocho (48) horas siguientes a su expedición. Si no se efectuare el envío, la autoridad judicial competente aprehenderá de oficio su conocimiento.

Artículo 136A. Control automático de legalidad de fallos con responsabilidad fiscal[236]. Los fallos con responsabilidad fiscal tendrán control automático e integral de legalidad ante la Jurisdicción de lo Contencioso Administrativo, ejercido por salas especiales conformadas por el Consejo de Estado cuando sean expedidos por la Contraloría General de la República o la Auditoría General de la República, o por los Tribunales Administrativos cuando emanen de las contralorías territoriales.

Para el efecto, el fallo con responsabilidad fiscal y el antecedente administrativo que lo contiene, serán remitidos en su integridad a la secretaría del respectivo despacho judicial para su reparto, dentro de los cinco (5) días siguientes a la firmeza del acto definitivo.

Artículo 137. Nulidad. Toda persona podrá solicitar por sí, o por medio de representante, que se declare la nulidad de los actos administrativos de carácter general.

Procederá cuando hayan sido expedidos con infracción de las normas en que deberían fundarse, o sin competencia, o en forma irregular, o con desconocimiento del derecho de audiencia y defensa, o mediante falsa motivación, o con desviación de las atribuciones propias de quien los profirió.

También puede pedirse que se declare la nulidad de las circulares de servicio y de los actos de certificación y registro.

Excepcionalmente podrá pedirse la nulidad de actos administrativos de contenido particular en los siguientes casos:

---

[235]   Parágrafo declarado EXEQUIBLE por la Corte Constitucional, mediante Sentencia C-415 de 2012.

[236]   Agregado por Ley 2080 de 2021.

1. Cuando con la demanda no se persiga o de la sentencia de nulidad que se produjere no se genere el restablecimiento automático de un derecho subjetivo a favor del demandante o de un tercero.

2. Cuando se trate de recuperar bienes de uso público.

3. Cuando los efectos nocivos del acto administrativo afecten en materia grave el orden público, político, económico, social o ecológico.

4. Cuando la ley lo consagre expresamente.

Parágrafo. Si de la demanda se desprendiere que se persigue el restablecimiento automático de un derecho, se tramitará conforme a las reglas del artículo siguiente.

Artículo 138. Nulidad y restablecimiento del derecho. Toda persona que se crea lesionada en un derecho subjetivo amparado en una norma jurídica podrá pedir que se declare la nulidad del acto administrativo particular, expreso o presunto, y se le restablezca el derecho; también podrá solicitar que se le repare el daño. La nulidad procederá por las mismas causales establecidas en el inciso segundo del artículo anterior.

Igualmente podrá pretenderse la nulidad del acto administrativo general y pedirse el restablecimiento del derecho directamente violado por este al particular demandante o la reparación del daño causado a dicho particular por el mismo, siempre y cuando la demanda se presente en tiempo, esto es, dentro de los cuatro (4) meses siguientes a su publicación. Si existe un acto intermedio, de ejecución o cumplimiento del acto general, el término anterior se contará a partir de la notificación de aquel.

Artículo 139. Nulidad electoral. Cualquier persona podrá pedir la nulidad de los actos de elección por voto popular o por cuerpos electorales, así como de los actos de nombramiento que expidan las entidades y autoridades públicas de todo orden. Igualmente podrá pedir la nulidad de los actos de llamamiento para proveer vacantes en las corporaciones públicas.

En elecciones por voto popular, las decisiones adoptadas por las autoridades electorales que resuelvan sobre reclamaciones o irregularidades respecto de la votación o de los escrutinios, deberán demandarse junto con el acto que declara la elección. El demandante deberá precisar en qué etapas o registros electorales se presentan las irregularidades o vicios que inciden en el acto de elección.

En todo caso, las decisiones de naturaleza electoral no serán susceptibles de ser controvertidas mediante la utilización de los mecanismos para proteger los derechos e intereses colectivos regulados en la Ley 472 de 1998.

Artículo 140. Reparación directa.[237] En los términos del artículo 90 de la Constitución Política, la persona interesada podrá demandar directamente la reparación del daño antijurídico producido por la acción u omisión de los agentes del Estado.

De conformidad con el inciso anterior, el Estado responderá, entre otras, cuando la causa del daño sea un hecho, una omisión, una operación administrativa o la ocupación temporal o permanente de inmueble por causa de trabajos públicos o por cualquiera otra causa imputable a una entidad pública o a un particular que haya obrado siguiendo una

---

[237] Artículo declarado Exequible por el cargo examinado, mediante Sentencia de la Corte Constitucional C-644 de 2011.

expresa instrucción de la misma. Las entidades públicas deberán promover la misma pretensión cuando resulten perjudicadas por la actuación de un particular o de otra entidad pública.

En todos los casos en los que en la causación del daño estén involucrados particulares y entidades públicas, en la sentencia se determinará la proporción por la cual debe responder cada una de ellas, teniendo en cuenta la influencia causal del hecho o la omisión en la ocurrencia del daño.

Artículo 141. Controversias contractuales. Cualquiera de las partes de un contrato del Estado podrá pedir que se declare su existencia o su nulidad, que se ordene su revisión, que se declare su incumplimiento, que se declare la nulidad de los actos administrativos contractuales, que se condene al responsable a indemnizar los perjuicios, y que se hagan otras declaraciones y condenas. Así mismo, el interesado podrá solicitar la liquidación judicial del contrato cuando esta no se haya logrado de mutuo acuerdo y la entidad estatal no lo haya liquidado unilateralmente dentro de los dos (2) meses siguientes al vencimiento del plazo convenido para liquidar de mutuo acuerdo o, en su defecto, del término establecido por la ley.

Los actos proferidos antes de la celebración del contrato, con ocasión de la actividad contractual, podrán demandarse en los términos de los artículos 137 y 138 de este Código, según el caso.

El Ministerio Público o un tercero que acredite un interés directo podrán pedir que se declare la nulidad absoluta del contrato. El juez administrativo podrá declararla de oficio cuando esté plenamente demostrada en el proceso, siempre y cuando en él hayan intervenido las partes contratantes o sus causahabientes.

Artículo 142. Repetición. Cuando el Estado haya debido hacer un reconocimiento indemnizatorio con ocasión de una condena, conciliación u otra forma de terminación de conflictos que sean consecuencia de la conducta dolosa o gravemente culposa del servidor o exservidor público o del particular en ejercicio de funciones públicas, la entidad respectiva deberá repetir contra estos por lo pagado.

La pretensión de repetición también podrá intentarse mediante el llamamiento en garantía del servidor o ex servidor público o del particular en ejercicio de funciones públicas, dentro del proceso de responsabilidad contra la entidad pública.

Cuando se ejerza la pretensión autónoma de repetición, el certificado del pagador, tesorero o servidor público que cumpla tales funciones en el cual conste que la entidad realizó el pago será prueba suficiente para iniciar el proceso con pretensión de repetición contra el funcionario responsable del daño.

Artículo 143. Pérdida de Investidura. A solicitud de la Mesa Directiva de la Cámara correspondiente o de cualquier ciudadano y por las causas establecidas en la Constitución, se podrá demandar la pérdida de investidura de congresistas.

Igualmente, la Mesa Directiva de la Asamblea Departamental, del Concejo Municipal, o de la junta administradora local, así como cualquier ciudadano, podrá pedir la pérdida de investidura de diputados, concejales y ediles.

Artículo 144. Protección de los derechos e intereses colectivos[238.] Cualquier persona puede demandar la protección de los derechos e intereses colectivos para lo cual podrá pedir que se adopten las medidas necesarias con el fin de evitar el daño contingente, hacer cesar el peligro, la amenaza, la vulneración o agravio sobre los mismos, o restituir las cosas a su estado anterior cuando fuere posible.

Cuando la vulneración de los derechos e intereses colectivos provenga de la actividad de una entidad pública, podrá demandarse su protección, inclusive cuando la conducta vulnerante sea un acto administrativo o un contrato, sin que, en uno u otro evento, pueda el juez anular el acto o el contrato, sin perjuicio de que pueda adoptar las medidas que sean necesarias para hacer cesar la amenaza o vulneración de los derechos colectivos.

Antes de presentar la demanda para la protección de los derechos e intereses colectivos, el demandante debe solicitar a la autoridad o al particular en ejercicio de funciones administrativas que adopte las medidas necesarias de protección del derecho o interés colectivo amenazado o violado. Si la autoridad no atiende dicha reclamación dentro de los quince (15) días siguientes a la presentación de la solicitud o se niega a ello, podrá acudirse ante el juez. Excepcionalmente, se podrá prescindir de este requisito, cuando exista inminente peligro de ocurrir un perjuicio irremediable en contra de los derechos e intereses colectivos, situación que deberá sustentarse en la demanda.

Artículo 145. Reparación de los perjuicios causados a un grupo. Cualquier persona perteneciente a un número plural o a un conjunto de personas que reúnan condiciones uniformes respecto de una misma causa que les originó perjuicios individuales, puede solicitar en nombre del conjunto la declaratoria de responsabilidad patrimonial del Estado y el reconocimiento y pago de indemnización de los perjuicios causados al grupo, en los términos preceptuados por la norma especial que regula la materia.

Cuando un acto administrativo de carácter particular afecte a veinte (20) o más personas individualmente determinadas, podrá solicitarse su nulidad si es necesaria para determinar la responsabilidad, siempre que algún integrante del grupo hubiere agotado el recurso administrativo obligatorio.

Artículo 146. Cumplimiento de normas con fuerza material de ley o de actos administrativos. Toda persona podrá acudir ante la Jurisdicción de lo Contencioso Administrativo, previa constitución de renuencia, para hacer efectivo el cumplimiento de cualesquiera normas aplicables con fuerza material de ley o actos administrativos.

Artículo 147. Nulidad de las cartas de naturaleza y de las resoluciones de autorización de inscripción. Cualquier persona podrá pedir que se declare la nulidad de cartas de naturaleza y de resoluciones de autorización de inscripción dentro de la oportunidad y por las causales prescritas en los artículos 20 y 21 de la Ley 43 de 1993.

Proferida la sentencia en la que se declare la nulidad del respectivo acto, se notificará legalmente y se remitirá al Ministerio de Relaciones Exteriores dentro de los diez (10) días siguientes a su ejecutoria copia certificada de la misma. Igualmente, si fuere del caso, en la sentencia se ordenará tomar las copias pertinentes y remitirlas a las autoridades competentes para que investiguen las posibles infracciones de carácter penal.

---

[238] Artículo declarado Exequible por los cargos analizados, mediante Sentencia de la Corte Constitucional C-644 de 2011.

Artículo 148. Control por vía de excepción. En los procesos que se adelanten ante la Jurisdicción de lo Contencioso Administrativo, el juez podrá, de oficio o a petición de parte, inaplicar con efectos interpartes los actos administrativos cuando vulneren la Constitución Política o la ley.

La decisión consistente en inaplicar un acto administrativo sólo producirá efectos en relación con el proceso dentro del cual se adopte.

TÍTULO IV
DISTRIBUCIÓN DE LAS COMPETENCIAS
CAPÍTULO I
COMPETENCIA DEL CONSEJO DE ESTADO

Artículo 149. Competencia del Consejo de Estado en única instancia[239]. El Consejo de Estado, en Sala Plena de lo Contencioso Administrativo, por intermedio de sus secciones, subsecciones o salas especiales, con arreglo a la distribución de trabajo que el reglamento disponga, conocerá en única instancia de los siguientes asuntos:

1. De la nulidad de los actos administrativos expedidos por las autoridades del orden nacional, o por las personas o entidades de derecho privado que cumplan funciones administrativas en el mismo orden, salvo que se trate de actos de certificación o registro, respecto de los cuales la competencia está radicada en los tribunales administrativos.

2. De la nulidad del acto electoral que declare los resultados del referendo, el plebiscito y la consulta popular del orden nacional.

3. De la nulidad del acto de elección o llamamiento a ocupar la curul, según el caso, del Presidente y el Vicepresidente de la República, de los Senadores, de los representantes a la Cámara, de los representantes al Parlamento Andino, de los gobernadores, del Alcalde Mayor de Bogotá, de los miembros de la junta directiva o consejo directivo de las entidades públicas del orden nacional, de los entes autónomos del orden nacional y de las comisiones de regulación. Se exceptúan aquellos regulados en el numeral 7, literal a), del artículo 152 de esta ley.

4. De la nulidad de los actos de elección expedidos por el Congreso de la República, sus Cámaras y sus comisiones, la Corte Suprema de Justicia, la Corte Constitucional, el Consejo Superior de la Judicatura, la junta directiva o consejo directivo de los entes autónomos del orden nacional y las comisiones de regulación. Igualmente, de la nulidad del acto de nombramiento del Viceprocurador General de la Nación, del Vicecontralor General de la República, del Vicefiscal General de la Nación y del Vicedefensor del Pueblo.

5. De la nulidad de los actos de nombramiento de los representantes legales de las entidades públicas del orden nacional.

6. De los que se promuevan contra actos administrativos relativos a la nacionalidad y a la ciudadanía.

7. Del recurso de anulación contra laudos arbitrales proferidos en conflictos originados en contratos celebrados por una entidad pública, por las causales y dentro del término prescrito en las normas que rigen la materia. Contra la sentencia que resuelva este recurso, solo procederá el recurso de revisión.

---

[239]   Modificado por Ley 2080 de 2021.

Parágrafo. La Corte Suprema de Justicia conocerá de la nulidad contra los actos de elección y nombramiento efectuados por el Consejo de Estado, y aquellos respecto de los cuales el elegido o nombrado haya sido postulado por esta última corporación.

Artículo 149A. Competencia del Consejo de Estado con garantía de doble con-formi-dad[240]. El Consejo de Estado conocerá de los siguientes asuntos: 1. De la repetición que el Estado ejerza contra el Presidente de la República o quien haga sus veces, el Vicepresidente de la República, congresistas, ministros del despacho, directores de departamento administrativo, Procurador General de la Nación, Contralor General de la República, Fiscal General de la Nación, magistrados de la Corte Suprema de Justicia, de la Corte Constitucional, del Consejo de Estado, del Consejo Superior de la Judicatura, de la Jurisdicción Especial para la Paz, miembros de la Comisión Nacional de Disciplina Judicial, Registrador Nacional del Estado Civil, Auditor General de la República, magistrados de los tribunales superiores de distrito judicial, de los tribunales administrativos, de las comisiones seccionales de disciplina judicial, de los consejos seccionales de la judicatura, del Tribunal Superior Militar, y de los delegados de la Fiscalía General de la Nación o del Ministerio Público ante las autoridades judiciales señaladas en este numeral.

En estos casos, la Sección Tercera, a través de sus subsecciones, conocerá en única instancia. Sin embargo, si la sentencia es condenatoria contra ella será procedente el recurso de apelación, el cual decidirá la Sala Plena de la Sección Tercera, con exclusión de los consejeros que hayan participado en la decisión de primera instancia.

2. De los de nulidad y restablecimiento del derecho en que se controviertan actos administrativos de carácter disciplinario expedidos contra el Vicepresidente de la República o los congresistas, sin importar el tipo de sanción.

En este caso, la Sección Segunda, a través de sus subsecciones, conocerá en única instancia. Sin embargo, si la sentencia declara la legalidad de la sanción disciplinaria contra ella será procedente el recurso de apelación, el cual decidirá la Sala Plena de lo Contencioso Administrativo, con exclusión de los consejeros que hayan participado en la decisión de primera instancia.

Artículo 150. Competencia del Consejo de Estado en segunda instancia y cambio de radicación[241]. El Consejo de Estado, en Sala de lo Contencioso Administrativo, conocerá en segunda instancia de las apelaciones de las sentencias dictadas en primera instancia por los tribunales administrativos y de las apelaciones de autos susceptibles de este medio de impugnación. También conocerá del recurso de queja que se formule contra decisiones de los tribunales, según lo regulado en el artículo 245 de este código.

CAPÍTULO II
COMPETENCIA DE LOS TRIBUNALES ADMINISTRATIVOS

Artículo 151. Competencia de los Tribunales Administrativos en única instancia[242]. Los Tribunales Administrativos conocerán de los siguientes procesos privativamente y en única instancia:

---

[240] Agregado por Ley 2080 de 2021.

[241] Modificado por Ley 2080 de 2021.

[242] Modificado por Ley 2080 de 2021.

1. De los de nulidad y restablecimiento del derecho que carezcan de cuantía y en los cuales se controviertan actos administrativos del orden departamental, distrital o municipal.

2. De los procesos de nulidad y restablecimiento del derecho que carezcan de cuantía, en que se controviertan sanciones disciplinarias administrativas distintas a las que originen retiro temporal o definitivo del servicio, impuestas por las autoridades departamentales.

3. De los de definición de competencias administrativas entre entidades públicas del orden departamental, distrital o municipal o entre cualesquiera de ellas cuando estén comprendidas en el territorio de su jurisdicción.

4. De las observaciones que formula el gobernador del departamento acerca de la constitucionalidad y legalidad de los acuerdos municipales, y sobre las objeciones, por los mismos motivos, a los proyectos de ordenanzas.

5. De las observaciones que los gobernadores formulen a los actos de los alcaldes, por razones de inconstitucionalidad o ilegalidad.

6. De las objeciones que formulen los alcaldes a los proyectos de acuerdos municipales o distritales, por ser contrarios al ordenamiento jurídico superior.

7. Del recurso de insistencia previsto en la parte primera de este Código, cuando la autoridad que profiera o deba proferir la decisión sea del orden nacional o departamental o del Distrito Capital de Bogotá.

8. De la nulidad y restablecimiento del derecho contra los actos de expropiación de que tratan las leyes sobre reforma urbana.

9. De la nulidad del acto de elección de alcaldes y de miembros de corporaciones públicas de municipios con menos de setenta mil (70.000) habitantes que no sean capital de departamento. El número de habitantes se acreditará con la información oficial del Departamento Administrativo Nacional de Estadísticas –DANE–.

La competencia por razón del territorio le corresponderá al tribunal con jurisdicción en el respectivo departamento.

10. De la nulidad de los actos de elección expedidos por las asambleas departamentales y por los concejos municipales en municipios de setenta mil (70.000) habitantes o más que no sean capital de departamento. El número de habitantes se acreditará con la información oficial del Departamento Administrativo Nacional de Estadísticas (DANE);

La competencia por razón del territorio le corresponderá al tribunal con jurisdicción en el respectivo departamento.

11. De la nulidad del acto de elección de miembros de juntas o consejos directivos de entidades públicas del orden departamental, distrital o municipal.

12. De los de nulidad contra el acto de elección de los empleados públicos del orden nacional de los niveles asesor, profesional, técnico y asistencial o el equivalente a cualquiera de estos niveles efectuado por las autoridades del orden nacional, los entes autónomos y las comisiones de regulación.

La competencia por razón del territorio corresponde al tribunal del lugar donde el nombrado preste o deba prestar los servicios.

13. De los de nulidad electoral del acto de elección de los empleados públicos de los niveles asesor, profesional, técnico y asistencial o el equivalente a cualquiera de estos niveles efectuado por las autoridades del orden distrital y departamental.

La competencia por razón del territorio corresponde al tribunal del lugar donde el nombrado preste o deba prestar los servicios.

14. Del control inmediato de legalidad de los actos de carácter general que sean proferidos en ejercicio de la función administrativa durante los Estados de Excepción y como desarrollo de los decretos legislativos que fueren dictados por autoridades territoriales departamentales y municipales, cuya competencia corresponderá al tribunal del lugar donde se expida. Los tribunales administrativos conocerán de los siguientes procesos privativamente y en única instancia:

1. De los de definición de competencias administrativas entre entidades públicas del orden departamental, distrital o municipal, o entre cualquiera de ellas cuando estén comprendidas en el territorio de su jurisdicción.

2. De las observaciones que formulen los gobernadores de los departamentos acerca de la constitucionalidad y legalidad de los acuerdos municipales, y sobre las objeciones a los proyectos de ordenanzas, por los mismos motivos.

3. De las observaciones que los gobernadores formulen a los actos de los alcaldes, por razones de inconstitucionalidad o ilegalidad.

4. De las objeciones que formulen los alcaldes a los proyectos de acuerdos municipales o distritales, por ser contrarios al ordenamiento jurídico superior.

5. Del recurso de insistencia previsto en la parte primera de este código, cuando la autoridad que profiera o deba proferir la decisión sea del orden nacional o departamental, o del Distrito Capital de Bogotá.

6. De los siguientes asuntos relativos a la nulidad electoral:

a) De la nulidad de la elección de los personeros y contralores distritales y municipales de municipios con menos de setenta mil (70.000) habitantes, que no sean capital de departamento;

b) De la nulidad de los actos de elección o llamamiento a ocupar la curul, según el caso, distintos de los de voto popular, y de los de nombramiento, sin pretensión de restablecimiento del derecho, de empleados públicos del nivel directivo, asesor o sus equivalentes de los distritos y de los municipios de menos de setenta mil (70.000) habitantes, que no sean capital de departamento, independientemente de la autoridad nominadora. Igualmente, de los que recaigan en miembros de juntas o consejos directivos de entidades públicas de los órdenes anteriores;

El número de habitantes se acreditará con la última información oficial proyectada del Departamento Administrativo Nacional de Estadística (DANE);

c) De los de nulidad electoral de los empleados públicos de los niveles profesional, técnico y asistencial o equivalente a cualquiera de estos niveles efectuado por las autoridades del orden nacional, departamental, distrital o municipal. La competencia por razón del territorio corresponde al tribunal del lugar donde el nombrado preste o deba prestar los servicios.

7. Del control inmediato de legalidad de los actos de carácter general que sean proferidos en ejercicio de la función administrativa durante, los estados de excepción y como desarrollo de los decretos legislativos que fueren dictados por autoridades territoriales departamentales y municipales. Esta competencia corresponderá al tribunal del lugar donde se expidan.

8. De la ejecución de condenas impuestas o conciliaciones aprobadas en los procesos que haya conocido el respectivo tribunal en única instancia, incluso si la obligación que se persigue surge en el trámite de los recursos extraordinarios. En este caso, la competencia se determina por el factor de conexidad, sin atención a la cuantía

Artículo 152. Competencia de los tribunales administrativos en primera instancia[243]. Los tribunales administrativos conocerán en primera instancia de los siguientes asuntos:

1. De la nulidad de actos administrativos expedidos por funcionarios u organismos del orden departamental, o por las personas o entidades de derecho privado que cumplan funciones administrativas en el mismo orden.

Igualmente, de los de nulidad contra los actos administrativos proferidos por funcionarios u organismos del orden distrital y municipal, relativos a impuestos, tasas, contribuciones y sanciones relacionadas con estos asuntos.

2. De los de nulidad y restablecimiento del derecho en que se controviertan actos administrativos de cualquier autoridad, cuando la cuantía exceda de quinientos (500) salarios mínimos legales mensuales vigentes.

3. De los que se promuevan sobre el monto, distribución o asignación de impuestos, contribuciones y tasas nacionales, departamentales, municipales o distritales, cuando la cuantía sea superior a quinientos (500) salarios mínimos legales mensuales vigentes.

4. De los relativos a los contratos, cualquiera que sea su régimen, en los que sea parte una entidad pública en sus distintos órdenes o un particular en ejercicio de funciones propias del Estado, y de los contratos celebrados por cualquier entidad prestadora de servicios públicos domiciliarios en los cuales se incluyan cláusulas exorbitantes, cuando la cuantía exceda de quinientos (500) salarios mínimos legales mensuales vigentes.

5. De los de reparación directa, inclusive aquellos provenientes de la acción u omisión de los agentes judiciales, cuando la cuantía exceda de mil (1.000) salarios mínimos legales mensuales vigentes.

6. De la ejecución de condenas impuestas o conciliaciones judiciales aprobadas en los procesos que haya conocido el respectivo tribunal en primera instancia, incluso si la obligación que se persigue surge en el trámite de los recursos extraordinarios. Asimismo, conocerá de la ejecución de las obligaciones contenidas en conciliaciones extrajudiciales cuyo trámite de aprobación haya conocido en primera instancia. En los casos señalados en este numeral, la competencia se determina por el factor de conexidad, sin atención a la cuantía.

Igualmente, de los demás procesos ejecutivos cuya cuantía exceda de mil quinientos (1.500) salarios mínimos legales mensuales vigentes.

7. De los siguientes asuntos relativos a la nulidad electoral:

a) De la nulidad del acto de elección o llamamiento a ocupar la curul, según el caso, de los diputados de las asambleas departamentales, de los concejales del Distrito Capital de Bogotá, de los alcaldes municipales y distritales, de los miembros de corporaciones públicas de los municipios y distritos, de los miembros de los consejos superiores de las universidades públicas de cualquier orden, y de miembros de los consejos directivos de

---

[243]   Modificado por Ley 2080 de 2021.

las corporaciones autónomas regionales. Igualmente, de la nulidad de las demás elecciones que se realicen por voto popular, salvo la de jueces de paz y jueces de reconsideración;

b) De la nulidad de la elección de los contralores departamentales, y la de los personeros y contralores distritales y municipales de municipios con setenta mil (70.000) habitantes o más, o de aquellos que sean capital de departamento;

c) De la nulidad de los actos de elección o llamamiento a ocupar curul, según el caso, distintos de los de voto popular, y de los de nombramiento, sin pretensión de restablecimiento del derecho, de empleados públicos del nivel directivo, asesor o sus equivalentes en los órdenes nacional, departamental y distrital, así como de los municipios de setenta mil (70.000) habitantes o más, o que sean capital de departamento, independientemente de la autoridad nominadora. Igualmente, de los que recaigan en miembros de juntas o consejos directivos de entidades públicas de los órdenes anteriores, siempre y cuando la competencia no esté atribuida expresamente al Consejo de Estado;

d) De la nulidad del acto electoral que declare los resultados del referendo o de la consulta popular del orden departamental, distrital o municipal;

e) De la nulidad del acto electoral que declare los resultados de la revocatoria del mandato de gobernadores y alcaldes.

El número de habitantes se acreditará con la última información oficial proyectada del Departamento Administrativo Nacional de Estadística (DANE).

8. De la nulidad de actos administrativos expedidos por los departamentos y las entidades descentralizadas de carácter departamental, que deban someterse para su validez a la aprobación de autoridad superior, o que haya sido dictado en virtud de delegación de funciones hecha por la misma.

9. De la repetición que el Estado ejerza contra los servidores o exservidores públicos y personas privadas que cumplan funciones públicas, incluidos los agentes judiciales, cuando la cuantía exceda de quinientos (500) salarios mínimos legales mensuales vigentes, y siempre que la competencia no esté asignada al Consejo de Estado.

10. De la nulidad contra las resoluciones de adjudicación de baldíos.

11. De los de expropiación de que tratan las leyes agrarias.

12. De los que se promuevan contra los actos de expropiación por vía administrativa.

13. De la pérdida de investidura de diputados, concejales y ediles, de conformidad con el procedimiento establecido en la ley. En estos eventos el fallo se proferirá por la Sala Plena del tribunal.

14. De los relativos a la protección de derechos e intereses colectivos y de cumplimiento, contra las autoridades del orden nacional o las personas privadas que dentro de ese mismo ámbito desempeñen funciones administrativas.

15. Del medio de control de reparación de perjuicios causados a un grupo, cuando la cuantía exceda de mil (1.000) salarios mínimos legales mensuales vigentes. Si el daño proviene de un acto administrativo de carácter particular, cuando la cuantía exceda de quinientos (500) salarios mínimos legales mensuales vigentes.

16. De los relativos a la propiedad industrial, en los casos previstos en la ley.

En este caso, la competencia recaerá exclusivamente en la Sección Primera del Tribunal Administrativo de Cundinamarca.

17. De la nulidad con restablecimiento contra los actos administrativos expedidos por el Instituto Colombiano de Desarrollo Rural (Incoder), la Agencia Nacional de Tierras, o las entidades que hagan sus veces, que inicien las diligencias administrativas de extinción del dominio; clarificación de la propiedad, deslinde y recuperación de baldíos.

18. De la revisión contra los actos de extinción del dominio agrario, o contra las resoluciones que decidan de fondo los procedimientos sobre clarificación, deslinde y recuperación de baldíos.

19. De los relacionados con la declaración administrativa de extinción del dominio o propiedad de inmuebles urbanos y de los muebles de cualquier naturaleza.

20. De la nulidad de actos del Instituto Colombiano de Desarrollo Rural (Incoder), la Agencia Nacional de Tierras, o la entidad que haga sus veces, en los casos previstos en la ley.

21. De la nulidad y restablecimiento del derecho contra los actos de expropiación de que tratan las leyes sobre reforma urbana.

22. De los de nulidad y restablecimiento del derecho que carezcan de cuantía contra actos administrativos expedidos por autoridades del orden nacional o departamental, o por las personas o entidades de derecho privado que cumplan funciones administrativas en el mismo orden.

23. Sin atención a la cuantía, de los de nulidad y restablecimiento del derecho contra actos administrativos de carácter disciplinario que impongan sanciones de destitución e inhabilidad general, separación absoluta del cargo, o suspensión con inhabilidad especial, expedidos contra servidores públicos o particulares que cumplan funciones públicas en cualquier orden, incluso los de elección popular, cuya competencia no esté asignada al Consejo de Estado, de acuerdo con el artículo 149A.

24. De los que se promuevan sobre asuntos petroleros o mineros en que sea parte la Nación o una entidad territorial o descentralizada por servicios.

25. De todos los que se promuevan contra los actos de certificación o registro.

26. De todos los demás de carácter contencioso administrativo que involucren entidades del orden nacional o departamental, o particulares que cumplan funciones administrativas en los mismos órdenes, para los cuales no exista regla especial de competencia.

Artículo 153. Competencia de los tribunales administrativos en segunda instancia. Los tribunales administrativos conocerán en segunda instancia de las apelaciones de las sentencias dictadas en primera instancia por los jueces administrativos y de las apelaciones de autos susceptibles de este medio de impugnación, así como de los recursos de queja cuando no se conceda el de apelación o se conceda en un efecto distinto del que corresponda.

CAPÍTULO III
COMPETENCIA DE LOS JUECES ADMINISTRATIVOS

Artículo 154. Competencia de los jueces administrativos en única instancia. Los juzga-dos administrativos conocerán en única instancia[244]:

1. Del recurso de insistencia previsto en la parte primera de este código, cuando la providencia haya sido proferida por funcionario o autoridad del orden municipal o distrital.

---

[244]   Modificado por Ley 2080 de 2021.

2. De la ejecución de condenas impuestas o conciliaciones judiciales aprobadas en los procesos que haya conocido el respectivo juzgado en única instancia, incluso si la obligación que se persigue surge en el trámite de los recursos extraordinarios. En este caso, la competencia se determina por el factor de conexidad, sin atención a la cuantía.

Artículo 155. Competencia de los jueces administrativos en primera instancia[245]. Los juzgados administrativos conocerán en primera instancia de los siguientes asuntos:

1. De la nulidad contra actos administrativos expedidos por funcionarios u organismos del orden distrital y municipal, o por las personas o entidades de derecho privado que cumplan funciones administrativas en el mismo orden. Se exceptúan los de nulidad contra los actos administrativos relativos a impuestos, tasas, contribuciones y sanciones relacionadas con estos asuntos, cuya competencia está asignada a los tribunales administrativos.

2. De los de nulidad y restablecimiento del derecho de carácter laboral que no provengan de un contrato de trabajo, en los cuales se controviertan actos administrativos de cualquier autoridad, sin atención a su cuantía.

3. De los de nulidad y restablecimiento del derecho contra actos administrativos de cualquier autoridad, cuya cuantía no exceda de quinientos (500) salarios mínimos legales mensuales vigentes.

4. De los procesos que se promuevan sobre el monto, distribución o asignación de impuestos, contribuciones y tasas nacionales, departamentales, municipales o distritales, cuya cuantía no exceda de quinientos (500) salarios mínimos legales mensuales vigentes.

5. De los relativos a los contratos, cualquiera que sea su régimen, en los que sea parte una entidad pública en sus distintos órdenes o un particular en ejercicio de funciones propias del Estado, y de los contratos celebrados por cualquier entidad prestadora de servicios públicos domiciliarios en los cuales se incluyan cláusulas exorbitantes, cuando, la cuantía no exceda de quinientos (500) salarios mínimos legales mensuales vigentes.

6. De los de reparación directa, inclusive aquellos provenientes de la acción u omisión de los agentes judiciales, cuando la cuantía no exceda de mil (1000) salarios mínimos legales mensuales vigentes.

7. De la ejecución de condenas impuestas o conciliaciones judiciales aprobadas en los procesos que haya conocido el respectivo juzgado en primera instancia, incluso si la obligación que se persigue surge en el trámite de los recursos extraordinarios. Asimismo, conocerá de la ejecución de las obligaciones contenidas en conciliaciones extrajudiciales cuyo trámite de aprobación haya conocido en primera instancia. En los casos señalados en este numeral, la competencia se determina por el factor de conexidad, sin atención a la cuantía. Igualmente, de los demás procesos ejecutivos cuando la cuantía no exceda de mil quinientos (1500) salarios mínimos legales mensuales vigentes.

8. De la repetición que el Estado ejerza contra los servidores o exservidores públicos y personas privadas que cumplan funciones públicas, incluidos los agentes judiciales, cuando la cuantía no exceda de quinientos (500) salarios mínimos legales mensuales vigentes, y cuya competencia no estuviera asignada por el factor subjetivo al Consejo de Estado.

---

[245] Modificado por Ley 2080 de 2021.

9. De los asuntos relativos a la nulidad del acto de elección por cuerpos electorales, así como de los actos de nombramiento, sin pretensión de restablecimiento del derecho, cuya competencia no esté asignada al Consejo de Estado o a los tribunales administrativos. Igualmente, conocerán de la nulidad de la elección de los jueces de paz y jueces de reconsideración.

10. De los relativos a la protección de derechos e intereses colectivos y de cumplimiento, contra las autoridades de los niveles departamental, distrital, municipal o local o las personas privadas que dentro de esos mismos ámbitos desempeñen funciones administrativas.

11. Del medio de control de reparación de perjuicios causados a un grupo, cuando la cuantía no exceda de mil (1.000) salarios mínimos legales mensuales vigentes. Si el daño proviene de un acto administrativo de carácter particular, cuando la cuantía no exceda de quinientos (500) salarios mínimos legales mensuales vigentes.

12. La de nulidad del acto de calificación y clasificación de los proponentes, expedida por las Cámaras de Comercio.

13. De los de nulidad de los actos administrativos de los distritos y municipios y de las entidades descentralizadas de carácter distrital o municipal que deban someterse para su validez a la aprobación de autoridad superior, o que hayan sido dictados en virtud de delegación de funciones hecha por la misma.

14. Sin atención a la cuantía, de los procesos de nulidad y restablecimiento del derecho contra actos administrativos de carácter disciplinario que no estén atribuidos a los tribunales o al Consejo de Estado.

15. De los de nulidad y restablecimiento del derecho que carezcan de cuantía contra actos administrativos expedidos por autoridades del orden distrital o municipal, o por las personas o entidades de derecho privado que cumplan funciones administrativas en el mismo orden.

16. De todos los demás de carácter contencioso administrativo que involucren entidades del orden municipal o distrital o particulares que cumplan funciones administrativas en el mismo orden, para los cuales no exista regla especial de competencia.

17. De los demás asuntos que les asignen leyes especiales.

CAPÍTULO IV
DETERMINACIÓN DE COMPETENCIAS

Artículo 156. Competencia por razón del territorio[246]. Para la determinación de la competencia por razón del territorio se observarán las siguientes reglas:

1. En los de nulidad y en los que se promuevan contra los actos de certificación o registro, por el lugar donde se expidió el acto.

2. En los de nulidad y restablecimiento se determinará por el lugar donde se expidió el acto, o por el del domicilio del demandante, siempre y cuando la entidad demandada tenga sede en dicho lugar.

---

[246]   Modificado por Ley 2080 de 2021.

3. En los asuntos de nulidad y restablecimiento del derecho de carácter laboral se determinará por el último lugar donde se prestaron o debieron prestarse los servicios. Cuando se trate de derechos pensionales, se determinará por el domicilio del demandante, siempre y cuando la entidad demandada tenga sede en dicho lugar.

4. En los contractuales y en los ejecutivos originados en contratos estatales o en laudos arbitrales derivados de tales contratos, se determinará por el lugar donde se ejecutó o debió ejecutarse el contrato.

5. En los asuntos agrarios y en los demás relacionados con la expropiación, la extinción del derecho de dominio, la adjudicación de baldíos, la clarificación y el deslinde de la propiedad y otros asuntos similares relacionados directamente con un bien inmueble, por el lugar de ubicación del bien.

6. En los de reparación directa se determinará por el lugar donde se produjeron los hechos, las omisiones o las operaciones administrativas, o por el domicilio o sede principal de la entidad demandada a elección del demandante. Cuando alguno de los demandantes haya sido víctima de desplazamiento forzado de aquel lugar, y así lo acredite, podrá presentar la demanda en su actual domicilio o en la sede principal de la entidad demandada a elección de la parte actora.

7. En los que se promuevan sobre el monto, distribución o asignación de impuestos, tasas y contribuciones nacionales, departamentales, municipales o distritales, se determinará por el lugar donde se presentó o debió presentarse la declaración, en los casos en que esta proceda; en los demás casos, en el lugar donde se practicó la liquidación.

8. En los casos de imposición de sanciones, la competencia se determinará por el lugar donde se realizó el acto o el hecho que dio origen a la sanción.

9. Cuando el acto o hecho se produzca en el exterior, la competencia se fijará por el lugar de la sede principal de la entidad demandada, en Colombia.

10. En los relativos al medio de control de cumplimiento de normas con fuerza material de ley o de actos administrativos, se determinará por el domicilio del accionante.

11. De repetición conocerá el juez o tribunal con competencia en el domicilio del demandado. A falta de determinación del domicilio, conocerá el del último lugar donde se prestó o debió prestarse el servicio.

Parágrafo. Cuando fueren varios los jueces o tribunales competentes para conocer del asunto de acuerdo con las reglas previstas en este artículo, conocerá a prevención el juez o tribunal ante el cual se hubiere presentado primero la demanda.

Artículo 157. Competencia por razón de la cuantía.[247] Para efectos de la competencia, cuando sea del caso, la cuantía se determinará por el valor de la multa impuesta o de los perjuicios causados, según la estimación razonada hecha por el actor en la demanda, sin que en ella pueda considerarse la estimación de los perjuicios inmateriales, salvo que estos últimos sean los únicos que se reclamen.

La cuantía se determinará por el valor de las pretensiones al tiempo de la demanda, que tomará en cuenta los frutos, intereses, multas o perjuicios reclamados como accesorios, causados hasta la presentación de aquella.

---

[247]   Modificado por Ley 2080 de 2021.

Para los efectos aquí contemplados, cuando en la demanda se acumulen varias pretensiones, la cuantía se determinará por el valor de la pretensión mayor.

En el medio de control de nulidad y restablecimiento del derecho, no podrá prescindirse de la estimación razonada de la cuantía, so pretexto de renunciar al restablecimiento.

En asuntos de carácter tributario, la cuantía se establecerá por el valor de la suma discutida por concepto de impuestos, tasas, contribuciones y sanciones.

Parágrafo. Cuando la cuantía esté expresada en salarios mínimos legales mensuales vigentes, se tendrá en cuenta aquel que se encuentre vigente en la fecha de la presentación de la demanda.

Artículo 158. Conflictos de Competencia[248]**.** Los conflictos de competencia entre los tribunales administrativos y entre estos y los jueces administrativos, de diferentes distritos judiciales, serán decididos, de oficio o a petición de parte, por el magistrado ponente del Consejo de Estado conforme al siguiente procedimiento.

Cuando un tribunal o un juez administrativo declaren su incompetencia para conocer de un proceso, por considerar que corresponde a otro tribunal o a un juez administrativo de otro distrito judicial, ordenará remitirlo a este. Si el tribunal o juez que recibe el expediente también se declara incompetente, remitirá el proceso al Consejo de Estado para que decida el conflicto.

Recibido el expediente y efectuado el reparto entre las secciones, según la especialidad, el ponente dispondrá que se dé traslado a las partes por el término común de tres (3) días para que presenten sus alegatos; vencido el traslado, el conflicto se resolverá en un plazo de diez (10) días, mediante auto que ordenará remitir el expediente al competente.

Si el conflicto se presenta entre jueces administrativos de un mismo distrito judicial, este será decidido por el magistrado ponente del tribunal administrativo respectivo, de conformidad con el procedimiento establecido en este artículo.

La falta de competencia no afectará la validez de la actuación cumplida hasta la decisión del conflicto.

TÍTULO V
DEMANDA Y PROCESO CONTENCIOSO ADMINISTRATIVO
CAPÍTULO I
CAPACIDAD, REPRESENTACIÓN Y DERECHO DE POSTULACIÓN

Artículo 159. Capacidad y representación. Las entidades públicas, los particulares que cumplen funciones públicas y los demás sujetos de derecho que de acuerdo con la ley tengan capacidad para comparecer al proceso, podrán obrar como demandantes, demandados o intervinientes en los procesos contencioso administrativos, por medio de sus representantes, debidamente acreditados.

La entidad, órgano u organismo estatal estará representada, para efectos judiciales, por el Ministro, Director de Departamento Administrativo, Superintendente, Registrador Nacional del Estado Civil, Procurador General de la Nación, Contralor General de la

---

[248]   Modificado por Ley 2080 de 2021.

República o Fiscal General de la Nación o por la persona de mayor jerarquía en la entidad que expidió el acto o produjo el hecho.

El Presidente del Senado representa a la Nación en cuanto se relacione con la Rama Legislativa; y el Director Ejecutivo de Administración Judicial la representa en cuanto se relacione con la Rama Judicial, salvo si se trata de procesos en los que deba ser parte la Fiscalía General de la Nación.

En los procesos sobre impuestos, tasas o contribuciones, la representación de las entidades públicas la tendrán el Director General de Impuestos y Aduanas Nacionales en lo de su competencia, o el funcionario que expidió el acto.

En materia contractual, la representación la ejercerá el servidor público de mayor jerarquía de las dependencias a que se refiere el literal b), del numeral 1 del artículo 2° de la Ley 80 de 1993, o la ley que la modifique o sustituya. Cuando el contrato o acto haya sido suscrito directamente por el Presidente de la República en nombre de la Nación, la representación de esta se ejercerá por el Director del Departamento Administrativo de la Presidencia de la República.

Las entidades y órganos que conforman el sector central de las administraciones del nivel territorial están representadas por el respectivo gobernador o alcalde distrital o municipal. En los procesos originados en la actividad de los órganos de control del nivel territorial, la representación judicial corresponderá al respectivo personero o contralor.

Artículo 160. Derecho de postulación. Quienes comparezcan al proceso deberán hacerlo por conducto de abogado inscrito, excepto en los casos en que la ley permita su intervención directa.

Los abogados vinculados a las entidades públicas pueden representarlas en los procesos contenciosos administrativos mediante poder otorgado en la forma ordinaria, o mediante delegación general o particular efectuada en acto administrativo.

CAPÍTULO II

REQUISITOS DE PROCEDIBILIDAD

Artículo 161. Requisitos previos para demandar[249]. La presentación de la demanda se someterá al cumplimiento de requisitos previos en los siguientes casos:

1. Cuando los asuntos sean conciliables, el trámite de la conciliación extrajudicial constituirá requisito de procedibilidad de toda demanda en que se formulen pretensiones relativas a nulidad con restablecimiento del derecho, reparación directa y controversias contractuales.

En los demás asuntos podrá adelantarse la conciliación extrajudicial siempre y cuando no se encuentre expresamente prohibida.

Cuando la Administración demande un acto administrativo que ocurrió por medios ilegales o fraudulentos, no será necesario el procedimiento previo de conciliación1. Cuando los asuntos sean conciliables; el trámite de la conciliación extrajudicial constituirá requisito de procedibilidad de toda demanda en que se formulen pretensiones relativas a nulidad con restablecimiento del derecho, reparación directa y controversias contractuales.

---

[249]   Modificado por Ley 2080 de 2021.

El requisito de procedibilidad será facultativo en los asuntos laborales, pensiona les, en los procesos ejecutivos diferentes a los regulados en la Ley 1551 de 2012, en los procesos en que el demandante pida medidas cautelares de carácter patrimonial, en relación con el medio de control de repetición o cuando quien demande sea una entidad pública. En los demás asuntos podrá adelantarse la conciliación extrajudicial siempre y cuando no se encuentre expresamente prohibida.

Cuando la Administración demande un acto administrativo que ocurrió por medios ilegales o fraudulentos, no será necesario el procedimiento previo de conciliación.

2. Cuando se pretenda la nulidad de un acto administrativo particular deberán haberse ejercido y decidido los recursos que de acuerdo con la ley fueren obligatorios. El silencio negativo en relación con la primera petición permitirá demandar directamente el acto presunto.

Si las autoridades administrativas no hubieran dado oportunidad de interponer los recursos procedentes, no será exigible el requisito al que se refiere este numeral.

3. Cuando se pretenda el cumplimiento de una norma con fuerza material de ley o de un acto administrativo, se requiere la constitución en renuncia de la demandada en los términos del artículo 8° de la Ley 393 de 1997.

4. Cuando se pretenda la protección de derechos e intereses colectivos se deberá efectuar la reclamación prevista en el artículo 144 de este Código.

5. Cuando el Estado pretenda recuperar lo pagado por una condena, conciliación u otra forma de terminación de un conflicto, se requiere que previamente haya realizado dicho pago.

6. Cuando se invoquen como causales de nulidad del acto de elección por voto popular aquellas contenidas en los numerales 3 y 4 del artículo 275 de este Código, es requisito de procedibilidad haber sido sometido por cualquier persona antes de la declaratoria de la elección a examen de la autoridad administrativa electoral correspondiente.

CAPÍTULO III.

REQUISITOS DE LA DEMANDA

Artículo 162. Contenido de la demanda[250]. Toda demanda deberá dirigirse a quien sea competente y contendrá:

1. La designación de las partes y de sus representantes.

2. Lo que se pretenda, expresado con precisión y claridad. Las varias pretensiones se formularán por separado, con observancia de lo dispuesto en este mismo Código para la acumulación de pretensiones.

3. Los hechos y omisiones que sirvan de fundamento a las pretensiones, debidamente determinados, clasificados y numerados.

4. Los fundamentos de derecho de las pretensiones. Cuando se trate de la impugnación de un acto administrativo deberán indicarse las normas violadas y explicarse el concepto de su violación.

5. La petición de las pruebas que el demandante pretende hacer valer. En todo caso, este deberá aportar todas las documentales que se encuentren en su poder.

---

[250]   Modificado por Ley 2080 de 2021.

6. La estimación razonada de la cuantía, cuando sea necesaria para determinar la competencia.

7. El lugar y dirección donde las partes y el apoderado de quien demanda recibirán las notificaciones personales. Para tal efecto, deberán indicar también su canal digital.

8. El demandante, al presentar la demanda, simultáneamente deberá enviar por medio electrónico copia de ella y de sus anexos a los demandados, salvo cuando se soliciten medidas cautelares previas o se desconozca el lugar donde recibirá notificaciones el demandado. Del mismo modo debe proceder el demandante cuando al inadmitirse la demanda presente el escrito de subsanación. El secretario velará por el cumplimiento de este deber, sin cuya acreditación se inadmitirá la demanda. De no conocerse el canal digital de la parte demandada, se acreditará con la demanda el envío físico de la misma con sus anexos.

En caso de que el demandante haya remitido copia de la demanda con todos sus anexos al demandado, al admitirse la demanda, la notificación personal se limitará al envío del auto admisorio al demandado.

Artículo 163. Individualización de las pretensiones. Cuando se pretenda la nulidad de un acto administrativo este se debe individualizar con toda precisión. Si el acto fue objeto de recursos ante la administración se entenderán demandados los actos que los resolvieron.

Cuando se pretendan declaraciones o condenas diferentes de la declaración de nulidad de un acto, deberán enunciarse clara y separadamente en la demanda.

Artículo 164. Oportunidad para presentar la demanda. La demanda deberá ser presentada:

1. En cualquier tiempo, cuando:

a) Se pretenda la nulidad en los términos del artículo 137 de este Código;

b) El objeto del litigio lo constituyan bienes estatales imprescriptibles e inenajenables;

c) Se dirija contra actos que reconozcan o nieguen total o parcialmente prestaciones periódicas. Sin embargo, no habrá lugar a recuperar las prestaciones pagadas a particulares de buena fe;

d) Se dirija contra actos producto del silencio administrativo;

e) Se solicite el cumplimiento de una norma con fuerza material de ley o de un acto administrativo, siempre que este último no haya perdido fuerza ejecutoria;

f) En los demás casos expresamente establecidos en la ley.

2. En los siguientes términos, so pena de que opere la caducidad:

a) Cuando se pretenda la nulidad de un acto administrativo electoral, el término será de treinta (30) días. Si la elección se declara en audiencia pública el término se contará a partir del día siguiente; en los demás casos de elección y en los de nombramientos se cuenta a partir del día siguiente al de su publicación efectuada en la forma prevista en el inciso 1° del artículo 65 de este Código.

En las elecciones o nombramientos que requieren confirmación, el término para demandar se contará a partir del día siguiente a la confirmación;

b) Cuando se pretenda la nulidad de las cartas de naturaleza y de las resoluciones de autorización de inscripción de nacionales, el término será de diez (10) años contados a partir de la fecha de su expedición;

c) Cuando se pretenda la nulidad o la nulidad y restablecimiento del derecho de los actos previos a la celebración del contrato, el término será de cuatro (4) meses contados a partir del día siguiente a su comunicación, notificación, ejecución o publicación, según el caso;

d) Cuando se pretenda la nulidad y restablecimiento del derecho, la demanda deberá presentarse dentro del término de cuatro (4) meses contados a partir del día siguiente al de la comunicación, notificación, ejecución o publicación del acto administrativo, según el caso, salvo las excepciones establecidas en otras disposiciones legales;

e) Cuando se pretenda la nulidad y la nulidad y restablecimiento del derecho de los actos administrativos de adjudicación de baldíos proferidos por la autoridad agraria correspondiente, la demanda deberá presentarse en el término de dos (2) años, siguientes a su ejecutoria o desde su publicación en el Diario Oficial, según el caso. Para los terceros, el término para demandar se contará a partir del día siguiente de la inscripción del acto en la respectiva Oficina de Instrumentos Públicos;

f) Cuando se pretenda la revisión de los actos de extinción del dominio agrario o la de los que decidan de fondo los procedimientos de clarificación, deslinde y recuperación de los baldíos, la demanda deberá interponerse dentro del término de quince (15) días siguientes al de su ejecutoria. Para los terceros, el término de caducidad será de treinta (30) días y se contará a partir del día siguiente al de la inscripción del acto en la correspondiente Oficina de Instrumentos Públicos;

g) Cuando se pretenda la expropiación de un inmueble agrario, la demanda deberá presentarse por parte de la autoridad competente dentro de los dos (2) meses, contados a partir del día siguiente al de la ejecutoria del acto administrativo que ordene adelantar dicha actuación;

h) Cuando se pretenda la declaratoria de responsabilidad y el reconocimiento y pago de indemnización de los perjuicios causados a un grupo, la demanda deberá promoverse dentro de los dos (2) años siguientes a la fecha en que se causó el daño. Sin embargo, si el daño causado al grupo proviene de un acto administrativo y se pretende la nulidad del mismo, la demanda con tal solicitud deberá presentarse dentro del término de cuatro (4) meses contados a partir del día siguiente al de la comunicación, notificación, ejecución o publicación del acto administrativo;

i) Cuando se pretenda la reparación directa, la demanda deberá presentarse dentro del término de dos (2) años, contados a partir del día siguiente al de la ocurrencia de la acción u omisión causante del daño, o de cuando el demandante tuvo o debió tener conocimiento del mismo si fue en fecha posterior y siempre que pruebe la imposibilidad de haberlo conocido en la fecha de su ocurrencia.

Sin embargo, el término para formular la pretensión de reparación directa derivada del delito de desaparición forzada se contará a partir de la fecha en que aparezca la víctima o en su defecto desde la ejecutoria del fallo definitivo adoptado en el proceso penal, sin perjuicio de que la demanda con tal pretensión pueda intentarse desde el momento en que ocurrieron los hechos que dieron lugar a la desaparición;

j) En las relativas a contratos el término para demandar será de dos (2) años que se contarán a partir del día siguiente a la ocurrencia de los motivos de hecho o de derecho que les sirvan de fundamento.

Cuando se pretenda la nulidad absoluta o relativa del contrato, el término para demandar será de dos (2) años que se empezarán a contar desde el día siguiente al de su perfeccionamiento. En todo caso, podrá demandarse la nulidad absoluta del contrato mientras este se encuentre vigente.

En los siguientes contratos, el término de dos (2) años se contará así:

i) En los de ejecución instantánea desde el día siguiente a cuando se cumplió o debió cumplirse el objeto del contrato;

ii) En los que no requieran de liquidación, desde el día siguiente al de la terminación del contrato por cualquier causa;

iii) En los que requieran de liquidación y esta sea efectuada de común acuerdo por las partes, desde el día siguiente al de la firma del acta;

iv) En los que requieran de liquidación y esta sea efectuada unilateralmente por la administración, desde el día siguiente al de la ejecutoria del acto administrativo que la apruebe;

v) En los que requieran de liquidación y esta no se logre por mutuo acuerdo o no se practique por la administración unilateralmente, una vez cumplido el término de dos (2) meses contados a partir del vencimiento del plazo convenido para hacerlo bilateralmente o, en su defecto, del término de los cuatro (4) meses siguientes a la terminación del contrato o la expedición del acto que lo ordene o del acuerdo que la disponga;

k) Cuando se pretenda la ejecución con títulos derivados del contrato, de decisiones judiciales proferidas por la Jurisdicción de lo Contencioso Administrativo en cualquier materia y de laudos arbitrales contractuales estatales, el término para solicitar su ejecución será de cinco (5) años contados a partir de la exigibilidad de la obligación en ellos contenida;

l) Cuando se pretenda repetir para recuperar lo pagado como consecuencia de una condena, conciliación u otra forma de terminación de un conflicto, el término será de dos (2) años, contados a partir del día siguiente de la fecha del pago, o, a más tardar desde el vencimiento del plazo con que cuenta la administración para el pago de condenas de conformidad con lo previsto en este Código.

Artículo 165. Acumulación de pretensiones. En la demanda se podrán acumular pretensiones de nulidad, de nulidad y de restablecimiento del derecho, relativas a contratos y de reparación directa, siempre que sean conexas y concurran los siguientes requisitos:

1. Que el juez sea competente para conocer de todas. No obstante, cuando se acumulen pretensiones de nulidad con cualesquiera otras, será competente para conocer de ellas el juez de la nulidad. Cuando en la demanda se afirme que el daño ha sido causado por la acción u omisión de un agente estatal y de un particular, podrán acumularse tales pretensiones y la Jurisdicción Contencioso Administrativa será competente para su conocimiento y resolución.

2. Que las pretensiones no se excluyan entre sí, salvo que se propongan como principales y subsidiarias.

3. Que no haya operado la caducidad respecto de alguna de ellas.

4. Que todas deban tramitarse por el mismo procedimiento.

Artículo 166. Anexos de la demanda. A la demanda deberá acompañarse:

1. Copia del acto acusado, con las constancias de su publicación, comunicación, notificación o ejecución, según el caso. Si se alega el silencio administrativo, las pruebas que lo demuestren, y si la pretensión es de repetición, la prueba del pago total de la obligación.

Cuando el acto no ha sido publicado o se deniega la copia o la certificación sobre su publicación, se expresará así en la demanda bajo juramento que se considerará prestado por la presentación de la misma, con la indicación de la oficina donde se encuentre el original o el periódico, gaceta o boletín en que se hubiere publicado de acuerdo con la ley, a fin de que se solicite por el Juez o Magistrado Ponente antes de la admisión de la demanda. Igualmente, se podrá indicar que el acto demandado se encuentra en el sitio web de la respectiva entidad para todos los fines legales.

2. Los documentos y pruebas anticipadas que se pretenda hacer valer y que se encuentren en poder del demandante, así como los dictámenes periciales necesarios para probar su derecho.

3. El documento idóneo que acredite el carácter con que el actor se presenta al proceso, cuando tenga la representación de otra persona, o cuando el derecho que reclama proviene de haberlo otro transmitido a cualquier título.

4. La prueba de la existencia y representación en el caso de las personas jurídicas de derecho privado. Cuando se trate de personas de derecho público que intervengan en el proceso, la prueba de su existencia y representación, salvo en relación con la Nación, los departamentos y los municipios y las demás entidades creadas por la Constitución y la ley.

5. Copias de la demanda y de sus anexos para la notificación a las partes y al Ministerio Público.

Artículo 167. Normas jurídicas de alcance no nacional. Si el demandante invoca como violadas normas que no tengan alcance nacional, deberá acompañarlas en copia del texto que las contenga.

Con todo, no será necesario acompañar su copia, en el caso de que las normas de carácter local que se señalen infringidas se encuentren en el sitio web de la respectiva entidad, circunstancia que deberá ser manifestada en la demanda con indicación del sitio de internet correspondiente.

CAPÍTULO IV
TRÁMITE DE LA DEMANDA

Artículo 168. Falta de jurisdicción o de competencia. En caso de falta de jurisdicción o de competencia, mediante decisión motivada el Juez ordenará remitir el expediente al competente, en caso de que existiere, a la mayor brevedad posible. Para todos los efectos legales se tendrá en cuenta la presentación inicial hecha ante la corporación o juzgado que ordena la remisión.

Artículo 169. Rechazo de la demanda. Se rechazará la demanda y se ordenará la devolución de los anexos en los siguientes casos:

1. Cuando hubiere operado la caducidad.

2. Cuando habiendo sido inadmitida no se hubiere corregido la demanda dentro de la oportunidad legalmente establecida.

3. Cuando el asunto no sea susceptible de control judicial.

Artículo 170. Inadmisión de la demanda. Se inadmitirá la demanda que carezca de los requisitos señalados en la ley por auto susceptible de reposición, en el que se expondrán sus defectos, para que el demandante los corrija en el plazo de diez (10) días. Si no lo hiciere se rechazará la demanda.

Artículo 171. Admisión de la demanda. El juez admitirá la demanda que reúna los requisitos legales y le dará el trámite que le corresponda, aunque el demandante haya indicado una vía procesal inadecuada, mediante auto en el que dispondrá:

1. Que se notifique personalmente a la parte demandada y por Estado al actor.

2. Que se notifique personalmente al Ministerio Público.

3. Que se notifique personalmente a los sujetos que, según la demanda o las actuaciones acusadas, tengan interés directo en el resultado del proceso.

4. Que el demandante deposite, en el término que al efecto se le señale, la suma que los reglamentos establezcan para pagar los gastos ordinarios del proceso, cuando hubiere lugar a ellos. El remanente, si existiere, se devolverá al interesado, cuando el proceso finalice. En las acciones cuya pretensión sea exclusivamente la nulidad del acto demandado no habrá lugar al pago de gastos ordinarios del proceso.

5. Que cuando se demande la nulidad de un acto administrativo en que pueda estar interesada la comunidad, se informe a esta de la existencia del proceso a través del sitio web de la Jurisdicción de lo Contencioso Administrativo. Lo anterior, sin perjuicio de que el juez, cuando lo estime necesario, disponga simultáneamente la divulgación a través de otros medios de comunicación, teniendo en cuenta el alcance o ámbito de aplicación del acto demandado.

Parágrafo transitorio. Mientras entra en funcionamiento o se habilita el sitio web de que trata el numeral 5 del presente artículo, el juez dispondrá de la publicación en el sitio web del Consejo de Estado o en otro medio de comunicación eficaz.

Artículo 172. Traslado de la demanda. De la demanda se correrá traslado al demandado, al Ministerio Público y a los sujetos que, según la demanda o las actuaciones acusadas, tengan interés directo en el resultado del proceso, por el término de treinta (30) días, plazo que comenzará a correr de conformidad con lo previsto en los artículos 199 y 200 de este Código y dentro del cual deberán contestar la demanda, proponer excepciones, solicitar pruebas, llamar en garantía, y en su caso, presentar demanda de reconvención.

Artículo 173. Reforma de la demanda. El demandante podrá adicionar, aclarar o modificar la demanda, por una sola vez, conforme a las siguientes reglas:

1. La reforma podrá proponerse hasta el vencimiento de los diez (10) días siguientes al traslado de la demanda. De la admisión de la reforma se correrá traslado mediante notificación por estado y por la mitad del término inicial. Sin embargo, si se llama a nuevas personas al proceso, de la admisión de la demanda y de su reforma se les notificará personalmente y se les correrá traslado por el término inicial.

2. La reforma de la demanda podrá referirse a las partes, las pretensiones, los hechos en que estas se fundamentan o a las pruebas.

3. No podrá sustituirse la totalidad de las personas demandantes o demandadas ni todas las pretensiones de la demanda. Frente a nuevas pretensiones deberán cumplirse los requisitos de procedibilidad.

La reforma podrá integrarse en un solo documento con la demanda inicial. Igualmente, el juez podrá disponer que el demandante la integre en un solo documento con la demanda inicial.

Artículo 174. Retiro de la demanda[251]. El demandante podrá retirar la demanda siempre que no se hubiere notificado a ninguno de los demandados ni al Ministerio Público.

Si hubiere medidas cautelares practicadas, procederá el retiro, pero será necesario auto que lo autorice. En este se ordenará el levantamiento de aquellas y se condenará al demandante al pago de perjuicios, salvo acuerdo de las partes. El trámite del incidente para la regulación de tales perjuicios se sujetará a lo previsto en el artículo 193 de este código, y no impedirá el retiro de la demanda.

Artículo 175. Contestación de la demanda[252]. Durante el término de traslado, el demandado tendrá la facultad de contestar la demanda mediante escrito, que contendrá:

1. El nombre del demandado, su domicilio y el de su representante o apoderado, en caso de no comparecer por sí mismo.

2. Un pronunciamiento sobre las pretensiones y los hechos de la demanda.

3. Las excepciones.

4. La relación de las pruebas que se acompañen y la petición de aquellas cuya práctica se solicite. En todo caso, el demandado deberá aportar con la contestación de la demanda todas las pruebas que tenga en su poder y que pretenda hacer valer en el proceso.

5. Los dictámenes periciales que considere necesarios para oponerse a las pretensiones de la demanda. Si la parte demandada decide aportar la prueba pericial con la contestación de la demanda, deberá manifestarlo al juez dentro del plazo inicial del traslado de la misma establecido en el artículo 172 de este Código, caso en el cual se ampliará hasta por treinta (30) días más, contados a partir del vencimiento del término inicial para contestar la demanda. En este último evento de no adjuntar el dictamen con la contestación, se entenderá que esta fue presentada en forma extemporánea.

6. La fundamentación fáctica y jurídica de la defensa.

7. El lugar donde el demandado, su representante o apoderado recibirán las notificaciones personales y las comunicaciones procesales. Para tal efecto, deberán indicar también su canal digital.

Parágrafo 1°. Durante el término para dar respuesta a la demanda, la entidad pública demandada o el particular que ejerza funciones administrativas demandado deberá allegar el expediente administrativo que contenga los antecedentes de la actuación objeto del proceso y que se encuentren en su poder.

Cuando se trate de demandas por responsabilidad médica, con la contestación de la demanda se deberá adjuntar copia íntegra y auténtica de la historia clínica pertinente, a la

---

[251]   Modificado por Ley 2080 de 2021.
[252]   Modificado por Ley 2080 de 2021.

cual se agregará la transcripción completa y clara de la misma, debidamente certificada y firmada por el médico que haga la transcripción.

La inobservancia de estos deberes constituye falta disciplinaria gravísima del funcionario encargado del asunto.

Parágrafo 2°. De las excepciones presentadas se correrá traslado en la forma prevista en el artículo 201A por el término de tres (3) días. En este término, la parte demandante podrá pronunciarse sobre las excepciones previas y, si fuere el caso, subsanar los defectos anotados en ellas. En relación con las demás excepciones podrá también solicitar pruebas.

Las excepciones previas se formularán y decidirán según lo regulado en los artículos 100, 101 y 102 del Código General del Proceso. Cuando se requiera la práctica de pruebas a que se refiere el inciso segundo del artículo 101 del citado código, el juez o magistrado ponente las decretará en el auto que cita a la audiencia inicial, y en el curso de esta las practicará. Allí mismo, resolverá las excepciones previas que requirieron pruebas y estén pendientes de decisión.

Antes de la audiencia inicial, en la misma oportunidad para decidir las excepciones previas, se declarará la terminación del proceso cuando se advierta el incumplimiento de requisitos de procedibilidad.

Las excepciones de cosa juzgada, caducidad, transacción, conciliación, falta manifiesta de legitimación en la causa y prescripción extintiva, se declararán fundadas mediante sentencia anticipada, en los términos previstos en el numeral tercero del artículo 182A.

Parágrafo 3°. Cuando se aporte el dictamen pericial con la contestación de la demanda, quedará a disposición del demandante por secretaría, sin necesidad de auto que lo ordene.

Artículo 176. Allanamiento a la demanda y transacción. Cuando la pretensión comprenda aspectos que por su naturaleza son conciliables, para allanarse a la demanda la Nación requerirá autorización del Gobierno Nacional y las demás entidades públicas requerirán previa autorización expresa y escrita del Ministro, Jefe de Departamento Administrativo, Gobernador o Alcalde o de la autoridad que las represente o a cuyo Despacho estén vinculadas o adscritas. En los casos de órganos u organismos autónomos e independientes, tal autorización deberá expedirla el servidor de mayor jerarquía en la entidad.

En el evento de allanamiento se dictará inmediatamente sentencia. Sin embargo, el juez podrá rechazar el allanamiento y decretar pruebas de oficio cuando advierta fraude o colusión o lo pida un tercero que intervenga en el proceso.

Con las mismas formalidades anteriores podrá terminar el proceso por transacción.

Artículo 177. Reconvención. Dentro del término de traslado de la admisión de la demanda o de su reforma, el demandado podrá proponer la de reconvención contra uno o varios de los demandantes, siempre que sea de competencia del mismo juez y no esté sometida a trámite especial. Sin embargo, se podrá reconvenir sin consideración a la cuantía y al factor territorial.

Vencido el término del traslado de la demanda inicial a todos los demandados, se correrá traslado de la admisión de la demanda de reconvención al demandante por el mismo término de la inicial, mediante notificación por estado.

En lo sucesivo ambas demandas se sustanciarán conjuntamente y se decidirán en la misma sentencia.

Artículo 178. Desistimiento tácito. Transcurrido un plazo de treinta (30) días sin que se hubiese realizado el acto necesario para continuar el trámite de la demanda, del incidente o de cualquier otra actuación que se promueva a instancia de parte, el Juez ordenará a la parte interesada mediante auto que lo cumpla dentro de los quince (15) días siguientes.

Vencido este último término sin que el demandante o quien promovió el trámite respectivo haya cumplido la carga o realizado el acto ordenado, quedará sin efectos la demanda o la solicitud, según el caso, y el juez dispondrá la terminación del proceso o de la actuación correspondiente, condenará en costas y perjuicios siempre que como consecuencia de la aplicación de esta disposición haya lugar al levantamiento de medidas cautelares.

El auto que ordena cumplir la carga o realizar el acto y el que tiene por desistida la demanda o la actuación, se notificará por estado.

Decretado el desistimiento tácito, la demanda podrá presentarse por segunda vez, siempre que no haya operado la caducidad.

CAPÍTULO V
ETAPAS DEL PROCESO Y COMPETENCIAS PARA SU INSTRUCCIÓN

Artículo 179. Etapas[253]. El proceso para adelantar y decidir todos los litigios respecto de los cuales este Código u otras leyes no señalen un trámite o procedimiento especial, en primera y en única instancia, se desarrollará en las siguientes etapas:

1. La primera, desde la presentación de la demanda hasta la audiencia inicial.

2. La segunda, desde la finalización de la anterior hasta la culminación de la audiencia de pruebas, y

3. La tercera, desde la terminación de la anterior, hasta la notificación de la sentencia. Esta etapa comprende la audiencia de alegaciones y juzgamiento.

Cuando se trate de asuntos de puro derecho o no fuere necesario practicar pruebas, el juez prescindirá de la audiencia de pruebas y podrá dictar la sentencia oral dentro de la audiencia inicial, dando previamente a las partes la posibilidad de presentar alegatos de conclusión.

También podrá dictar sentencia oral, en los casos señalados, en las demás audiencias, previa alegación de las partes.

Lo anterior, sin perjuicio de lo indicado en el artículo 182A sobre sentencia anticipada. Cuando se profiera sentencia oral, en la respectiva acta se consignará su parte resolutiva.

Artículo 180. Audiencia inicial[254]. Vencido el término de traslado de la demanda o de la de reconvención según el caso, el Juez o Magistrado Ponente, convocará a una audiencia que se sujetará a las siguientes reglas:

---

[253]   Modificado por Ley 2080 de 2021.
[254]   Modificado por Ley 2080 de 2021.

1. Oportunidad. La audiencia se llevará a cabo bajo la dirección del Juez o Magistrado Ponente dentro del mes siguiente al vencimiento del término de traslado de la demanda o del de su prórroga o del de la de reconvención o del de la contestación de las excepciones o del de la contestación de la demanda de reconvención, según el caso. El auto que señale fecha y hora para la audiencia se notificará por estado y no será susceptible de recursos.

2. Intervinientes. Todos los apoderados deberán concurrir obligatoriamente. También podrán asistir las partes, los terceros y el Ministerio Público.

La inasistencia de quienes deban concurrir no impedirá la realización de la audiencia, salvo su aplazamiento por decisión del Juez o Magistrado Ponente.

3. Aplazamiento. La inasistencia a esta audiencia solo podrá excusarse mediante prueba siquiera sumaria de una justa causa.

Cuando se presente la excusa con anterioridad a la audiencia y el juez la acepte, fijará nueva fecha y hora para su celebración dentro de los diez (10) días siguientes, por auto que no tendrá recursos. En ningún caso podrá haber otro aplazamiento.

El juez podrá admitir aquellas justificaciones que se presenten dentro de los tres (3) días siguientes a la realización de la audiencia siempre que se fundamenten en fuerza mayor o caso fortuito y solo tendrán el efecto de exonerar de las consecuencias pecuniarias adversas que se hubieren derivado de la inasistencia.

En este caso, el juez resolverá sobre la justificación mediante auto que se dictará dentro de los tres (3) días siguientes a su presentación y que será susceptible del recurso de reposición. Si la acepta, adoptará las medidas pertinentes.

4. Consecuencias de la inasistencia. Al apoderado que no concurra a la audiencia sin justa causa se le impondrá multa de dos (2) salarios mínimos legales mensuales vigentes.

5. Saneamiento. El juez deberá decidir, de oficio o a petición de parte, sobre los vicios que se hayan presentado y adoptará las medidas de saneamiento necesarias para evitar sentencias inhibitorias.

6. Decisión de excepciones previas pendientes de resolver. El juez o magistrado ponente practicará las pruebas decretadas en el auto de citación a audiencia y decidirá las excepciones previas pendientes de resolver.

7. Fijación del litigio. Una vez resueltos todos los puntos relativos a las excepciones, el juez indagará a las partes sobre los hechos en los que están de acuerdo, y los demás extremos de la demanda o de su reforma, de la contestación o de la de reconvención, si a ello hubiere lugar, y con fundamento en la respuesta procederá a la fijación de litigio.

8. Posibilidad de conciliación. En cualquier fase de la audiencia el juez podrá invitar a las partes a conciliar sus diferencias, caso en el cual deberá proponer fórmulas de arreglo, sin que ello signifique prejuzgamiento.

No se suspenderá la audiencia en caso de no ser aportada la certificación o el acta del comité de conciliación.

9. Medidas cautelares. En esta audiencia el juez o magistrado ponente se pronunciará sobre la petición de medidas cautelares en el caso de que esta no hubiere sido decidida.

En los procesos de nulidad electoral la competencia será del juez, sala, subsección o sección.

Parágrafo 1. Las decisiones que se profieran en el curso de la audiencia inicial pueden ser recurridas conforme a lo previsto en los artículos 242, 243, 245 y 246 de este código, según el caso.

Parágrafo 2. Las audiencias relativas a procesos donde exista similar discusión jurídica podrán tramitarse de manera concomitante y concentrada.

10. Decreto de pruebas. Solo se decretarán las pruebas pedidas por las partes y los terceros, siempre y cuando sean necesarias para demostrar los hechos sobre los cuales exista disconformidad, en tanto no esté prohibida su demostración por confesión o las de oficio que el Juez o Magistrado Ponente considere indispensables para el esclarecimiento de la verdad.

En todo caso, el juez, antes de finalizar la audiencia, fijará fecha y hora para la audiencia de pruebas, la cual se llevará a cabo dentro de los cuarenta (40) días siguientes.

Artículo 181. Audiencia de pruebas. En la fecha y hora señaladas para el efecto y con la dirección del Juez o Magistrado Ponente, se recaudarán todas las pruebas oportunamente solicitadas y decretadas. La audiencia se realizará sin interrupción durante los días consecutivos que sean necesarios, sin que la duración de esta pueda exceder de quince (15) días.

Las pruebas se practicarán en la misma audiencia, la cual excepcionalmente se podrá suspender en los siguientes casos:

1. En el evento de que sea necesario dar traslado de la prueba, de su objeción o de su tacha, por el término fijado por la ley.

2. A criterio del juez y cuando atendiendo la complejidad lo considere necesario.

En esta misma audiencia el juez y al momento de finalizarla, señalará fecha y hora para la audiencia de alegaciones y juzgamiento, que deberá llevarse a cabo en un término no mayor a veinte (20) días, sin perjuicio de que por considerarla innecesaria ordene la presentación por escrito de los alegatos dentro de los diez (10) días siguientes, caso en el cual dictará sentencia en el término de veinte (20) días siguientes al vencimiento de aquel concedido para presentar alegatos. En las mismas oportunidades señaladas para alegar podrá el Ministerio Público presentar el concepto si a bien lo tiene.

Artículo 182. Audiencia de alegaciones y juzgamiento. Sin perjuicio de lo dispuesto en el inciso final del artículo anterior, esta audiencia deberá realizarse ante el juez, sala, sección o subsección correspondiente y en ella se observarán las siguientes reglas:

1. En la fecha y hora señalados se oirán los alegatos, primero al demandante, seguidamente a tos terceros de la parte activa cuando los hubiere, luego al demandado y finalmente a los terceros de la parte pasiva si los hubiere, hasta por veinte (20) minutos a cada uno. También se oirá al Ministerio Público cuando este a bien lo tenga. El juez podrá interrogar a los intervinientes sobre lo planteado en los alegatos.

2. Inmediatamente, el juzgador dictará sentencia oral, de no ser posible, informará el sentido de la sentencia en forma oral, aún en el evento en que las partes se hayan retirado de la audiencia y la consignará por escrito dentro de los diez (10) días siguientes.

3. Cuando no fuere posible indicar el sentido de la sentencia la proferirá por escrito dentro de los treinta (30) días siguientes. En la audiencia el Juez o Magistrado Ponente

dejará constancia del motivo por el cual no es posible indicar el sentido de la decisión en ese momento.

Artículo 182A. Sentencia anticipada[255]. Se podrá dictar sentencia anticipada:

1. Antes de la audiencia inicial:

a) Cuando se trate de asuntos de puro derecho;

b) Cuando no haya que practicar pruebas;

c) Cuando solo se solicite tener como pruebas las documentales aportadas con la demanda y la contestación, y sobre ellas no se hubiese formulado tacha o desconocimiento;

d) Cuando las pruebas solicitadas por las partes sean impertinentes, inconducentes o inútiles.

El juez o magistrado ponente, mediante auto, se pronunciará sobre las pruebas cuando a ello haya lugar, dando aplicación a lo dispuesto en el artículo 173 del Código General del Proceso y fijará el litigio u objeto de controversia.

Cumplido lo anterior, se correrá traslado para alegar en la forma prevista en el inciso final del artículo 181 de este código y la sentencia se expedirá por escrito.

No obstante estar cumplidos los presupuestos para proferir sentencia anticipada con base en este numeral, si el juez o magistrado ponente considera necesario realizar la audiencia inicial podrá hacerlo, para lo cual se aplicará lo dispuesto en los artículos 179 y 180 de este código.

2. En cualquier estado del proceso, cuando las partes o sus apoderados de común acuerdo lo soliciten, sea por iniciativa propia o por sugerencia del juez. Si la solicitud se presenta en el transcurso de una audiencia, se dará traslado para alegar dentro de ella. Si se hace por escrito, las partes podrán allegar con la petición sus alegatos de conclusión, de lo cual se dará traslado por diez (10) días comunes al Ministerio Público y demás intervinientes. El juzgador rechazará la solicitud cuando advierta fraude o colusión.

Si en el proceso intervienen litisconsortes necesarios, la petición deberá realizarse conjunta-mente con estos. Con la aceptación de esta petición por parte del juez, se entenderán desistidos los recursos que hubieren formulado los peticionarios contra decisiones interlocutorias que estén pendientes de tramitar o resolver.

3. En cualquier estado del proceso, cuando el juzgador encuentre probada la cosa juzgada, la caducidad, la transacción, la conciliación, la falta manifiesta de legitimación en la causa y la prescripción extintiva.

4. En caso de allanamiento o transacción de conformidad con el artículo 176 de este código.

Parágrafo. En la providencia que corra traslado para alegar, se indicará la razón por la cual dictará sentencia anticipada. Si se trata de la causal del numeral 3 de este artículo, precisará sobre cuál o cuáles de las excepciones se pronunciará. Surtido el traslado mencionado se proferirá sentencia oral o escrita, según se considere. No obstante, escuchados los alegatos, se podrá reconsiderar la decisión de proferir sentencia anticipada. En este caso continuará el trámite del proceso.

---

[255]   Agregado por Ley 2080 de 2021.

Artículo 182B. Audiencias públicas potestativas[256]. En los procesos donde esté involucrado un interés general, o en aquellos donde se vaya a proferir sentencia de unificación jurisprudencial, el juez o magistrado ponente podrá convocar a entidades del Estado, organizaciones privadas o expertos en las materias objeto del proceso, según lo considere, para que en audiencia pública, que puede ser diferente de las reguladas en los artículos anteriores, presenten concepto sobre los puntos materia de debate.

Las entidades, organismos o expertos invitados deberán manifestar expresamente si tienen algún conflicto de interés.

A la audiencia podrán asistir las partes y el Ministerio Público. Al final de la intervención de los convocados, cada una de las partes y el Ministerio Público podrán hacer uso de la palabra por una vez, hasta por veinte (20) minutos, para referirse a los planteamientos de los demás intervinientes en la audiencia. Se podrá prorrogar este plazo si lo considera necesario.

En cualquier momento el juez o magistrado podrá interrogar a los intervinientes en relación con las manifestaciones que realicen en la audiencia.

Artículo 183. Actas y registro de las audiencias y diligencias. Las audiencias y diligencias serán presididas por el Juez o Magistrado Ponente. En el caso de jueces colegiados podrán concurrir los magistrados que integran la sala, sección o subsección si a bien lo tienen. Tratándose de la audiencia de alegaciones y juzgamiento esta se celebrará de acuerdo con el quórum requerido para adoptar la decisión.

Para efectos de su registro se tendrán en cuenta las siguientes reglas:

1. De cada audiencia se levantará un acta, la cual contendrá:

a) El lugar y la fecha con indicación de la hora de inicio y finalización, así como de las suspensiones y las reanudaciones;

b) El nombre completo de los jueces;

c) Los datos de las partes, sus abogados y representantes;

d) Un resumen del desarrollo de la audiencia, con indicación, cuando participen en esta, del nombre de los testigos, peritos, intérpretes y demás auxiliares de la justicia, así como la referencia de los documentos leídos y de los otros elementos probatorios reproducidos, con mención de las conclusiones de las partes;

e) Las solicitudes y decisiones producidas en el curso de la audiencia y las objeciones de las partes y los recursos propuestos;

f) La constancia sobre el cumplimiento de las formalidades esenciales de cada acto procesal surtido en la audiencia;

g) Las constancias que el Juez o el magistrado ponente, o la Sala, Sección o Subsección ordenen registrar y las que soliciten las partes sobre lo acontecido en la audiencia;

h) Cuando así corresponda, el sentido de la sentencia;

i) La firma de las partes o de sus representantes y del Juez o Magistrado Ponente y de los integrantes de la Sala, Sección o Subsección, según el evento. En caso de renuncia de los primeros, se dejará constancia de ello.

---

[256]   Agregado por Ley 2080 de 2021.

2. En los casos en que el juez lo estime necesario podrá ordenar la transcripción literal total o parcial de la audiencia o diligencia, para que conste como anexo.

3. Se deberá realizar una grabación del debate, mediante cualquier mecanismo técnico; dicha grabación deberá conservarse en los términos que ordenan las normas sobre retención documental.

Artículo 184. Proceso especial para la nulidad por inconstitucionalidad. La sustanciación y ponencia de los procesos contenciosos de nulidad por inconstitucionalidad corresponderá a uno de los Magistrados de la Sección respectiva, según la materia, y el fallo a la Sala Plena. Se tramitará según las siguientes reglas y procedimiento:

1. En la demanda de nulidad por inconstitucionalidad se deberán indicar las normas constitucionales que se consideren infringidas y exponer en el concepto de violación las razones que sustentan la inconstitucionalidad alegada.

2. La demanda, su trámite y contestación se sujetarán, en lo no dispuesto en el presente artículo, por lo previsto en los artículos 162 a 175 de este Código. Contra los autos proferidos por el ponente solo procederá el recurso de reposición, excepto el que decrete la suspensión provisional y el que rechace la demanda, los cuales serán susceptibles del recurso de súplica ante la Sala Plena.

3. Recibida la demanda y efectuado el reparto, el Magistrado Ponente se pronunciará sobre su admisibilidad dentro de los diez (10) días siguientes. Cuando la demanda no cumpla alguno de los requisitos previstos en este Código, se le concederán tres (3) días al demandante para que proceda a corregirla señalándole con precisión los requisitos incumplidos. Si no lo hiciere en dicho plazo se rechazará.

4. Si la demanda reúne los requisitos legales, el Magistrado Ponente mediante auto deberá admitirla y además dispondrá:

a) Que se notifique a la entidad o autoridad que profirió el acto y a las personas que, según la demanda o los actos acusados, tengan interés directo en el resultado del proceso, de conformidad con lo dispuesto en este Código, para que en el término de diez (10) días puedan contestar la demanda, proponer excepciones y solicitar pruebas. Igualmente, se le notificará al Procurador General de la Nación, quien obligatoriamente deberá rendir concepto;

b) Que se fije en la Secretaría un aviso sobre la existencia del proceso por el mismo término a que se refiere el numeral anterior, plazo durante el cual cualquier ciudadano podrá intervenir por escrito para defender o impugnar la legalidad del acto administrativo. Adicionalmente, ordenará la publicación del aviso en el sitio web de la Jurisdicción de lo Contencioso Administrativo;

c) Que el correspondiente funcionario envíe los antecedentes administrativos, dentro del término que al efecto se le señale. El incumplimiento por parte del encargado del asunto lo hará incurso en falta disciplinaria gravísima y no impedirá que se profiera la decisión de fondo en el proceso.

En el mismo auto que admite la demanda, el magistrado ponente podrá invitar a entidades públicas, a organizaciones privadas y a expertos en las materias relacionadas con el tema del proceso a presentar por escrito su concepto acerca de puntos relevantes para la elaboración del proyecto de fallo, dentro del plazo prudencial que se señale.

En el caso de que se haya solicitado la suspensión provisional del acto, se resolverá por el Magistrado Ponente en el mismo auto en el que se admite la demanda.

5. Vencido el término de que trata el literal a) del numeral anterior, y en caso de que se considere necesario, se abrirá el proceso a pruebas por un término que no excederá de diez (10) días, que se contará desde la ejecutoria del auto que las decrete.

6. Practicadas las pruebas o vencido el término probatorio, o cuando no fuere necesario practicar pruebas y se haya prescindido de este trámite, según el caso, se correrá traslado por el término improrrogable de diez (10) días al Procurador General de la Nación, sin necesidad de auto que así lo disponga, para que rinda concepto.

7. Vencido el término de traslado al Procurador, el ponente registrará el proyecto de fallo dentro de los quince (15) días siguientes a la fecha de entrada al despacho para sentencia. La Sala Plena deberá adoptar el fallo dentro de los veinte (20) días siguientes, salvo que existan otros asuntos que gocen de prelación constitucional.

Artículo 185. Trámite del control inmediato de legalidad de actos[257]. Recibida la copia auténtica del texto de los actos administrativos a los que se refiere el control inmediato de legalidad de que trata el artículo 136 de este Código o aprendido de oficio el conocimiento de su legalidad en caso de inobservancia del deber de envío de los mismos, se procederá así:

1. La sustanciación y ponencia corresponderá a uno de los Magistrados de la Corporación y el fallo a la Sala Plena.

2. Repartido el negocio, el Magistrado Ponente ordenará que se fije en la Secretaría un aviso sobre la existencia del proceso, por el término de diez (10) días, durante los cuales cualquier ciudadano podrá intervenir por escrito para defender o impugnar la legalidad del acto administrativo. Adicionalmente, ordenará la publicación del aviso en el sitio web de la Jurisdicción de lo Contencioso Administrativo.

3. En el mismo auto que admite la demanda, el Magistrado Ponente podrá invitar a entidades públicas, a organizaciones privadas y a expertos en las materias relacionadas con el tema del proceso a presentar por escrito su concepto acerca de puntos relevantes para la elaboración del proyecto de fallo, dentro del plazo prudencial que se señale.

4. Cuando para la decisión sea menester el conocimiento de los trámites que antecedieron al acto demandado o de hechos relevantes para adoptar la decisión, el Magistrado Ponente podrá decretar en el auto admisorio de la demanda las pruebas que estime conducentes, las cuales se practicarán en el término de diez (10) días.

5. Expirado el término de la publicación del aviso o vencido el término probatorio cuando este fuere procedente, pasará el asunto al Ministerio Público para que dentro de los diez (10) días siguientes rinda concepto.

6. Vencido el traslado para rendir concepto por el Ministerio Público, el Magistrado o Ponente registrará el proyecto de fallo dentro de los quince (15) días siguientes a la fecha de entrada al Despacho para sentencia. La Sala Plena de la respectiva Corporación adoptará el fallo dentro de los veinte (20) días siguientes, salvo que existan otros asuntos que gocen de prelación constitucional.

Parágrafo 1. En los Tribunales Administrativos la sala, subsección o sección dictará la sentencia.

Parágrafo 2. En el reparto de los asuntos de control inmediato de legalidad no se considerará la materia del acto administrativo.

---

[257]   Modificado por Ley 2080 de 2021.

Artículo 185A. Trámite del control automático de legalidad de fallos con responsabilidad fiscal[258]. Recibido el fallo con responsabilidad fiscal y el respectivo expediente administrativo, se surtirá lo siguiente:

1. Mediante auto no susceptible de recurso, el magistrado ponente admitirá el trámite correspondiente, en el que dispondrá que se fije en la secretaría un aviso sobre la existencia del proceso por el término de diez (10) días, durante los cuales cualquier ciudadano podrá intervenir por escrito para defender o impugnar la legalidad del acto administrativo, así mismo en el auto admisorio se correrá traslado al Ministerio Público para que rinda concepto dentro del mismo término; se ordenará la publicación de un aviso en el sitio web de la Jurisdicción de lo Contencioso Administrativo; así como la notificación al buzón de correo electrónico dispuesto para el efecto, a quien según el acto materia de control, hubiere sido declarado responsable fiscal o tercero civilmente responsable y al órgano de control fiscal correspondiente.

2. Cuando lo considere necesario para adoptar decisión, podrá decretar las pruebas que estime conducentes, las cuales se practicarán en el termino de diez (10) días.

3. Vencido el término de traslado o el periodo probatorio cuando a ello hubiere lugar, el magistrado ponente registrará el proyecto de fallo dentro de los diez (10) días siguientes a la fecha de entrada al despacho para sentencia.

4. La sala de decisión proferirá sentencia dentro de los veinte (20) días siguientes al registro del proyecto de fallo, que incluirá, entre otros, el control de legalidad sobre la inhabilidad derivada de la inclusión en el Boletín de Responsables Fiscales la cual se entenderá suspendida hasta el momento en que sea proferida la sentencia respectiva. Si encontrare que se configuró alguna de las causales de nulidad previstas por el artículo 137, así lo declarará y adoptará las demás decisiones que en derecho correspondan. La sentencia proferida en ejercicio del control automático se notificará personalmente a la contraloría, a quien hubiere sido declarado responsable fiscal o tercero civilmente responsable, y al Ministerio Público, al buzón de correo electrónico dispuesto para el efecto; y por anotación en el estado, a los demás intervinientes y será susceptible de recurso de apelación que será decidido por salas especiales conformadas por la corporación competente, en caso de que el fallo de primera instancia sea proferido por el Consejo de Estado la apelación será resuelta por una sala especial diferente a aquella que tomó la decisión. La sentencia ejecutoriada en ejercicio del control automático tendrá fuerza de cosa juzgada erga omnes y se notificará en la forma dispuesta en el presente numeral.

Artículo 186. Actuaciones a través de las tecnologías de la información y las comunicaciones[259]. Todas las actuaciones judiciales susceptibles de surtirse en forma escrita deberán realizarse a través de las tecnologías de la información y las comunicaciones, siempre y cuando en su envío y recepción se garantice su autenticidad, integridad, conservación y posterior consulta, de conformidad con la ley. La autoridad judicial deberá contar con mecanismos que permitan acusar recibo de la información recibida, a través de este medio.

Las partes y sus apoderados deberán realizar sus actuaciones y asistir a las audiencias y diligencias a través de las tecnologías de la información y las comunicaciones. Suministrarán al despacho judicial y a todos los sujetos procesales e intervinientes, el

---

[258] Agregado por Ley 2080 de 2021.

[259] Modificado por Ley 2080 de 2021.

canal digital para que a través de este se surtan todas las actuaciones y notificaciones del proceso o trámite.

Así mismo, darán cumplimiento al deber establecido en el numeral 14 del artículo 78 del Código General del Proceso.

El Consejo Superior de la Judicatura adoptará las medidas necesarias para implementar el uso de las tecnologías de la información y las comunicaciones en todas las actuaciones que deba conocer la jurisdicción de lo contencioso administrativo.

Para tal efecto, se deberá incorporar lo referente a la sede judicial electrónica, formas de identificación y autenticación digital para los sujetos procesales, interoperabilidad, acreditación y representación de los ciudadanos por medios digitales, tramitación electrónica de los procedimientos judiciales, expediente judicial electrónico, registro de documentos electrónicos, lineamientos de cooperación digital entre las autoridades con competencias en materia de Administración de Justicia, seguridad digital judicial, y protección de datos personales.

Parágrafo. En el evento que el juez lo considere pertinente, la actuación judicial respectiva podrá realizarse presencialmente o combinando las dos modalidades.

CAPÍTULO VI
SENTENCIA

Artículo 187. Contenido de la sentencia. La sentencia tiene que ser motivada. En ella se hará un breve resumen de la demanda y de su contestación y un análisis crítico de las pruebas y de los razonamientos legales, de equidad y doctrinarios estrictamente necesarios para fundamentar las conclusiones, exponiéndolos con brevedad y precisión y citando los textos legales que se apliquen.

En la sentencia se decidirá sobre las excepciones propuestas y sobre cualquiera otra que el fallador encuentre probada El silencio del inferior no impedirá que el superior estudie y decida todas las excepciones de fondo, propuestas o no, sin perjuicio de la no *reformatio in pejus*.

Para restablecer el derecho particular, la Jurisdicción de lo Contencioso Administrativo podrá estatuir disposiciones nuevas en reemplazo de las acusadas y modificar o reformar estas.

Las condenas al pago o devolución de una cantidad líquida de dinero se ajustarán tomando como base el Índice de Precios al Consumidor.

Artículo 188. Condena en costas[260]. Salvo en los procesos en que se ventile un interés público, la sentencia dispondrá sobre la condena en costas, cuya liquidación y ejecución se regirán por las normas del Código de Procedimiento Civil.

En todo caso, la sentencia dispondrá sobre la condena en costas cuando se establezca que se presentó la demanda con manifiesta carencia de fundamento legal.

Artículo 189. Efectos de la sentencia[261.] La sentencia que declare la nulidad de un acto administrativo en un proceso tendrá fuerza de cosa juzgada erga omnes. La que

---

[260]   Modificado por Ley 2080 de 2021.
[261]   Artículo declarado EXEQUIBLE por la Corte Constitucional, mediante Sentencia C-400 de 2013.

niegue la nulidad pedida producirá cosa juzgada *erga omnes* pero solo en relación con la causa petendi juzgada. Las que declaren la legalidad de las medidas que se revisen en ejercicio del control inmediato de legalidad producirán efectos erga omnes solo en relación con las normas jurídicas superiores frente a las cuales se haga el examen.

Cuando por sentencia ejecutoriada se declare la nulidad de una ordenanza o de un acuerdo distrital o municipal, en todo o en parte, quedarán sin efectos en lo pertinente sus decretos reglamentarios.

Las sentencias de nulidad sobre los actos proferidos en virtud del numeral 2 del artículo 237 de la Constitución Política, tienen efectos hacia el futuro y de cosa juzgada constitucional. Sin embargo, el juez podrá disponer unos efectos diferentes.

La sentencia dictada en procesos relativos a contratos, reparación directa y cumplimiento, producirá efectos de cosa juzgada frente a otro proceso que tenga el mismo objeto y la misma causa y siempre que entre ambos haya identidad jurídica de partes.

La sentencia proferida en procesos de restablecimiento del derecho aprovechará a quien hubiere intervenido en ellos y obtenido esta declaración a su favor.

Las sentencias ejecutoriadas serán obligatorias y quedan sometidas a la formalidad del registro de acuerdo con la ley.

En los procesos de nulidad y restablecimiento del derecho, la entidad demandada, dentro de los veinte (20) días hábiles siguientes a la notificación de la sentencia que resuelva definitivamente el proceso, cuando resulte imposible cumplir la orden de reintegro del demandante al cargo del cual fue desvinculado porque la entidad desapareció o porque el cargo fue suprimido y no existe en la entidad un cargo de la misma naturaleza y categoría del que desempeñaba en el momento de la desvinculación, podrá solicitar al juez de primera instancia la fijación de una indemnización compensatoria.

De la solicitud se correrá traslado al demandante por el término de diez (10) días, término durante el cual podrá oponerse y pedir pruebas o aceptar la suma estimada por la parte demandada al presentar la solicitud. En todo caso, la suma se fijará teniendo en cuenta los parámetros de la legislación laboral para el despido injusto y el auto que la señale solo será susceptible de recurso de reposición.

Artículo 190. Deducción por valorización. En la sentencia que ordene reparar el daño por ocupación de inmueble ajeno se deducirá del total de la indemnización la suma que las partes hayan calculado como valorización por el trabajo realizado, a menos que ya hubiera sido pagada la mencionada contribución.

En esta clase de procesos, cuando se condenare a la entidad pública o a una privada que cumpla funciones públicas al pago de lo que valga la parte ocupada del inmueble, la sentencia protocolizada y registrada obrará como título traslaticio de dominio.

Artículo 191. Transmisión de la propiedad. Si se tratare de ocupación permanente de una propiedad inmueble, y se condenare a una entidad pública, o a una entidad privada que cumpla funciones públicas al pago de lo que valga la parte ocupada, la sentencia protocolizada y registrada obrará como título traslaticio de dominio.

Artículo 192. Cumplimiento de sentencias o conciliaciones por parte de las entidades públicas. Cuando la sentencia imponga una condena que no implique el pago o devolución de una cantidad líquida de dinero, la autoridad a quien corresponda su ejecución dentro del término de treinta (30) días contados desde su comunicación, adoptará las medidas necesarias para su cumplimiento.

Las condenas impuestas a entidades públicas consistentes en el pago o devolución de una suma de dinero serán cumplidas en un plazo máximo de diez (10) meses, contados a partir de la fecha de la ejecutoria de la sentencia. Para tal efecto, el beneficiario deberá presentar la solicitud de pago correspondiente a la entidad obligada.

Las cantidades líquidas reconocidas en providencias que impongan o liquiden una condena o que aprueben una conciliación devengarán intereses moratorios a partir de la ejecutoria de la respectiva sentencia o del auto, según lo previsto en este Código.

Cuando el fallo de primera instancia sea de carácter condenatorio y contra el mismo se interponga el recurso de apelación, el Juez o Magistrado deberá citar a audiencia de conciliación, que deberá celebrarse antes de resolver sobre la concesión del recurso. La asistencia a esta audiencia será obligatoria. Si el apelante no asiste a la audiencia, se declarará desierto el recurso.

Cumplidos tres (3) meses desde la ejecutoria de la providencia que imponga o liquide una condena o de la que apruebe una conciliación, sin que los beneficiarios hayan acudido ante la entidad responsable para hacerla efectiva, cesará la causación de intereses desde entonces hasta cuando se presente la solicitud.

En asuntos de carácter laboral, cuando se condene al reintegro, si dentro del término de tres (3) meses siguientes a la ejecutoria de la providencia que así lo disponga, este no pudiere llevarse a cabo por causas imputables al interesado, en adelante cesará la causación de emolumentos de todo tipo.

El incumplimiento por parte de las autoridades de las disposiciones relacionadas con el reconocimiento y pago de créditos judicialmente reconocidos acarreará las sanciones penales, disciplinarias, fiscales y patrimoniales a que haya lugar.

Ejecutoriada la sentencia, para su cumplimiento, la Secretaría remitirá los oficios correspondientes.

Artículo 193. Condenas en abstracto. Las condenas al pago de frutos, intereses, mejoras, perjuicios y otros semejantes, impuestas en auto o sentencia, cuando su cuantía no hubiere sido establecida en el proceso, se harán en forma genérica, señalando las bases con arreglo a las cuales se hará la liquidación incidental, en los términos previstos en este Código y en el Código de Procedimiento Civil.

Cuando la condena se haga en abstracto se liquidará por incidente que deberá promover el interesado, mediante escrito que contenga la liquidación motivada y especificada de su cuantía, dentro de los sesenta (60) días siguientes a la ejecutoria de la sentencia o al de la fecha de la notificación del auto de obedecimiento al superior, según fuere el caso. Vencido dicho término caducará el derecho y el juez rechazará de plano la liquidación extemporánea. Dicho auto es susceptible del recurso de apelación.

Artículo 194. Aportes al Fondo de Contingencias. Todas las entidades que constituyan una sección del Presupuesto General de la Nación deberán efectuar una valoración de sus contingencias judiciales, en los términos que defina el Gobierno Nacional, para todos los procesos judiciales que se adelanten en su contra.

Con base en lo anterior, las mencionadas entidades deberán efectuar aportes al Fondo de Contingencias de que trata la Ley 448 de 1998, o las normas que la modifiquen o sustituyan, en los montos, condiciones, porcentajes, cuantías y plazos que determine el Ministerio de Hacienda y Crédito Público con el fin de atender, oportunamente, las obligaciones dinerarias contenidas en providencias judiciales en firme.

Esta disposición también se aplicará a las entidades territoriales y demás descentralizadas de todo orden obligadas al manejo presupuestal de contingencias y sometidas a dicho régimen de conformidad con la Ley 448 de 1998 y las disposiciones que la reglamenten.

Parágrafo transitorio. La presente disposición no se aplica de manera inmediata a los procesos judiciales que a la fecha de la vigencia del presente Código se adelantan en contra de las entidades públicas. La valoración de su contingencia, el monto y las condiciones de los aportes al Fondo de Contingencias, se hará teniendo en cuenta la disponibilidad de recursos y de acuerdo con las condiciones y gradualidad definidos en la reglamentación que para el efecto se expida.

No obstante, lo anterior, en la medida en que una contingencia se encuentre debidamente provisionada en el Fondo de Contingencias, y se genere la obligación de pago de la condena, este se hará con base en el procedimiento descrito en el artículo siguiente. Los procesos cuya condena quede ejecutoriada antes de valorar la contingencia, se pagarán directamente con cargo al presupuesto de la respectiva entidad, dentro de los doce (12) meses siguientes a la ejecutoria de la providencia, previa la correspondiente solicitud de pago.

Las entidades priorizarán, dentro del marco de gasto del sector correspondiente, los recursos para atender las condenas y para aportar al Fondo de Contingencias según la valoración que se haya efectuado.

Artículo 195. Trámite para el pago de condenas o conciliaciones[262]. El trámite de pago de condenas y conciliaciones se sujetará a las siguientes reglas:

1. Ejecutoriada la providencia que imponga una condena o apruebe una conciliación cuya contingencia haya sido provisionada en el Fondo de Contingencias, la entidad obligada, en un plazo máximo de diez (10) días, requerirá al Fondo el giro de los recursos para el respectivo pago.

2. El Fondo adelantará los trámites correspondientes para girar los recursos a la entidad obligada en el menor tiempo posible, respetando el orden de radicación de los requerimientos a que se refiere el numeral anterior.

3. La entidad obligada deberá realizar el pago efectivo de la condena al beneficiario, dentro de los cinco (5) días siguientes a la recepción de los recursos.

4. Las sumas de dinero reconocidas en providencias que impongan o liquiden una condena o que aprueben una conciliación, devengarán intereses moratorios a una tasa equivalente al DTF desde su ejecutoria. No obstante, una vez vencido el término de los diez (10) meses de que trata el inciso segundo del artículo 192 de este Código o el de los cinco (5) días establecidos en el numeral anterior, lo que ocurra primero, sin que la entidad obligada hubiese realizado el pago efectivo del crédito judicialmente reconocido, las cantidades líquidas adeudadas causarán un interés moratorio a la tasa comercial.

La ordenación del gasto y la verificación de requisitos de los beneficiarios radica exclusivamente en cada una de las entidades, sin que implique responsabilidad alguna para las demás entidades que participan en el proceso de pago de las sentencias o conciliaciones, ni para el Fondo de Contingencias. En todo caso, las acciones de repetición a

---

[262] Artículo declarado EXEQUIBLE por la Corte Constitucional mediante Sentencia C-604 de 2012.

que haya lugar con ocasión de los pagos que se realicen con cargo al Fondo de Contingencias, deberán ser adelantadas por la entidad condenada.

Parágrafo 1°. El Gobierno Nacional reglamentará el procedimiento necesario con el fin de que se cumplan los términos para el pago efectivo a los beneficiarios. El incumplimiento a las disposiciones relacionadas con el reconocimiento de créditos judicialmente reconocidos y con el cumplimiento de la totalidad de los requisitos acarreará las sanciones penales, disciplinarias y fiscales a que haya lugar.

Parágrafo 2°. El monto asignado para sentencias y conciliaciones no se puede trasladar a otros rubros, y en todo caso serán inembargables, así como los recursos del Fondo de Contingencias. La orden de embargo de estos recursos será falta disciplinaria.

CAPÍTULO VII
NOTIFICACIONES

Artículo 196. Notificación de las providencias. Las providencias se notificarán a las partes y demás interesados con las formalidades prescritas en este Código y en lo no previsto, de conformidad con lo dispuesto en el Código de Procedimiento Civil.

Artículo 197. Dirección electrónica para efectos de notificaciones. Las entidades públicas de todos los niveles, las privadas que cumplan funciones públicas y el Ministerio Público que actúe ante esta jurisdicción, deben tener un buzón de correo electrónico exclusivamente para recibir notificaciones judiciales.

Para los efectos de este Código se entenderán como personales las notificaciones surtidas a través del buzón de correo electrónico.

Artículo 198. Procedencia de la notificación personal. Deberán notificarse personalmente las siguientes providencias:

1. Al demandado, el auto que admita la demanda.

2. A los terceros, la primera providencia que se dicte respecto de ellos.

3. Al Ministerio Público el auto admisorio de la demanda, salvo que intervenga como demandante. Igualmente, se le notificará el auto admisorio del recurso en segunda instancia o del recurso extraordinario en cuanto no actúe como demandante o demandado.

4. Las demás para las cuales este Código ordene expresamente la notificación personal.

Artículo 199. Notificación personal del auto admisorio y del mandamiento ejecutivo a entidades públicas, al Ministerio Público, a personas privadas que ejerzan funciones públicas y a los particulares[263]. El auto admisorio de la demanda y el mandamiento ejecutivo contra las entidades públicas y las personas privadas que ejerzan funciones públicas, se deben notificar personalmente a sus representantes legales o a quienes estos hayan delegado la facultad de recibir notificaciones, o directamente a las personas naturales, según el caso, y al Ministerio Público, mediante mensaje dirigido al buzón electrónico para notificaciones judiciales a que se refiere el artículo 197 de este código.

A los particulares se les notificará el auto admisorio de la demanda al canal digital informado en la demanda. Los que estén inscritos en el registro mercantil o demás regis-

---

[263] Modificado por Ley 2080 de 2021.

tros públicos obligatorios creados legalmente para recibir notificaciones judiciales, en el canal indicado en este.

El mensaje deberá identificar la notificación que se realiza y contener copia electrónica de la providencia a notificar. Al Ministerio Público deberá anexársele copia de la demanda y sus anexos. Se presumirá que el destinatario ha recibido la notificación cuando el iniciador recepcione acuse de recibo o se pueda constatar por otro medio el acceso al mensaje electrónico por parte del destinatario. El secretario hará constar este hecho en el expediente.

El traslado o los términos que conceda el auto notificado solo se empezarán a contabilizar a los dos (2) días hábiles siguientes al del envío del mensaje y el término respectivo empezará a correr a partir del día siguiente.

En los procesos que se tramiten ante cualquier jurisdicción en donde estén involucrados intereses litigiosos de la Nación, en los términos del artículo 2° del Decreto Ley 4085 de 2011 o la norma que lo sustituya, deberá remitirse copia electrónica del auto admisorio o mandamiento ejecutivo, en conjunto con la demanda y sus anexos, al buzón de correo electrónico de la Agencia Nacional de Defensa Jurídica del Estado. Esta comunicación no genera su vinculación como sujeto procesal, sin perjuicio de la facultad de intervención prevista en el artículo 610 de la Ley 1564 de 2012. En la misma forma se le remitirá copia de la providencia que termina el proceso por cualquier causa y de las sentencias.

Artículo 200. Forma de practicar la notificación personal del auto admisorio de la demanda a personas de derecho privado que no tengan un canal digital[264]. Las personas de derecho privado que no tengan un canal digital o de no conocerse este, se notificarán personalmente de acuerdo con el artículo 291 del Código General del Proceso.

Artículo 201. Notificaciones por estado[265]. Los autos no sujetos al requisito de la notificación personal se notificarán por medio de anotación en estados electrónicos para consulta en línea bajo la responsabilidad del Secretario. La inserción en el estado se hará el día siguiente al de la fecha del auto y en ella ha de constar:

1. La identificación del proceso.

2. Los nombres del demandante y el demandado.

3. La fecha del auto y el cuaderno en que se halla.

4. La fecha del estado y la firma del Secretario.

El estado se insertará en los medios informáticos de la Rama Judicial y permanecerá allí en calidad de medio notificador durante el respectivo día.

Las notificaciones por estado se fijarán virtualmente con inserción de la providencia, y no será necesario imprimirlos, ni firmarlos por el secretario, ni dejar constancia con firma al pie de la providencia respectiva, y se enviará un mensaje de datos al canal digital de los sujetos procesales.

---

[264]   Modificado por Ley 2080 de 2021.

[265]   Modificado por Ley 2080 de 2021.

De los estados que hayan sido fijados electrónicamente se conservará un archivo disponible para la consulta permanente en línea por cualquier interesado, por el término mínimo de diez (10) años.

Cada juzgado dispondrá del número suficiente de equipos electrónicos al acceso del público para la consulta de los estados.

Artículo 201A. Traslados[266]. Los traslados deberán hacerse de la misma forma en que se fijan los estados. Sin embargo, cuando una parte acredite haber enviado un escrito del cual deba correrse traslado a los demás sujetos procesales, mediante la remisión de la copia por un canal digital, se prescindirá del traslado por secretaria, el cual se entenderá realizado a los dos (2) días hábiles siguientes al del envío del mensaje y el término respectivo empezará a correr a partir del día siguiente.

De los traslados que hayan sido fijados electrónicamente se conservará un archivo disponible para la consulta permanente en línea por cualquier interesado, por el término mínimo de diez (10) años

Artículo 202. Notificación en audiencias y diligencias o en estrados. Toda decisión que se adopte en audiencia pública o en el transcurso de una diligencia se notificará en estrados y las partes se considerarán notificadas, aunque no hayan concurrido.

Artículo 203. Notificación de las sentencias. Las sentencias se notificarán, dentro de los tres (3) días siguientes a su fecha, mediante envío de su texto a través de mensaje al buzón electrónico para notificaciones judiciales. En este caso, al expediente se anexará la constancia de recibo generada por el sistema de información, y se entenderá surtida la notificación en tal fecha.

A quienes no se les deba o pueda notificar por vía electrónica, se les notificará por medio de edicto en la forma prevista en el artículo 323 del Código de Procedimiento Civil.

Una vez en firme la sentencia, se comunicará al obligado, haciéndole entrega de copia íntegra de la misma, para su ejecución y cumplimiento.

Artículo 204. Autos que no requieren notificación. No requieren notificación los autos que contengan órdenes dirigidas exclusivamente al Secretario. Al final de ellos se incluirá la orden "cúmplase".

Artículo 205. Notificación por medios electrónicos[267]. La notificación electrónica de las providencias se someterá a las siguientes reglas:

1. La providencia a ser notificada se remitirá por el Secretario al canal digital registrado y para su envío se deberán utilizar los mecanismos que garanticen la autenticidad e integridad del mensaje.

2. La notificación de la providencia se entenderá realizada una vez transcurridos dos (2) días hábiles siguientes al envío del mensaje y los términos empezarán a correr a partir del día siguiente al de la notificación.

Se presumirá que el destinatario ha recibido la notificación cuando el iniciador recepcione acuse de recibo o se pueda por otro medio constatar el acceso del destinatario al mensaje. El Secretario hará constar este hecho en el expediente.

---

[266]   Agregado por Ley 2080 de 2021.

[267]   Modificado por Ley 2080 de 2021.

De las notificaciones realizadas electrónicamente se conservarán los registros para consulta permanente en línea por cualquier interesado.

Artículo 206. Deber de colaboración. Los empleados de cada despacho judicial deberán asistir y auxiliar a los usuarios en la debida utilización de las herramientas tecnológicas que se dispongan en cada oficina para la consulta de información sobre las actuaciones judiciales.

CAPÍTULO VIII
NULIDADES E INCIDENTES

Artículo 207. Control de legalidad. Agotada cada etapa del proceso, el juez ejercerá el control de legalidad para sanear los vicios que acarrean nulidades, los cuales, salvo que se trate de hechos nuevos, no se podrán alegar en las etapas siguientes.

Artículo 208. Nulidades. Serán causales de nulidad en todos los procesos las señaladas en el Código de Procedimiento Civil y se tramitarán como incidente.

Artículo 209. Incidentes. Solo se tramitarán como incidente los siguientes asuntos:

1. Las nulidades del proceso.

2. La tacha de falsedad de documentos en el proceso ejecutivo sin formulación de excepciones y las demás situaciones previstas en el Código de Procedimiento Civil para ese proceso.

3. La regulación de honorarios de abogado, del apoderado o sustituto al que se le revocó el poder o la sustitución.

4. La liquidación de condenas en abstracto.

5. La adición de la sentencia en concreto cuando entre la fecha definitiva y la entrega de los bienes se hayan causado frutos o perjuicios reconocidos en la sentencia, en los términos del artículo 308 del Código de Procedimiento Civil.

6. La liquidación o fijación del valor de las mejoras en caso de reconocimiento del derecho de retención.

7. La oposición a la restitución del bien por el tercero poseedor.

8. Los consagrados en el capítulo de medidas cautelares en este Código.

9. Los incidentes previstos en normas especiales que establezcan procesos que conozca la Jurisdicción de lo Contencioso Administrativo.

Artículo 210. Oportunidad, trámite y efecto de los incidentes y de otras cuestiones accesorias. El incidente deberá proponerse verbalmente o por escrito durante las audiencias o una vez dictada la sentencia, según el caso, con base en todos los motivos existentes al tiempo de su iniciación, y no se admitirá luego incidente similar, a menos que se trate de hechos ocurridos con posterioridad.

La solicitud y trámite se someterá a las siguientes reglas:

1. Quien promueva un incidente deberá expresar lo que pide, los hechos en que se funda y las pruebas que pretenda hacer valer.

2. Del incidente promovido por una parte en audiencia se correrá traslado durante la misma a la otra para que se pronuncie y enseguida se decretarán y practicarán las pruebas en caso de ser necesarias.

3. Los incidentes no suspenderán el curso del proceso y serán resueltos en la audiencia siguiente a su formulación, salvo que propuestos en audiencia sea posible su decisión en la misma.

4. Cuando los incidentes sean de aquellos que se promueven después de proferida la sentencia o de la providencia con la cual se termine el proceso, el juez lo resolverá previa la práctica de las pruebas que estime necesarias. En estos casos podrá citar a una audiencia especial para resolverlo, si lo considera procedente.

Cuando la cuestión accesoria planteada no deba tramitarse como incidente, el juez la decidirá de plano, a menos que el Código de Procedimiento Civil establezca un procedimiento especial o que hubiere hechos que probar, caso en el cual a la petición se acompañará prueba siquiera sumaria de ellos, sin perjuicio de que el juez pueda ordenar la práctica de pruebas.

CAPÍTULO IX
PRUEBAS

Artículo 211. Régimen probatorio. En los procesos que se adelanten ante la Jurisdicción de lo Contencioso Administrativo, en lo que no esté expresamente regulado en este Código, se aplicarán en materia probatoria las normas del Código de Procedimiento Civil.

Artículo 212. Oportunidades probatorias[268]. Para que sean apreciadas por el juez las pruebas deberán solicitarse, practicarse e incorporarse al proceso dentro de los términos y oportunidades señalados en este Código.

En primera instancia, son oportunidades para aportar o solicitar la práctica de pruebas: la demanda y su contestación; la reforma de la misma y su respuesta; la demanda de reconvención y su contestación; las excepciones y la oposición a las mismas; y los incidentes y su respuesta, en este último evento circunscritas a la cuestión planteada.

Las partes podrán presentar los dictámenes periciales necesarios para probar su derecho, o podrán solicitar la designación de perito, en las oportunidades probatorias anteriormente señaladas.

En segunda instancia, cuando se trate de apelación de sentencia, en el término de ejecutoria del auto que admite el recurso, las partes podrán pedir pruebas, que se decretarán únicamente en los siguientes casos:

1. Cuando las partes las pidan de común acuerdo. En caso de que existan terceros diferentes al simple coadyuvante o impugnante se requerirá su anuencia.

2. Cuando fuere negado su decreto en primera instancia o no obstante haberse decretado se dejaron de practicar sin culpa de la parte que las pidió. En este último caso, solo con el fin de practicarlas o de cumplir requisitos que les falten para su perfeccionamiento.

3. Cuando versen sobre hechos acaecidos después de transcurrida la oportunidad para pedir pruebas en primera instancia, pero solamente para demostrar o desvirtuar estos hechos.

---

[268]   Modificado por Ley 2080 de 2021.

4. Cuando se trate de pruebas que no pudieron solicitarse en la primera instancia por fuerza mayor o caso fortuito o por obra de la parte contraria.

5. Cuando con ellas se trate de desvirtuar las pruebas de que tratan los numerales 3 y 4, las cuales deberán solicitarse dentro del término de ejecutoria del auto que las decreta.

Parágrafo. Si las pruebas pedidas en segunda instancia fueren procedentes se decretará un término para practicarlas que no podrá exceder de diez (10) días hábiles.

Artículo 213. Pruebas de oficio. En cualquiera de las instancias el Juez o Magistrado Ponente podrá decretar de oficio las pruebas que considere necesarias para el esclarecimiento de la verdad. Se deberán decretar y practicar conjuntamente con las pedidas por las partes.

Además, oídas las alegaciones el Juez o la Sala, sección o subsección antes de dictar sentencia también podrá disponer que se practiquen las pruebas necesarias para esclarecer puntos oscuros o difusos de la contienda. Para practicarlas deberá señalar un término de hasta diez (10) días.

En todo caso, dentro del término de ejecutoria del auto que decrete pruebas de oficio, las partes podrán aportar o solicitar, por una sola vez, nuevas pruebas, siempre que fueren indispensables para contraprobar aquellas decretadas de oficio. Tales pruebas, según el caso, serán practicadas dentro de los diez (10) días siguientes al auto que las decrete.

Artículo 214. Exclusión de la prueba por la violación al debido proceso. Toda prueba obtenida con violación al debido proceso será nula de pleno derecho, por lo que deberá excluirse de la actuación procesal.

Igual tratamiento recibirán las pruebas que sean consecuencia necesaria de las pruebas excluidas o las que solo puedan explicarse en razón de la existencia de aquellas.

La prueba practicada dentro de una actuación declarada nula conservará su validez y tendrá eficacia respecto de quienes tuvieron oportunidad de contradecirla.

Artículo 215. Valor probatorio de las copias. Se presumirá, salvo prueba en contrario, que las copias tendrán el mismo valor del original cuando no hayan sido tachadas de falsas, para cuyo efecto se seguirá el trámite dispuesto en el Código de Procedimiento Civil.

La regla prevista en el inciso anterior no se aplicará cuando se trate de títulos ejecutivos, caso en el cual los documentos que los contengan deberán cumplir los requisitos exigidos en la ley.

Artículo 216. Utilización de medios electrónicos para efectos probatorios. Será admisible la utilización de medios electrónicos para efectos probatorios, de conformidad con lo dispuesto en las normas que regulan la materia y en concordancia con las disposiciones de este Código y las del Código de Procedimiento Civil.

Artículo 217. Declaración de representantes de las entidades públicas. No valdrá la confesión de los representantes de las entidades públicas cualquiera que sea el orden al que pertenezcan o el régimen jurídico al que estén sometidas.

Sin embargo, podrá pedirse que el representante administrativo de la entidad rinda informe escrito bajo juramento, sobre los hechos debatidos que a ella conciernan, determinados en la solicitud. El Juez ordenará rendir informe dentro del término que señale, con la advertencia de que si no se remite en oportunidad sin motivo justificado o no se rinde en forma explícita, se impondrá al responsable una multa de cinco (5) a diez (10) salarios mínimos mensuales legales vigentes.

Artículo 218. Prueba pericial[269]. La prueba pericial se regirá por las normas establecidas en este código, y en lo no previsto por las normas del Código General del Proceso.

Las partes podrán aportar el dictamen pericial o solicitar al juez que lo decrete en las oportunidades establecidas en este código.

El dictamen pericial también podrá ser decretado de oficio por el juez.

Cuando el dictamen sea aportado por las partes o decretado de oficio, la contradicción y práctica se regirá por las normas del Código General del Proceso.

Artículo 219. Práctica y contradicción del dictamen pericial solicitado por las partes[270]. Cuando el dictamen pericial sea solicitado por las partes, su práctica y contradicción, en lo no previsto en esta ley, se regulará por las normas del dictamen pericial decretado de oficio del Código General del Proceso.

En la providencia que decrete la prueba, el juez o magistrado ponente le señalará al perito el cuestionario que debe resolver, conforme con la petición del solicitante de la prueba.

Rendido el dictamen, permanecerá en la secretaría a disposición de las partes hasta la fecha de la audiencia respectiva, la cual solo podrá realizarse cuando hayan pasado por lo menos quince (15) días desde la presentación del dictamen. Para los efectos de la contradicción del dictamen, el perito siempre deberá asistir a la audiencia.

El término mencionado podrá ampliarse por el plazo que requiera la entidad pública para contratar asesoría técnica o peritos para contradecir el dictamen. En este caso el apoderado de la entidad deberá manifestar, dentro del lapso indicado en el inciso anterior, las razones y el plazo. El juez o magistrado ponente decidirá sobre la solicitud.

Parágrafo. En los casos en que el dictamen pericial fuere rendido por una autoridad pública, sea aportado o solicitado por las partes o decretado de oficio, el juez o magistrado ponente podrá prescindir de su contradicción en audiencia y aplicar lo dispuesto en el parágrafo del artículo 228 del Código General del Proceso.

Artículo 220. Designación y gastos del peritaje solicitado[271]. Al decretar el dictamen el juez o magistrado ponente designará el perito que debe rendirlo y resolverá de plano la recusación o la manifestación de impedimento del perito, mediante auto que no tendrá recurso alguno.

El perito designado será posesionado con las advertencias de ley y previo juramento. Si es del caso, el juez o magistrado ponente ordenará a la parte que solicitó el dictamen que le suministre al perito lo necesario para viáticos y gastos de la pericia, dentro del término que al efecto señale. Este término podrá ser prorrogado por una sola vez.

Si quien pidió el dictamen no consigna las sumas ordenadas dentro del término otorgado, se entenderá que desiste de la prueba.

---

[269]   Modificado por Ley 2080 de 2021.
[270]   Modificado por Ley 2080 de 2021.
[271]   Modificado por Ley 2080 de 2021.

Con el dictamen pericial el perito deberá acompañar los soportes de los gastos en que incurrió para la elaboración del dictamen. Las sumas no acreditadas deberá reembolsarlas a órdenes del juzgado.

Artículo 221. Honorarios del perito[272]. Practicado el dictamen pericial y surtida la contradicción de este, el juez fijará los honorarios del perito mediante auto que presta mérito ejecutivo, contra el cual solo procede el recurso de reposición. En el evento en que se tramite el proceso ejecutivo la competencia se regirá por el factor conexidad cuando el ejecutado sea una entidad pública. Si el ejecutado es un particular conocerá de este proceso ejecutivo la jurisdicción ordinaria.

La parte que haya solicitado el dictamen pericial asumirá el pago de los honorarios del perito. Cuando el dictamen sea decretado a solicitud de las dos partes, así como cuando sea decretado de oficio, corresponderá su pago a las artes en igual proporción. En el evento en que una de las partes no pague lo que le corresponde, la otra parte podrá asumir dicho pago.

Parágrafo. De conformidad con lo indicado en el numeral 21 del artículo 85 de la Ley 270 de 1996, el Consejo Superior de la Judicatura mantendrá un listado debidamente actualizado de peritos en todas las áreas del conocimiento que se requieran. Se garantizará que quien integre la lista tenga los conocimientos, la idoneidad, la experiencia y la disponibilidad para rendir el dictamen.

Igualmente, establecerá los parámetros y tarifas para la remuneración de los servicios prestados por los peritos de acuerdo con los precios del mercado para los servicios de cada profesión. En el caso de que se trate de un asunto de especial complejidad, la autoridad judicial podrá fijar los honorarios al perito sin sujeción a la tarifa oficial.

Artículo 222. Reglas especiales para las entidades públicas.

1. Para aportar el dictamen pericial o contradecirlo en los casos previstos en la ley, se faculta a las entidades públicas para que mediante contratación directa seleccionen los expertos que atenderán la prueba pericial requerida en un proceso judicial. Esta pericia también podrá ser contratada durante las restricciones establecidas en la Ley 996 de 2005.

Con el mismo fin se podrán contratar asesorías técnicas.

2. Cuando la expertica sea rendida por una entidad pública el juez deberá ordenar honorarios a favor de esta.

CAPÍTULO X
INTERVENCIÓN DE TERCEROS

Artículo 223. Coadyuvancia en los procesos de simple nulidad. En los procesos que se tramiten con ocasión de pretensiones de simple nulidad, desde la admisión de la demanda y hasta en la audiencia inicial, cualquier persona podrá pedir que se la tenga como coadyuvante del demandante o del demandado.

El coadyuvante podrá independientemente efectuar todos los actos procesales permitidos a la parte a la que ayuda, en cuanto no esté en oposición con los de esta.

Antes del vencimiento del término para aclarar, reformar o modificar la demanda, cualquier persona podrá intervenir para formular nuevos cargos o para solicitar que la

---

[272] Modificado por Ley 2080 de 2021.

anulación se extienda a otras disposiciones del mismo acto, caso en el cual se surtirán los mismos traslados ordenados para la reforma de la demanda principal.

Artículo 224. Coadyuvancia, litisconsorte facultativo e intervención *ad excludendum* en los procesos que se tramitan con ocasión de pretensiones de nulidad y restablecimiento del derecho, contractuales y de reparación directa. Desde la admisión de la demanda y hasta antes de que se profiera el auto que fija fecha para la realización de la audiencia inicial, en los procesos con ocasión de pretensiones de nulidad y restablecimiento del derecho, contractuales y de reparación directa, cualquier persona que tenga interés directo, podrá pedir que se la tenga como coadyuvancia o impugnadora, litisconsorte o como interviniente *ad excludendum*.

El coadyuvante podrá efectuar los actos procesales permitidos a la parte que ayuda, en cuanto no estén en oposición con los de esta y no impliquen disposición del derecho en litigio.

En los litisconsorcios facultativos y en las intervenciones *ad excludendum* es requisito que no hubiere operado la caducidad. Igualmente, se requiere que la formulación de las pretensiones en demanda independiente hubiera dado lugar a la acumulación de procesos.

De la demanda del litisconsorte facultativo y el interviniente *ad excludendum*, se dará traslado al demandado por el término establecido en el artículo 172 de este Código.

Artículo 225. Llamamiento en garantía. Quien afirme tener derecho legal o contractual de exigir a un tercero la reparación integral del perjuicio que llegare a sufrir, o el reembolso total o parcial del pago que tuviere que hacer como resultado de la sentencia, podrá pedir la citación de aquel, para que en el mismo proceso se resuelva sobre tal relación.

El llamado, dentro del término de que disponga para responder el llamamiento que será de quince (15) días, podrá, a su vez, pedir la citación de un tercero en la misma forma que el demandante o el demandado.

El escrito de llamamiento deberá contener los siguientes requisitos:

1. El nombre del llamado y el de su representante si aquel no puede comparecer por sí al proceso.

2. La indicación del domicilio del llamado, o en su defecto, de su residencia, y la de su habitación u oficina y los de su representante, según fuere el caso, o la manifestación de que se ignoran, lo último bajo juramento, que se entiende prestado por la sola presentación del escrito.

3. Los hechos en que se basa el llamamiento y los fundamentos de derecho que se invoquen.

4. La dirección de la oficina o habitación donde quien hace el llamamiento y su apoderado recibirán notificaciones personales.

El llamamiento en garantía con fines de repetición se regirá por las normas de la Ley 678 de 2001 o por aquellas que la reformen o adicionen.

Artículo 226. Impugnación de las decisiones sobre intervención de terceros. El auto que acepta la solicitud de intervención en primera instancia será apelable en el efecto devolutivo y el que la niega en el suspensivo. El auto que la resuelva en única instancia será susceptible del recurso de súplica o del de reposición, según el juez sea individual o colegiado, y en los mismos efectos previstos para la apelación.

Artículo 227. Trámite y alcances de la intervención de terceros[273]. En lo no regulado en este Código sobre la intervención de terceros se aplicarán las normas del Código General del Proceso.

Artículo 228. Intervención de terceros en procesos electorales e improcedencia en los procesos de pérdidas de investidura. En los procesos electorales cualquier persona puede pedir que se la tenga como impugnador o coadyuvante. Su intervención solo se admitirá hasta el día inmediatamente anterior a la fecha de celebración de la audiencia inicial.

En los procesos de pérdida de investidura de miembros de corporaciones de elección popular no se admitirá intervención de terceros.

CAPÍTULO XI
MEDIDAS CAUTELARES

Artículo 229. Procedencia de medidas cautelares. En todos los procesos declarativos que se adelanten ante esta jurisdicción, antes de ser notificado, el auto admisorio de la demanda o en cualquier estado del proceso, a petición de parte debidamente sustentada, podrá el Juez o Magistrado Ponente decretar, en providencia motivada, las medidas cautelares que considere necesarias para proteger y garantizar, provisionalmente, el objeto del proceso y la efectividad de la sentencia, de acuerdo con lo regulado en el presente capítulo.

La decisión sobre la medida cautelar no implica prejuzgamiento.

Parágrafo[274]. Las medidas cautelares en los procesos que tengan por finalidad la defensa y protección de los derechos e intereses colectivos y en los procesos de tutela del conocimiento de la Jurisdicción de lo Contencioso Administrativo se regirán por lo dispuesto en este capítulo y podrán ser decretadas de oficio.

Artículo 230. Contenido y alcance de las medidas cautelares. Las medidas cautelares podrán ser preventivas, conservativas, anticipativas o de suspensión, y deberán tener relación directa y necesaria con las pretensiones de la demanda. Para el efecto, el Juez o Magistrado Ponente podrá decretar una o varias de las siguientes medidas:

1. Ordenar que se mantenga la situación, o que se restablezca al estado en que se encontraba antes de la conducta vulnerante o amenazante, cuando fuere posible.

2. Suspender un procedimiento o actuación administrativa, inclusive de carácter contractual. A esta medida solo acudirá el Juez o Magistrado Ponente cuando no exista otra posibilidad de conjurar o superar la situación que dé lugar a su adopción y, en todo caso, en cuanto ello fuere posible el Juez o Magistrado Ponente indicará las condiciones o señalará las pautas que deba observar la parte demandada para que pueda reanudar el procedimiento o actuación sobre la cual recaiga la medida.

3. Suspender provisionalmente los efectos de un acto administrativo.

4. Ordenar la adopción de una decisión administrativa, o la realización o demolición de una obra con el objeto de evitar o prevenir un perjuicio o la agravación de sus efectos.

---

[273] Modificado por Ley 2080 de 2021.

[274] Parágrafo declarado EXEQUIBLE por la Corte Constitucional mediante Sentencia C-284 de 2014, salvo la referencia a los procesos de tutela del conocimiento que fue declarado INEXEQUIBLE.

5. Impartir órdenes o imponerle a cualquiera de las partes del proceso obligaciones de hacer o no hacer.

Parágrafo. Si la medida cautelar implica el ejercicio de una facultad que comporte elementos de índole discrecional, el Juez o Magistrado Ponente no podrá sustituir a la autoridad competente en la adopción de la decisión correspondiente, sino que deberá limitarse a ordenar su adopción dentro del plazo que fije para el efecto en atención a la urgencia o necesidad de la medida y siempre con arreglo a los límites y criterios establecidos para ello en el ordenamiento vigente.

Artículo 231. Requisitos para decretar las medidas cautelares. Cuando se pretenda la nulidad de un acto administrativo, la suspensión provisional de sus efectos procederá por violación de las disposiciones invocadas en la demanda o en la solicitud que se realice en escrito separado, cuando tal violación surja del análisis del acto demandado y su confrontación con las normas superiores invocadas como violadas o del estudio de las pruebas allegadas con la solicitud. Cuando adicionalmente se pretenda el restablecimiento del derecho y la indemnización de perjuicios deberá probarse al menos sumariamente la existencia de los mismos.

En los demás casos, las medidas cautelares serán procedentes cuando concurran los siguientes requisitos:

1. Que la demanda esté razonablemente fundada en derecho.

2. Que el demandante haya demostrado, así fuere sumariamente, la titularidad del derecho o de los derechos invocados.

3. Que el demandante haya presentado los documentos, informaciones, argumentos y justificaciones que permitan concluir, mediante un juicio de ponderación de intereses, que resultaría más gravoso para el interés público negar la medida cautelar que concederla.

4. Que, adicionalmente, se cumpla una de las siguientes condiciones:

a) Que al no otorgarse la medida se cause un perjuicio irremediable, o

b) Que existan serios motivos para considerar que de no otorgarse la medida los efectos de la sentencia serían nugatorios.

Artículo 232. Caución. El solicitante deberá prestar caución con el fin de garantizar los perjuicios que se puedan ocasionar con la medida cautelar. El Juez o Magistrado Ponente determinará la modalidad, cuantía y demás condiciones de la caución, para lo cual podrá ofrecer alternativas al solicitante.

La decisión que fija la caución o la que la niega será apelable junto con el auto que decrete la medida cautelar; la que acepte o rechace la caución prestada no será apelable.

No se requerirá de caución cuando se trate de la suspensión provisional de los efectos de los actos administrativos, de los procesos que tengan por finalidad la defensa y protección de los derechos e intereses colectivos, de los procesos de tutela, ni cuando la solicitante de la medida cautelar sea una entidad pública.

Artículo 233. Procedimiento para la adopción de las medidas cautelares. La medida cautelar podrá ser solicitada desde la presentación de la demanda y en cualquier estado del proceso.

El Juez o Magistrado Ponente al admitir la demanda, en auto separado, ordenará correr traslado de la solicitud de medida cautelar para que el demandado se pronuncie sobre ella en escrito separado dentro del término de cinco (5) días, plazo que correrá en forma independiente al de la contestación de la demanda.

Esta decisión, que se notificará simultáneamente con el auto admisorio de la demanda, no será objeto de recursos. De la solicitud presentada en el curso del proceso, se dará traslado a la otra parte al día siguiente de su recepción en la forma establecida en el artículo 108 del Código de Procedimiento Civil.

El auto que decida las medidas cautelares deberá proferirse dentro de los diez (10) días siguientes al vencimiento del término de que dispone el demandado para pronunciarse sobre ella. En este mismo auto el Juez o Magistrado Ponente deberá fijar la caución. La medida cautelar solo podrá hacerse efectiva a partir de la ejecutoria del auto que acepte la caución prestada.

Con todo, si la medida cautelar se solicita en audiencia se correrá traslado durante la misma a la otra parte para que se pronuncie sobre ella y una vez evaluada por el Juez o Magistrado Ponente podrá ser decretada en la misma audiencia.

Cuando la medida haya sido negada, podrá solicitarse nuevamente si se han presentado hechos sobrevinientes y en virtud de ellos se cumplen las condiciones requeridas para su decreto. Contra el auto que resuelva esta solicitud no procederá ningún recurso.

Artículo 234. Medidas cautelares de urgencia. Desde la presentación de la solicitud y sin previa notificación a la otra parte, el Juez o Magistrado Ponente podrá adoptar una medida cautelar, cuando cumplidos los requisitos para su adopción, se evidencie que, por su urgencia, no es posible agotar el trámite previsto en el artículo anterior. Esta decisión será susceptible de los recursos a que haya lugar. La medida así adoptada deberá comunicarse y cumplirse inmediatamente, previa la constitución de la caución señalada en el auto que la decrete.

Artículo 235. Levantamiento, modificación y revocatoria de la medida cautelar. El demandado o el afectado con la medida podrá solicitar el levantamiento de la medida cautelar prestando caución a satisfacción del Juez o Magistrado Ponente en los casos en que ello sea compatible con la naturaleza de la medida, para garantizar la reparación de los daños y perjuicios que se llegaren a causar.

La medida cautelar también podrá ser modificada o revocada en cualquier estado del proceso, de oficio o a petición de parte, cuando el Juez o Magistrado advierta que no se cumplieron los requisitos para su otorgamiento o que estos ya no se presentan o fueron superados, o que es necesario variarla para que se cumpla, según el caso; en estos eventos no se requerirá la caución de que trata el inciso anterior.

La parte a favor de quien se otorga una medida está obligada a informar, dentro de los tres (3) días siguientes a su conocimiento, todo cambio sustancial que se produzca en las circunstancias que permitieron su decreto y que pueda dar lugar a su modificación o revocatoria. La omisión del cumplimiento de este deber, cuando la otra parte hubiere estado en imposibilidad de conocer dicha modificación, será sancionada con las multas o demás medidas que de acuerdo con las normas vigentes puede imponer el juez en ejercicio de sus poderes correccionales.

Artículo 236. Término para resolver los recursos. Los recursos procedentes contra el auto que decida sobre medidas cautelares deberán ser resueltos en un término máximo de veinte (20) días.

Artículo 237. Prohibición de reproducción del acto suspendido o anulado. Ningún acto anulado o suspendido podrá ser reproducido si conserva en esencia las mismas disposiciones anuladas o suspendidas, a menos que con posterioridad a la sentencia o al auto, hayan desaparecido los fundamentos legales de la anulación o suspensión.

Artículo 238. Procedimiento en caso de reproducción del acto suspendido. Si se trata de la reproducción del acto suspendido, bastará solicitar la suspensión de los efectos del nuevo acto, acompañando al proceso copia de este. Esta solicitud se decidirá inmediatamente, cualquiera que sea el estado del proceso y en la sentencia definitiva se resolverá si se declara o no la nulidad de ambos actos.

La solicitud de suspensión provisional será resuelta por auto del juez o Magistrado Ponente, contra el cual proceden los recursos señalados en el artículo 236, los que se decidirán de plano.

Artículo 239. Procedimiento en caso de reproducción del acto anulado. El interesado podrá pedir la suspensión provisional y la nulidad del acto que reproduce un acto anulado, mediante escrito razonado dirigido al juez que decretó la anulación, con el que acompañará la copia del nuevo acto.

Si el juez o Magistrado Ponente considera fundada la acusación de reproducción ilegal, dispondrá que se suspendan de manera inmediata los efectos del nuevo acto, ordenará que se dé traslado de lo actuado a la entidad responsable de la reproducción y convocará a una audiencia, con el objeto de decidir sobre la nulidad.

En esa audiencia, el juez o Magistrado Ponente decretará la nulidad del nuevo acto cuando encuentre demostrado que reproduce el acto anulado, y compulsará copias a las autoridades competentes para las investigaciones penales y disciplinarias a que hubiere lugar.

La solicitud será denegada, cuando de lo debatido en la audiencia se concluya que la reproducción ilegal no se configuró.

Artículo 240. Responsabilidad. Salvo los casos de suspensión provisional de actos administrativos de carácter general, cuando la medida cautelar sea revocada en el curso del proceso por considerar que su decreto era improcedente o cuando la sentencia sea desestimatoria, el solicitante responderá patrimonialmente por los perjuicios que se hayan causado, los cuales se liquidarán mediante incidente promovido dentro de los treinta (30) días siguientes a la ejecutoria de la providencia.

Las providencias que resuelvan el incidente de responsabilidad de que trata este artículo serán susceptibles del recurso de apelación o de súplica, según el caso.

Artículo 241. Sanciones[275]. El incumplimiento de una medida cautelar dará lugar a la apertura de un incidente de desacato como consecuencia del cual se podrán imponer multas sucesivas por cada día de retardo en el cumplimiento hasta por el monto de dos (2) salarios mínimos mensuales legales vigentes a cargo del renuente, sin que sobrepase cincuenta (50) salarios mínimos mensuales legales vigentes.

La sanción será impuesta por la misma autoridad judicial que profirió la orden en contra del representante legal o director de la entidad pública, o del particular responsable del cumplimiento de la medida cautelar. Esta se impondrá mediante trámite incidental y será susceptible del recurso de reposición, el cual se decidirá en el término de cinco (5) días.

El incumplimiento de los términos para decidir sobre una medida cautelar constituye falta grave.

---

[275]   Modificado por Ley 2080 de 2021.

CAPÍTULO XII
RECURSOS ORDINARIOS Y TRÁMITE

Artículo 242. Reposición[276]. El recurso de reposición procede contra todos los autos, salvo norma legal en contrario. En cuanto a su oportunidad y trámite, se aplicará lo dispuesto en el Código General del Proceso.

Artículo 243. Apelación[277]. Son apelables las sentencias de primera instancia de los Tribunales y de los Jueces. También serán apelables los siguientes autos proferidos en la misma instancia por los jueces administrativos:

1. El que rechace la demanda.

2. El que decrete una medida cautelar y el que resuelva los incidentes de responsabilidad y desacato en ese mismo trámite.

3. El que ponga fin al proceso.

4. El que apruebe conciliaciones extrajudiciales o judiciales, recurso que solo podrá ser interpuesto por el Ministerio Público.

5. El que resuelva la liquidación de la condena o de los perjuicios.

6. El que decreta las nulidades procesales.

7. El que niega la intervención de terceros.

8. El que prescinda de la audiencia de pruebas.

9. El que deniegue el decreto o práctica de alguna prueba pedida oportunamente.

Los autos a que se refieren los numerales 1, 2, 3 y 4 relacionados anteriormente, serán apelables cuando sean proferidos por los tribunales administrativos en primera instancia.

El recurso de apelación se concederá en el efecto suspensivo, salvo en los casos a que se refieren los numerales 2, 6, 7 y 9 de este artículo, que se concederán en el efecto devolutivo.

Parágrafo. La apelación solo procederá de conformidad con las normas del presente Código, incluso en aquellos trámites e incidentes que se rijan por el procedimiento civil

Artículo 243. Apelación. Son apelables las sentencias de primera instancia y los siguientes autos proferidos en la misma instancia:

1.   El que rechace la demanda o su reforma, y el que niegue total o parcialmente el mandamiento ejecutivo.

2.   El que por cualquier causa le ponga fin al proceso.

3.   El que apruebe o impruebe conciliaciones extrajudiciales o judiciales. El auto que aprueba una conciliación solo podrá ser apelado por el Ministerio Público.

4.   El que resuelva el incidente de liquidación de la condena en abstracto o de los perjuicios.

5.   El que decrete, deniegue o modifique una medida cautelar.

6.   El que niegue la intervención de terceros.

7.   El que niegue el decreto o la práctica de pruebas.

---

[276]   Modificado por Ley 2080 de 2021.
[277]   Modificado por Ley 2080 de 2021.

8.   Los demás expresamente previstos como apelables en este código o en norma especial.

Parágrafo 1°. El recurso de apelación contra las sentencias y las providencias listadas en los numerales 1 a 4 de este artículo se concederá en el efecto suspensivo. La apelación de las demás providencias se surtirá en el efecto devolutivo, salvo norma expresa en contrario.

Parágrafo 2°. En los procesos e incidentes regulados por otros estatutos procesales y en el proceso ejecutivo, la apelación procederá y se tramitará conforme a las normas especiales que lo regulan. En estos casos el recurso siempre deberá sustentarse ante el juez de primera instancia dentro del término previsto para recurrir.

Parágrafo 3°. La parte que no obre como apelante podrá adherirse al recurso interpuesto por otra de las partes, en lo que la sentencia apelada le fuere desfavorable. El escrito de adhesión, debidamente sustentado, podrá presentarse ante el juez que la profirió mientras el expediente se encuentre en su despacho, o ante el superior, hasta el vencimiento del término de ejecutoria del auto que admite la apelación.

La adhesión quedará sin efecto si se produce el desistimiento del apelante principal.

Parágrafo 4°. Las anteriores reglas se aplicarán sin perjuicio de las normas especiales que regulan el trámite del medio de control de nulidad electoral.

Artículo 243A. Providencias no susceptibles de recursos ordinarios[278]. No son susceptibles de recursos ordinarios las siguientes providencias:

1.   Las sentencias proferidas en el curso de la única o segunda instancia.

2.   Las relacionadas con el levantamiento o revocatoria de las medidas cautelares.

3.   Las que decidan los recursos de reposición, salvo que contengan puntos no decididos en el auto recurrido, caso en el cual podrán interponerse los recursos procedentes respecto de los puntos nuevos.

4.   Las que decidan los recursos de apelación, queja y súplica.

5.   Las que resuelvan los conflictos de competencia.

6.   Las decisiones que se profieran durante el trámite de impedimentos y las recusaciones, salvo lo relativo a la imposición de multas, que son susceptibles de reposición.

7.   Las que nieguen la petición regulada por el inciso final del artículo 233 de este código.

8.   Las que decidan la solicitud de avocar el conocimiento de un proceso para emitir providencia de unificación, en los términos del artículo 271 de este código.

9.   Las providencias que decreten pruebas de oficio.

10. Las que señalen fecha y hora para llevar a cabo la audiencia inicial.

11. Las que corran traslado de la solicitud de medida cautelar.

12. Las que nieguen la adición o la aclaración de autos o sentencias. Dentro de la ejecutoria del auto o sentencia que resuelva la aclaración o adición podrán interponerse los recursos procedentes contra la providencia objeto de aclaración o adición. Si se trata de sentencia, se computará nuevamente el término para apelarla.

---

[278]   Agregado por Ley 2080 de 2021.

13. Las que nieguen dar trámite al recurso de súplica, cuando este carezca de sustentación.

14. En el medio de control electoral, además de las anteriores, tampoco procede recurso alguno contra las siguientes decisiones: las de admisión o inadmisión de la demanda o su reforma; las que decidan sobre la acumulación de procesos; las que rechacen de plano una nulidad procesal, y las que concedan o admitan la apelación de la sentencia

15. Las que ordenan al perito pronunciarse sobre nuevos puntos.

16. Las que resuelven la recusación del perito.

17. Las demás que por expresa disposición de este código o por otros estatutos procesales, no sean susceptibles de recursos ordinarios.

Artículo 244. Trámite del recurso de apelación contra autos[279]. La interposición y decisión del recurso de apelación contra autos se sujetará a las siguientes reglas:

1. La apelación podrá interponerse directamente o en subsidio de la reposición. Cuando se acceda total o parcialmente a la reposición interpuesta por una de las partes, la otra podrá apelar el nuevo auto, si fuere susceptible de este recurso.

2. Si el auto se profiere en audiencia, la apelación deberá. interponerse y sustentarse oralmente a continuación de su notificación en estrados o de la del auto que niega total o parcialmente la reposición. De inmediato, el juez o magistrado dará traslado del recurso a los demás sujetos procesales, con el fin de que se pronuncien, y a continuación, resolverá si lo concede o no, de todo lo cual quedará constancia en el acta.

3. Si el auto se notifica por estado, el recurso deberá interponerse y sustentarse por escrito ante quien lo profirió, dentro de los tres (3) días siguientes a su notificación o a la del auto que niega total o parcialmente la reposición. En el medio de control electoral, este término será de dos (2) días.

De la sustentación se dará traslado por secretaría a los demás sujetos procesales por igual término, sin necesidad de auto que así lo ordene. Los términos serán comunes si ambas partes apelaron. Este traslado no procederá cuando se apele el auto que rechaza la demanda o niega total o parcialmente el mandamiento ejecutivo.

Surtido el traslado, el secretario pasará el expediente a despacho y el juez o magistrado ponente concederá el recurso en caso de que sea procedente y haya sido sustentado.

4. Una vez concedido el recurso, se remitirá el expediente al superior para que lo decida de plano.

Artículo 245. Queja[280]. Este recurso se interpondrá ante el superior cuando no se conceda, se rechace o se declare desierta la apelación, para que esta se conceda, de ser procedente.

Asimismo, cuando el recurso de apelación se conceda en un efecto diferente al señalado en la ley y cuando no se concedan los recursos extraordinarios de revisión y unificación de jurisprudencia previstos en este código.

Para su trámite e interposición se aplicará lo establecido en el artículo 353 del Código General del Proceso.

---

[279] Modificado por Ley 2080 de 2021.

[280] Modificado por Ley 2080 de 2021.

Artículo 246. Súplica[281]. El recurso de súplica procede contra los siguientes autos dictados por el magistrado ponente:

1. Los que declaren la falta de competencia o de jurisdicción en cualquier instancia.

2. Los enlistados en los numerales 1 a 8 del artículo 243 de este código cuando sean dictados en el curso de la única instancia, o durante el trámite de la apelación o de los recursos extraordinarios.

3. Los que durante el trámite de la apelación o de los recursos extraordinarios, los rechace o declare desiertos.

4. Los que rechacen de plano la extensión de jurisprudencia.

Este recurso no procede contra los autos mediante los cuales se resuelva la apelación o queja.

La súplica se surtirá en los mismos efectos previstos para la apelación de autos. Su interposición y decisión se sujetará a las siguientes reglas:

a) El recurso de súplica podrá interponerse directamente o en subsidio de la reposición. Cuando se acceda total o parcialmente a la reposición interpuesta por una de las partes, la otra podrá interponer recurso de súplica contra el nuevo auto, si fuere susceptible de este último recurso;

b) Si el auto se profiere en audiencia, el recurso deberá interponerse y sustentarse oralmente a continuación de su notificación en estrados o de la del auto que niega total o parcialmente la reposición. De inmediato, el magistrado ponente dará traslado del recurso a los demás sujetos procesales, con el fin de que se pronuncien, ya continuación ordenará remitir la actuación o sus copias al competente para decidir, según el efecto en que deba surtirse;

c) Si el auto se notifica por estado, el recurso deberá interponerse y sustentarse por escrito ante quien lo profirió dentro de los tres (3) días siguientes a su notificación o a la del auto que niega total o parcialmente la reposición. En el medio de control electoral este término será de dos (2) días.

El escrito se agregará al expediente y se mantendrá en la secretaría por dos (2) días a disposición de los demás sujetos procesales, sin necesidad de auto que así lo ordene. Este traslado no procederá cuando el recurso recaiga contra el auto que rechaza la demanda, o el que niega total o parcialmente el mandamiento ejecutivo. Surtido el traslado, el secretario pasará el expediente o sus copias al competente para decidir, según el efecto en que deba surtirse;

d) El recurso será decidido por los demás integrantes de la sala, sección o subsección de la que haga parte quien profirió el auto recurrido. Será ponente para resolverlo el magistrado que sigue en turno a aquel;

e) En aquellos casos en que el recurrente no sustente el recurso, el juez o magistrado ponente, de plano, se abstendrá de darle trámite.

Artículo 247. Trámite del recurso de apelación contra sentencias[282]. El recurso de apelación contra las sentencias proferidas en primera instancia se tramitará de acuerdo con el siguiente procedimiento:

---

[281]   Modificado por Ley 2080 de 2021.

1. El recurso deberá interponerse y sustentarse ante la autoridad que profirió la providencia, dentro de los diez (10) días siguientes a su notificación. Este término también aplica para las sentencias dictadas en audiencia.

2. Cuando el fallo de primera instancia sea de carácter condenatorio, total o parcialmente, y contra este se interponga el recurso de apelación, el juez o magistrado ponente citará a audiencia de conciliación que deberá celebrarse antes de resolverse sobre la concesión del recurso, siempre y cuando las partes de común acuerdo soliciten su realización y propongan fórmula conciliatoria.

3. Si el recurso fue sustentado oportunamente y reúne los demás requisitos legales, se concederá mediante auto en el que se dispondrá a remitir el expediente al superior. Recibido el expediente por el superior, este decidirá sobre su admisión si encuentra reunidos los requisitos.

4. Desde la notificación del auto que concede la apelación y hasta la ejecutoria del que la admite en segunda instancia, los sujetos procesales podrán pronunciarse en relación con el recurso de apelación formulado por los demás intervinientes.

5. Si fuere necesario decretar pruebas, una vez practicadas, el superior autorizará la presentación de alegatos por escrito, para lo cual concederá un término de diez (10) días. En caso contrario, no habrá lugar a dar traslado para alegar. El secretario pasará el expediente al despacho para dictar sentencia dentro de los diez (10) días siguientes de concluido el término para alegar o de ejecutoria del auto que admite el recurso.

6. El Ministerio Público podrá emitir concepto desde que se admite el recurso y hasta antes de que ingrese el proceso al despacho para sentencia.

7. La sentencia se dictará dentro de los veinte (20) días siguientes. En ella se ordenará devolver el expediente al juez de primera instancia para su obedecimiento y cumplimiento.

TÍTULO VI
RECURSOS EXTRAORDINARIOS
CAPÍTULO I
RECURSO EXTRAORDINARIO DE REVISIÓN

Artículo 248. Procedencia. El recurso extraordinario de revisión procede contra las sentencias ejecutoriadas dictadas por las secciones y subsecciones de la Sala de lo Contencioso Administrativo del Consejo de Estado, por los Tribunales Administrativos y por los jueces administrativos.

Artículo 249. Competencia[283]. De los recursos de revisión contra las sentencias dictadas por las secciones o subsecciones del Consejo de Estado conocerá la Sala Plena de lo Contencioso Administrativo sin exclusión de la sección que profirió la decisión.

De los recursos de revisión contra las sentencias ejecutoriadas proferidas por los Tribunales Administrativos conocerán las secciones y subsecciones del Consejo de Estado según la materia.

[282]   Modificado por Ley 2080 de 2021.
[283]   Modificado por Ley 2080 de 2021.

De los recursos de revisión contra las sentencias ejecutoriadas proferidas por tos jueces administrativos conocerán los Tribunales Administrativos.

Las reglas de competencia previstas en los incisos anteriores también se aplicarán para conocer de la solicitud de revisión de las decisiones judiciales proferidas en esta jurisdicción, regulada en el artículo 20 de la Ley 797 de 2003

Artículo 250. Causales de revisión. Sin perjuicio de lo previsto en el artículo 20 de la Ley 797 de 2003, son causales de revisión:

1. Haberse encontrado o recobrado después de dictada la sentencia documentos decisivos, con los cuales se hubiera podido proferir una decisión diferente y que el recurrente no pudo aportarlos al proceso por fuerza mayor o caso fortuito o por obra de la parte contraria.

2. Haberse dictado la sentencia con fundamento en documentos falsos o adulterados.

3. Haberse dictado la sentencia con base en dictamen de peritos condenados penalmente por ilícitos cometidos en su expedición.

4. Haberse dictado sentencia penal que declare que hubo violencia o cohecho en el pronunciamiento de la sentencia.

5. Existir nulidad originada en la sentencia que puso fin al proceso y contra la que no procede recurso de apelación.

6. Aparecer, después de dictada la sentencia a favor de una persona, otra con mejor derecho para reclamar.

7. No tener la persona en cuyo favor se decretó una prestación periódica, al tiempo del reconocimiento, la aptitud legal necesaria o perder esa aptitud con posterioridad a la sentencia o sobrevenir alguna de las causales legales para su pérdida.

8. Ser la sentencia contraria a otra anterior que constituya cosa juzgada entre las partes del proceso en que aquella fue dictada. Sin embargo, no habrá lugar a revisión si en el segundo proceso se propuso la excepción de cosa juzgada y fue rechazada.

Artículo 251. Término para interponer el recurso. El recurso podrá interponerse dentro del año siguiente a la ejecutoria de la respectiva sentencia.

En los casos contemplados en los numerales 3 y 4 del artículo precedente, deberá interponerse el recurso dentro del año siguiente a la ejecutoria de la sentencia penal que así lo declare.

En el caso del numeral 7, el recurso deberá presentarse dentro del año siguiente a la ocurrencia de los motivos que dan lugar al recurso.

En los casos previstos en el artículo 20 de la Ley 797 de 2003, el recurso deberá presentarse dentro de los cinco (5) años siguientes a la ejecutoria de la providencia judicial o en los casos de que ella no se requiera, dentro del mismo término contado a partir del perfeccionamiento del acuerdo transaccional o conciliatorio.

Artículo 252. Requisitos del recurso. El recurso debe interponerse mediante escrito que deberá contener:

1. La designación de las partes y sus representantes.

2. Nombre y domicilio del recurrente.

3. Los hechos u omisiones que le sirvan de fundamento.

4. La indicación precisa y razonada de la causal invocada.

Con el recurso se deberá acompañar poder para su interposición y las pruebas documentales que el recurrente tenga en su poder y solicitará las que pretende hacer valer.

Artículo 253. Trámite. Recibido el expediente, el magistrado ponente resolverá sobre la admisión del recurso[284]. Si este se inadmite por no reunir los requisitos formales exigidos en el artículo 252, se concederá al recurrente un plazo de cinco (5) días para subsanar los defectos advertidos.

El recurso se rechazará cuando:

1. No se presente en el término legal.

2. Haya sido formulado por quien carece de legitimación para hacerlo.

3. No se subsanen en término las falencias advertidas en la inadmisión.

Admitido el recurso, este auto se notificará personalmente a la otra parte y al Ministerio Público para que lo contesten dentro de los diez (10) días siguientes, si a bien lo tienen, y pidan pruebas.

Dentro de este trámite no se podrán proponer excepciones previas y tampoco procederá la reforma del recurso de revisión.

Parágrafo. En ningún caso, el trámite del recurso de revisión suspende el cumplimiento de la sentencia.

Artículo 254. Pruebas. Si se decretaren pruebas de oficio o a solicitud de parte, se señalará un término máximo de treinta (30) días para practicarlas.

Artículo 255. Sentencia[285]. Vencido el período probatorio se dictará sentencia.

 Si el competente encuentra fundada alguna de las causales de los numerales 1 a 4 y 6 a 8 del artículo 250 de este código, o la del literal b) del artículo 20 de la Ley 797 de 2003, invalidará la sentencia revisada y dictará la que en derecho corresponde.

En la sentencia que invalide la decisión revisada se resolverá sobre las restituciones, cancelaciones, perjuicios, frutos, mejoras, deterioros y demás consecuencias de dicha invalidación. Si en el expediente no existiere prueba para imponer la condena en concreto, esta se hará en abstracto y se dará cumplimiento a lo dispuesto en el artículo 193 de este código.

Si halla fundada la causal del numeral 5 del señalado artículo 250, o la del literal a) del artículo 20 de la Ley 797 de 2003, declarará la nulidad de la sentencia o de la actuación afectada con la causal que dio lugar a la revisión, y devolverá el proceso a la autoridad judicial de origen para que rehaga lo actuado o dicte sentencia de nuevo, según corresponda.

Si se declara infundado el recurso, se condenará en costas y perjuicios al recurrente.

CAPÍTULO II
RECURSO EXTRAORDINARIO DE UNIFICACIÓN DE JURISPRUDENCIA

Artículo 256. Fines. El recurso extraordinario de unificación de jurisprudencia tiene como fin asegurar la unidad de la interpretación del derecho, su aplicación uniforme y garantizar los derechos de las partes y de los terceros que resulten perjudicados con la

---

[284]   Modificado por Ley 2080 de 2021.
[285]   Modificado por Ley 2080 de 2021.

providencia recurrida y, cuando fuere del caso, reparar los agravios inferidos a tales sujetos procesales.

Artículo 257. Procedencia[286]. El recurso extraordinario de unificación de jurisprudencia procede contra las sentencias dictadas en única y en segunda instancia por los tribunales administrativos, tanto para los procesos que se rigen por el Decreto 01 de 1984 como para aquellos que se tramitan por la Ley 1437 de 2011.

Tratándose de sentencias de contenido patrimonial o económico, el recurso procederá siempre que la cuantía de la condena o, en su defecto, de las pretensiones de la demanda, sea igual o exceda de los siguientes montos vigentes al momento de la interposición del recurso:

1. Doscientos cincuenta (250) salarios mínimos mensuales legales vigentes, en los procesos de nulidad y restablecimiento del derecho en que se controviertan actos administrativos de cualquier autoridad.

2. Doscientos cincuenta (250) salarios mínimos mensuales legales vigentes, en los procesos que se promuevan sobre el monto, distribución o asignación de impuestos, contribuciones y tasas nacionales, departamentales, municipales o distritales.

3. Cuatrocientos cincuenta (450) salarios mínimos mensuales legales vigentes, en los procesos sobre contratos de las entidades estatales, en sus distintos órdenes.

4. Cuatrocientos cincuenta (450) salarios mínimos mensuales legales vigentes, en los procesos de reparación directa y en la repetición que el Estado ejerza contra los servidores o exservidores públicos y personas privadas que de conformidad con la ley cumplan funciones públicas.

Parágrafo. En los procesos de nulidad y restablecimiento del derecho de carácter laboral y pensional procederá el recurso extraordinario sin consideración de la cuantía.

Este recurso no procederá para los asuntos previstos en los artículos 86, 87 Y 88 de la Constitución Política.

Artículo 258. Causal. Habrá lugar al recurso extraordinario de unificación de jurisprudencia cuando la sentencia impugnada contraríe o se oponga a una sentencia de unificación del Consejo de Estado.

Artículo 259. Competencia. Del recurso extraordinario de unificación de jurisprudencia previsto en este capítulo conocerá, según el acuerdo correspondiente del Consejo de Estado y en atención a su especialidad, la respectiva sección de la Sala de lo Contencioso Administrativo de la misma Corporación.

Artículo 260. Legitimación. Se encuentran legitimados para interponer el recurso cualquiera de las partes o de los terceros procesales que hayan resultado agraviados por la providencia, quienes deberán actuar por medio de apoderado a quien se haya otorgado poder suficiente; sin embargo, no se requiere otorgamiento de nuevo poder.

Parágrafo. No podrá interponer el recurso quien no apeló la sentencia de primer grado ni adhirió a la apelación de la otra parte, cuando el fallo de segundo grado sea exclusivamente confirmatorio de aquella.

---

[286]   Modificado por Ley 2080 de 2021.

Artículo 261. Interposición[287]. El recurso extraordinario de unificación de juris-prudencia deberá interponerse y sustentarse por escrito ante quien expidió la providencia, a más tardar dentro los diez (10) días siguientes a su ejecutoria.

Si el recurso se interpuso y sustentó en término, el ponente lo concederá dentro de los cinco (5) días siguientes y ordenará remitir el expediente al competente para resolverlo. De lo contrario, lo rechazará o declarará desierto, según el caso.

La concesión del recurso no impide la ejecución de la sentencia, salvo cuando haya sido recurrida totalmente por ambas partes y por los terceros reconocidos en el proceso. Sin embargo, cuando el recurso no comprenda todas las decisiones, se cumplirá lo no recurrido. Lo anterior, sin perjuicio de lo regulado en el artículo 264 de este código.

Artículo 262. Requisitos del recurso. El recurso extraordinario de unificación de jurisprudencia deberá contener.

1. La designación de las partes.

2. La indicación de la providencia impugnada.

3. La relación concreta, breve y sucinta de los hechos en litigio.

4. La indicación precisa de la sentencia de unificación jurisprudencial que se estima contrariada y las razones que le sirven de fundamento.

Artículo 263. Cuantía del interés para recurrir. Cuando sea necesario tener en cuenta el valor del interés para recurrir y este no aparezca determinado, antes de resolver sobre la concesión del recurso, el ponente, en el Tribunal Administrativo, dispondrá que aquel se justiprecie por un perito, dentro del término que le señale y a costa del recurrente. Si por culpa de este, no se practica el dictamen, se declarará desierto el recurso. El dictamen no es objetable. Denegado el recurso por el Tribunal Administrativo o declarado desierto, el interesado podrá recurrir en queja ante el Consejo de Estado.

Artículo 264. Suspensión de la sentencia recurrida[288]. Cuando el recurrente fuere único, este podrá solicitar que se suspenda el cumplimiento de la providencia recurrida, para lo cual deberá prestar caución dentro de los diez (10) días siguientes a la notificación del auto que la ordene, para responder por los perjuicios que se llegaren a causar. La naturaleza y monto para prestarla serán fijados por el ponente en el tribunal. Si el recurrente no otorga la caución en la forma y términos ordenados, continuará el trámite del recurso, pero no se suspenderá la ejecución de la sentencia.

Si la caución prestada es suficiente se decretará la suspensión del cumplimiento de la sentencia en el mismo auto que conceda el recurso. Si el recurrente no otorga la caución en la forma y términos ordenados, continuará el trámite del recurso, pero no se suspenderá la ejecución de la sentencia.

Artículo 265. Admisión del recurso[289]. Concedido el recurso por el Tribunal y remitido el expediente al Consejo de Estado se someterá a reparto en la sección que corresponda.

---

[287] Modificado por Ley 2080 de 2021.

[288] Modificado por Ley 2080 de 2021.

[289] Modificado por Ley 2080 de 2021.

Si el recurso reúne los requisitos legales, el magistrado ponente lo admitirá. Si carece de los requisitos consagrados en el artículo 262, señalará los defectos para que el recurrente los subsane en el término de cinco (5) días, si este no lo hiciere, lo rechazará y ordenará devolver el expediente al despacho de origen.

El recurso también será rechazado cuando fuere improcedente, pese a haberse concedido.

Parágrafo. El recurso se rechazará de plano y se condenará en costas al recurrente, cuando no se fundamente directamente en una sentencia de unificación jurisprudencial o cuando sea evidente que esta no es aplicable al caso.

Artículo 266. Trámite del recurso. En el auto que admita el recurso se ordenará dar traslado por quince (15) días al opositor u opositores y al Ministerio Público, si este no fuere el recurrente.

Vencido el término anterior, el ponente, dentro de los diez (10) siguientes, podrá citar a las partes a audiencia que se llevará a cabo dentro de los treinta (30) días contados a partir de la ejecutoria del auto que la señale, para oír a cada parte, por el término de veinte (20) minutos, en los asuntos que considere necesario.

Celebrada la audiencia o fallida esta, por la no comparecencia de las partes, el ponente registrará proyecto de decisión, si fuere sentencia dentro de los cuarenta (40) días siguientes.

Artículo 267. Efectos de la sentencia[290]**.** Si prospera el recurso, total o parcialmente, la sala anulará, en lo pertinente, la providencia recurrida y dictará la que deba reemplazarla o adoptará las decisiones que correspondan. Si el recurso es desestimado, se condenará en costas al recurrente.

Cuando el Consejo de Estado anule una providencia que se cumplió en forma total o parcial, declarará sin efecto los actos procesales realizados con tal fin, y dispondrá que el juez de primera o única instancia proceda a las restituciones y adopte las medidas a que hubiere lugar. Además, el Consejo de Estado ordenará que en el auto de obedecimiento a lo resuelto en el recurso extraordinario se cancele la caución de que trata el artículo 264.

Si el recurso de unificación de jurisprudencia no prospera, la caución seguirá amparando los perjuicios causados, los cuales se liquidarán y aprobarán mediante incidente, ante el despacho de primera o única instancia, según el caso. Este deberá proponerse dentro de los sesenta (60) días siguientes a la notificación del auto de obedecimiento a lo resuelto por el superior.

Artículo 268. Desistimiento[291]**.** El recurrente podrá desistir del recurso mientras no se haya dictado resolución judicial que ponga fin al mismo. Si el desistimiento solo proviene de alguno de los recurrentes, el recurso continuará respecto de las personas no comprendidas en el desistimiento.

El desistimiento debe ser incondicional, salvo acuerdo de las partes, y solo perjudica a los solicitantes y a sus causahabientes.

---

[290]   Modificado por Ley 2080 de 2021.
[291]   Modificado por Ley 2080 de 2021.

A la solicitud le serán aplicables las disposiciones contenidas en el artículo 316 del Código General del Proceso, en lo pertinente, incluida la condena en costas.

Cuando el recurrente sea una entidad, órgano u organismo estatal, el desistimiento deberá estar suscrito por el apoderado judicial con autorización previa y escrita de su representante, debidamente acreditado, según lo previsto en el artículo 159 de este código.

TÍTULO VII
EXTENSIÓN Y UNIFICACIÓN DE LA JURISPRUDENCIA
CAPÍTULO I
EXTENSIÓN DE LA JURISPRUDENCIA DEL CONSEJO DE ESTADO

Artículo 269. Procedimiento para la extensión de la jurisprudencia del Consejo de Estado a terceros[292]**.** Si se niega la extensión de los efectos de una sentencia de unificación o la autoridad hubiere guardado silencio en los términos del artículo 102 de este código, el interesado, a través de apoderado, podrá acudir ante el Consejo de Estado mediante escrito razonado en el que evidencie que se encuentra en similar situación de hecho y de derecho del demandante al cual se le reconoció el derecho en la sentencia de unificación invocada.

Al escrito deberá acompañar copia de la actuación surtida ante la autoridad competente y manifestar, bajo la gravedad del juramento, que se entenderá prestado con la sola presentación de la solicitud, que no ha acudido a la jurisdicción de lo contencioso administrativo, con el fin de obtener el reconocimiento del derecho que se pretende.

Si el escrito no cumple los requisitos, se inadmitirá para que se corrija dentro del término de los diez (10) días siguientes. En caso de no hacerlo, se rechazará la solicitud de extensión.

La petición de extensión se rechazará de plano por el ponente cuando:

1. El peticionario ya hubiere acudido a la Jurisdicción de lo Contencioso Administrativo, con el fin de obtener el reconocimiento del derecho que se pretende en la solicitud de extensión.

2. Se haya presentado extemporáneamente.

3. Se pida extender una sentencia que no sea de unificación.

4. La sentencia de unificación invocada no sea de aquellas que reconocen un derecho.

5. Haya operado la caducidad del medio de control procedente o la prescripción total del derecho reclamado.

6. Se establezca que no procede la extensión solicitada por no existir o no estar acreditada la similitud entre la situación planteada por el peticionario y la sentencia de unificación invocada.

De cumplir con los requisitos se admitirá la solicitud y del escrito se dará traslado a la entidad frente a la cual se solicita la extensión y a la Agencia Nacional de Defensa Jurídica del Estado, por el término común de treinta (30) días, para que aporten las pruebas que consideren pertinentes. La entidad convocada y la Agencia Nacional de Defensa Jurídica del Estado solo podrán oponerse a la extensión, por las mismas razones a las que se refiere el artículo 102 de este Código.

---

[292]   Modificado por Ley 2080 de 2021.

Vencido el término de traslado referido anteriormente, las partes y el Ministerio Público podrán presentar por escrito sus alegaciones en el término común de diez (10) días, sin necesidad de auto que lo ordene.

Dentro de los treinta (30) días siguientes al vencimiento del término anterior, se decidirá la petición. Si la solicitud se estima procedente, la Sala ordenará por escrito la extensión de la jurisprudencia y el reconocimiento del derecho a que hubiere lugar. Esta decisión tendrá los mismos efectos del fallo extendido.

Cuando resulte pertinente se convocará a audiencia de alegatos en la cual se adoptará la decisión a que haya lugar. A esta audiencia se podrá ordenar la presencia del funcionario de la entidad que tenga la competencia para decidir el asunto, el cual tendrá la obligación de asistir so pena de incurrir en falta grave.

Si la extensión del fallo implica el reconocimiento de un derecho patrimonial al peticionario, que deba ser liquidado, la liquidación se hará en la misma decisión con base en las pruebas aportadas.

De no existir acervo probatorio suficiente para la liquidación, la decisión se dictará en abstracto, caso en el cual la liquidación se hará, a petición de la parte interesada, mediante el trámite incidental previsto en el artículo 193 de este código para la liquidación de condenas. El peticionario promoverá el incidente mediante escrito presentado dentro de los treinta (30) días siguientes a la ejecutoria de la decisión que ordene la extensión, ante la autoridad judicial que habría sido competente para conocer del medio de control en relación con el asunto que dio lugar a la extensión de la jurisprudencia.

Contra la decisión que liquide el derecho patrimonial procede el recurso de reposición, exclusivamente por desacuerdo en su monto.

Negada la solicitud de extensión, el interesado podrá acudir a la autoridad para que resuelva de fondo el asunto, según las reglas generales, si no lo hubiere decidido con anterioridad. En este caso, el pronunciamiento de la autoridad podrá ser susceptible de control judicial por el medio de control de nulidad y restablecimiento del derecho, cuando este proceda.

Si ya existiere decisión administrativa de fondo, o si el medio de control procedente no requiere pronunciamiento expreso de la entidad, con la ejecutoria de la providencia que niega la extensión se reanudará el término para demandar, conforme a las reglas establecidas para la presentación de la demanda.

Si el Consejo de Estado encuentra que la solicitud de extensión de jurisprudencia es manifiestamente improcedente condenará en costas al peticionario.

Parágrafo 1. La sola decisión sobre extensión de jurisprudencia no será causal de impedi-mento o recusación del funcionario judicial.

Parágrafo 2. En ningún caso, se tramitará el mecanismo de extensión de jurisprudencia si la materia o asunto no es de conocimiento de la jurisdicción de lo contencioso administrativo, según las reglas previstas en los artículos 104 y 105 de este código.

Artículo 270. Sentencias de unificación jurisprudencial[293]. Para los efectos de este Código se tendrán como sentencias de unificación jurisprudencial las que profiera o haya proferido el Consejo de Estado por importancia jurídica o trascendencia eco-

---

[293]   Modificado por Ley 2080 de 2021.

nómica o social o por necesidad de unificar o sentar jurisprudencia o precisar su alcance o resolver las divergencias en su interpretación y aplicación; las proferidas al decidir los recursos extraordinarios y las relativas al mecanismo eventual de revisión previsto en el artículo 36A de la Ley 270 de 1995, adicionado por el artículo 11 de la Ley 1285 de 2009.

Artículo 271. Decisiones por importancia jurídica, trascendencia económica o social o necesidad de sentar jurisprudencia o precisar su alcance o resolver las divergencias en su interpretación y aplicación[294]. Por razones de importancia jurídica, trascendencia económica o social o necesidad de sentar o unificar jurisprudencia o precisar su alcance o resolver las divergencias en su interpretación y aplicación que ameriten la expedición de una sentencia o auto de unificación jurisprudencial, el Consejo de Estado podrá asumir conocimiento de los asuntos pendientes de fallo o de decisión interlocutoria. Dicho conocimiento podrá asumirse de oficio; por remisión de las secciones o subsecciones del Consejo de Estado, o de los tribunales; a solicitud de parte, o por solicitud de la Agencia Nacional de Defensa Jurídica del Estado o del Ministerio Público. Los procesos susceptibles de este mecanismo que se tramiten ante los tribunales administrativos deben ser de única o de segunda instancia.

En estos casos, corresponde a la Sala Plena de lo Contencioso Administrativo del Consejo de Estado dictar sentencias y autos de unificación jurisprudencial sobre los asuntos que provengan de sus secciones. Las secciones de la Sala de lo Contencioso Administrativo del Consejo de Estado dictarán sentencias y autos de unificación en esos mismos eventos, en relación con los asuntos que provengan de las subsecciones de la corporación, de los despachos de los magistrados que las integran, o de los tribunales, según el caso. Las decisiones que pretendan unificar o sentar jurisprudencia sobre aspectos procesales que sean transversales a todas las secciones del Consejo de Estado, solo podrán ser proferidas por la Sala Plena de lo Contencioso Administrativo.

Para asumir el trámite a solicitud de parte o de la Agencia Nacional de Defensa Jurídica del Estado, la petición deberá formularse hasta antes de que se registre ponencia de fallo. Si la petición proviene de un consejero de Estado, del tribunal administrativo, o del Ministerio Público, esta podrá formularse sin la limitación temporal anterior. La Agencia Nacional de Defensa Jurídica del Estado solo podrá solicitarlo cuando previamente haya intervenido o se haya hecho parte dentro del proceso.

La petición contendrá una exposición sobre las circunstancias que imponen el conocimiento del proceso y las razones que determinan la importancia jurídica o trascendencia económica o social o la necesidad de unificar o sentar jurisprudencia, o precisar su alcance o resolver las divergencias en su interpretación y aplicación.

La petición que se formule para que el Consejo de Estado asuma el conocimiento del proceso no suspenderá su trámite, salvo que el Consejo de Estado adopte dicha decisión.

La instancia competente decidirá si avoca o no el conocimiento del asunto, mediante auto no susceptible de recursos.

Parágrafo. El Consejo de Estado implementará un mecanismo electrónico de fácil acceso que permita comunicar y alertar a sus integrantes y a la ciudadanía en general respecto de aquellas materias o temas que estén en trámite en la Corporación, y que por

---

[294] Modificado por Ley 2080 de 2021.

su importancia jurídica, trascendencia económica o social o por necesidad de unificar o sentar jurisprudencia o precisar su alcance o resolver las divergencias en su interpretación y aplicación, puedan ser propuestos para ser asumidos de oficio por la Sala Plena de lo Contencioso Administrativo, para los fines previstos en este artículo.

Este mecanismo también permitirá que los juzgados y tribunales del país informen sobre procesos en trámite en los respectivos distritos judiciales que por tener circunstancias similares, puedan ser asumidos por el Consejo de Estado para los fines de este artículo. Así mismo, servirá para advertir las divergencias en la interpretación o aplicación de las sentencias y autos de unificación por parte del Consejo de Estado.

CAPITULO II
MECANISMO EVENTUAL DE REVISIÓN

Artículo 272. Finalidad de la revisión eventual en las acciones populares y de grupo. La finalidad de la revisión eventual establecida en el artículo 36A de la Ley 270 de 1996, Estatutaria de Administración de Justicia, adicionado por artículo 11 de la Ley 1285 de 2009, es la de unificar la jurisprudencia en tratándose de los procesos promovidos para la protección de los derechos e intereses colectivos y la reparación de daños causados a un grupo y, en consecuencia, lograr la aplicación de la ley en condiciones iguales frente a la misma situación fáctica y jurídica.

Artículo 273. Procedencia. La revisión eventual procederá, a petición de parte o del Ministerio Público, contra las sentencias o providencias que determinen la finalización o archivo de los procesos promovidos para la protección de los derechos e intereses colectivos y la reparación de daños causados a un grupo, proferidas por los Tribunales Administrativos, que no sean susceptibles del recurso de apelación ante el Consejo de Estado, en los siguientes casos:

1. Cuando la providencia objeto de la solicitud de revisión presente contradicciones o divergencias interpretativas, sobre el alcance de la ley aplicada entre tribunales.

2. Cuando la providencia objeto de la solicitud se oponga en los mismos términos a que se refiere el numeral anterior a una sentencia de unificación del Consejo de Estado o a jurisprudencia reiterada de esta Corporación.

Artículo 274. Competencia y trámite. De la revisión eventual conocerá la sección que el reglamento determine según su especialidad y para su trámite se observarán las siguientes reglas:

1. La petición deberá formularse dentro de los ocho (8) días siguientes al de la ejecutoria de la sentencia o providencia con la cual se ponga fin al respectivo proceso.

2. En la petición deberá hacerse una exposición razonada sobre las circunstancias que imponen la revisión, y acompañarse a la misma copia de las providencias relacionadas con la solicitud.

3. Los Tribunales Administrativos, dentro del término de ocho (8) días contados a partir de la radicación de la petición, deberán remitir, con destino a la correspondiente sección que el reglamento determine, el expediente, para que dentro del término máximo de tres (3) meses, a partir de su recibo, esta resuelva, mediante auto motivado, sobre la petición de revisión.

4. Cuando se decida no seleccionar una determinada providencia, cualquiera de las partes o el Ministerio Público podrá insistir en su petición, dentro de los cinco (5) días

siguientes a la notificación de dicha decisión. La decisión de selección o no selección y la resolución de la insistencia serán motivadas.

5. La sentencia sobre las providencias seleccionadas para revisión será proferida, con el carácter de Sentencia de Unificación por la sección que el reglamento determine según su especialidad, dentro de los seis (6) meses siguientes a la fecha de su selección.

6. Si prospera la revisión, total o parcialmente, se invalidará, en lo pertinente, la sentencia o el auto, y se dictará la providencia de reemplazo o se adoptarán las disposiciones que correspondan, según el caso. Si la sentencia impugnada se cumplió en forma total o parcial, la Sentencia de Unificación dejará sin efectos los actos procesales realizados y dispondrá que el juez inferior ejecute las órdenes sobre las restituciones y adopte las medidas a que haya lugar.

Parágrafo. La presentación de la solicitud y el trámite de la revisión eventual no suspende la ejecución de la providencia objeto del mismo.

TÍTULO VIII

DISPOSICIONES ESPECIALES PARA EL TRÁMITE Y DECISIÓN DE LAS PRETENSIONES DE CONTENIDO ELECTORAL

Artículo 275. Causales de anulación electoral. Los actos de elección o de nombramiento son nulos en los eventos previstos en el artículo 137 de este Código y, además, cuando:

1. Se haya ejercido cualquier tipo de violencia sobre los nominadores, los electores o las autoridades electorales.

2. Se hayan destruido los documentos, elementos o el material electoral, así como cuando se haya ejercido cualquier tipo de violencia o sabotaje contra estos o contra los sistemas de votación, información, transmisión o consolidación de los resultados de las elecciones.

3. Los documentos electorales contengan datos contrarios a la verdad o hayan sido alterados con el propósito de modificar los resultados electorales.

4. Los votos emitidos en la respectiva elección se computen con violación del sistema constitucional o legalmente establecido para la distribución de curules o cargos por proveer.

5. Se elijan candidatos o se nombren personas que no reúnan las calidades y requisitos constitucionales o legales de elegibilidad o que se hallen incursas en causales de inhabilidad.

6. Los jurados de votación o los miembros de las comisiones escrutadoras sean cónyuges, compañeros permanentes o parientes de los candidatos hasta en tercer grado de consanguinidad, segundo de afinidad o único civil.

7. Tratándose de la elección por voto popular por circunscripciones distintas a la nacional, los electores no sean residentes en la respectiva circunscripción.

8. Tratándose de la elección por voto popular, el candidato incurra en doble militancia política al momento de la elección[295].

---

[295]   La referencia al momento de la elección fue declarada INEXEQUIBLE por la Corte Constitucional mediante Sentencia C-334 de 2014.

Artículo 276. Trámite de la demanda. Recibida la demanda deberá ser repartida a más tardar el día siguiente hábil y se decidirá sobre su admisión dentro de los tres (3) días siguientes.

El auto admisorio de la demanda no es susceptible de recursos y quedará en firme al día siguiente al de la notificación por estado al demandante.

Si la demanda no reúne los requisitos formales mediante auto no susceptible de recurso se concederá al demandante tres (3) días para que los subsane. En caso de no hacerlo se rechazará.

Contra el auto que rechace la demanda procede el recurso de súplica ante el resto de los Magistrados o de reposición ante el juez administrativo en los procesos de única instancia y el de apelación en los de primera, los cuales deberán presentarse debidamente sustentados dentro de los dos (2) días siguientes al de la notificación de la decisión.

Artículo 277. Contenido del auto admisorio de la demanda y formas de practicar su notificación. Si la demanda reúne los requisitos legales se admitirá mediante auto, en el que se dispondrá:

1. Que se notifique personalmente al elegido o nombrado, con sujeción a las siguientes reglas:

a) Cuando hubiere sido elegido o nombrado para un cargo unipersonal o se demande la nulidad del acto por las causales 5 y 8 del artículo 275 de este Código relacionadas con la falta de las calidades y requisitos previstos en la Constitución, la ley o el reglamento, o por hallarse incursos en causales de inhabilidad o en doble militancia política al momento de la elección, la notificación personal se surtirá en la dirección suministrada por el demandante, mediante entrega de copia de la providencia que haga el citador a quien deba ser notificado, previa identificación de este mediante documento idóneo, y suscripción del acta respectiva en la que se anotará la fecha en que se práctica la notificación, el nombre del notificado y la providencia a notificar.

b) Si no se puede hacer la notificación personal de la providencia dentro de los dos (2) días siguientes a su expedición en la dirección informada por el demandante o este manifiesta que la ignora, se notificará al elegido o nombrado, sin necesidad de orden especial, mediante aviso que se publicará por una vez en dos (2) periódicos de amplia circulación en el territorio de la respectiva circunscripción electoral.

c) El aviso deberá señalar su fecha y la de la providencia que se notifica, el nombre del demandante y del demandado, y la naturaleza del proceso, advirtiendo que la notificación se considerará surtida en el término de cinco (5) días contados a partir del día siguiente al de su publicación.

Igualmente, en el aviso de publicación se informará a la comunidad de la existencia del proceso, para que cualquier ciudadano con interés, dentro del mismo término anterior, intervenga impugnando o coadyuvando la demanda, o defendiendo el acto demandado.

La copia de la página del periódico en donde aparezca el aviso se agregará al expediente. Igualmente, copia del aviso se remitirá, por correo certificado, a la dirección indicada en la demanda como sitio de notificación del demandado y a la que figure en el directorio telefónico del lugar, de lo que se dejará constancia en el expediente.

d) Cuando se demande la elección por voto popular a cargos de corporaciones públicas con fundamento en las causales 1, 2, 3, 4, 6 y 7 del artículo 275 de este Código relacionadas con irregularidades o vicios en la votación o en los escrutinios, caso en el cual se entenderán demandados todos los ciudadanos elegidos por los actos cuya nulidad se pretende, se les notificará la providencia por aviso en los términos de los literales anteriores.

e) Los partidos o movimientos políticos y los grupos significativos de ciudadanos quedarán notificados mediante la publicación de los avisos aludidos.

f) Las copias de la demanda y de sus nexos quedarán en la Secretaría a disposición del notificado, y el traslado o los términos que conceda el auto notificado solo comenzarán a correr tres (3) días después de la notificación personal o por aviso, según el caso.

g) Si el demandante no acredita las publicaciones en la prensa requeridas para surtir las notificaciones por aviso previstas en los literales anteriores, dentro de los veinte (20) días siguientes a la notificación al Ministerio Público del auto que la ordena, se declarará terminado el proceso por abandono y se ordenará archivar el expediente.

2. Que se notifique personalmente a la autoridad que expidió el acto y a la que intervino en su adopción, según el caso, mediante mensaje dirigido al buzón electrónico para notificaciones judiciales, en los términos previstos en este Código.

3. Que se notifique personalmente al Ministerio Público, en los términos previstos de este Código.

4. Que se notifique por estado al actor.

5. Que se informe a la comunidad la existencia del proceso a través del sitio web de la Jurisdicción de lo Contencioso Administrativo o, en su defecto, a través de otros medios eficaces de comunicación, tales como radio o televisión institucional, teniendo en cuenta el alcance o ámbito de aplicación del acto de elección demandado.

6. Que, en tratándose de elección por voto popular, se informe al Presidente de la respectiva corporación pública, para que por su conducto se entere a los miembros de la corporación que han sido demandados.

En el caso de que se haya pedido la suspensión provisional del acto acusado, la que debe solicitarse en la demanda, se resolverá en el mismo auto admisorio, el cual debe ser proferido por el juez, la sala o sección. Contra este auto solo procede en los procesos de única instancia el recurso de reposición y, en los de primera, el de apelación.

Artículo 278. Reforma de la demanda. La demanda podrá reformarse por una sola vez dentro de los tres (3) días siguientes a la notificación del auto admisorio de la demanda al demandante y se resolverá dentro de los tres (3) días siguientes. Podrán adicionarse cargos contra el acto cuya nulidad se pretende siempre que no haya operado la caducidad, en caso contrario se rechazará la reforma en relación con estos cargos.[296] Contra el auto que resuelva sobre la admisión de la reforma de la demanda no procederá recurso.

Artículo 279. Contestación de la demanda. La demanda podrá ser contestada dentro de los quince (15) días siguientes al día de la notificación personal del auto admisorio de la demanda al demandado o al día de la publicación del aviso, según el caso.

Artículo 280. Prohibición del desistimiento. En los procesos electorales no habrá lugar al desistimiento de la demanda.

---

[296] La referencia a la caducidad fue declarada EXEQUIBLE por la Corte Constitucional, mediante Sentencia C-437 de 2013.

Artículo 281. Improcedencia de acumulación de causales de nulidad objetivas y subjetivas. En una misma demanda no pueden acumularse causales de nulidad relativas a vicios en las calidades, requisitos e inhabilidades del elegido o nombrado, con las que se funden en irregularidades en el proceso de votación y en el escrutinio.

La indebida acumulación dará lugar a la inadmisión de la demanda para que se presenten de manera separada, sin que se afecte la caducidad del medio de control.

Artículo 282. Acumulación de procesos. Deberán fallarse en una sola sentencia los procesos en que se impugne un mismo nombramiento, o una misma elección cuando la nulidad se impetre por irregularidades en la votación o en los escrutinios.

Por otra parte, también se acumularán los procesos fundados en falta de requisitos o en inhabilidades cuando se refieran a un mismo demandado.

En el Consejo de Estado y en los Tribunales Administrativos, vencido el término para contestar la demanda en el proceso que llegue primero a esta etapa, el Secretario informará al Magistrado Ponente el estado en que se encuentren los demás, para que se proceda a ordenar su acumulación.

En los juzgados administrativos y para efectos de la acumulación, proferido el auto admisorio de la demanda el despacho ordenará remitir oficios a los demás juzgados del circuito judicial comunicando el auto respectivo.

La decisión sobre la acumulación se adoptará por auto. Si se decreta, se ordenará fijar aviso que permanecerá fijado en la Secretaría por un (1) día convocando a las partes para la diligencia de sorteo del Magistrado Ponente o del juez de los procesos acumulados. Contra esta decisión no procede recurso. El señalamiento para la diligencia se hará para el día siguiente a la desfijación del aviso.

Esta diligencia se practicará en presencia de los jueces, o de los Magistrados del Tribunal Administrativo o de los Magistrados de la Sección Quinta del Consejo de Estado a quienes fueron repartidos los procesos y del Secretario y a ella podrán asistir las partes, el Ministerio Público y los demás interesados.

La falta de asistencia de alguna o algunas de las personas que tienen derecho a hacerlo no la invalidará, con tal que se verifique la asistencia de la mayoría de los jueces o Magistrados, o en su lugar del Secretario y dos testigos.

Artículo 283. Audiencia inicial. Al día siguiente del vencimiento del término para contestar la demanda, el juez o Magistrado Ponente, mediante auto que no tendrá recurso, fijará fecha para la celebración de la audiencia inicial, la cual se llevará a cabo en un término no menor de cinco (5) días ni mayor de ocho (8) días a la fecha del auto que la fijé. Dicha audiencia tiene por objeto proveer al saneamiento, fijar el litigio y decretar pruebas.

Cuando se trate de asuntos de puro derecho o no fuere necesario practicar pruebas, se procederá en la forma establecida en este Código para el proceso ordinario.

Artículo 284. Nulidades. Las nulidades de carácter procesal se regirán por lo dispuesto en el artículo 207 de este Código. La formulación extemporánea de nulidades se rechazará de plano y se tendrá como conducta dilatoria del proceso. Contra el auto que rechaza de plano una nulidad procesal no habrá recursos.

Artículo 285. Audiencia de pruebas. La audiencia de pruebas se regirá por lo establecido en este Código para el proceso ordinario.

Cuando se trate de pruebas documentales constitutivas de los antecedentes del acto de elección por voto popular, se deberán solicitar al Registrador Nacional de Estado Civil o al Consejo Nacional Electoral, quienes tendrán la obligación de enviarlos de manera inmediata.

Artículo 286. Audiencia de alegaciones y de juzgamiento. Practicadas las pruebas el juez o Magistrado Ponente fijará la fecha para la audiencia de alegaciones y de juzgamiento, la cual se sujetará a lo previsto para el proceso ordinario en este Código.

Artículo 287. Presupuestos de la sentencia anulatoria del acto de elección popular. Para garantizar el respeto de la voluntad legítima mayoritaria de los electores habrá lugar a declarar la nulidad de la elección por voto popular, cuando el juez establezca que las irregularidades en la votación o en los escrutinios son de tal incidencia que de practicarse nuevos escrutinios serían otros los elegidos.

Artículo 288. Consecuencias de la sentencia de anulación. Las sentencias que disponen la nulidad del acto de elección tendrán las siguientes consecuencias:

1. Cuando se declare la nulidad del acto de elección por la causal señalada en el numeral 1 del artículo 275 de este Código se ordenará repetir o realizar la elección en el puesto o puestos de votación afectados.

Si los actos de violencia afectaron el derecho de voto a más del veinticinco (25) por ciento de los ciudadanos inscritos en el censo de una circunscripción electoral, se ordenará repetir la elección en toda la circunscripción.

2. Cuando se anule la elección, la sentencia dispondrá la cancelación de las credenciales correspondientes, declarar la elección de quienes finalmente resulten elegidos y les expedirá su credencial, si a ello hubiere lugar. De ser necesario el juez de conocimiento practicará nuevos escrutinios.

3. En los casos previstos en los numerales 5 y 8 del artículo 275 de este Código, la nulidad del acto de elección por voto popular implica la cancelación de la respectiva credencial que se hará efectiva a la ejecutoria de la sentencia.

4. Cuando la nulidad del acto de elección sea declarada con fundamento en la causal 6 del artículo 275 de este Código, se anularán únicamente los votos del candidato o candidatos respecto de quiénes se configure esta situación y no afectará a los demás candidatos.

Si como consecuencia de lo resuelto debiere practicarse por el juez, tribunal o por el Consejo de Estado un nuevo escrutinio, se señalará en la misma sentencia día y hora para ello. Este señalamiento no podrá hacerse para antes del segundo día hábil siguiente al de la ejecutoria del fallo ni para después del quinto, contado en la misma forma. Estos términos podrán ampliarse prudencialmente cuando para la práctica de la diligencia fuere necesario allegar documentos que se encuentren en otras dependencias. En tal caso se dispondrá, solicitarlos a la autoridad, funcionario o corporación en cuyo poder se encuentren, a fin de que los envíen a la mayor brevedad posible, bajo pena de multa de quince (15) a cien (100) salarios mínimos mensuales legales vigentes por toda demora injustificada, sin perjuicio de que se envíen copias de las piezas pertinentes del expediente a las autoridades competentes con el fin de que se investiguen las posibles infracciones a la legislación penal.

Corresponderá al Consejo de Estado ejecutar las sentencias que ordenen la práctica de un nuevo escrutinio, cuando hubieren sido dictadas en procesos de que conoce esta entidad en única instancia. En los demás casos la ejecución corresponderá al juez o tribunal que hubiere dictado el fallo de primera instancia. Estas reglas se aplicarán igualmente cuando se trate de la rectificación total o parcial de un escrutinio.

Parágrafo. En los casos de nulidad por irregularidades en el proceso de votación y de escrutinios, la autoridad judicial que haga el nuevo escrutinio expedirá el acto de elección y las respectivas credenciales a quienes resulten elegidos y, por el mismo hecho, quedarán sin valor ni efecto las expedidas a otras personas.

Artículo 289. Notificación y comunicación de la sentencia. La sentencia se notificará personalmente, el día siguiente a su expedición, a las partes y al agente del Ministerio Público. Transcurridos dos (2) días sin que se haya hecho notificación personal, se notificará por edicto, que durará fijado por tres (3) días. Una vez ejecutoriada, la sentencia se comunicará de inmediato por el Secretario a las entidades u organismos correspondientes.

Artículo 290. Aclaración de la sentencia. Hasta los dos (2) días siguientes a aquel en el cual quede notifica, podrán las partes o el Ministerio Público pedir que la sentencia se aclare. La aclaración se hará por medio de auto que se notificará por estado al día siguiente de dictado y contra él no será admisible recurso alguno. En la misma forma se procederá cuando la aclaración sea denegada.

Artículo 291. Adición de la sentencia. Contra el auto que niegue la adición no procede recurso alguno.

Artículo 292. Apelación de la sentencia. El recurso se interpondrá y sustentará ante él a quo en el acto de notificación o dentro de los cinco (5) días siguientes, y se concederá en el efecto suspensivo. Si el recurso no es sustentado oportunamente el inferior lo declarará desierto y ejecutoriada la sentencia.

Sustentado el recurso, se enviará al superior a más tardar al día siguiente para que decida sobre su admisión. Si reúne los requisitos legales, será admitido mediante auto en el que ordenará a la Secretaría poner el memorial que lo fundamente a disposición de la parte contraria, por tres (3) días. Si ambas partes apelaren, los términos serán comunes.

Contra el auto que concede y el qué admite la apelación no procede recurso.

Parágrafo. Los Secretarios serán responsables de las demoras que ocurran en el envío de los expedientes.

Artículo 293. Trámite de la segunda instancia. El trámite de la segunda instancia se surtirá de conformidad con las siguientes reglas:

1. El reparto del negocio se hará a más tardar dentro del segundo día a su llegada al tribunal o al Consejo de Estaco. El mismo día, o al siguiente, el ponente dispondrá en un solo auto sobre la admisión del recurso y que el expediente permanezca en Secretaría por tres (3) días para que las partes presenten sus alegatos por escrito.

2. Vencido el término de alegatos previa entrega del expediente, el agente del Ministerio Público deberá presentar su concepto, dentro de los cinco (5) días siguientes.

3. Los términos para fallar se reducirán a la mitad de los señalados para la primera instancia.

4. La apelación contra los autos se decidirá de plano.

5. En la segunda instancia no se podrán proponer hechos constitutivos de nulidad que debieron ser alegados en primera instancia, salvo la falta de competencia funcional y la indebida notificación del auto admisorio de la demanda al demandado o a su representarte.

Artículo 294. Nulidades originadas en la sentencia. La nulidad procesal originada en la sentencia únicamente procederá por incompetencia funcional, indebida notificación del auto admisorio de la demanda al demandado o a su representante, por omisión de la etapa de alegaciones y cuando la sentencia haya sido adoptada por un número inferior de Magistrados al previsto por la ley.

Mediante auto no susceptible de recuso, el juez o Magistrado Ponente rechazará de plano por improcedente la solicitud de nulidad contra la sentencia que se funde en causal distinta de las mencionadas.

Artículo 295. Peticiones impertinentes. La presentación de peticiones impertinentes, así como la interposición de recursos y nulidades improcedentes serán considerados como formas de dilatar el proceso y se sancionarán con multa de cinco (5) a diez (10) salarios mínimos mensuales legales vigentes.

Artículo 296. Aspectos no regulados. En lo no regulado en este título se aplicarán las disposiciones del proceso ordinario en tanto sean compatibles con la naturaleza del proceso electoral.

TÍTULO IX
PROCESO EJECUTIVO

Artículo 297. Título Ejecutivo. Para los efectos de este Código, constituyen título ejecutivo:

1. Las sentencias debidamente ejecutoriadas proferidas por la Jurisdicción de lo Contencioso Administrativo, mediante las cuales se condene a una entidad pública al pago de sumas dinerarias.

2. Las decisiones en firme proferidas en desarrollo de los mecanismos alternativos de solución de conflictos, en las que las entidades públicas queden obligadas al pago de sumas de dinero en forma clara, expresa y exigible.

3. Sin perjuicio de la prerrogativa del cobro coactivo que corresponde a los organismos y entidades públicas, prestarán mérito ejecutivo los contratos, los documentos en que consten sus garantías, junto con el acto administrativo a través del cual se declare su incumplimiento, el acta de liquidación del contrato, o cualquier acto proferido con ocasión de la actividad contractual, en los que consten obligaciones claras, expresas y exigibles, a cargo de las partes intervinientes en tales actuaciones.

4. Las copias auténticas de los actos administrativos con constancia de ejecutoria, en los cuales conste el reconocimiento de un derecho o la existencia de una obligación clara, expresa, y exigible a cargo de la respectiva autoridad administrativa. La autoridad que expida el acto administrativo tendrá el deber de hacer constar que la copia auténtica corresponde al primer ejemplar.

Artículo 298. Procedimiento[297]. Una vez transcurridos los términos previstos en el artículo 192 de este código, sin que se haya cumplido la condena impuesta por esta jurisdicción, el juez o magistrado competente, según el factor de conexidad, librará mandamiento ejecutivo según las reglas previstas en el Código General del Proceso para la ejecución de providencias, previa solicitud del acreedor.

---

[297] Modificado por Ley 2080 de 2021.

Si el título lo constituye una conciliación aprobada por esta jurisdicción o un laudo arbitral en que hubiere sido parte una entidad pública, el mandamiento ejecutivo se librará, previa solicitud del acreedor, una vez transcurridos seis (6) meses desde la firmeza de la decisión o desde la fecha que en ella se señale, bajo las mismas condiciones y consecuencias establecidas para las sentencias como título ejecutivo. En este caso, se observarán las reglas establecidas en el Código General del Proceso para la ejecución de providencias judiciales.

Si la ejecución se inicia con título derivado de conciliación aprobada por esta jurisdicción, se aplicará el factor de competencia por conexidad. Si la base de ejecución es un laudo arbitral, operarán los criterios de competencia por cuantía y territorial, definidos en este código.

Parágrafo. Los defectos formales del título ejecutivo podrán declararse por el juez de oficio en la sentencia o en el auto que ordene seguir adelante la ejecución, según fuere el caso.

Artículo 299. De la ejecución en materia de contratos[298]. Salvo lo establecido en este código para el cobro coactivo a favor de las entidades públicas, en la ejecución de los títulos derivados de las actuaciones relacionadas con contratos celebrados por entidades públicas, se observarán las reglas establecidas en el Código General del Proceso para el proceso ejecutivo. El juez competente se determinará de acuerdo con los factores de competencia territorial y de cuantía, establecidos en este código.

En relación con el mandamiento de pago, regulado en el artículo 430 del Código General del Proceso, en la jurisdicción de lo contencioso administrativa se aplicarán las siguientes reglas:

Presentada la demanda acompañada de documento que preste mérito ejecutivo, el juez librará mandamiento ordenando al demandado que cumpla la obligación en la forma pedida, si fuere procedente, o en la que aquel considere legal.

Los requisitos formales del título ejecutivo sólo podrán discutirse mediante recurso de reposición contra el mandamiento ejecutivo. No se admitirá ninguna controversia sobre los requisitos del título que no haya sido planteada por medio de dicho recurso. No obstante, los defectos formales del título ejecutivo podrán reconocerse o declararse por el juez de oficio en la sentencia o en el auto que ordene seguir adelante la ejecución, según fuere el caso.

TÍTULO X
EL MINISTERIO PÚBLICO

Artículo 300. Intervención del Ministerio Público. El Procurador General de la Nación intervendrá ante la Jurisdicción de lo Contencioso Administrativo directamente o:

1. Ante el Consejo de Estado, por medio de los Procuradores delegados distribuidos por el Procurador General de la Nación entre las secciones de la Sala de lo Contencioso Administrativo.

2. Ante los Tribunales Administrativos y Juzgados Administrativos del Circuito, por medio de los Procuradores Judiciales para asuntos administrativos distribuidos por el Procurador General de la Nación.

---

[298]   Modificado por Ley 2080 de 2021.

Artículo 301. Calidades. Los procuradores delegados y judiciales deberán reunir las mismas calidades que se requieren para ser miembros de la corporación ante la cual habrán de actuar.

Artículo 302. Designación. Los procuradores delegados y judiciales ante la Jurisdicción de lo Contencioso Administrativo serán designados por el Procurador General de la Nación de acuerdo con sus competencias.

Artículo 303. Atribuciones del Ministerio Público. El Ministerio Público está facultado para actuar como demandante o como sujeto procesal especial y podrá intervenir en todos los procesos e incidentes que se adelanten ante la Jurisdicción de lo Contencioso Administrativo en defensa del orden jurídico, del patrimonio público y de los derechos y garantías fundamentales.

En los procesos ejecutivos se notificará personalmente al Ministerio Público el mandamiento de pago, la sentencia y el primer auto en la segunda instancia.

Además, tendrá las siguientes atribuciones especiales:

1. Solicitar la vinculación al proceso de los servidores o ex servidores públicos, que con su conducta dolosa o gravemente culposa, hayan dado lugar a la presentación de demandas que pretendan la reparación patrimonial a cargo de cualquier entidad pública.

2. Solicitar que se declare la nulidad de actos administrativos.

3. Pedir que se declare la nulidad absoluta de los contratos estatales.

4. Interponer los recursos contra los autos que aprueben o imprueben acuerdos logrados en conciliación judicial.

5. Interponer los recursos extraordinarios de que trata este Código.

6. Solicitar la aplicación de la figura de la extensión de la jurisprudencia, y la aplicación del mecanismo de revisión eventual de providencias de que trata este Código.

7. Adelantar las conciliaciones prejudiciales o extrajudiciales.

Parágrafo. Presentada la solicitud de la conciliación, el agente del Ministerio Público, de oficio o por solicitud de la parte convocante, verificará la existencia de jurisprudencia unificada que resulte aplicable al caso, de acuerdo con lo regulado en el presente Código sobre la materia.

De confirmarlo, si la autoridad demandada expresa su negativa a conciliar, suspenderá la audiencia para que el respectivo comité de conciliación reconsidere su posición y si es del caso, proponga una fórmula de arreglo para la reanudación de la audiencia o manifieste las razones por las cuales considera que no es aplicable la jurisprudencia unificada.

TÍTULO XI
PLAN ESPECIAL DE DESCONGESTIÓN, RÉGIMEN DE TRANSICIÓN, VIGENCIA Y DEROGATORIAS

Artículo 304. Plan Especial de Descongestión[299.] Dentro del año siguiente contado a partir de la promulgación de la ley, el Consejo Superior de la Judicatura con la

---

[299]   Artículo declarado EXEQUIBLE por la Corte Constitucional mediante Sentencia C-334 de 2012.

participación del Consejo de Estado, preparará y adoptará, entre otras medidas transitorias, un Plan Especial de Descongestión de la Jurisdicción de lo Contencioso Administrativo, cuyo objetivo es el de llevar hasta su terminación todos los procesos judiciales promovidos antes de la entrada en vigencia de la presente ley y que se encuentren acumulados en los juzgados y tribunales administrativos y en el Consejo de Estado.

El Plan Especial de Descongestión funcionará bajo la metodología de Gerencia de Proyecto, adscrito a la Sala Administrativa del Consejo Superior de la Judicatura, la cual contratará un gerente de proyecto de terna presentada por la Sala Plena del Consejo de Estado, corporación que tendrá en cuenta, especialmente, a profesionales con experiencia en diagnósticos sobre congestión judicial, conocimiento especializado sobre el funcionamiento la Jurisdicción de lo Contencioso Administrativo y en dirección y ejecución de proyectos en grandes organizaciones. El gerente de proyecto será responsable de dirigir la ejecución del plan y coordinar las tareas operativas con el Consejo de Estado, los tribunales y juzgados de lo contencioso administrativo y las demás instancias administrativas o judiciales involucradas.

El Plan Especial de Descongestión se ejecutará en el grupo de despachos judiciales seleccionados para el efecto, de acuerdo con los volúmenes de negocios a evacuar y funcionará en forma paralela a los despachos designados para asumir las nuevas competencias y procedimientos establecidos en esté Código. Estos despachos quedarán excluidos del reparto de acciones constitucionales.

El Plan Especial de Descongestión tendrá dos fases que se desarrollarán con base en los siguientes parámetros:

1. Fase de Diagnóstico. Será ejecutada por personal contratado para el efecto, diferente a los empleados de los despachos. En ella se realizarán al menos las siguientes tareas:

a) Inventario real de los procesos acumulados en cada despacho.

b) Clasificación técnica de los procesos que cursan en cada despacho, aplicando metodologías de clasificación por especialidad, afinidad temática, cuantías, estado del trámite procesal, entre otras.

c) Inventario clasificado de los procesos que cursan en cada circuito, distrito y acumulado nacional.

d) Costeo y elaboración del presupuesto especial para el Plan Especial de Descongestión.

e) Análisis del mapa real de congestión y definición de las estrategias y medidas a tomar con base en los recursos humanos, financieros y de infraestructura física y tecnológica disponibles.

f) Determinación de los despachos especiales que tendrán a su cargo el plan de descongestión, asignando la infraestructura física y tecnológica apropiada.

3. (Sic) Fase de Ejecución. En ella se realizarán al menos las siguientes labores:

a) Capacitación de los funcionarios y empleados participantes.

b) Entrega de los procesos clasificados a evacuar por cada despacho, y señalamiento de metas.

c) Publicación y divulgación del plan a la comunidad en general y a todos los estamentos interesados.

d) Coordinación, seguimiento y control a la ejecución del plan.

La ejecución del Plan Especial de Descongestión no podrá sobrepasar el término de cuatro (4) años contados a partir de su adopción por parte del Consejo de Estado y el Consejo Superior de la Judicatura.

Artículo 305. Implantación del nuevo sistema procesal. Con el fin de conseguir la transición hacia la implantación del nuevo régimen procesal y de competencias previstos en este Código, el Consejo Superior de la Judicatura con la participación del Consejo de Estado, deberá realizar los análisis necesarios y tomar las decisiones correspondientes, por lo menos, en los siguientes asuntos:

1. Implantación de los nuevos despachos y su distribución a nivel de circuitos y distritos judiciales con base en las nuevas funciones y competencias y demás aspectos del nuevo régimen que permitan determinar la demanda de servidos por cada despacho, tribunal o corporación de la jurisdicción.

2. Número actual de jueces, magistrado y demás servidores judiciales para determinar, de acuerdo con las cargas esperadas de trabajo, los ajustes necesarios con el fin de atender con eficacia y eficiencia el nuevo sistema y, en consecuencia, asignar el personal requerido.

3. Previsión de la demanda y ejecución de planes de capacitación en el nuevo sistema a los jueces, magistrados y demás servidores judiciales.

4. Definición y dotación de la infraestructura requerida para el normal funcionamiento de la jurisdicción bajo el nuevo régimen y en particular en cuanto a las sedes, salas de audiencia, sistemas de grabación, equipos de video, computación, entre otros recursos físicos y tecnológicos.

5. Diseño y puesta en operación de sistemas de información ordenados en este Código y los demás necesarios para su desarrollo y la adecuada administración de justicia en lo contencioso administrativo.

Artículo 306. Aspectos no regulados. En los aspectos no contemplados en este Código se seguirá el Código de Procedimiento Civil en lo que sea compatible con la naturaleza de los procesos y actuaciones que correspondan a la Jurisdicción de lo Contencioso Administrativo.

Artículo 307. Recursos para la implementación y desarrollo del Código. La implementación y desarrollo de la presente ley se atenderá con los recursos que el Gobierno Nacional viene asignando a La Rama Judicial, en cumplimiento de lo dispuesto en el parágrafo transitorio del artículo 10 de la Ley 1285 de 2009, de acuerdo con las disponibilidades presupuestales, el Marco Fiscal de Mediano Plazo y el Marco de Gastos de Mediano Plazo.

Artículo 308. Régimen de transición y vigencia. El presente Código comenzará a regir el dos (2) de julio del año 2012.

Este Código sólo se aplicará a los procedimientos y las actuaciones administrativas que se inicien, así como a las demandas y procesos que se instauren con posterioridad a la entrada en vigencia.

Los procedimientos y las actuaciones administrativas, así como las demandas y procesos en curso a la vigencia de la presente ley seguirán rigiéndose y culminarán de conformidad con el régimen jurídico anterior.

Artículo 309. Derogaciones. Deróguense a partir de la vigencia dispuesta en el artículo anterior todas las disposiciones que sean contrarias a este Código, en especial, el

Decreto 01 de 1984, el Decreto 2304 de 1989, los artículos 30 a 63 y 164 de la Ley 446 de 1998, la Ley 809 de 2003, la Ley 954 de 2005, la Ley 1107 de 2006, el artículo 73 de la Ley 270 de 1996[300], el artículo 9° de la Ley 962 de 2005, y los artículos 57 a 72 del Capítulo V, 102 a 112 del Capítulo VIII y 114 de la Ley 1395 de 2010.

Derogase también el inciso 5° del artículo 35 de la Ley 640 del 2001, modificado por el artículo 52 de la Ley 1395 de 2010, en la siguiente frase: "cuando en el proceso de que se trate, y se quiera solicitar el decreto y la práctica de medidas cautelares, se podrá acudir directamente a la jurisdicción".

NOTA DEL EDITOR: *El artículo de Derogatoria de la Ley 2080 de 2021 de reforma del Código, es el siguiente:*

Artículo 87. Derogatoria. Deróguense las siguientes disposiciones a partir de la vigencia de esta ley: el artículo 148A: el inciso 4° del artículo 192; la expresión «Dicho auto es susceptible del recurso de apelación» del artículo 193; el artículo 226; el inciso 2° del artículo 232, la expresión «contra el cual proceden los recursos señalados en el artículo 236, los que se decidirán de plano» del inciso 2° del artículo 238; el inciso 2° del artículo 240; el inciso final del artículo 276 de la Ley 1437 de 2011; los artículos 612 y 616 de la Ley 1564 de 2012; la expresión «Para el efecto será competente el Juez de lo Contencioso Administrativo en única instancia» del inciso 2° del numeral 6.3 del artículo 6 de la Ley 1150 de 2007; y el artículo 295 de la Ley 685 de 2001 por la cual se expide el Código de Minas y se dictan otras disposiciones.

.

---

[300]   La referencia al artículo 73 de la Ley 270 de 1996 fue declarada EXEQUIBLE por la Corte Constitucional mediante Sentencia C-818 de 2011.

COSTA RICA

CÓDIGO PROCESAL CONTENCIOSO-ADMINISTRATIVO
DECRETO LEGISLATIVO Nº 8508 24 ABRIL DE 2006
EXPEDIENTE Nº 15.134
SAN JOSÉ - COSTA RICA
8508

LA ASAMBLEA LEGISLATIVA DE LA REPÚBLICA DE
COSTA RICA

DECRETA:

CÓDIGO PROCESAL CONTENCIOSO-ADMINISTRATIVO

TÍTULO I

LA JURISDICCIÓN ADMINISTRATIVA Y CIVIL DE HACIENDA

CAPÍTULO I
NATURALEZA, EXTENSIÓN Y LÍMITES DE LA
JURISDICCIÓN ADMINISTRATIVA

Artículo 1.- 1) La Jurisdicción Contencioso-Administrativa, establecida en el artículo 49 de la Constitución Política, tiene por objeto tutelar las situaciones jurídicas de toda persona, garantizar o restablecer la legalidad de cualquier conducta de la Administración Pública sujeta al Derecho administrativo, así como conocer y resolver los diversos aspectos de la relación jurídico-administrativa.

2) Los motivos de ilegalidad comprenden cualquier infracción, por acción u omisión, al ordenamiento jurídico, incluso la desviación de poder.

3) Para los fines de la presente Ley, se entenderá por Administración Pública:

   a) La Administración central.

   b) Los Poderes Legislativo, Judicial y el Tribunal Supremo de Elecciones, cuando realicen funciones administrativas.

   c) La Administración descentralizada, institucional y territorial, y las demás entidades de Derecho público.

Artículo 2.- La Jurisdicción Contencioso-Administrativa y Civil de Hacienda también conocerá lo siguiente:

a)   La materia de contratación administrativa, incluso los actos preparatorios con efecto propio, así como la adjudicación, interpretación, efectos y extinción, cualquiera que sea su naturaleza jurídica.

b)   Las cuestiones de responsabilidad patrimonial de la Administración Pública y sus funcionarios.

c)   Los procesos ordinarios que la Ley orgánica del Poder Judicial y las demás leyes atribuyan, exclusivamente, a la vía civil de Hacienda, los cuales se tramitarán de conformidad con la presente Ley.

d)   Los procesos sumarios y civiles de Hacienda, distintos de los ordinarios, los cuales se tramitarán con arreglo a la ley específica que corresponda a cada uno de ellos.

e)   Las conductas o relaciones regidas por el Derecho público, aunque provengan de personas privadas o sean estas sus partes.

f)   Los procesos ordinarios en los que intervenga una empresa pública.

g)   Las demás materias que le sean atribuidas, expresamente, por ley.

Artículo 3.- La Jurisdicción Contencioso-Administrativa y Civil de Hacienda no conocerá las pretensiones siguientes:

a)   Las relacionadas con la conducta de la Administración Pública en materia de relaciones de empleo público, las cuales serán de conocimiento de la jurisdicción laboral.

b)   Las concernientes a los actos de relación entre los Poderes del Estado o con motivo de las relaciones internacionales, sin perjuicio de las indemnizaciones procedentes, cuya determinación corresponderá a la Jurisdicción Contencioso-Administrativa.

Artículo 4.- La competencia de la Jurisdicción Contencioso-Administrativa y Civil de Hacienda se extenderá al conocimiento y la decisión de las cuestiones prejudiciales, directamente relacionadas con el proceso contencioso-administrativo, aunque no pertenezcan a esta materia, salvo las de naturaleza penal. Tal decisión no producirá efecto fuera del proceso en el que se dicte, y podrá ser revisada por la jurisdicción correspondiente.

Artículo 5.- 1) La Jurisdicción Contencioso-Administrativa y Civil de Hacienda será improrrogable.

2)   Cuando el Tribunal aprecie, de oficio, la falta de competencia, oirá previamente a las partes.

3)   La declaración de incompetencia será fundada y siempre se dictará indicando la jurisdicción que se estime competente; si la parte demandante se apersona ante ella en el plazo de un mes, se entenderá que hizo la gestión ante la autoridad correspondiente, en la fecha en que se inició el plazo para incoar el proceso contencioso-administrativo.

4)   Cualquiera de las partes o el despacho ante el que se remite, podrá manifestar su inconformidad contra lo resuelto sobre la competencia, dentro del plazo de tres

días. Todos los conflictos de competencia serán resueltos por el Tribunal de Casación de lo Contencioso-Administrativo y Civil de Hacienda.

CAPÍTULO II
ÓRGANOS

Artículo 6.-La Jurisdicción Contencioso-Administrativa y Civil de Hacienda será ejercida por los siguientes órganos:

a)   Los juzgados de lo Contencioso-Administrativo y Civil de Hacienda.

b)   Los tribunales de lo Contencioso-Administrativo y Civil de Hacienda.

c)   El Tribunal de Casación de lo Contencioso-Administrativo y Civil de Hacienda.

d)   La Sala Primera de la Corte Suprema de Justicia.

Artículo 7.-Para determinar la competencia territorial de los tribunales, se observarán las siguientes reglas:

a)   El Tribunal tendrá competencia sobre las conductas administrativas que se adopten originariamente dentro de la circunscripción judicial donde ejerza funciones.

b)   Cuando la conducta administrativa se presente en el límite de dos circunscripciones judiciales o en varias de ellas, será competente el Tribunal que haya prevenido en el conocimiento de la causa. Se considerará que ha prevenido, quien haya dictado la primera providencia o resolución del proceso.

c)   En los casos en los que se haya conocido la conducta en ejercicio de potestades jerárquicas, sean propias o impropias, prevalecerá el lugar del dictado del acto de origen.

Artículo 8.-Además de lo previsto en el Código Procesal Civil, los jueces de lo Contencioso-Administrativo y Civil de Hacienda estarán sujetos a las siguientes causas de inhibitoria cuando:

a)   Hayan participado en la conducta activa u omisiva objeto del proceso, o se hayan pronunciado, previa y públicamente, respecto de ellas.

b)   Tengan parentesco, dentro del tercer grado de consanguinidad o segundo de afinidad, con las autoridades superiores de la jerarquía administrativa que participó en la conducta sometida a su conocimiento y decisión.

c)   Se encuentren en igual relación con la autoridad o los funcionarios que hayan participado en la conducta sometida a proceso o informado respecto de ella.

TÍTULO II
PARTES

CAPÍTULO I
CAPACIDAD PROCESAL

Artículo 9.- Tendrán capacidad procesal ante la Jurisdicción Contencioso-Administrativa y Civil de Hacienda, además de los sujetos que la ostenten de conformidad con la legislación común:

a)   Los menores de edad, cuando puedan hacerlo en forma directa, sin necesidad de que concurra su representante.

b) Los grupos, las uniones sin personalidad o los patrimonios independientes o autónomos, afectados en sus intereses legítimos, sin necesidad de estar integrados en estructuras formales de personas jurídicas. Para el reclamo de daños y perjuicios en los supuestos de este apartado, será necesario comprobar la titularidad de la situación jurídica lesionada de quien demanda. Igual regla se aplicará para los supuestos contenidos en los apartados c) y d) del artículo 10 de este Código.

CAPÍTULO II
LEGITIMACIÓN

Artículo 10.-1) Estarán legitimados para demandar:

a) Quienes invoquen la afectación de intereses legítimos o derechos subjetivos.

b) Las entidades, las corporaciones y las instituciones de Derecho público, y cuantas ostenten la representación y defensa de intereses o derechos de carácter general, gremial o corporativo, en cuanto afecten tales intereses o derechos, y los grupos regidos por algún estatuto, en tanto defiendan intereses colectivos.

c) Quienes invoquen la defensa de intereses difusos y colectivos.

d) Todas las personas por acción popular, cuando así lo disponga expresamente, la ley.

e) La Administración, además de los casos comprendidos en el párrafo quinto del presente artículo, cuando se haya causado un daño o perjuicio a los intereses públicos, a la Hacienda Pública, y para exigir responsabilidad contractual y extracontractual.

2) Podrán impugnar directamente disposiciones reglamentarias, quienes ostenten, respecto de estas, algún interés legítimo, individual o colectivo, o algún derecho subjetivo, sin que se requiera acto de aplicación individual.

3) Igualmente estarán legitimados la Defensoría de los Habitantes y, en materia de Hacienda Pública, la Contraloría General de la República, cuando pretenda asegurar o restablecer la legalidad de las actuaciones u omisiones sujetas a su fiscalización o tutela.

4) Cualquier interesado que haya sido afectado en sus intereses legítimos o derechos subjetivos, podrá pedir la declaratoria, el reconocimiento o el restablecimiento de una situación jurídica, con reparación patrimonial o sin ella.

5) La Administración podrá impugnar un acto propio, firme y creador de algún derecho subjetivo, cuando el superior jerárquico supremo haya declarado, en resolución fundada, que es lesivo a los intereses públicos.

Artículo 11.- Si, durante las audiencias, una parte tiene dos o más personas abogadas, estas deberán distribuirse el uso de la palabra y las demás funciones, lo cual deberá ser comunicado a la jueza o al juez tramitador o al Tribunal, según el caso.

Artículo 12.- Se considerará parte demandada:

1) La Administración Pública autora de la conducta administrativa objeto del proceso, salvo cuando se trate de los Poderes Ejecutivo, Legislativo, Judicial y del Tribunal Supremo de Elecciones; en este caso, se demandará al Estado.

2) Los órganos administrativos con personalidad jurídica instrumental, en tanto sean autores de la conducta administrativa objeto del proceso, conjuntamente con el Estado o el ente al que se encuentren adscritos.

3) Las personas físicas o jurídicas que hayan derivado derechos e intereses legítimos de la conducta administrativa objeto del proceso.

4) Cualquier otra persona que haya sido llamada al proceso como responsable, en su carácter funcional o personal.

5) La Contraloría General de la República:

 a) Conjuntamente con el Estado, cuando el proceso tenga por objeto la conducta administrativa de aquella, relacionada con el ejercicio de su competencia constitucional y legal.

 b) Conjuntamente con el ente fiscalizado, cuando el proceso tenga por objeto una conducta administrativa sometida a su control, en el ejercicio de sus potestades de fiscalización o tutela superior de la Hacienda Pública.

6) Cuando una entidad dicte algún acto o disposición que, para su firmeza, requiera previo control, autorización, aprobación o conocimiento, por parte de un órgano del Estado o de otra entidad administrativa, se tendrá como parte demandada:

 a) El Estado o la entidad que dictó el acto o la disposición fiscalizados, si el resultado de la fiscalización ha sido aprobatorio.

 b) La entidad que ha ejercido la fiscalización, si esta no ha aprobado el acto o la disposición.

7) Cuando una entidad dicte algún acto o disposición, que en virtud de un recurso administrativo no jerárquico -facultativo u obligatorio- deba ser conocido por parte de un órgano del Estado o de otra entidad administrativa, se tendrá como parte demandada:

 a) El Estado o la entidad que dictó el acto, cuando este ha sido confirmado.

 b) La entidad que, conociendo el recurso, anula, revoca o reforma la conducta cuestionada.

8) Si el demandante funda sus pretensiones en la ilegalidad de una disposición general, se considerará también parte demandada a la Administración autora de esta, aunque la actuación recurrida no procede de ella.

Artículo 13.- 1) Podrá intervenir como coadyuvante de cualquiera de las partes, el que tenga interés indirecto en el objeto del proceso; para ello, podrá apersonarse en cualquier estado de este, sin retroacción de términos.

2) El coadyuvante no podrá pedir nada para sí, ni podrá cambiar la pretensión a la que coadyuva; pero podrá hacer todas las alegaciones de hecho y derecho, así como usar todos los recursos y medios procedimentales para hacer valer su interés, excepto en lo que perjudique al coadyuvado.

3) La oposición a la intervención del coadyuvante deberá formularse dentro de los tres días posteriores a la notificación del respectivo apersonamiento, o bien, en la audiencia preliminar. En este último supuesto, el juez resolverá ahí mismo. Si ya se ha superado esa etapa procesal, deberá ser resuelta en forma interlocutoria.

4) La parte coadyuvante no devengará ni pagará costas por razón de su intervención en el proceso.

Artículo 14.- 1) Cuando la legitimación de las partes derive de alguna relación jurídica transmisible, el causahabiente podrá suceder, en cualquier estado del proceso, a la persona que inicialmente haya actuado como parte.

2)   Si por disposición legal, estando en curso una reclamación en vía administrativa o jurisdiccional, la competencia o atribución respectiva se transfiere a otra entidad con personería jurídica propia, el proceso continuará con el sustituto, contra el que se tendrá por enderezada la demanda, de oficio o a gestión de parte.

Artículo 15.- 1) Se considerarán también partes del proceso:

   a)   Los terceros que intervengan con pretensiones propias respecto de la conducta objeto del proceso.

   b)   Quienes sean llamados, de oficio o a instancia de parte, en calidad principal o accesoria.

2)   La participación del tercero podrá hacerse valer en cualquier momento antes del dictado de la sentencia, y tomará el proceso en el estado en el que se encuentre, siempre que ello no sirva para burlar los plazos de caducidad.

CAPÍTULO III
REPRESENTACIÓN Y DEFENSA DE LAS PARTES

Artículo 16.-En la Jurisdicción Contencioso-Administrativa y Civil de Hacienda, la representación y defensa de la Administración central, de los Poderes del Estado, el Tribunal Supremo de Elecciones, la Contraloría General de la República y la Defensoría de los Habitantes de la República, en tanto ejerzan función administrativa, corresponderá a la Procuraduría General de la República.

Artículo 17.- La representación y defensa de las entidades descentralizadas o de los particulares, se regirá, respectivamente, por las leyes especiales o por la legislación común.

Artículo 18.-Quienes actúen como demandados, en virtud de lo dispuesto en el artículo 12 de este Código, o como coadyuvantes, con excepción de la Contraloría General de la República, podrán litigar unidos y bajo una misma representación y dirección, dirección, siempre que sus posiciones no sean contradictorias.

TÍTULO III
MEDIDAS CAUTELARES
CAPÍTULO ÚNICO

Artículo 19.-1) Durante el transcurso del proceso o en la fase de ejecución, el tribunal o el juez respectivo podrá ordenar, a instancia de parte, las medidas cautelares adecuadas y necesarias para proteger y garantizar, provisionalmente, el objeto del proceso y la efectividad de la sentencia.

2)   Tales medidas también podrán ser adoptadas por el tribunal o el juez respectivo, a instancia de parte, antes de iniciado el proceso.

Artículo 20.-Las medidas cautelares podrán contener la conservación del estado de cosas, o bien, efectos anticipativos o innovativos, mediante la regulación o satisfacción provisional de una situación fáctica o jurídica sustancial. Por su medio, el tribunal o el juez respectivo podrá imponerle, provisionalmente, a cualquiera de las partes del proceso, obligaciones de hacer, de no hacer o de dar.

Si la medida involucra conductas administrativas activas u omisiones con elementos discrecionales, o vicios en el ejercicio de su discrecionalidad, estará sujeta a lo dispuesto en el numeral 128 de este Código.

Artículo 21.-La medida cautelar será procedente cuando la ejecución o permanencia de la conducta sometida a proceso, produzca graves daños o perjuicios, actuales o potenciales, de la situación aducida, y siempre que la pretensión no sea temeraria o, en forma palmaria, carente de seriedad.

Artículo 22.-Para otorgar o denegar alguna medida cautelar, el tribunal o el juez respectivo deberá considerar, especialmente, el principio de proporcionalidad, ponderando la eventual lesión al interés público, los daños y los perjuicios provocados con la medida a terceros, así como los caracteres de instrumentalidad y provisionalidad, de modo que no se afecte la gestión sustantiva de la entidad, ni se afecte en forma grave la situación jurídica de terceros.

También deberá tomar en cuenta las posibilidades y previsiones financieras que la Administración Pública deberá efectuar para la ejecución de la medida cautelar.

Artículo 23.-Una vez solicitada la medida cautelar, el tribunal o el juez respectivo, de oficio o a gestión de parte, podrá adoptar y ordenar medidas provisionalísimas de manera inmediata y prima facie, a fin de garantizar la efectividad de la que se adopte finalmente. Tales medidas deberán guardar el vínculo necesario con el objeto del proceso y la medida cautelar requerida.

Artículo 24.-1) El tribunal o el respectivo juez o la jueza dará audiencia a las partes hasta por tres días, acerca de la solicitud de la medida, salvo lo previsto en el artículo siguiente, de este Código.

2) Transcurrido ese plazo, el tribunal o el respectivo juez o jueza resolverá lo procedente, excepto si estima necesario realizar una audiencia oral, en cuyo caso la realizará en un plazo máximo de tres días hábiles.

Artículo 25.-1) En casos de extrema urgencia, el tribunal o el juez respectivo, a solicitud de parte, podrá disponer las medidas cautelares, sin necesidad de conceder audiencia. Para tal efecto, el Tribunal o el respectivo juez podrá fijar caución o adoptar cualquier otra clase de contracautela, en los términos dispuestos en el artículo 28 de este Código.

2) Habiéndose adoptado la medida cautelar en las condiciones señaladas en el apartado anterior, se dará audiencia por tres días a las partes del proceso, sin efectos suspensivos para la ejecución de la medida cautelar ya dispuesta. Una vez transcurrido el plazo indicado, el juez podrá hacer una valoración de los alegatos y las pruebas aportados, para mantener, modificar o revocar lo dispuesto.

Artículo 26.-1) Cuando se solicite una medida cautelar antes de que inicie el proceso esta será del conocimiento del juez tramitador o de la jueza tramitadora a quien el tribunal designe que, por turno, le corresponde el conocimiento del asunto.

2) En caso de que la medida cautelar sea concedida, la demanda deberá presentarse en el plazo de quince días, contados a partir del día siguiente de la notificación del auto que la acoge; de lo contrario, se ordenará su levantamiento y se condenará a la parte solicitante al pago de los daños y perjuicios causados, los cuales se liquidarán por el trámite de ejecución de sentencia.

Artículo 27.-El auto que ordena una medida cautelar deberá ser comunicado en forma inmediata, a fin de lograr su pronta y debida ejecución. El tribunal o el juez respectivo podrá disponer todas las medidas adecuadas y necesarias; para ello, aplican todas las regulaciones establecidas en el título VIII de este Código, incluso los recursos ordinarios en el efecto devolutivo y con trámite preferente.

Artículo 28.- 1) El tribunal respectivo, el juez o la jueza al disponer la medida cautelar, podrá exigir que se rinda caución o cualquier otra medida de contracautela, suficiente y proporcionada para la protección de los derechos e intereses de alguna de las partes, de terceros o del interés público.

2)   Contra el auto que resuelva la caución u otra contracautela, cabrá recurso de apelación, dentro del tercer día, para ante el Tribunal de Casación de lo Contencioso- Administrativo.

3)   La caución o garantía podrá constituirse en cualesquiera de las formas admitidas en Derecho.

4)   La medida cautelar dispuesta no se ejecutará hasta que se compruebe haber cumplido con la contracautela o, en su caso, hasta tanto la caución esté rendida y acreditada en autos.

5)   Levantada la medida cautelar al término del proceso o por cualquier otra causa, la Administración Pública o la persona que pretenda tener derecho al resarcimiento por los daños y perjuicios causados con su ejecución, deberá solicitarlo ante el tribunal, el juez o la jueza respectiva, por medio de un simple escrito, dentro de los dos meses siguientes a la fecha de cesación de los efectos de la medida. Si la solicitud no se formula dentro de dicho plazo o no se acredita el derecho, la garantía constituida se cancelará seguidamente y se devolverá a quien corresponda.

Artículo 29.-1) Cuando varíen las circunstancias de hecho que motivaron la adopción de alguna medida cautelar, el tribunal, el juez o la jueza respectiva, de oficio o a instancia de parte, podrá modificarla o suprimirla.

2)   En igual forma, cuando varíen las circunstancias de hecho que dieron motivo al rechazo de la medida solicitada, el tribunal, el juez o la jueza respectiva, de oficio o a instancia de parte, podrá considerar nuevamente la procedencia de aquella u otra medida cautelar.

Artículo 30.-Contra el auto que resuelva la medida cautelar cabrá recurso de apelación, con efecto devolutivo, para ante el Tribunal de Casación de lo Contencioso-Administrativo, el cual deberá interponerse en el plazo de tres días hábiles.

TÍTULO IV
OBJETO Y PRETENSIONES

CAPÍTULO I
GESTIONES PREJUDICIALES

Artículo 31.-1) El agotamiento de la vía administrativa será facultativo, salvo para lo dispuesto en los artículos 173 y 182 de la Constitución Política.

2) En todo caso, si se opta por apelar la conducta administrativa ante un jerarca impropio, este deberá resolver el recurso administrativo planteado, dentro del plazo máximo de un mes.

3) Si en los procesos establecidos contra el Estado, bajo la representación judicial de la Procuraduría General de la República, se ha acudido directamente a la vía jurisdiccional, sin haber agotado la vía administrativa, el juez tramitador, en el mismo auto que da traslado de la demanda, concederá un plazo de ocho días hábiles previos al emplazamiento previsto en el artículo 63 de este Código, a efecto de que el superior jerárquico supremo del órgano o la entidad competente, de acuerdo con las reglas del artículo 126 de la Ley general de la Administración Pública, confirme, o bien, modifique, anule, revoque o cese la conducta administrativa impugnada, en beneficio del administrado y sin suspensión de los procedimientos. Vencido el plazo indicado, si el jerarca supremo guarda silencio o mantiene la conducta impugnada, empezará a correr automáticamente el plazo otorgado para la contestación de la demanda, a partir del día hábil siguiente y sin necesidad de resolución que así lo disponga. Igual regla se seguirá cuando la demanda se interponga en forma conjunta contra el Estado y una entidad descentralizada.

4) Si en los procesos establecidos contra cualquier entidad de la Administración Pública descentralizada, se ha acudido directamente a la vía jurisdiccional sin haber agotado la vía administrativa, el juez tramitador, en el mismo auto que da traslado a la demanda, comunicará al superior jerárquico supremo de la entidad competente, de acuerdo con las reglas del artículo 126 de la Ley general de la Administración Pública, que dentro de los primeros ocho días del emplazamiento, sin suspensión de los procedimientos, podrá confirmar, o bien, modificar, anular, revocar, o cesar la conducta administrativa impugnada, en beneficio del administrado. Vencido el plazo indicado, si el jerarca supremo guarda silencio o mantiene la conducta impugnada, continuará corriendo automáticamente el plazo otorgado para la contestación de la demanda, sin necesidad de resolución que así lo disponga.

5) Si dentro del plazo de los ocho días hábiles señalado en los apartados anteriores, la Administración Pública modifica, anula, revoca, cesa, enmienda o corrige la conducta administrativa adoptada, en beneficio del administrado, se tendrá por terminado el proceso en lo pertinente, sin especial condenatoria en costas y sin perjuicio de que continúe para el reconocimiento de los derechos relativos al restablecimiento de la situación jurídica del actor, incluso de la eventual indemnización de los daños y perjuicios ocasionados.

6) Cuando se formule el recurso ordinario correspondiente ante la Administración Pública y esta no notifique su resolución dentro de un mes, podrá tenerse por desestimado y por agotada la vía administrativa.

7) Si el recurso es resuelto expresamente, el plazo para formular la demanda se contará desde el día siguiente de la notificación respectiva.

Artículo 32.- Cuando se formule alguna solicitud ante la Administración Pública y esta no notifique su decisión en el plazo de dos meses, el interesado podrá considerar desestimada su gestión, a efecto de formular, facultativamente, el recurso administrativo ordinario o a efecto de presentar el proceso contencioso-administrativo, según elija, salvo que a dicho silencio se le otorgue efecto positivo de conformidad con el ordenamiento jurídico.

Artículo 33.- 1) Cuando se opte por el agotamiento de la vía administrativa, la demanda se dirigirá, indistintamente, contra el acto que sea objeto de los recursos ordinarios, contra el que resuelva estos recursos expresamente o por silencio administrativo o contra ambos a la vez.

2)   No obstante, si el acto que decide el recurso ordinario reforma el impugnado, la demanda se deducirá contra aquel, sin necesidad de recurso alguno.

Artículo 34.- 1) Cuando la propia Administración, autora de algún acto declarativo de derechos, pretenda demandar su anulación ante la Jurisdicción Contencioso-Administrativa, previamente el superior jerárquico supremo deberá declararlo lesivo a los intereses públicos, económicos o de cualquier otra naturaleza. El plazo máximo para ello será de un año, contado a partir del día siguiente a aquel en que haya sido dictado, salvo si el acto contiene vicios de nulidad absoluta, en cuyo caso, dicha declaratoria podrá hacerse mientras perduren sus efectos. En este último supuesto, el plazo de un año correrá a partir de que cesen sus efectos y la sentencia que declare la nulidad lo hará, únicamente, para fines de su anulación e inaplicabilidad futura.

2)   La lesividad referente a la tutela de bienes del dominio público no estará sujeta a plazo.

3)   Corresponderá al Consejo de Gobierno la declaratoria de lesividad de los actos administrativos dictados por dos o más ministerios, o por estos con algún ente descentralizado. En tales supuestos, no podrán ser declarados lesivos por un ministro de distinto ramo.

4)   La declaratoria de lesividad de los actos dictados por órganos administrativos con personalidad jurídica instrumental, será emitida por el superior jerárquico supremo.

5)   La pretensión de lesividad no podrá deducirse por la vía de la contrademanda.

Artículo 35.- 1) Cuando se impugne una conducta omisiva de la Administración Pública, el interesado podrá requerir, al órgano o el ente respectivo para que en el plazo de quince días adopte la conducta debida. Si transcurrido dicho plazo la omisión persiste, quedará expedita la vía contencioso-administrativa.

2)   De haberse acudido directamente a la vía jurisdiccional, el juez o el Tribunal concederá, al jerarca supremo de la entidad o el órgano competente, un plazo máximo de quince días hábiles, con suspensión del proceso, para que cumplimente la conducta debida. De hacerlo así, se dará por terminado el proceso sin especial condenatoria en costas, sin perjuicio de continuarlo para el restablecimiento pleno de la situación jurídica de la persona lesionada. Si, transcurrido dicho plazo, se mantiene total o parcialmente, la omisión, el proceso continuará su curso, sin necesidad de resolución que así lo disponga.

CAPÍTULO II

CONDUCTA ADMINISTRATIVA OBJETO DEL PROCESO

Artículo 36.- La pretensión administrativa será admisible respecto de lo siguiente:

a)   Las relaciones sujetas al ordenamiento jurídico-administrativo, así como a su existencia, inexistencia o contenido.

b)   El control del ejercicio de la potestad administrativa.

c)   Los actos administrativos, ya sean finales, definitivos o de trámite con efecto propio.

d)   Las actuaciones materiales de la Administración Pública.

e)   Las conductas omisivas de la Administración Pública.

f)   Cualquier otra conducta sujeta al Derecho administrativo.

Artículo 37.-1) Los actos que para su eficacia requieran publicación, serán impugnables a partir del día siguiente a esta.

2)   Serán impugnables los actos de aplicación individual de las disposiciones generales, aun cuando estas últimas no sean objeto de impugnación.

3)   De igual modo, serán impugnables los actos de aplicación individual de las disposiciones generales, bajo el fundamento de que estas no son conformes a derecho, aunque no se hayan impugnado directamente en su momento oportuno. En tal caso, podrá requerirse la nulidad o anulación del acto concreto, así como la de aquellas normas específicas que le dan fundamento.

Artículo 38.-1) No será admisible la pretensión de nulidad en relación con los actos que, estando viciados, hayan sido consentidos expresamente o sean reproducción de otros anteriores, ya sean definitivos y firmes o confirmatorios de los consentidos.

2)   En los procesos civiles de Hacienda no será necesario impugnar el acto que decida el reclamo o ponga término a la vía administrativa, cuando se haya optado por su agotamiento.

Artículo 39.-1) El plazo máximo para incoar el proceso será de un año, el cual se contará:

a)   Cuando el acto impugnado deba notificarse, desde el día siguiente al de la notificación.

b)   En el caso de que el acto deba comunicarse mediante publicación, desde el día siguiente a la única o última publicación.

c)   En los supuestos de actuaciones materiales, a partir del día siguiente a la cesación de sus efectos.

d)   En los supuestos de silencio positivo, cuando quien lo impugne sea un tercero, desde el día siguiente a aquel en que se ejecute el respectivo acto en su contra.

e)   En el supuesto del proceso de lesividad, a partir del día siguiente a la firmeza del acto que la declara.

2)   La nulidad declarada en el proceso incoado, dentro del plazo establecido en el presente artículo, tendrá efectos retroactivos. La misma regla se aplicará para el caso del proceso de lesividad interpuesto dentro del año previsto en el artículo 34 de este Código.

Artículo 40.-1) Serán impugnables los actos administrativos absolutamente nulos, para efectos de su anulación e inaplicabilidad futura, así como las conductas omisivas, mientras subsistan sus efectos continuados, pero ello únicamente para su anulación e inaplicabilidad futura.

2)   En estos casos, el plazo máximo para interponer el proceso será de un año a partir del día siguiente al cese de sus efectos.

Artículo 41.-El plazo máximo para incoar el proceso será el mismo que disponga el ordenamiento jurídico como plazo de prescripción para el respectivo derecho de fondo que se discute en los siguientes supuestos:

1) En materia civil de Hacienda.

2) En materia tributaria, incluso el proceso de lesividad.

CAPÍTULO III

PRETENSIONES DE LAS PARTES

Artículo 42.-1) El demandante podrá formular cuantas pretensiones sean necesarias, conforme al objeto del proceso.

2) Entre otras pretensiones, podrá solicitar:

a) La declaración de disconformidad de la conducta administrativa con el ordenamiento jurídico y de todos los actos o las actuaciones conexas.

b) La anulación total o parcial de la conducta administrativa.

c) La modificación o, en su caso, la adaptación de la conducta administrativa.

d) El reconocimiento, el restablecimiento o la declaración de alguna situación jurídica, así como la adopción de cuantas medidas resulten necesarias y apropiadas para ello.

e) La declaración de la existencia, la inexistencia o el contenido de una relación sujeta al ordenamiento jurídico-administrativo.

f) La fijación de los límites y las reglas impuestos por el ordenamiento jurídico y los hechos, para el ejercicio de la potestad administrativa.

g) Que se condene a la Administración a realizar cualquier conducta administrativa específica impuesta por el ordenamiento jurídico.

h) La declaración de disconformidad con el ordenamiento jurídico de una actuación material, constitutiva de una vía de hecho, su cesación, así como la adopción, en su caso, de las demás medidas previstas en el inciso d) de este artículo.

i) Que se ordene, a la Administración Pública, abstenerse de adoptar y ejecutar cualquier conducta que pueda lesionar el interés público o las situaciones jurídicas actuales o potenciales de la persona.

j) La condena al pago de daños y perjuicios.

Artículo 43.-En la demanda pueden deducirse de manera conjunta, cualesquiera de las pretensiones contenidas en el presente capítulo, siempre que se dirijan contra el mismo demandado y sean compatibles entre sí, aunque sean de conocimiento de otra jurisdicción, salvo la penal.

CAPÍTULO IV

ACUMULACIÓN

Artículo 44.-1) Si las pretensiones del recurrente no son satisfechas en la fase administrativa y este interpone un proceso contencioso-administrativo, ante una misma conducta o relación jurídico-administrativa ya impugnada en sede jurisdiccional, pero entre partes diferentes, podrá solicitarse, al juez tramitador, la aplicación de un procedimiento expedito y privilegiado, con la reducción de los plazos a la mitad, a fin de llegar a la misma etapa procesal en la que se encuentra el otro proceso, siempre que sea antes de la audiencia preliminar y se haya contestado la demanda; lo anterior con el propósito de gestionar su acumulación, si resulta procedente.

2) En caso de que la petición se realice en tiempo, la autoridad judicial lo notificará a las partes del nuevo proceso ya iniciado, a fin de que se manifiesten al respecto.

3) La autoridad judicial resolverá, interlocutoriamente, lo que corresponda, en un plazo máximo de cinco días, contado a partir del día siguiente a la última gestión realizada.

4) De ser procedente, ordenará el trámite expedito y dictará la acumulación de procesos. De lo contrario, el nuevo proceso continuará su curso, sin que retrase o detenga el otro iniciado con anterioridad.

Artículo 45.-1) En un mismo proceso serán acumulables:

a) Las pretensiones que no sean incompatibles entre sí y se deduzcan en relación con una misma conducta administrativa o una relación jurídico-administrativa.

b) Excepto lo señalado en el artículo 38 de este Código, las pretensiones referidas a varios actos, cuando unos sean reproducción, confirmación o ejecución de otros, o exista entre ellos conexión directa.

2) Si el tribunal, la jueza o el juez tramitador, según corresponda, no estima procedente la acumulación, indicará a la parte las pretensiones que debe interponer por separado.

Artículo 46.-1) Si con anterioridad a la audiencia preliminar, se dicta un acto o se tiene conocimiento de alguna conducta administrativa que cumpla los supuestos referidos en el artículo 45 de este Código, el demandante podrá ampliar la pretensión al nuevo acto, actuación u omisión.

2) Ampliada la pretensión, la jueza o el juez tramitador resolverá sobre su admisibilidad y, si procede, en la misma resolución suspenderá el curso del proceso; ordenará, en su caso, que se complete el expediente administrativo y dará traslado a la parte demandada, para que, en el plazo de diez días hábiles, proceda a su debida contestación.

3) En el supuesto de ampliarse la pretensión, las partes podrán introducir hechos nuevos hasta antes de la audiencia preliminar.

Artículo 47.-1) En cualquier momento, antes del dictado de la sentencia, el juez tramitador o el tribunal, según corresponda, de oficio o a gestión de parte, podrá ordenar la acumulación de varios procesos contencioso-administrativos que cumplan lo dispuesto en el artículo 45 de este Código. Para ello, concederá previa audiencia a las partes, por un plazo de tres días hábiles.

2) Los procesos se acumularán al más antiguo; esta antigüedad se determinará por la fecha de la resolución que curse la demanda.

3) Desde que se solicite la acumulación, se ordenará la suspensión de los procesos afectados, haciéndolo constar en estos. Cuando todos se encuentren en un mismo estado procesal, se tramitarán en un único expediente.

4) La suspensión de los procesos no impedirá la realización de las actuaciones de carácter urgente.

CAPÍTULO V
PROCESO UNIFICADO

Artículo 48.-1) Cuando se trate de la afectación de intereses grupales, colectivos, corporativos o difusos, si en un determinado proceso después de contestada la demanda y hasta antes de concluir el juicio oral y público, el juez tramitador o el tribunal de juicio, de oficio o a gestión de parte, determinará la existencia de otros procesos, con identidad de objeto y causa, y podrá instar a los actores para que se unan en un solo proceso, sin perjuicio de actuar bajo una sola representación.

2) De previo, el juez tramitador o el tribunal oirá, por cinco días hábiles, a las partes principales.

3) De no existir expresa oposición, se tramitará un único proceso, lo cual hará saber, en un plazo máximo de tres días hábiles posteriores, contados a partir del día siguiente a la notificación de todas las partes.

4) Si en el plazo otorgado existe oposición, el proceso será tramitado de manera individual.

5) La sentencia dictada en este proceso, de conformidad con las reglas establecidas en el presente Código, producirá con su firmeza, cosa juzgada material respecto de todas las partes que haya concurrido en él.

TÍTULO V
ACTIVIDAD PROCESAL

CAPÍTULO I
NORMAS APLICABLES A TODOS LOS PROCESOS

Artículo 49.-1) De todo escrito y documento presentado por las partes al órgano jurisdiccional, se aportarán las copias, físicas o en soporte electrónico, necesarias para todos los sujetos procesales intervinientes.

2) Los documentos agregados a los escritos podrán ser presentados en copia auténtica, copia simple, o mediante certificación electrónica o digital.

3) Si la parte interesada cuestiona la exactitud reprográfica de tales documentos, deberán cotejarse con el original o verificarse el procedimiento de las firmas, de certificación electrónica, si es posible técnicamente. De no ser posible, su valor probatorio quedará sujeto a la apreciación conjunta de los demás elementos probatorios.

4) Se considerarán documentos tanto los que residan o se tramiten por medios físicos, como los que contengan datos, informaciones o mensajes, y sean expresados o transmitidos por un medio electrónico, informático, magnético, óptico, telemático, o producidos por nuevas tecnologías.

5) Cuando, a criterio de la autoridad judicial exista duda razonable sobre la autenticidad e integridad de tales soportes, oirá las partes por cinco días hábiles. El tribunal resolverá en sentencia lo que corresponda.

Artículo 50.- 1) Después de la demanda y la contestación, no se admitirán más documentos, salvo:

a)   Los de fecha posterior a dichos escritos.

b)   Los que no haya sido posible aportar con anterioridad, por causas que no sean imputables a la parte interesada.

c)   Los que, no siendo fundamento de la demanda, sirvan para combatir excepciones del demandado o constituyan una prueba complementaria.

2)   De los documentos presentados después de la demanda y la contestación, y antes de concluida la audiencia preliminar, se dará traslado a la contraparte, por un plazo de tres días hábiles; sobre su admisibilidad se resolverá en sentencia. Los que se presenten después de dicha audiencia solo podrán ser valorados por el órgano jurisdiccional, en caso de ser admitidos como prueba para mejor resolver.

Artículo 51.-1) El expediente administrativo deberá aportarse, cuando así corresponda jurídicamente, mediante copia certificada, debidamente identificado, foliado, completo y en estricto orden cronológico. La Administración conservará el expediente original.

2)   En la certificación del expediente administrativo deberá consignarse que corresponde a la totalidad de las piezas y los documentos que lo componen a la fecha de su expedición.

Artículo 52.-1) La Administración accionante, cuando así corresponda jurídicamente, deberá aportar la copia del expediente administrativo junto con la demanda, sin lo cual no se le dará curso.

2)   En los casos en que la Administración sea demandada, la copia del expediente administrativo será remitida al tribunal, con la contestación de la demanda.

Artículo 53.-1) Si el interesado lo estima útil, podrá requerir y presentar, con la demanda, la copia completa del expediente administrativo debidamente certificada por la Administración, en los términos del artículo 51 de este Código.

2)   Para tal efecto, la Administración deberá entregar la copia certificada, en un plazo máximo de ocho días hábiles después de solicitada. Si no lo hace así, será aplicable lo establecido en el artículo 56 de este Código.

Artículo 54.- 1) Para los mismos efectos de la presentación de la demanda, el interesado también podrá presentar la copia del expediente administrativo certificada por cualquier forma legalmente aceptada, en los términos del artículo 51 de este Código.

2)   Si la copia certificada del expediente administrativo que la Administración presente con la contestación de la demanda, es sustancialmente diferente de la que aportó el actor, se le concederá a este un plazo máximo de ocho días hábiles, a fin de que amplíe o rectifique la demanda, si lo tiene a bien.

Artículo 55.- 1) Si las partes estiman que el expediente administrativo está incompleto, podrán solicitar que se reclamen los antecedentes necesarios para completarlo, en los siguientes términos:

a)   Si la Administración aportó el expediente con la demanda, la solicitud podrá hacerse dentro del primer tercio del plazo concedido para contestarla.

b)   Si la Administración aportó el expediente con la contestación, la solicitud deberá presentarse entre los cinco días posteriores a la resolución que tiene por contestada la demanda.

2)   En ambos casos, el proceso quedará suspendido a partir de la presentación de la solicitud, mientras la Administración no complete el expediente administrativo.

3)   Si, en el supuesto señalado en el inciso b) del párrafo anterior, los documentos que completan el expediente administrativo varían sustancialmente su contenido, se le concederá un plazo de ocho días hábiles al actor, a fin de que amplíe o rectifique su demanda.

Artículo 56.- 1) Si en forma antijurídica, cualquier ente u órgano de la Administración Pública, impide u obstaculiza el acceso, el examen, la lectura o la copia del expediente administrativo, el perjudicado podrá requerir, aun antes del inicio del proceso, la intervención del juez, quien entre otras actuaciones, podrá presentarse directamente a la oficina respectiva, por sí o mediante la persona designada por él, a solicitar y obtener el expediente administrativo completo, el cual será devuelto, una vez reproducido, mediante copia certificada según los términos del artículo 51 de este Código.

2)   El juez tramitador impondrá al funcionario que incumpla o retarde, sin justa causa, el requerimiento judicial, una multa de uno a cinco salarios base, en los términos establecidos en el artículo 159 de este Código; todo ello sin perjuicio de la responsabilidad civil, penal y administrativa a que haya lugar.

Artículo 57.-Toda resolución dictada en cualquiera de las etapas del proceso, sea oral o escrita, deberá estar debidamente motivada.

CAPÍTULO II
DEMANDA Y CONTESTACIÓN

Artículo 58.-1) Agotada la vía administrativa cuando así se elija o dentro de los plazos previstos en los artículos 34, 35 y 39 de este Código, el actor deberá incoar su demanda en la que indicará, necesariamente:

a)   Las partes y sus representantes.

b)   Los hechos y los antecedentes, en su caso, relacionados con el objeto del proceso, expuestos uno por uno, enumerados y especificados.

c)   Los fundamentos de Derecho que invoca en su apoyo.

d)   La pretensión que se formule.

e)   Cuando accesoriamente se pretendan daños y perjuicios, se concretará el motivo que los origina, en qué consisten y su estimación prudencial.

f)   Las pruebas ofrecidas.

g)   Cuando también se demande a sujetos privados, el lugar para notificarle el auto inicial.

2)   No será necesario que en el proceso se compruebe la personería del Estado o ente público que figure como demandante o demandado. El tribunal elaborará un registro de personerías, para cuya actualización realizará las prevenciones pertinentes.

Artículo 59.-La jueza o el juez tramitador tramitará el proceso desde su inicio hasta el final de la audiencia preliminar, salvo en lo relativo a la fase de conciliación.

Artículo 60.- 1) En caso de que el juez tramitador, de oficio o a gestión de cualquiera de las partes, estime que el asunto bajo su instrucción reviste urgencia o necesidad o es de gran trascendencia para el interés público, directamente lo remitirá al conocimiento del tribunal de juicio al que por turno le corresponda, para que este decida si se le da trámite preferente, en los términos de este artículo, mediante resolución motivada que no tendrá recurso alguno.

2) Si el tribunal estima que el trámite preferente no procede, devolverá el proceso al juez tramitador, para que lo curse por el procedimiento común.

3) De dársele trámite preferente, se dará traslado de la demanda y se concederá un plazo perentorio de cinco días hábiles para su contestación. Cuando resulte necesario, el tribunal dispondrá celebrar una única audiencia en la que se entrará a conocer y resolver sobre los extremos a que alude el artículo 90 de este Código, se evacuará la prueba y oirán conclusiones de las partes. De no haber pruebas por evacuar se prescindirá de la audiencia oral y pública. Únicamente cuando surjan hechos nuevos o deba completarse la prueba a juicio del tribunal, podrá celebrarse una nueva audiencia.

4) El señalamiento de la audiencia tendrá prioridad en la agenda del tribunal.

5) Si la conversión del proceso se produce en una oportunidad procesal posterior a la regulada en el párrafo tercero de este artículo, el tribunal dispondrá el ajuste correspondiente a las reglas de dicho párrafo.

6) La sentencia deberá dictarse en un plazo máximo de cinco días hábiles, contados a partir del día siguiente a aquel en que se decidió darle trámite preferente al proceso o, en su caso, a partir de la celebración de la última audiencia.

7) En caso de ser planteado, la resolución del recurso de casación tendrá prioridad en la agenda del Tribunal de Casación de lo Contencioso-Administrativo o de la Sala Primera de la Corte Suprema de Justicia, según corresponda. El recurso deberá resolverse en un plazo de diez días hábiles.

Artículo 61.- 1) Cuando la demanda no cumpla los requisitos señalados en el artículo 58 de este Código, la jueza o el juez tramitador ordenará la subsanación dentro del plazo de tres días hábiles, para ello deberá indicar los requisitos omitidos o incompletos, so pena de ordenar su inadmisibilidad y archivo. En caso de procesos de trámite preferente, el plazo será de veinticuatro horas.

2) Contra el auto que acuerde el archivo cabrá recurso de apelación, que será del conocimiento del Tribunal de Casación de lo Contencioso-Administrativo, que resolverá lo pertinente dentro de un plazo de ocho días hábiles.

Artículo 62.- 1) En caso de que la jueza o el juez tramitador lo considere procedente, declarará no haber lugar a la admisión de la demanda, cuando conste de modo inequívoco y manifiesto que:

a) La pretensión se deduce contra alguna de las conductas no susceptibles de impugnación, conforme a las reglas del capítulo II del título IV de este Código.

b) Existe litis pendencia o cosa juzgada.

2) La jueza o el juez tramitador, antes de declarar la inadmisión, hará saber a las partes el motivo en que se funda, para que, en el término de cinco días hábiles, aleguen lo que estimen procedente y acompañen los documentos a que haya lugar.

3) Contra la resolución que acuerde la inadmisión, cabrá recurso de casación, el cual será del conocimiento del Tribunal de Casación de lo Contencioso-Administrativo.

Artículo 63.-1) Presentada la demanda en forma debida o subsanados sus defectos, la jueza o el juez tramitador dará traslado y concederá un plazo perentorio para su contestación.

2) Si la parte actora aportó, con su demanda, copia del expediente administrativo, certificada por la Administración, el plazo para la contestación será de quince días hábiles. Cuando no se haya aportado dicha copia del expediente administrativo, el plazo será de treinta días hábiles.

3) Si, una vez vencido el plazo para la contestación de la demanda, la jueza o el juez tramitador no ha recibido copia certificada del expediente administrativo, se tendrán por ciertos los hechos expuestos en la demanda, en lo que corresponde a la Administración remisa, salvo si la omisión ha sido motivada por fuerza mayor; esta deberá demostrarse al juez tramitador antes del vencimiento del plazo concedido para la contestación. En tal caso, la Administración podrá hacer los alegatos pertinentes y ofrecer la prueba que estime necesaria.

Artículo 64.-1) En el escrito de contestación de la demanda, se expondrá con claridad si los hechos se rechazan por inexactos o se admiten como ciertos con variantes o rectificaciones.

2) El demandado manifestará las razones que tenga para oponerse a la demanda y los fundamentos legales en que se apoya. En esta misma oportunidad deberá oponer las defensas previas y de fondo pertinentes, así como ofrecer la prueba respectiva.

3) De advertirse defectos en la contestación de la demanda, el juez tramitador prevendrá al demandado su corrección dentro del quinto día hábil, bajo la advertencia de que, si no lo hace, los hechos se tendrán por admitidos.

Artículo 65.-Si el demandado no contesta dentro del emplazamiento, de oficio se le declarará rebelde y se tendrá por contestada afirmativamente la demanda en cuanto a los hechos, sin perjuicio de que pueda apersonarse, en cualquier tiempo, tomando el proceso en el estado en que se encuentre.

Artículo 66.-1) En la contestación de la demanda o contrademanda, podrán alegarse todas las excepciones de fondo, así como las siguientes defensas previas:

a) Que su conocimiento no corresponde a la Jurisdicción Contencioso-Administrativa.

b) Que haya sido interpuesta por persona incapaz o que no se halla debidamente representada.

c) Falta de agotamiento de la vía administrativa, cuando proceda.

d) Que el escrito de la demanda tenga defectos no subsanados oportunamente, que impidan verter pronunciamiento sobre el fondo.

e) Indebida acumulación de pretensiones.

f) Falta de integración de la litis consorcio necesaria.

g) Que la pretensión se deduzca contra alguno de los actos no susceptibles de impugnación.

h)   Litis pendencia.

i)   Transacción.

j)   Cosa juzgada.

k)   Prescripción o caducidad del derecho, cuando sean evidentes y manifiestas.

2)   En el supuesto del apartado a), la jueza o el juez tramitador procederá conforme al artículo 5 de este mismo Código; en los demás supuestos, la resolución se reservará para la audiencia preliminar, aludida en el capítulo VI del título V de este Código.

Artículo 67.-1) No obstante lo señalado en el artículo anterior, las excepciones de cosa juzgada, transacción, prescripción y caducidad podrán oponerse hasta antes de concluido el juicio oral y público.

2)   Si se interponen antes de concluida la audiencia preliminar, se resolverán interlocutoriamente, sin perjuicio de que sean analizadas nuevamente con el dictado de la sentencia. Las formuladas después de dicha audiencia se reservarán para ser conocidas en sentencia.

3)   También podrán oponerse excepciones de fondo hasta antes de finalizado el juicio oral y público, cuando los hechos en que se funden hayan ocurrido con posterioridad a la contestación.

4)   De las excepciones interpuestas después de la contestación de la demanda o la reconvención, se oirá a la parte contraria, según corresponda, en la audiencia preliminar o en el juicio oral y público, establecidos en este Código.

Artículo 68.-1) Sin perjuicio de lo establecido en el primer párrafo del artículo 46 de este Código, la demanda y la contrademanda podrán ampliarse por escrito, antes de que hayan sido contestadas.

2)   Si, después de contestada la demanda o contrademanda, sobreviene algún hecho nuevo con influencia en la pretensión invocada por las partes en el proceso, estas podrán acreditarlo antes de que los autos estén listos para el dictado de la sentencia.

3)   En todos los casos, se oirá a las partes por tres días hábiles.

4)   El Tribunal se pronunciará en sentencia sobre los nuevos hechos alegados.

Artículo 69.-1) El actor o reconventor podrá solicitar en su demanda o contrademanda que, una vez contestadas, el proceso se falle sin necesidad de recibir prueba, prescindiendo, incluso, de la conciliación y celebración de audiencias.

2)   Si la parte demandada o contrademandada no se opone a esa petición, y el juez tramitador así lo estima procedente, el Tribunal deberá dictar sentencia, sin más trámite, dentro de los cinco días hábiles contados a partir del día siguiente al de la notificación del auto que acoge la gestión.

Artículo 70.-1) Salvo el supuesto del artículo anterior, una vez contestada la demanda o la contrademanda, la jueza o el juez tramitador dará traslado a la parte actora, por el plazo de tres días hábiles, para que se refiera a esta y ofrezca contraprueba.

2)   En la misma resolución, previa coordinación y a la mayor brevedad posible, señalará hora y fecha para celebrar la audiencia de conciliación y remitirá el expediente al juez conciliador, salvo que las partes manifiesten, con antelación y por

escrito, su oposición o renuncia, en cuyo caso se fijarán hora y fecha para celebrar de la audiencia preliminar.

Artículo 71.-1) El litis consorcio necesario se integrará de oficio o a gestión de parte.

2)   Si, antes del dictado de la sentencia, el juez tramitador o el tribunal, según corresponda, constata la falta de integración de la litis consorcio necesaria, anulará lo actuado y retrotraerá a la etapa procesal oportuna, con el propósito de integrar, de oficio, al litis consorte y garantizar el debido proceso.

3)   En el supuesto del párrafo anterior, se conservarán las actuaciones irrepetibles, así como todas las que se dispongan por razones de economía procesal, en las que no sea indispensable la intervención del litis consorte. También se conservarán las actuaciones respecto de las que el litis consorte manifieste su conformidad.

4)   Contra lo resuelto sobre la integración del litis consorte cabrá recurso de apelación dentro del tercer día, ante el Tribunal de Casación de lo Contencioso-Administrativo y Civil de Hacienda, el cual deberá resolver en el plazo de cinco días hábiles.

CAPÍTULO III
CONCILIACIÓN

Artículo 72.-1) La Administración Pública podrá conciliar sobre la conducta administrativa, su validez y sus efectos, con independencia de su naturaleza pública o privada.

2)   A la audiencia de conciliación asistirán las partes en litigio o sus representantes, excepto los coadyuvantes.

Artículo 73.1) Todo representante de las partes deberá estar acreditado con facultades suficientes para conciliar, lo que se deberá comprobar previamente a la audiencia respectiva.

2)   Cuando corresponda conciliar a la Procuraduría General de la República, se requerirá la autorización expresa del procurador general de la República o del procurador general adjunto, o la del órgano en que estos deleguen.

3)   En los demás casos, la autorización será otorgada por el respectivo superior jerárquico supremo o por el órgano en que este delegue.

Artículo 74.-1) La jueza o el juez conciliador convocará a tantas audiencias como estime necesarias.

2)   Para lograr la conciliación, la jueza o el juez podrá reunirse con las partes, en forma conjunta o separada.

Artículo 75.1) La conciliación se entenderá fracasada cuando:

a)   Sin mediar justa causa, cualquiera de las partes o sus representantes no se presenten a la audiencia conciliatoria.

b)   Cualquiera de las partes o sus representantes manifiesten, en firme, su negativa a conciliar.

c)   Después de una o más audiencias celebradas, la jueza o el juez conciliador estime inviable el acuerdo conciliatorio.

2)   La jueza o el juez conciliador también ordenará la finalización de la audiencia, si alguna de las partes o sus representantes participan con evidente mala fe, con

el fin de demorar los procedimientos o con ejercicio abusivo de sus derechos. En estos casos, la jueza o el juez conciliador impondrá a la parte, a su representante, o a ambos, una multa equivalente a un salario base, según la Ley N.º 7337. En este último supuesto, se prorrateará la multa por partes iguales.

3) La jueza o el juez conciliador deberá guardar absoluta confidencialidad e imparcialidad respecto de todo lo dicho por las partes en el curso de la conciliación, por lo que no podrá revelar el contenido de las discusiones y manifestaciones efectuadas en ella, ni siquiera con su anuencia. En todo caso, lo discutido y manifestado en la conciliación no tendrá valor probatorio alguno, salvo en el supuesto de procesos en los que se discuta la posible responsabilidad del juez.

Artículo 76.-Si las partes principales o sus representantes llegan a un acuerdo que ponga fin a la controversia, total o parcialmente, el juez conciliador, en un plazo máximo de ocho días hábiles, homologará el acuerdo conciliatorio, dando por terminado el proceso en lo conducente, siempre que lo acordado no sea contrario al ordenamiento jurídico, ni lesivo al interés público.

Artículo 77.-Una vez firme el acuerdo conciliatorio, tendrá el carácter de cosa juzgada material y para su ejecución será aplicable lo relativo a la ejecución de sentencia.

Artículo 78.-La jueza o el juez conciliador podrá adoptar, en el transcurso de la conciliación, las medidas cautelares que sean necesarias.

Artículo 79.-Las partes, por sí mismas, podrán buscar los diversos mecanismos para la solución de sus conflictos fuera del proceso, y acudir a ellos. Para tal efecto, de común acuerdo, estarán facultadas para solicitar su suspensión, por un período razonable a criterio de la jueza, del juez o del Tribunal, según sea el estadio procesal.

Artículo 80.-1) En lo conducente, durante las audiencias conciliatorias serán aplicables los capítulos VI y VII de este título.

2) De lo sucedido, en la fase de conciliación, se levantará un acta en los términos establecidos en el artículo 102 de este Código. No obstante, si la conciliación fracasa, solamente se dejará constancia de ello, con indicación lacónica de su causa, sin ninguna otra manifestación de las partes sobre el fondo del asunto.

3) En lo aplicable, durante las audiencias la jueza o el juez conciliador tendrá las facultades del presidente del Tribunal de juicio, a que alude el artículo 99 de este Código.

Artículo 81.-1) En el mismo auto que fija la audiencia de conciliación, se advertirá a las partes que si alguna de ellas manifiesta, con antelación, su negativa a conciliar, o si cualquiera de ellas no se presenta a la audiencia señalada para tal efecto, se continuará de inmediato con la audiencia preliminar, para lo cual se coordinará y se tomarán las previsiones del caso, junto con la jueza o el juez tramitador.

2) Si, iniciada la conciliación, la jueza o el juez encargado la declara fracasada, total o parcialmente, en el mismo auto señalará la hora y fecha para celebrar la audiencia preliminar, previa coordinación con el juez tramitador.

CAPÍTULO IV

LA PRUEBA

Artículo 82.-1) La jueza o el juez ordenará y practicará todas las diligencias de prueba necesarias, para determinar la verdad real de los hechos relevantes en el proceso.

2) Los medios de prueba podrán ser todos los que estén permitidos por el Derecho público y el Derecho común.

3) Las pruebas podrán ser consignadas y aportadas al proceso, mediante cualquier tipo de soporte documental, electrónico, informático, magnético, óptico, telemático o producido por nuevas tecnologías.

4) Todas las pruebas serán apreciadas, de conformidad con las reglas de la sana crítica.

5) Las pruebas que consten en el expediente administrativo, cualquiera sea su naturaleza, serán valoradas por la jueza o el juez como prueba documental, salvo que sea cuestionada por la parte perjudicada por los medios legales pertinentes.

Artículo 83.-1) Las partes o sus representantes, la jueza o el juez tramitador o el Tribunal, según corresponda, podrán requerir la declaración testimonial de la persona funcionaria o de las personas funcionarias que hayan tenido participación, directa o indirecta, en la conducta administrativa objeto del proceso.

2) También, las partes, la jueza, el juez tramitador o el Tribunal podrán requerir la declaración de testigos-peritos, quienes se regirán por las reglas de la prueba testimonial, sin perjuicio de que puedan ser interrogados en aspectos técnicos y de apreciación.

Artículo 84.-La jueza o el juez tramitador podrá ordenar que se reciba cualquier prueba que sea urgente o que, por algún obstáculo difícil de superar, se presuma que no podrá recibirse en la audiencia respectiva.

CAPÍTULO V

DISPOSICIONES GENERALES APLICABLES
A LAS AUDIENCIAS PRELIMINAR Y COMPLEMENTARIA

Artículo 85.-1) La jueza o el juez tramitador y el Tribunal, según sea el caso, deberán asegurar, durante las audiencias, el pleno respeto de los principios de la oralidad.

2) En el curso de estas, deberá promoverse el contradictorio como instrumento para la verificación de la verdad real de los hechos y velar por la concentración de los distintos actos procesales que corresponda celebrar.

Artículo 86.-1) Las partes o sus representantes, debidamente acreditados, deberán comparecer a las audiencias a las que sean convocados.

2) La ausencia no justificada de cualquiera de las partes o de sus representantes, debidamente acreditados, a criterio del juez tramitador o del Tribunal, no impedirá la celebración de la audiencia.

3) En caso de que cualquiera de las partes o sus representantes comparezca en forma tardía a la audiencia, la tomará en el estado en que se encuentre, sin que se retrotraigan las etapas ya cumplidas.

4) Si, por razones debidamente demostradas, una de las partes o su representante no puede comparecer, según sea el caso, la audiencia podrá diferirse por una sola vez, a juicio del juez tramitador o del Tribunal.

Artículo 87.-Si durante las audiencias una parte tiene dos o más abogados, estos deberán distribuirse el uso de la palabra y demás funciones, lo que deberá ser comunicado al juez tramitador o al Tribunal, según sea el caso.

Artículo 88.-Durante las audiencias, las resoluciones se dictarán verbalmente y quedarán notificadas con su dictado.

Artículo 89.-1) Excepto el pronunciamiento que resuelve las defensas previas y la sentencia, contra las resoluciones dictadas en las audiencias cabrá el recurso de revocatoria, el cual deberá interponerse en forma oral y justificada en el mismo acto.

2) La jueza, el juez tramitador o el tribunal de juicio, según sea el caso, deberá resolverlo inmediatamente.

CAPÍTULO VI
AUDIENCIA PRELIMINAR

Artículo 90.-1) En la audiencia preliminar, en forma oral, se resolverá:

a) El saneamiento del proceso, cuando sea necesario, resolviendo toda clase de nulidades procesales, alegadas o no, y las demás cuestiones no atinentes al mérito del asunto.

b) La aclaración y el ajuste de los extremos de la demanda, contrademanda y contestación y réplica, cuando, a criterio del juez tramitador, resulten oscuros o imprecisos, sea de oficio o a gestión de parte.

c) La intervención del coadyuvante.

d) Las defensas previas.

e) La determinación de los hechos controvertidos y con trascendencia para la resolución del caso y que deban ser objeto de prueba.

2) Durante la audiencia, las partes podrán ofrecer otros medios de prueba que, a juicio del juez tramitador, sean de interés para la resolución del proceso y se refieran, únicamente, a hechos nuevos o a rectificaciones realizadas en la propia audiencia.

3) También se resolverá la admisión de los elementos probatorios ofrecidos, cuando así proceda, se rechazarán los que sean evidentemente impertinentes o inconducentes, y se dispondrá el señalamiento y diligenciamiento de los que correspondan.

Artículo 91.-1) Se otorgará la palabra, sucesivamente, a la persona actora, la demandada, los terceros y coadyuvantes o, en su defecto, a sus respectivos representantes, en el mismo orden.

2) La jueza o el juez tramitador evitará que en la audiencia se discutan cuestiones propias del juicio oral y público.

Artículo 92.-1) En caso de que hayan sido opuestas las defensas previas aludidas en los apartados b), c) y d) del primer párrafo del artículo 66 del presente Código, si la jueza o el juez tramitador estima procedente la defensa interpuesta, concederá un plazo de cinco días hábiles a la parte actora, para que proceda a corregir los defectos con suspensión de la audiencia. Tal subsanación también podrá ser ordenada de oficio.

2) Si no se corrigen los defectos en dicho plazo, la jueza o el juez tramitador declarará inadmisible la demanda.

3) Una vez corregido el defecto, se concederá audiencia a la parte demandada por el plazo de tres días; cumplido este plazo, la jueza o el juez tramitador resolverá sobre la continuación o no del proceso.

4) En el supuesto de esa misma norma, si la jueza o el juez tramitador acoge la defensa, anulará lo actuado y retrotraerá a la etapa procesal oportuna, con el propósito de integrar, de oficio, al litis consorte y garantizar el debido proceso.

5) En los demás supuestos, si se acoge la defensa formulada, la jueza o el juez tramitador declarará inadmisible el proceso y ordenará el archivo del expediente; en este caso, deberá consignar, por escrito, el texto íntegro del fallo, en el plazo de los cinco días posteriores a la realización de la audiencia.

6) Contra la resolución que declare con lugar las defensas previas previstas en los incisos g), h), i), j) y k) del párrafo 1 del artículo 66, de este Código, así como toda otra que impida la prosecución del proceso, únicamente cabrá el recurso de casación, el cual será del conocimiento del Tribunal de Casación de lo Contencioso-Administrativo y Civil de Hacienda.

7) En contra de la desestimación de las defensas previas no cabrá recurso alguno, sin perjuicio de su posterior examen en el dictado de la sentencia, bien sea para declarar la inadmisiblidad de la demanda, conforme a las reglas del artículo 120 de este Código, o bien, para pronunciarse sobre su procedencia.

Artículo 93.-1) No se admitirá la prueba cuando exista conformidad acerca de los hechos, salvo que se haya dado por rebeldía del demandado; en cuyo caso, la jueza o el juez, previa valoración de las circunstancias, podrá admitir u ordenar la que estime necesaria.

2) Se admitirá la prueba cuando exista disconformidad en cuanto a los hechos y estos sean de indudable trascendencia, a juicio de la jueza o el juez tramitador, para la resolución del caso.

3) Si resulta indispensable o manifiestamente útil para esclarecer la verdad real de los hechos controvertidos, la jueza o el juez tramitador podrá ordenar, de oficio, la recepción de cualquier prueba no ofrecida por las partes. Las costas de la recepción de la prueba serán fijadas prudencialmente por la jueza o el juez tramitador.

Artículo 94.-1) Si en la prueba admitida se encuentra la pericial, la jueza o el juez tramitador designará, en ese mismo acto, al perito que por turno corresponda, a quien, de inmediato, se le solicitará su aceptación por el medio más expedito posible, y fijará el plazo para que rinda el informe.

2) Además, se requerirá, a la parte que ofreció la prueba, en un plazo máximo de cinco días hábiles contados a partir del siguiente a la celebración de la audiencia preliminar, el depósito de los honorarios estimados prudencialmente por la jueza o el juez tramitador, so pena de prescindirse de aquella.

3) Dentro del plazo otorgado para rendir el informe pericial, cualquiera de las partes podrá proponer, por su cuenta, a otro perito, bien sea para reemplazar al ya designado o para rendir otro dictamen, siempre que resulte necesaria su participación, a criterio de la jueza o el juez tramitador.

4) Cuando las circunstancias del caso exijan la realización de diferentes pruebas periciales, en el plazo máximo de cinco días hábiles a partir de la admisión de la prueba, podrá integrarse, de oficio o a solicitud de parte, un equipo interdisciplinario con el fin de concentrar en una misma actuación las experticias requeridas.

5) Cuando la naturaleza o las circunstancias del peritaje hagan posible o necesaria la participación de los distintos sujetos del proceso en la elaboración o el cumplimiento de la expertica, la jueza o el juez tramitador coordinará con los profesionales designados al efecto, a fin de comunicar a las partes, al menos con tres días hábiles de antelación, la hora y fecha en que se realizarán las actuaciones necesarias para la rendición del informe.

6) El dictamen pericial se presentará por escrito, firmado y fechado, sin perjuicio del informe oral en las audiencias. Deberá estar fundamentado y contendrá, de manera clara y precisa, una relación detallada de las operaciones practicadas y de sus resultados, las observaciones de las partes o las de sus consultores técnicos, y las conclusiones que se formulen respecto de cada tema estudiado.

7) Una vez rendido el informe pericial, se pondrá en conocimiento de todas las partes.

Artículo 95.-1) Si la jueza, el juez tramitador o el Tribunal, de oficio o a gestión de parte, estima que las pretensiones o los fundamentos alegados pueden ser objeto de ampliación, adaptación, ajuste o aclaración, dará a los interesados la palabra para formular los respectivos alegatos y conclusiones.

2) En tal caso, si a juicio del Tribunal o de la jueza o el juez tramitador, según corresponda, resulta absolutamente necesario, la audiencia podrá suspenderse por un plazo que no podrá exceder de los cinco días hábiles.

Artículo 96.-Lo actuado o manifestado por la jueza o el juez tramitador durante el proceso, no prejuzgará el fondo del asunto, ni será motivo de impedimento, excusa ni recusación.

Artículo 97.-1) En la audiencia preliminar, en lo conducente, será de aplicación el capítulo VII de este título.

2) Durante esta audiencia, en lo aplicable, la jueza o el juez tramitador tendrá las facultades de quien preside el juicio oral y público, en los términos del artículo 99 de este Código.

3) De lo acontecido en la audiencia se levantará acta, en los términos a que se refiere el artículo 102 de este Código.

Artículo 98.-1) Cumplido el trámite de la audiencia preliminar, cuando sea procedente, el juez tramitador citará de inmediato a las partes para la realización del juicio oral y público, previa coordinación con el Tribunal para fijar la hora y fecha.

2) Si el asunto es de puro derecho o no existe prueba que evacuar, el juez tramitador, antes de dar por finalizada la audiencia preliminar, dará a las partes oportunidad para que formulen las conclusiones, las cuales serán consignadas literalmente por los medios técnicos o telemáticos que el juzgador estime pertinentes; acto seguido, remitirá el expediente al Tribunal para que dicte la sentencia.

CAPÍTULO VII
JUICIO ORAL Y PÚBLICO

Artículo 99.-1) El Tribunal se constituirá en la sala de audiencias, el día y la hora fijados, y acordará cuál de sus integrantes preside la audiencia, la que será pública para todos los efectos, salvo si el Tribunal dispone lo contrario por resolución debidamente motivada. Quien presida verificará la presencia de las partes y de sus representantes y, cuando corresponda, la de los coadyuvantes, testigos, peritos o intérpretes. Después de ello, declarará abierta la audiencia y advertirá a los presentes sobre su importancia y significado.

2)   Quien presida dirigirá la audiencia, ordenará las lecturas necesarias, hará las advertencias legales, recibirá los juramentos y las declaraciones, ejercerá el poder de disciplina y moderará la discusión, impidiendo intervenciones impertinentes e injustificadamente prolongadas; además, rechazará las solicitudes notoriamente improcedentes o dilatorias, respetando el derecho de defensa de las partes.

3)   Quienes asistan permanecerán con actitud respetuosa y en silencio, mientras no estén autorizados para exponer o responder las preguntas que se les formulen. No podrán llevar armas ni otros objetos aptos para incomodar u ofender; tampoco podrán adoptar un comportamiento intimidatorio o provocativo, ni producir disturbios.

Artículo 100.-1) La audiencia se realizará sin interrupción, durante las sesiones consecutivas que sean necesarias hasta su terminación, y solamente se podrá suspender:

a)   Cuando deba resolverse alguna gestión que, por su naturaleza, no pueda decidirse inmediatamente.

b)   Cuando sea necesario, a fin de practicar, fuera del lugar de la audiencia, algún acto que no pueda cumplirse en el intervalo entre una sesión y otra.

c)   Si no comparecen testigos, peritos o intérpretes cuya intervención sea indispensable, salvo que pueda continuarse con la recepción de otras pruebas hasta que el ausente sea conducido por la Fuerza Pública.

d)   En caso de que algún juez, alguna de las partes, sus representantes o abogados estén impedidos por justa causa, a menos que los dos últimos puedan ser reemplazados en ese mismo acto.

e)   Cuando alguna manifestación o circunstancia inesperada produzca en el proceso alteraciones sustanciales y por ello, haga indispensable una prueba extraordinaria.

2)   Cuando las circunstancias del caso lo ameriten, el Tribunal podrá designar a uno o dos suplentes para que asistan a la totalidad de la audiencia, de modo que si alguno de los jueces se encuentra impedido para asistir o continuar en dicha audiencia, estos suplentes pasen a integrar el Tribunal, en forma inmediata. Además de lo ya indicado, el juez tramitador también podrá ser llamado para que supla ausencias integrándose al Tribunal, siempre que no haya participado en el proceso de previo a la celebración del juicio oral y público.

3)   La suspensión será por un plazo máximo de cinco días hábiles, salvo que, a criterio del Tribunal, exista suficiente motivo para una suspensión mayor.

4)   Durante la celebración de las audiencias, el juez o el Tribunal, según sea el caso, podrá disponer los recesos que estime pertinentes, siempre que con ello no se afecten la unidad y la concentración probatorias.

5)   Cuando las circunstancias que originan la suspensión hagan imposible continuar la audiencia después de transcurrido el plazo de quince días, todo lo actuado y resuelto será nulo de pleno derecho, salvo los actos o las actuaciones probatorias irreproductibles, los cuales mantendrán su validez en la nueva audiencia convocada.

Artículo 101.- 1) El Tribunal decidirá la suspensión y anunciará el día y la hora de la continuación de la audiencia, la cual equivaldrá a citación para todos los efectos.

2) La audiencia continuará después del último acto cumplido cuando se dispuso la suspensión.

3) Los jueces y abogados de las partes podrán intervenir en otros juicios durante el plazo de la suspensión.

Artículo 102.-1) Se levantará un acta de la audiencia, la cual contendrá:

a) El lugar y la fecha de la vista, con indicación de la hora de inicio y finalización, así como de las suspensiones y las reanudaciones.

b) El nombre completo de los jueces.

c) Los datos de las partes, sus abogados y representantes.

d) Un breve resumen del desarrollo de la audiencia, con indicación, cuando participen en esta, del nombre de los peritos, testigos, testigos-peritos e intérpretes, así como la referencia de los documentos leídos y de los otros elementos probatorios reproducidos, con mención de las conclusiones de las partes.

e) Las solicitudes y decisiones producidas en el curso de la audiencia y las objeciones de las partes.

f) La observancia de las formalidades esenciales.

g) Las otras menciones prescritas por ley que el Tribunal ordene hacer; las que soliciten las partes, cuando les interese dejar constancia inmediata de algún acontecimiento o del contenido de algún elemento esencial de la prueba y las revocatorias o protestas de recurrir.

h) Cuando así corresponda, la constancia de la lectura de la sentencia.

i) La firma de las partes o de sus representantes y de los integrantes del Tribunal. En caso de renuencia de los primeros, el Tribunal dejará constancia de ello.

2) En los casos de prueba compleja, el Tribunal podrá ordenar la transcripción literal de la audiencia, mediante taquigrafía u otro método similar.

3) El Tribunal deberá realizar una grabación del debate, mediante cualquier mecanismo técnico; dicha grabación deberá conservarse hasta la firmeza de la sentencia, sin detrimento de las reproducciones fidedignas que puedan realizar las partes.

Artículo 103.-1) Cualquiera de las partes podrá solicitarle al Tribunal la asistencia de un consultor en una ciencia, arte o técnica, el cual decidirá sobre su designación, según las reglas aplicables a los peritos, sin que por ello asuman tal carácter. El Tribunal podrá citar a la audiencia a un consultor, para efectos de ilustración y, excepcionalmente, podrá autorizarlo para que interrogue a los peritos y testigos.

2) El consultor técnico podrá presenciar las operaciones periciales y acotar observaciones durante su transcurso, sin emitir dictamen; además, de sus observaciones se dejará constancia.

3) También, durante la audiencia las partes podrán tener a un consultor para que las auxilie, en los actos propios de su función.

Artículo 104.-1) La parte actora y la demandada, en su orden, resumirán los fundamentos de hecho y de derecho que sustenten sus pretensions y manifestarán lo que estimen pertinente en defensa de sus intereses.

2) Luego de lo anterior, el Tribunal recibirá la prueba en el orden indicado en los artículos siguientes, salvo que considere necesario alterarlo.

Artículo 105.-1) Durante el juicio oral y público se discutirán los informes periciales.

2) Se llamará a los peritos citados, quienes responderán las preguntas que se les formulen. En ese mismo acto, podrán solicitar adiciones o aclaraciones verbales.

3) Los peritos tendrán la facultad de consultar documentos, notas escritas y publicaciones durante su declaración.

4) Si es necesario, quien presida ordenará la lectura de los dictámenes periciales.

5) De ser posible y necesario, el Tribunal podrá ordenar que se realicen las operaciones periciales en la audiencia.

Artículo 106.- 1) Quien presida llamará a los testigos y testigos-peritos; comenzará por los que haya ofrecido el actor y continuará con los propuestos por el demandado.

2) Antes de declarar, los testigos no deberán ver, oír ni ser informados de lo que ocurre en la sala de audiencia.

3) Después de declarar, quien presida podrá ordenar que continúen incomunicados en la antesala, que presencien la audiencia o se retiren.

4) No obstante, el incumplimiento de la incomunicación no impedirá la declaración del testigo, pero el Tribunal apreciará esta circunstancia al valorar la prueba.

Artículo 107.-1) Después de juramentar e interrogar al perito, al testigo o al testigo-perito, sobre su identidad personal y las circunstancias generales para valorar su informe o declaración, quien presida le concederá la palabra, para que indique cuánto sabe acerca del hecho sobre el que versa la prueba.

2) Al finalizar el relato, permitirá el interrogatorio directo. Iniciará quien lo propuso y continuarán las otras partes, en el orden que el Tribunal considere conveniente. Luego podrán interrogar los miembros del Tribunal.

3) Quien presida moderará el interrogatorio y evitará que el declarante conteste preguntas capciosas, sugestivas o impertinentes; procurará que el interrogatorio se conduzca sin presiones indebidas y sin ofender la dignidad de las personas. Las partes podrán impugnar las resoluciones de quien presida, cuando limiten el interrogatorio, o podrán objetar las preguntas que se formulen, en cuyo caso el Tribunal podrá ordenar el retiro temporal del declarante. El Tribunal resolverá de inmediato.

4) Los peritos, testigos y testigos-peritos expresarán la razón de su información y el origen de su conocimiento.

Artículo 108.-Cuando proceda, el Tribunal recibirá la prueba confesional bajo juramento; los jueces, la parte contraria y el propio abogado, podrán hacerle al confesante las preguntas que sean pertinentes, hacer notar las contradicciones y pedir aclaraciones.

Artículo 109.-Evacuada la prueba, las partes formularán conclusiones por el tiempo fijado por el Tribunal.

Artículo 110.-1) Si, durante la deliberación, el Tribunal estima absolutamente necesario recibir nuevas pruebas o ampliar las incorporadas, podrá disponer la reapertura del debate. La discusión quedará limitada al examen de los nuevos elementos de apreciación.

2)   Dicha prueba será evacuada y valorada por el Tribunal, aun cuando alguna de las partes o ambas no asistan a la audiencia.

Artículo 111.-1) Transcurrida la audiencia, el Tribunal deliberará inmediatamente y procederá a dictar sentencia. En casos complejos, la sentencia deberá notificarse en el plazo máximo de los quince días hábiles siguientes a la terminación del juicio oral y público.

2)   Vencido dicho plazo con incumplimiento de lo anterior, lo actuado y resuelto será nulo, por lo que el juicio oral y público deberá repetirse ante otro tribunal, que será el encargado de dictar la sentencia, sin perjuicio de las responsabilidades correspondientes; lo anterior, salvo en el caso de los actos o las actuaciones probatorias irreproductibles, que mantendrán su validez en la nueva audiencia convocada.

3)   De producirse un voto salvado, se notificará conjuntamente con el voto de mayoría, en el plazo indicado en el aparte 1 del presente artículo. Si no se hace así, se notificará el voto de mayoría y caducará la facultad de salvar el voto.

TÍTULO VI
TERMINACIÓN DEL PROCESO
CAPÍTULO I
OTROS MODOS DE TERMINACIÓN

Artículo 112.-Además de los otros mecanismos establecidos por la ley, el proceso podrá terminar de manera anticipada, por los medios establecidos en este capítulo, y la resolución que así lo disponga tendrá autoridad de cosa juzgada.

Artículo 113.-1) El demandante podrá desistir del proceso antes del dictado de la sentencia del tribunal de juicio, por escrito o verbalmente, si lo hace en el curso de las audiencias.

2)   Si desiste la Administración Pública, deberá presentarse el acuerdo o la resolución adoptada por el respectivo superior jerárquico supremo o por el órgano en el que este delegue.

3)   Cuando la representación de la Administración Pública corresponda a la Procuraduría General de la República, el desistimiento deberá estar autorizado por el procurador general de la República o por el procurador general adjunto, o bien por el órgano en que estos deleguen.

4)   El juez tramitador o el Tribunal dictará resolución, en la que declarará terminado el procedimiento y ordenará el archivo de las actuaciones, así como la devolución del expediente administrativo.

5)   El desistimiento pondrá fin al proceso, pero la pretensión podrá ejercitarse en uno nuevo.

6)   Si son varios demandantes, el proceso continuará respecto de quienes no hayan desistido.

Artículo 114.-1) Los demandados podrán allanarse total o parcialmente a la pretensión, por escrito o verbalmente, durante las audiencias.

2) Si se allana la Administración Pública, deberá presentarse el acuerdo o la resolución adoptada por el órgano competente.

3) Cuando la representación de la Administración Pública corresponda a la Procuraduría General de la República, el allanamiento deberá estar autorizado por el
procurador general de la República o el procurador general adjunto, o por el órgano en que estos deleguen.

4) En caso de allanamiento, el Tribunal, sin más trámite, dictará sentencia, la cual
será emitida de conformidad con las pretensiones del demandante, salvo si se infringe el ordenamiento jurídico.

5) Si son varios demandados, el proceso continuará respecto de los que no se hayan allanado.

Artículo 115.-1) Si, habiéndose incoado el proceso, la Administración Pública demandada reconoce, total o parcialmente, en vía administrativa las pretensiones del demandante, cualquiera de las partes podrá ponerlo en conocimiento del juez tramitador o
del tribunal.

2) El juez tramitador o el Tribunal, luego de concedida audiencia al demandante
por un plazo máximo de cinco días hábiles, y previa comprobación de lo alegado, declarará terminado el proceso en lo conducente.

3) Si lo resuelto por la Administración Pública infringe el ordenamiento jurídico, el
juez tramitador o Tribunal denegará la satisfacción extraprocesal y continuará
con el proceso hasta el dictado de la sentencia.

4) Si la Administración Pública adopta una conducta que modifique en alguna
forma la satisfacción extraprocesal, el actor podrá pedir que el proceso continúe
en la etapa en que se encontraba, o bien que se lleve a la etapa procesal necesaria y se extienda la impugnación a la nueva conducta. Si el juez tramitador o el
Tribunal lo considera conveniente, concederá a las partes un plazo de cinco días
para que formulen, por escrito, las alegaciones que estime pertinentes.

Artículo 116.-1) Durante el transcurso del litigio, la parte principal podrá solicitar
que se equiparen en lo judicial, total o parcialmente, los efectos de la resolución administrativa firme y favorable, siempre que esta última haya recaído sobre la misma conducta o relación jurídico-administrativa discutida en el proceso, aunque no haya sido
destinataria de sus efectos, se trate de partes distintas o no haya intervenido en el procedimiento administrativo en el que se produjo.

2) Cualquiera de las partes remitirá al Tribunal de juicio, para su conocimiento, la
copia del texto expreso de lo actuado o resuelto en sede administrativa.

3) La Administración contará con un plazo máximo de ocho días hábiles para remitir, a la autoridad judicial, la comunicación del texto indicado; dicho plazo será contado a partir del día siguiente a la adopción del acto firme con incidencia
en las pretensiones del interesado. En caso de omisión, cualquier sujeto legitimado tendrá la facultad de hacerlo antes o durante la realización de la audiencia
preliminar o del juicio oral y público.

4) Recibida la comunicación, la autoridad judicial dará audiencia inmediatamente,
a las partes por el plazo de cinco días hábiles.

5) Dentro de los ocho días hábiles posteriores a la conclusión de la audiencia indicada en el apartado anterior, la autoridad judicial acogerá la referida equipara-

ción con fundamento en lo resuelto por la Administración. Asimismo, la denegará en forma motivada, cuando no verse sobre la misma conducta o relación jurídico-administrativa o cuando lo resuelto en la vía administrativa sea sustancialmente disconforme con el ordenamiento jurídico. En este último caso, la petición se denegará, sin que ello implique prejuzgar sobre la validez del acto que se pretende equiparar; para ello, deberá acudirse a otro procedimiento o proceso.

Artículo 117.-1) Las partes o sus representantes podrán proponer, en cualquier etapa del proceso, una transacción total o parcial.

2) La transacción será homologada por la autoridad judicial correspondiente, siempre que sea sustancialmente conforme al ordenamiento jurídico.

Artículo 118.-1) Cuando se trate de procesos cuya pretensión esté relacionada con conductas omisivas de la Administración, el juez tramitador, una vez evaluada interlocutoriamente la demanda, ponderado su eventual fundamento, a solicitud de parte o de oficio, podrá instar a la Administración demandada para que verifique la conducta requerida en la demanda y otorgarle un plazo de cinco días para que alegue cuanto estime oportuno.

2) Si, transcurrido dicho plazo, la Administración manifiesta su conformidad en verificar la conducta, el Tribunal, sin más trámite, dictará sentencia conforme a las pretensiones de la parte actora, sin especial condenatoria en costas, salvo si ello supone una infracción manifiesta del ordenamiento jurídico, en cuyo caso, dictará la sentencia que estime conforme a derecho. En casos de especial complejidad, cuando sea previsible la inexistencia de los recursos materiales necesarios para la adopción de la conducta, o los recursos financieros necesarios no estén disponibles, en la sentencia se valorará tal circunstancia para otorgar un plazo, a fin de cumplir la conducta respectiva, la cual no excederá del ejercicio presupuestario anual siguiente.

3) Si, dentro del plazo indicado en el primer párrafo, la Administración no contesta o se manifiesta contraria a realizar la conducta requerida, el proceso continuará su trámite normal.

CAPÍTULO II
SENTENCIA

Artículo 119.-1) La sentencia resolverá sobre todas las pretensiones y todos los extremos permitidos por este Código.

2) Contendrá también el pronunciamiento correspondiente respecto de las costas, aun de oficio.

Artículo 120.-1) La sentencia declarará la inadmisibilidad, total o parcial, de la pretensión en los casos siguientes:

a) Cuando la pretensión se haya deducido contra alguna de las conductas no susceptibles de impugnación, conforme a las reglas del capítulo I del título I de este Código.

b) Cuando exista cosa juzgada material.

2) Si el Tribunal determina la existencia del supuesto contemplado en el apartado 1) del artículo 66, procederá conforme al artículo 5, ambas normas de este Código, aun cuando por resolución interlocutoria se haya rechazado alguna defensa previa interpuesta.

3) Si, en las mismas condiciones indicadas en el párrafo anterior, el Tribunal determina la existencia de alguno de los motivos señalados en los incisos b), d), e) y f) del artículo 66, concederá un plazo de tres días hábiles para que se subsane el defecto, y, de ser necesario, retrotraerá el proceso a la respectiva etapa procesal. Si se incumple lo prevenido, la pretensión se declarará inadmisible.

4) Si, en la fase oral y pública, se determina que existe una falta de agotamiento de la vía administrativa, se tendrá por subsanado el defecto.

Artículo 121.-La pretensión se declarará improcedente, cuando no se ajuste al ordenamiento jurídico.

Artículo 122.-Cuando la sentencia declare procedente la pretensión, total o parcialmente, deberá hacer, según corresponda, entre otros, los siguientes pronunciamientos:

a) Declarar la disconformidad de la conducta administrativa con el ordenamiento jurídico y de todos los actos o actuaciones conexos.

b) Anular, total o parcialmente, la conducta administrativa.

c) Modificar o adaptar, según corresponda, la conducta administrativa a las reglas establecidas por el ordenamiento jurídico, de acuerdo con los hechos probados en el proceso.

d) Reconocer, restablecer o declarar cualquier situación jurídica tutelable, adoptando cuantas medidas resulten necesarias y apropiadas para ello.

e) Declarar la existencia, la inexistencia o el contenido de una relación sujeta al ordenamiento jurídico-administrativo.

f) Fijar los límites y las reglas impuestos por el ordenamiento jurídico y los hechos, para el ejercicio de la potestad administrativa, sin perjuicio del margen de discrecionalidad que conserve la Administración Pública.

g) Condenar a la Administración a realizar cualquier conducta administrativa específica impuesta por el ordenamiento jurídico.

h) En los casos excepcionales en los que la Administración sea parte actora, se podrá imponer a un sujeto de Derecho privado, público o mixto, una condena de hacer, de no hacer o de dar.

i) Declarar la disconformidad con el ordenamiento jurídico y hacer cesar la actuación material constitutiva de la vía de hecho, sin perjuicio de la adopción de cualquiera de las medidas previstas en el inciso d) de este artículo.

j) Ordenar a la Administración Pública que se abstenga de adoptar o ejecutar cualquier conducta administrativa, que pueda lesionar el interés público o las situaciones jurídicas actuales o potenciales de la persona.

k) Suprimir, aun de oficio, toda conducta administrativa directamente relacionada con la sometida a proceso, cuando sea disconforme con el ordenamiento jurídico.

l) Hacer cesar la ejecución en curso y los efectos remanentes de la conducta administrativa ilegítima.

m) Condenar al pago de los daños y perjuicios, en los siguientes términos:

    i) Pronunciamiento sobre su existencia y cuantía, siempre que consten probados en autos al dictarse la sentencia.

    ii) Pronunciamiento en abstracto, cuando conste su existencia, pero no su cuantía.

    iii) Pronunciamiento en abstracto, cuando no conste su existencia y cuantía, siempre que sean consecuencia de la conducta administrativa o relación jurídico-administrativa objeto de la demanda.

Artículo 123.-1) Cuando la sentencia condene al cumplimiento de una obligación dineraria, directamente o por equivalente, deberá incluir pronunciamiento sobre la actualización de dicha suma, a fin de compensar la variación en el poder adquisitivo ocurrida durante el lapso que media entre la fecha de exigibilidad de la obligación y la de su extinción por pago efectivo. Cuando sea posible fijar en la propia sentencia alguna partida, el Tribunal la liquidará, incluso su debida actualización. Si se trata de una condenatoria en abstracto o de rubros posteriores al dictado de la sentencia, el juez ejecutor conocerá y resolverá la liquidación efectiva y su debido reajuste.

    2) Para la actualización del poder adquisitivo, la autoridad judicial correspondiente tomará como parámetro el índice de precios al consumidor, emitido por el Instituto Nacional de Estadística y Censos para las obligaciones en colones, y la tasa prime rate establecida para los bancos internacionales de primer orden, para las obligaciones en moneda extranjera, vigente desde la exigibilidad de la obligación hasta su pago efectivo.

    3) Si se trata de una obligación convencional, en la cual las partes convinieron cualquier otro mecanismo de compensación indexatoria, distinto del establecido en el presente artículo, la autoridad judicial competente deberá reconocer en sentencia el mecanismo pactado, actualizar y liquidar la suma correspondiente hasta su pago efectivo.

Artículo 124.-1) Cuando la sentencia condene al cumplimiento de una obligación de valor, el Tribunal deberá convertirla y liquidarla en dinero efectivo, en forma congruente con su valor real y actual en el momento de su dictado.

    2) Una vez convertida en dineraria la obligación de valor, el juez ejecutor la actualizará hasta su pago efectivo.

    3) Si la condenatoria ha sido en abstracto, el juez ejecutor deberá observar lo prescrito en los párrafos precedentes.

    4) Si se dicta sentencia desestimatoria y el Tribunal de Casación o la Sala Primera declara con lugar el recurso de casación, corresponderá a estos últimos órganos jurisdiccionales, cuando proceda, la conversión de la obligación de valor en dineraria y su actualización conforme a los parámetros anteriormente establecidos.

Artículo 125.-Cuando la sentencia condenatoria disponga la actualización a valor presente, en los términos de los artículos 123 y 124 de este Código, no quedará excluida la indemnización por los daños y perjuicios que sea procedente.

Artículo 126.-La sentencia estimatoria siempre obligará a la ejecución de las obligaciones y prohibiciones que imponga, así como a la satisfacción de las pretensiones reconocidas, de acuerdo con el ordenamiento jurídico y con los hechos probados de la sentencia.

Artículo 127.-Cuando la conducta declarada ilegítima sea reglada o cuando la discrecionalidad de alguno de los elementos desaparezca durante el transcurso del proceso, la sentencia impondrá la conducta debida y prohibirá su reiteración para el caso específico.

Artículo 128.-Cuando la sentencia estimatoria verse sobre potestades administrativas con elementos discrecionales, sea por omisión o por su ejercicio indebido, condenará al ejercicio de tales potestades, dentro del plazo que al efecto se disponga, conforme a los límites y mandatos impuestos por el ordenamiento jurídico y por los hechos del caso, previa declaración de la existencia, el contenido y el alcance de los límites y mandatos, si así lo permite el expediente. En caso contrario, ello se podrá hacer en ejecución del fallo, siempre dentro de los límites que impongan el ordenamiento jurídico y el contenido de la sentencia y de acuerdo con los hechos complementarios que resulten probados en la fase de ejecución.

Artículo 129.-Transcurrido el plazo a que se refiere el artículo anterior, sin que la Administración Pública adopte la conducta conforme a los mandatos establecidos por el Tribunal, o si lo hace con violación de aquellos, el juez ejecutor procederá conforme a lo establecido por los artículos 158 y 159.

Artículo 130.-1) La sentencia que acuerde la inadmisibilidad o improcedencia de la pretensión solo producirá efectos entre las partes.

2) La que declare la invalidez de la conducta administrativa impugnada producirá efectos para todas las personas vinculadas a dicha conducta.

3) La anulación de un acto administrativo de alcance general producirá efectos erga omnes, salvo derechos adquiridos de buena fe y situaciones jurídicas consolidadas. La sentencia firme será publicada íntegramente en el diario oficial La Gaceta, con cargo a la administración que la haya dictado.

4) La estimación de pretensiones de reconocimiento o de restablecimiento de una situación jurídica, solo producirá efectos entre las partes.

Artículo 131.-1) La declaración de nulidad absoluta tendrá efecto declarativo y retroactivo a la fecha de vigencia del acto o la norma, todo sin perjuicio de los derechos adquiridos de buena fe.

2) La declaratoria de nulidad relativa tendrá efectos constitutivos y futuros.

3) Si es necesario para la estabilidad social y la seguridad jurídica, la sentencia deberá graduar y dimensionar sus efectos en el tiempo, el espacio o la materia.

TÍTULO VII
RECURSOS

CAPÍTULO I
RECURSOS ORDINARIOS

Artículo 132.- 1) Contra las providencias no cabrá recurso alguno.

2) Contra los autos, salvo disposición en contrario, cabrá únicamente recurso de revocatoria, el cual deberá interponerse dentro del tercer día hábil. Dicho recurso deberá ser resuelto en el plazo de tres días hábiles, contados a partir del día siguiente al vencimiento del plazo para su interposición.

3) Contra los autos dictados en las audiencias, solo cabrá el recurso de revocatoria, el cual deberá interponerse en forma oral y motivada, en la propia audiencia, y deberá ser resuelto inmediatamente por el Tribunal. No cabrá el recurso de apelación, salvo en los casos dispuestos expresamente por este Código.

Artículo 133.- 1) Cuando proceda, el recurso de apelación deberá interponerse directamente ante el Tribunal de Casación de lo Contencioso-Administrativo, en el plazo de tres días hábiles.

2) Dicho recurso no requiere formalidades especiales. El superior, en caso de admitirlo, citará, en el mismo acto, a una audiencia oral, a fin de que las partes expresen agravios y formulen conclusiones. Tal resolución deberá notificarse a todas las partes, al menos tres días hábiles antes de realizar la audiencia.

3) Si alguna de las partes o sus representantes tienen justa causa para no asistir a la audiencia, deberán acreditarla ante el Tribunal. De ser procedente, deberá efectuarse un nuevo señalamiento, el cual será notificado al menos con tres días hábiles de anticipación a la realización de la audiencia.

4) Si la parte o su representante no asiste a la audiencia sin justa causa, el recurso se tendrá por desistido y, por firme, la resolución recurrida.

CAPÍTULO II
RECURSO EXTRAORDINARIO DE CASACIÓN

Artículo 134.- 1) Procederá el recurso de casación contra las sentencias y los autos con carácter de sentencia que tengan efecto de cosa juzgada material, cuando sean contrarias al ordenamiento jurídico.

2) Asimismo, por las mismas razones señaladas en el apartado anterior, será procedente el recurso de casación contra la sentencia final dictada en ejecución de sentencia, que decida sobre las prestaciones o conductas concretas que debe cumplir la parte vencida, de acuerdo con el fallo firme y precedente emitido en el proceso de conocimiento.

3) El recurso será conocido por el Tribunal de Casación de lo Contencioso Administrativo y Civil de Hacienda o por la Sala Primera de la Corte Suprema de Justicia, según los criterios de distribución competencial establecidos en el presente Código.

Artículo 135.-1) Corresponderá a la Sala Primera de la Corte Suprema de Justicia, conocer y resolver el recurso extraordinario de casación interpuesto contra alguna de las resoluciones indicadas en el artículo 134 de este Código, cuando la conducta objeto del proceso emane de alguno de los siguientes entes u órganos:

a) El presidente de la República.

b) El Consejo de Gobierno.

c) El Poder Ejecutivo, entendido como el presidente y ministro del ramo.

d) Los ministerios y sus órganos desconcentrados.

e) La Asamblea Legislativa, el Poder Judicial y el Tribunal Supremo de Elecciones, cuando ejerzan función administrativa.

f) La Contraloría General de la República y la Defensoría de los Habitantes.

g) Las instituciones descentralizadas, inclusive las de carácter municipal, y sus órganos desconcentrados.

h) Los órganos con personalidad jurídica instrumental.

2) La Sala conocerá el asunto cuando la conducta objeto de impugnación emane de algunos de los órganos o entes señalados en el artículo 136 en conjunto con los

indicados en el párrafo anterior, sea porque se trate de actos complejos, autorizaciones, o aprobaciones, dictadas en el ejercicio de la tutela administrativa.

3) También a esta misma Sala le corresponderá conocer y resolver con independencia del ente u órgano autor de la conducta, los recursos de casación en los procesos en que se discutan las siguientes materias:

   a) La validez y eficacia de los reglamentos.

   b) Lo relativo a la materia tributaria.

4) En igual forma, a la Sala le corresponde conocer del recurso de casación en interés del ordenamiento jurídico establecido en el artículo 153 y el recurso de casación interpuesto contra toda ejecución de sentencia, cuyo conocimiento corresponda a esta jurisdicción, incoada contra alguno de los órganos o entes mencionados en el presente artículo.

Artículo 136.- 1) Corresponderá al Tribunal de Casación de lo Contencioso-Administrativo y Civil de Hacienda, conocer y resolver del recurso extraordinario de casación interpuesto contra alguna de las resoluciones indicadas en el artículo anterior, cuando la conducta objeto del proceso emane de alguno de los siguientes entes u órganos:

   a) Los colegios profesionales y cualquier ente de carácter corporativo.

   b) Los entes públicos no estatales.

   c) Las juntas de educación y cualquier otra junta a la que la ley le atribuya personalidad jurídica.

   d) Las empresas públicas que asuman forma de organización distintas de las de Derecho público.

2) También a este Tribunal le corresponderá conocer y resolver, con independencia del ente u órgano autor de la conducta, los recursos de casación, en los procesos en que se discutan las sanciones disciplinarias, multas y condenas en sede administrativa.

3) En igual forma, conocerá el recurso de casación interpuesto contra toda ejecución de sentencia cuyo conocimiento corresponda a esta jurisdicción, incoada contra alguno de los órganos o entes mencionados en el presente artículo y no corresponda a la Sala Primera de la Corte Suprema de Justicia.

Artículo 137.- 1) Procederá el recurso de casación por violación de normas procesales del ordenamiento jurídico, en los siguientes casos:

   a) Falta de emplazamiento, incluso la deficiencia en la composición de la litis, así como la notificación defectuosa del emplazamiento a las partes principales.

   b) Indefensión de la parte, que no le sea imputable, cuando se le afecten los derechos de defensa y del debido proceso.

   c) Falta de determinación clara y precisa, en la sentencia, de los hechos acreditados por el Tribunal o por haberse fundado en medios probatorios ilegítimos o introducidos ilegalmente al proceso.

   d) Falta de motivación.

   e) Incompetencia de los tribunales costarricenses, habiendo sido alegada y rechazada en el momento procesal correspondiente.

f)   Dictado de la sentencia por un número menor de jueces que el exigido para conformar el Tribunal o cuando uno de ellos no haya estado presente en el juicio oral y público.

g)   Inobservancia de las reglas previstas en este Código para la deliberación, el plazo de dictado de la sentencia o la redacción del fallo en sus elementos esenciales.

h)   Violación de las normas cuya inobservancia sea sancionada con la nulidad absoluta.

i)   Contradicción con la cosa juzgada.

2)   Las causales del recurso de casación por las razones procesales establecidas en el presente artículo, solo podrán alegarse por la parte a quien haya perjudicado la inobservancia de la norma procesal. Además, será necesario haber gestionado, ante el órgano jurisdiccional pertinente, la rectificación del vicio, en los casos que sea posible su rectificación en el Tribunal.

Artículo 138.-También procederá el recurso de casación por violación de normas sustantivas del ordenamiento jurídico, en los siguientes casos:

a)   Cuando se atribuya a la prueba una indebida valoración o se haya preterido.

b)   Cuando se tengan por demostrados o indemostrados hechos en contradicción con la prueba que consta en el proceso.

c)   Cuando se haya aplicado o interpretado indebidamente una norma jurídica o se haya dejado de aplicar.

d)   Cuando la sentencia viole las normas o los principios del Derecho constitucional, entre otros, la razonabilidad, proporcionalidad, seguridad jurídica e igualdad.

Artículo 139.- 1) El recurso deberá ser interpuesto directamente ante la Sala Primera o el Tribunal de Casación, según corresponda, dentro de los quince días hábiles contados a partir del día hábil siguiente a la notificación de la resolución a todas las partes. En caso de adición o aclaración, el plazo indicado empezará a correr a partir del día hábil siguiente a la fecha en que sean notificadas todas las partes acerca de lo resuelto sobre ello.

2)   El escrito deberá indicar el tipo de proceso, el nombre completo de las partes, con sus respectivas firmas de identificación debidamente autenticadas; la hora y la fecha de la resolución recurrida, así como el número de expediente en el cual fue dictada y el lugar dentro del perímetro judicial respectivo para recibir notificaciones, cuando la que ya existe no corresponda a la misma sede.

3)   Se deberán indicar, de manera clara y precisa, los motivos del recurso, con la fundamentación fáctica y jurídica del caso. Para todos los efectos, no será indispensable indicar el precepto legal infringido concerniente al valor del elemento probatorio mal apreciado.

4)   No será indispensable citar la normativa infringida en la sentencia recurrida; tampoco la que establece los requisitos del recurso, los plazos y las reglas básicas para su admisión.

5)   El recurso no estará sujeto a otras formalidades o requisitos.

Artículo 140.- El recurso será rechazado de plano cuando:

a)   Del escrito quede claro que la resolución recurrida no puede ser objeto de casación.

b)   Se haya presentado extemporáneamente.

c)   Carezca de total fundamentación jurídica o, teniéndola, la Sala o el Tribunal de Casación deduzcan con claridad, la improcedencia del recurso, ya sea por razones procesales o de fondo.

Artículo 141.- Si el recurso no cumple los requisitos señalados en el párrafo segundo del artículo 139, se prevendrá al recurrente que corrija los defectos, dentro del tercer día hábil, los cuales deberán señalarse de manera específica en la misma resolución. Si no los corrige, el recurso será rechazado de plano.

De haberse omitido señalar lugar o medio para recibir notificaciones, se le comunicará en el último lugar o medio que conste indicado en el expediente.

Artículo 142.- 1) Salvo que el recurso sea rechazado de plano, la Sala Primera o el Tribunal de Casación, en una misma resolución, solicitará el expediente a la autoridad judicial correspondiente, admitirá el recurso y lo pondrá en conocimiento de la parte contraria, por el plazo de diez días hábiles.

2)   Cuando lo estimen pertinente, la Sala Primera o el Tribunal de Casación señalarán hora y fecha para celebrar una audiencia oral, bien sea de oficio o a gestión de parte. Contra dicha resolución no cabrá recurso alguno.

3)   En la audiencia, la parte recurrente expondrá los motivos y fundamentos en que se sustenta. La contraparte deberá dar contestación al recurso y a su eventual ampliación y, en general, formular los alegatos para defender la sentencia impugnada. Finalmente, se les dará a las partes un período para conclusiones sucintas. Si ambas partes recurren, iniciará la exposición la parte actora.

4)   Los jueces o magistrados podrán solicitar aclaraciones o ampliaciones a las partes o a sus representantes.

5)   En lo que resulte compatible, será aplicable al recurso de casación lo dispuesto en el capítulo VIII del título V del presente Código.

Artículo 143.- 1) Las causas y los fundamentos del recurso podrán ampliarse en forma escrita, por una única vez, hasta cinco días hábiles después de ser notificadas todas las partes del auto de admisión.

2)   Si cumple los requisitos previstos en el presente Código, inmediatamente se pondrá en conocimiento de las partes.

3)   La ampliación de las causas deberá cumplir los requisitos previstos en el presente capítulo para el recurso inicial. Los señalados en el párrafo segundo del artículo 139 podrán ser subsanados de acuerdo con las reglas previstas en el artículo 141 de este mismo cuerpo normativo. En igual forma le serán aplicables las reglas referentes al rechazo de plano, contempladas en el artículo 140 de este mismo Código.

4)   Cuando se haya señalado la celebración de una audiencia oral, la resolución que ponga en conocimiento la ampliación del recurso deberá ser notificada a la parte contraria, al menos con dos días hábiles de antelación.

Artículo 144.- 1) Si alguna de las partes o sus representantes tienen justa causa para no asistir o no haber asistido a la audiencia, deberán acreditarla ante la Sala Primera o el Tribunal de Casación.

2) De ser procedente, deberá efectuarse un nuevo señalamiento, el cual será notificado al menos con tres días de anticipación a la realización de la audiencia.

3) Si la parte recurrente o su representante no asisten a la audiencia sin justa causa, el recurso se tendrá por desistido y, por firme, la resolución recurrida. De previo a ello, la Sala Primera o el Tribunal de Casación dará audiencia por tres días al recurrente que se haya ausentado, para que alegue y compruebe lo pertinente acerca de su ausencia. El recurrente que haya pedido la audiencia oral y que sin justa causa no asista a ella, será corregido disciplinariamente con uno a cinco días multa.

Artículo 145.- 1) Durante el trámite del recurso, se podrá aportar prueba documental que jure no haber conocido con anterioridad, sobre hechos nuevos y posteriores a la sentencia recurrida.

2) De ellos se dará audiencia a las partes por el plazo de tres días y su admisión o rechazo será resuelta en forma motivada en sentencia.

3) En casos excepcionales, la prueba documental podrá ser presentada durante la audiencia oral. En tal caso, a criterio de la Sala Primera o del Tribunal de Casación, según corresponda, podrá suspenderse la referida audiencia hasta por un plazo máximo de tres días.

Artículo 146.- Estando en trámite el recurso de casación ante la Sala Primera o ante el Tribunal de Casación, la parte victoriosa, en cualquier momento, por vía incidental, podrá solicitar al juez ejecutor la ejecución provisional de la sentencia en lo que se encuentre firme.

Artículo 147.- Si la Sala Primera o el Tribunal de Casación, antes de dictar sentencia, estiman que el recurso de casación o la infracción aducida, sometidos a su conocimiento, pueden no haber sido apreciados debidamente por las partes, por existir en apariencia otros fundamentos jurídicos para sustentar las pretensiones y causales esgrimidas en el recurso, los someterá a aquellas, en forma clara y precisa, mediante resolución en la que, advirtiendo que no prejuzga el fallo definitivo, concederá un plazo de cinco días hábiles para que formulen las alegaciones escritas que estimen oportunas. Durante ese plazo, se suspenderá el establecido para dictar el fallo.

Artículo 148.- 1) La Sala Primera o el Tribunal de Casación podrán ordenar, antes del dictado de la sentencia, cualquier prueba o diligencia para mejor resolver el recurso interpuesto.

2) El resultado de las pruebas que se hayan ordenado para mejor proveer, se pondrá en conocimiento de las partes, las cuales podrán, en el plazo de tres días, alegar cuanto estimen conveniente acerca de su alcance e importancia. Dicha audiencia será innecesaria cuando el órgano jurisdiccional encargado de conocer el recurso ordene la celebración de una audiencia oral para conocer, alegar y debatir sobre el resultado de aquella.

Artículo 149.- 1) Transcurrido el plazo conferido a la parte contraria para conocer del recurso formulado, o concluida la audiencia oral señalada al efecto, la Sala Primera o el Tribunal de Casación procederán de inmediato al dictado y la comunicación de la sentencia.

2) Cuando la redacción de la sentencia tenga una particular complejidad, se comunicará tan solo la parte dispositiva del fallo y, en un plazo máximo a los cinco días hábiles, su contenido total.

3) En caso de excepcional complejidad, el dictado y la redacción de la sentencia podrán realizarse en un plazo máximo de diez días hábiles.

4) El uso de los plazos dispuestos en los párrafos dos y tres del presente artículo para el dictado y la redacción de la sentencia, se comunicará previamente a las partes en forma oral o escrita, según sea el caso. Dichos plazos se contarán a partir del día siguiente a la fecha del vencimiento del plazo otorgado a la parte contraria para conocer el recurso, o bien, a partir de concluida la audiencia oral, según lo indicado en el párrafo primero de este artículo.

Artículo 150.- 1) Cuando la sentencia se case por razones procesales, la Sala o el Tribunal de Casación la anulará y reenviará el proceso al tribunal de juicio, con indicación de la etapa a la que deberá retrotraer los efectos, para que, reponiendo los trámites - incluso, de ser necesario, el juicio oral y público-, falle de conformidad con el derecho. Cuando el vicio se refiera únicamente a la sentencia como acto procesal, la anulación recaerá solo sobre esta, a fin de que el Tribunal dicte nuevamente la que corresponda.

2) Si la sentencia se casa por violar normas sustantivas del ordenamiento jurídico, en la misma resolución se fallará el proceso, atendiendo las defensas de la parte contraria al recurrente, si por haber resultado victoriosa esa parte no ha podido interponer el recurso de casación.

3) La sentencia que declare sin lugar el recurso de casación, condenará a la parte vencida al pago de las costas personales y procesales causadas por el recurso; salvo que, por la naturaleza de las cuestiones debatidas en el recurso, haya habido, a juicio de la Sala Primera o del Tribunal de Casación, motivo suficiente para recurrir.

Artículo 151.- 1) En los casos en que la sentencia impugnada deba casarse, en el tanto tuvo por transcurrido el plazo para incoar el proceso, sin apreciar la existencia de un vicio de nulidad absoluta de la conducta impugnada que hace aplicable la regla del artículo 40 de este Código, la Sala Primera o el Tribunal de Casación anularán la sentencia recurrida y entrarán a resolver el fondo del asunto, sin necesidad de reenvío.

2) Asimismo, se anulará la sentencia recurrida y se declarará la inadmisibilidad del proceso por caducidad de la acción, sin necesidad de reenvío, cuando la sentencia impugnada deba casarse en el tanto se pronunció sobre el fondo del asunto, aun fuera de los plazos ordinarios por estimar, incorrectamente, la existencia de un vicio de nulidad absoluta de la conducta impugnada.

Artículo 152.- 1) Contra los autos dictados durante el trámite de la casación, no cabrá recurso alguno, salvo en cuanto a la resolución que se pronuncie sobre su admisión o el rechazo, deniegue la celebración de la audiencia oral o lo tenga por desistido, a consecuencia de la ausencia injustificada del recurrente, contra las que cabrá únicamente revocatoria, la cual deberá interponerse dentro del tercer día hábil. Dicho recurso deberá ser resuelto en el plazo de tres días hábiles, contados a partir del día siguiente del vencimiento del plazo para su interposición.

2) Contra los autos dictados en la audiencia oral, solo cabrá el recurso de revocatoria que deberá interponerse en forma oral y motivada en la propia audiencia. Dicho recurso deberá ser resuelto inmediatamente por la Sala Primera o el Tribunal de Casación.

3) Contra la sentencia dictada por la Sala o el Tribunal de Casación, solo cabrá recurso extraordinario de revisión.

CAPÍTULO III
RECURSO DE CASACIÓN EN INTERÉS DEL
ORDENAMIENTO JURÍDICO

Artículo 153.- 1) Cabrá el recurso de casación en interés del ordenamiento jurídico, ante la Sala Primera, contra las sentencias firmes dictadas por el Tribunal Contencioso-Administrativo y Civil de Hacienda o el Tribunal de Casación Contencioso-Administrativo y Civil de Hacienda que produzcan cosa juzgada material, cuando no habiendo sido conocidas por la Sala Primera, se estimen violatorias del ordenamiento jurídico.

2) El recurso podrá ser interpuesto, en cualquier momento, por el procurador general de la República, el contralor general de la República, el defensor de los habitantes de la República o el fiscal general; solo estará sujeto a los requisitos previstos en los apartados dos y tres del artículo 139 del presente Código.

3) La sentencia que se dicte no afectará situación jurídica particular derivada de la sentencia recurrida, tampoco afectará situaciones jurídicas consolidadas y, cuando sea estimatoria, se limitará a fijar la correcta interpretación y aplicación del ordenamiento jurídico, debiendo publicarse en una sección especial del diario oficial La Gaceta y no implicará, de manera alguna, responsabilidad para los tribunales que hayan resuelto de manera distinta.

CAPÍTULO IV
RECURSO EXTRAORDINARIO DE REVISIÓN

Artículo 154.- 1) El recurso de revisión será de conocimiento de la Sala Primera de la Corte Suprema de Justicia, en los mismos términos establecidos para el proceso civil.

2) Con la admisión del recurso, conferirá traslado, por quince días, a quienes hayan litigado en el proceso o a sus causahabientes, y fijará hora y fecha para la audiencia oral, en la que se evacuarán las pruebas ofrecidas y admitidas y se emitirán conclusiones. Esa resolución deberá notificarse a todas las partes, por lo menos, con cinco días hábiles de antelación a la audiencia.

3) La lectura y redacción de la sentencia se regirá por los plazos establecidos para el recurso de casación.

TÍTULO VIII
EJECUCIÓN DE SENTENCIAS
CAPÍTULO I
EJECUCIÓN DE SENTENCIAS DE PROCESOS
CONTENCIOSO-ADMINISTRATIVOS Y CIVILES DE HACIENDA

Artículo 155.- 1) El Tribunal tendrá un cuerpo de jueces ejecutores, encargados de la ejecución de sus sentencias y demás resoluciones firmes.

2) En la fase de ejecución de sentencia, el juez ejecutor tendrá todos los poderes y deberes necesarios para su plena efectividad y eficacia.

3) Firme la sentencia, el juez ejecutor dictará o dispondrá, a solicitud de parte, las medidas adecuadas y necesarias para su pronta y debida ejecución.

Artículo 156.- 1) La sentencia deberá ser cumplida, en la forma y los términos consignados por ella.

2)   Toda persona está obligada a prestar la colaboración requerida por los tribunales de este orden jurisdiccional, para la debida y completa ejecución de lo resuelto.

3)   El juez ejecutor, de conformidad con lo establecido en el inciso 9) del artículo 140, en el inciso 5) del artículo 149 y en el artículo 153 de la Constitución Política, podrá solicitar auxilio de la Fuerza Pública para la ejecución plena e íntegra de las sentencias y demás resoluciones dictadas por el Tribunal de juicio, cuando contengan una obligación de hacer, de no hacer o de dar, y estas no sean cumplidas voluntariamente por la parte obligada.

Artículo 157.- La sentencia firme del Tribunal deberá ser ejecutada de inmediato, salvo que el juez ejecutor, de oficio o a gestión de parte, otorgue, en forma motivada, un plazo hasta por tres meses, bajo apercibimiento al respectivo funcionario de las consecuencias y responsabilidades establecidas en este Código, en caso de incumplimiento. Lo anterior no será aplicable en el supuesto señalado en el primer párrafo del artículo 172. En casos excepcionales, el juez podrá prorrogar, por una única vez, el plazo concedido.

Artículo 158.- 1) Los servidores de la Administración Pública a quienes se ordene el cumplimiento de la sentencia, no podrán excusarse en el deber de obediencia; sin embargo, para deslindar su responsabilidad podrán hacer constar, por escrito, ante el juez ejecutor, las alegaciones pertinentes. La violación de las normas contenidas en el presente capítulo producirá responsabilidad disciplinaria, civil y, en su caso, penal.

2)   La renuncia del servidor requerido por el juez ejecutor, o el vencimiento del período de su nombramiento, no le eximirá de las responsabilidades, si se produce después de haber recibido la comunicación que le ordenó cumplir la sentencia, salvo que el tiempo y las circunstancias justifiquen su incumplimiento, a criterio del juez ejecutor.

3)   Si los supuestos del párrafo anterior ocurren antes de la notificación de la sentencia, quien reemplace al funcionario deberá darle cumplimiento, bajo pena de las sanciones correspondientes.

Artículo 159.- 1) El funcionario que incumpla sin justa causa cualquiera de los requerimientos del juez ejecutor tendiente a la efectiva ejecución del fallo, será sancionado con una multa de uno a cinco salarios base, de conformidad con el artículo 2 de la Ley N.° 7337.

2)   De previo a la eventual aplicación de la multa antes referida, se dará audiencia, por tres días hábiles, al funcionario, en lo personal, para lo que tenga a bien señalar u oponerse. La resolución final que se adopte también deberá notificársele personalmente.

3)   Pasados cinco días hábiles después de la firmeza de la resolución que imponga la multa sin que esta sea cancelada, el funcionario deberá pagar intereses moratorios, al tipo legal, en tanto perdure su renuencia, sin perjuicio de la responsabilidad civil, penal y administrativa a que haya lugar.

4)   Además, el juez ejecutor podrá testimoniar piezas al Ministerio Público, para lo de su cargo.

Artículo 160.- 1) Para el cobro efectivo de las multas impuestas, se seguirá el trámite del proceso ejecutivo. Para tal efecto, será título base del proceso la certificación de la resolución firme que impone y fija la multa, expedida por el juez ejecutor, todo lo cual será comunicado, de inmediato, a la Procuraduría General de la República o a la entidad respectiva, para su cobro.

2)   Lo recaudado por tal concepto se girará al fondo especial, a la orden del Tribunal Contencioso-Administrativo, para atender el pago de costas.

Artículo 161.- 1) Si, después de impuestas las multas referidas en el artículo 159 de este Código, persiste el incumplimiento de la Administración, el juez ejecutor podrá:

a)   Ejecutar la sentencia requiriendo la colaboración de las autoridades y los agentes de la Administración condenada o, en su defecto, de otras administraciones públicas, conforme a los procedimientos administrativos establecidos en el ordenamiento jurídico.

b)   Adoptar las medidas necesarias y adecuadas para que el fallo adquiera la eficacia que, en su caso, sería inherente a la conducta omitida, entre las que se incluye la ejecución subsidiaria con cargo a la Administración Pública condenada; todo conforme a los procedimientos administrativos establecidos en el ordenamiento jurídico.

c)   Para todos los efectos legales, el juez o la autoridad pública requerida por él, se entenderá competente para realizar todas las conductas necesarias, con el objeto de lograr la debida y oportuna ejecución del fallo, todo a cargo del presupuesto de la Administración vencida. El propio juez ejecutor podrá adoptar las medidas necesarias, a fin de allegar los fondos indispensables para la plena ejecución, conforme a las reglas y los procedimientos presupuestarios. Asimismo, será competente para realizar todas las acciones pertinentes, a fin de revertir lo pagado por la Administración, cuando esta resulte victoriosa.

2)   Si la Administración Pública obligada persiste en el incumplimiento de la sentencia, o si su contenido o naturaleza así lo exigen, el juez ejecutor podrá adoptar, por su cuenta, las conductas que sean necesarias y equivalentes para su pleno cumplimiento.

3)   Salvo lo dispuesto en el inciso 3) del artículo 156, la ejecución de lo ordenado no exigirá requerimiento ni constitución en mora, por parte del juez ejecutor.

4)   No cabrá responsabilidad alguna del funcionario público, por el fiel cumplimiento de lo ordenado por el juez ejecutor.

Artículo 162.- El derecho y los hechos nuevos, provenientes, total o parcialmente, de la Administración o de sus codemandados vencidos en juicio, o bien, provocados por ellos, no podrán justificar la suspensión ni la no ejecución del fallo.

Artículo 163.- 1) Cuando la sentencia condene en abstracto al pago por daños y perjuicios, el victorioso presentará la liquidación concreta y detallada, con la indicación específica de los montos respectivos y el ofrecimiento de la prueba.

2)   De dicha relación se dará audiencia a la parte vencida, por cinco días hábiles, dentro de los cuales deberá referirse a cada una de las partidas, ofrecer las pruebas de descargo y formular las alegaciones que estime pertinentes.

Artículo 164.- 1) Transcurrido el plazo anterior, el juez ejecutor procederá a dictar la sentencia dentro de cinco días hábiles, salvo que haya prueba admisible por evacuar, ofrecida por las partes o dispuesta por el juez para mejor resolver.

2) En lo compatible y que no se oponga a lo preceptuado en este capítulo, serán aplicables en esta etapa procesal, las reglas contenidas en el título V de este Código. A criterio del juez ejecutor, podrá celebrarse una audiencia con el objeto de evacuar prueba y escuchar a las partes.

3) Evacuada la prueba, dictará sentencia dentro del plazo de cinco días hábiles.

Artículo 165.- Transcurrido el plazo de la audiencia conferida al vencido, el juez ejecutor solo aprobará las partidas demostradas y que procedan, conforme al ordenamiento jurídico, o las reducirá en la forma que corresponda.

Artículo 166.- Cuando la Administración Pública sea condenada al pago de una cantidad líquida, deberá acordarlo y verificarlo de inmediato, si hay contenido económico suficiente y debidamente presupuestado. Para el efecto, la sentencia firme producirá, automáticamente, el compromiso presupuestario de los fondos pertinentes para el ejercicio fiscal en que se produzca la firmeza del fallo.

Artículo 167. 1) El juez ejecutor remitirá certificación de lo dispuesto en la sentencia al Departamento de Presupuesto Nacional al que se refiere el artículo 177 de la Constitución Política, si se trata del Gobierno Central y, en los demás casos, al superior jerárquico supremo de la Administración Pública responsable de la ejecución presupuestaria. Dicha certificación será título suficiente y único para el pago respectivo.

2) El director del Departamento de Presupuesto Nacional o el superior jerárquico supremo de la Administración descentralizada, estará obligado a incluir, en el presupuesto inmediato siguiente, el contenido presupuestario necesario para el debido cumplimiento de la sentencia, so pena de incurrir en responsabilidad civil, penal o disciplinaria; de no hacerlo así, el incumplimiento de la obligación anterior se presumirá falta grave de servicio.

Artículo 168.- 1) Tratándose de la Administración descentralizada, si es preciso algún ajuste o modificación presupuestaria o la elaboración de un presupuesto, deberán cumplirse los trámites necesarios, dentro de los tres meses siguientes a la firmeza de la sentencia.

2) Pasados esos tres meses sin haberse satisfecho la obligación o incluida la modificación presupuestaria mencionada en el párrafo anterior, el juez ejecutor, a petición de parte, comunicará a la Contraloría General de la República, para que no se ejecute ningún trámite de aprobación ni modificación respecto de los presupuestos de la Administración Pública respectiva, hasta tanto no se incluya la partida presupuestaria correspondiente; todo ello, sin perjuicio de proceder al embargo de bienes, conforme a las reglas establecidas en el presente capítulo.

3) Tal paralización podrá ser dimensionada por el juez ejecutor, con el fin de no afectar la gestión sustantiva de la entidad ni los intereses legítimos o los derechos subjetivos de terceros, señalando los alcances de la medida.

Artículo 169.- 1) Serán embargables, a petición de parte y a criterio del juez ejecutor, entre otros:

a) Los de dominio privado de la Administración Pública, que no se encuentren afectos a un fin público.

b) La participación accionaria o económica en empresas públicas o privadas, propiedad del ente público condenado, siempre que la totalidad de dichos embargos no supere un veinticinco por ciento del total participativo.

c) Los ingresos percibidos efectivamente por transferencias contenidas en la Ley de Presupuesto Nacional, en favor de la entidad pública condenada, siempre que no superen un veinticinco por ciento del total de la transferencia correspondiente a ese período presupuestario.

2) Será rechazada de plano la gestión que no identifique, con precisión, los bienes, fondos o rubros presupuestarios que se embargarán.

3) La Administración Pública podrá identificar los bienes que, en sustitución de los propuestos por la parte interesada, deban ser objeto del embargo; todo ello conforme al prudente criterio del juez.

Artículo 170.- 1) No podrán ser embargados los bienes de titularidad pública destinados al uso y aprovechamiento común, tampoco los vinculados directamente con la prestación de servicios públicos en el campo de la salud, la educación o la seguridad y cualquier otro de naturaleza esencial.

2) Tampoco podrá ordenarse ni practicarse embargo sobre los bienes de dominio público custodiados o explotados por particulares bajo cualquier título o modalidad de gestión; sobre las cuentas corrientes y cuentas cliente de la Administración; sobre los fondos, valores o bienes que sean indispensables o insustituibles para el cumplimiento de fines o servicios públicos; sobre recursos destinados por ley a una finalidad específica, al servicio de la deuda pública tanto de intereses como de amortización, al pago de servicios personales, a la atención de estados de necesidad y urgencia o destinados a dar efectividad al sufragio; tampoco los fondos para el pago de pensiones, las transferencias del fondo especial para la Educación Superior, ni los fondos públicos otorgados en garantía, aval o reserva dentro de un proceso judicial.

Artículo 171.- 1) Los fondos embargados deberán ser retenidos y depositados a la orden del juez ejecutor, previo cumplimiento del trámite presupuestario. Su omisión dará lugar a la aplicación de lo dispuesto en los artículos 158 y 159 de este Código.

2) Los bienes embargados serán puestos a disposición del juez ejecutor, para el respectivo remate, siguiendo los procedimientos y requisitos establecidos al efecto por la legislación procesal común.

Artículo 172.- 1) Cuando el cumplimiento de la sentencia signifique la provisión de fondos para los cuales no sea posible allegar recursos sin afectar, seriamente, el interés público o sin provocar trastornos graves a su situación patrimonial, la Administración Pública obligada al pago de una cantidad líquida, mediante escrito fundado, podrá solicitar, al juez ejecutor, que se le autorice fraccionar el pago hasta un máximo de tres anualidades, por lo que deberá consignar, en los respectivos presupuestos, el principal más los intereses. Esta gestión se resolverá previa audiencia a las partes por el plazo de cinco días.

2) Al efecto, a este mecanismo será aplicable lo dispuesto en los artículos 158, 159 y 168 de este Código, si no se incorporan los abonos en los presupuestos de los ejercicios siguientes, sin perjuicio de que el Tribunal revoque el beneficio a solicitud del interesado y haga exigible la totalidad del saldo insoluto.

Artículo 173.- 1) No podrá suspenderse el cumplimiento del fallo ni declararse su inejecución total ni parcial.

2)   No obstante lo anterior, cuando el fallo o su ejecución produzca graves dislocaciones a la seguridad o la paz, o cuando afecte la continuidad de los servicios públicos esenciales, previa audiencia a las partes, podrá suspenderse su ejecución, en la medida estrictamente necesaria a fin de evitar o hacer cesar y reparar el daño al interés público.

Artículo 174.- Desaparecidas las graves dislocaciones a la seguridad, la paz o la afectación de la continuidad de los servicios públicos esenciales, se ejecutará el fallo, a petición de parte, salvo si ello es imposible, en cuyo caso deberá indemnizarse la frustración del derecho obtenido en sentencia. La parte tendrá también derecho a la indemnización por los daños y perjuicios que le cause la suspensión en la ejecución del fallo.

Artículo 175.- 1) Será contraria al ordenamiento jurídico la conducta administrativa que no se ajuste a lo dispuesto en la sentencia firme.

2)   Una vez firme la sentencia, si la Administración Pública incurre en cualquier conducta contraria a aquella, en perjuicio de la parte interesada, esta última podrá solicitar al juez ejecutor su nulidad, conforme a las reglas de este capítulo, sin necesidad de incoar un nuevo proceso.

Artículo 176.- Cuando la Administración Pública no cumpla sus actos firmes y favorables para el administrado, este podrá hacerlos ejecutar, de conformidad con el presente capítulo.

Artículo 177.- Si la Administración Pública repite la conducta ilegítima con violación de la condenatoria, el juez, a petición del interesado, la anulará en ejecución de sentencia, con los apercibimientos legales en caso de reiteración. Si la ejecución de la sentencia ya está concluida, sumariamente y dentro del mismo expediente, podrá gestionarse en cualquier momento la ilegitimidad de la respectiva conducta.

Artículo 178.- Contra el auto que resuelva el embargo, cabrá recurso de revocatoria con apelación en subsidio ante el Tribunal de Casación de lo Contencioso-Administrativo, dentro del plazo de tres días hábiles. Contra el fallo final emitido en ejecución de sentencia en los términos establecidos en el artículo 137 del presente Código, cabrá recurso de casación, cuyo conocimiento corresponderá a la Sala Primera o al Tribunal de Casación, de acuerdo con la distribución de competencias establecida en los artículos 135 y 136 de este mismo Código.

CAPÍTULO II
EJECUCIÓN DE SENTENCIAS DE LOS PROCESOS CONSTITUCIONALES DE HÁBEAS CORPUS Y DE AMPARO CONTRA SUJETOS DE DERECHO PÚBLICO

Artículo 179.- Corresponde al Juzgado de lo Contencioso-Administrativo, la ejecución de las sentencias dictadas por la Jurisdicción Constitucional, en procesos de hábeas corpus y de amparo contra sujetos de Derecho público, únicamente en lo relativo a la demostración, la liquidación y el cumplimiento de indemnizaciones pecuniarias.

Artículo 180.- 1) En el escrito inicial, el interesado deberá hacer una exposición clara y precisa de los hechos en que se fundamenta. Con dicho escrito, deberá aportar y ofrecer la prueba pertinente.

2) En relación con los daños y perjuicios cuya indemnización se pretende, deberá concretarse el motivo que los origina, en qué consisten y la estimación prudencial y específica de cada uno de ellos.

Artículo 181.- Del escrito presentado se le dará traslado por el plazo de cinco días hábiles a la parte ejecutada, quien podrá proponer contraprueba y formular las alegaciones pertinentes.

Artículo 182.- Transcurrido el plazo anterior, si hay necesidad de evacuar prueba, se procederá conforme a lo establecido por los artículos 99 y siguientes de este Código.

Artículo 183.- 1) El Juzgado pronunciará sentencia dentro del plazo de los cinco días hábiles siguientes a la celebración de la audiencia correspondiente.

2) Cuando no haya prueba que evacuar, el Juzgado dictará sentencia en el mismo plazo de cinco días. En lo pertinente se aplicarán las reglas establecidas en los artículos 119 y siguientes de este mismo Código.

3) Contra el fallo final emitido por el Juzgado en los términos establecidos en el artículo 137 del presente Código, únicamente cabrá recurso de casación, cuyo conocimiento corresponderá a la Sala Primera o al Tribunal de Casación, de acuerdo con la distribución de competencias establecida en los artículos 135 y 136 de este mismo Código. Contra lo resuelto en casación, no cabrá recurso alguno.

Artículo 184.- Una vez firme la resolución que condene a pagar una cantidad líquida, el Juzgado seguirá las reglas dispuestas en el capítulo anterior.

TÍTULO IX
PROCESOS ESPECIALES

CAPÍTULO I
PROCESO DE EXTENSIÓN Y ADAPTACIÓN DE LA JURISPRUDENCIA A TERCEROS

Artículo 185.- 1 Los efectos de la jurisprudencia contenida al menos en dos fallos de casación, ya sean del Tribunal o de la Sala Primera de la Corte Suprema de Justicia, que haya reconocido una situación jurídica, podrán extenderse y adaptarse a otras personas, mediante los mecanismos y procedimientos regulados por el presente capítulo, siempre que, en lo pretendido exista igualdad de objeto y causa con lo ya fallado.

2) La solicitud deberá dirigirse a la administración demandada, en forma razonada, con la obligada referencia o fotocopia de las sentencias, dentro del plazo de un año, a partir de la firmeza del segundo fallo en el mismo sentido. Si transcurren quince días hábiles sin que se notifique resolución alguna o cuando la administración deniegue la solicitud de modo expreso podrá acudirse, sin más trámite ante el Tribunal de Casación de lo Contencioso-Administrativo o ante la Sala Primera de la Corte Suprema de Justicia; según corresponda.

Artículo 186.- 1) La petición se formulará en escrito razonado, con el que se acompañará y ofrecerá la prueba que acredite su situación jurídica y, de ella, se dará traslado a la contraria por el plazo de cinco días, para formular los alegatos y ofrecer las pruebas pertinentes.

2) La Sala Primera de la Corte Suprema de Justicia o el Tribunal de Casación de lo Contencioso-Administrativo, según corresponda, señalará, en la misma resolu-

ción a que se refiere el inciso anterior, una audiencia oral, la cual se celebrará en un plazo máximo de quince días hábiles, a partir de la notificación a las partes, con el objeto de definir la admisibilidad y procedencia de la solicitud.

3)   De estimarlo necesario, el respectivo órgano podrá convocar a una nueva audiencia para evacuar las pruebas ofrecidas por las partes o requeridas por él.

4)   Cuando la solicitud se estime procedente, se emitirá la resolución en la cual se ordenará la extensión y adaptación de los efectos de los fallos; dicha resolución se hará efectiva por el trámite de ejecución de sentencia.

Artículo 187.- La solicitud será denegada, cuando exista jurisprudencia contradictoria o no exista igualdad de objeto y causa.

Artículo 188.- La Sala Primera y el Tribunal de Casación podrán modificar sus criterios jurisprudenciales, mediante resolución debidamente motivada, con efectos hacia futuro.

CAPÍTULO II
RECURSO NO JERÁRQUICO EN MATERIA MUNICIPAL

Artículo 189.- Será de conocimiento del Tribunal de lo Contencioso-Administrativo, la apelación contra los acuerdos municipales, establecida en el artículo 173 de la Constitución Política.

Artículo 190.- 1) La apelación contra los acuerdos que emanen del concejo municipal, ya sea directamente o con motivo de la resolución de recursos en contra de acuerdos de órganos municipales jerárquicamente inferiores, deberá ser conocida y resuelta por el Tribunal de lo Contencioso-Administrativo.

2)   Una vez interpuesto el recurso de apelación, la municipalidad elevará los autos al conocimiento del Tribunal, previo emplazamiento a las partes y demás interesados, por el plazo de cinco días, quienes deberán señalar medio, lugar o forma para oír notificaciones, dentro del perímetro judicial respectivo.

Artículo 191.- 1) Si el concejo no conoce de los recursos de revocatoria o apelación subsidiaria en la oportunidad señalada en el Código Municipal, el interesado podrá comparecer directamente ante el Tribunal de lo Contencioso-Administrativo, y solicitar que se conozca y resuelva el recurso de apelación planteado.

2)   En dicho supuesto, el Tribunal deberá requerir el envío del expediente administrativo al concejo municipal, dentro del plazo máximo de cinco días hábiles, contados a partir del día siguiente a la recepción personal del oficio correspondiente, bajo el apercibimiento de que, en caso de incumplimiento, incurrirá en el delito de desobediencia a la autoridad, sin perjuicio de las sanciones disciplinarias correspondientes y de las multas personales que se le impongan, de acuerdo con las reglas del artículo 159 de este Código.

Artículo 192.- 1) Recibido el expediente o aportada su copia certificada, el Tribunal dará audiencia por cinco días hábiles a los interesados, para que expresen sus agravios, y al concejo municipal, para que haga las alegaciones que estime pertinentes. Transcurrido el plazo para ello, deberá dictarse la resolución final correspondiente, dentro del quinto día hábil.

2)   Lo resuelto en definitiva por el Tribunal no impedirá que los apelantes o la municipalidad discutan el asunto en la vía plenaria.

TÍTULO X
EFECTOS ECONÓMICOS DEL PROCESO
CAPÍTULO ÚNICO

Artículo 193.- En las sentencias y los autos con carácter de sentencia, se condenará al vencido al pago de las costas personales y procesales, pronunciamiento que deberá hacerse de oficio. No obstante lo anterior, la parte vencida podrá ser exonerada del pago de las costas, cuando:

a) La sentencia se dicte en virtud de pruebas cuya existencia verosímilmente no haya conocido la contraria y, por causa de ello, se haya ajustado la oposición de la parte.

b) Por la naturaleza de las cuestiones debatidas haya existido, a juicio del Tribunal, motivo bastante para litigar.

Artículo 194.- 1) No habrá lugar a la condenatoria en costas, cuando la parte vencedora haya incurrido en plus petitio.

2) Habrá plus petitio, cuando la diferencia entre lo reclamado y lo obtenido en definitiva sea de un quince por ciento (15%) o más, a no ser que las bases de la demanda sean expresamente consideradas provisionales o su determinación dependa del arbitrio judicial o dictamen de peritos.

3) Cuando no pueda fijarse la suma en sentencia, la condenatoria en costas, si procede, tendrá el carácter de provisional, para los fines de lo dispuesto en el párrafo anterior.

Artículo 195.- 1) Con la totalidad de las costas personales que deben abonarse a la Administración del Estado y de las demás entidades públicas, se constituirá un fondo especial, a la orden del Tribunal, para atender el pago de costas, tanto personales como procesales, que se impongan a la misma administración. Habrá una cuenta separada para cada ente público, según el origen de los fondos.

2) La circunstancia de que los fondos mencionados en el primer párrafo no alcancen para cubrir determinadas costas personales impuestas a la Administración del Estado, no impedirá que el interesado formule directamente el cobro ante este.

3) Para el pago de las costas, en todo caso, regirán las reglas de ejecución de sentencia establecidas en el presente Código.

Artículo 196.- La parte coadyuvante no devengará ni pagará costas, más que por razón de las alegaciones que promueva con independencia de la parte principal.

Artículo 197.- 1) Salvo acuerdo de las partes en contrario, no habrá condenatoria en costas, en caso de que se produzca desestimiento, allanamiento o satisfacción extraprocesal de la pretensión, antes de la audiencia preliminar o en el transcurso de esta.

2) Cuando se produzca con posterioridad a la realización de la audiencia preliminar, si la parte interesada lo reclama, dentro de los tres días hábiles posteriores a la notificación del auto que tenga por concluido el proceso, se impondrá, por adición, el pago de las costas personales y procesales causadas, siempre que el Tribunal halle mérito para la condenatoria.

3) En tal supuesto, el término para formular el recurso de casación contra la resolución que tenga por concluido el proceso, se contará a partir del día hábil siguiente a la notificación de la resolución que estime o deniegue la adición.

TÍTULO XI
DISPOSICIONES DEROGATORIAS Y DE REFORMA
CAPÍTULO ÚNICO

Artículo 198.- Derógase la Ley reguladora de la jurisdicción contencioso-administrativa, N° 3667, de 12 de marzo de 1966, y su interpretación auténtica, dada por la Ley N.° 4191, de 17 de setiembre de 1968.

Artículo 199.- Deróganse los artículos 547, 548 y 549 del Código Procesal Civil.

Artículo 200.- Se disponen las siguientes reformas y derogaciones a la Ley general de la Administración Pública, N.° 6227, de 2 de mayo de 1978:

1) Se derogan los incisos d) y e) del artículo 29.

2) Se deroga el inciso c) del artículo 39.

3) Se reforma el artículo 44, cuyo texto dirá:

   "Artículo 44.-

   Cabrá recurso de reposición contra los acuerdos del Consejo de Gobierno que lesionen intereses legítimos y derechos subjetivos; todo de conformidad con el Código Procesal Contencioso- Administrativo."

4) Se modifica el inciso 4) del artículo 109, cuyo texto dirá:

   "Artículo 109.-

   [...]

   4)   Quedará a salvo lo dispuesto por el artículo 158 del Código Procesal Contencioso-Administrativo."

5) Se reforma el artículo 127 de este Código, cuyo texto dirá:

   "Artículo 127.-

   Cuando el agotamiento de la vía administrativa se produzca en virtud del silencio o de algún acto presunto, la Administración siempre estará obligada a dictar la resolución de fondo, de manera expresa y motivada, sin perjuicio de los efectos del silencio para fines de impugnación jurisdiccional, de conformidad con el Código Procesal Contencioso-Administrativo."

6) Se reforma el artículo 173, cuyo texto dirá:

   "Artículo 173.-

   1) Cuando la nulidad absoluta de un acto declaratorio de derechos sea evidente y manifiesta, podrá ser declarada por la Administración en la vía administrativa, sin necesidad de recurrir al contencioso-administrativo de lesividad, previsto en el Código Procesal Contencioso-Administrativo, previo dictamen favorable de la Procuraduría General de la República; este dictamen es obligatorio y vinculante. Cuando la nulidad absoluta verse sobre actos administrativos directamente relacionados con el proceso presupuestario o la contratación administrativa, la Contraloría General de la República deberá rendir el dictamen.

   En ambos casos, los dictámenes respectivos deberán pronunciarse expresamente sobre el carácter absoluto, evidente y manifiesto de la nulidad invocada.

2) Cuando se trate de la Administración central del Estado, el ministro del ramo que dictó el respectivo acto deberá declarar la nulidad. Cuando se trate de otros entes públicos o Poderes del Estado, deberá declararla el órgano superior supremo de la jerarquía administrativa. Contra lo resuelto cabrá recurso de reposición o de reconsideración, en los términos del Código Procesal Contencioso-Administrativo.

3) Previo al acto final de anulación de los actos a que se refiere este artículo, la Administración deberá dar audiencia a las partes involucradas y cumplir con el debido procedimiento administrativo ordinario dispuesto en esta Ley.

4) La potestad de revisión oficiosa consagrada en este artículo, caducará en un año, a partir de la adopción del acto, salvo que sus efectos perduren.

5) La anulación administrativa de un acto contra lo dispuesto en este artículo, sea por omisión de las formalidades previstas o por no ser absoluta, evidente y manifiesta, será absolutamente nula, y la Administración estará obligada, además, al pago por daños, perjuicios y costas; todo sin perjuicio de las responsabilidades personales del servidor agente, de conformidad con el segundo párrafo del artículo 199.

6) Para los casos en que el dictado del acto administrativo viciado de nulidad absoluta, evidente y manifiesta corresponda a dos o más ministerios, o cuando se trate de la declaratoria de nulidad de actos administrativos relacionados entre sí, pero dictados por órganos distintos, regirá lo dispuesto en el inciso d) del artículo 26 de esta Ley.

7) La pretensión de lesividad no podrá deducirse por la vía de la contrademanda."

7) Se reforma el artículo 175, cuyo texto dirá:

"Artículo 175.-

El administrado podrá impugnar el acto absolutamente nulo, en la vía administrativa o la judicial, en el plazo de un año contado a partir del día siguiente a su comunicación. Tratándose de actos de efectos continuados, el plazo se computará a partir del cese de sus efectos."

8) Se reforman los incisos 2) y 3) del artículo 183. Los textos dirán:

"Artículo 183.-

[...]

2) La potestad de revisión oficiosa consagrada en este artículo no estará sujeta al plazo de caducidad y podrá ser ejercida por la Administración, previo dictamen vinculante de la Procuraduría General de la República.

3) Fuera de los casos previstos en el artículo 173 de este Código, la Administración no podrá anular de oficio los actos declaratorios de derechos en favor del administrado y para obtener su eliminación deberá acudir al proceso de lesividad, previsto en el Código Procesal Contencioso-Administrativo."

9) Se reforma el artículo 275, cuyo texto dirá:

"Artículo 275.-

Podrá ser parte en el procedimiento administrativo, además de la Administración, todo el que tenga interés legítimo o derecho subjetivo que pueda resultar
afectado, lesionado o satisfecho de manera total o parcial por el acto final. El interés de la parte deberá ser legítimo y podrá ser moral, científico, religioso, económico o de cualquier otra naturaleza."

10) Se reforma el artículo 340, cuyo texto dirá:

"Artículo 340.-

1) Cuando el procedimiento se paralice por más de seis meses en virtud de
causa, imputable exclusivamente al interesado que lo haya promovido o a
la Administración que lo haya iniciado, de oficio o por denuncia, se producirá la caducidad y se ordenará su archivo, a menos que se trate del caso
previsto en el párrafo final del artículo 339 de este Código.

2) No procederá la caducidad del procedimiento iniciado a gestión de parte,
cuando el interesado haya dejado de gestionar por haberse operado el silencio positivo o negativo, o cuando el expediente se encuentre listo para dictar el acto final.

3) La caducidad del procedimiento administrativo no extingue el derecho de
las partes; pero los procedimientos se tienen por no seguidos, para los efectos de interrumpir la prescripción."

11) Se deroga el artículo 357 de la Ley general de la Administración Pública.

12) En los artículos 179 y 228, en el inciso 2) del artículo 229, el inciso 3) del   artículo 261, el inciso 3) del artículo 344, el inciso 2) del artículo 345, y en el inciso 2) del artículo 368, la frase "Ley Reguladora de la Jurisdicción Contencioso-
Administrativa"   se   sustituye   por   "Código   Procesal   Contencioso-
Administrativo."

Artículo 201.- Refórmase el Código de Normas y Procedimientos Tributarios, en las
siguientes disposiciones:

1) Se reforma el cuarto párrafo del artículo 150, cuyo texto dirá:

"Artículo 150.-

[...]

Contra la resolución cabrá recurso de revocatoria ante el órgano que dictó el acto, con apelación en subsidio para ante el Tribunal Fiscal Administrativo, sin
perjuicio de que el interesado pueda acudir directamente a la vía jurisdiccional.
Ambos recursos deberán interponerse dentro del plazo de tres días hábiles, contados a partir de la notificación. Este Tribunal deberá resolver dentro del plazo
máximo de un año.

La interposición del proceso contencioso-administrativo, se regirá conforme a lo
dispuesto en el Código Procesal Contencioso-Administrativo, incluso para el
dictado y la aplicación de las medidas cautelares, las cuales también serán procedentes para el procedimiento sancionatorio tributario."

2) En el artículo 163 se sustituye "Ley Reguladora de la Jurisdicción Contencioso-
Administrativo" por " Código Procesal Contencioso-Administrativo."

3) Se reforma el artículo 165, cuyo texto dirá:

"Artículo 165.-

Contra los fallos del Tribunal Fiscal Administrativo, el interesado podrá iniciar un juicio contencioso-administrativo, de acuerdo con las disposiciones del Código Procesal Contencioso-Administrativo.

Cuando la dependencia o institución encargada de aplicar el tributo estime que la resolución dictada por el Tribunal Fiscal Administrativo no se ajusta al ordenamiento jurídico, podrá impugnarla de acuerdo con las disposiciones del Código Procesal Contencioso-Administrativo; para ello, deberá adjuntar la autorización escrita emanada del Ministerio de Hacienda, si se trata de la Administración Tributaria.

Para lo anterior, el órgano o la entidad encargada de aplicar el tributo deberá presentar, al referido Ministerio o autoridad, un informe motivado que indique las razones por las que estima conveniente impugnar la respectiva resolución administrativa. El Ministerio o la entidad competente deberá decidir sobre la procedencia de la impugnación, previo dictamen del órgano legal correspondiente."

Artículo 202.- Refórmase el Código Municipal, Ley N.º 7794, de 30 de abril de 1998, y sus reformas, en las siguientes disposiciones:

1) El artículo 150, cuyo texto dirá:

"Artículo 150.-

Los servidores podrán ser removidos de sus puestos, cuando incurran en las causales de despido que determina el artículo 81 del Código de Trabajo y las disposiciones de este Código.

El despido deberá estar sujeto tanto al procedimiento previsto en el Libro II de la Ley general de la Administración Pública, como a las siguientes normas:

a) En caso de que el acto final disponga la destitución del servidor, este podrá formular, dentro del plazo de ocho días hábiles contados a partir de la notificación del acto final, un recurso de apelación para ante el concejo municipal, el cual agotará la vía administrativa.

b) En el caso de que transcurra el plazo de ocho días hábiles sin que el alcalde dé trámite al recurso de apelación, remitiendo además el expediente administrativo cuando el recurso sea admisible, el servidor podrá acudir directamente al concejo municipal, con el objeto de que este le ordene al alcalde la remisión del expediente administrativo, para los efectos de establecer la admisibilidad del recurso y, en su caso, su procedencia o improcedencia.

c) Recibidas las actuaciones, en el caso de que el recurso sea admisible, el concejo dará audiencia por ocho días al servidor recurrente para que exprese sus agravios, y al alcalde municipal, para que haga las alegaciones que estime pertinentes; luego de ello, deberá dictar la resolución final sin más trámite.

d) Resuelto el recurso de apelación, quedará agotada la vía administrativa. La resolución que se dicte resolverá si el despido es procedente y, según corresponda, si es procedente la restitución del servidor, con el pleno goce de sus derechos y el pago de los salarios caídos, sin perjuicio de que la reinstalación sea renunciable; el servidor podrá optar por los importes de preaviso y auxilio de cesantía que puedan corresponderle y por los correspondientes a daños y perjuicios.

e) Lo resuelto sobre el fondo no impedirá que el apelante discuta el asunto en la vía plenaria respectiva.

f) El procedimiento anterior será aplicable, en lo conducente, a las suspensiones determinadas en el artículo 149 de esta Ley."

2) Se reforma el artículo 154, cuyo texto dirá:

"Artículo 154.-

Cualquier acuerdo del concejo municipal, emitido directamente o conociendo en alzada contra lo resuelto por algún órgano municipal jerárquicamente inferior, estará sujeto a los recursos de revocatoria y de apelación. De tales recursos quedan exceptuados los siguientes acuerdos del concejo municipal:

a) Los que no hayan sido aprobados definitivamente.

b) Los de mero trámite de ejecución, confirmación o ratificación de otros anteriores y los consentidos expresa o implícitamente.

c) Los que aprueben presupuestos, sus modificaciones y adiciones.

d) Los reglamentarios."

3) Se adiciona al artículo 157, el tercer párrafo, cuyo texto dirá:

"Artículo 157.-

[...]

Contra la resolución de fondo emitida por el concejo sobre este recurso extraordinario, cabrá recurso de apelación para ante el Tribunal Contencioso-Administrativo, dentro del quinto día hábil."

4) Se modifica el tercer párrafo del artículo 158, cuyo texto dirá:

"Artículo 158.-

[...]

En la sesión inmediatamente posterior a la presentación del veto, el concejo deberá rechazarlo o acogerlo. Si es rechazado, se elevará en alzada ante el Tribunal Contencioso-Administrativo, para que resuelva conforme a derecho."

5) Se deroga el inciso c) del artículo 160.

6) Se modifica el artículo 161, cuyo texto dirá:

"Artículo 161.-

Contra las decisiones de los funcionarios municipales, ya sea que dependan o no directamente del concejo, cabrá, potestativamente, recurso de revocatoria ante el órgano que lo dictó, así como de apelación para ante el concejo municipal. Ambos recursos deberán ser interpuestos dentro del quinto día hábil posterior a la notificación del acto, y el primero será renunciable.

La interposición exclusiva del recurso de apelación no impedirá que el funcionario revoque su decisión, siempre que estime procedentes las razones en que se funda el recurso.

La revocatoria y la apelación podrán estar fundadas en razones de ilegalidad o inoportunidad del acto y no suspenderán su ejecución, sin perjuicio de que el concejo o el mismo órgano que lo dictó, pueda disponer una medida cautelar al recibir el recurso.

Contra lo resuelto en alzada por el concejo municipal en estos casos, serán procedentes los recursos establecidos en los artículos 154 y 156 de este Código.

Las decisiones relativas a la materia laboral confiada al alcalde municipal, estarán sujetas a los recursos regulados en el título V."

7) Se modifica el artículo 162, cuyo texto dirá:

"Artículo 162.-

Si el órgano inferior jerárquico encargado de conocer el recurso de revocatoria y de admitir o no la apelación subsidiaria, no lo hace dentro del plazo de ocho días posteriores a su presentación, el interesado podrá comparecer directamente ante el concejo municipal, y solicitar que el recurso de apelación planteado sea conocido y resuelto.

En dicho supuesto, el concejo deberá requerir el envío del expediente administrativo al órgano remiso, dentro del plazo máximo de tres días hábiles, contados a partir del día siguiente a la recepción del oficio correspondiente, bajo los apercibimientos específicos de ley.

Recibido el expediente, el concejo resolverá el recurso de alzada en la sesión siguiente. Contra dicho acuerdo, serán procedentes los recursos señalados en los artículos 154 y 156 de este Código."

8) Se modifica el segundo párrafo del artículo 163, cuyo texto dirá:

"Artículo 163.-

[...]

El recurso se interpondrá ante el concejo, el cual lo acogerá, si el acto es absolutamente nulo. Contra lo resuelto por este, cabrá recurso de apelación para ante el Tribunal Contencioso-Administrativo, en las condiciones y los plazos señalados en los artículos 154 y 156."

Artículo 203.- Refórmase el artículo 305 del Código Penal, Ley N.º 4573, de 4 de mayo de 1970, y sus reformas. El texto dirá:

"Artículo 305.-

Se impondrá prisión de seis meses a tres años, a quien no cumpla o no haga cumplir, en todos los extremos, la orden impartida por un órgano jurisdiccional o por un funcionario público en el ejercicio de sus funciones, siempre que se le haya comunicado personalmente, salvo si se trata de la propia detención."

Artículo 204.-1) Refórmase el artículo 64 de la Ley N.º 7472, Promoción de la competencia y defensa efectiva del consumidor, de 20 de diciembre de 1994. El texto dirá:

"Artículo 61.-

Las resoluciones emanadas de la Comisión para Promover la Competencia y de la Comisión Nacional del Consumidor, deberán reunir los requisitos establecidos en los artículos 128 y siguientes de la Ley general de la Administración Pública. Asimismo, la notificación deberá realizarse en la forma debida, de acuerdo con los artículos 245 y 335 de la misma Ley.

Contra esas resoluciones podrá interponerse el recurso de reposición, según lo dispuesto por el Código Procesal Contencioso-Administrativo."

2)   Deróganse los artículos 65 y 66 de la Ley N.° 7472, Promoción de la competencia y defensa efectiva del consumidor, de 20 de diciembre de 1994, y sus reformas.

Artículo 205.- 1) En los artículos 79 y 84 del Código de Minería, Ley N.° 6797, de 4 de octubre de 1982, se sustituye "Tribunal Superior Contencioso-Administrativo", por "ministro de Ambiente y Energía."

2)   Se reforma el artículo 90 del Código de Minería, Ley N.° 6797, de 4 de octubre de 1982. El texto dirá:

"Artículo 90.-

Cualquier cuestión que se suscite o promueva en materia de permisos o concesiones, durante su tramitación o con motivo de su ejercicio o extinción, sobre cualquier asunto que no haya sido entregado para conocimiento de otra autoridad, será resuelto por la Dirección de Geología, Minas e Hidrocarburos, previa audiencia a los afectados, que se concederá en un plazo máximo de noventa días, durante el cual la Dirección podrá solicitar las pruebas, ordenar las diligencias que considere convenientes y resolver la cuestión debatida.

Contra las resoluciones que se dicten procederán los recursos de revocatoria, ante la Dirección, y de apelación, ante el ministro de Ambiente y Energía."

Artículo 206.- Refórmase el segundo párrafo del artículo 23 de la Ley orgánica de la agricultura e industria de la caña de azúcar, N.° 7818, de 2 de setiembre de 1998, y sus reformas. El texto dirá:

"Artículo 23.-

[...]

En caso de empate, la votación se repetirá en la misma sesión o en una nueva, que deberá celebrarse dentro de los quince días hábiles siguientes. De persistir, la situación de empate, el asunto será resuelto por el ministro de Agricultura y Ganadería, en un plazo de treinta días, contados a partir del día siguiente a la fecha de la recepción del expediente. El ministro resolverá la cuestión conforme al ordenamiento jurídico y su decisión no será susceptible de recurso en vía administrativa."

Artículo 207.- Refórmase el segundo párrafo del artículo 33 de la Ley general de caminos públicos, N.° 5060, de 22 de agosto de 1972. El texto dirá:

"Artículo 33.-

[...]

Contra la resolución del Ministerio de Obras Públicas y Transportes o la municipalidad, cabrán los recursos administrativos previstos en el ordenamiento. Esta información únicamente regirá para la reapertura de la vía, dada su trascendencia pública; pero, en lo judicial, no tendrá otro valor que el que le concedan los tribunales, de conformidad con sus facultades."

Artículo 208.-1) Refórmase el artículo 309 de la Ley general de Aviación Civil, N.° 5150, de 14 de mayo de 1973. El texto dirá:

"Artículo 309.-

Contra las resoluciones que haya dictado el Consejo Técnico de Aviación Civil, podrá formularse recurso de reconsideración, dentro del plazo de quince días hábiles, contados a partir de su notificación."

2) Derógase el artículo 310 de la Ley general de Aviación Civil, N.º 5150, de 14 de mayo de 1973.

Artículo 209.- Deróganse la Ley N.º 12, de 26 de setiembre de 1918, y sus reformas; así como la Ley N.º 70, de 9 de febrero de 1925.

Artículo 210.- Deróganse los artículos 23, 24 y 26 de la Ley de inscripción de documentos en el Registro Público, N.º 3883, de 30 de mayo de 1965, y cualquier otra que establezca, en forma genérica, la inembargabilidad de los bienes de la Administración Pública o de alguno de sus entes u órganos específicos.

Artículo 211.- Derógase la Ley de creación de la Sección Tercera del Tribunal Superior Contencioso-Administrativo, N.º 7274, de 10 de diciembre de 1991.

En adelante, la Sección Tercera del Tribunal Contencioso-Administrativo conocerá de las mismas materias que actualmente corresponden a las otras secciones de dicho Tribunal, según la distribución que disponga la Corte Suprema de Justicia.

Artículo 212.- Derógase el artículo 119 de la Ley orgánica del Poder Judicial, N.º 7333, y sus reformas. Además, se reforman los artículos 54, 92, 97, 105, 110 y 115 de la Ley orgánica del Poder Judicial, N.º 8, de 29 de noviembre de 1937, la cual a su vez fue reformada íntegramente por la Ley N.º 7333; y se le adiciona el artículo 94 bis. Los textos son los siguientes:

"Artículo 54.-

La Sala Primera conocerá:

1) De los recursos de casación y revisión, que procedan, conforme a la ley, en los procesos ordinarios y abreviados, en las materias civil y comercial, con salvedad de los asuntos referentes al Derecho de familia y a juicios universales.

2) Del recurso extraordinario de casación en materia contencioso-administrativa y civil de Hacienda, cuando intervenga alguno de los siguientes órganos y no sean competencia del Tribunal de Casación de lo Contencioso-Administrativo y Civil de Hacienda:

    a) El presidente de la República.

    b) El Consejo de Gobierno.

    c) El Poder Ejecutivo, entendido como el presidente de la República y el respectivo ministro del ramo.

    d) Los ministerios y sus órganos desconcentrados.

    e) La Asamblea Legislativa, el Poder Judicial, el Tribunal Supremo de Elecciones, la Contraloría General de la República y la Defensoría de los Habitantes, cuando ejerzan función administrativa.

    f) Las instituciones descentralizadas, incluso las de carácter municipal y sus órganos desconcentrados.

    g) Los órganos con personería instrumental.

3) Cuando la conducta objeto de impugnación emane, conjuntamente de algunos de los órganos señalados con anterioridad y de los que se indican en el primer párrafo del artículo 94 bis de esta Ley, siempre que el acto sea complejo o se trate de autorizaciones o aprobaciones dictadas en el ejercicio de la tutela administrativa.

4) A esta Sala también le corresponderá conocer y resolver, con independencia del ente u órgano autor de la conducta, los recursos de casación en los procesos en que se discutan la validez y eficacia de los reglamentos, así como lo relativo a la materia tributaria y al recurso de casación, en interés del ordenamiento jurídico establecido en el Código Procesal Administrativo.

5) De los recursos de revisión que procedan conforme a la ley, en la materia contencioso-administrativa y civil de Hacienda.

6) De la tercera instancia rogada en asuntos de la jurisdicción agraria, cuando el recurso tenga cabida de conformidad con la ley.

7) Del cumplimiento de sentencias pronunciadas por tribunales extranjeros, con arreglo a los tratados, las leyes vigentes y los demás casos de exequátur.

8) De los conflictos de competencia que se susciten en los tribunales civiles o entre estos y los de otra materia, siempre que aquellos hayan prevenido en el conocimiento del asunto.

9) De los conflictos de competencia que se susciten entre un juzgado o Tribunal de la Jurisdicción Contencioso-Administrativa y Civil de Hacienda, con cualquier otro de materia diversa.

10) De la inconformidad formulada dentro del tercer día, por cualquiera de las partes, sobre la resolución emitida por órganos de la Jurisdicción Contencioso-Administrativa y Civil de Hacienda, definiendo su competencia.

11) De las competencias entre juzgados civiles pertenecientes a la jurisdicción de tribunales superiores diferentes, siempre que se trate de juicios ordinarios civiles o comerciales, excepto en juicios universales y en asuntos de familia y Derecho laboral.

12) De los conflictos de competencia que se planteen respecto de autoridades judiciales y administrativas.

13) De los demás asuntos que indique la ley, cuando, por su naturaleza, no correspondan a otra de las salas de la Corte."

"Artículo 92.-

Existirán tribunales colegiados de casación, civiles, penales de juicio, de lo contencioso-administrativo y civil de Hacienda, de familia, de trabajo, agrarios, penales juveniles, así como otros que determine la ley.

En cada provincia o zona territorial establecida por la Corte Suprema de Justicia, existirán los tribunales de lo Contencioso-Administrativo y Civil de Hacienda que esta decida.

Los tribunales podrán ser mixtos, cuando lo justifique el número de asuntos que deban conocer."

"Artículo 94 bis.-

1) Corresponderá al Tribunal de Casación de lo Contencioso-Administrativo y Civil de Hacienda, conocer y resolver el recurso extraordinario de casación, cuando intervenga alguno de los siguientes entes u órganos:

   a) Los colegios profesionales y cualquier ente de carácter corporativo.

   b) Los entes públicos no estatales.

   c) Las juntas de educación y cualquier otra junta a la que la ley le atribuya personalidad jurídica sustancial.

   d) Las empresas públicas que asuman formas de organización distintas de las del Derecho público.

2) También a ese Tribunal le corresponderá conocer y resolver, con independencia del ente u órgano autor de la conducta, el recurso de casación en los procesos en que se discutan las sanciones disciplinarias, multas y condenas administrativas, y toda ejecución de sentencia correspondiente a la Jurisdicción Contencioso-Administrativa y Civil de Hacienda.

3) En apelación, de las resoluciones que dicten los tribunales de lo contencioso-administrativo y civil de Hacienda y los juzgados de la materia, cuando la ley conceda ese recurso.

4) De los impedimentos, la excusa y las recusaciones de sus jueces, propietarios y suplentes.

5) De los conflictos de competencia que se susciten entre los órganos que componen la Jurisdicción Contencioso-Administrativa, siempre que no correspondan a la Sala Primera de la Corte Suprema de Justicia.

6) De los demás asuntos que determine la ley."

"Artículo 97.-

Los tribunales de lo contencioso-administrativo y civil de Hacienda conocerán:

1) De los procesos contencioso-administrativos y de los ordinarios civiles de Hacienda que se tramiten conforme al Código Procesal Contencioso-Administrativo y la ejecución de sus propias sentencias.

2) De los impedimentos, las excusas y las recusaciones de sus jueces, propietarios y suplentes.

3) De los demás asuntos que determine la ley."

"Artículo 105.-

Los juzgados civiles conocerán:

1) De todo asunto cuya cuantía exceda de la fijada por la Corte para el conocimiento de los juzgados de menor cuantía, incluso los procesos ejecutivos, aun cuando la acción se ejercite a favor o en contra de la Administración Pública.

2) En grado, de las resoluciones dictadas por los juzgados de menor cuantía de la materia civil.

3) De las competencias que se susciten en lo civil entre las alcaldías de su respectivo territorio.

4) De los demás asuntos que determinen las leyes."

"Artículo 110.-

Los juzgados de lo contencioso-administrativo y civil de Hacienda conocerán:

1) De todo proceso civil de Hacienda que no sea ordinario, de cualquier cuantía, salvo si son procesos ejecutivos o relativos a la aplicación de la Ley general de arrendamientos urbanos y suburbanos, aun cuando la acción se ejercite a favor o en contra del Estado, un ente público o una empresa pública. Tampoco corresponderá a estos juzgados, el conocimiento de las medidas cautelares o de actividad no contenciosa, relacionadas con los procesos ejecutivos o relativos a la aplicación de la Ley general de arrendamientos urbanos y suburbanos.

2) De las ejecuciones de sentencia dictadas por la Sala Constitucional, en recursos de amparo y hábeas corpus.

3) De los interdictos de cualquier cuantía, que se ejerciten en favor o en contra de la Administración Pública, central o descentralizada, y de las demás instituciones públicas, así como de los relacionados con empresas públicas.

4) De las diligencias especiales de avalúo por expropiación.

5) De los demás asuntos que determine la ley."

"Artículo 115.-

En materia civil, los juzgados de menor cuantía conocerán:

1) De los juicios ejecutivos de menor cuantía, incluso los interpuestos a favor o en contra del Estado, un ente público o una empresa pública.

2) De todo lo relativo a la aplicación de la Ley general de arrendamientos urbanos y suburbanos, aun cuando el proceso sea interpuesto a favor o en contra del Estado, un ente público o una empresa pública, salvo en procesos ordinarios y abreviados de mayor cuantía o en procesos ordinarios correspondientes a la Jurisdicción de lo Contencioso-Administrativo y Civil de Hacienda.

3) De toda diligencia de pago por consignación. Si surge contención sobre la validez o eficacia del pago, el negocio continuará radicado en el despacho al que corresponda, conforme a la cuantía.

4) De los demás asuntos cuya cuantía no exceda de la establecida como máxima por la Corte."

Artículo 213.- Modifícase el inciso c) del artículo 7 de la Ley orgánica del Colegio de Médicos y Cirujanos, N.º 3019, de 9 de agosto de 1962. El texto dirá:

"Artículo 7.-

[...]

a) Aportar constancia fehaciente de haber observado buena conducta."

Artículo 214.- Modifícase el inciso b) del artículo 2 de la Ley orgánica del Colegio de Farmacéuticos, Nº 15, de 29 de octubre de 1941. El texto dirá:

"Artículo 2.-

[...]

b) Aportar constancia fehaciente de haber observado buena conducta."

Artículo 215.- Derógase el artículo 42 de la Ley de expropiaciones, N° 7495, de 3 de mayo de 1995, y sus reformas; asimismo, se modifican sus artículos 41, 43, 44, 45 y 47, cuyos textos dirán:

"Artículo 41.- Apelación

La parte disconforme con la resolución final podrá apelar ante el Tribunal de Casación de lo Contencioso-Administrativo y Civil de Hacienda, dentro de los cinco días hábiles siguientes a la fecha de la notificación.

Presentada la apelación y transcurrido el plazo para apelar, el juzgado elevará los autos de inmediato."

"Artículo 43.- Audiencia sobre el fondo y prueba para mejor resolver

El Tribunal de Casación de lo Contencioso-Administrativo y Civil de Hacienda, concederá a las partes un plazo de cinco días hábiles para presentar los alegatos que consideren oportunos. También podrá solicitar la prueba para mejor resolver que considere pertinente.

Artículo 44.- Resolución de segunda instancia

Vencido el plazo fijado en el artículo anterior o evacuada la prueba para mejor resolver, el Tribunal de Casación de lo Contencioso-Administrativo dictará la resolución final, dentro de los quince días hábiles siguientes.

Artículo 45.- Apelación de autos dictados durante el proceso

Mediante escrito motivado, los autos que se dicten en el proceso, podrán ser apelados para ante el Tribunal de Casación de lo Contencioso- Administrativo, en el efecto devolutivo, dentro del plazo de tres días hábiles, solo cuando tengan relación con las siguientes materias:

a)   La entrada en posesión del bien expropiado.

b)   La designación de los peritos.

c)   La fijación de los honorarios de los peritos.

d)   Lo concerniente al retiro, el monto y la distribución del avalúo.

e)   Los autos que resuelvan sobre nulidades de actuaciones y resoluciones.

f)   Los autos que resuelvan los incidentes de nulidad de las actuaciones periciales.

En los demás casos, los autos solo tendrán recurso de revocatoria, que deberá ser interpuesto en el plazo de tres días hábiles."

"Artículo 47.- Pago del justo precio

El justiprecio será pagado en dinero efectivo, salvo que el expropiado lo acepte en títulos valores. En este caso, los títulos se tomarán por su valor real, que será certificado por la Bolsa Nacional de Valores, por medio de sus agentes o, en su defecto, por un corredor jurado. Firme la sentencia, el pago de la indemnización o de la diferencia con el avalúo administrativo, será realizado de inmediato y, en lo conducente, serán aplicables las normas sobre ejecución de sentencia contenidas en el Código Procesal Contencioso-Administrativo."

Artículo 216.- Modifícase el artículo 21 de la Ley de adquisiciones, expropiaciones y constitución de servidumbres del Instituto Costarricense de Electricidad, N.º 6313, de 4 de enero de 1979, y sus reformas. El texto dirá:

"Artículo 21.-

En las diligencias judiciales solo cabrá el recurso de apelación contra la resolución final que fije el monto de la indemnización, dicho recurso deberá presentarse dentro de los cinco días hábiles siguientes a la fecha de la última notificación y será de conocimiento del Tribunal de Casación de lo Contencioso-Administrativo y Civil de Hacienda. Las diligencias de expropiación no se suspenderán, por alegarse ilegalidad del acuerdo expropiatorio en la vía ordinaria. No será necesario estimar las diligencias, ni procederá en ellas la deserción. En estas diligencias, serán aplicables, en lo conducente, las normas sobre ejecución de sentencia contenidas en el Código Procesal Contencioso-Administrativo."

Artículo 217.-Reformas de la Ley orgánica de la Procuraduría General de la República:

1)   Adiciónase al artículo 3, un inciso l), en los siguientes términos:

"Artículo 3.-

[...]

l)   Proponer y acordar arreglos o convenios durante la tramitación de cualquier proceso, cuando valore su procedencia y oportunidad. En estos casos, se requerirá autorización escrita del procurador general, del procurador general adjunto o del funcionario en quien estos deleguen."

2)   Se reforma el artículo 20, cuyo texto dirá:

"Artículo 20.- Representación en juicio

Los procuradores tienen, en cuanto a los juicios en que intervengan ante las autoridades de justicia, las facultades que corresponden a los mandatarios judiciales, según la legislación común, con las restricciones siguientes: les está absolutamente prohibido allanarse, transar, conciliar o desistir de las demandas o reclamaciones, así como someter los juicios a la decisión de árbitros, sin la previa autorización escrita del procurador general, del procurador general adjunto o del funcionario en quien estos deleguen.

No tendrá valor ni efecto alguno, en juicio ni fuera de él, lo que se haga en oposición al párrafo anterior, y la nulidad de los procedimientos, a que razonablemente dé lugar la violación, deberá ser declarada, aun de oficio, por los tribunales de justicia.

El funcionario transgresor -aparte de otras responsabilidades en que pueda incurrir- será corregido con amonestación, la primera vez; con suspensión hasta por quince días hábiles, la segunda, y con despido justificado, cuando exceda de dos infracciones."

3)   Se reforma el artículo 21, cuyo texto dirá:

"Artículo 21.- Prohibiciones procesales

Prohíbese a los servidores a los que se refiere el artículo anterior: dejar de establecer las demandas o reclamaciones en las que deban intervenir como actores; omitir la contestación de los traslados o las audiencias que se les hayan dado; dejar de presentar las pruebas legales que les corresponda rendir y abandonar las que hayan propuesto; no interponer, oportunamente, los recursos legales contra los actos ejecutivos o las resoluciones dictadas en contra de las demandas o los pedimentos que hayan presentado, o en perjuicio de los intereses cuya defensa les esté confiada.

La inobservancia de esta prohibición, salvo disposición expresa del superior, se tendrá como falta, sancionable de acuerdo con su trascendencia, según lo disponga el Reglamento.

Tratándose del recurso de casación, queda a juicio del procurador general o del procurador general adjunto la no interposición del recurso, previa solicitud del criterio respectivo al procurador asesor."

4) Se reforma el artículo 23, cuyo texto dirá:

"Artículo 23.- Ampliación de plazos

Cuando, por las necesidades del despacho, el procurador general o el procurador general adjunto solicite ampliación de plazo, este se tendrá como automáticamente prorrogado por un tercio del originalmente concedido. La solicitud deberá ser presentada, necesariamente, dentro del plazo original. Las fracciones de un día se computarán como uno completo. Respecto de los términos no cabrá prórroga."

Artículo 218.- Reformas y derogaciones de la Ley orgánica de la Contraloría General de la República

1) Se reforma el artículo 3, cuyo texto dirá:

"Artículo 3.- Representación

La representación de la Contraloría General de la República corresponde a su jerarca, el contralor general, quien podrá delegarla en el subcontralor general. En las ausencias temporales del contralor, el subcontralor general tendrá, de pleno derecho, esa representación.

Quedan a salvo las facultades expresamente conferidas por el ordenamiento jurídico a la Contraloría General de la República, sobre su participación e intervención ante los tribunales de justicia."

2) Se reforma el artículo 28, cuyo texto dirá:

"Artículo 28.- Declaración de nulidad

Dentro del ámbito de su competencia, la Contraloría General de la República, de oficio o por reclamo del titular de un derecho subjetivo o de un interés legítimo, podrá declarar la nulidad absoluta, evidente y manifiesta, que advierta en los actos o contratos administrativos de los sujetos pasivos, con sujeción a lo dispuesto en el artículo 173 de la Ley general de la Administración Pública, y sin perjuicio de las potestades anulatorias de la Administración activa.

Cuando alguien que no sea titular de un derecho subjetivo ni de un interés legítimo, presente una denuncia, la intervención de la Contraloría será facultativa.

La anulación o desaprobación de un acto o de un contrato administrativo por vía de recurso, en ejercicio de tutela administrativa, se regirá por sus propias reglas.

La Contraloría, siguiendo los procedimientos propios del respectivo recurso, podrá declarar de oficio la nulidad de un acto o de un contrato administrativo recurrido, por motivos no invocados por el recurrente, solo cuando la nulidad sea absoluta."

3) Se reforman los artículos 35 y 36, cuyos textos dirán:

"Artículo 35.- Legitimación procesal

La Contraloría General de la República tendrá legitimación procesal activa para la tutela objetiva de la Hacienda Pública o de los fondos públicos sujetos a su fiscalización, de acuerdo con las normas procesales vigentes, sin perjuicio de las facultades de que gozan para el efecto la Procuraduría General de la República y cualesquiera otros entes u órganos públicos.

La Contraloría General de la República podrá apersonarse como coadyuvante de la Administración Pública demandada, actora, o como "amicus curiae" en auxilio de la función jurisdiccional, según lo estime procedente, de acuerdo con el interés objetivo que hace valer, en aquellos casos en que la pretensión objeto del proceso se encuentre regulada por la normativa jurídica relativa a la Hacienda Pública.

Las autoridades judiciales que conozcan de estos procesos darán traslado a la Contraloría General de la República, para que pueda apersonarse, dentro del plazo de tres días hábiles, salvo en lo relativo a las pretensiones relacionadas con el Derecho laboral.

Dicha participación es potestativa y no afectará la integración de la litis.

Artículo 36.- Garantías y facultades procesales de la Contraloría

La Contraloría General de la República contará, en lo conducente, con las mismas garantías y facultades procesales asignadas por ley a la Procuraduría General de la República."

4)   Se reforma el artículo 75, cuyo texto dirá:

"Artículo 75.- Responsabilidad por omisión en el cobro

Se reputará como falta grave del funcionario competente, no efectuar el procedimiento administrativo o no ordenar oportunamente su apertura, o dejar transcurrir los plazos legales para ejercer las acciones de recuperación por los daños y perjuicios que causen los funcionarios públicos."

Artículo 219.- Reformas en relación con atribuciones de la Procuraduría General de la República

1)   En los artículos 54, 185, 231 y 240 de la Ley N.º 5476, de 21 de diciembre de 1973, Código de Familia, elimínanse las referencias a la "Procuraduría General de la República".

2)   Derógase el artículo 67 del Código de Familia, Ley N.º 5476, de 21 de diciembre de 1973.

3)   Modifícase el artículo 67 del Código Civil, para eliminar la referencia a la "Procuraduría General de la República".

4)   En los artículos 7 y 955 del Código de Comercio, Ley N.º 3284, de 30 de abril de 1964, elimínanse las referencias a la "Procuraduría General de la República".

5)   Modifícase el Código Procesal Civil, Ley N.º 7130, de 16 de agosto de 1989, en la siguiente forma:

   a)   Se derogan los artículos 119, 867 y 903 del Código Procesal Civil.

   b)   Se reforman las siguientes disposiciones: el primer párrafo del artículo 251, el artículo 255, el primer párrafo del artículo 262, los artículos 264, 835, 856, 859, 863 y 898 del Código Procesal Civil. Los textos dirán:

"Artículo 251.- Citación a la parte contraria

La parte contraria será citada para que presencie la práctica de la prueba, salvo que dicha parte no sea conocida o no residiere en el país y no tuviere apoderado, en cuyo caso se citará al curador ad hoc que habrá de nombrarse.

[...]"

"Artículo 255.- Ámbito de acción

Este beneficio solo podrá pedirse para procesos determinados, antes de su inicio o dentro de él. La gestión se tramitará en vía incidental.

Las pruebas se apreciarán en conciencia, sin sujeción a las normas del Derecho común, y aún podrá tomarse en cuenta el modo de vida del solicitante.

El otorgamiento del beneficio valdrá para el proceso y sus incidentes; sin embargo, si el litigante tuviere establecidos otros procesos, podrá hacerlo valer en estos, por medio de certificación de la resolución respectiva.

Si se negare la concesión del beneficio, cesará también en el proceso en el que se hubiere obtenido."

"Artículo 262.- Demanda contra un ausente

Si se tratare de establecer demanda contra una persona que se hubiere ausentado de su domicilio y se ignorare su paradero y no se estuviere en el caso de declarar su ausencia, rendida la prueba del caso, se nombrará curador al ausente, si no ha dejado apoderado. En el nombramiento se dará preferencia a las personas a las que se refiere el artículo 50 del Código Civil y, si estos no existen, la elección la hará el juez, hasta donde sea posible, y recaerá en una persona que no tenga nexos con la parte que solicita el nombramiento de representante, y cuya capacidad y honradez garanticen una efectiva defensa del ausente.

[...]"

"Artículo 264.- Oposición

Si, sobre discernimiento del cargo se hiciere oposición, se sustanciará por los trámites de los incidentes."

"Artículo 835.- Interesados

Quien tenga interés podrá oponerse a la celebración de un matrimonio, ante el funcionario que hubiere publicado los edictos, cuando existiere algún impedimento legal."

"Artículo 856.- Personas obligadas a la tutela

El actor de la solicitud deberá expresar las personas obligadas a la tutela. Si se dijere que tal persona no existe, ese hecho deberá acreditarse sumariamente, lo cual podrá hacerse al mismo tiempo que la información referida en el inciso 8) del artículo anterior.

Si resultare que existe pariente obligado a la tutela, deberá llamársele para que, dentro de tres días, se presente a aceptar o a exponer el motivo de excusa que tuviere. Será aplicable, en su caso, la disposición del inciso 4) del artículo anterior."

"Artículo 859.- Garantía

Una vez que el tutor presente el inventario y el avalúo de todos los bienes del menor, el juez ordenará que garantice las resultas de su administración, de acuerdo con lo dicho en el capítulo III, del título V del Código de Familia.

Lo bastante de la hipoteca que ofreciere el tutor para asegurar su administración, se estimará pericialmente."

"Artículo 863.- Morosidad en la garantía

Si el tutor fuere moroso en garantizar su administración, de oficio o a petición de los interesados, el juez señalará un plazo prudencial para que lo haga."

"Artículo 898.- Procedimiento

La información se tramitará conforme al siguiente procedimiento:

a) Presentado el escrito por el promovente, se hará señalamiento de hora y día para que declaren los testigos.

b) El juez tendrá el deber de ampliar el interrogatorio con las preguntas que estime pertinentes, para asegurarse de la veracidad de su dicho.

c) Una vez recibidas las declaraciones de los testigos, se declarará terminada la información, y se entregará al interesado copia certificada de ella."

c) En los artículos 258 y 820, segundo párrafo, 854, 878, 882, 895 y 917 del Código Procesal Civil se elimina las referencias a la "Procuraduría General de la República."

d) En el artículo 907, se elimina la frase "con citación de la Procuraduría General de la República y".

6) Derógase el último párrafo del artículo 11 de la Ley N.º 7600, Igualdad de oportunidades para las personas con discapacidad, de 2 de mayo de 1996.

7) Modifícase el segundo párrafo del artículo 65 de la Ley integral para la persona adulta mayor, N.º 7935, de 25 de octubre de 1999, cuyo texto dirá:

"Artículo 65.-

[...]

De oficio, el despacho judicial correspondiente ordenará al Registro Nacional anotar la sentencia en bienes del ofendido, si los tiene.

[...]"

8) Modifícase el artículo 2 de la Ley orgánica del Colegio de Farmacéuticos, N.º 15, de 29 de octubre de 1941. El texto dirá:

"Artículo 2.- Forman el Colegio de Farmacéuticos los graduados en Costa Rica y los incorporados en él, con arreglo a los tratados y las disposiciones vigentes y a la presente Ley.

Para ser miembro del Colegio, se deberán reunir los requisitos siguientes:

a) Satisfacer previamente la cuota de incorporación que señale el Colegio en asamblea general extraordinaria.

b) Aportar constancia fehaciente de haber observado buena conducta.

[...]

Los requisitos señalados en los apartes b) y c) se comprobarán mediante información ad perpetuam del fiscal del Colegio.

[...]"

9) Modifícase el artículo 7 de la Ley orgánica del Colegio de Médicos y Cirujanos de Costa Rica. El texto dirá:

"Artículo 7.-

[...]

c) Aportar constancia fehaciente de haber observado buena conducta.

[...]

Los requisitos señalados en los apartes c) y d) se comprobarán mediante información ad perpetuam con intervención del fiscal del Colegio.

[...]"

TÍTULO XII
DISPOSICIONES FINALES

CAPÍTULO ÚNICO

Artículo 220.- Para lo no previsto expresamente en este Código, se aplicarán los principios del Derecho público y procesal, en general.

Artículo 221.- Durante el plazo de seis meses después de publicado este Código en La Gaceta, la Corte Plena dictará el Reglamento de organización interna de la Jurisdicción Contencioso-Administrativa.

DISPOSICIONES TRANSITORIAS

TRANSITORIO I.-

La Corte Plena pondrá en funcionamiento el Tribunal de Casación de lo Contencioso-Administrativo y Civil de Hacienda, cuando las circunstancias jurídicas o de hecho así lo exijan. Entre tanto, los recursos de apelación y casación asignados a él en el presente Código, serán del conocimiento de la Sala Primera de la Corte Suprema de Justicia.

TRANSITORIO II.-

La Corte Plena pondrá en funcionamiento, en cada provincia o zona territorial que ella determine, los tribunales de lo contencioso-administrativo y civil de Hacienda que estime pertinentes, tomando en cuenta el índice de litigiosidad, las necesidades de los usuarios y la actuación de los entes u órganos administrativos en el ámbito provincial, regional o cantonal.

TRANSITORIO III.-

El régimen de impugnación de los actos que hayan quedado firmes en la vía administrativa antes de la vigencia del presente Código, se regirá por la legislación vigente en ese momento.

TRANSITORIO IV.-

Los procesos contencioso-administrativos y los juicios ordinarios atribuidos a la vía civil de Hacienda, interpuestos con anterioridad a la entrada en vigencia de este Código, cualquiera que sea su estado procesal, continuarán sustanciándose, en todos sus trámites y recursos, por las normas que regían a la fecha de inicio. Para tal efecto, el Juzgado de lo Contencioso-Administrativo y Civil de Hacienda continuará con el trámite de dichos asuntos hasta su finalización, y el Tribunal Contencioso-Administrativo mantendrá las secciones que sean convenientes para conocer de las demandas de impugnación previstas en los artículos 82 a 90 de la Ley reguladora de la Jurisdicción Contencioso-Administrativa, y en grado de las resoluciones que dicte el Juzgado de lo Contencioso-Administrativo y Civil de Hacienda.

TRANSITORIO V.-

El Juzgado Civil de Hacienda de Asuntos Sumarios permanecerá funcionando y conocerá de todos los procesos que le hayan ingresado hasta el día de entrada en vigencia del presente Código, cualquiera sea su estado procesal, hasta por tres años. Finalizado ese plazo, los procesos que no hayan fenecido serán trasladados a la Jurisdicción Civil.

Artículo 222.- El presente Código empezará a regir el 1º de enero de dos mil ocho.

Asamblea Legislativa.- San José, a los veinticuatro días del mes de abril de dos mil seis.

COMUNÍCASE AL PODER EJECUTIVO

Gerardo Alberto González Esquivel
PRESIDENTE

Daisy Serrano Vargas Luis Paulino Rodríguez Mena
PRIMERA SECRETARIA SEGUNDO SECRETARIO

mrr.

Dado en la Presidencia de la República.- San José, a los veintiocho días del mes de abril del dos mil seis.

Ejecútese y publíquese
ABEL PACHECO DE LA ESPRIELLA
Patricia Vega Herrera
MINISTRA DE JUSTICIA Y GRACIA

Sanción: 28-04-2006

Publicación: 22-06-2006 Gaceta: 120 Alcance: 38

E C U A D O R

CÓDIGO ORGÁNICO GENERAL DE PROCESOS

Registro Oficial, Suplemento, Año II - N° 506
Quito, viernes 22 de mayo de 2015

[…]

CAPÍTULO II
PROCEDIMIENTOS CONTENCIOSO TRIBUTARIO Y CONTENCIOSO ADMINISTRATIVO
Sección I
Disposiciones comunes

Artículo 299.- Competencia. En las controversias en las que el Estado o las instituciones que comprenden el sector público determinadas por la Constitución, sea el demandado, la competencia se radicará en el órgano jurisdiccional del lugar del domicilio de la o del actor. Si es actor, la competencia se fijará en el lugar del domicilio del demandado.

Artículo 300.- Objeto. Las jurisdicciones contencioso tributaria y contencioso administrativa previstas en la Constitución y en la ley, tienen por objeto tutelar los derechos de toda persona y realizar el control de legalidad de los hechos, actos administrativos o contratos del sector público sujetos al derecho tributario o al derecho administrativo; así como, conocer y resolver los diversos aspectos de la relación jurídico tributaria o jurídico administrativa, incluso la desviación de poder.

Cualquier reclamo administrativo se extinguirá, en sede administrativa, con la presentación de la acción contencioso tributaria o contencioso administrativa. No serán admisibles los reclamos administrativos una vez ejercidas las acciones contencioso tributarias o contencioso administrativas.

Artículo 301.- Delimitación de la administración pública. Para los fines del presente Título, se entenderá que forman parte de la administración pública todos aquellos organismos señalados en la Constitución.

La administración tributaria está integrada por la administración central, la de los gobiernos autónomos descentralizados y las especiales o de excepción.

Están sujetos a la jurisdicción contencioso administrativa también las personas de derecho privado que ejerzan potestad pública en virtud de concesión o delegación a la iniciativa privada, por las acciones u omisiones que ocasionen daños en virtud del servicio concesionado o delegado.

Artículo 302.- Sustanciación y prevalencia de las normas de este capítulo. Las controversias sometidas a conocimiento y resolución de las o los juzgadores de lo contencioso tributario y contencioso administrativo se sujetarán a las normas especiales de este capítulo. Las normas generales de este Código serán aplicables a las materias contencioso tributaria y administrativa, en lo que no se oponga a las de este capítulo, aunque considerando la supletoriedad de las leyes de cada materia.

Artículo 303.- Legitimación activa. Se encuentran habilitados para demandar en procedimiento contencioso tributario y contencioso administrativo:

1. La persona natural o jurídica que tenga interés directo en demandar la nulidad o ilegalidad de los actos administrativos o los actos normativos de la administración pública, ya sea en materia tributaria o administrativa.

2. Las instituciones y corporaciones de derecho público y las empresas públicas que tengan la representación o defensa de intereses de carácter general o corporativo, siempre que la acción tenga como objeto la impugnación directa de las disposiciones tributarias o administrativas, por afectar a sus intereses.

3. La o el titular de un derecho subjetivo derivado del ordenamiento jurídico, que se considere lesionado por el acto o disposición impugnados y pretenda el reconocimiento de una situación jurídica individualizada o su restablecimiento.

4. La máxima autoridad de la administración autora de algún acto que, en virtud de lo prescrito en la ley, no pueda anularlo o revocarlo por sí misma.

5. La persona natural o jurídica que pretenda la reparación del Estado cuando considere lesionados sus derechos ante la existencia de detención arbitraria, error judicial, retardo injustificado, inadecuada administración de justicia o violación del derecho a la tutela judicial efectiva por violaciones al principio y reglas del debido proceso.

6. La persona natural o jurídica que se considere lesionada por hechos, actos o contratos de la administración pública,

7. Las sociedades en los términos previstos en la ley de la materia.

Artículo 304.- Legitimación pasiva. La demanda se podrá proponer contra:

1. La autoridad o las instituciones y entidades del sector público de quien provenga el acto o disposición a que se refiere la demanda.

2. La o el director, delegado o jefe de la oficina u órgano emisor del título de crédito, cuando se demande su nulidad o la prescripción de la obligación tributaria o se proponga excepciones al procedimiento coactivo.

3. La o el funcionario recaudador o el ejecutor, cuando se demande el pago por consignación o la nulidad del procedimiento de ejecución.

4. Las personas naturales o jurídicas a cuyo favor deriven derechos del acto o disposición en los casos de la acción de lesividad.

5. Las personas naturales o jurídicas que hayan celebrado contratos con el Estado.

Artículo 305.- Comparecencia a través de patrocinador. La autoridad competente de la institución de la administración pública que interviene como parte o el funcionario a quien se delegue por acto administrativo, podrán designar, mediante oficio, al defensor que intervenga como patrocinador de la defensa de los intereses de la autoridad demandada. Tal designación surtirá efecto hasta la terminación de la causa, a no ser que se lo sustituya.

No obstante, en aquellas acciones o procedimientos en los que deba intervenir directamente la o el Procurador General del Estado se procederá conforme con la ley.

Artículo 306.- Oportunidad para presentar la demanda. Para el ejercicio de las acciones contencioso tributarias y contencioso administrativas se observará lo siguiente:

1. En los casos en que se interponga una acción subjetiva o de plena jurisdicción, el término para proponer la demanda será de noventa días, contados a partir del día siguiente a la fecha en que se notificó el acto impugnado.

2. En los casos de acción objetiva o de anulación por exceso de poder, el plazo para proponer la demanda será de tres años, a partir del día siguiente a la fecha de expedición del acto impugnado.

3. En casos que sean de materia contractual y otras de competencia de los tribunales distritales de lo contencioso administrativo, se podrá proponer la demanda dentro del plazo de cinco años.

4. La acción de lesividad podrá interponerse en el término de noventa días a partir del día siguiente a la fecha de la declaratoria de lesividad.

5. En las acciones contencioso tributarias de impugnación o directas, el término para demandar será de sesenta días desde que se notificó con el acto administrativo tributario o se produjo el hecho o acto en que se funde la acción.

6. Las acciones de pago indebido, pago en exceso o devoluciones de lo debidamente pagado se propondrán en el plazo de tres años desde que se produjo el pago o desde la determinación, según el caso.

7. Las demás acciones que sean de competencia de las o los juzgadores, el término o plazo será el determinado en la ley de acuerdo con la naturaleza de la pretensión.

Artículo 307.- Prescripción. En el caso de las demanda presentadas ante las o los juzgadores de lo contencioso tributario y de lo contencioso administrativo o en aquellas materias especiales que según su legislación contemplen la prescripción del derecho de ejercer la acción, la o el juzgador deberá verificar que la demanda haya sido presentada dentro del término que la ley prevé de manera especial. En caso de que no sea presentada dentro de término, inadmitirá la demanda.

Artículo 308.- Requisitos de la demanda. Cuando se trate de procesos contencioso tributarios y contencioso administrativos, además de cumplir los requisitos previstos para la demanda en las normas generales de este Código, se adjuntará la copia de la resolución, del acto administrativo del contrato o disposición impugnados, con la razón de la fecha de su notificación a la o al interesado y la relación circunstanciada del acto o hecho impugnado.

Artículo 309.- Término para la contestación a la demanda. La contestación a la demanda de las acciones previstas en este capítulo, se hará en el término previsto en este Código,

La o el demandado estará obligado a acompañar a la contestación de la demanda: copias certificadas de la resolución o acto impugnado de que se trate y el expediente original que sirvió de antecedente y que se halle en el archivo de la dependencia a su cargo.

Artículo 310.- Medios de prueba aplicables. Para las acciones contencioso tributarias y contencioso administrativas son admisibles todos los medios de prueba, excepto la declaración de parte de los servidores públicos.

Los informes que emitan las autoridades demandadas por disposición de la o del juzgador, sobre los hechos materia de la controversia, no se considerarán declaración de parte.

Artículo 311.- Validez y eficacia de las actuaciones de la administración pública. Son válidos y eficaces los actos del sector público expedidos por autoridad pública competente, salvo que se declare lo contrario.

Con respecto a los actos tributarios impugnados, corresponderá a la administración la prueba de los hechos o actos del contribuyente, de los que concluya la existencia de la obligación tributaria y su cuantía.

Artículo 312.- Sustanciación. En el caso de los procesos sustanciados por las acciones previstas en este título, la o el juzgador ponente tendrá a su cargo la sustanciación del proceso.

Artículo 313.- Contenido de la sentencia. Además de los requisitos generales previstos para la sentencia, esta decidirá con claridad los puntos sobre los que se produjo la controversia y aquellos que en relación directa a los mismos comporten control de legalidad de los antecedentes o fundamentos de la resolución o acto impugnados, supliendo incluso las omisiones en que incurran las partes sobre puntos de derecho, o se aparte del criterio que aquellas atribuyan a los hechos.

En caso de que se admita la pretensión del administrado y se deje sin efecto el acto impugnado, se ordenará además que se restituya el valor pagado indebidamente o en exceso y lo debidamente pagado.

Artículo 314.- Ejecución de la sentencia. Una vez ejecutoriada la sentencia la o al juzgador ordenará bajo prevenciones legales que la institución del Estado cumpla lo dispuesto en la misma, pudiendo incluso disponer, cuando corresponda, que la liquidación sea realizada por la misma entidad estatal.

Por imposibilidad legal o material para el cumplimiento de la sentencia, no podrá suspenderse ni dejar de ejecutarse el fallo, a no ser que se indemnice a la o al perjudicado por el incumplimiento, en la forma que determine la o el juzgador.

Las o los servidores públicos que retarden, se rehusen o se nieguen a cumplir las resoluciones o sentencias estarán incursos en la responsabilidad administrativa, civil o penal a que haya lugar.

Artículo 315.- Procedimiento de excepciones a la coactiva. El procedimiento ordinario será aplicable a todos los procesos de conocimiento en los que se propongan excepciones a la coactiva.

Para el caso de excepciones a la coactiva, la o el juzgador calificará la demanda en el término previsto para el procedimiento ordinario, citará al funcionario ejecutor a fin de que suspenda el procedimiento de ejecución y convocará en dicha calificación a audiencia conforme con las reglas generales de este Código.

Artículo 316.- Excepciones a la coactiva. Al procedimiento coactivo solo se podrán oponer las siguientes excepciones:

1. Inexistencia de la obligación, falta de ley que establezca el tributo o exención legal.

2. Extinción total o parcial de la obligación sea por solución o pago, compensación, confusión, remisión o prescripción de la acción de cobro.

3. Incompetencia del funcionario ejecutor.

4. Ilegitimidad de personería de la o del coactivado o de quien haya sido citado como su representante.

5. El hecho de no ser deudor directo ni responsable de la obligación exigida.

6. Encontrarse pendiente de resolución, un reclamo o recurso administrativo u observaciones formuladas respecto al título o al derecho para su emisión.

7. Hallarse en trámite la petición de facilidades para el pago o no estar vencido ninguno de los plazos concedidos, ni en mora de alguno de los dividendos correspondientes.

8. Haberse presentado demanda contencioso tributaria por impugnación de resolución administrativa, antecedente del título o títulos que se ejecutan.

9. Duplicación de títulos con respecto a una misma obligación y de una misma persona.

10. Nulidad del auto de pago o del procedimiento de ejecución por falsificación del título de crédito, por quebrantamiento de las normas que rigen su emisión o falta de requisitos legales que afecten la validez del título o del procedimiento.

No podrán oponerse las excepciones primera, segunda, cuarta, quinta y novena, cuando los hechos que las fundamenten hayan sido discutidos y resueltos ante la jurisdicción contenciosa.

De las resoluciones sobre las excepciones señaladas en este Artículo se podrá interponer recurso de casación conforme con las normas de este Código.

Artículo 317.- Suspensión de la ejecución coactiva. Para que el trámite de las excepciones suspenda la ejecución coactiva, será necesaria la consignación de la cantidad a que asciende la deuda, sus intereses y costas, aun en el caso de que dichas excepciones propuestas versaren sobre falsificación de documentos o sobre prescripción de la acción.

Si el deudor no acompaña a su escrito de excepciones la prueba de consignación, no se suspenderá el procedimiento coactivo y el procedimiento de excepciones seguirá de esa forma.

La consignación no significa pago.

Si el procedimiento que se discuten las excepciones, se suspendieren por treinta días o el actor no presenta ningún escrito o petición durante ese término, antes de la sentencia, de primera o segunda instancia, de los tribunales contencioso administrativo o de casación, el procedimiento terminará a favor de la institución acreedora

Sección II
Procedimiento contencioso tributario

Artículo 318.- Domicilio de la o del actor. Las controversias que se tramiten en procesos contenciosos tributarios tendrán las siguientes reglas de domicilio:

1. El domicilio de personas naturales será el del lugar de su residencia habitual o donde ejerzan sus actividades económicas, aquel donde se encuentren sus bienes o se produzca el hecho generador.

2. El domicilio de personas jurídicas será el del lugar señalado en el contrato social o en su estatuto, en el lugar en donde se ejerza cualquiera de sus actividades económicas o donde ocurra el hecho generador.

3. El domicilio de los extranjeros que perciban cualquier clase de remuneración, principal o adicional en el Ecuador a cualquier título con o sin relación de dependencia o contrato de trabajo en empresas nacionales o extranjeras que operen en el país, será el lugar donde aparezcan ejerciendo esas funciones o percibiendo esas remuneraciones y si no es posible precisar de este modo el domicilio, se tendrá como tal a la capital de la República.

Artículo 319.- Acciones en procedimiento contencioso tributario. Se tramitarán en el procedimiento contencioso tributario las acciones de impugnación, acciones directas y acciones especiales.

Artículo 320.- Impugnación. Las o los contribuyentes o interesados directos pueden impugnar:

1. Contra reglamentos, ordenanzas, resoluciones o circulares de carácter general, dictadas en materia tributaria, cuando se alegue que tales disposiciones han lesionado derechos subjetivos de los reclamantes.

2. Contra reglamentos, ordenanzas, resoluciones o circulares de carácter general, dictadas en materia tributaria, cuando se persiga la anulación total o parcial de dichos actos.

3. Contra actos administrativos de determinación tributaria provenientes de la administración tributaria nacional, de gobiernos autónomos descentralizados o de excepción.

4. Contra actos administrativos por silencio administrativo con respecto a reclamos o peticiones planteados, en los casos previstos en la ley.

5. Contra decisiones administrativas dictadas en recurso de revisión.

6. Contra resoluciones administrativas que impongan sanciones por incumplimiento de deberes formales.

7. Contra resoluciones definitivas de la administración tributaria que nieguen en todo o en parte reclamos de pago indebido, pago en exceso o de lo debidamente pagado.

8. De las excepciones a la coactiva que se propongan justificadas en el número 10 del artículo 316.

9. Las que se propongan contra las resoluciones de las administraciones tributarias que nieguen en todo o en parte reclamaciones de contribuyentes, responsables o terceros o las peticiones de compensación o de facilidades de pago.

Estas acciones se ejercerán en procedimiento ordinario.

Artículo 321.- Acciones directas. Se pueden presentar acciones directas por pago indebido, pago en exceso o de lo debidamente pagado cuando se ha realizado después de ejecutoriada una resolución administrativa que niegue el reclamo de un acto de liquidación o determinación de obligación tributaria.

La acción de impugnación de resolución administrativa se convertirá en la de pago indebido cuando, estando en trámite aquella, se pague la obligación.

Estas acciones se tramitarán en procedimiento ordinario.

Artículo 322.- Acciones especiales. Se pueden proponer como acciones especiales:

1. Las excepciones a la coactiva, con excepción de la prevista en el número 10 del Artículo 316.

2. Para obtener la declaración de prescripción de los créditos tributarios, sus intereses y multas.

3. Las tercerías excluyentes de dominio que se deduzcan en coactivas por créditos tributarios.

4. La impugnación a las providencias dictadas en el procedimiento de ejecución, en los casos de decisiones de preferencia, posturas y de la entrega material de los bienes embargados o subastados previstos en la Ley de la materia.

5. La nulidad en los casos de los numerales 1, 2 y 3 del artículo 207 del Código Orgánico Tributario que solo podrá reclamarse junto con el recurso de apelación del auto de calificación definitivo, conforme con el artículo 191 del mismo Código.

6. Los conflictos de competencia suscitados entre autoridades de distintas administraciones tributarias, conforme con la ley.

7. El recurso de queja,

8. Las de pago por consignación de créditos tributarios, en los casos previstos en la ley.

9. Las de nulidad del procedimiento coactivo por créditos tributarios que se funden en la omisión de solemnidades sustanciales u otros motivos que produzcan nulidad, según la ley cuya violación se denuncie. No habrá lugar a esta acción, después de pagado el tributo exigido o de efectuada la consignación total por el postor declarado preferente en el remate o subasta, o de satisfecho el precio en el caso de venta directa, dejando a salvo las acciones civiles que correspondan al tercero perjudicado ante la justicia ordinaria.

10. La nulidad del remate o subasta cuando el rematista es una de las personas prohibidas de intervenir en el remate, conforme con la ley de la materia.

11. Las acciones que se propongan contra las registradoras y los registradores de la propiedad y mercantiles de su jurisdicción, por haberse negado, por razones tributarias, a inscribir cualquier acto o contrato, y las acciones subsiguientes contra tales funcionarías y funcionarios para liquidar daños y perjuicios causados por la ilegal negativa.

12. Las previstas en las leyes correspondientes.

Estas acciones se tramitarán en procedimiento sumario.

Artículo 323.- Pluralidad de pretensiones. Podrá impugnarse en una sola demanda dos o más resoluciones administrativas, siempre que guarden relación entre sí, se refieran al mismo sujeto pasivo y a una misma administración tributaria, aunque correspondan a ejercicios distintos.

En una misma demanda se podrá solicitar la prescripción de varias obligaciones tributarias de un sujeto pasivo, aun de distinto origen, siempre que correspondan a la misma administración tributaria.

Artículo 324.- Suspensión del acto impugnado. Cuando el acto administrativo en materia tributaria impugnado imponga al administrado una obligación de dar, este puede solicitar en su demanda la suspensión de los efectos de dicho acto. Para que se haga efectiva la suspensión, el tribunal ordenará al actor rendir caución del 10% de la obligación; en caso de no hacerlo, se continuará con la ejecución del acto impugnado.

La caución a que se refiere el inciso anterior podrá consistir en consignación del valor en la cuenta de la institución pública demandada o en una hipoteca, prenda o fianza bancaria, o cualquier otra forma de aval permitida por la ley. El acto constitutivo de hipoteca, prenda o fianza, así como su cancelación, solo causarán los derechos o impuestos fijados para los actos de cuantía indeterminada.

Los actos de constitución de la hipoteca o prenda o de la fianza personal serán admitidos por la o el juzgador.

La caución se cancelará si la demanda o pretensión es aceptada totalmente, en caso de ser en dinero generará intereses a favor de la o del actor. En caso de aceptación parcial, el fallo determinará el monto de la caución que corresponda ser devuelto a la o al demandante y la cantidad que servirá como abono a la obligación. Si la demanda o la pretensión es rechazada en su totalidad, la administración aplicará el valor total de la caución como abono a la obligación.

La o el juzgador calificará la demanda y dispondrá que se rinda la caución en el término de veinticinco días, en caso de no hacerlo se tendrá como no presentada y por consiguiente, ejecutoriado el acto impugnado, ordenará el archivo del proceso.

Artículo 325.- Efectos del abandono. La declaración de abandono termina el proceso en favor del sujeto activo del tributo y queda firme el acto o resolución impugnados o deja ejecutoriadas las providencias o sentencias que hayan sido recurridas. La o el juzgador ordenará, la continuación de la coactiva que se ha suspendido o su iniciación si no se ha propuesto o que se hagan efectivas las garantías rendidas sin lugar a ninguna excepción.

Sección III
Procedimiento contencioso administrativo

Artículo 326.- Acciones en el procedimiento contencioso administrativo. Se tramitarán en procedimiento contencioso administrativo las siguientes acciones:

1. La de plena jurisdicción o subjetiva que ampara un derecho subjetivo de la o del accionante, presuntamente negado, desconocido o no reconocido total o parcialmente por hechos o actos administrativos que produzcan efectos jurídicos directos. Procede también esta acción contra actos normativos que lesionen derechos subjetivos.

2. La de anulación objetiva o por exceso de poder que tutela el cumplimiento de la norma jurídica objetiva, de carácter administrativo y puede proponerse por quien tenga interés directo para deducir la acción, solicitando la nulidad del acto impugnado por adolecer de un vicio legal.

3. La de lesividad que pretende revocar un acto administrativo que genera un derecho subjetivo a favor del administrado y que lesiona el interés público.

4. Las especiales de:

    a)   El silencio administrativo.

    b)   El pago por consignación cuando la o el consignador o consignatario sea el sector público comprendido en la Constitución de la República.

    c)   La responsabilidad objetiva del Estado.

    d)   La nulidad de contrato propuesta por el Procurador General del Estado conforme con la ley.

    e)   Las controversias en materia de contratación pública.

    f)   Las demás que señale la ley.

Artículo 327.- Procedimiento. Todas las acciones contencioso administrativas se tramitarán en procedimiento ordinario, salvo las acciones relativas al silencio administrativo positivo y las de pago por consignación que se tramitarán en procedimiento sumario.

Artículo 328.- Repetición. En los casos en que la sentencia declare la responsabilidad de las autoridades, servidoras o servidores públicos en el desempeño de sus cargos o las personas de derecho privado que ejerzan potestad pública en virtud de concesión o delegación a la iniciativa privada, se ordenará que se inicie el proceso de repetición contra todos aquellos, quienes tendrán responsabilidad solidaria hasta la solución total de la obligación.

La repetición se sustanciará ante las o los juzgadores de lo contencioso administrativo mediante procedimiento ordinario.

Artículo 329.- Presunciones del acto administrativo. Los actos administrativos gozan de las presunciones de legitimidad y ejecutoriedad. Serán ejecutables, desde que se encuentren firmes o se hallen ejecutoriados.

Los actos administrativos pueden ser suspendidos conforme con las disposiciones de este Código.

Artículo 330.- Suspensión del acto impugnado. A petición de parte, el juzgador podrá ordenar en el auto inicial la suspensión del acto administrativo, cuando de los hechos alegados en la demanda y las pruebas acompañadas, aparezca como justificado un juicio provisional e indiciario favorable a la pretensión exhibida, sin que esto implique una decisión anticipada sobre el fondo, siempre que el retardo en la decisión de la causa pueda afectar irremediablemente el derecho opuesto y se evidencie la razonabilidad de la medida.

Podrá motivadamente revocarse la medida en cualquier estado del proceso, en tanto se advierta una modificación en las circunstancias que lo motivaron.

Artículo 331.- Ejecución de la sentencia. Una vez ejecutoriada la sentencia la o al juzgador ordenará bajo prevenciones legales que la institución del Estado cumpla lo dispuesto en la misma.

Por imposibilidad legal o material para el cumplimiento de una sentencia dictada por el Tribunal Contencioso Administrativo no podrá suspenderse ni dejar de ejecutarse el fallo, a no ser que se indemnice al perjudicado por el incumplimiento, en la forma que determine la o el juzgador.

EL SALVADOR

DECRETO N.° 760

LEY DE LA JURISDICCIÓN CONTENCIOSO ADMINISTRATIVA

LA ASAMBLEA LEGISLATIVA DE LA REPÚBLICA DE EL SALVADOR,

CONSIDERANDO:

I. Que la Constitución de la República consagra en su artículo 2 el derecho de toda persona a la protección, conservación y defensa de sus derechos, el cual conlleva la efectiva protección jurisdiccional frente a las actuaciones y decisiones de la Administración Pública que lesionen sus derechos.

II. Que la Constitución de la República en su artículo 172 atribuye al Órgano Judicial la potestad de juzgar y hacer ejecutar lo juzgado en la materia contencioso administrativa, ante la cual los ciudadanos pueden tutelar sus derechos frente a las actuaciones de la Administración Pública que adolezcan de ilegalidad.

III. Que el actual diseño preconstitucional de la jurisdicción contencioso administrativa impide una efectiva protección jurisdiccional frente a los actos y decisiones de la Administración Pública en virtud de su concentración en un solo tribunal, un diseño procesal exclusivamente escrito y dilatado y la poca efectividad para la ejecución de lo juzgado.

IV. Que en tal sentido se impone la urgente necesidad de sustituir la vigente Ley de la Jurisdicción Contencioso Administrativa, aprobada por Decreto Legislativo n.° 81 de fecha 14 de noviembre de 1978, publicado en el Diario Oficial n.° 236, Tomo 261, de fecha 19 de diciembre de 1978, para transformar la jurisdicción contencioso administrativa en una efectiva garantía de defensa de los derechos de los ciudadanos y el buen funcionamiento de la Administración Pública.

V. Que debe dictarse una nueva Ley de la Jurisdicción Contencioso Administrativa que responda a los principios y tendencias modernas del Derecho Administrativo y que constituya una verdadera garantía de justicia frente a las decisiones y actuaciones de la Administración Pública.

POR TANTO,

en uso de sus facultades constitucionales y a iniciativa de los diputados Lorena Guadalupe Peña Mendoza, Norma Fidelia Guevara de Ramirios, Medardo González Trejo, Juan Carlos Mendoza Portillo, Alberto Armando Romero Rodríguez, Rodolfo Antonio Parker Soto, Ernesto Luis Muyshondt García Prieto, Santiago Flores Alfaro y Guadalupe Antonio Vásquez Martínez.

DECRETA

la siguiente:

LEY DE LA JURISDICCIÓN CONTENCIOSO ADMINISTRATIVA

CAPÍTULO I
OBJETO

Ámbito material de competencia

Art. 1. La jurisdicción contencioso administrativa será competente para conocer de las pretensiones que se deriven de las actuaciones u omisiones de la Administración Pública sujetas al Derecho Administrativo. También tendrá competencia para conocer de las pretensiones derivadas de actuaciones u omisiones de los concesionarios de la Administración Pública.

La potestad de juzgar y hacer ejecutar lo juzgado en esta materia corresponde a los Jueces de lo Contencioso Administrativo, a las Cámaras de lo Contencioso Administrativo y a la Sala de lo Contencioso Administrativo de la Corte Suprema de Justicia.

Extensión de la Competencia

Art. 2. La jurisdicción contencioso administrativa podrá conocer de las cuestiones prejudiciales e incidentales no sujetas al Derecho Administrativo, pero relacionadas con el objeto del proceso contencioso administrativo, con excepción de las cuestiones de índole penal.

La decisión que se pronuncie no producirá efectos fuera del proceso judicial en que se dicte y no vinculará a la jurisdicción correspondiente.

Actuaciones y omisiones impugnables

Art. 3. En la jurisdicción contencioso administrativa podrán deducirse pretensiones relativas a las actuaciones y omisiones administrativas siguientes:

a) Contratos administrativos.

b) Inactividad de la Administración Pública.

c) Actividad material de la Administración Pública constitutiva de vía de hecho.

d) Actuaciones Actos administrativos.

e) y omisiones de naturaleza administrativa de los concesionarios.

También podrán deducirse pretensiones relativas a la responsabilidad patrimonial directa del funcionario o del concesionario, así como la responsabilidad patrimonial directa o subsidiaria de la Administración Pública, en su caso.

Se excluye de la jurisdicción contencioso administrativa los casos de responsabilidad regulados por la Ley de Reparación por Daño Moral.

Actos administrativos impugnables

Art. 4. Podrán deducirse pretensiones derivadas de actos administrativos expresos, tácitos y presuntos.

Procederá la impugnación tanto de los actos definitivos como de los de trámite. Los actos de trámite podrán impugnarse de manera autónoma de los actos definitivos cuando pongan fin al procedimiento haciendo imposible su continuación, decidan anticipadamente el asunto de que se trate o cuando produzcan indefensión o un daño irreparable.

Actos administrativos relativos a los contratos

Art. 5. Podrán ser objeto de impugnación los contratos administrativos, así como los actos referidos a su interpretación, ejecución y extinción.

También serán impugnables los actos de preparación y adjudicación de todos los contratos celebrados por la Administración Pública.

Inactividad

Art. 6. En la jurisdicción contencioso administrativa podrán deducirse pretensiones derivadas de la inactividad de la Administración Pública.

Para los efectos de esta ley, la inactividad de la Administración Pública se generará cuando esta, sin causa legal, no ejecute total o parcialmente una obligación contenida en un acto administrativo o en una disposición de carácter general que no necesite de actos de ejecución para la producción de sus consecuencias jurídicas. Dicha obligación deberá ser concreta y determinada a favor de una o varias personas individualizadas o individualizables, y quienes tuvieran derecho a ella deben haber reclamado previamente su cumplimiento en los términos regulados en el artículo 88 de esta ley.

Vía de hecho

Art. 7. En la jurisdicción contencioso administrativa podrán deducirse pretensiones contra la actuación material de la Administración Pública que constituya vía de hecho.

Constituye vía de hecho la actuación material de la Administración Pública realizada sin respaldo en un acto administrativo previo, o en exceso del contenido de este.

Salvo que se incorpore expresamente en la pretensión respectiva, la impugnación de la actuación material constitutiva de vía de hecho, fundada en que esta se ha realizado en exceso del contenido de un acto administrativo, no se extenderá al acto del que deriva esa vía de hecho.

Actuaciones y omisiones de concesionarios

Art. 8. En la jurisdicción contencioso administrativa podrán deducirse pretensiones contra las actuaciones u omisiones de los concesionarios en ejercicio de la actividad concedida.

Responsabilidad patrimonial

Art. 9. La jurisdicción contencioso administrativa conocerá de las reclamaciones por responsabilidad patrimonial en los términos establecidos en el artículo 3 de la presente ley. Tales reclamaciones también podrán plantearse en la misma demanda mediante la cual se deduzcan otras pretensiones derivadas de la impugnación de actuaciones u omisiones administrativas.

La Administración Pública no podrá ser demandada por responsabilidad patrimonial ante otras jurisdicciones, aun cuando en la producción del daño concurra con particulares. En este último caso, la jurisdicción contencioso administrativa también será competente para conocer de las pretensiones sobre responsabilidad patrimonial ocasionada por los particulares.

Tipos de pretensiones

Art. 10. En la jurisdicción contencioso administrativa podrán deducirse las siguientes pretensiones:

a) La declaración de ilegalidad del acto que se impugne, y en consecuencia su anulación.

b) El reconocimiento de una situación jurídica individualizada y la adopción de las medidas necesarias para su pleno restablecimiento.

c) La declaración de ilegalidad de la actuación material constitutiva de vía de hecho, la orden de cese de dicha actuación y, en su caso, lo previsto en la letra anterior.

d) Las relativas a las controversias suscitadas en relación con los contratos administrativos.

e) La condena a la Administración Pública al cumplimiento de sus obligaciones en los términos precisos establecidos en el acto administrativo o disposición de carácter general, cuando se determine que ha incurrido en inactividad.

f) La condena al pago de reclamaciones por responsabilidad patrimonial, para lo cual deberá señalarse el monto correspondiente en la demanda y acreditarse durante el proceso los elementos suficientes que permitan, al tribunal, fijar el importe de los mismos.

Exclusión de pretensiones

Art. 11. No podrán deducirse pretensiones derivadas de:

a) Actos consentidos expresamente.

b) Actos respecto de los cuales no se hubiera agotado la vía administrativa, en los términos establecidos en la ley de procedimientos administrativos.

c) Actos que reproduzcan o que confirmen actos firmes que sean dictados al margen de la vía administrativa que corresponda.

d) Las acciones civiles de cualquier cuantía en las que se deduzca la responsabilidad civil derivada de actos que atenten contra el medio ambiente.

CAPÍTULO II

SUJETOS PROCESALES

Sección I

Órgano jurisdiccional y competencia

Juzgados de lo Contencioso Administrativo

Art. 12. Los Juzgados de lo Contencioso Administrativo conocerán en proceso abreviado, independientemente de la cuantía, de las pretensiones deducidas en materia contencioso administrativa que se susciten sobre cuestiones de personal al servicio de la Administración Pública, asuntos de migración y extranjería, cuestiones municipales no tributarias. Asimismo, conocerán, en proceso abreviado, sobre pretensiones relativas a otras materias, en los casos en que la cuantía no exceda los doscientos cincuenta mil dólares de los Estados Unidos de América o su equivalente en colones.

Conocerán en proceso común en todas aquellas cuestiones cuya cuantía sea superior a la señalada en el inciso anterior y no exceda los quinientos mil dólares de los Estados Unidos de América o su equivalente en colones. También lo harán de la respectiva solicitud de aclaración.

Además, serán competentes para otorgar la autorización de registro con prevención de allanamiento, en aquellos casos en que la autoridad administrativa, haciendo uso de su atribución expresamente otorgada por la ley especial, necesite ingresar al domicilio, residencia, establecimiento, local, agencia y cualquier otro similar, de la persona investigada para probar una infracción administrativa.

Cámaras de lo Contencioso Administrativo

Art. 13. Las Cámaras de lo Contencioso Administrativo conocerán en primera instancia, en proceso común, de los asuntos cuya cuantía exceda los quinientos mil dólares de los Estados Unidos de América o su equivalente en colones.

Además, conocerán en proceso común, independientemente de su cuantía, de las demandas relativas a las actuaciones que se atribuyan a los funcionarios a que hace referencia el artículo 131 ordinal 19 ° de la Constitución, a excepción de los magistrados de la Corte Suprema de Justicia.

Asimismo, conocerán de los recursos de apelación contra las sentencias y autos definitivos que pongan fin al proceso, pronunciados por los Juzgados de lo Contencioso Administrativo. También lo harán de la respectiva solicitud de aclaración.

Las Cámaras de Segunda Instancia de lo Contencioso Administrativo serán las competentes de conocer de los recursos de nulidad y apelación de los laudos arbitrales dictados en los procesos en que hayan intervenido como parte los órganos de la Administración Pública, en los términos establecidos en la Ley de Mediación, Conciliación y Arbitraje.

Sala de lo Contencioso Administrativo

Art. 14. La Sala de lo Contencioso Administrativo de la Corte Suprema de Justicia conocerá:

a) En única instancia, de las actuaciones del presidente y del vicepresidente de la República, tratándose del ejercicio de función administrativa.

b) En única instancia, de las actuaciones del presidente, la Junta Directiva, o el pleno de la Asamblea Legislativa, tratándose del ejercicio de función administrativa.

c) En única instancia, de las actuaciones del presidente, de los magistrados y de la Corte Suprema de Justicia en pleno y las de sus respectivos presidentes, tratándose del ejercicio de función administrativa.

d) De los recursos de apelación contra las sentencias y autos definitivos que pongan fin al proceso, pronunciados en primera instancia por las Cámaras de lo Contencioso Administrativo.

e)   De la atribución señalada en los artículos 44, 72 y 74 de esta ley.

f)   De la respectiva solicitud de aclaración.

g)   De la revisión de sentencias firmes.

En cuanto a la revisión de sentencias firmes se estará a lo dispuesto en el Código Procesal Civil y Mercantil en lo que fuere aplicable y no contraríe la naturaleza del proceso contencioso administrativo.

Competencia territorial

Art. 15. Será competente por razón del territorio, el tribunal del domicilio de la autoridad o concesionario demandado.

Cuando se interponga demanda contra dos o más sujetos enumerados en el artículo 19 de la presente ley y estos sean de domicilio diferente, será competente para conocer el tribunal del domicilio del órgano al que se atribuye la actuación u omisión que originó el agravio.

Sin embargo, cuando la cuantía de la demanda exceda los quinientos mil dólares de los Estados Unidos de América o su equivalente en colones, será competente para conocer en todo caso la Cámara de lo Contencioso Administrativo.

Normas para determinar la clase de proceso

Art. 16. Toda pretensión que se deduzca ante los tribunales contencioso administrativos que no tenga señalada una tramitación especial, será decidida en proceso abreviado o proceso común, según las reglas establecidas en la presente ley.

Las normas de determinación de la clase de proceso por razón de la cuantía, solo se aplicarán en defecto de norma por razón de la materia.

El valor de la pretensión se fijará según el interés económico de la demanda, que se calculará de acuerdo con los criterios establecidos en el artículo 242 del Código Procesal Civil y Mercantil, en lo aplicable. En caso que no se pueda determinar la cuantía de la pretensión, ni siquiera de modo relativo, será competente para conocer de las pretensiones de que se trate la Cámara de lo Contencioso Administrativo respectiva en proceso común.

Sección II
Las partes

Legitimación activa

Art. 17. Podrán deducir pretensiones contencioso administrativas:

a)   Las personas naturales y jurídicas titulares de un derecho subjetivo o interés legítimo que consideren infringido.

b)   La Administración Pública para impugnar los actos administrativos dictados por otro órgano de la Administración Pública, cuando estos afecten sus competencias o sus derechos.

c)   La Administración Pública para impugnar sus propios actos administrativos favorables que hubieren adquirido estado de firmeza.

d)   Las asociaciones, fundaciones, entidades y uniones afectadas que estén legalmente habilitados para la defensa de los derechos e intereses colectivos.

e)   Las entidades públicas con competencia en la materia y las asociaciones y fundaciones cuyo fin primordial sea la defensa de los intereses difusos, a quienes corresponderá exclusivamente la legitimación para demandar la defensa de tales intereses cuando los afectados sean una pluralidad de personas indeterminadas o de difícil determinación.

Caso especial de legitimación

Art. 18. Podrán iniciar la acción contencioso administrativa todos aquellos sujetos a quienes el ordenamiento jurídico les reconozca legitimación para actuar frente a la Administración Pública en defensa de determinados derechos o intereses.

Legitimación pasiva

Art. 19. Podrán ser demandados en el proceso contencioso administrativo:

a)   Cualquier órgano del Estado o entidad pública en cuanto realice actividad materialmente administrativa; en este caso deberá demandarse al órgano o entidad pública que hubiere emitido la actuación o incurrido en la omisión impugnada.

b)   Los concesionarios.

c)   Los contratistas.

En el caso que los funcionarios a quienes se les atribuya la acción u omisión impugnada, o respecto de quienes se pretenda deducir responsabilidad patrimonial, ya no ejercieren el cargo a la fecha de presentación de la demanda o del aviso de la misma en su caso, éstos también deberán ser demandados.

El funcionario que dejare de ejercer el cargo durante la tramitación del proceso contencioso administrativo, continuará siendo parte demandada. En este caso, deberá hacer del conocimiento del tribunal tal circunstancia y señalar nuevo lugar para oír notificaciones.

Sección III
Intervención y representación

Postulación preceptiva

Art. 20. En los procesos contencioso administrativos será preceptiva la comparecencia por medio de procurador, nombramiento que deberá de recaer en un abogado de la República, sin cuyo concurso no se le dará trámite al proceso.

El poder para litigar se deberá otorgar por escritura pública o mediante escrito firmado por la parte, dirigido al tribunal. Dicho escrito podrá presentarse personalmente o con firma legalizada.

Excepcionalmente, se requerirá poder especial cuando así lo exijan las leyes y para la realización de los actos de disposición de los derechos e intereses protegidos por la ley.

Serán aplicables las reglas del Código Procesal Civil y Mercantil, en lo que no contravengan la presente disposición.

Pluralidad de apoderados

Art. 21. Cuando la parte o su representante legal hubiere designado varios apoderados, la notificación hecha a alguno de ellos valdrá respecto de todos, y la actuación de uno vincula a los otros.

Sección IV
Terceros y otros intervinientes

Terceros

Art. 22. Los terceros coadyuvantes y excluyentes que intervengan en el proceso no podrán modificar la pretensión, y lo tomarán en el estado en que se encuentre al momento de su comparecencia. Si aquellos propusieren pruebas sobre hechos que no han sido alegados por las partes, el tribunal resolverá sobre su recepción, siempre que no hubiere finalizado la audiencia inicial.

Fiscal general de la República

Art. 23. El fiscal general de la República intervendrá en el proceso en defensa de la legalidad. Para tal efecto, el tribunal deberá notificarle a partir de la admisión de la demanda.

Cuando el fiscal general de la República sea parte demandada en el proceso no tendrá intervención en los términos expuestos en el inciso anterior.

CAPÍTULO III
PROCESO COMÚN

Sección I
Requisitos de procesabilidad

Agotamiento de la vía administrativa

Art. 24. Para el acceso a la jurisdicción contencioso administrativa será necesario que el demandante haya agotado la vía administrativa, según los términos regulados en la Ley de Procedimientos Administrativos.

Plazo para deducir pretensiones

Art. 25. El plazo para deducir pretensiones contencioso administrativas será:

a) Sesenta días contados a partir del siguiente al de la notificación del acto que agota la vía administrativa.

b) Sesenta días contados desde el siguiente a aquel en que se hubiese producido la desestimación presunta de la petición.

c) Sesenta días contados a partir del siguiente día al del vencimiento del plazo establecido en el inciso segundo del artículo 88 de la presente ley, cuando la pretensión se deduzca contra la inactividad de la Administración Pública.

d) Sesenta días contados a partir del día siguiente en que se tenga conocimiento de la actuación material constitutiva de vía de hecho de que se trate.

e) Sesenta días contados a partir del siguiente al de la publicación en el Diario Oficial del acuerdo que declare que la actuación correspondiente es lesiva al interés público. En todo caso, esta pretensión no podrá incoarse una vez transcurridos cuatro años desde la fecha en que se dictó el acto que se estime lesivo al interés público.

El plazo establecido en el literal e) de este artículo, se contará a partir de la fecha efectiva de la circulación material del Diario Oficial en que se publique el acuerdo en que se declare la lesividad del acto administrativo.

Sección II
Iniciación

Actos preparatorios

Art. 26. Durante el plazo correspondiente para deducir pretensiones contencioso administrativas, el interesado podrá formular, por escrito, un aviso de demanda que deberá contener:

   a)   Identificación del peticionario y en su caso documentación con que acredite su personería.

   b)   Identificación del órgano de la Administración Pública al cual se atribuye la actuación u omisión que se pretende impugnar.

   c)   Identificación de la actuación u omisión administrativa de la que deriva la afectación a sus derechos o intereses.

   d)   Cuantía estimada de la pretensión a deducir.

   e)   Manifestación expresa de su intención de demandar la ilegalidad de dicha actuación u omisión.

   f)   Petición de las medidas cautelares que resultaren necesarias.

   g)   Lugar y fecha del aviso.

Presentación de aviso de demanda

Art. 27. En caso de formularse el aviso de demanda, este deberá presentarse dentro de los primeros treinta días comprendidos en los plazos establecidos en el artículo 25 de la presente ley.

Admisión del aviso

Art. 28. El Tribunal deberá pronunciarse sobre la admisión del aviso de demanda dentro del plazo de cinco días posteriores a la fecha de su presentación. Si este cumple los requisitos de ley, el Tribunal lo admitirá y podrá adoptar, a instancia de quien haya presentado el aviso, las medidas cautelares que fueran procedentes. En caso de que el aviso de demanda no cumpliere los requisitos de ley, se prevendrá por única vez al peticionario para que se corrija lo pertinente en el plazo de tres días improrrogables.

La falta de aclaración o corrección oportuna, motivará el rechazo del aviso de demanda, quedando expedito al solicitante su derecho de presentarlo nuevamente, siempre que lo haga dentro del plazo de ley.

Admisión y Requerimiento del expediente Administrativo

Art. 29. Si el Tribunal admitiere el aviso de demanda, en el mismo auto requerirá la remisión del expediente administrativo o de los documentos relativos a la concesión. Además, deberá consignarse la identificación de los terceros beneficiarios o perjudicados con la actuación impugnada y los datos para su debida notificación. En el acto de notificación, se entregará copia del aviso de demanda y de sus anexos.

En el mismo auto de admisión se ordenará a la parte demandada que informe si tiene conocimiento de otros procesos contencioso administrativos en que puedan concurrir los supuestos de acumulación.

En caso de atribuirse la actuación a un particular, el tribunal requerirá a la Administración, que otorgó la correspondiente concesión, el expediente de su otorgamiento y, además, se requerirá al particular la remisión, en original y copia, de los documentos relacionados con la actuación respectiva. El Tribunal dejará constancia de la conformidad de la copia de dichos documentos con su original.

Sobre la remisión del expediente administrativo

Art. 30. La obligación de remitir el expediente administrativo o de los documentos relativos a la concesión, deberá ser cumplida en el plazo perentorio de cinco días contados desde el siguiente al de la respectiva notificación.

Si la autoridad administrativa o el concesionario no tuviesen el expediente requerido, lo harán del conocimiento del Tribunal en el plazo indicado en el inciso anterior, con la debida justificación que será calificada por el Tribunal, y se estará a lo dispuesto en el artículo 39 de esta ley. Si el concesionario no contare con la documentación debido a que se encuentra en poder del concedente, deberá manifestarlo así en el mismo plazo para que le sea requerida a este por el Tribunal.

En caso de que el concedente no cumpla con las obligaciones de este artículo en el plazo de tres días contados a partir del día siguiente al respectivo requerimiento, se sujetará a las sanciones y demás consecuencias establecidas en esta ley.

Los plazos estipulados en el artículo 25 de esta ley se suspenderán desde el momento en que se solicite al Tribunal que requiera el expediente administrativo, hasta el momento en que fuese recibido.

Transcurrido el plazo para la remisión del expediente administrativo sin que este hubiera sido enviado, el Tribunal deberá informar a la parte demandante sobre dicha situación para que formalice la demanda y deberá imponer la multa a la que se refiere el artículo siguiente.

Si posteriormente se recibiere el expediente, este se pondrá a disposición de todas las partes y se concederá un plazo común de diez días para que puedan efectuar las alegaciones complementarias que estimen oportunas.

Multa por falta de remisión del expediente

Art. 31. La falta de remisión del expediente administrativo o de los documentos relativos a la concesión, o la falta de justificación a que se refiere el artículo anterior, hará incurrir a la autoridad administrativa o al concesionario en una multa diaria conforme a lo dispuesto en el artículo 118 de esta ley y hasta por un máximo de treinta días. Adicionalmente, el Tribunal dará aviso en la siguiente audiencia a la Fiscalía General de la República para los efectos legales correspondientes.

Disponibilidad del expediente administrativo

Art. 32.- El tribunal, al recibir el expediente administrativo o la documentación de la concesión, lo pondrá a disposición de los sujetos procesales dentro de la sede judicial durante la tramitación del proceso.

Interposición de la demanda

Art. 33. El peticionario deberá interponer la demanda en el plazo que estuviere pendiente para completar el establecido en el artículo 25 de esta ley, sin perjuicio de lo prescrito en el artículo 30 inciso último.

En caso contrario, se archivarán las diligencias, debiendo hacerse los pronunciamientos respectivos con relación a las medidas cautelares que se hubieren decretado.

Sección III
Demanda y contestación

Requisitos de la demanda

Art. 34. La demanda deberá formularse por escrito y contener:

a) Identificación del peticionario, y en su caso, documentación con que acredite su personería.

b) Identificación específica de la parte demandada.

c) Indicación de las actuaciones u omisiones impugnadas.

d) Relación clara y precisa de los hechos en que se funda la pretensión.

e) Fundamentación jurídica de la pretensión.

f) Cuantía estimada de la pretensión.

g) Petición en términos precisos.

h) Lugar, fecha, firma y sello del abogado que la presenta.

Si en la certificación del expediente administrativo o en la documentación remitida por el concesionario estuviere acreditada la personería del peticionario, y la misma estuviere vigente, bastará que así lo manifieste en su demanda.

Si tuviere conocimiento de ello, el demandante también deberá identificar los terceros beneficiarios o perjudicados con la actuación impugnada y los datos para su debida notificación. En caso que el demandante no tuviera esta información, lo hará saber así al Tribunal, el cual a su vez requerirá esta información a la parte demandada en el auto en que admita la demanda.

A la demanda y a todo escrito que se presente se acompañarán tantas copias como partes haya, más una.

Admisión de la demanda

Art. 35. Si la demanda cumple los requisitos legales, el tribunal decidirá su admisión en el plazo máximo de quince días contados desde el siguiente al de su presentación, o al de su recepción por el juez competente en caso de haberse presentado inicialmente ante un tribunal que se hubiere estimado incompetente. En caso contrario, dentro del mismo plazo prevendrá al demandante para que en el plazo único e improrrogable de cinco días, contados a partir del siguiente al de la notificación respectiva, la rectifique o aclare.

La falta de rectificación o aclaración total o parcial en el plazo correspondiente motivará la declaratoria de inadmisibilidad, la cual deberá notificarse dentro del plazo máximo de ocho días posteriores a la fecha en que concluya el plazo de cinco días, conferido para la rectificación de la demanda.

En el mismo auto de admisión se ordenará a la parte demandada que informe si tiene conocimiento de otros procesos contencioso administrativos en que puedan concurrir los supuestos de acumulación.

En el plazo de quince días señalado en el inciso primero de este artículo, se declarará improponible la demanda en caso de su presentación extemporánea; cuando no se hubiere agotado la vía administrativa, cuando hubiera falta de legitimación material, si existiere cosa juzgada, litispendencia, falta de presupuestos materiales o cuando el objeto de la pretensión sea ilícito, imposible o absurdo; o carezca de objeto.

Si admitida la demanda el Tribunal advirtiere en cualquier estado del proceso y antes de sentencia que lo fue indebidamente, declarará su inadmisibilidad o improponibilidad, según corresponda, en auto debidamente motivado.

Si la demanda fuere declarada inadmisible, podrá incoarse nuevamente la pretensión en caso de que no haya vencido el plazo correspondiente, debiendo procederse conforme lo establecido en este artículo.

Declarada improponible la demanda en atención al objeto de la pretensión, esta no podrá incoarse nuevamente.

Incompetencia

Art. 36. Si en cualquier estado del proceso antes de la sentencia, el Tribunal advirtiere que carece de competencia para conocer de la pretensión de que se trate, por razón de materia, cuantía o grado, deberá declararse incompetente y remitir la demanda al Tribunal que conforme a la ley sea competente en el plazo de tres días contados a partir del siguiente al de la notificación de la resolución en que declare la incompetencia.

Serán aplicables al proceso contencioso administrativo, las reglas establecidas en el Código Procesal Civil y Mercantil para la declaratoria de incompetencia, en todo lo que no contravenga esta ley.

Requerimiento del expediente administrativo

Art. 37. Si el demandante no hubiere presentado aviso de demanda, el Tribunal requerirá a la Administración demandada que remita el expediente administrativo o la documentación de la concesión, dentro de los cinco días siguientes a la fecha de la notificación del requerimiento respectivo. Este requerimiento será hecho en el mismo auto en que se admita la demanda.

Acceso al expediente administrativo

Art. 38. Recibido el expediente administrativo o la documentación correspondiente, el Tribunal los pondrá a disposición de los sujetos procesales dentro de la sede judicial durante la tramitación del proceso.

Falta de remisión del expediente administrativo

Art. 39. En caso de que el órgano de la Administración Pública no presentase el expediente administrativo o el concesionario la documentación requerida, o estos no justificaran debidamente el incumplimiento, el Tribunal impondrá una multa equivalente a un salario mínimo diario del sector comercio y servicio, por cada día de retraso y dará aviso a la Fiscalía General de la República.

Anuncio para terceros

Art. 40. En caso que la Administración Pública o el concesionario a quien se impute la actuación u omisión administrativa impugnada no haya remitido el expediente administrativo, y no haya identificado a los terceros a quienes pueda beneficiar o perjudicar la actuación impugnada, se publicará, a su costa, un anuncio en dos periódicos de circulación nacional, con la finalidad de notificar a los terceros para que, si lo estimasen conveniente, se personen al proceso.

El contenido de dicho anuncio será un extracto del auto que admita la demanda, con la más precisa identificación de los sujetos y del objeto del proceso. El demandado publicará el anuncio dentro del plazo máximo de cinco días contados desde el siguiente al de la notificación de dicho auto, so pena de incurrir en la multa establecida en el artículo 118 de esta ley.

Esta publicación deberá ordenarse en el mismo auto de admisión de la demanda en caso que se hubiese presentado el respectivo aviso de la misma. En el caso de que el proceso hubiese iniciado sin aviso de demanda, esta orden deberá emitirse en el mismo auto en que se señale la fecha para la realización de la audiencia inicial. En este último caso, la publicación deberá realizarse antes de la fecha de la celebración de la audiencia inicial regulada en la sección siguiente, según el plazo que al efecto establezca el Tribunal.

Plazo para la contestación de la demanda

Art. 41. La demanda deberá contestarse en el plazo de diez días contados desde el siguiente al de la notificación del auto que la admita.

Sección IV
Audiencia inicial

Objeto de la audiencia inicial

Art. 42. La audiencia inicial tendrá por objeto:

a) Intentar la conciliación de las partes en los casos en que legalmente proceda, y resolver lo que a derecho corresponda.

b) Resolver sobre los defectos procesales alegados por las partes.

c) Fijar en forma precisa la pretensión y los términos del debate.

d) Resolver sobre la proposición y admisión o rechazo de las pruebas que propongan las partes.

Fecha para la celebración de audiencia inicial

Art. 43. Dentro del plazo improrrogable de tres días contados a partir del siguiente al día en que sea contestada la demanda, o desde el día siguiente al vencimiento del plazo en que debió contestarse, el Tribunal señalará fecha para la celebración de la audiencia inicial, la cual deberá llevarse a cabo dentro de los veinte días siguientes a la última notificación.

Así mismo, deberá notificarse al fiscal general de la República para que en audiencia rinda opinión técnica sobre los aspectos sometidos por las partes a conocimiento del Tribunal.

También deberá notificarse a los terceros, en caso que los hubiere, y demás sujetos procesales.

Conciliación

Art. 44. En la audiencia inicial de los procesos en primera instancia, de oficio o a consecuencia de solicitud que se le formulare, el Tribunal deberá someter a consideración de las partes la posibilidad de alcanzar un acuerdo conciliatorio que ponga fin a la controversia.

La conciliación se regirá por las reglas que para tal efecto dispone el Código Procesal Civil y Mercantil en lo que fueren aplicables y no contraríen la naturaleza y espíritu de la presente ley, con las siguientes particularidades:

a) El acuerdo conciliatorio será homologado por el Tribunal en la misma audiencia en que este se adopte, salvo lo dispuesto en la letra c) y en el inciso final de este artículo.

b) Si el Tribunal estimare que lo convenido fuere contrario al ordenamiento jurídico, lesivo al interés público o a los intereses de terceros, no aprobará el acuerdo conciliatorio.

c) En todos los casos en que se llegue a un acuerdo conciliatorio deberá oírse al fiscal general de la República, y el Tribunal resolverá lo que a derecho corresponda. En el supuesto que el fiscal considerare que el acuerdo conciliatorio fuere contrario al ordenamiento jurídico o lesivo al interés público, el Tribunal remitirá el proceso dentro de los dos días siguientes a la Sala de lo Contencioso Administrativo de la Corte Suprema de Justicia, la cual, con vista de autos, y en el plazo máximo de diez días, se pronunciará homologando o rechazando el acuerdo conciliatorio. Tal decisión no admitirá recurso alguno.

d) Si finalmente el acuerdo conciliatorio es aprobado, el Tribunal dictará auto declarando terminado el proceso.

No podrán ser sometidas a conciliación las controversias relativas a las siguientes materias:

a) Las no susceptibles de transacción, en atención a la supremacía del interés público.

b) Las cuestiones sobre las que ha recaído sentencia judicial firme.

c) Las cuestiones disciplinarias.

d) Las relativas al ejercicio de las potestades regulatoria, tributaria y sancionatoria de la Administración Pública.

En los casos en que el Tribunal estime necesaria la aportación de elementos probatorios adicionales antes de homologar el acuerdo conciliatorio, podrá solicitarlos a quien corresponda. Para este efecto, el Tribunal deberá convocar a nueva audiencia dentro del plazo máximo de diez días.

Incomparecencia de sujetos procesales

Art. 45. Si las partes no comparecieren, sin justa causa, a cualquiera de las audiencias del proceso o lo hiciere solo el demandado, el Tribunal tendrá al actor por desistido de la demanda y le condenará en costas. Además, deberá dejarse sin efecto cualquier medida cautelar que se hubiere dictado, y se archivará el proceso.

Si compareciere solo el actor, se proseguirá con la audiencia en ausencia del demandado.

Admisión de pruebas y señalamiento para audiencia probatoria

Art. 46. Durante la audiencia inicial, el Tribunal dictará resolución motivada en la que fijará las pruebas admitidas y las rechazadas, y señalará fecha para una nueva audiencia en la que se recibirán las respectivas pruebas. La audiencia deberá celebrarse dentro de los veinticinco días posteriores al pronunciamiento de la resolución.

Procesos de mero derecho

Art. 47. En los procesos contencioso administrativos en que la disputa versare sobre la aplicación de la ley a la cosa cuestionada, justificados los hechos con instrumentos públicos o privados fehacientes, no habrá recepción de pruebas.

En este caso se celebrará una sola audiencia en el plazo establecido en el artículo 43 de esta ley, en la cual las partes presentarán sus alegaciones, quedando el proceso listo para dictar sentencia.

Asimismo, deberá notificarse al fiscal general de la República para que en audiencia rinda opinión técnica sobre los aspectos sometidos por las partes a conocimiento del tribunal.

Una vez concluidas las alegaciones finales, el Tribunal podrá proceder en la misma audiencia a emitir el fallo de manera verbal. En el fallo se resolverán todos los asuntos que hubieren sido controvertidos, así como la procedencia de las costas procesales que correspondan.

Sección V
Audiencia probatoria

Objeto de la audiencia probatoria

Art. 48. La audiencia probatoria tendrá por objeto la práctica de la prueba útil, pertinente y legalmente admitida durante la audiencia inicial.

Celebración de la audiencia

Art. 49. El día y hora fijados para la audiencia probatoria, el Tribunal verificará la presencia de los sujetos procesales intervinientes, de los testigos y peritos que hayan de rendir su testimonio o informe, respectivamente, y, si los hubiere, de los apoderados de las partes.

Recepción de prueba y alegaciones finales

Art. 50. El Tribunal recibirá las pruebas comenzando por las del demandante. Luego recibirá las del tercero que pretende la ilegalidad de la actuación u omisión administrativa, continuando con las del demandado y el tercero relacionado con la defensa de la legalidad, finalizando con las de la representación fiscal.

Recibidas las pruebas, el Tribunal concederá la palabra a las partes en el mismo orden indicado en el inciso anterior, para que presenten sus alegaciones finales.

El fiscal general de la República está obligado a rendir opinión técnica sobre los aspectos sometidos por las partes a conocimiento del Tribunal.

Suspensión e interrupción de la audiencia

Art. 51. La suspensión e interrupción de la audiencia se tramitará conforme a lo regulado en el Código Procesal Civil y Mercantil, salvo el plazo señalado para el caso de interrupción de la audiencia, el cual no podrá exceder de quince días.

Extensión y valoración de la prueba

Art. 52. Los hechos alegados podrán ser probados por cualquier medio de prueba, siempre que fueren legales, pertinentes y útiles.

En ningún caso podrá pedirse declaración de parte a la autoridad demandada.

Al momento de dictar sentencia, el Tribunal valorará las pruebas de acuerdo con las reglas de la sana crítica. La prueba documental se valorará de conformidad con el Código Procesal Civil y Mercantil.

Fallo y cierre de la audiencia

Art. 53. Una vez concluidas las alegaciones finales, el Tribunal podrá proceder en la misma audiencia a anunciar el fallo, si lo permitiera la complejidad fáctica y jurídica del proceso en cuestión.

Finalizada la audiencia, se levantará acta que será firmada por todos los participantes y se notificará mediante entrega de copia a las partes y demás intervinientes, circunstancia que se hará constar al pie de aquella.

Documentación de la audiencia por medio de acta

Art. 54. En el acta de la audiencia deberá hacerse constar las actuaciones u omisiones administrativas impugnadas, así como los aspectos establecidos en el Código Procesal Civil y Mercantil.

Documentación de la audiencia por medios audiovisuales

Art. 55. En caso que el Tribunal dispusiera de los recursos técnicos, el desarrollo de la audiencia se registrará en soporte apto para la grabación y reproducción del sonido y de la imagen, adjuntándose a los autos el original de la grabación y el acta que contenga los requisitos enumerados en el artículo anterior.

Sección VI

Sentencia

Plazo

Art. 56. La sentencia deberá dictarse dentro de los treinta días posteriores a la finalización de la audiencia probatoria, salvo en los procesos de mero derecho en los que deberá dictarse dentro del plazo de quince días posteriores a la celebración de la audiencia correspondiente.

El Tribunal podrá dictar un auto prorrogando los plazos regulados en este artículo hasta por un máximo de quince días, justificando las razones extraordinarias que le impiden cumplirlos y señalando una fecha para la emisión de la sentencia.

El incumplimiento de los plazos expresados hará incurrir al Tribunal en una multa cuyo monto será de un salario mínimo diario del sector comercio y servicios, por cada día de retraso.

Cualquiera de las partes podrá dirigirse al Tribunal superior en grado señalando la omisión, quien deberá oír en el plazo de tres días contados a partir del siguiente al de la respectiva notificación, al Tribunal que haya incurrido en el supuesto establecido en los párrafos anteriores y, con la contestación o sin ella, deberá resolver en el plazo de cinco días con la sola vista de los autos. Si las multas no se enteraren voluntariamente, en el plazo de treinta días contados a partir del siguiente al de la notificación de la resolución que la impone, estas se cobrarán por el sistema de retención de sueldo, para lo cual el tribunal librará orden al pagador respectivo, a fin de que efectúe la retención e ingrese su monto al Fondo General del Estado.

Cuando sea la Sala de lo Contencioso Administrativo quien incumpla el plazo para dictar sentencia, corresponderá a la Corte Suprema de Justicia en pleno imponer la sanción a que se refiere esta disposición.

Contenido de la sentencia

Art. 57. La sentencia contendrá pronunciamiento sobre los asuntos que han sido controvertidos. Además, determinará la procedencia de las costas procesales que correspondan.

Toda sentencia deberá contener:

a) El Tribunal que pronuncia la sentencia y las partes que intervinieron en el proceso.

b) Delimitación precisa de las pretensiones planteadas, así como los fundamentos de hecho y de derecho de cada una de las partes.

c) Las pruebas propuestas y practicadas.

d) Los hechos que se consideran probados y los que no.

e) La relación sucinta de los hechos relevantes acreditados en el proceso.

f) Exposición razonada de los fundamentos de derecho aplicables.

g) El fallo que corresponda en derecho.

Sentencia estimatoria

Art. 58. Si la sentencia estima las pretensiones planteadas, declarará, en su caso:

a) La ilegalidad total o parcial del acto que se impugne y, en consecuencia, su anulación.

b) El reconocimiento total o parcial de la situación jurídica individualizada que se hubiere pretendido y la adopción de las medidas necesarias para el pleno restablecimiento de los derechos vulnerados o, de manera sustitutiva, la indemnización de daños y perjuicios.

c) La ilegalidad de la actuación material constitutiva de vía de hecho, la orden de cese de dicha actuación y, en su caso, lo previsto en la letra anterior.

d) La condena al órgano de la Administración Pública al cumplimiento de sus obligaciones en los términos precisos establecidos en el acto administrativo o disposición de carácter general, cuando se determine que ha incurrido en inactividad y la condena al pago de responsabilidad patrimonial en su caso.

e) La condena al pago total o parcial de reclamaciones por responsabilidad patrimonial de conformidad con lo dispuesto en la presente ley.

En cualquier caso, si se hubieren solicitado y acreditado los daños y perjuicios ocasionados como consecuencia de la actuación administrativa impugnada, el Tribunal declarará su procedencia y fijará el importe de los mismos.

Sentencia desestimatoria

Art. 59. Si la sentencia desestima las pretensiones planteadas declarará, en su caso:

a) Que en el acto impugnado no se han comprobado los motivos de ilegalidad alegados.

b) Que no se ha comprobado que exista inactividad o, en su caso, que está justificada legalmente, en cuyo caso fijará un plazo razonable para el cumplimiento de la prestación administrativa.

c) Que la actuación material es conforme a derecho.

d) Que no se ha probado la existencia de la actuación u omisión impugnada, cuando sea el caso.

e) Que no se acreditaron los daños y perjuicios ocasionados como consecuencia de la actuación administrativa impugnada.

Notificación y recursos

Art. 60. La sentencia deberá notificarse a todas las partes y demás sujetos procesales en el proceso, haciéndoles saber de los recursos a los que tienen derecho.

Sección VII

Ejecución de las sentencias

Firmeza de la sentencia

Art. 61. Si las partes no hicieren uso de los recursos pertinentes en el plazo correspondiente, la sentencia devendrá en firme, sin que haga falta una declaración expresa al efecto.

Certificación de la sentencia

Art. 62. En caso de solicitarse certificación de la sentencia devenida en firme, el Tribunal la extenderá en el plazo de tres días sin más trámite que la petición y con inserción de la resolución que la ordene, en la cual deberá indicarse si ha transcurrido el plazo para interponer los recursos pertinentes o, en su caso, si se hubiera hecho uso de alguno.

Plazo de ejecución de la sentencia

Art. 63. En virtud de la sentencia firme en la que se estime la pretensión del demandante, el órgano de la Administración Pública o el particular demandado practicará las diligencias necesarias para su cumplimiento dentro del plazo que establezca el Tribunal, el cual no podrá exceder de treinta días contados desde el día siguiente a aquel en que deviene el estado de firmeza.

Suspensión excepcional de la sentencia

Art. 64. Cuando la sentencia fuere estimatoria, únicamente se suspenderá su ejecución por imposibilidad material o por causa legal debidamente acreditada en el proceso.

Así mismo, se suspenderá su ejecución en los casos establecidos en el artículo 104 de la presente ley.

Deber de informar

Art. 65. Al día siguiente del vencimiento del plazo establecido para la ejecución de la sentencia estimatoria, el órgano de la Administración Pública o el particular demandado deberá informar al Tribunal de su cumplimiento exacto, so pena de la imposición de una multa diaria de acuerdo a lo establecido en el artículo 118 de la presente ley. La falta del referido informe supone la falta de cumplimiento de la sentencia.

Incumplimiento de la ejecución de la sentencia

Art. 66. Si en el plazo señalado para la ejecución de la sentencia, el órgano de la Administración Pública o el particular no ha rendido el informe señalado en el artículo anterior o no ha dado cumplimiento a la sentencia, el Tribunal requerirá al superior jerárquico, si lo hubiere, para que la haga cumplir.

El incumplimiento de la sentencia dará lugar a responsabilidad patrimonial directa del funcionario o concesionario obligado al cumplimiento.

Si por cualquier razón no hubiere titular en la institución, el responsable del cumplimiento de la sentencia será el funcionario con nivel jerárquico inmediato inferior.

El superior, o en su caso el funcionario con nivel jerárquico inmediato inferior, deberá cumplir el requerimiento en el plazo que en el citado auto establezca el Tribunal, el cual no podrá exceder de quince días. En lo demás se aplicará el contenido del artículo 65 de la presente ley, y en la misma resolución que imponga la sanción se señalará día y hora para que comparezcan personalmente la autoridad o el concesionario, en contra de quienes se hubiese dictado el fallo, y el superior jerárquico o quien haga sus veces según la presente disposición, para que comparezcan al Tribunal a rendir informe sobre el incumplimiento de la sentencia. En caso de no comparecer se certificará lo pertinente y se remitirá oficio a la Fiscalía General de la República para los efectos jurídicos pertinentes.

Ejecución forzosa de la sentencia

Art. 67. Si a pesar del requerimiento realizado por el Tribunal no se ejecuta enteramente la sentencia, o cuando no existiere superior jerárquico de la autoridad obligada a su cumplimiento, el Tribunal podrá:

a) Ejecutarla a través de sus propios medios o requiriendo la colaboración de las autoridades y demás servidores del órgano de la Administración o del concesionario que hubiere sido condenado o, en su defecto, de otros órganos de la Administración Pública.

b) Adoptar todas aquellas medidas que sean necesarias hasta lograr la eficacia del fallo, entre las que se incluye la ejecución subsidiaria con cargo al órgano de la Administración Pública o al concesionario que hubiere sido condenado.

Si el órgano de la Administración Pública o el concesionario realizaren alguna actividad que contraviniera los pronunciamientos del fallo, el Tribunal, a instancia de los interesados, procederá a restablecer la situación en los términos exigidos por el fallo y determinará los daños y perjuicios que ocasionare el incumplimiento.

En todos los casos de este artículo, el Tribunal estará obligado a remitir oficio a la Fiscalía General de la República para los efectos penales procedentes.

Si por razones financieras previamente calificadas por el Tribunal, no fuere posible ejecutar enteramente la sentencia en los casos previstos en este artículo, se deberá seguir el trámite previsto en el artículo 68 de la presente ley.

Ejecución en caso de condena al pago de cantidades liquidas

Art. 68. Cuando el órgano de la Administración Pública fuere condenado al pago, entrega o devolución de una cantidad líquida, el Tribunal le ordenará se libren y autoricen las órdenes de pago con cargo a las partidas de su presupuesto. Si por razones financieras previamente calificadas por el Tribunal, no fuere posible cargar la orden de pago al presupuesto vigente, el funcionario respectivo incluirá en el presupuesto del año siguiente las asignaciones o partidas necesarias para el pago de lo ordenado en la sentencia. En este último caso, el cumplimiento de la sentencia deberá ejecutarse dentro de los primeros noventa días del año fiscal correspondiente.

Deber de cumplimiento y colaboración

Art. 69. Los funcionarios a quienes corresponda el cumplimiento de la sentencia no podrán negarse invocando razones de obediencia jerárquica.

Del mismo modo, todos los servidores públicos a quienes se requiera el cumplimiento de la sentencia están en la obligación de brindar la colaboración que sea necesaria para su íntegra ejecución, so pena de la responsabilidad a que hubiere lugar o de la imposición de la multa a que hace referencia el artículo 118 de esta ley.

Sección VIII
Finalización anticipada del proceso

Satisfacción extraprocesal de la pretensión

Art. 70. El proceso se declarará terminado cuando la parte demandada satisfaga plenamente la pretensión de la parte demandante en cualquier momento antes de la sentencia en cualquier instancia.

Cualquiera que sea la parte que invoque esta causal de terminación, el Tribunal dará audiencia a la parte contraria por el término de tres días para que se pronuncie al respecto. Con o sin su contestación, el Tribunal declarará terminado el proceso en la medida en que dicha satisfacción no contravenga el ordenamiento jurídico y haya sido debidamente acreditada.

Desistimiento

Art. 71. La parte demandante podrá desistir de su pretensión en cualquier momento antes de la sentencia y en cualquier instancia, sin que sea necesaria la aceptación del demandado.

Si fueran varios los sujetos que constituyen parte demandante, el desistimiento de uno de ellos no es vinculante respecto de los otros.

El desistimiento de la Administración Pública deberá ser debidamente motivado. En este caso, el Tribunal oirá al fiscal general de la República por el plazo de quince días antes de decidir sobre la continuación del proceso.

Revocación

Art. 72. El proceso se declarará terminado a petición de cualquiera de las partes en cualquier momento antes de la sentencia en cualquier instancia, cuando el órgano de la Administración Pública demandado revoque el acto impugnado.

Si la terminación es solicitada por el demandante, el Tribunal declarará terminado el proceso en la medida en que dicha satisfacción no contravenga el ordenamiento jurídico y haya sido debidamente acreditada.

En el caso de que la terminación sea solicitada por el órgano de la Administración Pública demandada, antes de decidir sobre su procedencia, el Tribunal dará audiencia a la parte contraria por el plazo de cinco días, contados desde el siguiente al de la notificación respectiva. Con su contestación o sin ella, el Tribunal dará audiencia al fiscal general de la República, quien, en el plazo de tres días contados a partir de la notificación podrá oponerse a la terminación en defensa del interés público.

Con la contestación favorable del fiscal general de la República o sin ella, el Tribunal emitirá la resolución declarando terminado el proceso o decidiendo su continuación si así lo considerare procedente.

Si la opinión del fiscal general de la República fuere en contra de la terminación del proceso, el Tribunal remitirá los autos a la Sala de lo Contencioso Administrativo, para que en un plazo máximo de diez días contados desde el siguiente al de la recepción del incidente, se pronuncie sobre la procedencia de la terminación. Resuelto lo pertinente, la

Sala devolverá los autos al Tribunal competente para que este declare terminado el proceso o continúe con su tramitación.

En el caso señalado en el inciso anterior, si la Sala de lo Contencioso Administrativo ha conocido en única instancia del respectivo asunto, esta, valorando los argumentos del fiscal general de la República, decidirá sobre la procedencia de la terminación.

Ejecución del acto

Art. 73. El proceso se declarará terminado cuando el órgano de la Administración Pública demandado ejecute la actuación reclamada por inactividad.

En este caso, el Tribunal dará audiencia a la parte contraria por el plazo de cinco días contados desde el siguiente al de la presentación de la solicitud de terminación. Con o sin su contestación, el Tribunal declarará terminado el proceso en la medida en que dicha satisfacción no contravenga el ordenamiento jurídico y haya sido debidamente acreditada.

Otras formas de terminación anticipada

Art. 74. El proceso contencioso administrativo también podrá finalizar de manera anticipada por improponibilidad sobrevenida, renuncia, o por transacción, y respecto de tales formas de terminación se estará a lo dispuesto en el Código Procesal Civil y Mercantil, salvo lo dispuesto en esta ley.

Los representantes de los órganos de la Administración Pública demandada necesitarán de la autorización del superior jerárquico de la institución para llevar a efecto la transacción.

La transacción requerirá de homologación del tribunal, previa opinión del fiscal general de la República. El Tribunal resolverá lo que a derecho corresponda.

En el supuesto que el fiscal considerare que el acuerdo transaccional fuere contrario al ordenamiento jurídico o lesivo al interés público, el Tribunal remitirá inmediatamente el proceso a la Sala de lo Contencioso Administrativo de la Corte Suprema de Justicia, la cual, con vista de autos y en el plazo máximo de diez días, se pronunciará homologando o rechazando la transacción. Tal decisión no admitirá recurso alguno.

Si finalmente el acuerdo transaccional es aprobado, el Tribunal dictará auto declarando terminado el proceso.

CAPÍTULO IV
DEL PROCESO ABREVIADO

Inicio del proceso

Art. 75. El proceso abreviado iniciará con una demanda por escrito que deberá contener los mismos requisitos señalados en el artículo 34 de esta ley.

Admisión o rechazo de la demanda

Art. 76. La demanda se admitirá o rechazará en el plazo máximo de cinco días, contados a partir del siguiente al de la fecha de su presentación. La Administración Pública o el particular demandado tendrán diez días para contestarla.

Con la contestación de la demanda o sin ella y en un máximo de tres días después de vencido el plazo, el Tribunal citará a las partes y a los demás sujetos procesales a una audiencia única, la cual deberá celebrarse dentro del plazo máximo de veinte días.

Así mismo, deberá notificarse al fiscal general de la República para que en audiencia rinda opinión técnica sobre los aspectos sometidos por las partes a conocimiento del Tribunal.

Expediente administrativo

Art. 77. En el mismo auto en que admita la demanda, el Tribunal ordenará a la parte demandada la remisión del expediente administrativo o de los documentos relativos a la concesión, en el plazo de cinco días. Recibido el expediente administrativo o la documentación correspondiente, el Tribunal los pondrá a disposición de los sujetos procesales dentro de la sede judicial durante la tramitación del proceso.

Objeto de la audiencia única

Art. 78. La audiencia única tendrá por objeto:

a) Intentar la conciliación de las partes en los casos en que esta proceda, y resolver lo que a derecho corresponda.

b) Resolver sobre los defectos procesales alegados por las partes.

c) Fijar en forma precisa la pretensión y los términos del debate.

d) Resolver sobre la proposición y admisión de las pruebas que propongan las partes.

e) Practicar en la misma audiencia la prueba legalmente admitida.

En los casos de llegarse a un acuerdo conciliatorio, se seguirán las reglas de la conciliación en la audiencia inicial del proceso común.

Inasistencia de sujetos procesales

Art. 79. La inasistencia de las partes y los otros sujetos procesales tendrá los mismos efectos señalados en las audiencias del proceso común.

Conciliación y alegatos iniciales

Art. 80. Habiendo comparecido las partes, o únicamente la parte actora, el Tribunal declarará abierta la audiencia.

La audiencia iniciará con un llamado a la conciliación en los casos que legalmente proceda. De no llegar las partes a un acuerdo conciliatorio, se continuará la audiencia con la intervención de la parte demandante, quien hará una exposición de los elementos fácticos y jurídicos que fundamentan la pretensión o la ratificación de lo expuesto en la demanda.

A continuación, la parte demandada hará los alegatos que estime convenientes, incluyendo lo relativo a los defectos procesales y a las excepciones y oposiciones pertinentes. Acto seguido se dará intervención a los demás sujetos procesales a fin de fijar la pretensión y los términos del debate.

Proposición y recepción de prueba

Art. 81. Concluidos los alegatos iniciales, las partes, comenzando por la demandante, propondrán prueba y el Tribunal admitirá únicamente la que sea lícita, útil y pertinente.

Para la práctica de la prueba se estará a lo dispuesto en el proceso común.

Las partes podrán solicitar excepcionalmente al Tribunal, al menos con cinco días de antelación a la fecha de la audiencia única, aquellas pruebas que, para practicarse en la misma, exijan citación o actuaciones previas.

Impugnación del tipo de proceso por razón de la cuantía

Art. 82. Si la parte demandada hubiese impugnado la adecuación del proceso por razón de la cuantía en la contestación de la demanda, el Tribunal resolverá la cuestión en la audiencia única. Frente a la decisión del Tribunal no habrá recurso alguno.

Alegatos de cierre

Art. 83. Recibidas las pruebas, las partes y los demás sujetos procesales harán oralmente sus alegaciones de cierre en el tiempo que prudencialmente conceda el Tribunal a cada uno.

Potestad de anunciar el fallo en la audiencia

Art. 84. El Tribunal en la audiencia única podrá anunciar de forma oral el fallo si lo permitiera la complejidad fáctica y jurídica del proceso en cuestión. En todo caso, deberá dictar sentencia en el plazo máximo de veinte días.

El incumplimiento del plazo expresado hará incurrir al Tribunal en una multa, cuyo monto será de un salario mínimo diario del sector comercio y servicios, por cada día de retraso.

Suspensión e interrupción de la audiencia

Art. 85.- En los casos de suspensión e interrupción de la audiencia única, se estará a lo dispuesto en el Código Procesal Civil y Mercantil, salvo el plazo señalado para el caso de interrupción de la audiencia, el cual no podrá exceder de quince días.

Sentencia anticipada

Art. 86. Cuando de las alegaciones de las partes se desprenda que se trata de una controversia de mero derecho, o se advierta la ausencia de proposición de prueba, o se haya producido la inadmisibilidad de toda la prueba propuesta, el Tribunal podrá anunciar el fallo sin más dilación.

Supletoriedad del proceso común

Art. 87. En todo lo no previsto en este capítulo, se aplicarán las reglas previstas para el proceso común cuando no sean incompatibles con la naturaleza del proceso abreviado.

CAPÍTULO V

PROCESOS ESPECIALES DE IMPUGNACIÓN

Sección I

Inactividad de la Administración Pública

Actos previos

Art. 88. Quien pretenda demandar la inactividad de un órgano de la Administración Pública, deberá previamente dirigirle a ésta una petición simple por escrito de ejecución de la correspondiente actuación.

La denegatoria de la ejecución solicitada o la falta de ejecución en el término de diez días, habilitará el plazo señalado en esta ley para la deducción de la correspondiente pretensión contra la inactividad mediante la presentación del escrito de demanda.

En caso que no se deduzca la pretensión ante el Tribunal competente en el plazo indicado en esta ley, el interesado podrá volver a requerir el cumplimiento de la obligación o prestación, habilitándose de esta forma un nuevo plazo para el ejercicio de la acción contencioso administrativa.

Demanda, emplazamiento y contestación

Art. 89. Las formalidades de la demanda serán las exigidas para el proceso común en lo que fueren aplicables.

En el escrito de demanda se identificará la obligación no cumplida en virtud de la inejecución de la actuación correspondiente.

Admitida la demanda, el Tribunal ordenará el emplazamiento del demandado para que la conteste en el plazo de cinco días contados a partir del siguiente al de la notificación respectiva y le requerirá que remita el expediente administrativo en ese mismo plazo.

Falta de expediente administrativo

Art. 90. De no remitirse el expediente administrativo, se observarán las reglas establecidas en el proceso común.

Tramitación y desistimiento

Art. 91. Dentro de los tres días posteriores al vencimiento del plazo para la contestación de la demanda, el Tribunal señalará fecha para la audiencia que deberá celebrarse dentro de los quince días siguientes a la notificación del auto que la ordena.

En la misma audiencia se ofrecerán las pruebas, se decidirá sobre su recepción, se recibirán y se formularán las alegaciones finales. Dicha audiencia se desarrollará conforme las reglas generales establecidas para el proceso abreviado.

Si el actor no compareciere sin justa causa a la audiencia señalada, se le tendrá por desistido de la pretensión deducida y se le condenará en costas. Si a dicha audiencia compareciere solo el actor, se proseguirá en ausencia del demandado.

Sentencia

Art. 92. El Tribunal dictará sentencia en un plazo no mayor de veinte días contados a partir del siguiente al de la celebración de la audiencia.

El incumplimiento de los plazos expresados hará incurrir al Tribunal en una multa cuyo monto será de un salario mínimo diario del sector comercio y servicios, por cada día de retraso.

Sección II
Proceso de lesividad

Actos previos

Art. 93. El órgano de la Administración Pública autor de un acto favorable podrá impugnarlo ante la jurisdicción contencioso administrativa, previa su declaración de lesividad para el interés público.

Dicho acuerdo deberá publicarse en el Diario Oficial dentro de los quince días posteriores a su adopción.

Remisión de acuerdo y expediente

Art. 94. El órgano de la Administración Pública demandante deberá acompañar la demanda de un ejemplar del Diario Oficial en que se haya publicado el acuerdo correspondiente y del expediente administrativo.

Emplazamiento y contestación de la demanda

Art. 95. Admitida la demanda se emplazará a los particulares favorecidos con el acto impugnado considerado lesivo, para que en el plazo de quince días formulen su contestación.

Tramitación

Art. 96. En lo que fuere compatible, el proceso se sustanciará conforme a las reglas del proceso común y se sujetará además a las disposiciones especiales de esta sección.

Aunque la demanda no haya sido contestada, se seguirá el trámite establecido para el proceso común.

CAPÍTULO VI
MEDIDAS CAUTELARES

Medidas cautelares y oportunidad

Art. 97. Las partes podrán solicitar en cualquier estado del proceso, incluso en la fase de ejecución de la sentencia, la adopción de cuantas medidas fueren necesarias para asegurar la efectividad de la sentencia.

Las medidas cautelares se solicitarán ordinariamente junto con la demanda. No obstante, también podrán solicitarse antes de la presentación de la demanda siempre que se alegue y acredite razones de urgencia y necesidad. En este caso, dichas medidas caducarán de pleno derecho si no se presentare la demanda dentro de los plazos regulados para la interposición de la demanda.

Presupuestos para la adopción

Art. 98. Para decidir sobre la medida cautelar el Tribunal deberá valorar:

a)   Si la actuación u omisión impugnada produce o puede producir un daño irreparable o de difícil reparación por la sentencia.

b)   Si de la pretensión puede establecerse, mediante un juicio provisional, la apariencia favorable a derecho.

c)   Todos los intereses en conflicto; la medida podrá denegarse cuando de esta pudiera seguirse perturbación grave a los intereses generales o de terceros, que el Tribunal ponderará en forma circunstanciada.

Trámite

Art. 99. La petición cautelar no suspenderá la tramitación del proceso. De la petición cautelar se dará audiencia a la parte contraria por el término de tres días. Transcurrido dicho término, el Tribunal dictará resolución motivada dentro de los tres días siguientes, otorgando o denegando la medida cautelar.

No obstante, atendidas las circunstancias de especial urgencia y necesidad que concurran en el caso y que puedan comprometer la eficacia de la medida, el Tribunal podrá acordar la medida cautelar sin oír a la parte contraria. Esta resolución no admitirá recurso alguno.

En el caso a que se refiere el inciso anterior, en la misma resolución que acuerde la medida, el Tribunal convocará a las partes a una audiencia que habrá de celebrarse dentro de los tres días siguientes, sobre el levantamiento, mantenimiento o modificación de la medida adoptada.

Ejecución de la resolución cautelar

Art. 100. Acordada la medida cautelar y, en su caso, cumplida la contracautela a que se refiere este capítulo, se procederá de oficio a su inmediato cumplimiento empleando para ello los medios que fueren necesarios, incluso los previstos para la ejecución de la sentencia.

Duración y modificación de las medidas cautelares

Art. 101. Las medidas cautelares estarán en vigor hasta que se presente alguna de las siguientes situaciones: recaiga sentencia firme que ponga fin al proceso en el que hayan sido acordadas, el proceso finalice por cualquiera de las otras formas de terminación previstas en esta ley, o hasta la ejecución total de la sentencia, en caso que se hubieren adoptado en esta fase del proceso.

No obstante, las medidas podrán ser modificadas o revocadas durante el curso del proceso, a petición de parte o de oficio, si se alegan y prueban hechos o circunstancias que no pudieron tenerse en cuenta al tiempo de su adopción. Asimismo, con iguales requisitos podrá presentarse nueva petición sobre la medida previamente denegada.

Contracautelas

Art. 102. Cuando de la medida cautelar pudieran derivarse perjuicios de cualquier naturaleza, el Tribunal podrá acordar las medidas que sean necesarias para evitar o paliar dichos perjuicios.

La contracautela podrá constituirse en cualquiera de las formas admitidas por la ley. La medida cautelar no podrá llevarse a efecto hasta que la contracautela hubiera sido cumplida.

Para la fijación del monto de la caución o garantía en que consista, en su caso, la contracautela exigida al solicitante de la correspondiente medida cautelar, el Tribunal deberá considerar los posibles perjuicios concretos que se deriven de la adopción de dicha medida, para lo cual podrá auxiliarse de peritos idóneos.

Levantada la medida por sentencia o por cualquier otra causa, la Administración Pública, o la persona que pretendiere tener derecho a la indemnización de los daños producidos, podrán solicitar esta, ante el propio Tribunal que acordó la medida dentro del año siguiente a su levantamiento.

CAPITULO VII

RECURSOS Y SOLICITUD DE ACLARACIÓN

Sección I

Reglas Generales

Derecho a recurrir y plazos

Art. 103. Hay derecho de hacer uso de los recursos legales contra las resoluciones judiciales que afecten desfavorablemente a las partes.

Los plazos para la interposición de los recursos serán contados a partir del día siguiente al de la notificación de la resolución recurrida.

Efecto a recurrir

Art. 104. Admitido a trámite cualquiera de los recursos establecidos en esta ley, se suspenderá la ejecución de la resolución recurrida.

Sin perjuicio de lo dispuesto en el inciso anterior, el Tribunal, en cualquier momento y a instancia de parte interesada, podrá adoptar las medidas cautelares que sean pertinentes para asegurar, en su caso, la ejecución de la correspondiente resolución pronunciada.

Asimismo, no se producirá el efecto a que se refiere el inciso primero de este artículo, cuando el Tribunal a petición de parte concluya, mediante resolución debidamente motivada, que de la suspensión puedan derivarse perjuicios irreversibles de cualquier naturaleza.

Cuando la ejecución provisional, total o parcial, se ordene a petición de las partes, estas deberán rendir garantía o caución suficiente, la cual deberá ser aprobada por el Tribunal, y además se acordarán las medidas necesarias para evitar o paliar dichos perjuicios. En este caso no podrá llevarse a cabo la ejecución provisional hasta que la caución o la medida acordada se haya constituido y acreditada en autos.

En los casos en que la Administración Pública solicite la ejecución provisional, total o parcial, fundamentada en que la suspensión de la decisión pronunciada en primera instancia pudiere ocasionar un grave perjuicio al interés público, no estará obligada a rendir garantía o caución alguna.

Desistimiento de los recursos

Art. 105. Todo recurrente podrá desistir del recurso en cualquier momento antes de su resolución.

Sección II
De la revocatoria

Procedencia

Art. 106. El recurso de revocatoria procede contra decretos y autos no definitivos. Excepcionalmente procederá contra los autos definitivos siguientes:

a) La improponibilidad o inadmisibilidad de la demanda pronunciada por la Sala de lo Contencioso Administrativo.

b) Contra el auto que declara inadmisible la apelación.

Plazo del recurso

Art. 107. El recurso de revocatoria deberá interponerse ante la misma autoridad que dictó la resolución recurrida, dentro del plazo de tres días contados a partir del siguiente al de la notificación de la resolución que se impugna, con expresión razonada de las infracciones legales que considere cometidas.

La interposición extemporánea del recurso motivará su rechazo, y frente a esa decisión no cabrá recurso alguno.

Audiencia a las partes y resolución

Art. 108. En la misma resolución en que se admita el recurso de revocatoria el Tribunal dará audiencia a los demás intervinientes en el proceso, en el plazo común de tres días.

Transcurrido el plazo indicado, con la contestación de la audiencia o sin ella, el Tribunal resolverá el recurso en el plazo de tres días.

Contra el auto que resuelva el recurso de revocatoria no cabrá recurso alguno.

Sección II
De la Aclaración

Procedencia

Art. 109. Podrá presentarse solicitud de aclaración contra toda sentencia pronunciada por los jueces y Cámaras de lo Contencioso Administrativo o por la Sala de lo Contencioso Administrativo, cuando el recurrente considere que contiene errores materiales o que aquella es oscura.

Efectos de la interposición

Art. 110. La presentación de la solicitud de aclaración, suspende los plazos para la interposición del recurso de apelación, cuando este fuere procedente."

Órgano competente, forma y plazo

Art. 111. El recurso se interpondrá dentro del plazo de tres días ante la misma autoridad jurisdiccional que haya dictado la sentencia recurrida, con expresión razonada de los conceptos que considere oscuros o en su caso, de los errores materiales advertidos.

El Tribunal resolverá, sin más trámite, el recurso, en el plazo de cinco días contados a partir del siguiente de su recepción.

Sección IV
De la apelación

Procedencia

Art. 112. Podrá interponerse recurso de apelación contra toda sentencia y auto definitivo, pronunciados por los tribunales de primera instancia y por las cámaras de segunda instancia.

Órgano competente, plazo y forma

Art. 113. El recurso de apelación deberá interponerse ante la misma autoridad que dictó la resolución recurrida, dentro del plazo de cinco días contados a partir del siguiente al de su notificación y deberá identificar la resolución apelada, manifestar la voluntad de recurrir y especificar los puntos impugnados de la decisión de la que se recurre.

Notificación y remisión del escrito de apelación

Art. 114. Presentada la apelación, el Tribunal notificará a la parte contraria, a los terceros y al fiscal general de la República, y se limitará a remitir el escrito de apelación al Tribunal superior dentro de los tres días siguientes, junto con el expediente.

Si se hubiera decidido la ejecución provisional, quedará en el Tribunal inferior certificación de lo necesario para dicha ejecución.

Cuando la solicitud de ejecución provisional se formule después de haberse remitido los autos al Tribunal superior, el solicitante deberá obtener de este, previamente, certificación de los pasajes necesarios para proceder a la ejecución.

Durante la sustanciación del recurso, la competencia del Tribunal que hubiera dictado la resolución recurrida, se limitará a las actuaciones relativas a la ejecución provisional de la resolución apelada.

Admisión o rechazo del recurso

Art. 115. Dentro de los cinco días posteriores a la recepción del escrito mediante el cual se interpuso el recurso, el Tribunal superior examinará su admisibilidad.

Si hubiere sido interpuesto extemporáneamente, el Tribunal lo rechazará, declarándolo inadmisible.

Si existiesen defectos u omisiones de forma, el Tribunal que conoce del recurso, prevendrá al peticionario para que en el plazo único e improrrogable de cinco días, contados a partir del siguiente al de la notificación respectiva, subsane la prevención.

Si no se rectifica el escrito en el plazo concedido para ello, el Tribunal lo rechazará, declarándolo inadmisible.

Señalamiento para la audiencia

Art. 116. Admitido el recurso, el Tribunal convocará a las partes a una audiencia, que deberá celebrarse dentro de los treinta días posteriores al pronunciamiento de la resolución.

Audiencia y prueba en segunda instancia

Art. 117. En la audiencia, el Tribunal oirá a la parte apelada y al tercero a quien interese defender la posición de esta para que se opongan o para que se adhieran al recurso, total o parcialmente, en los aspectos alegados en el escrito de apelación. En seguida oirá al apelante y al tercero correspondiente, con relación a la oposición, quienes no podrán ampliar los motivos del recurso. Finalmente escuchará al fiscal general de la República.

El aporte y recepción de pruebas y el desarrollo de la audiencia, se regirán por las reglas establecidas en el Código Procesal Civil y Mercantil para la segunda instancia, en lo que fuere compatible con la naturaleza especial del proceso contencioso administrativo.

La audiencia se documentará en la forma establecida para el proceso común regulado en la presente ley.

Concluida la audiencia, el Tribunal podrá anunciar fallo si lo permitiera la complejidad fáctica y jurídica del proceso en cuestión. En todo caso, deberá dictar sentencia por escrito dentro del plazo de veinte días contados desde el siguiente a aquel en que se hubiera celebrado la audiencia.

En caso que la parte apelante no compareciere a la audiencia sin justa causa se declarará desierto el recurso y quedará firme la resolución impugnada.

CAPÍTULO VIII
DISPOSICIONES GENERALES

Potestad sancionadora del Tribunal

Art. 118. La parte demandada y cualquier otro servidor público que no cumpla un requerimiento procesal en el término legal, incurrirá en una multa que le impondrá el Tribunal.

El importe de la sanción será de un salario mínimo diario del sector comercio y servicios por cada día de retraso.

Para imponer la multa, el Tribunal oirá en el plazo de tres días contados a partir del siguiente al de la respectiva notificación a la parte demandada, y con la contestación o sin ella, deberá resolver en el plazo de cinco días con la sola vista de los autos. Si las multas no se enteraren voluntariamente, en el plazo de treinta días contados a partir del siguiente al de la notificación de la resolución que la impone, se cobrarán por el sistema de retención del sueldo, para lo cual el Tribunal librará orden al pagador respectivo a fin de que efectúe la retención e ingrese su monto al fondo general del Estado.

Plazos

Art. 119. Salvo cuando así se señale expresamente, los plazos que la presente ley establece son perentorios e improrrogables y comprenderán solamente los días hábiles.

Notificaciones

Art. 120. Excepto cuando así se regule expresamente, los decretos, autos y sentencias deberán ser notificados por el Tribunal en un plazo máximo de cinco días hábiles después de su emisión.

Cuando se notifique una resolución por medios técnicos, se dejará constancia en el expediente de la remisión realizada. En este caso, se tendrá por realizada la notificación transcurrido un día hábil después del envío, siempre que conste evidencia de su recibo.

Lugar para oír notificaciones

Art. 121. Todos los sujetos intervinientes en el proceso deberán señalar un lugar para recibir las comunicaciones procesales.

Las notificaciones también podrán realizarse por cualquier medio electrónico que ofrezca seguridad en la efectividad de la diligencia.

Diligencias para mejor proveer

Art. 122. La proposición de la prueba corresponde exclusivamente a las partes o terceros. Sin embargo, respecto de la prueba que ya fue debida y oportunamente aportada y controvertida por las partes, el Tribunal podrá ordenar diligencias para mejor proveer con el fin de esclarecer algún punto oscuro o contradictorio.

Aplicación de norma procesal supletoria

Art. 123. En el proceso contencioso administrativo se aplicarán, en cuanto fueren compatibles con la naturaleza de este, las disposiciones del Código Procesal Civil y Mercantil que no contraríen el texto y sus principios procesales.

En la jurisdicción contencioso administrativa no habrá lugar al recurso extraordinario de casación.

CAPÍTULO IX
DISPOSICIONES TRANSITORIAS Y DEROGATORIAS

Procesos en trámite

Art. 124. Los procesos contencioso administrativos que se encuentren en trámite a la fecha de entrada en vigencia de esta ley, se concluirán de conformidad con la ley con que se iniciaron.

Derogatoria

Art. 125. Derógase la Ley de la Jurisdicción Contencioso Administrativa, emitida mediante Decreto Legislativo n.° 81 de fecha 14 de noviembre de 1978 y publicada en el Diario Oficial n° 236, Tomo 261, de fecha 19 de diciembre de ese mismo año.

Vigencia

Art. 126. La presente ley entrará en vigencia el día 31 de enero de dos mil dieciocho, previa su publicación en el Diario Oficial.

DADO EN EL SALÓN AZUL DEL PALACIO LEGISLATIVO: San Salvador, a los veintiocho días del mes de agosto del año dos mil diecisiete.

Guillermo Antonio Gallegos Navarrete	Presidente
Lorena Guadalupe Peña Mendoza	Donato Eugenio Vaquerano Rivas
Primera Vicepresidenta	Segundo Vicepresidente
José Francisco Merino López	Rodrigo Ávila Avilés
Tercer Vicepresidente	Cuarto Vicepresidente
Santiago Flores Alfaro	Quinto Vicepresidente
Guillermo Francisco Mata Bennett	René Alfredo Portillo Cuadra
Primer Secretario	Segundo Secretario
Francisco José Zablah Safie	Reynaldo Antonio López Cardoza
Tercer Secretario	Cuarto Secretario
Jackeline Noemí Rivera Ávalos	Silvia Estela Ostorga de Escobar
Quinta Secretaria	Sexta Secretaria
Manuel Rigoberto Soto Lazo	José Serafín Orantes Rodríguez
Séptimo Secretario	Octavo Secretario

NOTA:

En cumplimiento a lo dispuesto en el Art. 97 inciso tercero del Reglamento Interior de este Órgano del Estado, se hace constar que el presente Decreto fue devuelto con observaciones por el Presidente de la República, el 19 de septiembre del año 2017, habiendo sido éstas aceptadas parcialmente por la Asamblea Legislativa, en Sesión Plenaria del 25 de octubre del 2017; todo de conformidad al Art. 137 inciso tercero de la Constitución de la República.

René Alfredo Portillo Cuadra
Primer Secretario.

GUATEMALA

DECRETO NÚMERO 119-96

LEY DE LO CONTENCIOSO ADMINISTRATIVO

EL CONGRESO DE LA REPUBLICA DE GUATEMALA

CONSIDERANDO,

Que es necesario actualizar la legislación en materia de contencioso administrativo, con el objeto de estructurar un proceso que a la vez que garantice los derechos de los administrados, asegure la efectiva tutela administrativa y jurisdiccional de la juridicidad de todos los actos de la administración pública, asegurando el derecho de defensa del particular frente a la administración, desarrollando los principios constitucionales y reconociendo que el control de la juridicidad de los actos administrativos no debe estar subordinado a la satisfacción de los intereses particulares.

POR TANTO: En ejercicio de la atribución que le confiere el artículo 171 literal a) de la Constitución Política de la República de Guatemala,

DECRETA:

La siguiente:

LEY DE LO CONTENCIOSO ADMINISTRATIVO

TITULO I

DILIGENCIAS PREVIAS

CAPÍTULO I

GENERALIDADES

Artículo 1. Derecho de petición. Las peticiones que se dirijan a funcionarios o empleados de la administración pública, deberán ser resueltas y notificadas dentro del plazo de treinta días, contados a partir de la fecha en que haya concluido el procedimiento administrativo. El órgano administrativo que reciba la petición, al darle trámite deberá señalar las diligencias que se realizarán para la formación del expediente. Al realizarse la última de ellas, las actuaciones estarán en estado de resolver para el efecto de lo ordenado en el párrafo precedente. Los órganos administrativos deberán elaborar y mantener un listado de requisitos que los particulares deberán cumplir en las solicitudes que les formulen. Las peticiones que se planteen ante los órganos de la administración pública se harán ante la autoridad que tenga competencia para conocer y resolver. Cuando se hagan por escrito, la dependencia anotará día y hora de presentación.

Artículo 2. Principios. Los expedientes administrativos deberán impulsarse de oficio, se formalizarán por escrito, observándose el derecho de defensa y asegurando la celeridad, sencillez y eficacia del trámite. La actuación administrativa será gratuita.

Artículo 3. Forma. Las resoluciones administrativas serán emitidas por autoridad competente, con cita de las normas legales o reglamentarias en que se fundamenta. Es prohibido tomar como resolución los dictámenes que haya emitido un órgano de asesoría técnica o legal. Las resoluciones serán notificadas a los interesados personalmente citándolos para el efecto; o por correo que certifique la recepción de la cédula de notificación. Para continuar el trámite deberá constar, fehacientemente, que el o los interesados fueron debidamente notificados con referencia expresa de lugar, forma, día y hora.

Artículo 4. Clases. Las resoluciones serán providencias de trámite y resoluciones de fondo. Estas últimas serán razonadas, atenderán el fondo y serán redactadas con claridad y precisión.

Artículo 5. Archivo. Se archivarán aquellos expedientes o trámites en los que los administrados dejen de accionar por más de seis meses, siempre que el órgano administrativo haya agotado la actividad que le corresponde y lo haya notificado.

Artículo 6. Revocatoria del oficio. Antes de que las resoluciones hayan sido consentidas por los interesados, pueden ser revocadas por la autoridad que las haya dictado. Se tendrá por consentida una resolución cuando no sea impugnada dentro del plazo.

CAPITULO II
RECURSOS

Artículo 7. Recurso de revocatoria. Procede el recurso de revocatoria en contra de resoluciones dictadas por autoridad administrativa que tenga superior jerárquico dentro del mismo ministerio o entidad descentralizada o autónoma. Se interpondrá dentro de los cinco días siguientes al de la notificación de la resolución, en memorial dirigido al órgano administrativo que le hubiere dictado.

Artículo 8. Admisión. La autoridad que dictó la resolución recurrida elevará las actuaciones al respectivo ministerio o al órgano superior de la entidad, con informe circunstanciado, dentro de los cinco días siguientes a la interposición.

Artículo 9. Recurso de reposición. Contra las resoluciones dictadas por los ministerios, y, contra las dictadas por las autoridades administrativas superiores, individuales o colegiadas, de las entidades descentralizadas o autónomas, podrá interponerse recurso de reposición dentro de los cinco días siguientes a la notificación. El recurso se interpondrá directamente ante la autoridad recurrida. No cabe este recurso contra las resoluciones del Presidente y Vicepresidente de la República ni contra las resoluciones dictadas en el recurso de revocatoria.

Artículo 10. Legitimación. Los recursos de revocatoria y de reposición podrán interponerse por quien haya sido parte en el expediente o aparezca con interés en el mismo.

Artículo 11. Requisitos. En el memorial de interposición de los recursos de revocatoria y de reposición, se exigirán los siguientes requisitos: I. Autoridad a quien se dirige; II. Nombre del recurrente y lugar en donde recibirá notificaciones; III. Identificación precisa de la resolución que impugna y fecha de la notificación de la misma; IV. Exposición de los motivos por los cuales se recurres; V. Sentido de la resolución que según el recurrente deba emitirse, en sustitución de la impugnada; VI. Lugar, fecha y firma del recurrente o su representante; si no sabe o no puede firmar imprimirá la huella digital de su dedo pulgar derecho u otro que especificará.

Artículo 12. Tramite. Encontrándose los antecedentes en el órgano que deba conocer de los recursos de revocatoria o reposición, se correrán las siguientes audiencias: a) A todas las personas que hayan manifestado su interés en el expediente administrativo y hayan señalado lugar para ser notificadas. b) Al órgano asesor, técnico o legal, que corresponda, según la naturaleza del expediente. Esta audiencia se omitirá cuando la organización de la institución que conoce del recurso carezca de tal órgano. c) A la Procuraduría General de la nación. Las mencionadas audiencias se correrán en el orden anteriormente establecido.

Artículo 13. Plazo. El plazo de las audiencias a que se refiere el artículo anterior será en cada caso de cinco días. Tales plazos son perentorios e improrrogables, causando responsabilidad para los funcionarios del órgano administrativo asesor y de la Procuraduría General de la Nación, si no se evacuan en el plazo fijado.

Artículo 14. Diligencias para mejor resolver. La autoridad que conozca del recurso tiene facultad para ordenar, antes de emitir la resolución y después de haberse evacuado las audiencias o de transcurrido su plazo, la práctica de las diligencias que estime convenientes para mejor resolver, fijando un plazo de diez días para ese efecto.

Artículo 15. Resolución. Dentro de quince días de finalizado el trámite, se dictará la resolución final, no encontrándose limitada la autoridad a lo que, haya sido expresamente impugnado o cause agravio al recurrente, sino que deberá examinar en su totalidad la juridicidad de la resolución cuestionada, pudiendo revocarla, confirmarla o modificarla.

Artículo 16. Silencio administrativo. Transcurrido treinta días a partir de la fecha en que el expediente se encuentre en estado de resolver, sin que el ministerio o la autoridad correspondiente haya proferido resolución, se tendrá, para el efecto de usar la vía contencioso administrativa, por agotada la vía gubernativa y por confirmado el acto o resolución que motivó el recurso. El administrado, si conviene a su derecho, podrá accionar para obtener la resolución del órgano que incurrió en el silencio.

Artículo 17. Ámbito de los recursos. Los recursos administrativos de revocatoria y reposición serán los únicos medio de impugnación ordinarios en toda la administración pública centralizada y descentralizada o autónoma. Se exceptúan aquellos casos en que la impugnación de una resolución debe conocerla un Tribunal de Trabajo y Previsión Social.

Artículo 17 "Bis". * **Excepciones**. Se exceptúa en materia laboral y en materia tributaria la aplicación de los procedimientos regulados en la presente ley, para la substanciación de los Recursos de Reposición y Revocatoria, debiéndose aplicar los procedimientos establecidos por el Código de Trabajo y por el Código Tributario, respectivamente.

* Adicionado por el Artículo 1 del Decreto Número 98-97 del Congreso de la República.

TITULO II
PROCESO CONTENCIOSO ADMINISTRATIVO
CAPITULO I
DISPOSICIONES GENERALES.

Artículo 18. Naturaleza. El proceso contencioso administrativo será de única instancia y su planteamiento carecerá de efectos suspensivos, salvo para casos concretos excepcionales en que el tribunal decida lo contrario, en la misma resolución que admita para su trámite la demanda, siempre que lo considere indispensable y que de no hacerlo se causen daños irreparables a las partes.

Artículo 19. Procedencia. Procederá el proceso contencioso administrativo: 1) En caso de contienda por actos y resoluciones de la administración y de las entidades descentralizadas y autónomas del Estado. 2) En los casos de controversias derivadas de contratos y concesiones administrativas. Para que el proceso contencioso administrativo pueda iniciarse se requiere que la resolución que lo origina no haya podido remediarse por medio de los recursos puramente administrativos.

Artículo 20. Características de la resolución administrativa. Para plantear este proceso, la resolución que puso fin al procedimiento administrativo debe reunir los siguientes requisitos: a) Que haya causado estado. Causan estado la resolución de la administración que decidan el asunto, cuando no sean susceptibles de impugnarse en la vía administrativa, por haberse resuelto los recursos administrativos; b) Que vulnere un derecho del demandante, reconocido por una ley, reglamento o resolución anterior.

Si el proceso es planteado por la administración por sus actos o resoluciones, no será necesario que concurran los requisitos indicados, siempre que el acto o resolución haya sido declarado lesivo para los intereses del Estado, en Acuerdo Gubernativo emitido por el Presidente de la República en consejo de Ministros. Esta declaración sólo podrá hacerse dentro de los tres años siguientes a la fecha de la resolución o acto que la origina.

Artículo 21. Improcedencia. El contencioso administrativo es improcedente: 1. En los asuntos referentes al orden político, militar o de defensa, sin perjuicio de las indemnizaciones que procedan; 2. En asuntos referentes a disposiciones de carácter general sobre salud e higiene públicas, sin perjuicio de las indemnizaciones que procedan; 3. En los asuntos que sean competencia de otros tribunales; 4. En los asuntos originados por denegatorias de concesiones de toda especie, salvo los dispuesto en contrario por leyes especiales; y 5. En los asuntos en que una ley excluya la posibilidad de ser planteados en las vías contencioso administrativa.

Artículo 22. Personalidad. En el proceso contencioso administrativo serán partes, además del demandante, la Procuraduría General de la Nación, el órgano centralizado o la institución descentralizada de la administración que haya conocido en el asunto, las personas que aparezcan con interés legítimo en el expediente administrativo correspondiente y cuando el proceso se refiera al control o fiscalización de la hacienda pública, también la Contraloría General de cuentas.

Artículo 23. Plazo. El plazo para el planteamiento del proceso contencioso administrativo es de tres meses contados a partir de la última notificación de la resolución que concluyó el procedimiento administrativo, del vencimiento del plazo en que la administración debió resolver en definitiva o de la fecha de publicación del Acuerdo Gubernativo que declaro lesivo el acto o resolución, en su caso.

Artículo 24. Acumulación. Cuando se hubieren planteado varios contencioso administrativos en relación al mismo asunto, se acumularán de oficio o a solicitud de parte, a fin de resolverlos en una misma sentencia.

Artículo 25. Caducidad de la instancia. En el proceso contencioso administrativo, la instancia caduca por el transcurso del plazo de tres meses sin que el demandante promueva, cuando para impulsar el proceso sea necesaria gestión de parte. El plazo empezará a contarse desde la última actuación judicial. La caducidad de la instancia debe ser declarada de oficio o a solicitud de parte.

Artículo 26. Integración. En lo que fuere aplicable, el proceso contencioso administrativo se integrará con las normas de la Ley del Organismo Judicial y del código Procesal Civil y Mercantil.

Artículo 27. Recursos. Salvo el recurso de apelación en este proceso son admisibles los recursos que contemplen las normas que regulan el proceso civil, incluso el de casación, contra la sentencias y autos definitivos que pongan fin al proceso los cuales se substanciarán conforme tales normas.

CAPITULO II

DEMANDA

Artículo 28. Contenido. El memorial de demanda deberá contener: I. Designación de la Sala de Tribunal de lo Contenciosos Administrativo al cual se dirige. II. Nombre del demandante o su representante, indicación del lugar donde recibirá notificaciones y nombre del abogado bajo cuya dirección y procuración actúa; III. Si se actúa en representación de otra persona, la designación de ésta y la identificación del título de representación, el cual acompañará en original o en fotocopia legalizada; IV. Indicación precisa del órgano administrativo, a quien se demanda y el lugar en donde puede ser notificado; V. Identificación del expediente administrativo, de la resolución que se controvierte, de la última notificación al actor, de las personas que aparezcan con interés en el expediente y del lugar en donde éstas pueden ser notificadas, todo ello cuando fuere el caso; VI. Indicación precisa del órgano administrativo a quien se demanda y el lugar en donde puede ser notificado; VII. El ofrecimiento de los medios de prueba que rendirá; VIII. Las peticiones de trámite y de fondo; IX. Lugar y fecha; X. Firma del demandante. Si éste no sabe o no puede firmar, lo hará a su ruego otra persona, cuyo nombre se indicará, o el abogado que lo auxilie; y XI. Firma y sello del abogado director o abogados directores.

Artículo 29. Documentos. El actor acompañará los documentos en que funde su derecho, siempre que estén en su poder; en caso contrario, indicará el lugar donde se encuentren o persona que los tenga en su poder, para que el tribunal los requiera en la resolución que le dé trámite a la demanda.

Artículo 30. Presentación. El memorial de demanda podrá presentarse directamente a la Sala del Tribunal de lo Contencioso Administrativo a la cual vaya dirigido, o a un Juzgado de Primera Instancia departamental, quien lo trasladará al tribunal que deba conocer de él.

CAPITULO III
EMPLAZAMIENTO

Artículo 31. Subsanación de faltas y rechazo. Si el memorial de demanda presenta errores o deficiencias que a juicio del tribunal sean subsanables, se señalará plazo para que el demandante lo enmiende. Si la demanda presentare errores, deficiencias u omisiones insubsanables a juicio del tribunal, éste la rechazará de plano.

Artículo 32. Antecedente. Si la demanda contiene los requisitos de forma, el tribunal pedirá los antecedentes directamente al órgano administrativo correspondiente, dentro de los cinco días hábiles siguientes a la presentación de la misma, con apercibimiento de que en caso de incumplimiento se le procesará por desobediencia, además de que el tribunal entrará a conocer del recurso teniendo como base el dicho del actor. El órgano administrativo requerido enviará los antecedentes, con informe circunstanciado, dentro de los diez días hábiles siguientes a aquel en que haya recibido el pedido de remisión. Si la autoridad no los envía, el tribunal, admitirá para su trámite la demanda, sin perjuicio de que la administración puede presentarse en cualquier etapa procesal y presentar el expediente respectivo.

Artículo 33. Admisión. Encontrándose los antecedentes en el tribunal, éste examinará la demanda con relación a los mismos y si la encontrare arreglada a Derecho, la admitirá para su trámite. La resolución se dictará dentro de los tres días siguientes a aquel en que se hayan recibido los antecedentes o en que haya vencido el plazo para su envío.

Artículo 34. Providencias precautorias. El actor podrá solicitar providencias precautorias urgentes o indispensables. El tribunal resolverá discrecionalmente sobre las mismas en la resolución que admita para su trámite la demanda.

Artículo 35. Emplazamiento. En la resolución de trámite de la demanda se emplazará al órgano administrativo o institución descentralizada se emplazará al órgano administrativo o institución descentralizada demandado, a la Procuraduría General de la Nación, a las personas que aparezcan con interés en el expediente y, cuando el proceso se refiera al control y fiscalización de la hacienda pública, también a la Contraloría General de Cuantas, dándoles audiencia por un plazo común de quince días. Los sujetos procesales públicos no pueden dejar de pronunciarse sobre el fondo del asunto. Que es necesario actualizar la legislación en materia de contencioso administrativo, con el objeto de estructurar un proceso que a la vez que garantice los derechos de los administrados, asegure la efectiva tutela administrativa y jurisdiccional de la juridicidad de todos los actos de la administración pública, asegurando el derecho de defensa del particular frente a la administración, desarrollando los principios constitucionales y reconociendo que el control de la juridicidad de los actos administrativos no debe estar subordinado a la satisfacción de los intereses particulares.

POR TANTO:

En ejercicio de la atribución que le confiere el artículo 171 literal a) de la Constitución Política de la República de Guatemala,

DECRETA:

La siguiente:

LEY DE LO CONTENCIOSO ADMINISTRATIVO
TITULO I
DILIGENCIAS PREVIAS
CAPÍTULO I
GENERALIDADES

Artículo 1. Derecho de petición. Las peticiones que se dirijan a funcionarios o empleados de la administración pública, deberán ser resueltas y notificadas dentro del plazo de treinta días, contados a partir de la fecha en que haya concluido el procedimiento administrativo. El órgano administrativo que reciba la petición, al darle trámite deberá señalar las diligencias que se realizarán para la formación del expediente. Al realizarse la última de ellas, las actuaciones estarán en estado de resolver para el efecto de lo ordenado en el párrafo precedente. Los órganos administrativos deberán elaborar y mantener un listado de requisitos que los particulares deberán cumplir en las solicitudes que les formulen. Las peticiones que se planteen ante los órganos de la administración pública se harán ante la autoridad que tenga competencia para conocer y resolver. Cuando se hagan por escrito, la dependencia anotará día y hora de presentación.

Artículo 2. Principios. Los expedientes administrativos deberán impulsarse de oficio, se formalizarán por escrito, observándose el derecho de defensa y asegurando la celeridad, sencillez y eficacia del trámite. La actuación administrativa será gratuita.

Artículo 3. Forma. Las resoluciones administrativas serán emitidas por autoridad competente, con cita de las normas legales o reglamentarias en que se fundamenta. Es prohibido tomar como resolución los dictámenes que haya emitido un órgano de asesoría técnica o legal. Las resoluciones serán notificadas a los interesados personalmente citándolos para el efecto; o por correo que certifique la recepción de la cédula de notificación. Para continuar el trámite deberá constar, fehacientemente, que el o los interesados fueron debidamente notificados con referencia expresa de lugar, forma, día y hora.

Artículo 4. Clases. Las resoluciones serán providencias de trámite y resoluciones de fondo. Estas últimas serán razonadas, atenderán el fondo y serán redactadas con claridad y precisión.

Artículo 5. Archivo. Se archivarán aquellos expedientes o trámites en los que los administrados dejen de accionar por más de seis meses, siempre que el órgano administrativo haya agotado la actividad que le corresponde y lo haya notificado.

Artículo 6. Revocatoria del oficio. Antes de que las resoluciones hayan sido consentidas por los interesados, pueden ser revocadas por la autoridad que las haya dictado. Se tendrá por consentida una resolución cuando no sea impugnada dentro del plazo.

CAPITULO II
RECURSOS

Artículo 7. Recurso de revocatoria. Procede el recurso de revocatoria en contra de resoluciones dictadas por autoridad administrativa que tenga superior jerárquico dentro del mismo ministerio o entidad descentralizada o autónoma. Se interpondrá dentro de los cinco días siguientes al de la notificación de la resolución, en memorial dirigido al órgano administrativo que le hubiere dictado.

Artículo 8. Admisión. La autoridad que dictó la resolución recurrida elevará las actuaciones al respectivo ministerio o al órgano superior de la entidad, con informe circunstanciado, dentro de los cinco días siguientes a la interposición.

Artículo 9. Recurso de reposición. Contra las resoluciones dictadas por los ministerios, y, contra las dictadas por las autoridades administrativas superiores, individuales o colegiadas, de las entidades descentralizadas o autónomas, podrá interponerse recurso de reposición dentro de los cinco días siguientes a la notificación. El recurso se interpondrá directamente ante la autoridad recurrida. No cabe este recurso contra las resoluciones del Presidente y Vicepresidente de la República ni contra las resoluciones dictadas en el recurso de revocatoria.

Artículo 10. Legitimación. Los recursos de revocatoria y de reposición podrán interponerse por quien haya sido parte en el expediente o aparezca con interés en el mismo.

Artículo 11. Requisitos. En el memorial de interposición de los recursos de revocatoria y de reposición, se exigirán los siguientes requisitos: I. Autoridad a quien se dirige; II. Nombre del recurrente y lugar en donde recibirá notificaciones; III. Identificación precisa de la resolución que impugna y fecha de la notificación de la misma; IV. Exposición de los motivos por los cuales se recurres; V. Sentido de la resolución que según el recurrente deba emitirse, en sustitución de la impugnada; VI. Lugar, fecha y firma del recurrente o su representante; si no sabe o no puede firmar imprimirá la huella digital de su dedo pulgar derecho u otro que especificará.

Artículo 12. Tramite. Encontrándose los antecedentes en el órgano que deba conocer de los recursos de revocatoria o reposición, se correrán las siguientes audiencias: a) A todas las personas que hayan manifestado su interés en el expediente administrativo y hayan señalado lugar para ser notificadas. b) Al órgano asesor, técnico o legal, que corresponda, según la naturaleza del expediente. Esta audiencia se omitirá cuando la organización de la institución que conoce del recurso carezca de tal órgano. c) A la Procuraduría General de la nación. Las mencionadas audiencias se correrán en el orden anteriormente establecido.

Artículo 13. Plazo. El plazo de las audiencias a que se refiere el artículo anterior será en cada caso de cinco días. Tales plazos son perentorios e improrrogables, causando responsabilidad para los funcionarios del órgano administrativo asesor y de la Procuraduría General de la Nación, si no se evacuan en el plazo fijado.

Artículo 14. Diligencias para mejor resolver. La autoridad que conozca del recurso tiene facultad para ordenar, antes de emitir la resolución y después de haberse evacuado las audiencias o de transcurrido su plazo, la práctica de las diligencias que estime convenientes para mejor resolver, fijando un plazo de diez días para ese efecto.

Artículo 15. Resolución. Dentro de quince días de finalizado el trámite, se dictará la resolución final, no encontrándose limitada la autoridad a lo que, haya sido expresamente impugnado o cause agravio al recurrente, sino que deberá examinar en su totalidad la juridicidad de la resolución cuestionada, pudiendo revocarla, confirmarla o modificarla.

Artículo 16. Silencio administrativo. Transcurrido treinta días a partir de la fecha en que el expediente se encuentre en estado de resolver, sin que el ministerio o la autoridad correspondiente haya proferido resolución, se tendrá, para el efecto de usar la vía contencioso administrativa, por agotada la vía gubernativa y por confirmado el acto o resolución que motivó el recurso. El administrado, si conviene a su derecho, podrá accionar para obtener la resolución del órgano que incurrió en el silencio.

Artículo 17. Ámbito de los recursos. Los recursos administrativos de revocatoria y reposición serán los únicos medio de impugnación ordinarios en toda la administración pública centralizada y descentralizada o autónoma. Se exceptúan aquellos casos en que la impugnación de una resolución debe conocerla un Tribunal de Trabajo y Previsión Social.

Artículo 17 "Bis". * Excepciones. Se exceptúa en materia laboral y en materia tributaria la aplicación de los procedimientos regulados en la presente ley, para la substanciación de los Recursos de Reposición y Revocatoria, debiéndose aplicar los procedimientos establecidos por el Código de Trabajo y por el Código Tributario, respectivamente.

* Adicionado por el Artículo 1 del Decreto Número 98-97 del Congreso de la República.

TITULO II
PROCESO CONTENCIOSO ADMINISTRATIVO
CAPITULO I
DISPOSICIONES GENERALES.

Artículo 18. Naturaleza. El proceso contencioso administrativo será de única instancia y su planteamiento carecerá de efectos suspensivos, salvo para casos concretos excepcionales en que el tribunal decida lo contrario, en la misma resolución que admita para su trámite la demanda, siempre que lo considere indispensable y que de no hacerlo se causen daños irreparables a las partes.

Artículo 19. Procedencia. Procederá el proceso contencioso administrativo: 1) En caso de contienda por actos y resoluciones de la administración y de las entidades descentralizadas y autónomas del Estado. 2) En los casos de controversias derivadas de contratos y concesiones administrativas. Para que el proceso contencioso administrativo pueda iniciarse se requiere que la resolución que lo origina no haya podido remediarse por medio de los recursos puramente administrativos.

Artículo 20. Características de la resolución administrativa. Para plantear este proceso, la resolución que puso fin al procedimiento administrativo debe reunir los siguientes requisitos: a) Que haya causado estado. Causan estado la resolución de la administración que decidan el asunto, cuando no sean susceptibles de impugnarse en la vía administrativa, por haberse resuelto los recursos administrativos; b) Que vulnere un derecho del demandante, reconocido por una ley, reglamento o resolución anterior. Si el proceso es planteado por la administración por sus actos o resoluciones, no será necesario que concurran los requisitos indicados, siempre que el acto o resolución haya sido declarado lesivo para los intereses del Estado, en Acuerdo Gubernativo emitido por el Presidente de la República en consejo de Ministros. Esta declaración sólo podrá hacerse dentro de los tres años siguientes a la fecha de la resolución o acto que la origina.

Artículo 21. Improcedencia. El contencioso administrativo es improcedente: 1. En los asuntos referentes al orden político, militar o de defensa, sin perjuicio de las indemnizaciones que procedan; 2. En asuntos referentes a disposiciones de carácter general sobre salud e higiene públicas, sin perjuicio de las indemnizaciones que procedan; 3. En los asuntos que sean competencia de otros tribunales; 4. En los asuntos originados por denegatorias de concesiones de toda especie, salvo los dispuesto en contrario por leyes especiales; y 5. En los asuntos en que una ley excluya la posibilidad de ser planteados en las vías contencioso administrativa.

Artículo 22. Personalidad. En el proceso contencioso administrativo serán partes, además del demandante, la Procuraduría General de la Nación, el órgano centralizado o la institución descentralizada de la administración que haya conocido en el asunto, las personas que aparezcan con interés legítimo en el expediente administrativo correspondiente y cuando el proceso se refiera al control o fiscalización de la hacienda pública, también la Contraloría General de cuentas.

Artículo 23. Plazo. El plazo para el planteamiento del proceso contencioso administrativo es de tres meses contados a partir de la última notificación de la resolución que concluyó el procedimiento administrativo, del vencimiento del plazo en que la administración debió resolver en definitiva o de la fecha de publicación del Acuerdo Gubernativo que declaro lesivo el acto o resolución, en su caso.

Artículo 24. Acumulación. Cuando se hubieren planteado varios contencioso administrativos en relación al mismo asunto, se acumularán de oficio o a solicitud de parte, a fin de resolverlos en una misma sentencia.

Artículo 25. Caducidad de la instancia. En el proceso contencioso administrativo, la instancia caduca por el transcurso del plazo de tres meses sin que el demandante promueva, cuando para impulsar el proceso sea necesaria gestión de parte. El plazo empezará a contarse desde la última actuación judicial. La caducidad de la instancia debe ser declarada de oficio o a solicitud de parte.

Artículo 26. Integración. En lo que fuere aplicable, el proceso contencioso administrativo se integrará con las normas de la Ley del Organismo Judicial y del código Procesal Civil y Mercantil.

Artículo 27. Recursos. Salvo el recurso de apelación en este proceso son admisibles los recursos que contemplen las normas que regulan el proceso civil, incluso el de casación, contra la sentencias y autos definitivos que pongan fin al proceso los cuales se substanciarán conforme tales normas.

CAPITULO II

DEMANDA

Artículo 28. Contenido. El memorial de demanda deberá contener: I. Designación de la Sala de Tribunal de lo Contenciosos Administrativo al cual se dirige. II. Nombre del demandante o su representante, indicación del lugar donde recibirá notificaciones y nombre del abogado bajo cuya dirección y procuración actúa; III. Si se actúa en representación de otra persona, la designación de ésta y la identificación del título de representación, el cual acompañará en original o en fotocopia legalizada; IV. Indicación precisa del órgano administrativo, a quien se demanda y el lugar en donde puede ser notificado; V. Identificación del expediente administrativo, de la resolución que se controvierte, de la última notificación al actor, de las personas que aparezcan con interés en el expediente y del lugar en donde éstas pueden ser notificadas, todo ello cuando fuere el caso; VI. Indicación precisa del órgano administrativo a quien se demanda y el lugar en donde puede ser notificado; VII. El ofrecimiento de los medios de prueba que rendirá; VIII. Las peticiones de trámite y de fondo; IX. Lugar y fecha; X. Firma del demandante. Si éste no sabe o no puede firmar, lo hará a su ruego otra persona, cuyo nombre se indicará, o el abogado que lo auxilie; y XI. Firma y sello del abogado director o abogados directores.

Artículo 29. Documentos. El actor acompañará los documentos en que funde su derecho, siempre que estén en su poder; en caso contrario, indicará el lugar donde se encuentren o persona que los tenga en su poder, para que el tribunal los requiera en la resolución que le dé trámite a la demanda.

Artículo 30. Presentación. El memorial de demanda podrá presentarse directamente a la Sala del Tribunal de lo Contencioso Administrativo a la cual vaya dirigido, o a un Juzgado de Primera Instancia departamental, quien lo trasladará al tribunal que deba conocer de él.

CAPITULO III
EMPLAZAMIENTO

Artículo 31. Subsanación de faltas y rechazo. Si el memorial de demanda presenta errores o deficiencias que a juicio del tribunal sean subsanables, se señalará plazo para que el demandante lo enmiende. Si la demanda presentare errores, deficiencias u omisiones insubsanables a juicio del tribunal, éste la rechazará de plano.

Artículo 32. Antecedente. Si la demanda contiene los requisitos de forma, el tribunal pedirá los antecedentes directamente al órgano administrativo correspondiente, dentro de los cinco días hábiles siguientes a la presentación de la misma, con apercibimiento de que en caso de incumplimiento se le procesará por desobediencia, además de que el tribunal entrará a conocer del recurso teniendo como base el dicho del actor. El órgano administrativo requerido enviará los antecedentes, con informe circunstanciado, dentro de los diez días hábiles siguientes a aquel en que haya recibido el pedido de remisión. Si la autoridad no los envía, el tribunal, admitirá para su trámite la demanda, sin perjuicio de que la administración puede presentarse en cualquier etapa procesal y presentar el expediente respectivo.

Artículo 33. Admisión. Encontrándose los antecedentes en el tribunal, éste examinará la demanda con relación a los mismos y si la encontrare arreglada a Derecho, la admitirá para su trámite. La resolución se dictará dentro de los tres días siguientes a aquel en que se hayan recibido los antecedentes o en que haya vencido el plazo para su envío.

Artículo 34. Providencias precautorias. El actor podrá solicitar providencias precautorias urgentes o indispensables. El tribunal resolverá discrecionalmente sobre las mismas en la resolución que admita para su trámite la demanda.

Artículo 35. Emplazamiento. En la resolución de trámite de la demanda se emplazará al órgano administrativo o institución descentralizada se emplazará al órgano administrativo o institución descentralizada demandado, a la Procuraduría General de la Nación, a las personas que aparezcan con interés en el expediente y, cuando el proceso se refiera al control y fiscalización de la hacienda pública, también a la Contraloría General de Cuantas, dándoles audiencia por un plazo común de quince días. Los sujetos procesales públicos no pueden dejar de pronunciarse sobre el fondo del asunto.

CAPITULO IV

ACTITUDES DE LOS DEMANDADOS

Artículo 36. Excepciones previas. Los emplazados pueden interponer dentro del quinto día del emplazamiento, las siguientes excepciones previas: a) Incompetencia; b) Litispendencia; c) Demanda defectuosa; d) Falta de capacidad legal; e) Falta de personalidad; f) Falta de personería; g) Caducidad; h) Prescripción; i) Cosa Juzgada; j) Transacción. Las excepciones previas se tramitarán en incidente, que se substanciará en la misma pieza del proceso principal. Declaradas sin lugar las excepciones previas, el plazo para contestar la demanda será de los cinco días siguientes a la notificación de la resolución recaída en el incidente.

Artículo 37. Rebeldía. Transcurrido el emplazamiento, se declarará la rebeldía de los emplazados que no hayan contestado la demanda, la que se tendrá por contestada en sentido negativo.

Artículo 38. Contestación de la demanda. La demanda puede contestarse negativa o positivamente. Si todos los emplazados se allanaren, se procederá a dictar sentencia. El memorial de allanamiento podrá presentarse con firma legalizada. En caso contrario deberá ratificarse. La contestación negativa de la demanda deberá ser razonada en cuanto a sus fundamentos de hecho y de derecho.

Artículo 39. Excepciones perentorias. Las excepciones perentorias deberán interponerse en el memorial de contestación, negativa de la demanda y se resolverán en sentencia.

Artículo 40. Reconvención. En los casos a que se refiere el inciso 2) del artículo 19, podrá plantearse la reconvención en el propio memorial de contestación de la demanda, en los mismos casos en que puede plantearse en el proceso civil.

CAPITULO V

PRUEBA

Artículo 41. Apertura a prueba. Contestada la demanda y la reconvención, en su caso, se abrirá a prueba el proceso, por el plazo de treinta días, salvo que la cuestión sea de puro Derecho, caso en el cual se omitirá la apertura a prueba, la que también se omitirá cuando a juicio del tribunal existieren suficientes elementos de convicción en el expediente. La resolución por la que se omita la apertura prueba será motivada.

Artículo 42. Vencimiento anticipado. El período de prueba podrá declararse vencido, cuando se hubieren recibido todos los medios de prueba ofrecidos.

CAPITULO VI

SENTENCIA

Artículo 43. Vista. Vencido el período de prueba, se señalará día y hora para la vista.

Artículo 44. Auto para mejor fallar. Transcurrida la vista, el tribunal podrá, si lo estima necesario, dictar auto para mejor fallar por un plazo que no exceda de diez días, para practicar cuantas diligencias fueren necesarias para determinar el derecho de los litigantes, indicando en dicho auto las que habrán de practicarse, las que se efectuarán con citación de parte.

Artículo 45. *Sentencia. La sentencia examinará en su totalidad la juridicidad del acto o resolución cuestionada, pudiéndola revocar, confirmar o modificar.

* Texto Original

* Declarada Inconstitucional la frase: "sin que el tribunal esté limitado por lo expresamente impugnado o el agravio invocado." por el Numeral Romano I del Expediente Número 159-97 de la Corte de Constitucionalidad.

Artículo 46. Reparaciones pecuniarias. * **Declarado Inconstitucional**.

* Texto Original

* Declarado Inconstitucional por el Numeral Romano I del Expediente Número 159-97 de la Corte de Constitucionalidad.

CAPITULO VII
EJECUCIÓN

Artículo 47. Remisión de antecedentes. Firme la resolución que puso fin al proceso, se devolverá el expediente al órgano administrativo con certificación de lo resuelto.

Artículo 48. Cumplimento. La sentencia señalará un plazo prudencial al órgano administrativo que corresponda, para que ejecute lo resulto. La sentencia es ejecutable en vía de apremio ante los tribunales competentes del ramo civil o ante la competencia económico coactiva, según sea el caso.

TITULO III
DISPOSICIONES DEROGATORIAS Y FINALES

Artículo 49. Derogatoria. Queda derogada la Ley de lo contencioso Administrativo, contenida en el Decreto Gubernativo Número 1881 y sus reformas.

Artículo 50. Recursos pendientes. Los recursos que se estuvieren conociendo conforme el Decreto Gubernativo Número 1881, seguirán tramitándose con arreglo a sus disposiciones.

Artículo 51. Vigencia. El presente decreto entrará en vigencia sesenta días después de su publicación en el diario oficial.

PASE AL ORGANISMO EJECUTIVO PARA SU SANCIÓN, PROMULGACIÓN Y PUBLICACIÓN. DADO EN EL PALACIO DEL ORGANISMO LEGISLATIVO EN LA CIUDAD DE GUATEMALA, A LOS VEINTIÚN DÍAS DEL MES DE NOVIEMBRE DE MIL NOVECIENTOS NOVENTA Y SEIS.

CARLOS ALBERTO GARCÍA REGAS
PRESIDENTE

ENRIQUE ALEJOS CLOSE
SECRETARIO

EFRAIN OLIVA MURALLES
SECRETARIO

HONDURAS

DECRETO N° 189-87[1]

LEY DE LA JURISDICCIÓN DE LO CONTENCIOSO ADMINISTRATIVO

EL CONGRESO NACIONAL

CONSIDERANDO: Que la Constitución de la República creó la Jurisdicción de lo Contencioso- Administrativo en su Artículo 318[2] remitiendo su regulación a la Ley secundaria que corresponde emitir al Soberano Congreso Nacional.

CONSIDERANDO: Que el Gobierno Constitucional se ha impuesto el deber de dotar al Estado de los instrumentos necesarios para garantizar al ciudadano el ejercicio del Poder Público dentro del marco de la legalidad.

CONSIDERANDO: Que el actuar del Estado no podrá entenderse sujeto a Derecho mientras no existan efectivamente los órganos Jurisdiccionales con competencia para revisar la legalidad de sus actos y con potestades para decidir sobre las eventuales irregularidades.

CONSIDERANDO: Que es imperativo integrar el ordenamiento jurídico- administrativo mediante la regulación de la Jurisdicción de lo Contencioso- Administrativo, organizando los órganos jurisdiccionales y atribuyéndoles las funciones y potestades necesarias para ejercerla.

---

1   Publicado en la Gaceta N° 25.416 del 31 de diciembre de 1987

2   La reforma constitucional (Decreto 262-2000 del 22-12-2002) elimino la referencia a la jurisdicción de lo contencioso administrativo.

Por tanto,

DECRETA:

La siguiente

LEY DE LA JURISDICCIÓN DE LO CONTENCIOSO ADMINISTRATIVO

TÍTULO PRIMERO
LA JURISDICCIÓN DE LO CONTENCIOSO ADMINISTRATIVO

CAPÍTULO PRIMERO
PRINCIPIOS GENERALES

Artículo 1. Por la presente Ley se regula la Jurisdicción de lo Contencioso- Administrativo encargada de conocer las pretensiones que se deduzcan en relación con los actos, de carácter particular o general, de la Administración Pública sujetos al Derecho Administrativo.

Artículo 2. Para los efectos del Artículo anterior, se entenderá por Administración Pública:

a)   El Poder Ejecutivo;

b)   Las entidades estatales, entendiéndose por éstas las Municipalidades y las Instituciones Autónomas.

Artículo 3. La Jurisdicción de lo Contencioso Administrativo conocerá también de:

a)   Las cuestiones referentes al cumplimiento, interpretación, resolución, rescisión y efectos de los contratos regulados por la Ley de Contratación del Estado que hayan sido celebrados por cualquiera de los Poderes del Estado, por las Municipalidades y por las Instituciones Autónomas, y todo lo relativo a los Contratos de Servicios Profesionales o Técnicos que celebren los Poderes del Estado;

b)   Las cuestiones que se susciten sobre la responsabilidad patrimonial del Estado y de las entidades estatales;

c)   La ejecución de las resoluciones que se adopten en aplicación de la Ley de la Carrera Judicial y que tengan por objeto reintegros o el pago de indemnizaciones;

ch)   Lo relativo a los actos, particulares o generales, emitidos por las Entidades de Derecho Público, tales como Colegios Profesionales y Cámaras de Comercio e Industrias, siempre que la Ley no los sometiere a una jurisdicción especial, así como el cumplimiento, interpretación,' resolución y efectos de los contratos celebrados por estas entidades, cuando tuvieren por finalidad obras y servicios públicos de toda especie;

d)   Las cuestiones que una Ley le atribuya especialmente.

Artículo 4. No corresponderán a la Jurisdicción de lo Contencioso Administrativo:

a)   Las cuestiones de orden civil, mercantil laboral y pena¡ y aquellas otras que, aunque relacionadas con actos de la Administración Pública, se atribuyan por una Ley a otra jurisdicción o correspondan al Derecho Agrario; y

b) Las cuestiones que se susciten sobre los actos de relación entre los Poderes del Estado o con motivo de las relaciones internacionales, defensa del territorio nacional y mando y organización militar, sin perjuicio de las indemnizaciones que fueren procedentes cuya determinación si corresponde a la Jurisdicción de lo Contencioso Administrativo.

Artículo 5. La competencia de la Jurisdicción de lo Contencioso-Administrativo se extenderá al conocimiento y decisión de las cuestiones prejudiciales e incidentales no pertenecientes a la materia, directamente relacionadas con un juicio contencioso administrativo, salvo las de carácter penal. La decisión que se pronuncie no producirá efecto fuera del proceso en que se dicte, y podrá ser revisado por la jurisdicción correspondiente.

Artículo 6. La Jurisdicción de lo Contencioso Administrativo es improrrogable.

Los órganos de la jurisdicción podrán declarar, incluso de oficio, la falta de jurisdicción, previa audiencia de las partes sobre la misma.

En todo caso, esta declaración será fundada y se efectuará siempre indicando la jurisdicción concreta que se estime competente, y si la parte demandante comparece ante ella en el plazo de diez días, se entenderá haberlo efectuado en la fecha en que se inició el señalado para la presentación de la demanda, si hubiere planteado ésta siguiendo las indicaciones de la notificación administrativa o fuere defectuosa.

Los conflictos jurisdiccionales que se suscitaren entre la Jurisdicción de lo Contencioso- Administrativo y otras jurisdicciones, se resolverán al tenor de lo dispuesto en la legislación aplicable.

CAPÍTULO SEGUNDO
LOS ÓRGANOS

Artículo 7. La Jurisdicción de lo Contencioso Administrativo será ejercida por los siguientes órganos:

a) Los Juzgados de Letras de los Contencioso Administrativo, que actuarán como Juzgado de primera o única instancia, que organice la Corte Suprema de Justicia, que su vez determinará su sede y jurisdicción;

b) Las Cortes de Apelaciones de lo Contencioso Administrativo, que actuarán como tribunal de segunda instancia que organice la Corte Suprema de Justicia, quien a s determinará su sede y jurisdicción; y,

c) La Corte Suprema de Justicia, como tribunal de casación.

Artículo 8. Corresponderá a la Corte Suprema de Justicia el nombramiento de los titulares de los órganos a que se refiere incisos a) y b) del Artículo anterior y deberá recaer en personas, que además de cumplir con los requisitos exigidos por la Ley, acrediten capacidad y experiencia académica y profesional, en el Derecho Administrativo.

Artículo 9. Los Jueces y Magistrados de lo Contencioso-Administrativo son independientes en el ejercicio de sus funciones y no estarán sometidos más que a la Constitución y a la Ley.

Artículo 10. Los Jueces y Magistrados de lo Contencioso-Administrativo sólo podrán ser separados de sus cargos en casos señalados expresamente en la Ley de la Carrera Judicial.

Artículo 11. Los Jueces y Magistrados deberán excusarse y, en su defecto, podrán ser recusados cuando concurra justa causa. Se entenderán justas causas de excusa y recusación, además las señaladas por la Ley de Organización y Atribuciones de los Tribunales, las siguientes:

a) El haber dictado el acto impugnado o haber contribuido a dictarlo,

b) Ser parientes dentro del cuarto grado de consanguinidad y segundo de afinidad con las partes y con los funcionarios que hubieren dictado los actos sometidos a su conocimiento y decisión o tener vínculo matrimonial o unión de hecho con estos funcionarios; y,

c) Encontrarse con la autoridad o funcionarios que hubieren dictado el acto o informado respecto del mismo, en alguna de las causas de recusación mencionadas en la Ley de Organización y Atribuciones de los Tribunales, respecto de los litigantes.

TÍTULO SEGUNDO
LAS PARTES
CAPÍTULO PRIMERO
CAPACIDAD PROCESAL

Artículo 12. Tendrán capacidad procesal ante la Jurisdicción Contencioso-Administrativo las personas que la ostenten con arreglo a la legislación vigente.

CAPÍTULO SEGUNDO
LEGITIMACIÓN

Artículo 13. Podrán demandar la declaración de ilegalidad y la anulación de los actos de carácter particular y general de la Administración Pública, los siguientes:

a) Quienes tuvieren interés legítimo y directo en ello;

b) Las entidades estatales, las de Derecho Público y cuantas personas jurídicas ostenten representación y defensa de intereses de carácter general o corporativo, cuando el juicio tuviere por objeto la impugnación directa de actos de carácter general de la Administración Pública, siempre que el acto impugnado les afectare directamente, salvo en el supuesto previsto en el Artículo 30, Párrafo Tercero, en que bastará la legitimación a que se refiere el literal a) de este Artículo.

Artículo 14. Si además de la declaración de ilegalidad o nulidad, se pretendiere el reconocimiento de una situación jurídica individualizada y su restablecimiento, únicamente estará legitimado el titular de un derecho subjetivo derivado del ordenamiento que se considere infringido por el acto impugnado.

Artículo 15. La Administración Pública podrá pedir la ilegalidad o la anulación de un acto propio, firme y creador de algún derecho subjetivo, cuando el órgano superior de la jerarquía administrativa que lo dictó, haya declarado en resolución fundada, que es lesivo a los intereses públicos que ella representa.

Artículo 16. No podrán incoar juicio contencioso-administrativo, en relación con los actos de una entidad estatal:

a) Los órganos de la misma, que no tengan atribuida la representación de dicha entidad por Ley; y,

b) Los particulares, cuando actúen por delegación o como meros agentes o mandatarios de esa entidad.

Artículo 17. Se considerará parte demandada:

a) El Estado, cuando el autor del acto a que se refiere el juicio, fuere el Poder Ejecutivo, cualquiera de sus órganos, o, dentro de 'los límites establecidos en el Artículo 3 de esta Ley, alguno de los otros Poderes Públicos;

b) La entidad estatal o de Derecho Público de donde provenga el acto a que se refiere el juicio; y,

c) Las personas a cuyo favor derivaren derechos del propio acto impugnado.

Artículo 18. Podrá intervenir en el proceso, como parte coadyuvante del demandado, cualquier persona que tuviere interés directo en el mantenimiento del acto que motivare la acción contencioso-administrativo.

Artículo 19. También podrá intervenir como coadyuvante de la Administración que demandare la anulación de sus propios actos, quien tuviere interés directo en dicha pretensión.

Artículo 20. La oposición a la intervención del coadyuvante, se tramitará por la vía incidental, dentro de los tres (3) días hábiles posteriores a la notificación del apersonamiento respectivo.

Artículo 21. Cuando la legitimación de las partes derivare de alguna relación jurídica transmisible, el causahabiente podrá suceder, en cualquier estado del proceso, a la persona que inicialmente hubiere actuado como parte.

Artículo 22. Si en curso una reclamación o acción, en vía administrativa o jurisdiccional, se transfiere, por Ley, la competencia o atribución respectiva a otro organismo con personalidad jurídica propia, la pretensión se continuará con el órgano sustituto, al que se remitirá el expediente administrativo, de oficio o a instancia de parte, y si se estuviere sustanciando en la Jurisdicción de lo Contencioso-Administrativo, la demanda se entenderá planteada contra la entidad a la que se hubiere transferido la competencia o atribución.

Artículo 23. Cuando el juicio contencioso administrativo involucre intereses o derechos de orden profesional, estarán legitimados como parte, en defensa de estos intereses o derechos, los colegios profesionales, cámaras de comercio e industrias y demás, asociaciones constituidas legalmente para velar por intereses profesionales determinados.

CAPÍTULO TERCERO
REPRESENTACIÓN Y DEFENSA DE LAS PARTES

Artículo 24. La representación y defensa del Estado ante la Jurisdicción Contencioso Administrativo corresponde a la Procuraduría General de la República.

La Procuraduría General de la República solamente podrá allanarse a las demandas, cuando estuvieren autorizados especialmente para ello mediante Acuerdo emitido por el Poder Ejecutivo. No obstante, si dichos servidores públicos estimaren que el acto impugnado no se ajusta a derecho, lo harán saber así, en comunicación razonada al Procurador General de la República y éste deberá transcribirla de inmediato al Secretario de Estado o superior jerárquico de quien dependa el órgano autor del acto para que acuerde lo que estimare procedente, en cuyo caso aquellos servidores podrán solicitar al Juez respectivo, y éste deberá concederle, la suspensión del juicio por el plazo de un (1) mes.

Artículo 25. La representación y defensa de las entidades estatales se regirá por lo que dispongan las leyes especiales o sus respectivas leyes orgánicas. No obstante lo anterior, la Procuraduría General de la República podrá representarlas ante la Jurisdicción Contencioso-Administrativo cuando dichas entidades se lo soliciten.

En todo caso, la Procuraduría General de la República estará obligada a revisar los juicios en los que no participe para investigar si están bien conducidos y en el caso de detectar incapacidad o negligencia por parte del apoderado legal o irregularidades en la tramitación, lo hará del conocimiento de la entidad interesada y ésta, según sea el caso, deberá sustituir el apoderado legal incapaz o negligente o indicarle las irregularidades detectadas para que gestione su corrección.

Artículo 26. La representación de los particulares ante la Jurisdicción-Administrativo, se regirá por lo dispuesto en las leyes respectivas.

Artículo 27. Las personas que actúen como demandados en virtud de lo dispuesto en el inciso c) del Artículo 17, o como coadyuvante, deberán litigar unidos y bajo una misma representación y dirección, siempre que sus posiciones no sean contradictorias. Si en el plazo que se les concediere no se pusieren de acuerdo para ello, el tribunal resolverá lo que cstime pertinente.

TÍTULO TERCERO
OBJETO DEL JUICIO
CAPÍTULO PRIMERO
ACTOS IMPUGNABLES

Artículo 28. La acción será admisible en relación con los actos definitivos de la Administración Pública que no sean susceptibles de ulterior recurso en vía administrativa.

En el caso de los actos de trámite, la acción será admisible cuando éstos no sean susceptibles de ulterior recurso administrativo y decidan directa o indirectamente el fondo de asunto, de tal modo que pongan término a la vía administrativa o hagan imposible o suspendan su continuación.

La acción contra los actos administrativos de carácter general o disposiciones se regirá por lo previsto en el Artículo 30 de esta Ley.

Artículo 29. Cuando se formulare alguna petición ante la administración y ésta no notificare la resolución en los plazos señalados en el Artículo 84 de la Ley de Procedimiento Administrativo, el interesado podrá denunciar el retraso y transcurridos ocho días desde la denuncia, podrá considerar denegada su petición, a efecto de formular frente a esta denegación presunta, el correspondiente recurso administrativo o la acción jurisdiccional, según proceda, o esperar la resolución expresa de su petición.

Artículo 30. Los actos de carácter general o disposiciones que dictare la Administración Pública, podrán impugnarse directamente ante la Jurisdicción Contencioso- Administrativa, una vez que hayan entrado en vigencia en vía administrativa. También será admisible la acción contra los actos de carácter particular que se produjeren en aplicación de los actos administrativos de carácter general, fundada en que éstos no son conforme a Derecho.

No obstante serán asimismo susceptibles de impugnarse mediante la acción contencioso administrativo, en todo caso, los actos de carácter general que hubieran de ser cumplidos por los administrados directamente, sin necesidad de un previo acto de requerimiento o sujeción individual.

La falta de impugnación directa de una disposición o acto de carácter general o la desestimación de la acción que frente a ella se hubiere interpuesto, no impedirán la impugnación de los actos de aplicación individual, fundada en el supuesto previsto en el párrafo anterior.

Artículo 31. No se admitirá la acción contencioso-administrativa respecto de:

a) Los actos firmes, es decir, aquellos que no hubieren sido recurridos en tiempo y forma o que hubieren sido consentidos expresamente, y los confirmatorios de los actos firmes consentidos, así como los que sean reproducción de otros anteriores ya definitivos o firmes;

b) Las resoluciones que pongan término a la vía administrativa como previa a la judicial;

c) Los actos que se dicten en virtud de una Ley que expresamente les excluya de la vía Contencioso Administrativo.

Artículo 32. Se admitirá la acción Contencioso-Administrativa contra los actos firmes y aquellos confirmatorios de los actos firmes a que se refiere el inciso a) del Artículo anterior, cuando fueren nulos de pleno derecho y estén surtiendo efectos; pero ello únicamente para fines de su anulación e inaplicabilidad futura.

CAPÍTULO SEGUNDO
PRETENSIONES DE LAS PARTES

Artículo 33. El autor podrá pretender la declaración de no ser conforme a Derecho y, en su caso, la anulación de los actos de carácter particular y general susceptibles de impugnación, según el Capítulo anterior. Los motivos de no ser conforme a Derecho en que funde su acción para pretender la declaración, comprenderá cualquier infracción del ordenamiento jurídico, incluso la falta de jurisdicción o competencia, el quebrantamiento de formalidades esenciales, el exceso de poder y la desviación de poder. Constituirá desviación de poder el ejercicio de potestades administrativas para fines distintos de los fijados por la ley.

Artículo 34. La parte demandante legitimada conforme lo dispuesto en el Artículo 14 de esta Ley, podrá pretender, además de lo previsto en el Artículo que antecede, el reconocimiento de una situación jurídica individualizada y la adopción de las medidas necesarias para el pleno restablecimiento de la misma, entre ellas la indemnización de los daños y perjuicios, cuándo proceda.

Artículo 35. La jurisdicción de lo Contencioso-Administrativo juzgará dentro de los límites de las pretensiones formuladas por las partes y de las alegaciones deducidas para fundamentar la acción y la oposición. No obstante, si el Tribunal, dentro del plazo para dictar sentencia, estimare que la cuestión sometida a su conocimiento pudiera no haber sido apreciada debidamente por las partes, por existir en apariencia otros motivos susceptibles de fundar la acción o la defensa, los someterá a aquéllas mediante providencia en la que, advirtiendo que no prejuzga el fallo definitivo, los expondrá y concederá a los interesados un plazo de ocho días hábiles para que formulen las alegaciones que estimen oportunas, con suspensión M plazo para pronunciar el fallo.

Artículo 36. Serán acumulables en un proceso las pretensiones que no sean compatibles entre sí y que se deduzcan en relación con un mismo acto. Lo serán igualmente los que se refieren a varios actos, cuando unos sean reproducción, confirmación o ejecución de otros, o exista entre ellos cualquier conexión directa.

Artículo 37. El actor podrá acumular en su demanda cuantas pretensiones reúnan los requisitos señalados en el Artículo anterior. Si el Juez no estimare pertinente la acumulación, ordenará, a la parte que interponga por separado las acciones en el plazo de treinta días hábiles y si no lo efectuare, se tendrá por caduca aquella acción respecto de la cual no se hubiere dado cumplimiento a lo ordenado.

Artículo 38. Incoados varios juicios con ocasión de actos en los que concurra alguna de las circunstancias señaladas en el Artículo 36 de esta Ley, el Juez podrá, en cualquier momento y previa audiencia de las partes, decretar la acumulación de oficio o a instancia de alguno de ellos.

Artículo 39. La cuantía de la acción se fijará en la demanda. Cuando así no se hiciere, el Juzgado, de oficio o a instancia de parte, requerirá al demandante para que la fije, concediéndole al efecto el plazo de tres días hábiles, transcurrido el cual sin haberlo realizado se estará a la que fije el Juez, previa audiencia del demandado. Si el demandado no estuviere de acuerdo con la cuantía fijada por el demandante, lo expondrá por escrito al Juez dentro de los tres primeros días hábiles del plazo concedido para contestar la demanda, tramitándose el incidente con arreglo a lo dispuesto en el Código de Procedimientos Civiles.

Artículo 40. La cuantía vendrá determinada por el valor de la pretensión objeto de la demanda. Cuando existan varios demandantes se atenderá el valor de la pretensión deducida por cada uno de ellos, y no a la suma de todos. En los supuestos de acumulación, la cuantía vendrá determinada por la suma de¡ valor de las pretensiones objeto de aquella; pero no conferirá la posibilidad de apelación a los de cuantía inferior a diez mil lempiras.

Artículo 41. Para fijar el valor de la pretensión se tendrán en cuenta las normas de la legislación procesal civil, con las especialidades siguientes:

a)   Cuando el demandante solicite solamente la anulación del acto, se atenderá al contenido económico del mismo, para lo cual se tendrá en cuenta el débito principal y los intereses al día de la interposición, pero no los recargos, las costas ni cualquier otra clase de responsabilidad.

b)   Cuando el demandante solicite, además de la anulación, el reconocimiento de una situación jurídica individualizada, la cuantía se determinará:

1. Por el valor íntegro del objeto del reclamo, si la administración hubiere denegado totalmente, en vía administrativa, las pretensiones del demandante;

2. Por la diferencia del valor entre el objeto del reclamo y el del acto que motivó la acción, si la administración hubiere reconocido parcialmente en vía administrativa, las pretensiones del demandante. En todo caso, se reputarán de cuantía indeterminada, las acciones dirigidas a impugnar directamente los actos de carácter general o disposiciones y los actos de carácter particular o concretos no valorables económicamente.

Artículo 42. Para admitir la demanda contencioso administrativa será requisito indispensable agotar la vía administrativa. Se entenderá agotada la vía administrativa:

a) Cuando se, hubiere interpuesto en tiempo y forma los recursos administrativos previstos para el caso de que se trata;

b) Cuando la Ley lo disponga expresamente.

Artículo 43. Cuando un acto emanare directamente del órgano superior de la respectiva jerarquía administrativa y por ello no fuere susceptible de ulterior recurso, no podrá impugnarse mediante la acción contencioso-administrativa mientras no se interponga, en tiempo y forma, el recurso de reposición ante la misma autoridad que lo hubiere dictado, salvo que se tratare de un acto que implicare resolución de cualquier recurso administrativo, de un acto presunto, de un acto no manifestado por escrito, o de un acto de carácter general en los supuestos previstos en los párrafos primero, segundo y tercero del Artículo 30, en cuyo caso procederá la acción contencioso administrativa sin el cumplimiento de aquel requisito previo. Transcurridos diez días hábiles desde la interposición del recurso de reposición sin que se notificare su resolución, se entenderá desestimado y quedará expedita la vía contencioso-administrativa.

Artículo 44. La acción contencioso-administrativa se deducirá indistintamente, contra el acto que sea objeto del, recurso de reposición, el que resolviere éste expresamente o por silencio administrativo, o contra ambos a la vez. No obstante, si el acto que decidiere el recurso de reposición reformare el impugnado, la acción se deducirá contra aquel, sin necesidad de nueva reposición.

Artículo 45. Cuando la propia administración autora de algún acto pretendiere demandar su nulidad ante la Jurisdicción de lo Contencioso Administrativo su anulación, deberá previamente declararlo lesivo a los intereses públicos, de carácter económico o de cualquier otra naturaleza, en el plazo de cuatro años, a contar de la fecha en que hubiere sido dictado. Los actos dictados por un órgano de una Secretaría de Estado o un órgano desconcentrado de la Administración Pública Central, no podrán ser declarados lesivos por otras Secretarías de Estado u órganos desconcentrados, pero sí en virtud de Decreto emanado del Consejo de Ministros, previa consulta a la Procuraduría General de la República.

Artículo 46. La demanda deberá contener:

a) La suma que indique su contenido o el trámite de que se trate;

b) La designación del Juzgado a quien se dirige;

c) La designación de las partes y de sus representantes;

ch) Los hechos en que se base la acción indicada en su caso con toda precisión el acto impugnado;

d) Los fundamentos de derecho de las pretensiones en apoyo de los cuales podrá alegarse cuantas razones procedan aunque no hubiere sido expuesto en la vía administrativa;

e) Lo que se pide o demande al Tribunal;

f) Lugar y fecha de la demanda;

g) La firma del autor o su representante o la huella digital si no pudiera firmar.

En todo caso se deberán anunciar los medios de prueba que se utilizarán.

Artículo 47. Al escrito a que se refiere el Artículo anterior, se acompañará:

a) El documento que acredite la representación del compareciente, cuando no sea el mismo interesado;

b)   El documento que acredite la legitimación con que el autor se presente en juicio cuando la ostente por habérsela transmitido otro por herencia o por cualquier otro título;

c)   Certificación o copia autorizada del acto impugnado o el ejemplar del Diario Oficial 'La Gaceta' en que se haya publicado, y si la publicación se hubiere hecho en cualquier otro periódico nacional, se acompañará el ejemplar de éste; y,

ch) Copia de la demanda y, si los hubiere, de sus anexos. Si no se acompañaren tales documentos o los presentados fueren incompletos y, en general, siempre que el Juzgado estime que no concurren los requisitos necesarios para la validez de la comparecencia, señalará un plazo de cinco días hábiles para que el demandante subsane el defecto, y si no lo hiciere, se tendrá por no presentado el escrito y ordenará archivar las actuaciones. La presentación de los demás documentos se regirá por lo dispuesto en la legislación procesal civil.

Artículo 48. La demanda deberá presentarse dentro de un plazo de treinta días hábiles, atendiendo las reglas siguientes:

a)   Si la acción se pretendiere contra una resolución expresa y ésta fuere de aquellas que deba notificarse personalmente, el plazo empezará a contarse desde el día hábil siguiente al de su notificación;

b)   En el caso de que no proceda la notificación personal, el plazo empezará a correr a partir del día hábil siguiente al de la publicación oficial del acto o disposición;

c)   Si la acción debe incoarse sobre la base de una denegación presunta, el plazo se contará a partir del día hábil siguiente a aquel en que se entiende desestimada la petición, salvo si con posterioridad dentro de dicho plazo, recayere resolución expresa, en cuyo caso se comenzará a contar en la forma indicada en' el inciso a) de este Artículo.

Artículo 49. Las Notificaciones y publicaciones deberán reunir los requisitos ordenados por la Ley de Procedimiento Administrativo, de lo contrario no se tendrán por válidas ni producirán efectos legales ante la Jurisdicción de lo Contencioso-Administrativo, salvo si los interesados, dándose por enterados, presentaren en tiempo y forma la demanda.

Artículo 50. Presentada la demanda, el Juzgado dentro de las cuarenta y ocho horas siguientes dictará providencia acordando su admisión, si procediere. El Juez ordenará que se publique sucintamente en el Diario Oficial 'La Gaceta' y en otro de circulación nacional, el contenido de la demanda a fin de que pueda personarse cualquier otra persona que pueda tener interés.

Artículo 51. El Juzgado podrá declarar inadmisible la demanda cuando conste cualesquiera de las siguientes causas:

a)   La falta de jurisdicción o incompetencia del Juzgado, con arreglo al Capítulo I del Título Primero de esta Ley;

b)   Que la acción se deduce contra alguno de los actos no susceptibles de impugnación conforme a las reglas del Capítulo I del Título III, excepto en el supuesto previsto en el Artículo 32 de esta Ley;

c)   Que ha expirado el plazo para la presentación de la demanda; y,

ch) Que no está agotada la vía administrativa.

Artículo 52. Antes de declarar la inadmisibilidad de la demanda, el Juzgado hará saber a las partes el motivo en que se funde, para que, en el término de diez días hábiles, aleguen lo que estimen pertinente y acompañen los documentos a que hubiere lugar. Contra el auto que acordare la inadmisión por los motivos previstos en los incisos a), b) y c) del Artículo anterior, se podrán interponer los recursos ordinarios. Si la inadmisión se declarare por el motivo previsto en el inciso ch) del Artículo anterior, se requerirá al actor para que formule el recurso administrativo 'del caso en el plazo de diez días hábiles, y si se acreditare dentro de los cinco días hábiles siguientes haberlo deducido, quedará en suspenso el procedimiento hasta que dicho recurso sea resuelto en forma expresa o presunta.

Artículo 53. El plazo para que la administración autora de algún acto recurra a la Jurisdicción de lo Contencioso Administrativo será de dos meses, contados a partir del día hábil siguiente en que la resolución impugnada se declare lesiva para los interesados públicos.

Artículo 54. El juicio contencioso administrativo cuando lo planteare la administración autora de algún acto declarado lesivo, se iniciará con la presentación de la demanda, a la que acompañará el expediente administrativo y también una copia certificada de la declaración de lesividad, cuando éste no constare en aquél.

Artículo 55. Admitida la demanda se le dará traslado a la parte demandada, entregándole copia de la misma y se le emplazará en la forma dispuesta por el Código de

Procedimientos, para que la conteste dentro del plazo de veinte días hábiles. Cuando el demandado fuere el Estado el traslado y emplazamiento se hará al Procurador General de la República o sus agentes departamentales autorizados. En caso de Municipalidades las representará el Síndico Municipal y cuando lo fueren las Instituciones Autónomas el emplazamiento se hará al Presidente, Director o quien sea el titular del organismo.

Artículo 56. Los legitimados como parte demandada con arreglo al inciso c) del Artículo 17 y los coadyuvantes, se entenderán emplazados con la publicación ordenada en el Artículo 50, debiendo apersonarse en autos a la presentación de la demanda para el efecto del párrafo primero del Artículo anterior. No obstante, cuando el demandante supiere el domicilio de las personas a que se refiere el párrafo anterior, deberá indicarlo al Juzgado en la demanda, a efecto de que, sean emplazados en la forma indicada en el párrafo primero del Artículo precedente.

Artículo 57. El emplazamiento de los demandados', en los casos en que la demanda se formule por la misma administración autora de un acto declarado lesivo, se efectuará en la forma indicada en el Artículo 55, párrafo primero, de esta Ley. La obligación impuesta en el párrafo segundo del Artículo procedente, la Administración Pública deberá cumplirla en el escrito de demanda.

Artículo 58. El escrito de contestación se formulará atendiendo lo dispuesto en el Artículo 46 y el demandado se sujetará, en lo que fuere procedente, a lo establecido en el Artículo 47. Cuando la demandada fuere la Administración Pública, al escrito de contestación se acompañará el expediente administrativo en el que se hubiere dictado el acto que motiva la demanda. Si el representante de la administración demandada no pudiere presentar el expediente por culpa de su representada lo hará saber así al Tribunal en la contestación y éste procederá en la forma establecida en el Artículo 62 de esta Ley.

Artículo 59. Si el demandante estimare que el expediente administrativo no está completo, podrá solicitar, dentro de los cinco días hábiles siguientes a la presentación de la contestación que se decrete la presentación de los antecedentes adecuados para completarlo. El Juzgado acordará lo pertinente, sin recurso alguno, en el plazo de tres días hábiles.

Artículo 60. De acogerse la solicitud a que se refiere el Artículo precedente, el Juzgado acordará que el demandado presente los antecedentes respectivos, en un plazo que no podrá exceder de diez días hábiles, con apercibimiento de multa de cien a quinientos lempiras si no se presentaren dichos antecedentes dentro del plazo señalado. Si transcurrido este plazo no se hubiere presentado la documentación respectiva, se estará a lo dispuesto en el cuarto párrafo del Artículo 62 de esta Ley.

Artículo 61. Si los demandados emplazados al tenor de lo dispuesto en el Artículo 56 no comparecen en los tiempos indicados para ello, continuará el procedimiento, sin que haya lugar a practicarles notificaciones de clase alguna. Si se apersonare posteriormente, se les tendrá por parte, sin que por ello pueda retrotraerse ni interrumpirse en curso del proceso.

Artículo 62. Si la parte no contestare la demanda en el, plazo concedido para ello, de oficio será declarada en rebeldía, sin perjuicio de que pueda comparecer en cualquier estado del juicio, pero por ello no podrá retroceder el proceso en ningún caso. Cuando la Administración Pública no contestare la demanda, el Juzgado solicitará el expediente administrativo al órgano o entidad de la Administración Pública que hubiere dictado el acto que motiva la demanda, el cual deberá remitirse en el plazo máximo e improrrogable de cinco días hábiles, contados desde que se reciba la comunicación respectiva, bajo la personal y directa responsabilidad del titular del órgano o entidad en que obrare el expediente. Si no se recibe el expediente en el plazo señalado, se concederá un nuevo plazo de tres días hábiles, con apercibimiento de multa de quinientos a mil lempiras si no se remitiere el expediente dentro de este último plazo. Si transcurrido este plazo no se hubiere remitido el expediente, se impondrá la multa dentro de los límites señalados, advirtiéndole a él o los responsables que de no hacerla efectiva dentro del plazo de doce horas, se decretará embargo sobre sus sueldos o bienes para hacerla efectiva, todo ello, sin perjuicio de la acción criminal que incoará el Juzgado competente a excitativa del Juzgado de Letras de lo Contencioso Administrativo. Las diligencias anteriores no suspenderán el curso del juicio contencioso administrativo.

Artículo 63. Los demandados y coadyuvantes podrán alegar, dentro de los cinco días hábiles siguientes al emplazamiento, cualesquiera de las siguientes defensas previas:

a)   Las que se funden en los motivos que, con arreglo al Artículo 80 de esta Ley podrán determinar la inadmisibilidad de la acción;

b)   La litis pendencia; y,

c)   La falta de agotamiento de la vía administrativa. Transcurrido el plazo para alegar defensas previas, no se les dará curso ni se atenderán, sin perjuicio de la facultad conferida al Juzgado por el Artículo 80 de la presente Ley.

Artículo 64. Del escrito de defensas previas se dará traslado al demandante quien podrá ejercitar la facultad prevista en el Artículo 127 de esta Ley y se fijará una audiencia que se celebrará dentro de los cinco (5) días hábiles siguientes a aquel en que se hubiere ordenado el traslado, a la cual comparecerán las partes a alegar lo pertinente, presentando los documentos en que se funden sus alegaciones. Contra la resolución que desestime las defensas previas no cabrá recurso alguno.

Artículo 65. En la resolución que declare con lugar las defensas previas se declarará, a la vez, la inadmisibilidad de la demanda.

Artículo 66. Las defensas previas no suspenderán el plazo para contestar la demanda.

Artículo 67. No procederá el recibimiento del proceso a prueba cuando la cuestión que se discute sea de puro derecho y cuando hubiere conformidad entre las partes acerca de los hechos.

Artículo 68. El Juzgado podrá recibir el proceso a prueba cuando exista disconformidad en los hechos y éstos fuesen de indudable trascendencia, a su juicio, para la resolución del caso, siempre que en la demanda o contestación se expresaren con claridad los puntos de hecho sobre los cuales haya de versar la prueba.

Artículo 69. El período de prueba será de treinta (30) días comunes para su proposición y ejecución, pudiendo ampliarse hasta por veinte días más cuando hubiera de evacuarse pruebas fuera del Departamento.

Artículo 70. La Administración Pública no podrá ser obligada a absolver posiciones por medio de sus agentes, pero todos ellos, cualesquiera que sea su jerarquía, estarán obligados a suministrar los informes que el Juzgado o Tribunal les solicitare. Los interrogatorios se formularán para el titular de la Administración autora del acto impugnado y serán contestados por los servidores públicos a quienes se refieren los hechos, bajo su responsabilidad personal. Admitidos por el Tribunal el interrogatorio correspondiente, la parte contraria podrá, dentro del plazo de tres días hábiles, formular un interrogatorio de repreguntas al servidor público de que se trate, que admitirá el Juzgado si fuere pertinente. El Tribunal podrá formular las preguntas o repreguntas que estime del caso. Si el funcionario no contestare o lo hiciere con evasivas, podrán ser tenidas por exactas las manifestaciones que la parte hubiere hecho acerca de los hechos respectivos. Las comunicaciones con los interrogatorios correspondientes se dirigirán al titular de la administración autora del acto impugnado, pero serán entregados bajo su conocimiento, a quien represente en el juicio a la administración respectiva. El mismo representante estará obligado a presentar al Juzgado el informe o contestación del titular de la administración contra el acto impugnado dentro del plazo que se señale, o, en su defecto, la prueba de que la comunicación fue entregada a su destinatario.

Artículo 71. Recibido el informe o contestación, se hará del conocimiento de las partes para que, al igual que el Juez, dentro de un plazo de tres días hábiles, soliciten cualquier adición o aclaración pertinentes. Admitida la adición o aclaración, se expedirá nueva comunicación, en la forma y términos previstos en el Artículo precedente, pero reducido a la mitad el plazo de contestación.

Artículo 72. Los informes se entenderán dados bajo juramento. Por consiguiente, cualquier inexactitud o falsedad, hará incurrir al servidor público responsable, en las penas previstas en el Código Penal.

Artículo 73. El Juez podrá también acordar, de oficio, el recibimiento a prueba y disponer la práctica de cuantas estime pertinentes para la más acertada decisión del asunto.

Artículo 74. Concluida la fase probatoria, el Juez podrá acordar antes o después de la citación para sentencia, la práctica de cualquier diligencia de prueba que estimare procedente, la cual deberá ejecutarse dentro del término de veinte días. Las partes tendrán intervención en las pruebas que se practiquen por iniciativa del Juzgado. Cuando el Juzgado hiciera uso de esta facultad después de la citación para sentencia, el resultado de las diligencias de prueba, se pondrá de manifiesto a las partes, las cuales podrán en el plazo de tres días hábiles, alegar cuanto estimen conveniente acerca de su alcance e importancia. En el caso del párrafo anterior, quedará en suspenso el plazo para dictar la sentencia desde el día en que se acuerde la providencia hasta que sea ejecutada; y luego que lo sea se pronunciará la sentencia dentro de los siete días hábiles siguientes al en que finalice el plazo a que se refiere el párrafo anterior, sin que se cite nuevamente a las partes para sentencia.

Artículo 75. Concluida la fase de probatoria, en su caso, el Tribunal, de oficio, acordará que se unan a los autos las pruebas que se hubieren practicado, y que se pongan los autos en la Secretaría por diez días hábiles comunes, dentro de los cuales las partes podrán presentar sus conclusiones sucintamente acerca de los hechos alegados, la prueba practicada, si hubiere, y los fundamentos jurídicos en que respectivamente apoyen sus pretensiones.

Artículo 76. En el escrito de conclusiones, el demandante podrá solicitar que la sentencia formule pronunciamiento concreto sobre la existencia y cuantía de los daños y perjuicios de cuyo resarcimiento se trate, si constaren ya probados en autos.

Artículo 77. Presentados los escritos de conclusiones o vencido el plazo para presentarlos, el Juzgado, de oficio y dentro de las cuarenta y ocho horas siguientes, dictará providencia declarando finalizada la fase de conclusiones y citando a las partes para sentencia.

Artículo 78. La sentencia se dictará dentro de los diez días hábiles siguientes a la emisión del auto a que se refiere el Artículo anterior.

Artículo 79. La sentencia se contraerá a lo siguiente:

   a)   Inadmisibilidad de la acción;

   b)   Procedencia o improcedencia de la acción. La sentencia contendrá, además, el pronunciamiento que corresponde respecto a las costas.

Artículo 80. Se declarará la inadmisibilidad en los casos siguientes, apreciados de oficio por el Juez:

   a)   Cuando su conocimiento no correspondiere a la Jurisdicción de lo Contencioso Administrativa;

   b)   Que se hubiere interpuesto por persona incapaz, no representada debidamente o no legitimada;

   c)   Que tuviere por objeto actos no susceptibles de impugnación mediante la acción contencioso administrativa, al tenor del Artículo 31;

   ch) Que recayere sobre cosa juzgada;

   d)   Que la demanda se hubiere presentado fuera de los plazos respectivos;

   e)   Que el escrito de demanda adoleciere de defectos formales que impidan verter pronunciamiento en cuanto al fondo del asunto.

Artículo 81. La sentencia declarará improcedente la acción cuando se ajustare a derecho el acto al cual se refiere. La sentencia declarará procedente la acción cuando el acto incurriere en cualquier forma de infracción del ordenamiento jurídico, incluso el exceso de poder y la desviación de poder.

Artículo 82. Si la sentencia declarare procedente la acción:

   a)   Pronunciará no ser conforme a derecho, y en su caso, anulará total o parcialmente al acto impugnado;

b) Si se hubieren deducido las pretensiones a que se refiere el Artículo 34, reconocerá la situación jurídica individualizada y adoptará cuantas medidas sean necesarias para su pleno restablecimiento y reconocimiento;

c) Si se hubiere pretendido el resarcimiento de daños o la indemnización de perjuicios, la sentencia se limitará a declarar el derecho y quedará diferido al período de ejecución de la sentencia la determinación de la cuantía de los mismos, salvo lo previsto en el Artículo 76.

Artículo 83. La sentencia que declare la inadmisibilidad o improcedencia de la acción, sólo producirá efectos entre las partes. La que anulare el acto producirá efectos entre las partes y respecto de las personas afectadas por el mismo.

Artículo 84. Las partes podrán solicitar la aclaración o adición de las sentencias en los términos previstos en la legislación procesal civil.

Artículo 85. El autor podrá desistir de la demanda en cualquier estado de¡ proceso, antes de dictarse sentencia. En el auto que se dicte se declarará terminado el proceso y se ordenará el archivo de las actuaciones, sin condena de costas, salvo que el Tribunal considere que hubo mala fe. Si fueren varios los demandantes, el proceso continuará respecto de aquellos que no hubieren desistido.

Artículo 86. Los demandados podrían allanarse a la pretensión. En tal caso, el Juez, sin más trámite, dictará sentencia de conformidad con las pretensiones del demandante, salvo si ello supusiere una infracción del ordenamiento jurídico o fuere demandada la Administración Pública, en cuyo caso dictará la sentencia, que estime justa y conforme a derecho. Si fueren varios los demandados, el proceso continuará respecto de aquellos que no se hubieren allanado.

Artículo 87. Si hallándose en tramitación el proceso, la administración demandada reconociere totalmente, en vía administrativa, las pretensiones del demandante, cualquiera de las partes podría ponerlo en conocimiento del Juzgado si la administración no lo hiciere. El Tribunal, previa comprobación de lo alegado, declarará terminado el proceso, en cualquier instancia, y ordenará el archivo de los autos. Si se tuviere por concluido el proceso o se desistiere de él por haberse dictado el acto a que se refiere el primer párrafo de este Artículo, y después la misma administración dictare un nuevo acto revocatorio de aquél, el actor podrá accionar otra vez en vía contencioso administrativa, contándose el plazo para presentar la demanda desde el día hábil siguiente a la notificación o publicación del acto revocatorio.

Artículo 88. Se declarará la caducidad de la instancia, cuando por cualquier causa imputable al actor se haya paralizado el proceso durante seis meses. En este caso, el Tribunal dictará auto en los términos previstos en el párrafo segundo del Artículo 85.

Artículo 89. Los recursos se regirán por la legislación procesal civil, salvo lo dispuesto por esta Ley.

Artículo 90. Sólo podrán interponer el recurso de apelación quienes, según la presente Ley, estén legitimados como parte demandante o demandados. Los coadyuvantes solamente podrán adherirse a la apelación interpuesta por la parte principal.

Artículo 91. La admisión de la apelación en ambos efectos no impedirá que se adopten, a solicitud del interesado, las medidas cautelares que sean pertinentes para asegurar, en su caso, la ejecución de la sentencia.

Artículo 92. Cuando en apelación se revoque la sentencia recurrida que haya declarado la inadmisibilidad de la acción, el Tribunal resolverá, al mismo tiempo, sobre el fondo del asunto.

Artículo 93. La Procuraduría General de la República, aunque no hubiere intervenido en el proceso, podrá apelar e interponer recurso de casación en interés de la Ley de aquellas sentencias firmes que no hubieren sido impugnadas, cuando estime gravemente dañosa y errónea la resolución dictada. El recurso de apelación en interés de la Ley, a cuya tramitación se le dará carácter preferente, se interpondrá dentro de los seis meses siguientes a la fecha de emisión de la sentencia impugnada. La sentencia que se dicte en estos recursos servirá únicamente para fijar la doctrina legal, pero por ello no podrá afectarse la situación jurídica particular derivada M fallo que se recurre ni la ejecutoria del mismo.

Artículo 94. El recurso de revisión, además de lo dispuesto en el Código de Procedimientos Civiles, procederá en los siguientes. casos:

   a)   Si la parte dispositiva de la sentencia contuviere contradicción en sus decisiones; y,

   b)   Si la sentencia se hubiere dictado con infracción de lo dispuesto en el Artículo 35, o si en ella no se resolviera alguna de las cuestiones planteadas en la demanda y contestación.

Artículo 95. La ejecución de la sentencia la dictará el Tribunal que la hubiere emitido en primera instancia y se llevará a cabo por medio del órgano que hubiere producido el acto objeto de la acción.

Artículo 96. Luego que sea firme la sentencia, el Tribunal, dentro de los cinco días hábiles siguientes, ordenará su ejecución por medio del órgano correspondiente, al cual se le librará comunicación para que adopte las resoluciones que procedan y practique lo que exija el cumplimiento de las declaraciones contenidas en el fallo. Cuando se declare la nulidad de un acto, de carácter particular o general, y firme que sea la sentencia, quedará sin efecto el acto de que se trate, correspondiéndole a la administración demandada actuar de conformidad a lo establecido en el párrafo anterior.

Artículo 97. Cuando la Administración Pública fuere condenada al pago de una cantidad líquida, deberá verificarlo en la forma y dentro de los límites establecidos en el presupuesto aprobado y con arreglo a las disposiciones legales vigentes. Si para verificar el pago fuere preciso alguna reforma de presupuesto, se iniciará la tramitación dentro de los tres meses siguientes a la notificación de la sentencia, si se tratare del Presupuesto General de Ingresos y Egresos de la República, y dentro del mes siguiente, si se tratare del Presupuesto de una institución estatal, tramitación ésta que no podrá interrumpirse por ningún concepto.

Artículo 98. Transcurridos doce meses desde la fecha de recepción de la comunicación a que se refiere el Artículo anterior, sin que se hubiere ejecutado la sentencia y ésta contuviere la obligación de dar cantidades líquidas y determinadas, el Juzgado, a petición de parte, ejecutará la sentencia procediendo de conformidad con los trámites del procedimiento de apremio.

Artículo 99. La Secretaría de Estado en los Despachos de Planificación, Coordinación y Presupuesto no presentará al Congreso Nacional ningún Proyecto de Presupuesto o de reformas al Presupuesto vigente ni los órganos competentes emitirán dictámenes favorables sobre los Proyectos de Presupuesto o de reforma a los vigentes de las Instituciones Estatales, si en los mismos no se contemplan las partidas suficientes para el cumplimiento de las sentencias dictadas por el Juzgado de lo Contencioso Administrativo. Corresponderá a la Procuraduría General de la República llevar un listado de esas sentencias y hacerlas del conocimiento de los órganos a que se refiere el párrafo anterior.

Artículo 100. Aunque la sentencia no lo dispusiere, las cantidades líquidas reconocidas en las sentencias que condenen al Estado o a sus entidades, devengarán intereses comerciales durante los seis meses siguientes a su ejecutoria y moratorios después de este término.

Artículo 101. Quienes infrinjan las disposiciones contenidas en el presente Capítulo, serán sancionados conforme a lo establecido en el Artículo 349 del Código Penal Común, sin perjuicio de la responsabilidad Civil en que incurrieren por los daños y perjuicios que causaren a tos interesados. En todo caso, al infractor se le aplicará una multa por el Juzgado de lo Contencioso Administrativo que se hará efectiva mediante el procedimiento de apremio, la que no podrá ser menor de quinientos lempiras ni mayor de cinco mil.

Artículo 102. Los servidores públicos a quienes se ordenare el cumplimiento de la sentencia, no podrán excusarse en la obediencia jerárquica; pero para deslindar su responsabilidad, podrán hacer constar por escrito, ante el Tribunal, las alegaciones pertinentes. La renuncia del funcionario requerido por el Juzgado, o el vencimiento del período de su nombramiento, no le eximirá de las responsabilidades, si ello se produce después de haber recibido la comunicación que le mandaba cumplir la sentencia. Si los supuestos del párrafo anterior ocurrieren antes de la notificación de la sentencia, quien reemplace al funcionario deberá darle cumplimiento inmediato.

Artículo 103. Cuando la acción consistiera en la impugnación de cualquier acto sobre fijación o liquidación de impuestos, contribuciones, tasas, multas y demás rentas o créditos públicos definitivamente establecidos en vía administrativa, y no fuere la administración la que demanda contra su propio acto, el procedimiento se ajustará a lo dispuesto en esta Sección.

Artículo 104. En la demanda se fijará concretamente el valor de la pretensión ejercitada, y se acompañará el documento que acredite el pago en la oficina competente de la entidad de que se trate, de la cantidad respectiva o él arreglo de pago correspondiente, salvo que ya constare en el expediente, en cuyo caso bastará con que se indique así.

Artículo 105. Los plazos para la presentación y contestación de la demanda, para la proposición y evacuación de la prueba y para formular conclusiones, quedan reducidos a la mitad en lo referente a este procedimiento.

Artículo 106. Cuando la sentencia fuere favorable total o parcialmente al contribuyente, la administración devolverá la suma pagada a que se refiere el Artículo 106, reconociéndole los intereses devengados desde el momento del depósito hasta el día de su devolución.

Artículo 107. El recurso de apelación que se interponga contra la sentencia en este tipo de procedimientos, se tramitará con arreglo a lo que disponga el Código de Procedimientos Civiles para las apelaciones en juicios especiales.

Artículo 108. Las acciones que tuvieren por objeto actos de cancelación o separación de servidores públicos, se sujetarán a lo que se establece en esta Sección.

Artículo 109. Solamente podrán impugnarse en vía contencioso administrativa los actos que tengan por objeto la cancelación de un servidor público, cuando éste estuviere protegido por una Ley especial. Asimismo, podrán impugnarse por esta vía los actos de cancelación o separación de aquellos servidores públicos que hayan sido nombrados para períodos determinados, cuando aquel acto se hubiere producido antes del vencimiento del período respectivo.

Artículo 110. Las acciones contra estos actos se interpondrán sin recurso previo de reposición.

Artículo 111. Será aplicable a este procedimiento el Artículo 105 de la Sección anterior.

Artículo 112. Las sentencias que se dicten en esta materia anulando el acto impugnado, dispondrán la restitución del demandante en su cargo y el pago de los sueldos que correspondan a partir de la fecha de la cancelación o separación si lo pidiere en la demanda; o bien, el pago de la indemnización que corresponda y el de los sueldos a partir de la vigencia del acto de cancelación injusta, si así lo solicitare. Si ya estuviere vencido el período Para el cual fue nombrado al momento de dictarse la sentencia, en el caso del segundo párrafo del Artículo 109, se impondrá la sanción de pago por daños y perjuicios.

Artículo 113. La sentencia que disponga la restitución del demandante, decretará también la nulidad del acto por el cual se hubiere designado el sustituto del demandante. Al sustituto se le tendrá por emplazado con la publicación ordenada en el Artículo 50.

Artículo 114. Las acciones que tengan por objeto la decisión final que recayere en toda licitación o concurso de la Administración Pública, se regirán por lo dispuesto en esta Sección.

Artículo 115. El plazo para la presentación de la demanda será de cinco días hábiles, contados a partir de¡ día siguiente al de la notificación o de la publicación respectiva.

Artículo 116. Interpuesta la demanda, se dará traslado a la parte demandada para que la conteste en el plazo de cinco días hábiles.

Artículo 117. Si fuere procedente la recepción de las pruebas propuestas en la demanda y contestación, se evacuarán en un plazo que en ningún caso podrá exceder de ocho días hábiles.

Artículo 118. En supuestos de urgencia, el Tribunal podrá reducir los plazos prudencialmente.

Artículo 119. Contra la sentencia que se dicte en este procedimiento no se admitirá ningún recurso.

Artículo 120. La presentación de la demanda no impedirá la administración ejecutar el acto objeto del mismo, salvo que el Juzgado o Tribunal acordare, a instancia del demandante, la suspensión.

Artículo 121. Procederá la suspensión cuando la ejecución hubiere de ocasionar daños o perjuicios de reparación imposible o difícil.

Artículo 122. La suspensión podrá pedirse en cualquier estado del proceso, en primera o segunda instancia, y se sustanciará en pieza separada. Solicitada la suspensión se dará vista a la administración demandada por el plazo de tres días hábiles y transcurrido éste, con contestación o sin ella, el Juzgado resolverá lo procedente.

Artículo 123. Cuando el Juzgado o Tribunal acuerde la suspensión exigirá, si pudiere resultar algún daño o perjuicio a los intereses públicos o de tercero, caución suficiente para responder de los mismos. La caución habrá de constituirse en depósito de dinero en efectivo, valores públicos o aval bancario. El acuerdo de suspensión no se llevará a efecto hasta que la caución esté constituida y acreditada en autos.

Artículo 124. Levantada la suspensión al término del proceso o por cualquier otra causa, la administración o persona que pretendiere tener derecho a indemnización de los daños y perjuicios causados por la suspensión, deberá solicitarlo ante el Tribunal por el trámite de los incidentes, dentro de los dos meses siguientes a la fecha del levantamiento de la suspensión, y si no se formulare la solicitud dentro de dicho plazo, o no se acreditare el derecho, se cancelará seguidamente la garantía constituida. El Tribunal comunicará la suspensión a la administración que hubiere dictado el acto, siendo aplicable a la efectividad de la, suspensión lo dispuesto en el Capítulo III de este Título.

Artículo 125. Todas las cuestiones incidentales que se suscitaren en el proceso, incluso las que se refieran a la nulidad de actuaciones, se sustanciarán en pieza separada y sin suspender el curso de los autos.

Artículo 126. La nulidad de un acto no implicará la de los sucesivos que fueren independientes del mismo. El Tribunal que pronunciare, la nulidad de actuaciones deberá disponer, siempre que fuere posible, la consumación de aquellos actos cuyo contenido hubiere permanecido el mismo, de no haberse cometido la infracción origen de la nulidad.

Artículo 127. Cuando se alegare que alguno de los actos de las partes no reúne los requisitos dispuestos por la presente Ley, la que se hallare en tal supuesto podrá subsanar el defecto dentro de los cinco días siguientes a aquél en que se notificare el escrito que contenga la alegación. Cuando el Tribunal apreciare de oficio la existencia de alguno de los defectos a que se refiere el párrafo anterior, dictará providencia en el que los reseñe y otorgue el mencionado plazo para la subsanación, con suspensión, en su caso, del fijado para dictar sentencia. Si el defecto consistiere en no haber agotado la vía administrativa, y fuere denunciado por la parte demandada, el Tribunal requerirá al demandante para que formule el recurso administrativo del caso en el plazo de diez días, y si se acreditare dentro de los cinco días siguientes haberlo deducido, quedará en suspenso el procedimiento hasta que se resuelva el recurso en forma expresa o presunta.

Artículo 128. Todos los escritos y actuaciones deberán extenderse en papel sellado de primera clase, a excepción de aquellos escritos que se presenten y actuaciones que se practiquen a nombre de la administración, que se extenderán en papel de oficio.

Artículo 129. La parte vencida podrá ser exonerada del pago de las costas:

a) Cuando mediare oportuno allanamiento de la administración de las pretensiones del demandante; pero no se le eximirá si la demanda reprodujere sustancialmente lo pedido en la reclamación a que en vía administrativa hubiere sido denegado, y esa denegación fundare la acción;

b) Cuando la sentencia se dictare en virtud de pruebas cuya existencia verosímilmente no haya conocido la parte contraria y por causa de ello se hubiere justificado la oposición de la parte; y,

c) Cuando por la naturaleza de las cuestiones debatidas haya habido, a juicio del Tribunal, motivo bastante para litigar.

Artículo 130. Las costas personales que se impongan a favor de la administración, corresponderán al Abogado que la haya representado, aunque labore a sueldo fijo en la administración demandada.

Artículo 131. Lo no dispuesto en esta Sección se regulará por lo que al efecto preceptúa la legislación procesal civil.

Artículo 132. Salvo que expresamente se disponga lo contrario en esta Ley, los Tribunales de la Jurisdicción de lo Contencioso Administrativo instarán de oficio los trámites que les correspondan, después de interpuesta la demanda. Los plazos fijados en esta Ley o en ocasión de su aplicación serán improrrogables, y una vez transcurridos, se tendrá por caducado el derecho y por perdido el trámite o recurso que hubiere dejado de utilizarse, sin necesidad de apremio, dándose a los autos de oficio el curso que corresponda; sin embargo, se admitirá el escrito que proceda y producirá sus efectos legales, si se presentare dentro del día en que se notifique la oportuna providencia. Las diligencias ordenadas en esta Ley y que no tengan asignado plazo específico, se entenderá que habrán de practicarse en el plazo de cinco días hábiles.

Artículo 133. En los casos que no se hubiere previsto, los que infrinjan las disposiciones de la presente Ley serán sancionados con una multa no inferior a doscientos ni superior a dos mil lempiras, que el Tribunal hará efectiva mediante el procedimiento de apremio. Para los efectos de esta Ley, se entenderá por procedimiento de apremio el embargo de bienes suficientes para hacer efectivas las obligaciones de dar, cuando éstas consistan en entregar determinadas cantidades de dinero.

Artículo 134. En lo no previsto en esta Ley, regirán como supletorios, el Código de Procedimientos Civiles y la Ley de Organización y Atribuciones de los Tribunales.

Artículo 135. Las acciones judiciales que se hubieran interpuesto en contra de actuaciones de la Administración Pública que, de conformidad con esta Ley, correspondan a la Jurisdicción Contencioso Administrativa, continuarán tramitándose en todos sus trámites y recursos por las normas procesales que se hubieren invocado en la demanda o contestación.

Artículo 136. Esta Ley entrará en vigencia el uno de julio de 1988 y deberá ser publicado en el Diario Oficial "La Gaceta".

Dado en la ciudad de Tegucigalpa, Municipio del Distrito Central, en el Salón de Sesiones del Congreso Nacional, a los veinte días del mes de noviembre de mil novecientos ochenta y siete.

MÉXICO

LEY FEDERAL DE PROCEDIMIENTO CONTENCIOSO ADMINISTRATIVO

Nueva Ley publicada en el Diario Oficial de la Federación el 1º de diciembre de 2005

TEXTO VIGENTE

Última reforma publicada DOF 13-06-2016

Al margen un sello con el Escudo Nacional, que dice: Estados Unidos Mexicanos.- Presidencia de la República.

VICENTE FOX QUESADA,

Presidente de los Estados Unidos Mexicanos, a sus habitantes sabed:

Que el Honorable Congreso de la Unión, se ha servido dirigirme el siguiente

DECRETO

EL CONGRESO GENERAL DE LOS ESTADOS UNIDOS MEXICANOS,

DECRETA:

SE EXPIDE

LA LEY FEDERAL DE PROCEDIMIENTO CONTENCIOSO ADMINISTRATIVO.

TÍTULO I

DEL JUICIO CONTENCIOSO ADMINISTRATIVO FEDERAL

CAPÍTULO I

DISPOSICIONES GENERALES

Artículo 1o.- Los juicios que se promuevan ante el Tribunal Federal de Justicia Fiscal y Administrativa, se regirán por las disposiciones de esta Ley, sin perjuicio de lo dispuesto por los tratados internacionales de que México sea parte. A falta de disposición expresa se aplicará supletoriamente el Código Federal de Procedimientos Civiles, siempre que la disposición de este último ordenamiento no contravenga las que regulan el juicio contencioso administrativo federal que establece esta Ley.

Cuando la resolución recaída a un recurso administrativo, no satisfaga el interés jurídico del recurrente, y éste la controvierta en el juicio contencioso administrativo federal, se entenderá que simultáneamente impugna la resolución recurrida en la parte que continúa afectándolo, pudiendo hacer valer conceptos de impugnación no planteados en el recurso.

Asimismo, cuando la resolución a un recurso administrativo declare por no interpuesto o lo deseche por improcedente, siempre que la Sala Regional competente determine la procedencia del mismo, el juicio contencioso administrativo procederá en contra de la resolución objeto del recurso, pudiendo en todo caso hacer valer conceptos de impugnación no planteados en el recurso.

Artículo 1-A.- Para los efectos de esta Ley se entenderá por:

I.   Acuse de Recibo Electrónico: Constancia que acredita que un documento digital fue recibido por el Tribunal y estará sujeto a la misma regulación aplicable al uso de una firma electrónica avanzada. En este caso, el acuse de recibo electrónico identificará a la Sala que recibió el documento y se presumirá, salvo prueba en contrario, que el documento digital fue recibido en la fecha y hora que se consignen en dicha constancia. El Tribunal establecerá los medios para que las partes y los autorizados para recibir notificaciones puedan verificar la autenticidad de los acuses de recibo electrónico.

II.   Archivo Electrónico: Información contenida en texto, imagen, audio o video generada, enviada, recibida o archivada por medios electrónicos, ópticos o de cualquier otra tecnología que forma parte del Expediente Electrónico.

III.   Boletín Jurisdiccional: Medio de comunicación oficial electrónico, a través del cual el Tribunal da a conocer las actuaciones o resoluciones en los juicios contenciosos administrativos federales que se tramitan ante el mismo.

Fracción reformada DOF 10-12-2010, 13-06-2016

III Bis.   Aviso electrónico: Mensaje enviado a la dirección de correo electrónico de las partes de que se realizará una notificación por Boletín Jurisdiccional.

Fracción adicionada DOF 13-06-2016

IV.   Clave de acceso: Conjunto único de caracteres alfanuméricos asignados por el Sistema de Justicia en Línea del Tribunal a las partes, como medio de identificación de las personas facultadas en el juicio en que promuevan para utilizar el Sistema, y asignarles los privilegios de consulta del expediente respectivo o envío vía electrónica de promociones relativas a las actuaciones procesales con el uso de la firma electrónica avanzada en un procedimiento contencioso administrativo.

V.   Contraseña: Conjunto único de caracteres alfanuméricos, asignados de manera confidencial por el Sistema de Justicia en Línea del Tribunal a los usuarios, la cual permite validar la identificación de la persona a la que se le asignó una Clave de Acceso.

VI.   Dirección de Correo Electrónico: Sistema de comunicación a través de redes informáticas, señalado por las partes en el juicio contencioso administrativo federal.

VII.   Dirección de Correo Electrónico Institucional: Sistema de comunicación a través de redes informáticas, dentro del dominio definido y proporcionado por los órganos gubernamentales a los servidores públicos.

VIII. Documento Electrónico o Digital: Todo mensaje de datos que contiene texto o escritura generada, enviada, recibida o archivada por medios electrónicos, ópticos o de cualquier otra tecnología que forma parte del Expediente Electrónico.

IX. Expediente Electrónico: Conjunto de información contenida en archivos electrónicos o documentos digitales que conforman un juicio contencioso administrativo federal, independientemente de que sea texto, imagen, audio o video, identificado por un número específico.

X. (Se deroga)

Fracción derogada DOF 13-06-2016

XI. Firma Electrónica Avanzada: Conjunto de datos consignados en un mensaje electrónico adjuntados o lógicamente asociados al mismo que permita identificar a su autor mediante el Sistema de Justicia en línea, y que produce los mismos efectos jurídicos que la firma autógrafa. La firma electrónica permite actuar en Juicio en Línea.

XII. Juicio en la vía tradicional: El juicio contencioso administrativo federal que se substancia recibiendo las promociones y demás documentales en manuscrito o impresos en papel, y formando un expediente también en papel, donde se agregan las actuaciones procesales, incluso en los casos en que sea procedente la vía sumaria.

Fracción reformada DOF 10-12-2010

XIII. Juicio en línea: Substanciación y resolución del juicio contencioso administrativo federal en todas sus etapas, así como de los procedimientos previstos en el artículo 58 de esta Ley, a través del Sistema de Justicia en Línea, incluso en los casos en que sea procedente la vía sumaria. *Fracción reformada DOF 10-12-2010*

XIV. Juicio en la vía Sumaria: El juicio contencioso administrativo federal en aquellos casos a los que se refiere el Capítulo XI del Título II de esta Ley.

Fracción adicionada DOF 10-12-2010

XV. Sistema de Justicia en Línea: Sistema informático establecido por el Tribunal a efecto de registrar, controlar, procesar, almacenar, difundir, transmitir, gestionar, administrar y notificar el procedimiento contencioso administrativo que se substancie ante el Tribunal.

Fracción recorrida DOF 10-12-2010

XVI. Tribunal: Tribunal Federal de Justicia Fiscal y Administrativa.

Fracción recorrida DOF 10-12-2010

Artículo adicionado DOF 12-06-2009

Artículo 2o.- El juicio contencioso administrativo federal, procede contra las resoluciones administrativas definitivas que establece la Ley Orgánica del Tribunal Federal de Justicia Fiscal y Administrativa.

Asimismo, procede dicho juicio contra los actos administrativos, Decretos y Acuerdos de carácter general, diversos a los Reglamentos, cuando sean autoaplicativos o cuando el interesado los controvierta en unión del primer acto de aplicación.

Las autoridades de la Administración Pública Federal, tendrán acción para controvertir una resolución administrativa favorable a un particular cuando estime que es contraria a la ley.

Artículo 3o.- Son partes en el juicio contencioso administrativo:

I.   El demandante.

II.   Los demandados. Tendrán ese carácter:

a)   La autoridad que dictó la resolución impugnada.

b)   El particular a quien favorezca la resolución cuya modificación o nulidad pida la autoridad administrativa.

c)   El Jefe del Servicio de Administración Tributaria o el titular de la dependencia u organismo desconcentrado o descentralizado que sea parte en los juicios en que se controviertan resoluciones de autoridades federativas coordinadas, emitidas con fundamento en convenios o acuerdos en materia de coordinación, respecto de las materias de la competencia del Tribunal.

Dentro del mismo plazo que corresponda a la autoridad demandada, la Secretaría de Hacienda y Crédito Público podrá apersonarse como parte en los juicios en que se controvierta el interés fiscal de la Federación.

III.   El tercero que tenga un derecho incompatible con la pretensión del demandante.

Artículo 4o.- Toda promoción deberá contener la firma autógrafa o la firma electrónica avanzada de quien la formule y sin este requisito se tendrá por no presentada. Cuando el promovente en un Juicio en la vía tradicional, no sepa o no pueda estampar su firma autógrafa, estampará en el documento su huella digital y en el mismo documento otra persona firmará a su ruego.

Párrafo reformado DOF 12-06-2009

Las personas morales para presentar una demanda o cualquier promoción podrán optar por utilizar su firma electrónica avanzada o bien hacerlo con la firma electrónica avanzada de su representante legal; en el primer caso, el titular del certificado de firma será la persona moral.

Párrafo adicionado DOF 13-06-2016

Cuando la resolución afecte a dos o más personas, la demanda deberá ir firmada por cada una de ellas, y designar a un representante común que elegirán de entre ellas mismas, si no lo hicieren, el Magistrado Instructor nombrará con tal carácter a cualquiera de los interesados, al admitir la demanda.

Artículo 5o.- Ante el Tribunal no procederá la gestión de negocios. Quien promueva a nombre de otra deberá acreditar que la representación le fue otorgada a más tardar en la fecha de la presentación de la demanda o de la contestación, en su caso.

La representación de los particulares se otorgará en escritura pública o carta poder firmada ante dos testigos y ratificadas las firmas del otorgante y testigos ante notario o ante los secretarios del Tribunal, sin perjuicio de lo que disponga la legislación de profesiones. La representación de los menores de edad será ejercida por quien tenga la patria potestad. Tratándose de otros incapaces, de la sucesión y del ausente, la representación se acreditará con la resolución judicial respectiva.

Se presumirá, salvo prueba en contrario, que la presentación en el Sistema de Justicia en Línea de demandas o promociones enviadas con la firma electrónica avanzada de una persona moral, la hizo el Administrador Único o el Presidente del Consejo de Administración de dicha persona, atendiendo a quien ocupe dicho cargo al momento de la presentación.

Párrafo adicionado DOF 13-06-2016

La representación de las autoridades corresponderá a las unidades administrativas encargadas de su defensa jurídica, según lo disponga el Ejecutivo Federal en su Reglamento o decreto respectivo y en su caso, conforme lo disponga la Ley Federal de Entidades Paraestatales. Tratándose de autoridades de las Entidades Federativas coordinadas, conforme lo establezcan las disposiciones locales.

Los particulares o sus representantes podrán autorizar por escrito a licenciado en derecho que a su nombre reciba notificaciones. La persona así autorizada podrá hacer promociones de trámite, rendir pruebas, presentar alegatos e interponer recursos. Las autoridades podrán nombrar delegados para los mismos fines. Con independencia de lo anterior, las partes podrán autorizar a cualquier persona con capacidad legal para oír notificaciones e imponerse de los autos, quien no gozará de las demás facultades a que se refiere este párrafo.

Párrafo reformado DOF 28-01-2010

Artículo 6o.- En los juicios que se tramiten ante el Tribunal no habrá lugar a condenación en costas. Cada parte será responsable de sus propios gastos y los que originen las diligencias que promuevan.

Únicamente habrá lugar a condena en costas a favor de la autoridad demandada, cuando se controviertan resoluciones con propósitos notoriamente dilatorios.

Para los efectos de este artículo, se entenderá que el actor tiene propósitos notoriamente dilatorios cuando al dictarse una sentencia que reconozca la validez de la resolución impugnada, se beneficia económicamente por la dilación en el cobro, ejecución o cumplimiento, siempre que los conceptos de impugnación formulados en la demanda sean notoriamente improcedentes o infundados. Cuando la ley prevea que las cantidades adeudadas se aumentan con actualización por inflación y con alguna tasa de interés o de recargos, se entenderá que no hay beneficio económico por la dilación.

La autoridad demandada deberá indemnizar al particular afectado por el importe de los daños y perjuicios causados, cuando la unidad administrativa de dicho órgano cometa falta grave al dictar la resolución impugnada y no se allane al contestar la demanda en el concepto de impugnación de que se trata. Habrá falta grave cuando:

I. Se anule por ausencia de fundamentación o de motivación, en cuanto al fondo o a la competencia.

II. Sea contraria a una jurisprudencia de la Suprema Corte de Justicia de la Nación en materia de legalidad. Si la jurisprudencia se publica con posterioridad a la contestación no hay falta grave.

III. Se anule con fundamento en el artículo 51, fracción V de esta Ley.

La condenación en costas o la indemnización establecidas en los párrafos segundo y tercero de este artículo se reclamará a través del incidente respectivo, el que se tramitará conforme lo previsto por el cuarto párrafo del artículo 39 de esta Ley.

Artículo 7o.- Los miembros del Tribunal incurren en responsabilidad si:

I. Expresan su juicio respecto de los asuntos que estén conociendo, fuera de las oportunidades en que esta Ley lo admite.

II.   Informan a las partes y en general a personas ajenas al Tribunal sobre el contenido o el sentido de las resoluciones jurisdiccionales, antes de que éstas se emitan y en los demás casos, antes de su notificación formal.

III.   Informan el estado procesal que guarda el juicio a personas que no estén autorizadas por las partes en los términos de esta Ley, salvo que se trate de notificaciones por Boletín Jurisdiccional o en los supuestos en que la legislación en materia de transparencia y acceso a la información pública, disponga que tal cuestión deba hacerse de su conocimiento.

Fracción reformada DOF 13-06-2016

IV.   Dan a conocer información confidencial o comercial reservada.

Artículo 7o Bis. Las partes, representantes legales, autorizados, delegados, testigos, peritos y cualquier otra persona, tienen el deber de conducirse con probidad y respeto hacia sus contrapartes y funcionarios del Tribunal en todos los escritos, promociones, oficios, comparecencias o diligencias en que intervengan; en caso contrario, el Magistrado Instructor, los Magistrados Presidentes de las Secciones o el Magistrado Presidente del Tribunal, previo apercibimiento, podrán imponer a la persona que haya firmado la promoción o incurrido en la falta en la diligencia o comparecencia, una multa entre cien y mil quinientas veces el salario mínimo general vigente en el Distrito Federal al momento en que se incurrió en la falta. De igual manera, podrá imponerse una multa, con esos parámetros, a quien interponga demandas, recursos o promociones notoriamente frívolas e improcedentes.

Artículo adicionado DOF 13-06-2016

CAPÍTULO II
DE LA IMPROCEDENCIA Y DEL SOBRESEIMIENTO

Artículo 8o.- Es improcedente el juicio ante el Tribunal en los casos, por las causales y contra los actos siguientes:

I.   Que no afecten los intereses jurídicos del demandante, salvo en los casos de legitimación expresamente reconocida por las leyes que rigen al acto impugnado.

Fracción reformada DOF 28-01-2011

II.   Que no le competa conocer a dicho Tribunal.

III.   Que hayan sido materia de sentencia pronunciada por el Tribunal, siempre que hubiera identidad de partes y se trate del mismo acto impugnado, aunque las violaciones alegadas sean diversas.

IV.   Cuando hubiere consentimiento, entendiéndose que hay consentimiento si no se promovió algún medio de defensa en los términos de las leyes respectivas o juicio ante el Tribunal, en los plazos que señala esta Ley.

Se entiende que no hubo consentimiento cuando una resolución administrativa o parte de ella no impugnada, cuando derive o sea consecuencia de aquella otra que haya sido expresamente impugnada.

V.   Que sean materia de un recurso o juicio que se encuentre pendiente de resolución ante una autoridad administrativa o ante el propio Tribunal.

VI.   Que puedan impugnarse por medio de algún recurso o medio de defensa, con excepción de aquéllos cuya interposición sea optativa.

VII. Conexos a otro que haya sido impugnado por medio de algún recurso o medio de defensa diferente, cuando la ley disponga que debe agotarse la misma vía.

Para los efectos de esta fracción, se entiende que hay conexidad siempre que concurran las causas de acumulación previstas en el artículo 31 de esta Ley.

VIII. Que hayan sido impugnados en un procedimiento judicial.

IX. Contra reglamentos.

X. Cuando no se hagan valer conceptos de impugnación.

XI. Cuando de las constancias de autos apareciere claramente que no existe la resolución o acto impugnados.

XII. Que puedan impugnarse en los términos del artículo 97 de la Ley de Comercio Exterior, cuando no haya transcurrido el plazo para el ejercicio de la opción o cuando la opción ya haya sido ejercida.

XIII. Dictados por la autoridad administrativa para dar cumplimiento a la decisión que emane de los mecanismos alternativos de solución de controversias a que se refiere el artículo 97 de la Ley de Comercio Exterior.

XIV. Que hayan sido dictados por la autoridad administrativa en un procedimiento de resolución de controversias previsto en un tratado para evitar la doble tributación, si dicho procedimiento se inició con posterioridad a la resolución que recaiga a un recurso de revocación o después de la conclusión de un juicio ante el Tribunal.

XV. Que sean resoluciones dictadas por autoridades extranjeras que determinen impuestos y sus accesorios cuyo cobro y recaudación hayan sido solicitados a las autoridades fiscales mexicanas, de conformidad con lo dispuesto en los tratados internacionales sobre asistencia mutua en el cobro de los que México sea parte.

No es improcedente el juicio cuando se impugnen por vicios propios, los mencionados actos de cobro y recaudación.

XVI. Cuando la demanda se hubiere interpuesto por la misma parte y en contra del mismo acto impugnado, por dos o más ocasiones.

Fracción adicionada DOF 13-06-2016

XVII. En los demás casos en que la improcedencia resulte de alguna disposición de esta Ley o de una ley fiscal o administrativa.

Fracción recorrida DOF 13-06-2016

La procedencia del juicio será examinada aun de oficio.

Artículo 9o.- Procede el sobreseimiento:

I. Por desistimiento del demandante.

II. Cuando durante el juicio aparezca o sobrevenga alguna de las causas de improcedencia a que se refiere el artículo anterior.

III. En el caso de que el demandante muera durante el juicio si su pretensión es intransmisible o, si su muerte, deja sin materia el proceso.

IV. Si la autoridad demandada deja sin efecto la resolución o acto impugnados, siempre y cuando se satisfaga la pretensión del demandante.

V. Si el juicio queda sin materia.

VI.   En los demás casos en que por disposición legal haya impedimento para emitir resolución en cuanto al fondo.

El sobreseimiento del juicio podrá ser total o parcial.

CAPÍTULO III

DE LOS IMPEDIMENTOS Y EXCUSAS

Artículo 10.- Los magistrados del Tribunal estarán impedidos para conocer, cuando:

I.   Tengan interés personal en el negocio.

II.   Sean cónyuges, parientes consanguíneos, afines o civiles de alguna de las partes o de sus patronos o representantes, en línea recta sin limitación de grado y en línea transversal dentro del cuarto grado por consanguinidad y segundo por afinidad.

III.   Hayan sido patronos o apoderados en el mismo negocio.

IV.   Tengan amistad estrecha o enemistad con alguna de las partes o con sus patronos o representantes.

V.   Hayan dictado la resolución o acto impugnados o han intervenido con cualquier carácter en la emisión del mismo o en su ejecución.

VI.   Figuren como parte en un juicio similar, pendiente de resolución.

VII.   Estén en una situación que pueda afectar su imparcialidad en forma análoga o más grave que las mencionadas.

Los peritos del Tribunal estarán impedidos para dictaminar en los casos a que se refiere este artículo.

Artículo 11.- Los magistrados tienen el deber de excusarse del conocimiento de los negocios en que ocurra alguno de los impedimentos señalados en el artículo anterior, expresando concretamente en qué consiste el impedimento.

Artículo 12.- Manifestada por un magistrado la causa de impedimento, el Presidente de la Sección o de la Sala Regional turnará el asunto al Presidente del Tribunal, a fin de que la califique y, de resultar fundada, se procederá en los términos de la Ley Orgánica del Tribunal Federal de Justicia Fiscal y Administrativa.

TÍTULO II

De la Substanciación y Resolución del Juicio

CAPÍTULO I

DE LA DEMANDA

Artículo 13.- El demandante podrá presentar su demanda, mediante Juicio en la vía tradicional, por escrito ante la sala regional competente o, en línea, a través del Sistema de Justicia en Línea, para este último caso, el demandante deberá manifestar su opción al momento de presentar la demanda. Una vez que el demandante haya elegido su opción no podrá variarla. Cuando la autoridad tenga este carácter la demanda se presentará en todos los casos en línea a través del Sistema de Justicia en Línea.

Párrafo reformado DOF 12-06-2009

Para el caso de que el demandante no manifieste su opción al momento de presentar su demanda se entenderá que eligió tramitar el Juicio en la vía tradicional.

Párrafo adicionado DOF 12-06-2009

La demanda deberá presentarse dentro de los plazos que a continuación se indican:

Párrafo adicionado DOF 12-06-2009

I.   De treinta días siguientes a aquél en el que se dé alguno de los supuestos siguientes:

Párrafo reformado DOF 13-06-2016

a)   Que haya surtido efectos la notificación de la resolución impugnada, lo que se determinará conforme a la ley aplicable a ésta, inclusive cuando se controvierta simultáneamente como primer acto de aplicación una regla administrativa de carácter general. *Inciso reformado DOF 10-12-2010, 24-12-2013*

b)   Hayan iniciado su vigencia el decreto, acuerdo, acto o resolución administrativa de carácter general impugnada cuando sea auto aplicativa.

II.   De treinta días siguientes a aquél en el que surta efectos la notificación de la resolución de la

Sala o Sección que habiendo conocido una queja, decida que la misma es improcedente y deba tramitarse como juicio. Para ello, deberá prevenirse al promovente para que, dentro de dicho plazo, presente demanda en contra de la resolución administrativa que tenga carácter definitivo.

Fracción reformada DOF 13-06-2016

III.   De cinco años cuando las autoridades demanden la modificación o nulidad de una resolución favorable a un particular, los que se contarán a partir del día siguiente a la fecha en que éste se haya emitido, salvo que haya producido efectos de tracto sucesivo, caso en el que se podrá demandar la modificación o nulidad en cualquier época sin exceder de los cinco años del último efecto, pero los efectos de la sentencia, en caso de ser total o parcialmente desfavorable para el particular, sólo se retrotraerán a los cinco años anteriores a la presentación de la demanda.

Cuando el demandante tenga su domicilio fuera de la población donde esté la sede de la Sala, la demanda podrá enviarse a través de Correos de México, correo certificado con acuse de recibo, siempre que el envío se efectúe en el lugar en que resida el demandante, pudiendo en este caso señalar como domicilio para recibir notificaciones, el ubicado en cualquier parte del territorio nacional, salvo cuando tenga su domicilio dentro de la jurisdicción de la Sala competente, en cuyo caso, el señalado para tal efecto, deberá estar ubicado dentro de la circunscripción territorial de la Sala.

Párrafo reformado DOF 12-06-2009

Cuando el interesado fallezca durante el plazo para iniciar juicio, el plazo se suspenderá hasta un año, si antes no se ha aceptado el cargo de representante de la sucesión. También se suspenderá el plazo para interponer la demanda si el particular solicita a las autoridades fiscales iniciar el procedimiento de resolución de controversias contenido en un tratado para evitar la doble tributación, incluyendo en su caso, el procedimiento arbitral. En estos casos cesará la suspensión cuando se notifique la resolución que da por terminado dicho procedimiento, inclusive en el caso de que se dé por terminado a petición del interesado.

En los casos de incapacidad o declaración de ausencia, decretadas por autoridad judicial, el plazo para interponer el juicio contencioso administrativo federal se suspenderá hasta por un año. La suspensión cesará tan pronto como se acredite que se ha aceptado el cargo de tutor del incapaz o representante legal del ausente, siendo en perjuicio del particular si durante el plazo antes mencionado no se provee sobre su representación.

Artículo 14.- La demanda deberá indicar:

I.   El nombre del demandante, domicilio fiscal, así como domicilio para oír y recibir notificaciones dentro de la jurisdicción de la Sala Regional competente, y su dirección de correo electrónico.

Cuando se presente alguno de los supuestos a que se refiere el Capítulo XI, del Título II, de esta Ley, el juicio será tramitado por el Magistrado Instructor en la vía sumaria.

Fracción reformada DOF 12-06-2009, 10-12-2010, 13-06-2016

II.   La resolución que se impugna. En el caso de que se controvierta un decreto, acuerdo, acto o resolución de carácter general, precisará la fecha de su publicación.

III.   La autoridad o autoridades demandadas o el nombre y domicilio del particular demandado cuando el juicio sea promovido por la autoridad administrativa.

IV.   Los hechos que den motivo a la demanda.

V.   Las pruebas que ofrezca.

En caso de que se ofrezca prueba pericial o testimonial se precisarán los hechos sobre los que deban versar y señalarán los nombres y domicilios del perito o de los testigos.

En caso de que ofrezca pruebas documentales, podrá ofrecer también el expediente administrativo en que se haya dictado la resolución impugnada.

Se entiende por expediente administrativo el que contenga toda la información relacionada con el procedimiento que dio lugar a la resolución impugnada; dicha documentación será la que corresponda al inicio del procedimiento, los actos administrativos posteriores y a la resolución impugnada. La remisión del expediente administrativo no incluirá las documentales privadas del actor, salvo que las especifique como ofrecidas. El expediente administrativo será remitido en un solo ejemplar por la autoridad, el cuál estará en la Sala correspondiente a disposición de las partes que pretendan consultarlo.

VI.   Los conceptos de impugnación.

VII.   El nombre y domicilio del tercero interesado, cuando lo haya.

VIII. Lo que se pida, señalando en caso de solicitar una sentencia de condena, las cantidades o actos cuyo cumplimiento se demanda.

En cada demanda sólo podrá aparecer un demandante, salvo en los casos que se trate de la impugnación de resoluciones conexas, o que se afecte los intereses jurídicos de dos o más personas, mismas que podrán promover el juicio contra dichas resoluciones en una sola demanda.

Párrafo reformado DOF 12-06-2009

En los casos en que sean dos o más demandantes éstos ejercerán su opción a través de un representante común.

Párrafo adicionado DOF 12-06-2009

En la demanda en que promuevan dos o más personas en contravención de lo dispuesto en el párrafo anterior, el Magistrado Instructor requerirá a los promoventes para que en el plazo de cinco días presenten cada uno de ellos su demanda correspondiente, apercibidos que de no hacerlo se desechará la demanda inicial.

Párrafo reformado DOF 12-06-2009

Cuando se omita el nombre del demandante o los datos precisados en las fracciones II y VI, el Magistrado Instructor desechará por improcedente la demanda interpuesta. Si se omiten los datos previstos en las fracciones III, IV, V, VII y VIII, el Magistrado Instructor requerirá al promovente para que los señale dentro del término de cinco días, apercibiéndolo que de no hacerlo en tiempo se tendrá por no presentada la demanda o por no ofrecidas las pruebas, según corresponda.

Si en el lugar señalado por el actor como domicilio del tercero, se negare que sea éste, el demandante deberá proporcionar al Tribunal la información suficiente para proceder a su primera búsqueda, siguiendo al efecto las reglas previstas en el Código Federal de Procedimientos Civiles.

Párrafo reformado DOF 12-06-2009, 10-12-2010

Cuando no se señale dirección de correo electrónico, no se enviará el aviso electrónico que corresponda.

Párrafo adicionado DOF 10-12-2010.
Reformado DOF 13-06-2016

Artículo 15.- El demandante deberá adjuntar a su demanda:

I. Una copia de la misma y de los documentos anexos para cada una de las partes.

II. El documento que acredite su personalidad o en el que conste que le fue reconocida por la autoridad demandada, o bien señalar los datos de registro del documento con la que esté acreditada ante el Tribunal, cuando no gestione en nombre propio.

III. El documento en que conste la resolución impugnada.

IV. En el supuesto de que se impugne una resolución negativa ficta, deberá acompañar una copia en la que obre el sello de recepción de la instancia no resuelta expresamente por la autoridad.

V. La constancia de la notificación de la resolución impugnada.

VI. Cuando no se haya recibido constancia de notificación o la misma hubiere sido practicada por correo, así se hará constar en el escrito de demanda, señalando la fecha en que dicha notificación se practicó. Si la autoridad demandada al contestar la demanda hace valer su extemporaneidad, anexando las constancias de notificación en que la apoya, el Magistrado Instructor procederá conforme a lo previsto en el artículo 17, fracción V, de esta Ley. Si durante el plazo previsto en el artículo 17 citado no se controvierte la legalidad de la notificación de la resolución impugnada, se presumirá legal la diligencia de notificación de la referida resolución.

VII. El cuestionario que debe desahogar el perito, el cual deberá ir firmado por el demandante.

VIII. El interrogatorio para el desahogo de la prueba testimonial, el que debe ir firmado por el demandante en el caso señalado en el último párrafo del artículo 44 de esta Ley.

IX. Las pruebas documentales que ofrezca.

Los particulares demandantes deberán señalar, sin acompañar, los documentos que fueron considerados en el procedimiento administrativo como información confidencial o comercial reservada. La Sala solicitará los documentos antes de cerrar la instrucción.

Cuando las pruebas documentales no obren en poder del demandante o cuando no hubiera podido obtenerlas a pesar de tratarse de documentos que legalmente se encuentren a su disposición, éste deberá señalar el archivo o lugar en que se encuentra para que a su costa se mande expedir copia de ellos o se requiera su remisión, cuando ésta sea legalmente posible. Para este efecto deberá identificar con toda precisión los documentos y tratándose de los que pueda tener a su disposición, bastará con que acompañe copia de la solicitud debidamente presentada por lo menos cinco días antes de la interposición de la demanda. Se entiende que el demandante tiene a su disposición los documentos, cuando legalmente pueda obtener copia autorizada de los originales o de las constancias.

Si no se adjuntan a la demanda los documentos a que se refiere este precepto, el Magistrado Instructor requerirá al promovente para que los presente dentro del plazo de cinco días. Cuando el promovente no los presente dentro de dicho plazo y se trate de los documentos a que se refieren las fracciones I a VI, se tendrá por no presentada la demanda. Si se trata de las pruebas a que se refieren las fracciones VII, VIII y IX, las mismas se tendrán por no ofrecidas.

Cuando en el documento en el que conste la resolución impugnada a que se refiere la fracción III de este artículo, se haga referencia a información confidencial proporcionada por terceros independientes, obtenida en el ejercicio de las facultades que en materia de operaciones entre partes relacionadas establece la Ley del Impuesto sobre la Renta, el demandante se abstendrá de revelar dicha información. La información confidencial a que se refiere la ley citada, no podrá ponerse a disposición de los autorizados en la demanda para oír y recibir notificaciones, salvo que se trate de los representantes a que se refieren los artículos 46, fracción IV, quinto párrafo y 48, fracción VII, segundo párrafo del Código Fiscal de la Federación.

Artículo 16.- Cuando se alegue que la resolución administrativa no fue notificada o que lo fue ilegalmente, siempre que se trate de las impugnables en el juicio contencioso administrativo federal, se estará a las reglas siguientes:

I.   Si el demandante afirma conocer la resolución administrativa, los conceptos de impugnación contra su notificación y contra la resolución misma, deberán hacerse valer en la demanda, en la que manifestará la fecha en que la conoció.

II.   Si el actor manifiesta que no conoce la resolución administrativa que pretende impugnar, así lo expresará en su demanda, señalando la autoridad a quien la atribuye, su notificación o su ejecución. En este caso, al contestar la demanda, la autoridad acompañará constancia de la resolución administrativa y de su notificación, mismas que el actor deberá combatir mediante ampliación de la demanda.

III.   El Tribunal estudiará los conceptos de impugnación expresados contra la notificación, en forma previa al examen de los agravios expresados en contra de la resolución administrativa.

Si resuelve que no hubo notificación o que fue ilegal, considerará que el actor fue sabedor de la resolución administrativa desde la fecha en que manifestó conocerla o en la que se le dio a conocer, según se trate, quedando sin efectos todo lo actuado en base a dicha notificación, y procederá al estudio de la impugnación que se hubiese formulado contra la resolución.

Si resuelve que la notificación fue legalmente practicada y, como consecuencia de ello la demanda fue presentada extemporáneamente, sobreseerá el juicio en relación con la resolución administrativa combatida.

Artículo 17. Se podrá ampliar la demanda, dentro de los diez días siguientes a aquél en que surta efectos la notificación del acuerdo que admita su contestación, en los casos siguientes:

Párrafo reformado DOF 13-06-2016

I.   Cuando se impugne una negativa ficta.

II.   Contra el acto principal del que derive la resolución impugnada en la demanda, así como su notificación, cuando se den a conocer en la contestación.

III.   En los casos previstos en el artículo anterior.

IV.   Cuando con motivo de la contestación, se introduzcan cuestiones que, sin violar el primer párrafo del artículo 22, no sean conocidas por el actor al presentar la demanda.

V.   Cuando la autoridad demandada plantee el sobreseimiento del juicio por extemporaneidad en la presentación de la demanda.

En el escrito de ampliación de demanda se deberá señalar el nombre del actor y el juicio en que se actúa, debiendo adjuntar, con las copias necesarias para el traslado, las pruebas y documentos que en su caso se presenten.

Cuando las pruebas documentales no obren en poder del demandante o cuando no hubiera podido obtenerlas a pesar de tratarse de documentos que legalmente se encuentren a su disposición, será aplicable en lo conducente, lo dispuesto en el tercer párrafo del artículo 15 de esta Ley.

Si no se adjuntan las copias a que se refiere este artículo, el Magistrado Instructor requerirá al promovente para que las presente dentro del plazo de cinco días. Si el promovente no las presenta dentro de dicho plazo, se tendrá por no presentada la ampliación a la demanda. Si se trata de las pruebas documentales o de los cuestionarios dirigidos a peritos y testigos, a que se refieren las fracciones VII, VIII y IX del artículo 15 de esta Ley, las mismas se tendrán por no ofrecidas.

Artículo 18. El tercero, dentro de los treinta días siguientes a aquél en que se corra traslado de la demanda, podrá apersonarse en juicio mediante escrito que contendrá los requisitos de la demanda o de la contestación, según sea el caso, así como la justificación de su derecho para intervenir en el asunto.

Párrafo reformado DOF 13-06-2016

Deberá adjuntar a su escrito, el documento en que se acredite su personalidad cuando no gestione en nombre propio, las pruebas documentales que ofrezca y el cuestionario para los peritos. Son aplicables en lo conducente los cuatro últimos párrafos del artículo 15.

CAPÍTULO II
DE LA CONTESTACIÓN

Artículo 19. Admitida la demanda se correrá traslado de ella al demandado, emplazándolo para que la conteste dentro de los treinta días siguientes a aquél en que surta efectos el emplazamiento. El plazo para contestar la ampliación de la demanda será de diez días siguientes a aquél en que surta efectos la notificación del acuerdo que admita la ampliación. Si no se produce la contestación en tiempo y forma, o ésta no se refiere a todos los hechos, se tendrán como ciertos los que el actor impute de manera precisa al demandado, salvo que por las pruebas rendidas o por hechos notorios resulten desvirtuados.

Párrafo reformado DOF 13-06-2016

Cuando alguna autoridad que deba ser parte en el juicio no fuese señalada por el actor como demandada, de oficio se le correrá traslado de la demanda para que la conteste en el plazo a que se refiere el párrafo anterior.

Cuando los demandados fueren varios el término para contestar les correrá individualmente.

Las dependencias, organismos o autoridades cuyos actos o resoluciones sean susceptibles de impugnarse ante el Tribunal, así como aquéllas encargadas de su defensa en el juicio y quienes puedan promover juicio de lesividad, deben registrar su dirección de correo electrónico institucional, así como el domicilio oficial de las unidades administrativas a las que corresponda su representación en los juicios contencioso administrativos, para el efecto del envío del aviso electrónico, salvo en los casos en que ya se encuentren registrados en el Sistema de Justicia en Línea.

Párrafo adicionado DOF 13-06-2016

Artículo 20.- El demandado en su contestación y cn la contestación de la ampliación de la demanda, expresará:

I.   Los incidentes de previo y especial pronunciamiento a que haya lugar.

II.   Las consideraciones que, a su juicio, impidan se emita decisión en cuanto al fondo o demuestren que no ha nacido o se ha extinguido el derecho en que el actor apoya su demanda.

III.   Se referirá concretamente a cada uno de los hechos que el demandante le impute de manera expresa, afirmándolos, negándolos, expresando que los ignora por no ser propios o exponiendo cómo ocurrieron, según sea el caso.

IV.   Los argumentos por medio de los cuales se demuestra la ineficacia de los conceptos de impugnación.

V.   Los argumentos por medio de los cuales desvirtúe el derecho a indemnización que solicite la actora.

VI.   Las pruebas que ofrezca.

VII.   En caso de que se ofrezca prueba pericial o testimonial, se precisarán los hechos sobre los que deban versar y se señalarán los nombres y domicilios del perito o de los testigos. Sin estos señalamientos se tendrán por no ofrecidas dichas pruebas.

Artículo 21.- El demandado deberá adjuntar a su contestación:

I.   Copias de la misma y de los documentos que acompañe para el demandante y para el tercero señalado en la demanda.

II.   El documento en que acredite su personalidad cuando el demandado sea un particular y no gestione en nombre propio.

III.   El cuestionario que debe desahogar el perito, el cual deberá ir firmado por el demandado.

IV. En su caso, la ampliación del cuestionario para el desahogo de la pericial ofrecida por el demandante.

V. Las pruebas documentales que ofrezca.

Tratándose de la contestación a la ampliación de la demanda, se deberán adjuntar también los documentos previstos en este artículo, excepto aquéllos que ya se hubieran acompañado al escrito de contestación de la demanda.

Para los efectos de este artículo será aplicable, en lo conducente, lo dispuesto por el artículo 15.

Las autoridades demandadas deberán señalar, sin acompañar, la información calificada por la Ley de Comercio Exterior como gubernamental confidencial o la información confidencial proporcionada por terceros independientes, obtenida en el ejercicio de las facultades que en materia de operaciones entre partes relacionadas establece la Ley del Impuesto sobre la Renta. La Sala solicitará los documentos antes de cerrar la instrucción.

Artículo 22.- En la contestación de la demanda no podrán cambiarse los fundamentos de derecho de la resolución impugnada.

En caso de resolución negativa ficta, la autoridad demandada o la facultada para contestar la demanda, expresará los hechos y el derecho en que se apoya la misma.

En la contestación de la demanda, o hasta antes del cierre de la instrucción, la autoridad demandada podrá allanarse a las pretensiones del demandante o revocar la resolución impugnada.

Artículo 23.- Cuando haya contradicciones entre los hechos y fundamentos de derecho dados en la contestación de la autoridad federativa coordinada que dictó la resolución impugnada y la formulada por el titular de la dependencia u organismo desconcentrado o descentralizado, únicamente se tomará en cuenta, respecto a esas contradicciones, lo expuesto por éstos últimos.

CAPÍTULO III

DE LAS MEDIDAS CAUTELARES

Artículo 24. Una vez iniciado el juicio contencioso administrativo, salvo en los casos en que se ocasione perjuicio al interés social o se contravengan disposiciones de orden público, y con el fin de asegurar la eficacia de la sentencia, el Magistrado Instructor podrá decretar la suspensión de la ejecución del acto impugnado, a fin de mantener la situación de hecho existente en el estado en que se encuentra, así como todas las medidas cautelares positivas necesarias para evitar que el litigio quede sin materia o se cause un daño irreparable al actor.

Párrafo reformado DOF 13-06-2016

La suspensión de la ejecución del acto impugnado se tramitará y resolverá exclusivamente de conformidad con el procedimiento previsto en el artículo 28 de esta Ley.

Párrafo reformado DOF 13-06-2016

Las demás medidas cautelares se tramitarán y resolverán de conformidad con el procedimiento previsto en la presente disposición jurídica y los artículos 24 Bis, 25, 26 y 27 de esta Ley.

Párrafo reformado DOF 13-06-2016

Durante los periodos de vacaciones del Tribunal, en cada región un Magistrado de Sala Regional cubrirá la guardia y quedará habilitado para resolver las peticiones urgentes sobre medidas cautelares o suspensión del acto impugnado, relacionadas con cuestiones planteadas en la demanda.

Artículo reformado DOF 12-06-2009, 10-12-2010

Artículo 24 Bis. Las medidas cautelares se tramitarán de conformidad con el incidente respectivo, el cual se iniciará de conformidad con lo siguiente:

I.   La promoción en donde se soliciten las medidas cautelares señaladas, deberá contener los siguientes requisitos:

a)   El nombre del demandante y su domicilio para recibir notificaciones, el cual deberá encontrarse ubicado dentro de la región de la Sala que conozca del juicio, así como su dirección de correo electrónico, cuando opte porque el juicio se substancie en línea a través del Sistema de Justicia en Línea;

b)   Resolución que se pretende impugnar y fecha de notificación de la misma;

c)   Los hechos que se pretenden resguardar con la medida cautelar, y

d)   Expresión de los motivos por los cuales solicita la medida cautelar.

II.   El escrito de solicitud de medidas cautelares deberá cumplir con lo siguiente:

a)   Acreditar la necesidad para gestionar la medida cautelar, y

b)   Adjuntar copia de la solicitud, para cada una de las partes, a fin de correrles traslado.

En caso de no cumplir con los requisitos previstos en las fracciones I y II del presente artículo, se tendrá por no interpuesto el incidente.

En los demás casos, el particular justificará en su petición las razones por las cuales las medidas cautelares son indispensables y el Magistrado Instructor podrá otorgarlas, motivando las razones de su procedencia.

La solicitud de las medidas cautelares, se podrá presentar en cualquier tiempo, hasta antes de que se dicte sentencia definitiva.

Artículo adicionado DOF 10-12-2010

Artículo 25. El acuerdo que admita el incidente de petición de medidas cautelares, deberá emitirse dentro de las veinticuatro horas siguientes a su interposición, en dicho acuerdo se ordenará correr traslado a quien se impute el acto administrativo o los hechos objeto de la controversia, pidiéndole un informe que deberá rendir en un plazo de setenta y dos horas siguientes a aquél en que surta efectos la notificación del acuerdo respectivo. Si no se rinde el informe o si éste no se refiere específicamente a los hechos que le impute el promovente, dichos hechos se tendrán por ciertos. En el acuerdo a que se refiere este párrafo, el Magistrado Instructor resolverá sobre las medidas cautelares previas que se le hayan solicitado.

Párrafo reformado DOF 13-06-2016

Dentro del plazo de cinco días contados a partir de que haya recibido el informe o que haya vencido el término para presentarlo, el Magistrado Instructor dictará la resolución en la que, de manera definitiva, decrete o niegue las medidas cautelares solicitadas, decida en su caso, sobre la admisión de la garantía ofrecida, la cual deberá otorgarse dentro del plazo de tres días. Cuando no se otorgare la garantía dentro del plazo señalado, las medidas cautelares dejarán de tener efecto.

Mientras no se dicte sentencia definitiva el Magistrado Instructor que hubiere conocido del incidente, podrá modificar o revocar la resolución que haya decretado o negado las medidas cautelares, cuando ocurra un hecho superveniente que lo justifique.

Artículo reformado DOF 10-12-2010

Artículo 26. El Magistrado Instructor podrá decretar medidas cautelares positivas, entre otros casos, cuando, tratándose de situaciones jurídicas duraderas, se produzcan daños substanciales al actor o una lesión importante del derecho que pretende por el simple transcurso del tiempo.

Artículo reformado DOF 13-06-2016

Artículo 27. En los casos en los que las medidas cautelares puedan causar daños a terceros, el Magistrado Instructor las ordenará siempre que el actor otorgue garantía bastante para reparar, mediante indemnización, los daños y perjuicios que con ellas pudieran causarse si no obtiene sentencia favorable en el juicio; garantía que deberá expedirse a favor de los terceros que pudieran tener derecho a la reparación del daño o a la indemnización citada y quedará a disposición de la Sala Regional que corresponda. Si no es cuantificable la indemnización respectiva, se fijará discrecionalmente el importe de la garantía, expresando los razonamientos lógicos y jurídicos respectivos. Si se carece por completo de datos que permitan el ejercicio de esta facultad, se requerirá a las partes afectadas para que proporcionen todos aquéllos que permitan conocer el valor probable del negocio y hagan posible la fijación del monto de la garantía.

Por su parte, la autoridad podrá obligarse a resarcir los daños y perjuicios que se pudieran causar al particular; en cuyo caso, el Tribunal, considerando las circunstancias del caso, podrá no dictar las medidas cautelares. En este caso, si la sentencia definitiva es contraria a la autoridad, el Magistrado Instructor, la Sala Regional, la Sección o el Pleno, deberá condenarla a pagar la indemnización administrativa que corresponda.

Artículo reformado DOF 10-12-2010, 13-06-2016

Artículo 28. La solicitud de suspensión de la ejecución del acto administrativo impugnado, presentado por el actor o su representante legal, se tramitará y resolverá, de conformidad con las reglas siguientes:

I.   Se concederá siempre que:

a)   No se afecte el interés social, ni se contravengan disposiciones de orden público, y

b)   Sean de difícil reparación los daños o perjuicios que se causen al solicitante con la ejecución del acto impugnado.

II.   Para el otorgamiento de la suspensión deberán satisfacerse los siguientes requisitos:

a)   Tratándose de la suspensión de actos de determinación, liquidación, ejecución o cobro de contribuciones, aprovechamientos y otros créditos fiscales, se concederá la suspensión, la que surtirá sus efectos si se ha constituido o se constituye la garantía del interés fiscal ante la autoridad ejecutora por cualquiera de los medios permitidos por las leyes fiscales aplicables.

Al otorgar la suspensión, se podrá reducir el monto de la garantía, en los siguientes casos:

1.   Si el monto de los créditos excediere la capacidad económica del solicitante, y

2.   Si se tratara de tercero distinto al sujeto obligado de manera directa o solidaria al pago del crédito.

b)   En los casos en que la suspensión pudiera causar daños o perjuicios a terceros, se concederá si el solicitante otorga garantía bastante para reparar el daño o indemnizar el perjuicio que con ella se cause, si éste no obtiene sentencia favorable.

En caso de afectaciones no estimables en dinero, de proceder la suspensión, se fijará discrecionalmente el importe de la garantía.

Inciso reformado DOF 13-06-2016

c)   En los demás casos, se concederá determinando la situación en que habrán de quedar las cosas, así como las medidas pertinentes para preservar la materia del juicio principal, hasta que se pronuncie sentencia firme.

d)   El monto de la garantía y contragarantía será fijado por el Magistrado Instructor o quien lo supla.

III.   El procedimiento será:

a)   La solicitud podrá ser formulada en la demanda o en escrito diverso presentado ante la Sala en que se encuentre radicado el juicio, en cualquier tiempo mientras no se dicte sentencia definitiva.

Inciso reformado DOF 13-06-2016

b)   Se tramitará por cuerda separada, bajo la responsabilidad del Magistrado Instructor.

c)   El Magistrado Instructor deberá proveer sobre la suspensión provisional de la ejecución, dentro de las veinticuatro horas siguientes a la presentación de la solicitud. *Inciso reformado DOF 13-06-2016*

d)   El Magistrado Instructor requerirá a la autoridad demandada un informe relativo a la suspensión definitiva, el que se deberá rendir en el término de cuarenta y ocho horas siguientes a aquél en que surta efectos la notificación del acuerdo respectivo. Vencido el término, con el informe o sin él, el Magistrado resolverá lo que corresponda, dentro de los cinco días siguientes.

Inciso reformado DOF 13-06-2016

IV.   Mientras no se dicte sentencia definitiva en el juicio, el Magistrado Instructor podrá modificar o revocar la resolución que haya concedido o negado la suspensión definitiva, cuando ocurra un hecho superveniente que lo justifique.

Fracción reformada DOF 13-06-2016

V.   Cuando el solicitante de la suspensión obtenga sentencia favorable firme, el Magistrado Instructor ordenará la cancelación o liberación de la garantía otorgada. En caso de que la sentencia firme le sea desfavorable, a petición de la contraparte o en su caso, del tercero, y previo acreditamiento de que se causaron perjuicios o se sufrieron daños, la Sala ordenará hacer efectiva la garantía otorgada ante la autoridad.

Artículo reformado DOF 10-12-2010

Artículo 28 Bis. Las medidas cautelares positivas y la suspensión de la ejecución del acto impugnado podrán quedar sin efecto si la contraparte exhibe contragarantía para indemnizar los daños y perjuicios que pudieran causarse a la parte actora. Además la contragarantía deberá cubrir los costos de la garantía que hubiese otorgado la parte actora, la cual comprenderá, entre otros aspectos, los siguientes:

I.   Los gastos o primas pagados, conforme a la ley, a la empresa legalmente autorizada que haya otorgado la garantía;

II.   Los gastos legales de la escritura respectiva y su registro, así como los de cancelación y su registro, cuando la parte actora hubiere otorgado garantía hipotecaria;

III.   Los gastos legales acreditados para constituir el depósito; y/o

IV.   Los gastos efectivamente erogados para constituir la garantía, siempre que estén debidamente comprobados con la documentación correspondiente.

No se admitirá la contragarantía si de ejecutarse el acto impugnado o de no concederse la medida cautelar positiva queda sin materia el juicio o cuando resulte en extremo difícil restituir las cosas al estado que guardaban antes del inicio del juicio, lo cual deberá ser motivado por el Magistrado Instructor. *Artículo adicionado DOF 13-06-2016*

CAPÍTULO IV

DE LOS INCIDENTES

Artículo 29.- En el juicio contencioso administrativo federal sólo serán de previo y especial pronunciamiento:

I.   La incompetencia por materia.

Fracción reformada DOF 10-12-2010

II.   El de acumulación de juicios.

III.   El de nulidad de notificaciones.

IV.   La recusación por causa de impedimento.

V.   La reposición de autos.

VI.   La interrupción por causa de muerte, disolución, declaratoria de ausencia o incapacidad.

Cuando la promoción del incidente sea frívola e improcedente, se impondrá a quien lo promueva una multa de diez a cincuenta veces el salario mínimo general diario vigente en el área geográfica correspondiente al Distrito Federal.

Artículo 30. Las Salas Regionales serán competentes para conocer de los juicios por razón de territorio, de conformidad con lo previsto en el artículo 34 de la Ley Orgánica del Tribunal Federal de Justicia Fiscal y Administrativa.

En caso de duda, será competente por razón de territorio la Sala Regional ante quien se haya presentado el asunto.

Cuando una sala esté conociendo de algún juicio que sea competencia de otra, el demandado o el tercero podrán acudir ante el Presidente del Tribunal exhibiendo copia certificada de la demanda y de las constancias que estime pertinentes, a fin de que se someta el asunto al conocimiento de la Sección que por turno le corresponda conocer.

Cuando se presente un asunto en una Sala Regional que por materia corresponda conocer a una Sala Especializada, la primera se declarará incompetente y comunicará su resolución a la que en su opinión corresponde conocer del juicio, enviándole los autos.

La Sala requerida decidirá de plano, dentro de las cuarenta y ocho horas siguientes a la fecha de recepción del expediente, si acepta o no el conocimiento del asunto. Si la Sala lo acepta, comunicará su resolución a la requirente y a las partes. En caso de no aceptarlo, se tramitará el incidente a que se refiere el tercer párrafo de este artículo.

Artículo reformado DOF 10-12-2010

Artículo 31.- Procede la acumulación de dos o más juicios pendientes de resolución en los casos en que:

I.   Las partes sean las mismas y se invoquen idénticos agravios.

II.   Siendo diferentes las partes e invocándose distintos agravios, el acto impugnado sea uno mismo o se impugne varias partes del mismo acto.

III.   Independientemente de que las partes y los agravios sean o no diversos, se impugnen actos o resoluciones que sean unos antecedentes o consecuencia de los otros.

Para el caso en que proceda la acumulación y los juicios respectivos se estén sustanciando por la vía tradicional y el juicio en línea, el Magistrado Instructor requerirá a las partes relativas al Juicio en la vía tradicional para que en el plazo de tres días manifiesten si optan por substanciar el juicio en línea, en caso de que no ejerza su opción se tramitara el Juicio en la vía tradicional. *Párrafo adicionado DOF 12-06-2009*

Artículo 32.- La acumulación se solicitará ante el Magistrado Instructor que esté conociendo del juicio en el cual la demanda se presentó primero, para lo cual en un término que no exceda de seis días solicitará el envío de los autos del juicio. El magistrado que conozca de la acumulación, en el plazo de cinco días, deberá formular proyecto de resolución que someterá a la Sala, la que dictará la determinación que proceda. La acumulación podrá tramitarse de oficio.

Artículo 33.- Las notificaciones que no fueren hechas conforme a lo dispuesto en esta Ley serán nulas. En este caso el perjudicado podrá pedir que se declare la nulidad dentro de los cinco días siguientes a aquél en que conoció el hecho, ofreciendo las pruebas pertinentes en el mismo escrito en que se promueva la nulidad.

Las promociones de nulidad notoriamente infundadas se desecharán de plano.

Si se admite la promoción, se dará vista a las demás partes por el término de cinco días para que expongan lo que a su derecho convenga; transcurrido dicho plazo, se dictará resolución.

Si se declara la nulidad, la Sala ordenará reponer la notificación anulada y las actuaciones posteriores. Asimismo, se impondrá una multa al actuario, equivalente a diez veces el salario mínimo general diario del área geográfica correspondiente al Distrito Federal, sin que exceda del 30% de su sueldo mensual. El actuario podrá ser destituido de su cargo, sin responsabilidad para el Estado en caso de reincidencia.

Artículo 34.- Las partes podrán recusar a los magistrados o a los peritos del Tribunal, cuando estén en alguno de los casos de impedimento a que se refiere el artículo 10 de esta Ley.

Artículo 35.- La recusación de magistrados se promoverá mediante escrito que se presente en la Sala o Sección en la que se halle adscrito el magistrado de que se trate, acompañando las pruebas que se ofrezcan. El Presidente de la Sección o de la Sala, dentro de los cinco días siguientes, enviará al Presidente del Tribunal el escrito de recusación junto con un informe que el magistrado recusado debe rendir, a fin de que se someta el asunto al conocimiento del Pleno. A falta de informe se presumirá cierto el impedimento. Si el Pleno del Tribunal considera fundada la recusación, el magistrado de la Sala Regional será sustituido en los términos de la Ley Orgánica del Tribunal Federal de Justicia Fiscal y Administrativa. Si se trata de magistrado de Sala Superior, deberá abstenerse de conocer del asunto, en caso de ser el ponente será sustituido.

Los magistrados que conozcan de una recusación son irrecusables para ese solo efecto.

La recusación del perito del Tribunal se promoverá, ante el Magistrado Instructor, dentro de los seis días siguientes a la fecha en que surta efectos la notificación del acuerdo por el que se le designe.

El instructor pedirá al perito recusado que rinda un informe dentro de los tres días siguientes. A falta de informe, se presumirá cierto el impedimento. Si la Sala encuentra fundada la recusación, substituirá al perito.

Artículo 36.- Cuando alguna de las partes sostenga la falsedad de un documento, incluyendo las promociones y actuaciones en juicio, el incidente se podrá hacer valer ante el Magistrado Instructor hasta antes de que se cierre la instrucción en el juicio. El incidente se substanciará conforme a lo dispuesto en el cuarto párrafo del artículo 39 de esta Ley.

Si alguna de las partes sostiene la falsedad de un documento firmado por otra, el Magistrado Instructor podrá citar a la parte respectiva para que estampe su firma en presencia del secretario misma que se tendrá como indubitable para el cotejo.

En los casos distintos de los señalados en el párrafo anterior, el incidentista deberá acompañar el documento que considere como indubitado o señalar el lugar donde se encuentre, o bien ofrecer la pericial correspondiente; si no lo hace, el Magistrado Instructor desechará el incidente.

La Sala resolverá sobre la autenticidad del documento exclusivamente para los efectos del juicio en el que se presente el incidente.

Artículo 37.- Las partes o el Magistrado Instructor de oficio, solicitarán se substancie el incidente de reposición de autos, para lo cual se hará constar en el acta que para tal efecto se levante por la Sala, la existencia anterior y la falta posterior del expediente o de las actuaciones faltantes. A partir de la fecha de esta acta, quedará suspendido el juicio y no correrán los términos.

Con el acta se dará vista a las partes para que en el término de diez días prorrogables exhiban ante el instructor, en copia simple o certificada, las constancias y documentos relativos al expediente que obren en su poder, a fin de reponerlo. Una vez integrado, la Sala, en el plazo de cinco días, declarará repuestos los autos, se levantará la suspensión y se continuará con el procedimiento.

Cuando la pérdida ocurra encontrándose los autos a disposición de la Sala Superior, se ordenará a la Sala Regional correspondiente proceda a la reposición de autos y una vez integrado el expediente, se remitirá el mismo a la Sala Superior para la resolución del juicio.

Artículo 38.- La interrupción del juicio por causa de muerte, disolución, incapacidad o declaratoria de ausencia durará como máximo un año y se sujetará a lo siguiente:

I.   Se decretará por el Magistrado Instructor a partir de la fecha en que ésta tenga conocimiento de la existencia de alguno de los supuestos a que se refiere este artículo.

II.   Si transcurrido el plazo máximo de interrupción, no comparece el albacea, el representante legal o el tutor, la Sala ordenará la reanudación del juicio, ordenando que todas las notificaciones se efectúen por lista al representante de la sucesión, de la sociedad en disolución, del ausente o del incapaz, según sea el caso.

Artículo 39.- Cuando se promueva alguno de los incidentes previstos en el artículo 29, se suspenderá el juicio en el principal hasta que se dicte la resolución correspondiente.

Los incidentes a que se refieren las fracciones I, II y IV, de dicho artículo únicamente podrán promoverse hasta antes de que quede cerrada la instrucción, en los términos del artículo 47 de esta Ley.

Cuando se promuevan incidentes que no sean de previo y especial pronunciamiento, continuará el trámite del proceso.

Si no está previsto algún trámite especial, los incidentes se substanciarán corriendo traslado de la promoción a las partes por el término de tres días. Con el escrito por el que se promueva el incidente o se desahogue el traslado concedido, se ofrecerán las pruebas pertinentes y se presentarán los documentos, los cuestionarios e interrogatorios de testigos y peritos, siendo aplicables para las pruebas pericial y testimonial las reglas relativas del principal.

CAPÍTULO V
DE LAS PRUEBAS

Artículo 40.- En los juicios que se tramiten ante este Tribunal, el actor que pretende se reconozca o se haga efectivo un derecho subjetivo, deberá probar los hechos de los que deriva su derecho y la violación del mismo, cuando ésta consista en hechos positivos y el demandado de sus excepciones.

En los juicios que se tramiten ante el Tribunal, serán admisibles toda clase de pruebas, excepto la de confesión de las autoridades mediante absolución de posiciones y la petición de informes, salvo que los informes se limiten a hechos que consten en documentos que obren en poder de las autoridades.

Las pruebas supervenientes podrán presentarse siempre que no se haya dictado sentencia. En este caso, se ordenará dar vista a la contraparte para que en el plazo de cinco días exprese lo que a su derecho convenga.

Artículo 41.- El Magistrado Instructor, hasta antes de que se cierre la instrucción, para un mejor conocimiento de los hechos controvertidos, podrá acordar la exhibición de cualquier documento que tenga relación con los mismos, ordenar la práctica de cualquier diligencia o proveer la preparación y desahogo de la prueba pericial cuando se planteen cuestiones de carácter técnico y no hubiere sido ofrecida por las partes.

El magistrado ponente podrá proponer al Pleno o a la Sección, se reabra la instrucción para los efectos señalados anteriormente.

Artículo 42.- Las resoluciones y actos administrativos se presumirán legales. Sin embargo, las autoridades deberán probar los hechos que los motiven cuando el afectado los niegue lisa y llanamente, a menos que la negativa implique la afirmación de otro hecho.

Artículo 43.- La prueba pericial se sujetará a lo siguiente:

I. En el acuerdo que recaiga a la contestación de la demanda o de su ampliación, se requerirá a las partes para que dentro del plazo de diez días presenten a sus peritos, a fin de que acrediten que reúnen los requisitos correspondientes, acepten el cargo y protesten su legal desempeño, apercibiéndolas de que si no lo hacen sin justa causa, o la persona propuesta no acepta el cargo o no reúne los requisitos de ley, sólo se considerará el peritaje de quien haya cumplimentado el requerimiento.

Los peritos deberán rendir su propio dictamen autónomo e independiente y exponer sus razones o sustentos en los que se apoyan, por lo que no deberán sustentar su dictamen en las respuestas expuestas por otro perito, ni remitirse a ellas para justificar su opinión técnica. *Párrafo adicionado DOF 13-06-2016*

II. El Magistrado Instructor, cuando a su juicio deba presidir la diligencia y lo permita la naturaleza de ésta, señalará lugar, día y hora para el desahogo de la prueba pericial, pudiendo pedir a los peritos todas las aclaraciones que estime conducentes, y exigirles la práctica de nuevas diligencias.

III. En los acuerdos por los que se discierna del cargo a cada perito, el Magistrado Instructor concederá un plazo mínimo de quince días para que rinda y ratifique su dictamen, con el apercibimiento a la parte que lo propuso de que únicamente se considerarán los dictámenes rendidos dentro del plazo concedido.

IV. Por una sola vez y por causa que lo justifique, comunicada al instructor antes de vencer los plazos mencionados en este artículo, las partes podrán solicitar la ampliación del plazo para rendir el dictamen o la sustitución de su perito, señalando en este caso, el nombre y domicilio de la nueva persona propuesta. La parte que haya sustituido a su perito conforme a la fracción I, ya no podrá hacerlo en el caso previsto en la fracción III de este precepto.

V. El perito tercero será designado por la Sala Regional de entre los que tenga adscritos. En el caso de que no hubiere perito adscrito en la ciencia o arte sobre el cual verse el peritaje, la Sala designará bajo su responsabilidad a la persona que deba rendir dicho dictamen. Cuando haya lugar a designar perito tercero valuador, el nombramiento deberá recaer en una institución de crédito, debiendo cubrirse sus honorarios por las partes. En los demás casos los cubrirá el Tribunal. En el auto en que se designe perito tercero, se le concederá un plazo mínimo de quince días para que rinda su dictamen.

El Magistrado Instructor, dentro del plazo de tres días posteriores a la notificación del acuerdo que tenga por rendido el dictamen del perito tercero, podrá ordenar que se lleve a cabo el desahogo de una junta de peritos, en la cual se planteen aclaraciones en relación a los dictámenes. El acuerdo por el que se fije el lugar, día y hora para la celebración de la junta de peritos deberá notificarse a todas las partes, así como a los peritos. *Párrafo adicionado DOF 13-06-2016*

En la audiencia, el Magistrado Instructor podrá requerir que los peritos hagan las aclaraciones correspondientes, debiendo levantar el acta circunstanciada correspondiente. *Párrafo adicionado DOF 13-06-2016*

En el caso de la Sala Superior del Tribunal, el Magistrado ponente podrá ordenar directamente la reapertura de la instrucción del juicio, a efecto de que la junta de peritos se realice en la Secretaría General o Adjunta de Acuerdos o en la Sala Regional, la cual podrá llevarse a cabo a través de medios electrónicos.

Párrafo adicionado DOF 13-06-2016

Artículo 44.- Para desahogar la prueba testimonial se requerirá a la oferente para que presente a los testigos y cuando ésta manifieste no poder presentarlos, el Magistrado Instructor los citará para que comparezcan el día y hora que al efecto señale. De los testimonios se levantará acta pormenorizada y podrán serles formuladas por el magistrado o por las partes aquellas preguntas que estén en relación directa con los hechos controvertidos o persigan la aclaración de cualquier respuesta. Las autoridades rendirán testimonio por escrito.

Cuando los testigos tengan su domicilio fuera de la sede de la Sala, se podrá desahogar la prueba mediante exhorto, previa calificación hecha por el Magistrado Instructor del interrogatorio presentado, pudiendo repreguntar el magistrado o juez que desahogue el exhorto, en términos del artículo 73 de esta Ley.

Artículo 45.- A fin de que las partes puedan rendir sus pruebas, los funcionarios o autoridades tienen obligación de expedir con toda oportunidad, previo pago de los derechos correspondientes, las copias certificadas de los documentos que les soliciten; si no se cumpliera con esa obligación la parte interesada solicitará al Magistrado Instructor que requiera a los omisos.

Cuando sin causa justificada la autoridad demandada no expida las copias de los documentos ofrecidos por el demandante para probar los hechos imputados a aquélla y siempre que los documentos solicitados hubieran sido identificados con toda precisión tanto en sus características como en su contenido, se presumirán ciertos los hechos que pretenda probar con esos documentos.

En los casos en que la autoridad requerida no sea parte e incumpla, el Magistrado Instructor podrá hacer valer como medida de apremio la imposición de una multa por el monto equivalente de entre noventa y ciento cincuenta veces el salario mínimo general diario vigente en el Distrito Federal, al funcionario omiso. También podrá comisionar al Secretario o Actuario que deba recabar la certificación omitida u ordenar la compulsa de los documentos exhibidos por las partes, con los originales que obren en poder de la autoridad.

Cuando se soliciten copias de documentos que no puedan proporcionarse en la práctica administrativa normal, las autoridades podrán solicitar un plazo adicional para realizar las diligencias extraordinarias que el caso amerite y si al cabo de éstas no se localizan, el Magistrado Instructor podrá considerar que se está en presencia de omisión por causa justificada.

Artículo 46.- La valoración de las pruebas se hará de acuerdo con las siguientes disposiciones:

I.   Harán prueba plena la confesión expresa de las partes, las presunciones legales que no admitan prueba en contrario, así como los hechos legalmente afirmados por autoridad en documentos públicos, incluyendo los digitales; pero, si en los documentos públicos citados se contienen declaraciones de verdad o manifestaciones de hechos de particulares, los documentos sólo prueban plenamente que, ante la autoridad que los expidió, se hicieron tales declaraciones o manifestaciones, pero no prueban la verdad de lo declarado o manifestado.

II.   Tratándose de actos de comprobación de las autoridades administrativas, se entenderán como legalmente afirmados los hechos que constan en las actas respectivas.

III. El valor de las pruebas pericial y testimonial, así como el de las demás pruebas, quedará a la prudente apreciación de la Sala.

Cuando se trate de documentos digitales con firma electrónica distinta a una firma electrónica avanzada o sello digital, para su valoración se estará a lo dispuesto por el artículo 210-A del Código Federal de Procedimientos Civiles.

Cuando por el enlace de las pruebas rendidas y de las presunciones formadas, la Sala adquiera convicción distinta acerca de los hechos materia del litigio, podrá valorar las pruebas sin sujetarse a lo dispuesto en las fracciones anteriores, debiendo fundar razonadamente esta parte de su sentencia.

CAPÍTULO VI
DEL CIERRE DE LA INSTRUCCIÓN

Artículo 47. El Magistrado Instructor, cinco días después de que haya concluido la sustanciación del juicio y/o no existiere ninguna cuestión pendiente que impida su resolución, notificará a las partes que tienen un término de cinco días para formular alegatos de lo bien probado por escrito. Los alegatos presentados en tiempo deberán ser considerados al dictar sentencia; dichos alegatos no pueden ampliar la litis fijada en los acuerdos de admisión a la demanda o de admisión a la ampliación a la demanda, en su caso.

Al vencer el plazo de cinco días a que se refiere el párrafo anterior, con alegatos o sin ellos, quedará cerrada la instrucción del juicio, sin necesidad de una declaratoria expresa, y a partir del día siguiente empezarán a computarse los plazos previstos en el artículo 49 de esta Ley.

Artículo reformado DOF 13-06-2016

CAPÍTULO VII
FACULTAD DE ATRACCIÓN

Artículo 48. El Pleno o las Secciones del Tribunal podrán resolver los juicios con características especiales.

Párrafo reformado DOF 10-12-2010

I. Revisten características especiales los juicios en los que:

a) Por su materia, conceptos de impugnación o cuantía se consideren de interés y trascendencia.

Tratándose de la cuantía, el valor del negocio será determinado por el pleno jurisdiccional de la Sala Superior, mediante la emisión del acuerdo general correspondiente.

Párrafo reformado DOF 10-12-2010, 13-06-2016

b) Para su resolución sea necesario establecer, por primera vez, la interpretación directa de una ley, reglamento o disposición administrativa de carácter general; fijar el alcance de los elementos constitutivos de una contribución, hasta fijar jurisprudencia. En este caso el Presidente del Tribunal también podrá solicitar la atracción.

II.   Para el ejercicio de la facultad de atracción, se estará a las siguientes reglas:

a)   La petición que, en su caso, formulen las Salas Regionales, el Magistrado Instructor o las autoridades deberá presentarse hasta antes del cierre de la instrucción. *Inciso reformado DOF 10-12-2010*

b)   La Presidencia del Tribunal comunicará el ejercicio de la facultad de atracción a la Sala Regional o al Magistrado Instructor antes del cierre de la instrucción.

Inciso reformado DOF 10-12-2010

c)   Los acuerdos de la Presidencia que admitan la petición o que de oficio decidan atraer el juicio, serán notificados personalmente a las partes en los términos de los artículos 67 y 68 de esta Ley. Al efectuar la notificación se les requerirá que señalen domicilio para recibir notificaciones en el Distrito Federal, así como que designen persona autorizada para recibirlas o, en el caso de las autoridades, que señalen a su representante en el mismo. En caso de no hacerlo, la resolución y las actuaciones diversas que dicte la Sala Superior les serán notificadas en el domicilio que obre en autos.

d)   Una vez cerrada la instrucción del juicio, la Sala Regional o el Magistrado Instructor remitirá el expediente original a la Secretaría General de Acuerdos de la Sala Superior, la que lo turnará al Magistrado ponente que corresponda conforme a las reglas que determine el Pleno del propio Tribunal.

Inciso reformado DOF 10-12-2010

CAPÍTULO VIII
DE LA SENTENCIA

Artículo 49. La sentencia se pronunciará por unanimidad o mayoría de votos de los Magistrados integrantes de la sala, dentro de los cuarenta y cinco días siguientes a aquél en que haya quedado cerrada la instrucción en el juicio. Para este efecto, el Magistrado Instructor formulará el proyecto respectivo dentro de los treinta días siguientes al cierre de instrucción. Para dictar resolución en los casos de sobreseimiento, por alguna de las causas previstas en el artículo 9o. de esta Ley, no será necesario que se hubiese cerrado la instrucción.

Párrafo reformado DOF 13-06-2016

El plazo para que el magistrado ponente del Pleno o de la Sección formule su proyecto, empezará a correr a partir de que tenga en su poder el expediente integrado.

Cuando la mayoría de los magistrados estén de acuerdo con el proyecto, el magistrado disidente podrá limitarse a expresar que vota total o parcialmente en contra del proyecto o formular voto particular razonado, el que deberá presentar en un plazo que no exceda de diez días.

Si el proyecto no fue aceptado por los otros magistrados del Pleno, Sección o Sala, el magistrado ponente o instructor engrosará el fallo con los argumentos de la mayoría y el proyecto podrá quedar como voto particular.

Artículo 50.- Las sentencias del Tribunal se fundarán en derecho y resolverán sobre la pretensión del actor que se deduzca de su demanda, en relación con una resolución impugnada, teniendo la facultad de invocar hechos notorios.

Cuando se hagan valer diversas causales de ilegalidad, la sentencia de la Sala deberá examinar primero aquéllos que puedan llevar a declarar la nulidad lisa y llana. En el caso de que la sentencia declare la nulidad de una resolución por la omisión de los requisitos formales exigidos por las leyes, o por vicios de procedimiento, la misma deberá señalar en qué forma afectaron las defensas del particular y trascendieron al sentido de la resolución.

Las Salas podrán corregir los errores que adviertan en la cita de los preceptos que se consideren violados y examinar en su conjunto los agravios y causales de ilegalidad, así como los demás razonamientos de las partes, a fin de resolver la cuestión efectivamente planteada, pero sin cambiar los hechos expuestos en la demanda y en la contestación.

Tratándose de las sentencias que resuelvan sobre la legalidad de la resolución dictada en un recurso administrativo, si se cuenta con elementos suficientes para ello, el Tribunal se pronunciará sobre la legalidad de la resolución recurrida, en la parte que no satisfizo el interés jurídico del demandante. No se podrán anular o modificar los actos de las autoridades administrativas no impugnados de manera expresa en la demanda.

En el caso de sentencias en que se condene a la autoridad a la restitución de un derecho subjetivo violado o a la devolución de una cantidad, el Tribunal deberá previamente constatar el derecho que tiene el particular, además de la ilegalidad de la resolución impugnada.

Hecha excepción de lo dispuesto en fracción XIII, apartado B, del artículo 123 Constitucional, respecto de los Agentes del Ministerio Público, los Peritos y los Miembros de las Instituciones Policiales de la Federación, que hubiesen promovido el juicio o medio de defensa en el que la autoridad jurisdiccional resuelva que la separación, remoción, baja, cese, destitución o cualquier otra forma de terminación del servicio fue injustificada; casos en los que la autoridad demandada sólo estará obligada a pagar la indemnización y demás prestaciones a que tengan derecho, sin que en ningún caso proceda la reincorporación al servicio.

Párrafo adicionado DOF 23-01-2009

Artículo 50-A.- Las sentencias que dicte el Tribunal Federal de Justicia Fiscal y Administrativa con motivo de las demandas que prevé la Ley Federal de Responsabilidad Patrimonial del Estado, deberán contener como elementos mínimos los siguientes:

I.   El relativo a la existencia de la relación de causalidad entre la actividad administrativa y la lesión producida y la valoración del daño o perjuicio causado;

II.   Determinar el monto de la indemnización, explicitando los criterios utilizados para su cuantificación, y

III.   En los casos de concurrencia previstos en el Capítulo IV de la Ley Federal de Responsabilidad Patrimonial del Estado, se deberán razonar los criterios de impugnación y la graduación correspondiente para su aplicación a cada caso en particular.

Artículo adicionado DOF 12-06-2009

Artículo 51.- Se declarará que una resolución administrativa es ilegal cuando se demuestre alguna de las siguientes causales:

I.   Incompetencia del funcionario que la haya dictado, ordenado o tramitado el procedimiento del que deriva dicha resolución.

II.   Omisión de los requisitos formales exigidos por las leyes, siempre que afecte las defensas del particular y trascienda al sentido de la resolución impugnada, inclusive la ausencia de fundamentación o motivación, en su caso.

III.   Vicios del procedimiento siempre que afecten las defensas del particular y trasciendan al sentido de la resolución impugnada.

IV.   Si los hechos que la motivaron no se realizaron, fueron distintos o se apreciaron en forma equivocada, o bien si se dictó en contravención de las disposiciones aplicadas o dejó de aplicar las debidas, en cuanto al fondo del asunto.

V.   Cuando la resolución administrativa dictada en ejercicio de facultades discrecionales no corresponda a los fines para los cuales la ley confiera dichas facultades.

Para los efectos de lo dispuesto por las fracciones II y III del presente artículo, se considera que no afectan las defensas del particular ni trasciendan al sentido de la resolución impugnada, entre otros, los vicios siguientes:

a)   Cuando en un citatorio no se haga mención que es para recibir una orden de visita domiciliaria, siempre que ésta se inicie con el destinatario de la orden.

b)   Cuando en un citatorio no se haga constar en forma circunstanciada la forma en que el notificador se cercioró que se encontraba en el domicilio correcto, siempre que la diligencia se haya efectuado en el domicilio indicado en el documento que deba notificarse.

c)   Cuando en la entrega del citatorio se hayan cometido vicios de procedimiento, siempre que la diligencia prevista en dicho citatorio se haya entendido directamente con el interesado o con su representante legal.

d)   Cuando existan irregularidades en los citatorios, en las notificaciones de requerimientos de solicitudes de datos, informes o documentos, o en los propios requerimientos, siempre y cuando el particular desahogue los mismos, exhibiendo oportunamente la información y documentación solicitados.

e)   Cuando no se dé a conocer al contribuyente visitado el resultado de una compulsa a terceros, si la resolución impugnada no se sustenta en dichos resultados.

f)   Cuando no se valore alguna prueba para acreditar los hechos asentados en el oficio de observaciones o en la última acta parcial, siempre que dicha prueba no sea idónea para dichos efectos.

El Tribunal podrá hacer valer de oficio, por ser de orden público, la incompetencia de la autoridad para dictar la resolución impugnada o para ordenar o tramitar el procedimiento del que derive y la ausencia total de fundamentación o motivación en dicha resolución.

Cuando resulte fundada la incompetencia de la autoridad y además existan agravios encaminados a controvertir el fondo del asunto, el Tribunal deberá analizarlos y si alguno de ellos resulta fundado, con base en el principio de mayor beneficio, procederá a resolver el fondo de la cuestión efectivamente planteada por el actor.

Párrafo adicionado DOF 10-12-2010

Los órganos arbitrales y de otra naturaleza, derivados de mecanismos alternativos de solución de controversias en materia de prácticas desleales, contenidos en tratados y convenios internacionales de los que México sea parte, no podrán revisar de oficio las causales a que se refiere este artículo.

Artículo 52.- La sentencia definitiva podrá:

I. Reconocer la validez de la resolución impugnada.

II. Declarar la nulidad de la resolución impugnada.

III. (Se deroga)

Fracción derogada DOF 13-06-2016

IV. Siempre que se esté en alguno de los supuestos previstos en las fracciones II y III, del artículo 51 de esta Ley, el Tribunal declarará la nulidad para el efecto de que se reponga el procedimiento o se emita nueva resolución; en los demás casos, cuando corresponda a la pretensión deducida, también podrá indicar los términos conforme a los cuales deberá dictar su resolución la autoridad administrativa.

En los casos en que la sentencia implique una modificación a la cuantía de la resolución administrativa impugnada, la Sala Regional competente deberá precisar, el monto, el alcance y los términos de la misma para su cumplimiento.

Tratándose de sanciones, cuando dicho Tribunal aprecie que la sanción es excesiva porque no se motivó adecuadamente o no se dieron los hechos agravantes de la sanción, deberá reducir el importe de la sanción apreciando libremente las circunstancias que dieron lugar a la misma.

V. Declarar la nulidad de la resolución impugnada y además:

a) Reconocer al actor la existencia de un derecho subjetivo y condenar al cumplimiento de la obligación correlativa.

b) Otorgar o restituir al actor en el goce de los derechos afectados.

c) Declarar la nulidad del acto o resolución administrativa de carácter general, caso en que cesarán los efectos de los actos de ejecución que afectan al demandante, inclusive el primer acto de aplicación que hubiese impugnado. La declaración de nulidad no tendrá otros efectos para el demandante, salvo lo previsto por las leyes de la materia de que se trate.

Inciso reformado DOF 10-12-2010

d) Reconocer la existencia de un derecho subjetivo y condenar al ente público federal al pago de una indemnización por los daños y perjuicios causados por sus servidores públicos.

Inciso adicionado DOF 12-06-2009

Si la sentencia obliga a la autoridad a realizar un determinado acto o iniciar un procedimiento, conforme a lo dispuesto en la fracción IV, deberá cumplirse en un plazo de cuatro meses tratándose del Juicio Ordinario o un mes tratándose del Juicio Sumario de conformidad con lo previsto en el artículo 5814 de la presente Ley, contados a partir de que la sentencia quede firme.

Párrafo reformado DOF 13-06-2016

Dentro del mismo término deberá emitir la resolución definitiva, aún cuando, tratándose de asuntos fiscales, hayan transcurrido los plazos señalados en los artículos 46-A y 67 del Código Fiscal de la Federación.

Si el cumplimiento de la sentencia entraña el ejercicio o el goce de un derecho por parte del demandante, transcurrido el plazo señalado en el párrafo anterior sin que la autoridad hubiere cumplido con la sentencia, el beneficiario del fallo tendrá derecho a una indemnización que la Sala que haya conocido del asunto determinará, atendiendo el tiempo transcurrido hasta el total cumplimiento del fallo y los perjuicios que la omisión hubiere ocasionado, sin menoscabo de lo establecido en el artículo 58 de esta Ley. El ejercicio de dicho derecho se tramitará vía incidental.

Cuando para el cumplimiento de la sentencia, sea necesario solicitar información o realizar algún acto de la autoridad administrativa en el extranjero, se suspenderá el plazo a que se refiere el párrafo anterior, entre el momento en que se pida la información o en que se solicite realizar el acto correspondiente y la fecha en que se proporcione dicha información o se realice el acto.

Transcurridos los plazos establecidos en este precepto, sin que se haya dictado la re-solución definitiva, precluirá el derecho de la autoridad para emitirla salvo en los casos en que el particular, con motivo de la sentencia, tenga derecho a una resolución definiti-va que le confiera una prestación, le reconozca un derecho o le abra la posibilidad de obtenerlo.

Párrafo reformado DOF 13-06-2016

En el caso de que se interponga recurso, se suspenderá el efecto de la sentencia hasta que se dicte la resolución que ponga fin a la controversia.

La sentencia se pronunciará sobre la indemnización o pago de costas, solicitados por las partes, cuando se adecue a los supuestos del artículo 6o. de esta Ley.

Artículo 53.- La sentencia definitiva queda firme cuando:

I.   No admita en su contra recurso o juicio.

II.   Admitiendo recurso o juicio, no fuere impugnada, o cuando, habiéndolo sido, el recurso o juicio de que se trate haya sido desechado o sobreseído o hubiere resultado infundado, y

III.   Sea consentida expresamente por las partes o sus representantes legítimos.

A partir de que quede firme una sentencia y cause ejecutoria, correrán los plazos para el cumplimiento de las sentencias, previstos en los artículos 52 y 58-14 de esta Ley.

Párrafo reformado DOF 13-06-2016

Artículo 54.- La parte que estime contradictoria, ambigua u obscura una sentencia definitiva del Tribunal, podrá promover por una sola vez su aclaración dentro de los diez días siguientes a aquél en que surta efectos su notificación.

La instancia deberá señalar la parte de la sentencia cuya aclaración se solicita e inter-ponerse ante la Sala o Sección que dictó la sentencia, la que deberá resolver en un plazo de cinco días siguientes a la fecha en que fue interpuesto, sin que pueda variar la sustan-cia de la sentencia. La aclaración no admite recurso alguno y se reputará parte de la sentencia recurrida y su interposición interrumpe el término para su impugnación.

Artículo 55.- Las partes podrán formular excitativa de justicia ante el Presidente del Tribunal, si el magistrado responsable no formula el proyecto respectivo dentro del pla-zo señalado en esta Ley.

Artículo 56.- Recibida la excitativa de justicia, el Presidente del Tribunal, solicitará informe al magistrado responsable que corresponda, quien deberá rendirlo en el plazo de cinco días. El Presidente dará cuenta al Pleno y si éste encuentra fundada la excitativa, otorgará un plazo que no excederá de quince días para que el magistrado formule el proyecto respectivo. Si el mismo no cumpliere con dicha obligación, será sustituido en los términos de la Ley Orgánica del Tribunal Federal de Justicia Fiscal y Administrativa.

En el supuesto de que la excitativa se promueva por no haberse dictado sentencia, a pesar de existir el proyecto del magistrado responsable, el informe a que se refiere el párrafo anterior, se pedirá al Presidente de la Sala o Sección respectiva, para que lo rinda en el plazo de tres días, y en el caso de que el Pleno considere fundada la excitativa, concederá un plazo de diez días a la Sala o Sección para que dicte la sentencia y si ésta no lo hace, se podrá sustituir a los magistrados renuentes o cambiar de Sección.

Cuando un magistrado, en dos ocasiones hubiere sido sustituido conforme a este precepto, el Presidente del Tribunal podrá poner el hecho en conocimiento del Presidente de la República.

CAPÍTULO IX
DEL CUMPLIMIENTO DE LA SENTENCIA Y DE LA SUSPENSIÓN

Artículo 57.- Las autoridades demandadas y cualesquiera otra autoridad relacionada, están obligadas a cumplir las sentencias del Tribunal Federal de Justicia Fiscal y Administrativa, conforme a lo siguiente:

I.   En los casos en los que la sentencia declare la nulidad y ésta se funde en alguna de las siguientes causales:

    a)   Tratándose de la incompetencia, la autoridad competente podrá iniciar el procedimiento o dictar una nueva resolución, sin violar lo resuelto por la sentencia, siempre que no hayan caducado sus facultades. Este efecto se producirá aun en el caso de que la sentencia declare la nulidad en forma lisa y llana.

    b)   Si tiene su causa en un vicio de forma de la resolución impugnada, ésta se puede reponer subsanando el vicio que produjo la nulidad; en el caso de nulidad por vicios del procedimiento, éste se puede reanudar reponiendo el acto viciado y a partir del mismo.

En ambos casos, la autoridad demandada cuenta con un plazo de cuatro meses para reponer el procedimiento y dictar una nueva resolución definitiva, aún cuando hayan transcurrido los plazos señalados en los artículos 46-A y 67 del Código Fiscal de la Federación.

En el caso previsto en el párrafo anterior, cuando sea necesario realizar un acto de autoridad en el extranjero o solicitar información a terceros para corroborar datos relacionados con las operaciones efectuadas con los contribuyentes, en el plazo de cuatro meses no se contará el tiempo transcurrido entre la petición de la información o de la realización del acto correspondiente y aquél en el que se proporcione dicha información o se realice el acto. Igualmente, cuando en la reposición del procedimiento se presente alguno de los supuestos a que se refiere el tercer párrafo del artículo 46-A del Código Fiscal de la Federación, tampoco se contará dentro del plazo de cuatro meses el periodo por el que se suspende el plazo para concluir las visitas domiciliarias o las revisiones de gabinete, previsto en dicho párrafo, según corresponda.

Si la autoridad tiene facultades discrecionales para iniciar el procedimiento o para dictar una nueva resolución en relación con dicho procedimiento, podrá abstenerse de reponerlo, siempre que no afecte al particular que obtuvo la nulidad de la resolución impugnada.

Los efectos que establece este inciso se producirán sin que sea necesario que la sentencia lo establezca, aun cuando la misma declare una nulidad lisa y llana.

c)   Cuando la resolución impugnada esté viciada en cuanto al fondo, la autoridad no podrá dictar una nueva resolución sobre los mismos hechos, salvo que la sentencia le señale efectos que le permitan volver a dictar el acto. En ningún caso el nuevo acto administrativo puede perjudicar más al actor que la resolución anulada.

Para los efectos de este inciso, no se entenderá que el perjuicio se incrementa cuando se trate de juicios en contra de resoluciones que determinen obligaciones de pago que se aumenten con actualización por el simple transcurso del tiempo y con motivo de los cambios de precios en el país o con alguna tasa de interés o recargos.

d)   Cuando prospere el desvío de poder, la autoridad queda impedida para dictar una nueva resolución sobre los mismos hechos que dieron lugar a la resolución impugnada, salvo que la sentencia ordene la reposición del acto administrativo anulado, en cuyo caso, éste deberá reponerse en el plazo que señala la sentencia.

II.   En los casos de condena, la sentencia deberá precisar la forma y los plazos en los que la autoridad cumplirá con la obligación respectiva, conforme a las reglas establecidas en el artículo 52 de esta Ley.

Cuando se interponga el juicio de amparo o el recurso de revisión, se suspenderá el efecto de la sentencia hasta que se dicte la resolución que ponga fin a la controversia.

Fracción reformada DOF 13-06-2016

Reforma DOF 13-06-2016: Derogó del artículo
los entonces párrafos segundo y tercero

Artículo 58.- A fin de asegurar el pleno cumplimiento de las resoluciones del Tribunal a que este precepto se refiere, una vez vencido el plazo previsto por el artículo 52 de esta Ley, éste podrá actuar de oficio o a petición de parte, conforme a lo siguiente:

I.   La Sala Regional, la Sección o el Pleno que hubiere pronunciado la sentencia, podrá de oficio, por conducto de su Presidente, en su caso, requerir a la autoridad demandada que informe dentro de los tres días siguientes, respecto al cumplimiento de la sentencia. Se exceptúan de lo dispuesto en este párrafo las sentencias que hubieran señalado efectos, cuando la resolución impugnada derive de un procedimiento oficioso.

Concluido el término anterior con informe o sin él, la Sala Regional, la Sección o el Pleno de que se trate, decidirá si hubo incumplimiento injustificado de la sentencia, en cuyo caso procederá como sigue:

a)   Impondrá a la autoridad demandada responsable una multa de apremio que se fijará entre trescientas y mil veces el salario mínimo general diario que estuviere vigente en el Distrito Federal, tomando en cuenta la gravedad del incumplimiento y las consecuencias que ello hubiere ocasionado, requiriéndola a cumplir con la sentencia en el término de tres días y previniéndole, además, de que en caso de renuencia, se le impondrán nuevas multas de apremio en los términos de este inciso, lo que se informará al superior jerárquico de la autoridad demandada.

b)   Si al concluir el plazo mencionado en el inciso anterior, persistiere la renuencia de la autoridad demandada a cumplir con lo sentenciado, la Sala Regional, la Sección o el Pleno podrá requerir al superior jerárquico de aquélla para que en el plazo de tres días la obligue a cumplir sin demora.

De persistir el incumplimiento, se impondrá al superior jerárquico una multa de apremio de conformidad con lo establecido por el inciso a).

c)   Cuando la naturaleza del acto lo permita, la Sala Regional, la Sección o el Pleno podrá comisionar al funcionario jurisdiccional que, por la índole de sus funciones estime más adecuado, para que dé cumplimiento a la sentencia.

Lo dispuesto en esta fracción también será aplicable cuando no se cumplimente en los términos ordenados la suspensión que se decrete, respecto del acto impugnado en el juicio o en relación con la garantía que deba ser admitida.

d)   Transcurridos los plazos señalados en los incisos anteriores, la Sala Regional, la Sección o el Pleno que hubiere emitido el fallo, pondrá en conocimiento de la Contraloría Interna correspondiente los hechos, a fin de ésta determine la responsabilidad del funcionario responsable del incumplimiento.

II.   A petición de parte, el afectado podrá ocurrir en queja ante la Sala Regional, la Sección o el Pleno que la dictó, de acuerdo con las reglas siguientes:

a)   Procederá en contra de los siguientes actos:

1.-   La resolución que repita indebidamente la resolución anulada o la que incurra en exceso o en defecto, cuando se dicte pretendiendo acatar una sentencia.

2.-   La resolución definitiva emitida y notificada después de concluido el plazo establecido por los artículos 52 y 57, fracción I, inciso b) de esta Ley, cuando se trate de una sentencia dictada con base en las fracciones II y III del artículo 51 de la propia ley, que obligó a la autoridad demandada a iniciar un procedimiento o a emitir una nueva resolución, siempre y cuando se trate de un procedimiento oficioso.

3.-   Cuando la autoridad omita dar cumplimiento a la sentencia.

4.-   Si la autoridad no da cumplimiento a la orden de suspensión definitiva de la ejecución del acto impugnado en el juicio contencioso administrativo federal.

La queja sólo podrá hacerse valer por una sola vez, con excepción de los supuestos contemplados en el subinciso 3, caso en el que se podrá interponer en contra de las resoluciones dictadas en cumplimiento a esta instancia.

b)   Se interpondrá por escrito acompañado, si la hay, de la resolución motivo de la queja, así como de una copia para la autoridad responsable, se presentará ante la Sala Regional, la Sección o el Pleno que dictó la sentencia, dentro de los quince días siguientes a aquél en que surtió efectos la notificación del acto, resolución o manifestación que la provoca. En el supuesto previsto en el inciso anterior, subinciso 3, el quejoso podrá interponer su queja en cualquier tiempo, salvo que haya prescrito su derecho.

En dicho escrito se expresarán las razones por las que se considera que hubo exceso o defecto; repetición del acto impugnado o del efecto de éste; que precluyó la oportunidad de la autoridad demandada para emitir la resolución definitiva con la que concluya el procedimiento ordenado; o bien, que procede el cumplimiento sustituto.

El Magistrado Instructor o el Presidente de la Sección o el Presidente del Tribunal, en su caso, ordenarán a la autoridad a quien se impute el incumplimiento, que rinda informe dentro del plazo de cinco días en el que justificará el acto que provocó la queja. Vencido el plazo mencionado, con informe o sin él, se dará cuenta a la Sala Regional, la Sección o el Pleno que corresponda, la que resolverá dentro de los cinco días siguientes.

c)   En caso de repetición de la resolución anulada, la Sala Regional, la Sección o el Pleno hará la declaratoria correspondiente, anulando la resolución repetida y la notificará a la autoridad responsable de la repetición, previniéndole se abstenga de incurrir en nuevas repeticiones.

Además, al resolver la queja, la Sala Regional, la Sección o el Pleno impondrá la multa y ordenará se envíe el informe al superior jerárquico, establecidos por la fracción I, inciso a) de este artículo.

d)   Si la Sala Regional, la Sección o el Pleno resuelve que hubo exceso o defecto en el cumplimiento, dejará sin efectos la resolución que provocó la queja y concederá a la autoridad demandada veinte días para que dé el cumplimiento debido al fallo, precisando la forma y términos conforme a los cuales deberá cumplir.

e)   Si la Sala Regional, la Sección o el Pleno comprueba que la resolución a que se refiere el inciso a), subinciso 2 de esta fracción, se emitió después de concluido el plazo legal, anulará ésta, declarando la preclusión de la oportunidad de la autoridad demandada para dictarla y ordenará se comunique esta circunstancia al superior jerárquico de ésta.

f)   En el supuesto comprobado y justificado de imposibilidad de cumplir con la sentencia, la Sala Regional, la Sección o el Pleno declarará procedente el cumplimiento sustituto y ordenará instruir el incidente respectivo, aplicando para ello, en forma supletoria, el Código Federal de Procedimientos Civiles.

g)   Durante el trámite de la queja se suspenderá el procedimiento administrativo de ejecución que en su caso existiere.

III.   Tratándose del incumplimiento de la resolución que conceda la suspensión de la ejecución del acto impugnado o alguna otra de las medidas cautelares previstas en esta Ley, procederá la queja mediante escrito interpuesto en cualquier momento hasta antes de que se dicte sentencia definitiva ante el Magistrado Instructor.

En el escrito en que se interponga la queja se expresarán los hechos por los que se considera que se ha dado el incumplimiento y en su caso, se acompañarán los documentos en que consten las actuaciones de la autoridad que pretenda vulnerar la suspensión o la medida cautelar otorgada.

El Magistrado pedirá un informe a quien se impute el incumplimiento, que deberá rendir dentro del plazo de cinco días, en el que, en su caso, se justificará el acto o la omisión que provocó la queja. Vencido dicho plazo, con informe o sin él, el Magistrado dará cuenta a la Sala, la que resolverá en un plazo máximo de cinco días.

Si la Sala resuelve que hubo incumplimiento, declarará la nulidad de las actuaciones realizadas en violación a la suspensión o de otra medida cautelar otorgada.

La resolución a que se refiere esta fracción se notificará también al superior jerárquico del servidor público responsable, entendiéndose por este último al que incumpla con lo resuelto, para que proceda jerárquicamente y la Sala impondrá al responsable o autoridad renuente, una multa equivalente a un mínimo de treinta días de su salario, sin exceder del equivalente a sesenta días del mismo, tomando en cuenta la gravedad del incumplimiento, el sueldo del servidor público de que se trate y su nivel jerárquico.

También se tomará en cuenta para imponer la sanción, las consecuencias que el no acatamiento de la resolución hubiera ocasionado, cuando el afectado lo señale, caso en que el solicitante tendrá derecho a una indemnización por daños y perjuicios, la que, en su caso, correrá a cargo de la unidad administrativa en la que preste sus servicios el servidor público de que se trate, en los términos en que se resuelva la queja.

Fracción reformada DOF 10-12-2010

IV. A quien promueva una queja notoriamente improcedente, entendiendo por ésta la que se interponga contra actos que no constituyan resolución administrativa definitiva, se le impondrá una multa en monto equivalente a entre doscientas cincuenta y seiscientas veces el salario mínimo general diario vigente en el Distrito Federal y, en caso de haberse suspendido la ejecución, se considerará este hecho como agravante para graduar la sanción que en definitiva se imponga.

Existiendo resolución administrativa definitiva, si el Magistrado Instructor, la Sala Regional, la Sección o el Pleno consideran que la queja es improcedente, porque se plantean cuestiones novedosas que no fueron materia de la sentencia, prevendrán al promovente para que presente su demanda dentro de los treinta días siguientes a aquél en que surta efectos la notificación del auto respectivo, reuniendo los requisitos legales, en la vía correspondiente, ante la misma Sala Regional que conoció del primer juicio, la que será turnada al mismo Magistrado Instructor de la queja. No deberá ordenarse el trámite de un juicio nuevo si la queja es improcedente por la falta de un requisito procesal para su interposición. *Párrafo reformado DOF 13-06-2016*

CAPÍTULO X
DEL JUICIO EN LÍNEA

Capítulo adicionado DOF 12-06-2009

Artículo 58-A.- El juicio contencioso administrativo federal se promoverá, substanciará y resolverá en línea, a través del Sistema de Justicia en Línea que deberá establecer y desarrollar el Tribunal, en términos de lo dispuesto por el presente Capítulo y las demás disposiciones específicas que resulten aplicables de esta Ley. En todo lo no previsto, se aplicarán las demás disposiciones que resulten aplicables de este ordenamiento.

Artículo adicionado DOF 12-06-2009

Artículo 58-B.- Cuando el demandante ejerza su derecho a presentar su demanda en línea a través del Sistema de Justicia en Línea del Tribunal, las autoridades demandadas deberán comparecer y tramitar el juicio en la misma vía.

Si el demandante no señala expresamente su Dirección de Correo Electrónico, se tramitará el Juicio en la vía tradicional y el acuerdo correspondiente se notificará por lista y en el Boletín Procesal del Tribunal.

Artículo adicionado DOF 12-06-2009

Artículo 58-C.- Cuando la demandante sea una autoridad, el particular demandado, al contestar la demanda, tendrá derecho a ejercer su opción para que el juicio se tramite y resuelva en línea conforme a las disposiciones de este Capítulo, señalando para ello su domicilio y Dirección de Correo Electrónico.

A fin de emplazar al particular demandado, el Secretario de Acuerdos que corresponda, imprimirá y certificará la demanda y sus anexos que se notificarán de manera personal.

Si el particular rechaza tramitar el juicio en línea contestará la demanda mediante el Juicio en la vía tradicional.

Artículo adicionado DOF 12-06-2009

Artículo 58-D.- En el Sistema de Justicia en Línea del Tribunal se integrará el Expediente Electrónico, mismo que incluirá todas las promociones, pruebas y otros anexos que presenten las partes, oficios, acuerdos, y resoluciones tanto interlocutorias como definitivas, así como las demás actuaciones que deriven de la substanciación del juicio en línea, garantizando su seguridad, inalterabilidad, autenticidad, integridad y durabilidad, conforme a los lineamientos que expida el Tribunal.

En los juicios en línea, la autoridad requerida, desahogará las pruebas testimoniales utilizando el método de videoconferencia, cuando ello sea posible.

Artículo adicionado DOF 12-06-2009

Artículo 58-E.- La Firma Electrónica Avanzada, Clave de Acceso y Contraseña se proporcionarán, a través del Sistema de Justicia en Línea del Tribunal, previa obtención del registro y autorización correspondientes. El registro de la Firma Electrónica Avanzada, Clave de Acceso y Contraseña, implica el consentimiento expreso de que dicho Sistema registrará la fecha y hora en la que se abran los Archivos Electrónicos, que contengan las constancias que integran el Expediente Electrónico, para los efectos legales establecidos en este ordenamiento.

Para hacer uso del Sistema de Justicia en Línea deberán observarse los lineamientos que, para tal efecto, expida el Tribunal.

Artículo adicionado DOF 12-06-2009

Artículo 58-F.- La Firma Electrónica Avanzada producirá los mismos efectos legales que la firma autógrafa y garantizará la integridad del documento, teniendo el mismo valor probatorio.

Artículo adicionado DOF 12-06-2009

Artículo 58-G.- Solamente, las partes, las personas autorizadas y delegados tendrán acceso al Expediente Electrónico, exclusivamente para su consulta, una vez que tengan registrada su Clave de Acceso y Contraseña.

Artículo adicionado DOF 12-06-2009

Artículo 58-H.- Los titulares de una Firma Electrónica Avanzada, Clave de Acceso y Contraseña serán responsables de su uso, por lo que el acceso o recepción de las notificaciones, la consulta al Expediente Electrónico y el envío de información mediante la utilización de cualquiera de dichos instrumentos, les serán atribuibles y no admitirán prueba en contrario, salvo que se demuestren fallas del Sistema de Justicia en Línea.

Artículo adicionado DOF 12-06-2009

Artículo 58-I.- Una vez recibida por vía electrónica cualquier promoción de las partes, el Sistema de Justicia en Línea del Tribunal emitirá el Acuse de Recibo Electrónico correspondiente, señalando la fecha y la hora de recibido.

Artículo adicionado DOF 12-06-2009

Artículo 58-J. Cualquier actuación en el Juicio en Línea se efectuará a través del Sistema de Justicia en Línea del Tribunal en términos del presente capítulo. Dichas actuaciones serán validadas con las firmas electrónicas avanzadas de los Magistrados y Secretarios de Acuerdos que den fe según corresponda.

Artículo adicionado DOF 12-06-2009. Reformado DOF 13-06-2016

Artículo 58-K.- Los documentos que las partes ofrezcan como prueba, incluido el expediente administrativo a que se refiere el artículo 14, fracción V, de esta Ley, deberán exhibirlos de forma legible a través del Sistema de Justicia en Línea del Tribunal.

Tratándose de documentos digitales, se deberá manifestar la naturaleza de los mismos, especificando si la reproducción digital corresponde a una copia simple, una copia certificada o al original y tratándose de esta última, si tiene o no firma autógrafa. Los particulares deberán hacer esta manifestación bajo protesta de decir verdad, la omisión de la manifestación presume en perjuicio sólo del promovente, que el documento digitalizado corresponde a una copia simple.

Las pruebas documentales que ofrezcan y exhiban las partes tendrán el mismo valor probatorio que su constancia física, siempre y cuando se observen las disposiciones de la presente Ley y de los acuerdos normativos que emitan los órganos del Tribunal para asegurar la autenticidad de la información, así como de su transmisión, recepción, validación y notificación.

Artículo adicionado DOF 12-06-2009

Artículo 58-L.- Para el caso de pruebas diversas a las documentales, los instrumentos en los que se haga constar la existencia de dichas pruebas se integrarán al Expediente Electrónico. El Secretario de Acuerdos a cuya mesa corresponda el asunto, deberá digitalizar las constancias relativas y procederá a la certificación de su cotejo con los originales físicos, así como a garantizar el resguardo de los originales y de los bienes materiales que en su caso hubieren sido objeto de prueba.

Para el caso de pruebas diversas a las documentales, éstas deberán ofrecerse en la demanda y ser presentadas a la Sala que esté conociendo del asunto, en la misma fecha en la que se registre en el Sistema de Justicia en Línea del Tribunal la promoción correspondiente a su ofrecimiento, haciendo constar su recepción por vía electrónica.

Artículo adicionado DOF 12-06-2009

Artículo 58-M.- Para los juicios que se substancien en términos de este capítulo no será necesario que las partes exhiban copias para correr los traslados que la Ley establece, salvo que hubiese tercero interesado, en cuyo caso, a fin de correrle traslado, el demandante deberá presentar la copia de traslado con sus respectivos anexos.

En el escrito a través del cual el tercero interesado se apersone en juicio, deberá precisar si desea que el juicio se continúe substanciando en línea y señalar en tal caso, su Dirección de Correo Electrónico. En caso de que manifieste su oposición, la Sala dispondrá lo conducente para que se digitalicen los documentos que dicho tercero presente, a fin de que se prosiga con la instrucción del juicio en línea con relación a las demás partes, y a su vez, se impriman y certifiquen las constancias de las actuaciones y documentación electrónica, a fin de que se integre el expediente del tercero en un Juicio en la vía tradicional.

Artículo adicionado DOF 12-06-2009

Artículo 58-N.- Las notificaciones que se practiquen dentro del juicio en línea, se efectuarán conforme a lo siguiente:

I.- Todas las actuaciones y resoluciones que conforme a las disposiciones de esta Ley deban notificarse en forma personal, mediante correo certificado con acuse de recibo, o por oficio, se deberán realizar a través del Sistema de Justicia en Línea del Tribunal.

II.- El actuario deberá elaborar la minuta electrónica en la que precise la actuación o resolución a notificar, así como los documentos que se adjunten a la misma. Dicha minuta, que contendrá la Firma Electrónica Avanzada del actuario, será ingresada al Sistema de Justicia en Línea del Tribunal junto con la actuación o resolución respectiva y los documentos adjuntos.

III.- El actuario enviará a la Dirección de Correo Electrónico de la o las partes a notificar, un aviso informándole que se ha dictado una actuación o resolución en el Expediente Electrónico, la cual está disponible en el Sistema de Justicia en Línea del Tribunal.

IV.- El Sistema de Justicia en Línea del Tribunal registrará la fecha y hora en que se efectúe el envío señalado en la fracción anterior.

V.- Se tendrá como legalmente practicada la notificación, conforme a lo señalado en las fracciones anteriores, cuando el Sistema de Justicia en Línea del Tribunal genere el Acuse de Recibo Electrónico donde conste la fecha y hora en que la o las partes notificadas ingresaron al Expediente Electrónico, lo que deberá suceder dentro del plazo de tres días hábiles siguientes a la fecha de envío del aviso a la Dirección de Correo Electrónico de la o las partes a notificar.

VI.- En caso de que en el plazo señalado en la fracción anterior, el Sistema de Justicia en Línea del Tribunal no genere el acuse de recibo donde conste que la notificación fue realizada, la misma se efectuará mediante lista y por Boletín Procesal al cuarto día hábil contado a partir de la fecha de envío del Correo Electrónico, fecha en que se tendrá por legalmente notificado.

Artículo adicionado DOF 12-06-2009

Artículo 58-O.- Para los efectos del Juicio en Línea son hábiles las 24 horas de los días en que se encuentren abiertas al público las Oficinas de las Salas del Tribunal.

Las promociones se considerarán, salvo prueba en contrario, presentadas el día y hora que conste en el Acuse de Recibo Electrónico que emita el Sistema de Justicia en Línea del Tribunal, en el lugar en donde el promovente tenga su domicilio fiscal y, por recibidas, en el lugar de la sede de la Sala Regional a la que corresponda conocer del juicio por razón de territorio. Tratándose de un día inhábil se tendrán por presentadas el día hábil siguiente.

Artículo adicionado DOF 12-06-2009

Artículo 58-P.- Las autoridades cuyos actos sean susceptibles de impugnarse ante el Tribunal, deberán registrar en la Secretaría General de Acuerdos o ante la Presidencia de las Salas Regionales, según corresponda, la Dirección de Correo Electrónico Institucional, así como el domicilio oficial de las unidades administrativas a las que corresponda su representación en los juicios contenciosos administrativos, para el efecto de emplazarlas electrónicamente a juicio en aquellos casos en los que tengan el carácter de autoridad demandada.

En el caso de que las autoridades demandadas no cumplan con esta obligación, todas las notificaciones que deben hacerse, incluyendo el emplazamiento, se harán a través del Boletín Procesal, hasta que se cumpla con dicha formalidad.

Artículo adicionado DOF 12-06-2009

Artículo 58-Q.- Para la presentación y trámite de los recursos de revisión y juicios de amparo que se promuevan contra las actuaciones y resoluciones derivadas del Juicio en Línea, no será aplicable lo dispuesto en el presente Capítulo.

El Secretario General de Acuerdos del Tribunal, los Secretarios Adjuntos de Sección y los Secretarios de Acuerdos de Sala Superior y de Salas Regionales según corresponda, deberán imprimir el archivo del Expediente Electrónico y certificar las constancias del juicio que deban ser remitidos a los Juzgados de Distrito y Tribunales Colegiados de Circuito, cuando se impugnen resoluciones de los juicios correspondientes a su mesa.

Sin perjuicio de lo anterior, en aquellos casos en que así lo solicite el Juzgado de Distrito o el Tribunal Colegiado se podrá remitir la información a través de medios electrónicos.

Artículo adicionado DOF 12-06-2009

Artículo 58-R.- En caso que el Tribunal advierta que alguna persona modificó, alteró, destruyó o provocó la pérdida de información contenida en el Sistema de Justicia en Línea, se tomarán las medidas de protección necesarias, para evitar dicha conducta hasta que concluya el juicio, el cual se continuará tramitando a través de un Juicio en la vía tradicional.

Si el responsable es usuario del Sistema, se cancelará su Firma Electrónica Avanzada, Clave y Contraseña para ingresar al Sistema de Justicia en Línea y no tendrá posibilidad de volver a promover juicios en línea.

Sin perjuicio de lo anterior, y de las responsabilidades penales respectivas, se impondrá al responsable una multa de trescientas a quinientas veces el salario mínimo general vigente en el Distrito Federal al momento de cometer la infracción.

Artículo adicionado DOF 12-06-2009

Artículo 58-S.- Cuando por caso fortuito, fuerza mayor o por fallas técnicas se interrumpa el funcionamiento del Sistema de Justicia en Línea, haciendo imposible el cumplimiento de los plazos establecidos en la ley, las partes deberán dar aviso a la Sala correspondiente en la misma promoción sujeta a término, quien pedirá un reporte al titular de la unidad administrativa del Tribunal responsable de la administración del Sistema sobre la existencia de la interrupción del servicio.

El reporte que determine que existió interrupción en el Sistema deberá señalar la causa y el tiempo de dicha interrupción, indicando la fecha y hora de inicio y término de la misma. Los plazos se suspenderán, únicamente, el tiempo que dure la interrupción del Sistema. Para tal efecto, la Sala hará constar esta situación mediante acuerdo en el expediente electrónico y, considerando el tiempo de la interrupción, realizara el computo correspondiente, para determinar si hubo o no incumplimiento de los plazos legales.

Artículo adicionado DOF 12-06-2009

CAPÍTULO XI
DEL JUICIO EN LA VÍA SUMARIA

Capítulo adicionado DOF 10-12-2010

Artículo 58-1. El juicio contencioso administrativo federal se tramitará y resolverá en la vía sumaria, de conformidad con las disposiciones específicas que para su simplificación y abreviación se establecen en este Capítulo y, en lo no previsto, se aplicarán las demás disposiciones de esta Ley.

Artículo adicionad DOF 10-12-2010

Artículo 58-2. Cuando se impugnen resoluciones definitivas cuyo importe no exceda de quince veces el salario mínimo general vigente en el Distrito Federal elevado al año al momento de su emisión, procederá el Juicio en la vía Sumaria siempre que se trate de alguna de las resoluciones definitivas siguientes:

Párrafo reformado DOF 13-06-2016

I.   Las dictadas por autoridades fiscales federales y organismos fiscales autónomos, por las que se fije en cantidad líquida un crédito fiscal;

II.   Las que únicamente impongan multas o sanciones, pecuniaria o restitutoria, por infracción a las normas administrativas federales;

III.   Las que exijan el pago de créditos fiscales, cuando el monto de los exigibles no exceda el importe citado;

IV.   Las que requieran el pago de una póliza de fianza o de una garantía que hubiere sido otorgada a favor de la Federación, de organismos fiscales autónomos o de otras entidades paraestatales de aquélla, ó

V.   Las recaídas a un recurso administrativo, cuando la recurrida sea alguna de las consideradas en los incisos anteriores y el importe de esta última, no exceda el antes señalado.

Para determinar la cuantía en los casos en los incisos I), III), y V), sólo se considerará el crédito principal sin accesorios ni actualizaciones. Cuando en un mismo acto se contenga más de una resolución de las mencionadas anteriormente no se acumulará el monto de cada una de ellas para efectos de determinar la procedencia de esta vía.

Párrafo reformado DOF 13-06-2016

La demanda deberá presentarse dentro de los treinta días siguientes a aquél en que surta efectos la notificación de la resolución impugnada, de conformidad con las disposiciones de esta Ley ante la Sala Regional competente.

Párrafo reformado DOF 13-06-2016

La interposición del juicio en la vía incorrecta no genera el desechamiento, improcedencia o sobreseimiento. En todos los casos, y en cualquier fase del procedimiento, mientras no haya quedado cerrada la instrucción, el Magistrado Instructor debe reconducir el juicio en la vía correcta, debiendo realizar las regularizaciones que correspondan, siempre y cuando no impliquen repetir alguna promoción de las partes.

Párrafo reformado DOF 13-06-2016

Artículo adicionado DOF 10-12-2010

Artículo 58-3. La tramitación del Juicio en la vía Sumaria será improcedente cuando:

I.   Si no se encuentra en alguno de los supuestos previstos en el artículo 58-2.

II.   Simultáneamente a la impugnación de una resolución de las señaladas en el artículo anterior, se controvierta una regla administrativa de carácter general;

III.   Se trate de sanciones económicas en materia de responsabilidades administrativas de los servidores públicos o de sanciones por responsabilidad resarcitoria a que se refiere el Capítulo II del Título V de la Ley de Fiscalización y Rendición de Cuentas de la Federación;

IV.   Se trate de multas por infracciones a las normas en materia de propiedad intelectual;

V.   Se trate de resoluciones que además de imponer una multa o sanción pecuniaria, incluyan alguna otra carga u obligación, o

VI.   El oferente de una prueba testimonial, no pueda presentar a las personas señaladas como testigos.

En estos casos el Magistrado Instructor, antes de resolver sobre la admisión de la demanda, determinará la improcedencia de la vía sumaria y ordenará que el juicio se siga conforme a las demás disposiciones de esta Ley y emplazará a las otras partes, en el plazo previsto por los artículos 18 y 19 de la misma, según se trate.

Contra la determinación de improcedencia de la vía sumaria, podrá interponerse el recurso de reclamación ante la Sala Regional en que se encuentre radicado el juicio, en el plazo previsto por el artículo 58-8 de esta Ley.

Artículo adicionado DOF 10-12-2010

Artículo 58-4. Una vez admitida la demanda, se correrá traslado al demandado para que la conteste dentro del término de quince días y emplazará, en su caso, al tercero, para que en igual término, se apersone en juicio.

En el mismo auto en que se admita la demanda, se fijará día para cierre de la instrucción. Dicha fecha no excederá de los sesenta días siguientes al de emisión de dicho auto.

Artículo adicionado DOF 10-12-2010

Artículo 58-5. El Magistrado proveerá la correcta integración del juicio, mediante el desahogo oportuno de las pruebas, a más tardar diez días antes de la fecha prevista para el cierre de instrucción.

Serán aplicables, en lo conducente, las reglas contenidas en el Capítulo V de este Título, salvo por lo que se refiere a la prueba testimonial, la cual sólo podrá ser admitida cuando el oferente se comprometa a presentar a sus testigos en el día y hora señalados para la diligencia.

Por lo que toca a la prueba pericial, ésta se desahogará en los términos que prevé el artículo 43 de esta Ley, con la salvedad de que todos los plazos serán de tres días, salvo el que corresponde a la rendición y ratificación del dictamen, el cual será de cinco días, en el entendido de que cada perito deberá hacerlo en un solo acto ante el Magistrado Instructor. Cuando proceda la designación de un perito tercero, ésta correrá a cargo del propio Magistrado.

Artículo adicionado DOF 10-12-2010

Artículo 58-6. El actor podrá ampliar la demanda, en los casos a que se refiere el artículo 17 de esta Ley, en un plazo de cinco días siguientes a aquél en que surta efectos la notificación del auto que tenga por presentada la contestación.

La parte demandada o en su caso el tercero, contestarán la ampliación a la demanda, en el plazo de cinco días siguientes a que surta efectos la notificación de su traslado.

En caso de omisión de los documentos a que se refieren los artículos 17, último párrafo, y 21, segundo párrafo, de la Ley, las partes deberán subsanarla en el plazo de tres días siguientes a aquél en que surta efectos la notificación del requerimiento formulado por el instructor.

Artículo adicionado DOF 10-12-2010

Artículo 58-7. Los incidentes a que se refieren las fracciones II y IV del artículo 29 de esta Ley, podrán promoverse dentro de los diez días siguientes a que surtió efectos la notificación del auto que tuvo por presentada la contestación de la demanda o, en su caso, la contestación a la ampliación.

El incidente de incompetencia sólo procederá en esta vía cuando sea hecho valer por la parte demandada o por el tercero, por lo que la Sala Regional en que se radique el juicio no podrá declararse incompetente ni enviarlo a otra diversa.

El incidente de acumulación sólo podrá plantearse respecto de expedientes que se encuentren tramitando en esta misma vía.

Los incidentes de nulidad de notificaciones y de recusación de perito, se deberán interponer dentro del plazo de tres días siguientes a aquél en que se conoció del hecho o se tuvo por designado al perito, respectivamente, y la contraparte deberá contestar la vista en igual término.

Artículo adicionado DOF 10-12-2010

Artículo 58-8. Los recursos de reclamación a que se refieren los artículos 59 y 62 de esta Ley, deberán interponerse dentro del plazo de cinco días siguientes a aquél en que surta efectos la notificación de la resolución correspondiente del Magistrado Instructor.

Interpuesto cualquiera de los recursos se ordenará correr traslado a la contraparte y esta última deberá expresar lo que a su derecho convenga en un término de tres días y sin más trámite, se dará cuenta a la Sala Regional en que se encuentra radicado el juicio, para que resuelva el recurso en un término de tres días.

Artículo adicionado DOF 10-12-2010

Artículo 58-9. Las medidas cautelares, se tramitarán conforme a las reglas generales establecidas en el Capítulo III de esta Ley. El Magistrado Instructor estará facultado para decretar la resolución provisional o definitiva que corresponda a las medidas cautelares.

Contra la resolución del Magistrado Instructor dictada conforme al párrafo anterior procederá el recurso de reclamación ante la Sala Regional en la que se encuentre radicado el juicio.

Artículo adicionado DOF 10-12-2010

Artículo 58-10. En los casos de suspensión del juicio, por surtirse alguno de los supuestos contemplados para ello en esta Ley, en el auto en que el Magistrado Instructor acuerde la reanudación del procedimiento, fijará fecha para el cierre de instrucción, en su caso, dentro de los veinte días siguientes a aquél en que haya surtido efectos la notificación a las partes de la reanudación del juicio.

Artículo adicionado DOF 10-12-2010

Artículo 58-11. Las partes podrán presentar sus alegatos antes de la fecha señalada para el cierre de la instrucción.

Artículo adicionado DOF 10-12-2010

Artículo 58-12. En la fecha fijada para el cierre de instrucción el Magistrado Instructor procederá a verificar si el expediente se encuentra debidamente integrado, supuesto en el que deberá declarar cerrada la instrucción; en caso contrario, fijará nueva fecha para el cierre de instrucción, dentro de un plazo máximo de diez días.

En el momento en que el Magistrado Instructor advierta que el expediente se encuentra debidamente integrado, otorgará a las partes un término de tres días para que formulen alegatos, quedando cerrada la instrucción una vez fenecido dicho plazo, con o sin la presentación de dichos alegatos.

Párrafo adicionado OF 13-06-2016

Artículo adicionado DOF 10-12-2010

Artículo 58-13. Una vez cerrada la instrucción, el Magistrado pronunciará sentencia dentro de los diez días siguientes, salvo en los casos en que se haya ejercido facultad de atracción, o se actualice la competencia especial de la Sala Superior, supuestos en los cuales, deberá estarse a lo dispuesto por el artículo 48, fracción II, inciso d), de esta Ley, a efecto de que sea resuelto por el Pleno o la Sección respectiva, con los plazos y las reglas correspondientes a ello, de conformidad con esta Ley.

Artículo adicionado DOF 10-12-2010. Reformado DOF 13-06-2016

Artículo 58-14. Si la sentencia ordena la reposición del procedimiento administrativo o realizar un determinado acto, la autoridad deberá cumplirla en un plazo que no exceda de un mes contado a partir de que dicha sentencia haya quedado firme de conformidad con el artículo 53 de esta Ley.

Artículo adicionado DOF 10-12-2010

Artículo 58-15. A falta de disposición expresa que establezca el plazo respectivo en la vía sumaria, se aplicará el de tres días.

Artículo adicionado DOF 10-12-2010

TÍTULO III
DE LOS RECURSOS

CAPÍTULO I
DE LA RECLAMACIÓN

Artículo 59. El recurso de reclamación procederá en contra de las resoluciones del Magistrado Instructor que admitan, desechen o tengan por no presentada la demanda, la contestación, la ampliación de ambas o alguna prueba; las que decreten o nieguen el sobreseimiento del juicio antes del cierre de instrucción; aquéllas que admitan o rechacen la intervención del tercero. La reclamación se interpondrá ante la Sala o Sección respectiva, dentro de los diez días siguientes a aquél en que surta efectos la notificación de que se trate.

Artículo reformado DOF 13-06-2016

Artículo 60.- Interpuesto el recurso a que se refiere el artículo anterior, se ordenará correr traslado a la contraparte por el término de cinco días para que exprese lo que a su derecho convenga y sin más trámite dará cuenta a la Sala para que resuelva en el término de cinco días. El magistrado que haya dictado el acuerdo recurrido no podrá excusarse.

Artículo 61.- Cuando la reclamación se interponga en contra del acuerdo que sobresea el juicio antes de que se hubiera cerrado la instrucción, en caso de desistimiento del demandante, no será necesario dar vista a la contraparte.

Artículo 62. Las resoluciones que concedan, nieguen, modifiquen o revoquen cualquiera de las medidas cautelares previstas en esta Ley, podrán ser impugnadas mediante la interposición del recurso de reclamación ante la Sala Regional que corresponda.

El recurso se promoverá dentro de los cinco días siguientes a aquél en que surta sus efectos la notificación respectiva. Interpuesto el recurso en la forma y términos señalados, el Magistrado ordenará correr traslado a las demás partes, por igual plazo, para que expresen lo que a su derecho convenga. Una vez transcurrido dicho término y sin más trámite, dará cuenta a la Sala Regional, para que en un plazo de cinco días, revoque o modifique la resolución impugnada y, en su caso, conceda o niegue la suspensión solicitada, o para que confirme lo resuelto, lo que producirá sus efectos en forma directa e inmediata. La sola interposición suspende la ejecución del acto impugnado hasta que se resuelva el recurso.

La Sala Regional podrá modificar o revocar su resolución cuando ocurra un hecho superveniente que lo justifique.

El Pleno del Tribunal podrá ejercer de oficio la facultad de atracción para la resolución de los recursos de reclamación a que se refiere el presente artículo, en casos de trascendencia que así considere o para fijar jurisprudencia.

Artículo reformado DOF 10-12-2010

CAPÍTULO II
DE LA REVISIÓN

Artículo 63. Las resoluciones emitidas por el Pleno, las Secciones de la Sala Superior o por las Salas Regionales que decreten o nieguen el sobreseimiento, las que dicten en términos de los artículos 34 de la Ley del Servicio de Administración Tributaria y 6° de esta Ley, así como las que se dicten conforme a la Ley Federal de Responsabilidad Patrimonial del Estado y las sentencias definitivas que emitan, podrán ser impugnadas por la autoridad a través de la unidad administrativa encargada de su defensa jurídica o por la entidad federativa coordinada en ingresos federales correspondiente, interponiendo el recurso de revisión ante el Tribunal Colegiado de Circuito competente en la sede del Pleno, Sección o Sala Regional a que corresponda, mediante escrito que se presente ante la responsable, dentro de los quince días siguientes a aquél en que surta sus efectos la notificación respectiva, siempre que se refiera a cualquiera de los siguientes supuestos:

Sea de cuantía que exceda de tres mil quinientas veces el salario mínimo general diario del área geográfica correspondiente al Distrito Federal, vigente al momento de la emisión de la resolución o sentencia.

En el caso de contribuciones que deban determinarse o cubrirse por periodos inferiores a doce meses, para determinar la cuantía del asunto se considerará el monto que resulte de dividir el importe de la contribución entre el número de meses comprendidos en el periodo que corresponda y multiplicar el cociente por doce.

I.   Sea de importancia y trascendencia cuando la cuantía sea inferior a la señalada en la fracción primera, o de cuantía indeterminada, debiendo el recurrente razonar esa circunstancia para efectos de la admisión del recurso.

II. Sea una resolución dictada por la Secretaría de Hacienda y Crédito Público, el Servicio de Administración Tributaria o por autoridades fiscales de las Entidades Federativas coordinadas en ingresos federales y siempre que el asunto se refiera a:

a) Interpretación de leyes o reglamentos en forma tácita o expresa.

b) La determinación del alcance de los elementos esenciales de las contribuciones.

c) Competencia de la autoridad que haya dictado u ordenado la resolución impugnada o tramitado el procedimiento del que deriva o al ejercicio de las facultades de comprobación.

d) Violaciones procesales durante el juicio que afecten las defensas del recurrente y trasciendan al sentido del fallo.

e) Violaciones cometidas en las propias resoluciones o sentencias.

f) Las que afecten el interés fiscal de la Federación.

III. Sea una resolución dictada en materia de la Ley Federal de Responsabilidades Administrativas de los Servidores Públicos.

IV. Sea una resolución dictada en materia de comercio exterior.

V. Sea una resolución en materia de aportaciones de seguridad social, cuando el asunto verse sobre la determinación de sujetos obligados, de conceptos que integren la base de cotización o sobre el grado de riesgo de las empresas para los efectos del seguro de riesgos del trabajo o sobre cualquier aspecto relacionado con pensiones que otorga el Instituto de Seguridad y Servicios Sociales de los Trabajadores del Estado.

VI. Sea una resolución en la cual, se declare el derecho a la indemnización, o se condene al Servicio de Administración Tributaria, en términos del artículo 34 de la Ley del Servicio de Administración Tributaria.

VII. Se resuelva sobre la condenación en costas o indemnización previstas en el artículo 6º de la Ley Federal de Procedimiento Contencioso Administrativo.

VIII. Sea una resolución dictada con motivo de las reclamaciones previstas en la Ley Federal de Responsabilidad Patrimonial del Estado.

IX. Que en la sentencia se haya declarado la nulidad, con motivo de la inaplicación de una norma general, en ejercicio del control difuso de la constitucionalidad y de la convencionalidad realizado por la sala, sección o pleno de la Sala Superior.

Fracción adicionada DOF 13-06-2016

En los juicios que versen sobre resoluciones de las autoridades fiscales de las entidades federativas coordinadas en ingresos federales, el recurso podrá ser interpuesto por el Servicio de Administración Tributaria, y por las citadas entidades federativas en los juicios que intervengan como parte.

Con el escrito de expresión de agravios, el recurrente deberá exhibir una copia del mismo para el expediente y una para cada una de las partes que hubiesen intervenido en el juicio contencioso administrativo, a las que se les deberá emplazar para que, dentro del término de quince días, comparezcan ante el Tribunal Colegiado de Circuito que conozca de la revisión a defender sus derechos.

En todos los casos a que se refiere este artículo, la parte que obtuvo resolución favorable a sus intereses puede adherirse a la revisión interpuesta por el recurrente, dentro del plazo de quince días contados a partir de la fecha en la que se le notifique la admisión del recurso, expresando los agravios correspondientes; en este caso la adhesión al recurso sigue la suerte procesal de éste.

Este recurso de revisión deberá tramitarse en los términos previstos en la Ley de Amparo en cuanto a la regulación del recurso de revisión.

Artículo reformado DOF 27-12-2006

Artículo 64.- Si el particular interpuso amparo directo contra la misma resolución o sentencia impugnada mediante el recurso de revisión, el Tribunal Colegiado de Circuito que conozca del amparo resolverá el citado recurso, lo cual tendrá lugar en la misma sesión en que decida el amparo.

TÍTULO IV
DISPOSICIONES FINALES

CAPÍTULO I
DE LAS NOTIFICACIONES

Artículo 65. Las notificaciones a los particulares y a las autoridades en el juicio deberán realizarse por medio del Boletín Jurisdiccional, enviándose previamente un aviso electrónico a su dirección de correo electrónico o dirección de correo electrónico institucional según sea el caso, de que se realizará la notificación, a más tardar el tercer día siguiente a aquél en que el expediente haya sido turnado al actuario para ese efecto. El aviso de notificación deberá ser enviado cuando menos con tres días de anticipación a la publicación del acuerdo, resolución o sentencia de que se trate en el Boletín Jurisdiccional.

Las notificaciones electrónicas a las partes se entenderán realizadas con la sola publicación en el Boletín Jurisdiccional, y con independencia del envío, cuando así proceda, de los avisos electrónicos.

Los particulares y las autoridades, mientras no se haya realizado la notificación por Boletín Jurisdiccional, podrán apersonarse en el Tribunal para ser notificados personalmente. Una vez realizada la notificación por Boletín Jurisdiccional, las partes, cuando esto proceda, deberán acudir al Tribunal a recoger sus traslados de ley, en el entendido de que con o sin la entrega de los traslados, los plazos comenzarán a computarse a partir del día siguiente al en que surta efectos la notificación correspondiente. El Actuario o el Secretario de Acuerdos, en todos los casos, previo levantamiento de razón, entregará los traslados de ley.

La notificación surtirá sus efectos al tercer día hábil siguiente a aquél en que se haya realizado la publicación en el Boletín Jurisdiccional o al día hábil siguiente a aquél en que las partes sean notificadas personalmente en las instalaciones designadas por el Tribunal, cuando así proceda, en términos de lo establecido por el artículo 67 de esta Ley.

Dicho aviso deberá incluir el archivo electrónico que contenga el acuerdo y en el caso del emplazamiento, el escrito de demanda correspondiente.

Artículo reformado DOF 12-06-2009, 10-12-2010, 13-06-2016

Artículo 66. La lista de autos y resoluciones dictados por un Magistrado o Sala, se publicará en el Boletín Jurisdiccional.

En el Boletín Jurisdiccional deberá indicarse la denominación de la Sala y ponencia del Magistrado que corresponda, el número de expediente, la identificación de las autoridades a notificar y, en términos de la normatividad aplicable en materia de protección de datos personales, en su caso, el nombre del particular; así como una síntesis del auto, resolución o sentencia. El Boletín Jurisdiccional podrá consultarse en la página electrónica del Tribunal o en los módulos ubicados en la Sala en que estén radicados los juicios.

La Junta de Gobierno y Administración, mediante lineamientos, establecerá el contenido de la síntesis del auto, resolución o sentencia, así como las áreas, dentro del Tribunal, en las cuales serán entregados los traslados de ley; y en su caso, los mecanismos que permitan a las partes conocer el auto, resolución o sentencia correspondiente.

Artículo reformado DOF 12-06-2009, 10-12-2010, 13-06-2016

Artículo 67. Las notificaciones únicamente deberán realizarse personalmente, o por correo certificado con acuse de recibo, cuando se trate de las resoluciones siguientes:

Párrafo reformado DOF 13-06-2016

I.   La que corra traslado de la demanda, en el caso del tercero, así como el emplazamiento al particular en el juicio de lesividad a que se refiere el artículo 13, fracción III de esta Ley;

II.   La que mande citar al testigo que no pueda ser presentado por la parte oferente.

Fracción reformada DOF 13-06-2016

III.   Se deroga.

Fracción derogada DOF 13-06-2016

IV.   Se deroga.

Fracción derogada DOF 13-06-2016

En los demás casos, las notificaciones deberán realizarse por medio del Boletín Jurisdiccional.

Párrafo reformado DOF 13-06-2016

Para los efectos señalados en las fracciones anteriores, una vez que las partes y el testigo se apersonen en el juicio, y el perito haya comparecido para aceptar y protestar el cargo, deberán señalar dirección de correo electrónico, bajo el apercibimiento que, de no hacerlo, se procederá en los términos del artículo 14, último párrafo, de la presente Ley.

Párrafo adicionado DOF 13-06-2016

El Magistrado Instructor podrá, excepcionalmente, ordenar la notificación personal, por oficio o por correo certificado con acuse de recibo a las partes, atendiendo a su situación concreta, para lo cual deberá fundar y motivar esa determinación en el acuerdo respectivo.

Párrafo adicionado DOF 13-06-2016
Artículo reformado DOF 12-06-2009, 10-12-2010

Artículo 68. El actuario deberá asentar razón de las notificaciones por Boletín Jurisdiccional, de las notificaciones personales o del envío por correo certificado, atendiendo al caso de que se trate. Los acuses de recibo del correo certificado se agregarán como constancia al expediente.

Al actuario que sin causa justificada no cumpla con esta obligación, se le impondrá una multa de una a tres veces el salario mínimo general de la zona económica correspondiente al Distrito Federal, elevado al mes, sin que exceda del 30 por ciento de su salario. Será destituido, sin responsabilidad para el Estado, en caso de reincidencia.

El Tribunal llevará en archivo especial las publicaciones atrasadas del Boletín Jurisdiccional y hará la certificación que corresponda, a través de los servidores públicos competentes.

Artículo reformado DOF 12-06-2009, 10-12-2010, 13-06-2016

Artículo 69. (Se deroga)

Artículo reformado DOF 10-12-2010. Derogado DOF 13-06-2016

Artículo 70. Las notificaciones surtirán sus efectos, el día hábil siguiente a aquél en que fueren hechas.

Artículo reformado DOF 10-12-2010

Artículo 71.- La notificación personal o por correo certificado con acuse de recibo, también se entenderá legalmente efectuada cuando se lleve a cabo por cualquier medio por el que se pueda comprobar fehacientemente la recepción de los actos que se notifiquen.

Artículo 72.- Una notificación omitida o irregular se entenderá legalmente hecha a partir de la fecha en que el interesado se haga sabedor de su contenido.

CAPÍTULO II
DE LOS EXHORTOS

Artículo 73.- Las diligencias de notificación o, en su caso, de desahogo de alguna prueba, que deban practicarse en región distinta de la correspondiente a la sede de la Sala Regional en que se instruya el juicio, deberán encomendarse, en primer lugar, a la ubicada en aquélla y en su defecto al juez o magistrado del Poder Judicial Federal.

Los exhortos se despacharán al día siguiente hábil a aquél en que la actuaría reciba el acuerdo que los ordene. Los que se reciban se proveerán dentro de los tres días siguientes a su recepción y se diligenciarán dentro de los cinco días siguientes, a no ser que lo que haya de practicarse exija necesariamente mayor tiempo, caso en el cual, la Sala requerida fijará el plazo que crea conveniente.

Una vez diligenciado el exhorto, la Sala requerida, sin más trámite, deberá remitirlo con las constancias que acrediten el debido cumplimiento de la diligencia practicada en auxilio de la Sala requirente.

Las diligencias de notificación o, en su caso, de desahogo de alguna prueba, que deban practicarse en el extranjero, deberán encomendarse al Consulado Mexicano más próximo a la Ciudad en la que deba desahogarse.

Para diligenciar el exhorto el magistrado del Tribunal podrá solicitar el auxilio de alguna Sala del propio Tribunal, de algún juez o magistrado del Poder Judicial de la Federación o de la localidad, o de algún tribunal administrativo federal o de algún otro tribunal del fuero común.

CAPÍTULO III
DEL CÓMPUTO DE LOS TÉRMINOS

Artículo 74.- El cómputo de los plazos se sujetará a las reglas siguientes:

I. Empezarán a correr a partir del día siguiente a aquél en que surta efectos la notificación.

II. Si están fijados en días, se computarán sólo los hábiles entendiéndose por éstos aquellos en que se encuentren abiertas al público las oficinas de las Salas del Tribunal durante el horario normal de labores. La existencia de personal de guardia no habilita los días en que se suspendan las labores.

III. Si están señalados en periodos o tienen una fecha determinada para su extinción, se comprenderán los días inhábiles; no obstante, si el último día del plazo o la fecha determinada es inhábil, el término se prorrogará hasta el siguiente día hábil.

IV. Cuando los plazos se fijen por mes o por año, sin especificar que sean de calendario se entenderá en el primer caso que el plazo vence el mismo día del mes de calendario posterior a aquél en que se inició y en el segundo caso, el término vencerá el mismo día del siguiente año de calendario a aquél en que se inició. Cuando no exista el mismo día en los plazos que se fijen por mes, éste se prorrogará hasta el primer día hábil del siguiente mes de calendario.

TÍTULO V
DE LA JURISPRUDENCIA
CAPÍTULO ÚNICO

Artículo 75. Las tesis sustentadas en las sentencias pronunciadas por el Pleno de la Sala Superior, aprobadas por lo menos por siete Magistrados, constituirán precedente, una vez publicadas en la Revista del Tribunal.

Párrafo reformado DOF 13-06-2016

También constituirán precedente las tesis sustentadas en las sentencias de las Secciones de la Sala Superior, siempre que sean aprobadas cuando menos por cuatro de los magistrados integrantes de la Sección de que se trate y sean publicados en la Revista del Tribunal.

Las Salas y los Magistrados Instructores de un Juicio en la vía Sumaria podrán apartarse de los precedentes establecidos por el Pleno o las Secciones, siempre que en la sentencia expresen las razones por las que se apartan de los mismos, debiendo enviar al Presidente del Tribunal copia de la sentencia.

Párrafo reformado DOF 10-12-2010

Artículo 76.- Para fijar jurisprudencia, el Pleno de la Sala Superior deberá aprobar tres precedentes en el mismo sentido, no interrumpidos por otro en contrario.

También se fijará jurisprudencia por alguna Sección de la Sala Superior, siempre que se aprueben cinco precedentes no interrumpidos por otro en contrario.

Artículo 77. En el caso de contradicción de sentencias, interlocutorias o definitivas, cualquiera de los Magistrados del Tribunal o las partes en los juicios en las que tales tesis se sustentaron, podrán denunciar tal situación ante el Presidente del Tribunal, para que éste la haga del conocimiento del Pleno el cual, con un quorum mínimo de siete Magistrados, decidirá por mayoría la que debe prevalecer, constituyendo jurisprudencia.

Párrafo reformado DOF 10-12-2010, 13-06-2016

La resolución que pronuncie el Pleno del Tribunal, en los casos a que este artículo se refiere, sólo tendrá efectos para fijar jurisprudencia y no afectará las resoluciones dictadas en los juicios correspondientes.

Artículo 78.- El Pleno podrá suspender una jurisprudencia, cuando en una sentencia o en una resolución de contradicción de sentencias, resuelva en sentido contrario a la tesis de la jurisprudencia. Dicha suspensión deberá publicarse en la revista del Tribunal.

Las Secciones de la Sala Superior podrán apartarse de su jurisprudencia, siempre que la sentencia se apruebe por lo menos por cuatro Magistrados integrantes de la Sección, expresando en ella las razones por las que se apartan y enviando al Presidente del Tribunal copia de la misma, para que la haga del conocimiento del Pleno y éste determine si procede que se suspenda su aplicación, debiendo en este caso publicarse en la revista del Tribunal.

Los magistrados de la Sala Superior podrán proponer al Pleno que suspenda su jurisprudencia, cuando haya razones fundadas que lo justifiquen. Las Salas Regionales también podrán proponer la suspensión expresando al Presidente del Tribunal los razonamientos que sustenten la propuesta, a fin de que la someta a la consideración del Pleno.

La suspensión de una jurisprudencia termina cuando se reitere el criterio en tres precedentes de Pleno o cinco de Sección, salvo que el origen de la suspensión sea jurisprudencia en contrario del Poder Judicial Federal y éste la cambie. En este caso, el Presidente del Tribunal lo informará al Pleno para que éste ordene su publicación.

Artículo 79.- Las Salas del Tribunal están obligadas a aplicar la jurisprudencia del Tribunal, salvo que ésta contravenga jurisprudencia del Poder Judicial Federal.

Cuando se conozca que una Sala del Tribunal dictó una sentencia contraviniendo la jurisprudencia, el Presidente del Tribunal solicitará a los Magistrados que hayan votado a favor de dicha sentencia un informe, para que éste lo haga del conocimiento del Pleno y, una vez confirmado el incumplimiento, el Pleno del Tribunal los apercibirá. En caso de reincidencia se les aplicará la sanción administrativa que corresponda en los términos de la ley de la materia.

TRANSITORIOS

Primero.- La presente Ley entrará en vigor en toda la República el día 1o. de enero del 2006.

Segundo.- A partir de la entrada en vigor de esta Ley se derogan el Título VI del Código Fiscal de la Federación y los artículos que comprenden del 197 al 263 del citado ordenamiento legal, por lo que las leyes que remitan a esos preceptos se entenderán referidos a los correspondientes de esta Ley Federal de Procedimiento Contencioso Administrativo.

Tercero.- Quedan sin efectos las disposiciones legales, que contravengan o se opongan a lo preceptuado en esta Ley.

Cuarto.- Los juicios que se encuentren en trámite ante el Tribunal Federal de Justicia Fiscal y Administrativa, al momento de entrar en vigor la presente Ley, se tramitarán hasta su total resolución conforme a las disposiciones legales vigentes en el momento de presentación de la demanda.

México, D.F., a 4 de octubre de 2005.- Dip. **Heliodoro Díaz Escárraga**, Presidente.- Sen. **Enrique Jackson Ramírez**, Presidente.- Dip. **Patricia Garduño Morales**, Secretaria.- Sen. **Sara I. Castellanos Cortés**, Secretaria.- Rúbricas."

En cumplimiento de lo dispuesto por la fracción I del Artículo 89 de la Constitución Política de los Estados Unidos Mexicanos, y para su debida publicación y observancia, expido el presente Decreto en la Residencia del Poder Ejecutivo Federal, en la Ciudad de México, Distrito Federal, a los veintiocho días del mes de noviembre de dos mil cinco.- **Vicente Fox Quesada**.- Rúbrica.- El Secretario de Gobernación, **Carlos María Abascal Carranza**.- Rúbrica.

Esta ley ha sido reformada puntualmente con posterioridad:

Artículos TRANSITORIOS DE DECRETOS DE REFORMA

DECRETO por el que se reforman, adicionan y derogan diversas disposiciones del Código Fiscal de la Federación; de las leyes de los Impuestos sobre la Renta, al Activo y Especial sobre Producción y Servicios; de la Ley Federal del Impuesto sobre Automóviles Nuevos y de la Ley Federal de Procedimiento Contencioso Administrativo.

Publicado en el Diario Oficial de la Federación el 27 de diciembre de 2006.

LEY FEDERAL DE PROCEDIMIENTO CONTENCIOSO ADMINISTRATIVO

Artículo DÉCIMO SEGUNDO. Se REFORMA el artículo 63 de la Ley Federal de Procedimiento Contencioso Administrativo, para quedar de la siguiente manera:

TRANSITORIOS

Primero. El presente Decreto entrará en vigor a partir del 1 de enero de 2007.

Segundo. Los contribuyentes que hayan causado el impuesto especial sobre producción y servicios de conformidad con lo dispuesto en el artículo 2o., fracción I, incisos G) y H) de la Ley del Impuesto Especial sobre Producción y Servicios, vigente antes de la entrada en vigor del presente Decreto, deberán cumplir con las obligaciones correspondientes a dicho impuesto en las formas y plazos establecidos en las disposiciones vigentes antes de la entrada en vigor de este Decreto.

México, D.F., a 21 de diciembre de 2006.- Sen. **Francisco Arroyo Vieyra**, Vicepresidente.- Dip. **Jorge Zermeño Infante**, Presidente.- Sen. **Renán Cleominio Zoreda Novelo**, Secretario.- Dip. **Antonio Xavier Lopez Adame**, Secretario.- Rúbricas."

En cumplimiento de lo dispuesto por la fracción I del Artículo 89 de la Constitución Política de los Estados Unidos Mexicanos, y para su debida publicación y observancia, expido el presente Decreto en la Residencia del Poder Ejecutivo Federal, en la Ciudad de México, Distrito Federal, a los veintiséis días del mes de diciembre de dos mil seis.- **Felipe de Jesús Calderón Hinojosa**.- Rúbrica.- El Secretario de Gobernación, **Francisco Javier Ramírez Acuña**.- Rúbrica.

DECRETO por el que se reforman, adicionan y derogan diversas disposiciones del Código Federal de Procedimientos Penales, de la Ley Federal contra la Delincuencia Organizada, de la Ley que Establece las Normas Mínimas sobre Readaptación Social de Sentenciados, del Código Penal Federal, de la Ley de la Policía Federal Preventiva, de la Ley Orgánica de la Procuraduría General de la República, de

la Ley Federal de Responsabilidades Administrativas de los Servidores Públicos, y de la Ley Federal de Procedimiento Contencioso Administrativo.

Publicado en el Diario Oficial de la Federación el 23 de enero de 2009

Artículo Octavo.- Se ADICIONA el párrafo sexto al artículo 50 de la Ley Federal de Procedimiento Contencioso Administrativo, para quedar como sigue:

TRANSITORIOS

Primero. El presente Decreto entrará en vigor al día siguiente de su publicación en el Diario Oficial de la Federación.

Segundo. Lo dispuesto en el artículo 133 Bis, del Código Federal de Procedimientos Penales estará vigente hasta en tanto entre en vigor el sistema procesal acusatorio a que se refiere el Decreto por el que se reforman los artículos 16, 17, 18, 19, 20, 21 y 22, las fracciones XXI y XXIII del artículo 73, la fracción VII del artículo 115 y la fracción XIII del apartado B, del artículo 123 de la Constitución Política de los Estados Unidos Mexicanos, publicado en el Diario Oficial de la Federación el 18 de junio de 2008.

Tercero. Dentro de los seis meses siguientes a la entrada en vigor del presente Decreto, las autoridades competentes deberán expedir las disposiciones administrativas necesarias para regular recepción, transmisión y conservación de la información derivada de las detenciones a que se refieren los artículos 193, 193 bis, 193 ter, 193 quáter, 193 quintus y 193 octavus del Código Federal de Procedimientos Penales.

México, D.F., a 9 de diciembre de 2008.- Sen. **Gustavo Enrique Madero Muñoz**, Presidente.- Dip. **Cesar Horacio Duarte Jaquez**, Presidente.- Sen. **Renan Cleominio Zoreda Novelo**, Secretario.- Dip. **Rosa Elia Romero Guzman**, Secretaria.- Rúbricas."

En cumplimiento de lo dispuesto por la fracción I del Artículo 89 de la Constitución Política de los Estados Unidos Mexicanos, y para su debida publicación y observancia, expido el presente Decreto en la Residencia del Poder Ejecutivo Federal, en la Ciudad de México, Distrito Federal, a veintidós de enero de dos mil nueve.- **Felipe de Jesús Calderón Hinojosa**.- Rúbrica.- El Secretario de Gobernación, Lic.

Fernando Francisco Gómez Mont Urueta.- Rúbrica.

DECRETO por el que se reforman y adicionan diversas disposiciones de la Ley Federal de Procedimiento Contencioso Administrativo y de la Ley Orgánica del Tribunal Federal de Justicia Fiscal y Administrativa.

Publicado en el Diario Oficial de la Federación el 12 de junio de 2009

Artículo Primero.- Se reforman los artículos 4o., primer párrafo, 13, primero y actual segundo párrafos; 14, fracción I, segundo, tercero y quinto párrafos; 24, fracción I y el inciso a); 65, primer párrafo; 66; 67, último párrafo y 68, primer párrafo y se adicionan los artículos 1-A; 13, con los párrafos segundo y tercero, recorriéndose los demás párrafos en su orden; 14, con un tercer párrafo, recorriéndose los demás párrafos en su orden; 31, con un párrafo segundo y el Capítulo X denominado "Del Juicio en Línea" al Título II, que comprende de los artículos 58-A al 58-S a la Ley Federal de Procedimiento Contencioso Administrativo, para quedar como sigue:

TRANSITORIOS

Primero. El presente Decreto entrará en vigor a partir del día siguiente al de su publicación en el Diario Oficial de la Federación.

Segundo. El Tribunal Federal de Justicia Fiscal y Administrativa, a la fecha de entrada en vigor del presente Decreto, iniciará el desarrollo e instrumentación del Sistema de Justicia en Línea a través del cual se substanciará el Juicio en Línea.

Tercero. El Tribunal deberá realizar las acciones que correspondan, a efecto de que el Juicio en Línea, inicie su operación a los 18 meses contados a partir de la entrada en vigor del presente decreto.

El Tribunal Federal de Justicia Fiscal y Administrativa promoverá una campaña masiva entre los usuarios de los servicios del Tribunal para difundir las disposiciones contenidas en este Decreto.

Cuarto. Las autoridades cuyos actos sean susceptibles de impugnarse ante el Tribunal Federal de Justicia Fiscal y Administrativa, a través del Sistema de Justicia en Línea, deberán tramitar su Firma Electrónica Avanzada ante la Secretaría General de Acuerdos o ante la Presidencia de las Salas Regionales, según corresponda, y registrar su Dirección de Correo Electrónico institucional, así como el domicilio oficial de las unidades administrativas a las que corresponda su representación en los juicios contenciosos administrativos, para el efecto de emplazarlas electrónicamente a juicio, en aquellos casos en los que tengan el carácter de autoridades demandadas, a partir de los seis meses de la entrada en vigor del presente Decreto, sin exceder para ello del plazo de 18 meses a que se refiere el artículo anterior.

Quinto. En el mismo plazo señalado en el artículo anterior, las unidades administrativas a las que corresponda la representación de las autoridades cuyos actos sean susceptibles de impugnarse ante el Tribunal Federal de Justicia Fiscal y Administrativa en los juicios contenciosos administrativos deberán instrumentar y mantener permanentemente actualizados los mecanismos tecnológicos, materiales y humanos necesarios para acceder al Juicio en Línea a través del Sistema de Justicia en Línea del Tribunal.

Sexto. En caso de que el Tribunal Federal de Justicia Fiscal y Administrativa reciba una demanda por medio del Sistema de Justicia en Línea del Tribunal, y constate que la autoridad demandada, incumplió con lo señalado en el artículo CUARTO transitorio del presente Decreto, se le prevendrá para que en el plazo de 10 días hábiles contados a partir de que se le notifique dicha prevención, proceda a cumplir con dicha disposición o, en su caso acredite que ya la cumplió.

En caso de no cumplir con la obligación a que se refiere el Artículo CUARTO transitorio el Tribunal le impondrá una multa de 100 a 200 veces el salario mínimo general vigente en el Distrito Federal y todas las notificaciones que deban hacérsele, incluyendo el emplazamiento, se harán a través del Boletín Procesal, hasta que se cumpla con dicha formalidad.

Así mismo, se requerirá al superior jerárquico de aquélla para que en el plazo de 3 días hábiles, la obligue a cumplir sin demora. En caso de continuar la renuencia de la autoridad, los hechos se pondrán en conocimiento del Órgano Interno de Control que corresponda.

Séptimo. Los juicios que se encuentren en trámite ante el Tribunal Federal de Justicia Fiscal y Administrativa a la fecha en que inicie la operación del Juicio en Línea, continuarán substanciándose y se resolverán conforme a las disposiciones vigentes a la fecha de presentación de la demanda.

Octavo. El Tribunal llevará a cabo las acciones necesarias a efecto de integrar los sistemas informáticos internos en una sola plataforma tecnológica, a través del Sistema de Justicia en Línea del Tribunal.

Noveno. Para la promoción, substanciación y resolución del juicio contencioso administrativo federal a través del Sistema de Justicia en Línea, prevalecerán las disposiciones contenidas en el Capítulo X de la ley respecto de otras que se contrapongan a lo establecido en dicho Capítulo.

Décimo. Los recursos necesarios para la implementación y cumplimiento de lo dispuesto en el presente Decreto provendrán de recursos fiscales autorizados en el presupuesto del Ramo 32: Tribunal Federal de Justicia Fiscal y Administrativa para el presente ejercicio y los subsecuentes.

México, D.F., a 28 de abril de 2009.- Dip. **Cesar Horacio Duarte Jaquez**, Presidente.- Sen. **Gustavo Enrique Madero Muñoz**, Presidente.- Dip. **Santiago Gustavo Pedro Cortes**, Secretario.- Sen. **Adrián Rivera Pérez**, Secretario.- Rúbricas."

En cumplimiento de lo dispuesto por la fracción I del Artículo 89 de la Constitución Política de los Estados Unidos Mexicanos, y para su debida publicación y observancia, expido el presente Decreto en la Residencia del Poder Ejecutivo Federal, en la Ciudad de México, Distrito Federal, a once de junio de dos mil nueve.- **Felipe de Jesús Calderón Hinojosa**.- Rúbrica.- El Secretario de Gobernación, Lic. **Fernando Francisco Gómez Mont Urueta**.- Rúbrica.

DECRETO por el que se reforman diversas disposiciones de la Ley Federal de Responsabilidad Patrimonial del Estado y de la Ley Federal de Procedimiento Contencioso Administrativo.

Publicado en el Diario Oficial de la Federación el 12 de junio de 2009

Artículo Segundo.- Se adiciona un artículo 50-A y un inciso d) a la fracción V del artículo 52 de la Ley Federal de Procedimiento Contencioso Administrativo, para quedar como sigue:

TRANSITORIOS

Primero.- El presente Decreto entrará en vigor al día siguiente de su publicación en el Diario Oficial de la Federación.

Segundo.- Los casos de reclamación presentados ante el Tribunal Federal de Justicia Fiscal y Administrativa que se encuentren en trámite en los términos de la ley que se modifica, deberán resolverse de manera definitiva por el mismo.

México, D.F., a 14 de abril de 2009.- Sen. **Gustavo E. Madero Muñoz**, Presidente.- Dip. **César Horacio Duarte Jáquez**, Presidente.- Sen. **Claudia S. Corichi Garcia**, Secretaria.- Dip. **Santiago Gustavo Pedro Cortes**, Secretario.- Rúbricas."

En cumplimiento de lo dispuesto por la fracción I del Artículo 89 de la Constitución Política de los Estados Unidos Mexicanos, y para su debida publicación y observancia, expido el presente Decreto en la Residencia del Poder Ejecutivo Federal, en la Ciudad de México, Distrito Federal, a once de junio de dos mil nueve.- **Felipe de Jesús Calderón Hinojosa**.- Rúbrica.- El Secretario de Gobernación, Lic. **Fernando Francisco Gómez Mont Urueta**.- Rúbrica.

DECRETO por el que se reforma el artículo 5o. de la Ley Federal de Procedimiento Contencioso Administrativo.

Publicado en el Diario Oficial de la Federación el 28 de enero de 2010

Artículo Único.- Se reforma el artículo 5o., último párrafo de la Ley Federal de Procedimiento Contencioso Administrativo, para quedar como sigue:

TRANSITORIO

Único. El presente Decreto entrará en vigor al día siguiente de su publicación en el Diario Oficial de la Federación.

México, D.F., a 24 de noviembre de 2009.- Dip. **Francisco Javier Ramirez Acuña**, Presidente.- Sen. **Carlos Navarrete Ruiz**, Presidente.- Dip. **Ma. Teresa R. Ochoa Mejia**, Secretaria.- Sen. **Adrián Rivera Pérez**, Secretario.- Rúbricas."

En cumplimiento de lo dispuesto por la fracción I del Artículo 89 de la Constitución Política de los Estados Unidos Mexicanos, y para su debida publicación y observancia, expido el presente Decreto en la Residencia del Poder Ejecutivo Federal, en la Ciudad de México, Distrito Federal, a veintidós de enero de dos mil diez.- **Felipe de Jesús Calderón Hinojosa**.- Rúbrica.- El Secretario de Gobernación, Lic.

Fernando Francisco Gómez Mont Urueta.- Rúbrica.

DECRETO por el que se reforman, adicionan y derogan diversas disposiciones de la Ley Federal de Procedimiento Contencioso Administrativo y de la Ley Orgánica del Tribunal Federal de Justicia Fiscal y Administrativa.

Publicado en el Diario Oficial de la Federación el 10 de diciembre de 2010

Artículo Primero. Se **REFORMAN** los artículos 1-A, fracciones III, XII, XIII y actual XV; 13, fracción I, inciso a); 14, sexto párrafo; 24; 25; 27; 28; 29, fracción I; 30; 48, primer párrafo, así como la fracción I, inciso a), segundo párrafo, fracción II, incisos a, b) y d); 52, fracción V, inciso c); 58, fracción III; 62; 65, primer párrafo; 66; 67; 68; 69; 70; 75, tercer párrafo, y 77, primer párrafo; y se **ADICIONAN** una fracción XIV al artículo 1-A, recorriéndose las demás en su orden; un párrafo segundo a la fracción I y un séptimo párrafo al artículo 14; el artículo 24 Bis; el párrafo cuarto al artículo 51, recorriéndose el actual cuarto párrafo en su orden, y el Capítulo XI denominado "Del Juicio en la Vía Sumaria" al Título II, que comprende de los artículos 58-1 a 58-15, a la Ley Federal de Procedimiento Contencioso Administrativo, para quedar como sigue:

TRANSITORIOS

Primero. El presente decreto entrará en vigor al día siguiente de su publicación en el Diario Oficial de la Federación.

Segundo. Los artículos 24, 24 Bis, 25, 27 y 28 de la Ley Federal de Procedimiento Contencioso Administrativo que se reforman o adicionan en términos del presente Decreto, entrarán en vigor a partir de los noventa días siguientes, al de la publicación del presente instrumento jurídico.

Tercero. Las disposiciones relativas al Juicio en la Vía Sumaria, previstas en el Capítulo XI del Título II que se adiciona a la Ley Federal de Procedimiento Contencioso Administrativo, y los artículos 1o, fracción III, 65, 66, 67, 68, 69 y 70 de la Ley Federal de Procedimiento Contencioso Administrativo, y 41, fracción XXX de la Ley Orgánica del Tribunal Federal de Justicia Fiscal y Administrativa que se reforman conforme al presente Decreto, entrarán en vigor a partir de los 240 días naturales siguientes, a la fecha de publicación de este ordenamiento.

Asimismo, el Tribunal deberá realizar las acciones que correspondan, a efecto de que el Juicio en Línea, inicie su operación a partir de los 240 días naturales siguientes, a la fecha de publicación de este ordenamiento.

Los juicios que se encuentren en trámite ante el Tribunal Federal de Justicia Fiscal y Administrativa, al momento de entrar en vigor el Capítulo XI del Título II a que se refiere el párrafo anterior, continuarán substanciándose y se resolverán conforme a las disposiciones vigentes a la fecha de presentación de la demanda.

Cuarto. Los avisos que se estén tramitando conforme a los artículos 67, último párrafo y 68, primer párrafo de la Ley Federal de Procedimiento Contencioso Administrativo que se reforma con este decreto, continuarán realizándose hasta la conclusión del juicio que corresponda, salvo que las partes manifiesten su interés de acogerse a lo dispuesto por este instrumento jurídico.

Cualquier referencia hecha en alguna disposición jurídica al Boletín procesal o a la lista en estrados del Tribunal Federal de Justicia Fiscal y Administrativa, se entenderá realizada al Boletín Electrónico a partir de la entrada en vigor del artículo 1-A, fracción III de la Ley Federal de Procedimiento Contencioso Administrativo que se reforma conforme al presente Decreto.

El Tribunal Federal de Justicia Fiscal y Administrativa promoverá una campaña masiva entre los usuarios de los servicios del Tribunal para difundir las disposiciones contenidas en este Decreto.

México, D.F., a 18 de noviembre de 2010.- Dip. **Jorge Carlos Ramírez Marín**, Presidente.- Sen. **Manlio Fabio Beltrones Rivera**, Presidente.- Dip. **Balfre Vargas Cortez**, Secretario.- Sen. **Arturo Hervíz Reyes**, Secretario.- Rúbricas."

En cumplimiento de lo dispuesto por la fracción I del Artículo 89 de la Constitución Política de los

Estados Unidos Mexicanos, y para su debida publicación y observancia, expido el presente Decreto en la Residencia del Poder Ejecutivo Federal, en la Ciudad de México, Distrito Federal, a los 9 días del mes de diciembre de 2010.- **Felipe de Jesús Calderón Hinojosa**.- Rúbrica.- El Secretario de Gobernación, **José Francisco Blake Mora**.- Rúbrica.

DECRETO por el que se reforma y adiciona el artículo 180 de la Ley General del Equilibrio Ecológico y la Protección al Ambiente, y se reforma la fracción I del artículo 8o. de la Ley Federal de Procedimiento Contencioso Administrativo.

Publicado en el Diario Oficial de la Federación el 28 de enero de 2011

Artículo Segundo.- Se reforma la fracción I del artículo 8o. de la Ley Federal de Procedimiento Contencioso Administrativo, para quedar como sigue:

TRANSITORIO

Artículo Único.- El presente Decreto entrará en vigor el día siguiente al de su publicación en el Diario Oficial de la Federación.

México, D.F., a 14 de diciembre de 2010.- Sen. **Manlio Fabio Beltrones Rivera**, Presidente.- Dip. **Jorge Carlos Ramirez Marin**, Presidente.- Sen. **Renan Cleominio Zoreda Novelo**, Secretario.- Dip. **Maria Guadalupe Garcia Almanza**, Secretaria.- Rúbricas."

En cumplimiento de lo dispuesto por la fracción I del Artículo 89 de la Constitución Política de los Estados Unidos Mexicanos, y para su debida publicación y observancia, expido el presente Decreto en la Residencia del Poder Ejecutivo Federal, en la Ciudad de México, Distrito Federal, a veinticuatro de enero de dos mil once.- **Felipe de Jesús Calderón Hinojosa**.- Rúbrica.- El Secretario de Gobernación, **José Francisco Blake Mora**.- Rúbrica.

DECRETO por el que se reforma el artículo 13, fracción I, inciso a) de la Ley Federal de Procedimiento Contencioso Administrativo.

Publicado en el Diario Oficial de la Federación el 24 de diciembre de 2013

Artículo Único. Se reforma el artículo 13, fracción I, inciso a) de la Ley Federal de Procedimiento Contencioso Administrativo, para quedar como sigue:

TRANSITORIO

Único.- El presente Decreto entrará en vigor al día siguiente de su publicación en el Diario Oficial de la Federación.

México, D.F., a 12 de noviembre de 2013.- Dip. **Ricardo Anaya Cortés**, Presidente.- Sen. **Raúl Cervantes Andrade**, Presidente.- Dip. **Angelina Carreño Mijares**, Secretaria.- Sen. **Iris Vianey Mendoza Mendoza**, Secretaria.- Rúbricas."

En cumplimiento de lo dispuesto por la fracción I del Artículo 89 de la Constitución Política de los Estados Unidos Mexicanos, y para su debida publicación y observancia, expido el presente Decreto en la Residencia del Poder Ejecutivo Federal, en la Ciudad de México, Distrito Federal, a veintitrés de diciembre de dos mil trece.- **Enrique Peña Nieto**.- Rúbrica.- El Secretario de Gobernación, **Miguel Ángel Osorio Chong**.- Rúbrica.

DECRETO por el que se reforman, adicionan y derogan diversas disposiciones de la Ley Federal de Procedimiento Contencioso Administrativo.

Publicado en el Diario Oficial de la Federación el 13 de junio de 2016

Artículo Único. Se **reforman** la fracción III del artículo 1-A; la fracción III del artículo 7o.; las fracciones I y II del artículo 13; los párrafos primero y segundo de la fracción I y último párrafo del artículo 14; el párrafo primero del artículo 17; el párrafo primero del artículo 18; el párrafo primero del artículo 19; los párrafos primero, segundo y tercero del artículo 24; el párrafo primero del artículo 25; el artículo 26; el primer párrafo y se elimina el segundo párrafo del artículo 27; las fracciones III y IV y se elimina el tercer párrafo del inciso b) de la fracción II del artículo 28; el artículo 47; el párrafo segundo, inciso a), fracción I del artículo 48; el primer párrafo del artículo 49; los párrafos segundo y sexto del artículo 52; el último párrafo del artículo 53; la fracción II y se eliminan los párrafos penúltimo y último del artículo 57; el último párrafo del artículo 58; el artículo 58-J; el artículo 58-2; el artículo 58-13; el artículo 59; el artículo 65; el artículo 66; el párrafo primero, la fracción II y el párrafo segundo del artículo 67; el artículo 68; el primer párrafo del artículo 75; el primer párrafo del artículo 77. Se **adicionan** la fracción III Bis del artículo 1-A; el segundo párrafo del artículo 4o, recorriéndose el subsecuente; un párrafo tercero al artículo 5o, recorriéndose los subsecuentes; el artículo 7o Bis; la fracción XVI al artículo 8o, recorriéndose la subsecuente; un cuarto párrafo al artículo 19; el artículo 28 Bis; un párrafo segundo a la fracción I y los párrafos segundo, tercero y cuarto del artículo 43; un párrafo segundo al artículo 58-12; la fracción X al artículo 63; un tercer y cuarto párrafo al artículo 67. Se **derogan:** la fracción X del artículo 1-A; el párrafo segundo del artículo 27; la fracción III del artículo 52; las fracciones III y IV del artículo 67; y el artículo 69, de la Ley Federal de Procedimiento Contencioso Administrativo, para quedar como sigue:

TRANSITORIOS

Primero. El presente decreto entrará en vigor a partir del día siguiente a la fecha de su publicación en el Diario Oficial de la Federación.

Segundo. Los juicios que se encuentren en trámite ante el Tribunal Federal de Justicia Fiscal y Administrativa, al momento de entrar en vigor la presente Ley, se tramitarán hasta su total resolución conforme a las disposiciones legales vigentes en el momento de presentación de la demanda.

Tercero. Para los efectos de lo dispuesto en el artículo 19, penúltimo párrafo, de esta Ley, las dependencias, organismos o autoridades contarán con un plazo de tres meses para registrar su dirección de correo electrónico institucional, así como el domicilio oficial de las unidades administrativas a las que corresponda su representación en los juicios contencioso administrativos, contados a partir de la entrada en vigor del presente Decreto.

Cuarto. A partir de la entrada en vigor del presente Decreto, todas las referencias hechas al Boletín Electrónico, se entenderán realizadas al Boletín Jurisdiccional.

Quinto. Respecto de los montos señalados en la presente Ley, para determinar la cuantía de los juicios que se tramitan en la vía sumaria, así como para fijar las multas que se impondrán en caso de no cumplimentar lo estipulado en el articulado de la presente Ley, dejará de considerarse al salario mínimo como unidad de medida una vez que entre en vigor la Ley Reglamentaria al "Decreto por el que se declara reformadas y adicionadas diversas disposiciones de la Constitución Política de los Estados Unidos Mexicanos, en materia de desindexación del salario mínimo", publicado en el Diario Oficial de la Federación, el 7 de enero de 2016.

Ciudad de México, a 28 de abril de 2016.- Sen. **Roberto Gil Zuarth**, Presidente.- Dip. **José de Jesús**

Zambrano Grijalva, Presidente.- Sen. **Hilda Esthela Flores Escalera**, Secretaria.- Dip. **Ramón Bañales Arambula**, Secretario.- Rúbricas."

En cumplimiento de lo dispuesto por la fracción I del Artículo 89 de la Constitución Política de los

Estados Unidos Mexicanos, y para su debida publicación y observancia, expido el presente Decreto en la Residencia del Poder Ejecutivo Federal, en la Ciudad de México, a diez de junio de dos mil dieciséis.- **Enrique Peña Nieto**.- Rúbrica.- El Secretario de Gobernación, **Miguel Ángel Osorio Chong**.- Rúbrica

NICARAGUA

LEY DE REGULACIÓN DE LA JURISDICCIÓN DE LO CONTENCIOSO-ADMINISTRATIVO

ASAMBLEA NACIONAL DE LA REPUBLICA DE NICARAGUA

LEY No. 350

EL PRESIDENTE DE LA REPUBLICA DE NICARAGUA

Hace saber al pueblo nicaragüense que:

LA ASAMBLEA NACIONAL DE LA REPUBLICA DE NICARAGUA

En uso de sus facultades;

HA DICTADO

La siguiente:

LEY DE REGULACIÓN DE LA JURISDICCIÓN DE LO CONTENCIOSO-ADMINISTRATIVO

TITULO I

DE LAS DISPOSICIONES GENERALES

CAPITULO I

DEL OBJETO DE LA LEY Y LAS DEFINICIONES BÁSICAS

Arto. 1. Objeto de la Ley. La presente Ley es de orden público y tiene por objeto regular la jurisdicción de lo contencioso-administrativo, para el debido respeto y cumplimiento del principio de legalidad establecido en el artículo 160 de la Constitución Política de la República, en lo que respecta a la tutela del interés público y los derechos e intereses de los administrados.

La jurisdicción de lo contencioso-administrativo, de acuerdo con la Constitución Política de la República y el ordenamiento jurídico, conocerá con potestad exclusiva de las pretensiones que se deduzcan en relación con los actos, resoluciones, disposiciones generales, omisiones y simples vías de hecho, así como en contra de los actos que tengan que ver con la competencia, actuaciones y procedimientos de la Administración Pública, que no estén sujetos a otra jurisdicción.

Arto. 2. Definiciones Básicas. Para los efectos de la presente Ley y una mejor comprensión de la misma, se establecen los conceptos básicos siguientes:

1. **Acto Administrativo**: Es la declaración o manifestación de voluntad, juicio o conocimiento expresada en forma verbal o escrita o por cualquier otro medio que, con carácter general o particular, emitieren los órganos de la Administración Pública y que produjere o pudiere producir efectos jurídicos.

2. **Administración Pública**: Es la que ejerce el Estado por medio de los órganos de la administración del Poder Ejecutivo, de acuerdo con sus propias normativas; la Administración de las Regiones Autónomas de la Costa Atlántica y de las municipalidades; las instituciones gubernamentales autónomas o descentralizadas y las desconcentradas; las instituciones de creación constitucional y, en general, todas aquéllas que de acuerdo con sus normas reguladoras realizaren actividades regidas por el ordenamiento jurídico administrativo y la doctrina jurídica y, en todo caso, cuando ejercieren potestades administrativas. También incluye la actividad de los poderes legislativo, judicial y electoral en cuanto realizaren funciones administrativas en materia de personal, contratación administrativa y gestión patrimonial.

3. **Trámite de Audiencia al Interesado**: Es el trámite que debe realizarse en todo procedimiento administrativo o contencioso-administrativo y que consiste en dar intervención y tener como parte al interesado, permitiéndole revisar y examinar lo actuado por la autoridad y que estuviere reflejado en el expediente, para que pueda formular por escrito las peticiones, reclamaciones o recursos que estimare pertinentes.

4. **Trámite de Obtención de Copias**: Es el trámite por el cual se le permite al interesado obtener a su costa las copias de los documentos e informes del expediente, que requiriere para ejercer sus derechos en la vía administrativa o en la jurisdicción contencioso-administrativa.

5. **Agotamiento de la Vía Administrativa**: Consiste en haber utilizado en contra de una resolución administrativa producida de manera expresa o presunta, o por vía de hecho, los recursos administrativos de Revisión y Apelación, cuando fueren procedentes, de tal forma que dicha resolución se encuentre firme causando estado en la vía administrativa.

6. **Desviación de Poder**: Es el ejercicio de potestades administrativas para fines distintos de los establecidos por el ordenamiento jurídico o que no concordaren con el logro del interés público y el bien común.

7. **Documento**: Es el medio o instrumento que sirve para registrar o almacenar información de cualquier naturaleza, para su peremnización y representación.

8. **Ejecutoriedad del Acto o Resolución Administrativos**: Es el carácter que tendrán el acto o la resolución administrativos cuando hubieren adquirido firmeza y que facultará a la Administración Pública para proceder a su ejecución por medio de los órganos administrativos competentes.

9. **Expediente Administrativo**: Es el conjunto de documentos debidamente identificados y foliados, o registros de cualquier naturaleza, con inclusión de los informes y resoluciones en que se materializa el procedimiento administrativo de manera cronológica y al cual deben tener acceso los interesados desde el trámite de audiencia y obtención de copias, y que la Administración Pública deberá enviar de forma íntegra a los tribunales de justicia en lo pertinente al asunto de que se trate, caso de que se ejerciere la acción contencioso-administrativa. Cuando un documento no pudiere agregarse al expediente por su naturaleza, se pondrá razón de esta circunstancia en el expediente, en tanto que su original se custodiará por el órgano jurisdiccional.

10. **Motivación**: Es la expresión de las razones que hubieren determinado la emisión de toda providencia o resolución administrativa. La falta, insuficiencia u oscuridad de la motivación, que causare perjuicio o indefensión al administrado, determinará la anulabilidad de la providencia o disposición, la que podrá ser declarada en sentencia en la vía contencioso-administrativa.

11. **Notificación o Comunicación Legal**: Es el acto por medio del cual se hará saber al interesado el contenido de una resolución de carácter administrativo y que deberá contener el texto íntegro del acto o resolución y la mención del recurso que en contra de ella procediere, el plazo exacto y el órgano ante quien deberá interponerse y la autoridad ante quien deberá efectuarse.

12. **Órgano Administrativo**: Es la instancia o dependencia encargada de resolver un expediente administrativo y que tiene competencia para resolver en nombre de la Administración Pública y cuya actuación se imputa de forma directa e inmediata a la Administración misma.

13. **Procedimiento Administrativo**: Es el cauce formal de la serie de actos en que se debe concretar la actuación administrativa sujeta al Derecho Administrativo para la consecución de un fin.

14. **Recurso**: Llámase recurso a todo medio que concede la ley procesal para la impugnación de las actuaciones o resoluciones, a efecto de subsanarlos errores de apreciación, de fondo o los vicios de forma en que se hubiere incurrido al dictarlos.

15. **Recurso de Revisión en Vía Administrativa**: Es el reclamo que se interpone ante el propio órgano que hubiere dictado el acto administrativo para que lo revise y resuelva él mismo.

16. **Recurso de Apelación en Vía Administrativa**: Es el reclamo que se interpone en contra del acto administrativo ante el órgano que lo dictó, con el objeto de que la impugnación sea resuelta por la autoridad superior de dicho órgano.

17. **Recurso de Reposición**, Reforma y Aclaración en la Vía Contencioso-Administrativo: Son aquéllos que se interponen ante el Tribunal que dictó la resolución y que tienen por objeto reponer, reformar o aclarar la disposición dictada.

18. **Recurso de Apelación en lo Contencioso-Administrativo**: Es el que se interpone ante la Sala de lo Contencioso Administrativo de la Corte Suprema de Justicia.

19. **Silencio Administrativo**: Es el efecto que se produce en los casos en que la Administración Pública omitiere su obligación de resolver en el plazo de treinta

días. Transcurrido dicho plazo sin que la Administración hubiere dictado. ninguna resolución, se presumirá que existe una aceptación de lo pedido a favor del interesado.

20. **Vía de Hecho**: Es la actuación o ejecución real de la Administración que no tuviere cobertura formal ni acto administrativo previo que la respalde y justifique.

CAPITULO II
DE LOS PRINCIPIOS GENERALES

Arto. 3. **Iniciación del Proceso**. La iniciación del proceso incumbe a los interesados. Las partes podrán disponer de sus derechos en el proceso, salvo aquellos irrenunciables.

Arto. 4. Dirección del Proceso. La dirección del proceso está confiada al Tribunal, el que la ejercerá de acuerdo con las disposiciones de esta Ley.

Arto. 5. Impulso Procesal. Promovido el proceso, el Tribunal tomará las medidas tendentes a evitar su paralización y a adelantar su trámite con la mayor celeridad posible.

Arto. 6. Igualdad Procesal. Las partes tienen igualdad de derechos en el proceso, la cual deberá ser garantizada por los órganos de la jurisdicción contencioso-administrativo, cualquier disposición que limitara este derecho se tendrá por no puesto.

Arto. 7. Buena Fe y Lealtad Procesal. Las partes, sus representantes o asistentes y, en general, todos los participantes del proceso, ajustarán su conducta a la dignidad de la justicia, al respeto que se deben los litigantes, a la lealtad y buena fe.

El Tribunal deberá impedir el fraude procesal, la colusión y cualquier otra conducta ilícita o dilatoria.

Arto. 8. Orden del Proceso. El Tribunal a petición de parte o de oficio, tomará todas las medidas necesarias que resulten de la ley o de sus poderes de dirección, para prevenir o sancionar cualquier acción u omisión contrarias al orden o a los principios del debido proceso.

Arto. 9 Publicidad del Proceso. Todo proceso será público, salvo que expresamente la ley disponga lo contrario o el Tribunal así lo decida por razones de seguridad, de moral o de protección de la personalidad de alguna de las partes.

Arto. 10. Inmediación Procesal. Tanto las audiencias como las diligencias de prueba que así lo permitan, se realizarán con la participación directa del Tribunal, y no podrá delegarlas so pena de nulidad absoluta, salvo cuando la diligencia deba celebrarse en territorio distinto al de su competencia.

Arto. 11. Pronta y Eficiente Administración de Justicia. El Tribunal y sus auxiliares tomarán las medidas necesarias para lograr la más pronta y eficiente administración de la justicia, así como la mayor economía en la realización del proceso. Se prohibe reabrir causas debidamente fenecidas.

Arto. 12. Concentración Procesal. Los actos procesales deberán realizarse sin demora, procurando abreviar los plazos cuando la ley lo permita o por acuerdo entre las partes y debiendo concentrar en un mismo acto las diligencias que sean necesarias y posibles de realizar.

Arto. 13. Derecho al Proceso. Para los fines y efectos de la presente Ley, tienen derecho al proceso todas las personas naturales o jurídicas sin requerimiento económico previo, siempre y cuando éstas demuestren tener interés legítimo en la causa o sean acreditados legalmente por los interesados.

TITULO II
DE LA NATURALEZA, EXTENSIÓN Y LIMITES DE LO CONTENCIOSO-ADMINISTRATIVO

CAPITULO ÚNICO

Arto. 14. Ámbito de la Jurisdicción de lo Contencioso-Administrativo. La jurisdicción de lo contencioso-administrativo, a través de los tribunales competentes, conocerá de las pretensiones que los interesados presenten en la correspondiente demanda en relación con los actos, resoluciones, disposiciones generales, omisiones, situaciones y simples vías de hecho de la Administración Pública.

El examen de la legalidad de los actos y disposiciones generales de la Administración Pública comprenderá cualquier infracción del ordenamiento jurídico y de los principios generales del Derecho, incluso la falta de competencia, el quebrantamiento de las formalidades esenciales y la desviación de poder.

Arto. 15. Extensión de la Jurisdicción de lo Contencioso-Administrativo. La jurisdicción de lo contencioso-administrativo también conocerá los aspectos siguientes:

1) Los asuntos referentes a la preparación, adjudicación, cumplimiento, interpretación, validez, resolución y efectos de los contratos administrativos celebrados por la Administración Pública, especialmente cuando tuvieren por finalidad el interés público, la prestación de servicios públicos o la realización de obras públicas.

2) Las cuestiones que se suscitaren sobre la responsabilidad patrimonial del Estado y de la Administración Pública por los daños y lesiones que sufrieren los particulares en sus bienes, derechos e intereses, como consecuencia de las actuaciones, omisiones o vías de hecho de sus funcionarios y empleados, sin importar cuál sea la naturaleza de la actividad o tipo de relación de que se deriven. Se exceptúan aquellas demandas civiles, mercantiles o laborales que por su naturaleza deben tramitarse ante la jurisdicción ordinaria

3) Las demandas incoadas contra las normativas, actos, resoluciones, decisiones, omisiones y simples vías de hecho emitidas por la Contraloría General de la República, Procuraduría para la Defensa de los Derechos Humanos, Fiscalía General de la República, Procuraduría General de Justicia, por la Superintendencia de Bancos y de Otras Instituciones Financieras y la Superintendencia de Pensiones.

4) Los reclamos que los administrados formulen en contra de las actuaciones de la Administración concedente, relativos a la fiscalización y control de las actividades de los concesionarios de los servicios públicos, siempre que impliquen el ejercicio de potestades administrativas conferidas a ellos, así como en contra de las actuaciones de los propios concesionarios en cuanto implicaren el ejercicio de potestades administrativas.

5) Las acciones de responsabilidad civil y administrativa que se produjeren en contra de los funcionarios y empleados públicos en el desempeño de sus funciones, sin perjuicio de las causas que podrían seguirse para determinar responsabilidades penales.

6) Los conflictos de carácter administrativo que surgieran entre los distintos organismos de la Administración Pública; los conflictos administrativos de carácter

intermunicipal o interregional, o entre los municipios y las Regiones Autónomas, y los de éstos con la Administración Pública.

7)   Cualquier otra materia que de forma expresa determine la ley.

Arto. 16. Cuestiones Prejudiciales e Incidentales. La competencia se extenderá al conocimiento y decisión de cuestiones prejudiciales e incidentales de índole civil o laboral, directamente relacionadas con la demanda contencioso-administrativa, sin perjuicio de su posterior revisión por la jurisdicción correspondiente.

Arto. 17. Exclusión de Materias. Quedan excluidos del conocimiento de la jurisdicción de lo contencioso-administrativo los aspectos siguientes:

1)   Aquellos actos susceptibles del Recurso de Inconstitucionalidad, los referentes a las relaciones internacionales y a la defensa del territorio y la soberanía nacional; sin perjuicio de las indemnizaciones que fueren procedentes, cuya determinación sí corresponderá a la jurisdicción de lo contencioso-administrativo.

2)   Lo referente a las violaciones o intentos de violación de los derechos y garantías consagrados en la Constitución Política que corresponde a la jurisdicción constitucional, a través del Recurso de Amparo.

3)   Los de índole civil, laboral o penal atribuidos a la jurisdicción ordinaria.

Arto. 18 Otros Actos Excluidos de la Acción. Además de lo establecido en el artículo precedente, no se admitirá la acción en la vía de lo contencioso administrativo en contra de:

1)   Los actos consentidos expresamente o aquellos que no hubieren sido recurridos en tiempo y forma, los que fueren reproducción de otros anteriores ya definitivos o firmes y aquellos que confirmaren los actos consentidos.

2)   Las resoluciones que pusieren término a la vía administrativa, como acciones previas a la vía judicial ordinaria en reclamaciones de índole civil o laboral.

TITULO III
DE LOS ÓRGANOS DE LA JURISDICCIÓN DE LO CONTENCIOSO-ADMINISTRATIVO Y SU COMPETENCIA

CAPITULO I
DE LOS ÓRGANOS DE LA JURISDICCIÓN DE LO CONTENCIOSO-ADMINISTRATIVO

Arto. 19. Órganos de la Jurisdicción de lo Contencioso Administrativo. Son órganos jurisdiccionales de lo Contencioso-Administrativo los siguientes:

1)   La Sala de lo Contencioso-Administrativo de la Corte Suprema de Justicia.

2)   Las Salas de lo Contencioso-Administrativo que se crean en los Tribunales de Apelaciones y que estarán integrados por tres miembros propietarios y dos suplentes.

Arto. 20. Implicancia y Recusación. Todos cuantos ejercieren jurisdicción en la materia de lo contencioso-administrativo, deberán excusarse de conocer en los casos sometidos a su conocimiento cuando concurrieren causales de implicancia o recusación. Caso contrario, podrán ser recusados o implicados de conformidad con lo dispuesto en la Ley Orgánica del Poder Judicial de la República de Nicaragua, su Reglamento y el Código de Procedimiento Civil.

Además de las causas establecidas en el ordenamiento jurídico, también se considerará como causal de implicancia o recusación estar en unión de hecho estable con el funcionario que hubiere dictado u omitido dictar el acto administrativo en cuestión o hubiere actuado por vía de hecho.

CAPITULO II
DE LAS CUESTIONES DE COMPETENCIA

Arto. 21. Carácter Improrrogable y del Modo de Proceder en Casos de Falta de Jurisdicción. La jurisdicción de lo contencioso-administrativo es improrrogable por razón de la materia.

La falta de jurisdicción será declarada de oficio o a instancia de parte, según sea el caso, por la Sala de lo Contencioso-Administrativo del Tribunal de Apelaciones correspondiente o por la Sala de lo Contencioso-Administrativo de la Corte Suprema de Justicia. Previamente se deberá oír en audiencia oral señalada por el Tribunal dentro del plazo de diez días a quienes se hubieren constituido como partes.

La declaración de falta de jurisdicción deberá ser debidamente motivada e indicará además a las partes la jurisdicción competente a la que deberán acudir.

Arto. 22. Reserva de Acciones. El ejercicio de la acción en la vía de lo contencioso-administrativo no implica la pérdida del derecho que tiene el administrado para la interposición del Recurso de Amparo de conformidad con la ley de la materia.

En los casos en que el administrado recurriera de Amparo y el recurso hubiera sido declarado inadmisible de conformidad con la ley de la materia, o si el administrado acudiera ante los órganos de la jurisdicción de lo contencioso-administrativo dentro de los treinta días posteriores a la notificación de la referida inadmisibilidad, se entenderá que la demanda ha sido interpuesta debidamente en la fecha en que se inició el plazo para interponer la acción de lo contencioso-administrativo.

Arto. 23. Recurso de Apelación por la Vía de Hecho. En los casos en que el Tribunal de primera instancia declare la falta de jurisdicción o de competencia, o que éste se negare a darle trámite al proceso, el afectado que considere indebida la resolución podrá interponer el Recurso de Apelación.

En caso que se le niegue la apelación, el afectado puede recurrir por la vía de hecho de forma directa ante el Tribunal Superior dentro de un plazo de diez días contados a partir de la fecha de la notificación de la negativa, más el término de la distancia, según sea el caso. La Sala del Tribunal de Apelaciones, dentro de un plazo no mayor de diez días, deberá pronunciarse con carácter vinculante reformando o confirmando, a través de un auto motivado, la resolución impugnada. El apelante deberá presentar copia o certificación de su demanda, y escrito ad-hoc en el que exprese las razones y motivos que crea le asisten para admitirla. El Tribunal no podrá negar la certificación solicitada y la entregará a más tardar dentro de tercero día.

Si el recurso se resolviere favorablemente, ordenará a la Sala del Tribunal a-quo que siga conociendo de la tramitación.

Cuando la falta de jurisdicción o de competencia fuere declarada por la Sala de lo Contencioso-Administrativo de la Corte Suprema de Justicia, cabrá únicamente el Recurso de Reposición.

Arto. 24. Competencia Territorial. La competencia territorial de las Salas de lo Contencioso Administrativo de los Tribunales de Apelaciones se determinará de la manera siguiente:

Por regla general, será competente para conocer de la acción contencioso-administrativa, el órgano jurisdiccional en cuya comprensión territorial se hubiere dictado la disposición o realizado el acto o vía de hecho, o incurrido en la omisión objeto de la demanda o impugnación.

Cuando la demanda tuviere por objeto actos cuya ejecución se hubieran efectuado en un lugar distinto de aquél en que tengan su sede el órgano administrativo o su domicilio el administrado, o si afectaren a una pluralidad de administrados de similares o diferentes comprensiones territoriales o domicilio, éstos podrán optar por presentarla ante la Sala de lo Contencioso-Administrativo de cualesquiera de estas tres demarcaciones, en este caso la competencia corresponderá a la Sala de lo Contencioso Administrativo del Tribunal que hubiere prevenido en el conocimiento del asunto.

Arto. 25. Los Juzgados Locales y de Distrito recepcionarán las demandas y las remitirán al Tribunal de Apelaciones correspondiente para su tramitación.

TÍTULO IV
DE LAS PARTES

CAPITULO I
DE LA CAPACIDAD PROCESAL

Arto. 26. Capacidad Procesal en lo Contencioso-Administrativo. Tienen capacidad procesal para demandar por la vía de la jurisdicción de lo contencioso administrativo:

1) Las personas naturales o jurídicas, sus representantes legales o sus mandatarios, de conformidad con la legislación común.

2) Los menores de edad que hubieren cumplido 15 años, cuando ostentaren derechos o intereses propios, incluso cuando se tratare de gestiones en favor de los derechos de terceros vinculados con dichos menores dentro del cuarto grado de consanguinidad o segundo de afinidad. En estos casos, podrán deducir sus pretensiones sin necesidad de contar con la representación de quien ejerza la patria potestad o de cualquier otro representante designado judicialmente o de apoderado especialmente facultado.

CAPITULO II
DE LA LEGITIMACIÓN DE LAS PARTES

Arto. 27. De la Legitimación en la Causa. La anulación los actos y disposiciones de la Administración Pública y la declaración de su ilegalidad podrán solicitarse por quienes tuvieren interés legítimo en el asunto. En los casos en que la demanda tuviere por objeto la impugnación directa de disposiciones de carácter general de la Administración Pública de rango inferior a la ley, la acción podrá ser ejercida por

1) Las entidades, corporaciones o instituciones de Derecho Público y cualquier otro organismo que ostentare la representación o defensa de los intereses de carácter general o corporativo, siempre y cuando la disposición impugnada los lesionare o afectare el interés general. Se exceptúan los partidos políticos.

2) Los administrados que tuvieren interés de forma directa y legítima en el asunto, sin perjuicio de lo dispuesto en el ordinal segundo del artículo anterior.

En los casos en que se pretendiere el reconocimiento y restablecimiento de una situación jurídica individualizada, con o sin reparación patrimonial, se requerirá la titularidad de un derecho subjetivo o interés derivado del ordenamiento que se considerare infringido por el acto o disposición impugnados. En los casos de los colegios o asociaciones de profesionales, sindicatos, cámaras, cooperativas, otras asociaciones y demás entidades constituidas legalmente para velar por intereses profesionales, económicos, sociales o culturales determinados, estarán legitimados como parte en defensa de esos derechos e intereses, quienes ejerzan la representación legal de dichas entidades.

Arto. 28: De la Prohibición de Ejercer la Acción Contencioso Administrativa. No podrán ejercer la acción contencioso-administrativa contra la actividad de la Administración Pública:

1) Los órganos administrativos y los miembros de sus órganos colegiados, cuando actuaren como tales.

2) Los particulares que habiendo actuado en los casos permitidos en la ley como agentes o mandatarios de la Administración, cuando pretenda ejercer la propia acción contencioso-administrativa en contra de los intereses de mandante anterior.

3) Las entidades de Derecho Público que fueren dependientes o guarden una relación de jerarquía con el Estado, las comunidades de las Regiones Autónomas, o las entidades locales respecto a las actividades de la Administración de la que dependieron, salvo los casos en que se hubiere autorizado por medio de ley expresa.

CAPITULO III

DE LOS DEMANDADOS Y COADYUVANTES

Arto. 29 Demandados. Se considerarán partes demandadas las siguientes:

1) La Administración pública sus organismos o entidades autoras del acto, omisión, disposición o vía de hecho a que se refriere la demanda

2) Las personas que, como consecuencia del acto o disposición impugnados, pudieren ser titulares de derechos o intereses.

3) Todo prestador de servicio público de conformidad al Artículo 105 de la Constitución Política.

Arto. 30. Los Coadyuvantes. Podrá intervenir en el proceso como parte coadyuvante de la Administración recorrida cualquier persona que tuviere interés directo en el mantenimiento del acto, disposición, omisión o vía de hecho que motivare la acción contencioso-administrativa.

La oposición a la intervención del coadyuvante se tramitará como incidente en cuerda separada y deberá promoverse dentro de los tres días posteriores a la notificación del apersonamiento respectivo.

Arto. 31. Sucesión Procesal. En los casos en que la legitimación de las partes derivare de un derecho o relación jurídica transmisible, el sucesor podrá sustituir en cualquier estado del proceso a la persona que inicialmente hubiera actuado como parte o bien podrá iniciarlo mediante el ejercicio de la acción respectiva.

CAPITULO IV

DE LA REPRESENTACIÓN Y DEFENSA DE LAS PARTES

Arto. 32. Defensa de la Administración Pública. La representación y defensa de la Administración Pública en la vía de la jurisdicción de lo contencioso-administrativo, corresponderá a la Procuraduría General de Justicia de la República, o en su caso, a quienes ostenten la representación legal del órgano demandado.

Los representantes legales solamente podrán allanarse a la demanda en los casos en que dispongan de la autorización legal expresa del órgano, dependencia o entidad legalmente competente para tal efecto.

Arto. 33. Beneficio de Pobreza y Régimen de la Defensa de Oficio. En caso de invocarse falta de recursos económicos por una de las partes, la Sala de lo Contencioso-Administrativo del Tribunal de Apelaciones respectivo, previa información sumaria de las circunstancias del solicitante, procederá inexcusablemente y con celeridad a la designación de un defensor público o de un abogado de oficio que ejerza la defensa y representación de quien, a criterio de la misma Sala del Tribunal, debiere gozar del beneficio de pobreza.

La primera invocación de falta de recursos económicos podrá efectuarse directamente por la persona agraviada; por comparecencia directa ante la Sala respectiva del Tribunal o por cualquier otro medio, pero siempre dentro del plazo hábil para el ejercicio de la acción. La solicitud producirá la interrupción de los plazos, los que se volverán a contar desde el momento en que se acredite en autos la aceptación de la defensa por el abogado designado de oficio por la Sala del Tribunal, el nombramiento del abogado de oficio se hará conforme las reglas del derecho común.

Arto. 34. Pluralidad de Partes. Cuando los particulares que intervinieren como actores, demandados o como coadyuvantes, tuvieren posiciones que no fueren contradictorias ni excluyentes entre sí, podrán litigar unidos total o parcialmente, y bajo una misma defensa, representación y dirección.

TITULO V
DEL OBJETO DEL PROCESO DE
LO CONTENCIOSO ADMINISTRATIVO

CAPITULO I
DE LOS ACTOS IMPUGNABLES Y DE
LAS PRETENSIONES DE LAS PARTES

Arto. 35. Admisibilidad de la Demanda. La acción de lo contencioso-administrativo será admisible contra todos los actos, resoluciones, disposiciones generales, omisiones o simples vías de hecho de la Administración Pública que no fueran susceptibles de ulterior recurso en la vía administrativa, cuando decidan directa o indirectamente el fondo del asunto, de forma tal que pusieran término a la vía administrativa o hicieran imposible continuar con su tramitación.

Arto. 36. Impugnación de las Disposiciones de Carácter General. Contra las disposiciones de carácter general que dictare la Administración Pública podrá ejercerse directamente la acción contencioso-administrativa ante la Sala de lo Contencioso-Administrativo de la Corte Suprema de Justicia, sin necesidad de agotar la vía administrativa. Dicha Sala funcionará como Tribunal de única instancia. De la misma manera podrá procederse en contra de los actos que se produzcan por la aplicación de esas disposiciones, con fundamento de no ser conformes a derecho.

Si no se ejerciere directamente la acción contra la disposición general, o fuere desestimada la demanda que contra ella se hubiere presentado o incoado, siempre podrán impugnarse los actos de aplicación individual a que tal disposición de lugar, pero deberá agotarse previamente en este caso la vía administrativa.

Arto. 37. Modo de Proceder ante Prestaciones Concretas Recurso Especial por Retardación. Cuando la Administración Pública estuviere obligada a realizar una prestación concreta a favor de una o varias personas determinadas, ya fuere en virtud de una disposición general que no precisare de actos de aplicación o en virtud de un acto, contrato o convenio administrativo, los administrados podrán reclamar a la Administración el cumplimiento de dicha obligación. Si la Administración no diere cumplimiento a lo solicitado en un plazo de cuarenta y cinco días o no hubiere llegado a un acuerdo con los interesados, éstos podrán ejercer la acción contencioso-administrativa contra la inactividad administrativa demandando a la Administración el cumplimiento de sus obligaciones en los términos establecidos.

Cuando la Administración no ejecutare sus resoluciones firmes, los interesados podrán solicitar su ejecución y si ésta no se produjere en el plazo de treinta días desde que hubiere sido formulada la petición, aquellos podrán acudir a la vía contencioso-administrativa para su pronta ejecución, sin perjuicio de las responsabilidades e indemnizaciones a que hubiere lugar:

De la misma forma podrá procederse cuando haya retardación del procedimiento administrativo.

Arto. 38. Cese de la Vía de Hecho y la Suspensión del Acto. En caso de vías de hecho; el interesado podrá solicitar a la Administración el cese de la actuación. Si esta solicitud no fuere atendida dentro de los diez días siguientes a su presentación, el interesado podrá acudir directamente a la jurisdicción contencioso-administrativa para que la actuación sea declarada contraria a derecho, se ordene el cese de dicha actuación y se adopten, en su caso, las medidas necesarias para restablecer la legalidad.

Arto. 39. De las Pretensiones de las Partes. El demandante podrá pedir la declaración de no ser conformes a derecho y en su caso la anulación, de los actos, omisiones, disposiciones generales y vías de hecho o susceptibles de impugnación en sede contenciosa-administrativa.

Asimismo, podrá pedir el reconocimiento de una situación jurídica individualizada y la adopción de las medidas necesarias para su pleno restablecimiento, entre ellas la declaración de haber lugar a daños y perjuicios materiales y morales, según fuere el caso, sin menoscabo de otras responsabilidades que se pudieren derivar.

CAPITULO II
DE LA ACUMULACIÓN DE ACCIONES Y AUTOS

Arto. 40. Competencia por Conexión. Serán acumulables en un solo proceso aquellas acciones y pretensiones que no fueren incompatibles entre sí y que se dedujeren en relación con un mismo acto, disposición, omisión o vía de hecho. De la misma forma lo serán aquellas que se refieren a varios actos o disposiciones, cuando uno fuere reproducción, confirmación o ejecución de otros o existiere entre ellos cualquier relación.

Arto. 41. Improcedencia de la Acumulación. Si la acumulación fuere improcedente, el Tribunal señalará en forma motivada las acciones que el demandante deberá interponer por separado.

Arto. 42. Acumulación de Auto. Presentadas varias demandas contencioso-administrativas con ocasión de actos, disposiciones omisiones o simples vías de hecho en los que concurran algunas de las circunstancias señaladas para la acumulación de acciones, la Sala de lo Contencioso Administrativo del Tribunal podrá, en cualquier momento y previa audiencia a las partes, decretar la acumulación de oficio a petición de cualquiera de ellas.

Arto. 43. Apelación Contra el Auto que Resuelva Sobre la Acumulación. Contra el auto de la Sala de lo Contencioso-Administrativo del Tribunal de Apelación que denegare o accediere a la acumulación o ampliación podrá interponerse Recurso de Apelación con expresión de agravios, en un plazo de cinco días ante el mismo Tribunal. El recurso se concederá en el efecto devolutivo y será resuelto por la Sala de lo Contencioso-Administrativo de la Corte Suprema de Justicia en un plazo de diez días a partir de recibidas las actuaciones.

Arto. 44. Ampliación, Rectificación o Aclaración de la Demanda. Finalizado el trámite de la vista del expediente, a que hace referencia el Artículo 61 de la presente Ley, y antes de la contestación de la demanda, el demandante o los demandantes, en su caso, tendrán un plazo común de veinte días para aclarar, rectificar o ampliar sus respectivas demandas. Del escrito respectivo se acompañarán las copias necesarias para las distintas partes del proceso.

Arto. 45. Ampliación de la Demanda por Motivo Sobreviniente. Si una vez ampliada, aclarada o rectificada la demanda se dictare algún acto o disposición administrativos que guarde la relación a que se refiere la competencia por conexión con otro acto o disposición que fuere objeto de una demanda contencioso-administrativa en trámite, el demandante podrá solicitar la ampliación de la demanda a que el asunto administrativo dentro de un plazo de treinta días.

Solicitada la ampliación, se suspenderá la tramitación del proceso en tanto no se hubieren publicado, respecto de la ampliación, los edictos que preceptúa esta Ley y no se hubiere remitido a la Sala respectiva del Tribunal de Apelaciones el expediente administrativo a que se refiere el nuevo acto o disposición.

TITULO VI
DEL PROCEDIMIENTO
DE LO CONTENCIOSO-ADMINISTRATIVO

CAPITULO I
DEL EJERCICIO DE LA ACCIÓN
EN LO CONTENCIOSO-ADMINISTRATIVO

Arto. 46. Agotamiento de la Vía Administrativa. Para ejercer la acción contencioso-administrativa será requisito indispensable haber agotado previamente la vía administrativa en la forma establecida por la ley.

Esta vía se tendrá por agotada cuando se diere cualquiera de las condiciones siguientes:

1) Cuando se hubiere hecho uso en tiempo y forma de los recursos administrativos señalados por la ley de la materia y se hubiere notificado una resolución expresa.

2) Cuando en un procedimiento administrativo no se dictare la resolución final correspondiente dentro del plazo de treinta días, se produce el Silencio Administrativo, se tendrá por aceptada la solicitud del recurrente.

3) Cuando así lo disponga expresamente la ley.

Arto. 47. Plazo para su Ejercicio Frente a Resoluciones Expresa. El plazo para ejercer la acción contencioso-administrativa frente a resoluciones expresas será de sesenta días y se contará a partir del día siguiente al de la notificación, cuando el acto impugnado con el que se agotare la vía administrativa se hubiere notificado personalmente o por cédula, o a partir del día en que el interesado hubiere tenido conocimiento de dicha resolución.

Cuando quien ejerciere la acción contencioso-administrativa no haya sido parte del procedimiento, ni se le hubiere notificado la resolución, este plazo se contará desde el día siguiente al de la publicación íntegra del acto o de la disposición en cualquier medio de comunicación y en caso de que no hubiere sido publicado, el plazo será de noventa días y se contará a partir de la fecha de su última notificación.

Arto. 48. Del Plazo para Ejercer la Acción Contencioso-Administrativa en Caso de Omisión, Silencio Administrativo, o Simples Vías de Hecho. El plazo para ejercer la acción contencioso-administrativa en caso de omisión de atribuciones y obligaciones propias de la administración; silencio administrativo, o simples vías de hecho, precluye a los sesenta días y se computarán así:

1) Cuando se tratare de omisión de atribuciones u obligaciones administrativas, a partir del día siguiente de la denuncia ante la Administración Pública de la omisión en que ésta hubiere incurrido.

2) Cuando se tratare de los casos contemplados en el Artículo 37 de la presente Ley, al día siguiente hábil del vencimiento del plazo concedido por dicha disposición. En caso que se tratare de simples vías de hecho, desde que éstas se produjeren.

3) En caso que se tratare de simples vías de hecho y desde transcurrido el plazo de diez días que señala el artículo 38 de la presente Ley.

Arto. 49. Del inicio del Proceso y Competencia. El proceso respectivo se iniciará, cuando reciba el Tribunal de Apelaciones la demanda remitida por los Juzgados de Distrito correspondientes o con la presentación de un escrito ante la Sala de Contencioso-Administrativo del Tribunal de Apelaciones correspondiente o con la solicitud al mismo Tribunal del nombramiento de un defensor público o de oficio en los términos establecidos en el artículo 33 de la presente Ley.

La Sala de lo Contencioso-Administrativo del Tribunal respectivo, conocerá de las primeras actuaciones y diligencias, de la suspensión del acto, recibirá las pruebas y resolverá sobre la demanda mediante sentencia.

La Sala de lo Contencioso-Administrativo de la Corte Suprema de Justicia fungirá como Tribunal de Apelaciones en el proceso contencioso-administrativo, salvo en los casos previstos en los artículos 36 y 120 de la presente Ley, en que conoce directamente.

CAPITULO II

DE LA DEMANDA

Arto. 50. Del Escrito de Demanda y sus Requisitos. El escrito de demanda, podrá ser presentado en papel común y debe contener lo siguiente:

1) Designación de la Sala del Tribunal ante el cual se interpone la demanda.

2) Nombre y apellidos y demás generales de ley del actor o de su representante legal, el que debe ser abogado.

3) Indicación del órgano de la Administración Pública contra el que se dirige la acción.

4) Señalamiento de haberse agotado la vía administrativa.

5) Exposición de los hechos con indicación del acto, disposición, omisión o simple vía de hecho contra el que se procede.

6) Fundamentos de derecho y expresión de los motivos y hechos que dan lugar, aunque éstos no hubieren sido invocados en la vía administrativa, los que deberán ser tomados en cuenta por la Sala respectiva del Tribunal.

7) Ofrecimiento de las pruebas pertinentes, aunque no hubieren sido presentadas en el procedimiento administrativo, con indicación específica de los hechos que se pretendiere probar y si tuviere noticias de la existencia de algún documento que no obrare en su poder, podrá señalar el archivo, oficina, protocolo, institución o persona en cuyo poder se encontrare para que el Tribunal lo solicite y sea tomado en cuenta por éste. licitud, según sea el caso, de la suspensión del acto o de sus efectos, disposiciones, omisiones y vías de hecho objeto de la demanda.

8) Solicitud de que se tenga por ejercida la acción en lo contencioso-administrativo, así como de las peticiones a que ella se refiere, con estimación de los daños y perjuicios si los hubiere.

9) Señalamiento de casa conocida para oír notificaciones, en la ciudad donde el Tribunal tuviere su sede.

10) Fecha y firma.

Arto. 51. Documentos a Presentar Junto con el Escrito de la Demanda Con el escrito de demanda se deberán presentar los documentos siguientes:

1) Documento habilitante con el que acredita la representación del compareciente, en su caso.

2) El documento con el que se acredita o legitima el interés del actor en su caso, cuando lo ostentare por habérsele transmitido y recibido de otro, por herencia o cualquier otro título que lo facultare.

3) Descripción o copia del acto administrativo disposición o resolución impugnada o del escrito no contestado en el que hubiere formulado su petición, reclamación o recurso, denuncia de la vía de hecho o, al menos, indicación del expediente en que hubiere recaído o de La Gaceta, Diario Oficial, o del medio de comunicación social escrito donde se hubiere publicado.

4) Copias del escrito de demanda y de los documentos que señala este artículo, para las partes en el proceso.

Para fundamentar su derecho, el actor presentará los documentos justificativos con su demanda. Sin embargo, aquellos que adquiera con posterioridad podrá presentarlos en cualquier momento del proceso hasta antes de que la Sala respectiva del Tribunal se hubiere pronunciado sobre la admisibilidad de la prueba.

Arto. 52. Defectos del Escrito de Demanda y de la Subsanación de Omisiones

Si no se acompañaren los documentos señalados en la demanda. o si los presentados fueren insuficientes o defectuosos, o si, a juicio de la Sala respectiva del Tribunal, no concurren los requisitos exigidos por esta Ley para la validez de la comparecencia del actor, se abrirá un plazo de diez días para que éste subsane los defectos, que en la misma providencia se especificarán, con el apercibimiento de que si no lo hiciere, la Sala respectiva del Tribunal ordenará sin mayor trámite que se tenga como no presentada la demanda y se archiven las diligencias, salvo que exista interés por la protección de los intereses públicos y de éstos se aconsejare que se continúe con la substanciación del proceso. En este último caso los trámites se impulsarán de oficio.

Arto. 53. Declaración de Inadmisibilidad de la Demanda

El Tribunal, de oficio o a petición de parte, declarará inadmisible la demanda, previo examen del expediente administrativo, cuando conste de modo inequívoco y manifiesto cualesquiera de las circunstancias siguientes:

1) La falta de jurisdicción.

2) La incompetencia del Tribunal.

3) Que se trate de actos no susceptibles de impugnación en la vía contencioso-administrativa.

4) Que haya prescrito la acción.

5) Que no hubiere sido agotada la vía administrativa.

Arto. 54. Recursos Contra la Declaración de Inadmisibilidad

Contra la resolución que declare la inadmisibilidad de la demanda, cabrá Recurso de Apelación ante la Sala de lo Contencioso Administrativo de la Corte Suprema de Justicia. Si la resolución fuere dictada por dicha Sala, contra la inadmisibilidad declarada por ella procederá Recurso de Reposición.

CAPITULO III

DEL EMPLAZAMIENTO DE LOS ACTORES Y
COADYUVANTES, DE LA MEDIACIÓN Y DE LA
REMISIÓN DEL EXPEDIENTE ADMINISTRATIVO

Arto. 55. De la Mediación Previa. La Sala respectiva del Tribunal dentro de tercero día, citará al demandante y a la Administración Pública para celebrar el trámite de mediación previa que señala el artículo 94 de la Ley Orgánica, del Poder Judicial de la República de Nicaragua.

La mediación se efectuará de acuerdo con los requisitos y procedimientos establecidos en dicha ley.

El órgano de la Administración Pública que concurra a la mediación, se presume que está legalmente facultado para llegar a un acuerdo.

Arto. 56. Del Emplazamiento de la Administración. Agotada la mediación, la Administración Pública será emplazada por medio de la notificación de la demanda a la

Procuraduría General de Justicia de la República, o al representante legal del órgano demandado, de conformidad a lo establecido en el artículo 32 de la presente Ley y deberá personarse dentro del plazo de seis días que al efecto se le concederá. En caso de no hacerlo se le declarará rebelde.

Arto. 57. Apersonamiento de las Partes. El demandado y los coadyuvantes podrán apersonarse y oponerse desde el momento en que tuvieren conocimiento de la acción, sin esperar el emplazamiento para oponerse.

Si no se apersonaren, el proceso continuará su curso. En el caso de que lo hicieren con posterioridad, se les tendrá como parte, sin que esto signifique o represente la posibilidad de retrotraer o interrumpir la acción y su procedimiento.

Arto. 58. Publicación de la Demanda . Presentada debidamente la demanda, si no se hubiere producido el avenimiento en la diligencia de mediación, el Tribunal mandará a publicarla en extracto, en idioma español y en la lengua de las comunidades de la Costa Atlántica de Nicaragua en que aquella hubiere sido formulada y presentada en el territorio de las Regiones Autónomas, a más tardar el siguiente día hábil a través de edictos que se fijarán en la Tabla de Avisos y en el territorio donde esa lengua se utiliza, sin perjuicio de que la parte actora o cualquier otra persona interesada en el asunto la mande a publicar a su costa en cualquiera de los medios de comunicación social escritos de circulación nacional.

La demanda y demás documentos que fueren presentados en el juicio que no fueren escritos en idioma español, deberán ser acompañados de una traducción al español debidamente validada.

Arto. 59. Efectos de la Publicación de la Demanda. La publicación referida en el artículo anterior servirá de emplazamiento para las personas en cuyo beneficio se derivaren derechos y a los coadyuvantes, quienes podrán personarse en cualquier tiempo sin que les sea permitido retrotraer o interrumpir la acción o el proceso

Cuando del expediente resultare el domicilio de las personas a cuyo beneficio se derivaren derechos, la Sala respectiva del Tribunal, so pena de nulidad deberá emplazarlas personalmente o por medio de cédula

Arto. 60. Solicitud de Remisión del Expediente Administrativo. Publicada la demanda, la Sala respectiva del Tribunal, dentro de tercero día, requerirá a los funcionarios responsables del acto impugnado para que le envíen el expediente administrativo completo. Para tal efecto se les dirigirá y remitirá oficio por correo en pieza certificada, con acuse de recibo, o por medio de cualquier otro medio de comunicación o vía que a juicio de la Sala del Tribunal resultare más expedita.

El expediente deberá hacerse llegar en un plazo no mayor de diez días, contados a partir de la fecha en que recibieren el oficio correspondiente.

La falta de remisión del expediente administrativo, por parte de la Administración Pública, no paralizará el curso del proceso y constituirá presunción de ser ciertos los hechos en que se funda la demanda

Arto. 61. Vista del Expediente para Examen de su Idoneidad. Recibido el expediente administrativo, el Tribunal dará un plazo de diez días al demandante para que lo examine y pueda pedir que se complete con los informes y documentos que la Administración no hubiere incluido o enviado, según sea el caso. De este derecho podrá hacerse uso en cualquier momento del proceso mientras no haya concluido el período probatorio.

Arto. 62. **Suspensión del Acto.** Interpuesta la demanda en tiempo y forma la Sala respectiva del Tribunal de primera instancia, se notificará a la Procuraduría General de Justicia de la República, o al representante legal de la Administración o entidad demandada que correspondiente, a quien se le deberá remitir copia de la demanda.

En su escrito de demanda el actor podrá solicitar la suspensión del acto o sus efectos de la resolución, disposición, omisión o simple vía de hecho que le agravia, expresando las razones que crea le asistan y su ofrecimiento de garantizar los eventuales perjuicios que dicha suspensión pueda causarle a la administración o a terceros.

Dentro de tercero día, el Tribunal, de oficio o a solicitud de parte interesada, debe de pronunciarse sobre la suspensión solicitada. En ningún caso la suspensión del acto presupone pronunciamiento alguno sobre el fondo del asunto.

Arto. 63. Suspensión de Oficio. La suspensión de oficio procederá en los casos siguientes:

1) Cuando se tratare de algún acto que, de llegar a consumarse, haría materialmente improbable e imposible restituir al demandante el goce del derecho reclamado.

2) Cuando fuere notoria o evidente la falta de competencia de la autoridad, funcionario o agente contra quien se interpusiere la demanda.

3) Cuando el acto fuere de aquellos que ninguna autoridad puede ejecutar legalmente.

La suspensión a la que se refiere el presente artículo deberá ser declarada por la Sala respectiva del Tribunal competente, el cual deberá efectuar la respectiva notificación en un plazo de tres días hábiles por medio de cédula judicial o de cualquier medio o vía que contenga los elementos esenciales de la notificación y que dejare constancia por escrito para su cumplimiento inmediato.

Arto. 64. Suspensión a Solicitud de Parte. La Sala respectiva del Tribunal competente acordará la suspensión del acto a solicitud de parte, si a su juicio el interés público lo aconsejare, cuando concurrieren circunstancias que no contravengan al orden público ni causen perjuicios al interés general; que los daños y perjuicios que pudieren causársele al agraviado con la ejecución, a juicio del Tribunal no fueren susceptibles de reparación, o que el demandante otorgare la garantía suficiente y necesaria para reparar el daño o indemnizar los perjuicios que la suspensión solicitada pudiera causar a terceros, en caso de que la demanda fuere declarada sin lugar.

Arto. 65. Estado en que Quedan las Cosas. Al decretarse la suspensión de la ejecución del acto o disposición impugnada, el Tribunal fijará, en su caso, la situación en que habrán de quedar las cosas y establecerá las medidas pertinentes y necesarias para conservarla materia objeto de la demanda hasta la culminación del respectivo proceso y su procedimiento. Del auto que se pronuncie sobre la suspensión, cabrá el recurso de apelación en efecto devolutivo.

Arto. 66. Caución de un Tercero. La suspensión decretada conforme la presente Ley quedará sin efecto en caso que un tercero interesado diere a su vez caución suficiente para restituir las cosas al estado en que tenían antes del acto que motivó la acción y pagar los daños y perjuicios que le sobrevinieren al demandante, en caso de que se declarare con lugar la demanda.

Arto. 67. Garantía y Contragarantía. La Sala respectiva del Tribunal competente fijará el monto de la garantía y de la contragarantía, ponderando los hechos, circunstancias e intereses en presencia de las partes.

La garantía y la contragarantía podrán ser presentadas de forma directa por las partes o por medio de una fianza solidaria o hipotecaria, o bien a través de cualquier otra modalidad convenida entre las partes en litis.

Se excluirá de lo establecido en los párrafos anteriores a quienes gozaren del beneficio de pobreza y en los casos en que la suspensión fuere decretada de oficio.

Arto. 68. Modificación de la Medida Cautelar. El decreto de suspensión será modificable en cualquier etapa del proceso, sea de oficio o a petición de parte, cuando se justificare que han sobrevenido hechos o circunstancias que lo hicieren procedente.

El Tribunal que estuviere conociendo de la demanda dispondrá de inmediato la cancelación y devolución de las garantías presentadas.

CAPITULO V

DE LOS TRASLADOS Y DE LA CONTESTACIÓN
DE LA DEMANDA

Arto. 69. Traslados y de la Contestación de la Demanda. Presentada la demanda, finalizado el trámite de la vista del expediente y emplazadas la Administración y quienes figuraren como partes en el proceso se les dará vista a las partes legitimadas como demandadas y coadyuvantes que estuvieren personadas, dándoseles, si lo pidieren, a su costa copia del expediente para que contesten la demanda dentro del plazo común de veinte días, tiempo durante el cual las diligencias permanecerán en la Sala respectiva del Tribunal competente.

Si el demandado no presentare el escrito de contestación a la demanda en el plazo señalado, el Tribunal la tendrá por contestada negativamente en cuanto a los hechos.

Arto. 70. Requisitos del Escrito de Contestación

En el escrito de contestación, además de los requisitos señalados en el escrito de la demanda, se consignarán:

1. Los hechos.
2. Los fundamentos de hecho y de derecho de su oposición.
3. Lista de pruebas que se presentarán en la vista oral y los hechos sobre los cuales hubieren de versar, cuando no hubiere conformidad en los hechos.
4. Las alegaciones, excepciones perentorias, impugnaciones y peticiones que estime pertinentes.

CAPITULO VI

DE LAS EXCEPCIONES

Arto. 71. Excepciones Previas. Los demandados y coadyuvantes podrán, dentro de los primeros diez días del plazo concedido para contestar la demanda, interponer únicamente las excepciones de previo y especial pronunciamiento fundadas en los motivos que podrían determinar la inadmisibilidad de la acción, falta de legitimidad e incompetencia, litispendencia y falta de agotamiento de la vía administrativa.

Arto. 72. Modo de Resolver las Excepciones. Las excepciones se sustanciarán sumariamente. Del escrito correspondiente se dará audiencia por tres días al demandante, quien podrá subsanar el o los defectos en caso que fuere posible.

La Sala respectiva del Tribunal competente podrá abrir a prueba por ocho días improrrogables y resolverá en un plazo de tres días. Contra la resolución cabrá el Recurso de Apelación en ambos efectos, que deberá interponerse en un plazo de tres días para ante la Sala de lo Contencioso-Administrativa de la Corte Suprema de Justicia, laque resolverá en un plazo de diez días.

Una vez resueltas las excepciones, si fuere procedente, se concederá nueva vista por veinte días para contestar la demanda.

CAPITULO VII
DE LAS PRUEBAS

Arto. 73. Libertad Probatoria. Podrán ser objeto de prueba todos los hechos y circunstancias de interés para la solución justa del caso. Será admisible en la jurisdicción contencioso-administrativa cualquier medio de prueba.

Arto. 74. Pertinencia y Utilidad de la Prueba. La prueba deberá referirse, directa o indirectamente, al objeto de la averiguación y ser útil para descubrir la verdad.

El Tribunal podrá limitar los medios de prueba ofrecidos para demostrar un hecho o una circunstancia siempre que resulten manifiestamente superabundantes, repetitivos o notorios.

Arto. 75. Licitud de la Prueba. La prueba sólo tendrá valor si ha sido obtenida por un medio lícito e incorporada al proceso conforme a las disposiciones de la presente ley.

Arto. 76. Valoración de la Prueba. La Sala respectiva del Tribunal competente, so pena de nulidad de la sentencia, apreciará cada uno de los elementos de prueba, con aplicación estricta del criterio racional o recta razón y deberá justificar y fundamentar adecuadamente con base en la apreciación conjunta y armónica de toda la prueba esencial, siempre que sea posible verificar su autenticidad.

CAPITULO VIII
DE LA VISTA GENERAL DEL JUICIO

Arto. 77. Señalamiento para la vista. Vencido el plazo de contestación de la demanda y resueltas, en su caso, las excepciones previas, la Sala respectiva del Tribunal competente, se pronunciará sobre la admisibilidad de las pruebas ofrecidas y pondrá a disposición de las partes toda la prueba documental aportada, asimismo señalará fecha y hora para la celebración de la vista general del juicio, que deberá ser oral, pública y continua, so pena de nulidad. La iniciación de la vista deberá efectuarse dentro de un plazo no menor de diez días ni mayor de veinte.

La Sala respectiva del Tribunal competente, de oficio o a solicitud de parte, podrá designar a uno de sus miembros para la práctica anticipada de todos aquellas pruebas admitidas que sean extensas, difíciles o imposibles producir en la vista general del juicio, mismas que las deberá de poner a disposición de las partes sin restricción.

Arto. 78. Inmediación y Concentración. La vista general del juicio se realizará con la presencia ininterrumpida de todos los magistrados que integran la Sala y las partes o sus representantes durante todas las sesiones consecutivas que fueren necesarias hasta su terminación. Cuando uno de los Magistrados faltare por causa justificada o no, el Presidente de la Sala incorporará al Suplente quien asumirá hasta dictar la sentencia.

No obstante, podrá suspenderse hasta por diez días cuando alguno de los magistrados o abogados de las partes se enfermare o se viere imposibilitado de actuar por cualquier otra causa. Igualmente, cuando fuere preciso hacer comparecer a un testigo o perito o se ordenare prueba para mejor proveer. Si no fuere posible la reanudación de la vista general dentro del plazo señalado, deberá iniciarse de nuevo. Cuando uno de los Magistrados faltare por causa justificada o no, el Presidente de la Sala incorporará al Suplente quien asumirá hasta dictar la sentencia.

La sentencia sólo podrá ser dictada, so pena de nulidad, por los mismos magistrados que hubieren participado en todas las sesiones de la vista general. Si alguno de ellos falleciere o se incapacitare en forma absoluta antes de ser dictada la sentencia, la vista tendrá que celebrarse de nuevo. Cuando uno de los Magistrados faltare por causa justificada o no, el Presidente de la Sala incorporará al Suplente quien asumirá hasta dictar la sentencia.

Arto. 79. Excepciones a la Oralidad y Publicidad. En el caso de la oralidad y publicidad de la vista general, la Sala respectiva del Tribunal competente podrá resolver fundamente que se realice total o parcialmente de forma privada cuando la publicidad pusiere en peligro la seguridad del Estado o los intereses de la justicia, o peligrare un secreto oficial, particular comercial o industrial cuya revelación indebida fuera punible.

Desaparecida la causa, ingresará nuevamente el público y el Presidente hará un breve relato de lo sucedido.

El Tribunal podrá imponer a las partes que intervinieren en el acto el deber de guardar secreto sobre los hechos que hubieren presenciado o conocido.

Por razones de orden, los miembros de la Sala respectiva del Tribunal competente podrán ordenar el alejamiento de aquellas personas ajenas al asunto o cuya presencia no fuere necesaria, así como limitar la admisión a un determinado número.

Arto. 80. Medios de Comunicación Social

Para informar al público sobre la vista general del juicio, las empresas de radiodifusión, televisión o prensa podrán instalar en la sala de debates aparatos de grabación, fotografía, radiofonía, filmación u otros. La Sala respectiva del Tribunal competente, oyendo para ello a las partes, señalará, en cada caso las condiciones en que se ejercerán esas facultades. Sin embargo, por resolución fundada, podrá prohibir esa instalación cuando perjudicare el desarrollo de la vista o afectare alguno de los intereses señalados en el artículo anterior.

Arto. 81. Inicio de la Vista General. El Presidente de la Sala respectiva del Tribunal declarará abierto el debate y concederá la palabra al actor o demandante para que haga una sucinta exposición de sus pretensiones y de los fundamentos fácticos y jurídicos de ellas.

A continuación dará la palabra a la parte demandada para que, también sucintamente, exprese lo que estimare pertinente en relación con la demanda.

Arto. 82. Recepción de la Prueba. De inmediato se procederá a la incorporación de la prueba documental que hubiere sido admitida, de cuyo contenido el Presidente de la Sala respectiva del Tribunal hará una breve relación.

Posteriormente se oirá a los testigos y peritos empezando por los ofrecidos por el demandante. El actor, el demandado y los miembros de la Sala respectiva del Tribunal, en ese orden, podrán formular preguntas a los testigos y peritos, pero se abstendrán de adelantar conclusiones.

Cuando corresponda el turno de oír a los testigos y peritos de descargo, procederá en el interrogatorio el demandado al actor y a los miembros del Tribunal.

Arto. 83. Diligencias para Mejor Proveer. Si la Sala respectiva del Tribunal lo estimare conveniente para un mejor esclarecimiento del asunto, podrá ordenar de oficio, para mejor proveer, una o varias de las siguientes providencias:

1) Que se traiga a la vista cualquier documento que creyeren conveniente para la determinación de los hechos objeto de la litis y el derecho o interés de las partes.

2) Solicitar aclaración o ampliación a cualquiera de las partes, peritos o testigos, sobre hechos que estimaren de influencia en la cuestión y no hubieren resultado suficientemente probados.

3) Que se practique cualquier reconocimiento o avalúo que reputaren necesario, o que se amplíen los que ya se hubieren hecho.

4) Traer a la vista cualesquiera actuaciones o diligencias que tuvieren relación con el asunto.

5) La inspección personal del objeto de la cuestión.

Contra esta clase de providencias no se admitirá recurso alguno.

Arto. 84. Alegatos de Conclusión. Una vez concluida la recepción de las pruebas, el Presidente concederá sucesivamente la palabra al ahogado director de la parte actora y al representante de la parte demandada para que expongan de viva voz sus alegatos de conclusión, en los que al menos deberán referirse a los puntos esenciales de la demanda, de la contestación y de las pruebas evacuadas.

No podrán leerse memoriales pero sí podrán consultarse breves notas para ayudar la memoria, y hacer citas de textos legales, jurisprudencia y doctrina.

Los abogados podrán replicar limitándose a la refutación de los argumentos adversos.

En caso de manifiesto abuso de la palabra por los abogados de las partes, el Presidente de la Sala respectiva del Tribunal, llamará la atención al orador, y si éste persistiere, podrá limitar prudentemente el tiempo del alegato, para lo cual tendrá en cuenta la naturaleza de los hechos en examen, las pruebas recibidas y el grado de dificultad de las cuestiones por decidir. En esta instancia cada uno de los oradores deberá emitir sus conclusiones y peticiones.

Arto. 85. Análisis del Caso por el Tribunal con las Partes. El Presidente, guardando la debida imparcialidad y cuidando de no adelantar criterio, deberá analizar la cuestión litigiosa con las partes y los argumentos de hecho y de derecho que hubieren expuesto. Asimismo, permitirá a cada miembro de la Sala del Tribunal que lo solicitare, realizar preguntas a los abogados.

Cuando una pregunta sea objetada, decidirán los miembros de la Sala del Tribunal sobre su admisibilidad.

Arto. 86. Clausura de la Vista General. Oídas las razones expuestas por los abogados de las partes, el Presidente dará por terminada la vista general y en el mismo acto señalará fecha y hora para celebrar una audiencia oral y pública, en un plazo no mayor de quince días, con el objeto de leer la sentencia.

CAPITULO IX
DEL ACTA DE LA VISTA GENERAL

Arto. 87. Contenido del Acta. Se deberá levantar un acta de la vista general, la que contendrá lo siguiente:

1) Lugar, fecha y magistrado que presidiere el acto, las partes comparecientes sus representantes, en su caso, así como los defensores que las asistieren.

2) Un resumen de las peticiones y alegatos de las partes, de las pruebas propuestas por ellas, declaración expresa de su pertinencia, razones de la denegación y protesta, en su caso, así como de las pruebas admitidas y practicadas.

Arto. 88 Acta Final. El Tribunal resolverá, sin ulterior recurso, cualquier observación o petición que se hiciere sobre el contenido del acta, firmándola seguidamente en unión de las partes o de sus representantes o defensores y de los peritos, haciendo constar si alguno de ellos no firmare por no poder o no querer hacerlo o por no estar presente.

El acta deberá ser firmada por los miembros de la Sala del Tribunal que estén presentes y debe de ser autorizada por el Secretario.

El acta de la vista general podrá ser extendida también a través de medios mecánicos de reproducción, en cuyo caso, se exigirán los mismos requisitos expresados en el párrafo anterior.

CAPITULO X
DE LA SENTENCIA

Arto. 89. **Clases de Sentencia.** Las sentencias podrán ser constitutivas o declarativas y producirán los efectos jurídicos inherentes a su naturaleza.

Arto. 90. Congruencia de la Sentencia. La sentencia resolverá todos los puntos comprendidos en la demanda y en la contestación, así como aquellos que hayan sido debatidos por las partes y deberá también pronunciarse sobre:

1) La admisibilidad de la demanda.

2) Su estimación o desestimación en cuanto al fondo.

3) Las costas, si hubiere. Para su tasación se estará a lo que se dispone en el Código de Aranceles Judiciales en lo que respecta a los juicios ordinarios civiles.

Arto. 91. Sentencia de Inadmisibilidad. Se declarará la inadmisibilidad de la demanda:

1) Cuando su conocimiento no correspondiere, por razón de la materia, a la jurisdicción de lo contencioso-administrativo

2) Cuando la acción hubiere sido ejercida por persona incapaz, no debidamente representada o no legitimada

3) Cuando tuviere por objeto actos, actuaciones u omisiones no susceptibles de impugnación, conforme la presente Ley.

4) Cuando recayere sobre cosa juzgada o existiere litispendencia.

5) Cuando, de previo no se hubiere agotado la vía administrativa.

6) Cuando los escritos de interposición, ampliación, aclaración o rectificación de la demanda se hubieren presentado fuera de los plazos establecidos o los defectos de forma no se hubieren subsanado debidamente, de manera tal que impidieran al Tribunal pronunciarse en cuanto al fondo.

Arto. 92. Requisitos Generales de La Sentencia Sobre el Fondo. Además de los requisitos específicos propios de su naturaleza estimatoria o desestimatoria, la sentencia deberá contener, bajo pena de nulidad:

1) La identificación de la Sala respectiva del Tribunal competente y el nombre de los magistrados que la integran y que hayan participado en la decisión.

2) La identificación de las partes, de sus representantes legales y de los apoderados, por su nombre, profesión, residencia y su posición en el proceso.

3) La enunciación de los hechos y circunstancias que hayan sido objeto del juicio.

4) La indicación sucinta del contenido de la prueba oral producida en la vista general del juicio y de la prueba documental o anticipada que hubiere sido incorporada durante la vista mediante lectura.

5) La determinación precisa y circunstanciada de los hechos que el Tribunal estime demostrados.

6) Los motivos de la decisión, con exposición de los fundamentos de hecho y de derecho. La sentencia sólo podrá fundamentarse en hechos o resultados probatorios acerca de los cuales las partes hayan podido expresarse.

7) La parte resolutiva, con mención de las disposiciones legales aplicables, así como de la jurisprudencia y de la doctrina, en su caso.

8) La firma de los miembros que integran la Sala de lo Contencioso Administrativo del Tribunal de Apelaciones correspondiente. Sin embargo, si alguno de los miembros no pudiere suscribir la sentencia por impedimento, ulterior a la deliberación y votación, ello se hará constar y aquélla valdrá sin esa firma.

Arto. 93. Sentencia Desestimatoria. El Tribunal, en su sentencia, desestimará o declarará sin lugar la demanda cuando encontrare que el acto, disposición u omisión objeto de ella está ajustado a derecho.

Arto. 94. Sentencia Estimatoria. En los casos en que los miembros de la Sala del Tribunal declararen con lugar la demanda, su sentencia deberá contener lo siguiente:

Declaratoria de ser contrario a derecho el acto, disposición, omisión o vía de hecho impugnados y de su nulidad total o parcial.

1) Reconocimiento de la situación jurídica individualizada, si se hubieren presentado las pretensiones del artículo 39, párrafo segundo de la presente Ley, ordenando la adopción de cuantas medidas fueren necesarias para su pleno reconocimiento y restablecimiento.

2) La declaración de haber lugar o no a la existencia de daños y perjuicios demandados, así como el de las responsabilidades e indemnizaciones que pudieren derivarse. La sentencia deberá formular pronunciamiento concreto sobre la existencia y cuantía de los mismos, así como el plazo para su efectivo pago.

Arto. 95. Efectos de la Sentencia. La sentencia que declarare la nulidad del acto o disposición de carácter particular, la inadmisibilidad o desestimación de la demanda solamente producirá efectos entre las partes y los terceros afectados por ella.

La sentencia que anulare el acto o disposición de carácter general producirá efecto erga omnes.

En todo caso, los efectos se producirán a partir de la firmeza de la sentencia. La sentencia que anulare actos o disposiciones de carácter general deberá publicarse en La Gaceta, Diario Oficial, y a solicitud de parte y a su costa, podrá publicarse en cualquiera de los diarios de circulación nacional.

En el plazo de tres días, contados a partir de la fecha de notificación de la sentencia definitiva, las partes podrán pedir a los miembros de la Sala respectiva del Tribunal, en su caso, aclaración sobre los puntos que consideren oscuros o dudosos, o sobre la condenatoria en costas.

Arto. 96. **Consulta.** Las sentencias dictadas por las Salas de lo Contencioso Administrativo de los Tribunales de Apelación en las cuales las partes no hayan recurrido en apelación, deben ser consultadas por las Salas de lo Contencioso Administrativo de los Tribunales de Apelación que conocieron y resolvieron de las mismas ante la Sala de lo Contencioso Administrativo de la Corte Suprema de Justicia para evacuar la consulta en un plazo no mayor de veinte días. Estos se contarán a partir de la fecha del auto de recepción de las diligencias remitidas por medio de la Secretaria de la Sala de Contencioso-Administrativo de la Corte Suprema de Justicia.

Dentro de tercero dia de vencido el plazo de interposición del Recurso de Apelación sin que éste hubiere sido interpuesto por ninguna de las partes, la Sala de lo Contencioso Administrativo del Tribunal de Apelaciones, trasladará el expediente correspondiente a la Sala de lo Contencioso - Administrativo de la Corte Suprema de Justicia, para que en el plazo señalado en el párrafo anterior dicte la resolución conforme a derecho, pudiendo la Sala modificar, rechazar o confirmar las sentencias referidas.

Si en el plazo establecido en el párrafo primero del presente artículo, la Sala de lo Contencioso -Administrativo de la Corte Suprema de Justicia no emitiere resolución alguna, la sentencia elevada en consulta, se entenderá como sentencia firme y bajo autoridad de cosa juzgada.

TITULO VIII
OTRAS FORMAS DE CONCLUIR EL PROCESO
CAPITULO ÚNICO

Arto. 97. Formas de Concluir el Proceso El proceso contencioso-administrativo también podrá concluir de las formas siguientes:

1) Por avenimiento o transacción.

2) Por desistimiento.

3) Por allanamiento.

Arto. 98. Avenimiento o Transacción. El avenimiento o la transacción podrán realizarse en cualquier estado del proceso cuando el juicio se promoviere sobre materia susceptible de transacción y particularmente cuando versare sobre la estimación de la cantidad reclamada Se presume que el representante de la Administración Pública está debidamente facultado para llevar a efecto el avenimiento o la transacción, siempre que no fueren contrarios al interés público.

El intento de conciliación no suspenderá el curso de las actuaciones y podrá producirse en cualquier momento anterior al día de la vista, citación para sentencia o señalamiento para votación y fallo.

Si las partes llegaren a un acuerdo que implicare la desaparición de la controversia, la Sala respectiva del Tribunal dictará auto declarando terminado el proceso, en los términos convenidos por las partes, siempre que lo acordado no fuere contrario al orden público.

Arto. 99. Desistimiento. El actor podrá desistir total o parcialmente de su pretensión en cualquier momento del proceso, antes de que fuere dictada la sentencia.

Cuando el demandante hubiere desistido de su acción porque la Administración demandada hubiere reconocido totalmente en vía administrativa sus pretensiones y posteriormente la Administración dictare un nuevo acto total o parcialmente revocatorio del reconocimiento, el demandante tendrá derecho a que continúe el proceso en el estado en que se encontraba antes del desistimiento extendiéndose, inclusive, al acto revocatorio. Si la Sala respectiva del Tribunal lo estimare conveniente, concederá a las partes un plazo común de diez días para que formulen por escrito las alegaciones que tuvieren a bien sobre la revocación, debiendo resolver en un plazo de diez días. Contra la resolución cabrá el Recurso de Apelación.

Para que el desistimiento produzca sus efectos, será necesario que el representante de la parte actora esté autorizado especialmente para ello y se mandará a oír al demandado. Quedarán a salvo los derechos de los terceros en cuanto a daños se refiriere.

Arto. 100. Efectos del Desistimiento. Una vez recibido el escrito de desistimiento, la Sala del Tribunal dictará resolución en la que declarará terminado el proceso y extinguida la acción y ordenará archivar las actuaciones y la devolución del expediente administrativo a la entidad de origen. Asimismo, podrá rechazar razonadamente el desistimiento cuando apreciare daño para el interés público.

Si fueren varios los actores, el proceso continuará respecto a los que no hubieren desistido.

Arto. 101. Allanamiento. Los demandados facultados especialmente podrán allanarse a la pretensión del actor, de acuerdo con las disposiciones respectivas. El allanamiento podrá efectuarse en cualquier momento del proceso, antes de que se pronunciare la sentencia.

La Sala del Tribunal, sin mayor trámite, dictará sentencia acogiendo las pretensiones del actor, salvo que éstas constituyeren una infracción del ordenamiento jurídico, en cuyo caso dictará sentencia conforme a derecho.

Si fueren varios los demandados, el juicio continuará con respecto a los que no se hubieren allanado.

TITULO IX
DE LOS RECURSOS Y DE LOS MODOS DE PROCEDER
CAPITULO I
DE LAS DISPOSICIONES GENERALES

Arto. 102. Impugnabilidad objetiva. Las resoluciones en lo contencioso-administrativo serán recurribles sólo por las partes y en los casos expresamente establecidos por la presente Ley.

Arto. 103. **Interposición de los Recursos.** Los recursos se interpondrán en las condiciones de tiempo y forma que se determinan en la presente Ley, con indicación específica de los puntos impugnados de la decisión judicial.

CAPITULO II
DE LOS RECURSOS DE REPOSICIÓN,
REFORMA Y ACLARACIÓN

Arto. 104. Sustanciación. Los Recursos de Reposición, Reforma o Aclaración se interpondrán y sustanciarán ante la misma Sala del Tribunal que dictó la resolución, auto o sentencia de que se trate. Deberán interponerse dentro de tercero día de notificada la resolución impugnada.

Del recurso interpuesto se mandará oír en el acto de la notificación a la parte contraria dentro de tercero día y, haya habido contestación o no, la Sala respectiva del Tribunal dictará su resolución dentro de tercero día en el caso de los recursos de Reposición y Reforma, y dentro de veinticuatro horas en el caso del recurso de Aclaración.

CAPITULO III
DEL RECURSO DE APELACIÓN

Arto. 105. Apelación de Sentencias. Las sentencias que dictaren las Salas respectivas de los Tribunales serán apelables ante la Sala de lo Contencioso-Administrativo de la Corte Suprema de Justicia.

Arto. 106. Interposición del Recurso. El Recurso de Apelación se interpondrá, bajo pena de inadmisibilidad, ante la Sala respectiva del Tribunal que dictó la sentencia que se impugnare, dentro de los quince días siguientes al de su notificación, mediante escrito de expresión de agravios debidamente razonado, con específica indicación de los puntos impugnados, el que deberá contenerlas alegaciones en que se fundamentare el recurso.

Si el recurso fuere admisible a juicio de la Sala respectiva del Tribunal, lo admitirá y emplazará al recurrente para estar a derecho ante el Tribunal ad-quem en el término de tres días más el de la distancia en su caso.

Contra las sentencias dictadas por la Sala de lo Contencioso-Administrativo de la Corte Suprema de Justicia no cabrá ningún recurso ulterior, salvo el de Aclaración.

Arto. 107. Legitimación. El Recurso de Apelación podrá interponerse por quienes estuvieren legitimados para figurar en el proceso como partes demandantes o demandadas, cuando estimaren haber sufrido agravio.

Arto. 108. Procedimiento de Apelación. A solicitud del recurrente o de oficio, la Sala de lo Contencioso Administrativo de la Corte Suprema de Justicia celebrará una audiencia oral y pública, la que se regirá, en lo que fuere pertinente, por lo dispuesto para los alegatos de conclusión y el análisis del caso por el Tribunal en la vista general del juicio.

Arto. 109. Efectos del Recurso y de la Ejecución Provisional. El Recurso de Apelación contra las sentencias será admisible en ambos efectos, sin embargo, la interposición del Recurso de Apelación no impedirá la ejecución provisional de la sentencia recurrida cuando se alegare que su falta de ejecución va a producir serios perjuicios y se rindiere caución o garantía suficiente para resarcir los daños y perjuicios que pudieren derivarse de dicha ejecución.

TITULO X
DE LA EJECUCIÓN DE LAS SENTENCIAS
CAPITULO ÚNICO

Arto. 110. Órgano Competente y sus Límites. La ejecución de las sentencias y demás resoluciones judiciales pertinentes, así como de los fallos arbítrales nacionales, corresponderá en todos los casos, a la Sala de lo Contencioso-Administrativo del Tribunal de Apelaciones de donde se inició el caso.

Todas las personas y entidades públicas y privadas están obligadas a prestar la colaboración requerida por los Tribunales de lo Contencioso-Administrativo para la debida ejecución de lo resuelto.

Arto. 111. Ejecución de Sentencias y Fallos Arbitrales. La ejecución de las sentencias y fallos arbitrales se efectuará por la Sala de lo Contencioso - Administrativo del Tribunal de Apelaciones respectivo de conformidad a la Constitución Política, los tratados internacionales vigentes y las disposiciones aplicables del ordenamiento jurídico.

Los miembros de la Sala de lo Contencioso - Administrativo de los Tribunales de Apelación, para el cumplimiento y ejecución de las sentencias deberán de nombrar un juez ejecutor del domicilio correspondiente en donde deba de cumplirse la sentencia, éste deberá hacerse acompañar de los agentes de seguridad pública. Las costas del juez ejecutor serán tasadas por la Sala respectiva a cargo del interesado en la ejecución de la misma.

Arto. 112. Forma de Cumplimiento de la Sentencia. Una vez firme la sentencia, los órganos de la jurisdicción contencioso-administrativa, de oficio o a petición de parte, dispondrán las medidas necesarias para su ejecución, las que deberán ser notificadas a las partes en un plazo no mayor de tres días.

Transcurridos quince días a partir de la firmeza de la sentencia o del plazo fijado en ésta para el cumplimiento del fallo sin que la Administración hubiere cumplido, cualquiera de las partes afectadas podrá instar su ejecución forzosa.

El cumplimiento de la sentencia corresponderá a la Administración obligada en el fallo y ésta deberá proceder a su ejecución inmediata, sin que medie recurso ulterior.

Arto. 113. Condena al Pago de Cantidad Determinada. Cuando la Administración Pública fuera condenada al pago de una cantidad de dinero, deberá acordarlo y ejecutarlo de inmediato. Para tal efecto se hará uso de los fondos previstos en el Presupuesto General de la República en partida especial destinada a indemnizaciones. En los casos en que la sentencia estableciere una obligación de dar o de hacer y para cuyo cumplimiento se requiriere la modificación de la Ley del Presupuesto General de la República o que implicare transferencia o modificación de partidas presupuestaria, corresponderá al Presidente de la República la correspondiente presentación de la iniciativa de ley de modificación de la Ley del Presupuesto General de la República.

Arto. 114. Inclusión de Partida Presupuestaria. En caso de no ser posible la referida modificación a la Ley del Presupuesto General de la República, la Asamblea Nacional deberá incluir una partida apropiada en el Presupuesto General de la República del siguiente año calendario. Esta deberá contener el mantenimiento de valor en relación a la moneda dólar de los Estados Unidos de América y los intereses de ley correspondientes hasta el momento del total y efectivo pago, que se podrá realizar en cinco anualidades iguales, salvo pacto en contrario.

En los casos en que la sentencia no lo dispusiere, la Administración quedará obligada al pago de intereses de acuerdo con la mitad de la tasa promedio pasiva que periódicamente informa el Banco Central, correspondientes al período o tiempo en que se hubiere atrasado la ejecución del pago establecido en la sentencia, a partir de los treinta días posteriores a su firmeza.

Arto. 115. Incidente en la Ejecución de Sentencias

Cualquiera de las partes podrá solicitar que la cantidad por satisfacer se compense con créditos que la Administración ostente en contra de dicha parte.

La Administración Pública, las demás partes procesales y las personas afectadas por el fallo, mientras no conste en autos la total ejecución de la sentencia, podrán promover incidente para decidir, sin contrariar el contenido del fallo, las cuestiones accesorias o aclaratorias que se planteen en la ejecución y especial mente las siguientes:

1) El órgano administrativo que ha de responsabilizarse de realizar las actuaciones.

2) El plazo máximo para su cumplimiento, en atención a las circunstancias que concurran.

3) Medios con que ha de llevarse a efecto y procedimiento por seguir.

Del escrito planteando la cuestión incidental se dará audiencia a las partes, para que en el plazo común que no exceda de ocho días, aleguen lo que estimen procedente.

Evacuada la audiencia o transcurrido el plazo a que se refiere el apartado anterior, la Sala respectiva del Tribunal dictará un auto resolutorio, en el plazo de diez días, decidiendo el fondo de la cuestión planteada.

Arto. 116. Obligatoriedad de Cumplir lo Dispuesto en la Sentencia.
La resolución contenida en la sentencia será de estricto y obligatorio cumplimiento; en caso de inobservancia, se establecerán las responsabilidades civiles, penales y administrativas correspondientes a cualquiera de las partes que desacataren lo dispuesto en ella.

Arto. 117. Requerimiento del Expediente Administrativo al Funcionario Público.
La Sala respectiva del Tribunal de Apelaciones requerirá al funcionario del órgano o autoridad señalada en el escrito de la demanda, la remisión del expediente administrativo correspondiente, el que deberá de estar completo con la documentación del trámite administrativo numerado y debidamente foliado, con apercibimiento expreso del apremio corporal a la autoridad responsable y en caso de incumplimiento con la aplicación de una multa de un mil córdobas y hasta de cinco mil córdobas para el funcionario o autoridad correspondiente.

Arto. 118. Recurso de Apelación en la Ejecución de Sentencias.
En los casos en que dentro de las diligencias de ejecución de sentencias se resolvieren puntos sustanciales no controvertidos ni decididos en la sentencia, o se provea en contradicción con lo ejecutoriado, cabrá el Recurso de Apelación para ante la Sala de lo Contencioso-Administrativo de la Corte Suprema de Justicia.

Arto. 119.
Los Magistrados de la Sala de lo Contencioso-Administrativo de la Corte Suprema de Justicia quedan obligados a pronunciarse en el plazo y término establecido por la presente Ley en aquellos casos en que se haya efectuado la apelación de la sentencia por cualquiera de las partes.

En caso de incumplimiento de lo establecido en el párrafo anterior, el interesado podrá presentar la queja respectiva ante la Asamblea Nacional, misma que podrá hacer hasta dos llamados de atención a los Magistrados de la Sala, de persistir el incumplimiento de los plazos establecidos en la presente Ley para resolver los casos de apelación se procederá, siempre a instancia de parte interesada, a presentar la solicitud de destitución de los Magistrados de la Sala referida ante la Asamblea Nacional, la que deberá resolver en un plazo no mayor de sesenta días. Esta fijará y determinará el procedimiento.

TITULO XI
DE LOS PROCEDIMIENTOS ESPECIALES
CAPITULO I
DE LOS ASUNTOS DEL GOBIERNO CENTRAL, REGIONES AUTÓNOMAS Y MUNICIPIOS

Arto. 120. Modo de Proceder en los Asuntos del Gobierno Central, las Regiones Autónomas y los Municipios. Los Gobiernos Municipales y los Gobiernos Regionales Autónomos, podrán ejercer la acción contencioso-administrativa directamente ante la Sala de lo Contencioso - Administrativo de la Corte Suprema de Justicia contra todos aquellos actos y disposiciones generales que consideraren lesivos para sus intereses y que éstos menoscaben su competencia o que limitaren su autonomía.

Arto. 121. Requerimiento Previo. Para la procedencia de la acción que se regula en el artículo anterior, será necesario de previo a la presentación de la demanda que los Gobiernos Municipales o Regionales Autónomos requieran por medio de sus representantes legales al Gobierno Central cuando consideren afectada su propia competencia, para que cese su perturbación y éste mande derogar, modificar, revocar o anular el acto o disposición en cuestión.

El requerimiento se formulará en escrito debidamente motivado, que se redactará en párrafos separados y numerados, en los que se expresarán en forma clara las razones y fundamentos de Derecho que originaron y motivaron la petición del requirente, así como la pretensión exacta que se formulare. El ente requerido deberá acusar, de inmediato, el recibo de la recepción de dicho requerimiento y la fecha en que sea recibido.

Arto. 122. Presentación de la Demanda. La falta de respuesta al requerimiento antes dicho en el plazo de treinta días que se contará a partir de su recepción o de su desestimación expresa por el órgano requerido, permitirá al requirente apersonarse ante la Sala de lo Contencioso-Administrativo de la Corte Suprema de Justicia, lo que deberá hacer en el plazo perentorio de diez días hábiles, más el de la distancia en su caso. En el caso de que faltare acuse de recibo de la recepción del requerimiento, el plazo será de hasta cuarenta y cinco días más el término de la distancia contados a partir del envío formal del requerimiento.

Arto. 123. Postulación y Normas de Procedimiento. El procedimiento ante la Sala de lo Contencioso-Administrativo de la Corte Suprema de Justicia se tramitará de conformidad con las normas comunes de la presente Ley, y tendrá en todo caso una tramitación preferente. La representación y defensa del demandante corresponderá en estos casos a los representantes legales de los Gobiernos Municipales o de los Gobiernos Regionales Autónomos, salvo que éstos optaren por nombrar y conferir su representación legal a un abogado. También se podrá por medio de un simple oficio acreditar a los delegados ante el Tribunal, para el solo efecto de que rindan prueba, y aleguen y hagan gestiones en las correspondientes audiencias.

En los casos de conflictos limítrofes entre municipios, la Sala de lo Contencioso - Administrativo de la Corte Suprema de Justicia solicitará los informes técnicos que fueren necesarios a los organismos correspondientes. La sentencia se mandará a publicar en La Gaceta, Diario Oficial.

Cuando la demanda tratare de tributos dejados de percibir y la sentencia fuere favorable al demandante y el demandado se negare a pagar, la Corte Suprema de Justicia podrá ordenar al Ministerio de Hacienda y Crédito Público que de cualquier transferencia que se hiciere al demandado previamente se le pague al demandante lo que en derecho le corresponda, sin perjuicio de cualquiera otra acción judicial.

Arto. 124. **Demandas del Gobierno Central Contra Actos de las Municipalidades y Regiones Autónomas.** El Gobierno Central de la República podrá requerir a los Gobiernos Municipales y a los Gobiernos Regionales Autónomos que deroguen, reformen, modifiquen, revoquen o anulen las disposiciones o actos que considere violatorios al ordenamiento jurídico. El requerimiento se efectuará en los términos expresados en el artículo 121 de la presente Ley, lo que deberá hacer en el plazo máximo de quince días hábiles desde que aquéllos fueren adoptados.

Esta demanda se sustanciará de conformidad al procedimiento que señala el artículo 121 de la presente Ley.

CAPITULO II
DEL MODO DE PROCEDER EN LOS CONFLICTOS ADMINISTRATIVOS DE COMPETENCIA PROMOVIDOS POR PARTICULARES

Arto. 125. Conflictos Administrativos Promovidos por Particulares. En el caso de que un órgano o dependencia de la Administración Pública negare su competencia para resolver cualquier petición deducida por un particular, por entender que la competencia corresponde a otro órgano distinto, el interesado podrá dirigir su petición ante el órgano que se le hubiere indicado como competente.

Este último deberá admitir o declinar su competencia en el plazo de cinco días. Si fuere admitida, se procederá a tramitar la solicitud formulada. Si declinare conocer, deberá notificarlo en forma expresa al interesado, con indicación precisa de los argumentos en que se fundare su resolución.

Arto. 126. Conflicto de Competencia por Declinatoria. Si el órgano o dependencia a que se refiere el artículo anterior declinare su competencia o no se pronunciare afirmativamente en el plazo señalado, el interesado podrá acudir ante el superior jerárquico que correspondiere para que resuelva el conflicto de competencia en el plazo de quince días. Ante el silencio podrá acudirse a la jurisdicción contencioso-administrativa en el plazo de quince días.

TITULO XII
DE LAS COSTAS
CAPITULO ÚNICO

Arto. 121. Exoneración del Pago. La parte vencida podrá ser exonerada del pago de las costas en los casos siguientes:

1) Cuando la Administración Pública se hubiere allanado a las pretensiones del demandante. No obstante lo anteriormente dispuesto, no se le exonerará del pago de costas si la demanda reprodujo sustancialmente lo reclamado en la vía

administrativa o cuando esto hubiere servido de fundamento a la demanda contencioso-administrativa.

2) Cuando por la naturaleza de las cuestiones debatidas hubieren existido, a criterio del Tribunal, motivos racionales para litigar.

3) Cuando se gozare de beneficio de pobreza.

Arto. 128. Costas de la Parte Coadyuvante

Las partes coadyuvantes no incurrirán en costas ni tendrán derecho a ellas, salvo por razón de los alegatos o incidentes que ellas promovieren de forma independiente en relación con la parte principal.

TITULO XIII
DE LAS DISPOSICIONES TRANSITORIAS Y FINALES
CAPITULO ÚNICO

Arto 129. Prescripción. La acción contencioso-administrativa prescribe a los cinco años, contados a partir del agotamiento de la vía administrativa.

Arto. 130. Creación de las Salas de lo Contencioso Administrativo en los Tribunales de Apelación. Créanse las Salas de lo Contencioso Administrativo en los Tribunales de Apelación, como una instancia del Poder Judicial, las que tendrán su sede en el mismo lugar donde se encuentren localizados las circunscripciones judiciales en que está dividido el país. Las Salas deberán estar en plena función a más tardar en un plazo no mayor de 6 meses contados a partir de la fecha de entrada en vigencia de la presente Ley.

Arto. 131. Nombramiento de los Magistrados de las Salas de lo Contencioso Administrativo de los Tribunales de Apelaciones. El nombramiento de los Magistrados de la Sala de lo Contencioso Administrativo de los Tribunales de Apelaciones deberá realizarse en un plazo no mayor de seis meses, contados a partir de la fecha de la entrada en vigencia de la presente Ley.

Arto. 132. Otros Nombramientos. El nombramiento de los Magistrados miembros de la Sala de lo Contencioso Administrativo de los Tribunales de Apelaciones, se efectuará de conformidad a los requisitos y procedimientos señalados en la Ley Orgánica del Poder Judicial para el nombramiento de los Magistrados del Tribunal de Apelaciones en el transcurso del plazo establecido en el artículo precedente, contados a partir de la fecha de entrada en vigencia de la presente Ley.

Arto. 133. Integración de las Salas de los Tribunales. Las Salas de lo Contencioso-Administrativo de los Tribunales de Apelación, se integran con tres miembros propietarios y dos suplentes para un período de cinco años, pudiendo éstos ser reelectos.

En ningún caso se podrá proceder al cambio total de los integrantes de las Salas de lo Contencioso -Administrativo de los Tribunales de Apelación, éstos rotarán entre los diferentes Tribunales del país y su nombramiento será por tercios.

Los Magistrados miembros de las Salas de lo Contencioso-Administrativo y demás personal de la misma forman parte de la carrera judicial y están sujetos a las demás regulaciones y disposiciones de la Ley Orgánica del Poder Judicial.

Arto. 134. Supletoriedad. En lo no previsto expresamente en la presente Ley, se aplicarán como disposiciones supletorias las establecidas en la Ley Orgánica del Poder

Judicial de la República de Nicaragua y el Código de Procedimiento Civil, siempre y cuando no contraríe el espíritu de la presente Ley.

Arto. 135. Fianzas y Garantías de los Funcionarios y Empleados Públicos. Para la responsabilidad de los funcionarios y empleados públicos señalados en el artículo 15, numeral 2) de la presente Ley, ésta se fijará con relación a la disposición establecida en el Artículo 117 de esta Ley o cualquier otra disposición que implique medidas de orden administrativo y que al respecto establezca la Sala respectiva del Tribunal, mientras no se dicte una ley especial que regulará las fianzas o garantías que éstos deberán rendir a favor del Estado.

Arto. 136. En el caso de la remisión de las demandas para ante la Sala de lo Contencioso Administrativo del Tribunal de Apelaciones respectivo, los Juzgados Locales y de Distrito dispondrán de un plazo de 8 días más el término de la distancia.

Arto. 137. Existencia de Otras Demandas. En los casos de existencia de otras demandas o recursos que hayan sido interpuestas con apego a otras leyes del país y que su tramitación se esté desarrollando con relación a las mismas al momento de la entrada en vigencia de la presente Ley, se continuarán conociendo y tramitando con la ley con que se iniciaron.

Arto. 138. Vigencia. La presente Ley es de orden público y entrará en vigencia diez meses después de su publicación en La Gaceta, Diario Oficial y solamente se aplicará a las actuaciones, resoluciones, vías de hecho u omisiones de la Administración Pública posteriores a su entrada en vigencia.

Dada en la ciudad de Managua, en la Sala de Sesiones de la Asamblea Nacional, a los dieciocho días del mes de mayo del dos mil. OSCAR MONCADA REYES, Presidente de la Asamblea Nacional por la Ley. PEDRO JOAQUIN RIOS CASTELLON, Secretario de la Asamblea Nacional.

Por tanto: Téngase como Ley de la República.

Publíquese y Ejecútese.

Managua, once de Julio del año dos.

ARNOLDO ALEMAN LACAYO,
Presidente de la República de Nicaragua

PANAMÁ

LEY ORGÁNICA DE LA JURISDICCIÓN CONTENCIOSO-ADMINISTRATIVA

LEY NÚMERO 135

(de 30 de Abril de 1943)

PODER LEGISLATIVO NACIONAL

Asamblea Nacional

LA ASAMBLEA NACIONAL DE PANAMÁ,

DECRETA:

TITULO I

CAPÍTULO I
DE LA ORGANIZACIÓN DEL TRIBUNAL.

Artículo 1° Créase, en desarrollo del artículo 192 de la Constitución, un Tribunal de lo contencioso-administrativo en la capital de la República, cuya jurisdicción comprenderá todo el país.

Artículo 2° El Tribunal se compondrá de tres magistrados nombrados directamente por el Presidente de la República para un período de seis años.

Habrá tres suplentes para el mismo período quienes llenarán por su orden, las faltas accidentales de los magistrados.

En caso de falta absoluta de algún magistrado se hará nuevo nombramiento para el resto del período.

Parágrafo (transitorio). Los magistrados cuyo nombramiento se haga al entrar a regir esta ley durarán en sus cargos así: el primero dos años; el segundo cuatro años y el tercero seis.

Artículo 3° Para ser magistrado del Tribunal de lo contencioso-administrativo se requiere ser ciudadano en ejercicio, haber cumplido treinta años y poseer diploma en Derecho obtenido por estudios como residente, en alguna facultad o colegio nacional o extranjero.

Los que a la expedición de esta Ley, posean credenciales para ser magistrado de la Corte Suprema de Justicia, quedan comprendidos dentro de la presente disposición.

Artículo 4° Cuando por cualquier motivo, no haya suplentes que llenen la vacante de un principal el poder Ejecutivo nombrará inmediatamente un suplente interino quien ejercerá sus funciones mientras no se presente el suplente titular.

Artículo 5° Quien fuere nombrado magistrado del Tribunal de lo contencioso-administrativo, deberá acreditar, dentro del término de quince días hábiles, contados desde en que se le comunique el nombramiento, ante el Poder Ejecutivo, que reúne las condiciones requeridas para el ejercicio del cargo.

Si el nombrado se hallare ausente del país, el término arriba señalado se extenderá a cuarenta días.

Artículo 6° Hecha la comprobación de que trata el artículo anterior, el Poder Ejecutivo dictará una resolución al respecto, sin la cual no podrá dársele posesión del cargo a la persona nombrada magistrado.

Artículo 7° El período inicial de los magistrados del Tribunal de le contencioso-administrativo y de sus suplentes comenzará el primero de Junio de mil novecientos cuarenta y tres.

Unos y otros tomarán posesión de sus cargos ante el Presidente de la República.

Artículo 8° Alcanzarán a los magistrados del Tribunal de lo contencioso-administrativo las prescripciones constitucionales establecidas en los artículos 132, 133, 136 y 139 de la Constitución.

Artículo 9° Los magistrados del Tribunal de lo contencioso-administrativo como los magistrados y jueces de los tribunales ordinarios, son independientes en el ejercicio de sus funciones.

Artículo 10. El Presidente del Tribunal de lo contencioso-administrativo será el magistrado de su seno que, en común acuerdo designen dos de los magistrados que integran el Tribunal, y conservará su posición por todo el tiempo que continúe siendo magistrado. Igual procedimiento se seguirá para la designación del Vice-Presidente.

Artículo 11. El Tribunal nombrará todos los años en el mes de Julio, seis conjueces que reúnan las mismas condiciones de los magistrados, los cuales reemplazarán a éstos en los casos de impedimentos o de recusaciones y gozarán de los honorarios, acordados a los de la Corte Suprema y los Tribunales Superiores.

Artículo 12. Los cargos de conjueces del Tribunal de lo contencioso-administrativo son de forzosa aceptación, y sólo podrán excusarse de aceptarlos los nombrados por graves motivos que serán declarados válidos o no por el Tribunal.

Artículo 13. El Tribunal de lo contencioso-administrativo tendrá para el despacho de los negocios que esta Ley le señala, además de los tres magistrados el siguiente personal:

Un Secretario-relator; un asistente del Secretario; cuatro oficiales, y un portero.

Artículo 14. Este personal será de libre nombramiento y remoción por el propio Tribunal.

Artículo 15. Para ser Secretario del Tribunal de lo Contencioso-Administrativo se requiere ser mayor de edad; ciudadano en ejercicio y poseer certificado de idoneidad expedido por la Corte Suprema de Justicia.

Artículo 16. Los magistrados del Tribunal tienen facultad para sancionar correccionalmente, previa averiguación sumaria, con multas hasta de veinticinco balboas o arresto hasta de seis días, a quienes desobedezcan sus órdenes o falten el respeto a la Corporación o a cualquiera de sus miembros, en el acto de desempeñar sus funciones oficiales.

Artículo 17. Los días de vacaciones y las horas de_ despacho en el Tribunal de lo contencioso-administrativo serán los mismos señalados para los tribunales del órgano judicial.

Artículo 18. Corresponde a la Corte Suprema de Justicia juzgar a los magistrados de lo contencioso-administrativo en los juicios penales que contra ellos se sigan.

Artículo 19. El Tribunal se dará su propio reglamento dentro de los treinta días siguientes al de su instalación.

Artículo 20. El Tribunal podrá tener un órgano de publicidad en el cual aparecerán sus decisiones en el tiempo y en la forma que se establezcan en el reglamento. Mientras tanto se publicarán en la *Gaceta Oficial.*

CAPÍTULO II
DE LAS FUNCIONES DE TRIBUNAL

Artículo 21. El Tribunal de lo contencioso-administrativo conocerá en una sola instancia;

1°   De los actos, resoluciones, órdenes o disposiciones del Poder Ejecutivo en materia administrativa, que se acusen ante el Tribunal por razones de ilegalidad;

2°   De los actos, resoluciones, órdenes o disposiciones de los Gobernadores, Alcaldes y Jefes de Policía en MATERIA administrativa que se acusen ante el Tribunal, también por razones de ilegalidad;

3°   De las ordenanzas de los Ayuntamientos o de cualquier acto o resolución de éstos que sean acusados por violación de las leyes o de los decretos ejecutivos:

4°   De los acuerdos y de cualquier acto, resolución o disposición de los Consejos Municipales o de las Autoridades y funcionarios de que ellos dependan contrarios a las leyes nacionales o a las ordenanzas de los Ayuntamientos;

5°   De los actos, resoluciones, órdenes o disposiciones de los directores, o gerentes de las entidades descentralizadas o autónomas o semi-autónomas que sean violatorias de las leyes, los decretos o de sus propios estatutos;

6°   De los recursos contencioso-administrativos contra los decretos, resoluciones, órdenes y otros actos del Poder Ejecutivo o de cualquiera autoridad, funcionario o persona administrativa del Orden nacional acusados de ilegalidad, que pongan fin a una actuación administrativa.

Artículo 22. Los juicios contencioso-administrativos solo podrán ser promovidos por parte interesada afectada o perjudicada por el acto, resolución, orden o disposición cuya ilegalidad se demande.

Artículo 23. Se entenderá por parte interesada la persona natural que demuestre que el acto, resolución, orden o disposición de que se trate le concierne directa o indirectamente como miembro de una colectividad constituida sin fines lucrativos.

Artículo 24. Se entenderá por parte afectada o perjudicada la persona natural o jurídica que demuestre que el acto, resolución, orden o disposición de que se trate es contrario a un derecho particular suyo reconocido por la ley.

Artículo 25. No obstante lo que disponen los artículos anteriores, el Poder Ejecutivo, por conducto del Ministerio Público, podrá solicitar la anulación de las ordenanzas, acuerdos y de cualquier acto o disposición de los Ayuntamientos y Consejos que estime contrarios al orden jurídico legal.

Artículo 26. Los motivos de ilegalidad comprenden tanto los actos en sí en su relación literal con la ley violada como el haber sido expedido en forma irregular, o con abuso o desviación de las atribuciones propias del funcionario o corporación que lo profirió.

La apreciación de las responsabilidades a que haya lugar en caso de que se declare la ilegalidad demandada, corresponderá a la jurisdicción judicial ordinaria, la cual no podrá variar el fallo del Tribunal de lo contencioso y se limitará a fijar la cuantía de dichas responsabilidades.

Artículo. 27. La revocatoria de un acto, resolución o disposición en vía contencioso-administrativa produce efecto general contra todos; pero el establecimiento del derecho solo aprovechará a quien hubiere intervenido en el juicio, y obtenido esta declaración en su favor.

Artículo 28. No son acusables ante la jurisdicción contencioso-administrativa:

1° Las resoluciones que se dicten en los juicios de policía de naturaleza penal o civil;

2° Las correcciones disciplinarias, impuestas a los funcionarios públicos, excepto las que impliquen suspensión o separación del cargo de empleados que sean inamovibles por ley dentro del período para que han sido sombrados;

3° Los actos, órdenes y resoluciones cuyo conocimiento esté por la Constitución o la Ley adscrito a otra jurisdicción;

4° Los decretos-leyes.

TITULO II

CAPÍTULO I
DEL PROCEDIMIENTO GUBERNATIVO.

Artículo 29. Las resoluciones que ponen término a un negocio o actuación administrativa de carácter nacional deben notificarse personalmente al interesado, o a su representante o apoderado, dentro de los cinco días siguientes a su expedición, debiendo expresarse los recursos que por la vía gubernativa procedan y el término dentro del cual deban interponerse, todo bajo la responsabilidad del funcionario correspondiente.

Artículo 30. Deberán notificarse personalmente tedas las resoluciones relativas a negocio en que individualmente haya intervenido o deba quedar obligado un particular.

Artículo 31. Si no pudiere hacerse notificación personal se fijará un edicto en papel común en lugar público del respectivo Despacho por el término de cinco días, con inserción de la parte dispositiva de la resolución y con las prevenciones mencionadas en el inciso anterior.

Artículo 32. Sin los anteriores requisitos no se tendrá por bien hecha ninguna notificación, ni producirá efectos legales la respectiva resolución, a menos que la parte interesada, dándose por suficientemente enterada, convenga en ella o utilice en tiempo los recursos legales.

Artículo 33. Por la vía gubernativa proceden los siguientes recursos en los asuntos administrativos de carácter nacional:

1° El de revocatoria ante el mismo funcionario administrativo que pronunció la resolución, para que se aclare, modifique o revoque;

2° El de apelación, dentro del mismo negociado, con idéntico objeto al del caso anterior, para ante el inmediato superior.

Artículo 34. De uno u otro recurso o de ambos podrá hacerse uso dentro de cinco días útiles a partir de la notificación personal, o de la desfijación del edicto, cuando hubiere lugar a ello.

Artículo 35. El recurso de revocatoria de un acto administrativo debe individualizarse de modo preciso con el fin de que el Tribunal pueda apreciarlo debidamente.

Artículo 36. Se entenderá agotada la vía gubernativa cuando interpuestos algunos de los recursos señalados en los artículos anteriores, se entienden negados, por haber transcurrido un plazo de dos meses sin que recaiga decisión resolutoria sobre ellos.

Artículo 37. La apelación deberá otorgarse en el efecto suspensivo, salvo lo que para casos especiales dispone la Ley.

Artículo 38. Procede el recurso de apelación para ante el Ministro del ramo contra las resoluciones definitivas de los funcionarios administrativos del orden nacional, siempre que así lo dispongan la ley o los decretos reglamentarios.

Artículo 39. También serán apelables en las mismas condiciones, para ante el Ministro del ramo las resoluciones definitivas de los Gobernadores.

Artículo 40. En los asuntos provinciales o municipales se aplicará el mismo procedimiento, salvo cuando las ordenanzas establezcan reglas especiales, para negocios determinados.

Artículo 41. Ante el Gobernador se surtirán las apelaciones contra las decisiones definitivas de los empleados, funcionarios o personas administrativas del orden provincial o de los Alcaldes Municipales, y ante el Alcalde las correspondientes a los del orden municipal.

CAPÍTULO II
DEL PROCEDIMIENTO ANTE EL TRIBUNAL DE LO CONTENCIOSO-ADMINISTRATIVO.

Artículo 42. Para ocurrir en demanda ante el Tribunal de lo contencioso-administrativo es necesario que se haya agotado la vía gubernativa, lo que se entenderá cuando los actos o resoluciones respectivos no son susceptibles de ninguno de los recursos establecidos en los artículos 33 a 39 o se han decidido, ya se trate de actos o resoluciones definitivas, o de providencias de trámite, si estas últimas deciden, directa, o indirectamente el fondo del asunto, de modo que le pongan término o hagan imposible su continuación.

Artículo 43. Toda demanda ante la jurisdicción de lo contencioso-administrativo contendrá:

1° La designación de las partes o de sus representantes;

2° Lo que se demanda;

3° Los hechos u omisiones fundamentales de la acción;

4° La expresión de las disposiciones que se estiman violadas y el concepto de la violación.

Artículo 44. A la demanda deberá acompañar el actor una copia del acto acusado, con las constancias de su publicación, notificación o ejecución, según los casos.

Artículo 45. Se reputan copias hábiles para los efectos de este artículo las publicaciones en los periódicos oficiales, debidamente autenticadas por los funcionarios correspondientes.

Artículo 46. Cuando el acto no ha sido publicado, o se deniega la expedición de la copia o la certificación sobre publicación, se expresará así en la demanda, con indicación de la oficina donde se encuentre el original, o del periódico en que se hubiere publicado, a fin de que se solicite por el sustanciador antes de admitir la demanda.

Artículo 47. Deberá acompañarse también el documento idóneo que acredite el carácter con que el actor se presenta en el juicio, cuando tenga la representación de otra persona, o cuando el derecho que reclama proviene de haberlo otro transmitido a cualquier título.

Artículo 48. Si se trata de un acto, orden o disposición de que no hay constancia escrita por haberlo dictado verbalmente la autoridad respectiva el interesado o perjudicado deberá presentar en abono de la demanda dos testimonios hábiles por lo menos.

Artículo 49. Si se trata de demanda sobre impuestos que se exigen o de créditos definitivamente liquidados a favor del Tesoro Público deberá acompañarse el respectivo comprobante de haberse consignado, en calidad de depósito, la suma correspondiente en la Oficina recaudadora. Terminado el juicio respectivo, la cantidad deducida en la sentencia a cargo del contribuyente o deudor, ingresará, definitivamente a los fondos del Tesoro y se devolverá al interesado el saldo que resulte, si lo hubiere.

Artículo 50. No se dará curso a la demanda que carezca de alguna de las anteriores formalidades, y su presentación no interrumpe los términos señalados para la caducidad de la acción.

Artículo 51. En la resolución en que se niega la admisión de una demanda deberán expresarse los defectos que tenga, y ordenarse su devolución al interesado para que los corrija.

Artículo 52. Las sentencias definitivas ejecutoriadas del Tribunal de lo contencioso-administrativo son obligatorias para los particulares y la Administración y no están sujetas a recursos distintos de los establecidos en esta ley.

Artículo 53. Cuando por sentencia definitiva se decrete la revocatoria o nulidad de una ordenanza o de un acuerdo municipal, en todo o en parte, quedarán virtualmente sin vigor, en lo pertinente, dicha ordenanza o dicho acuerdo.

Artículo 54. Ningún acto administrativo revocado por el Tribunal podrá ser reproducido por la corporación o funcionario que lo dictó si conserva la esencia de las mismas

disposiciones revocadas a menos que con posterioridad a la sentencia hayan desaparecido los fundamentos legales de la revocación.

Artículo 55. Toda demanda deberá ser presentada personalmente ante el Secretario
del Tribunal, si en ella se confiere poder a terceros.

Artículo 56. Para gestionar en negocios contencioso-administrativos se requieren los
mismos requisitos y condiciones que para el ejercicio de la abogacía se establecen en la
Ley 54 de 1941.

Artículo 57. Recibida la demanda en el Tribunal y verificado el reparto, el magistrado sustanciador dispondrá, al admitirla, que se fije en lista por el término de cinco (5)
días.

Copia de la demanda se dará en traslado al funcionario que dictó el acto acusado,
quien dispone del término de la fijación en lista para justificar o aclarar su conducta.

Artículo 58. Es parte en el juicio a que da lugar la demanda el Ministerio Público según se establece en el artículo 100.

Artículo 59. En el caso del artículo 46 se dispondrá, antes de admitir la demanda, solicitar los documentos de que allí se habla, bajo apremio de diez a cien balboas, si no se
expiden dentro del término que el mismo auto señale. Obtenida la copia o las publicaciones, se procederá a admitir la demanda, si fue regularmente presentada.

Artículo 60. Hasta el último día de la fijación en lista puede aclararse o corregirse la
demanda por el actor. En tal caso volverá a ordenarse la actuación del artículo 57; pero
del derecho de variar la demanda, sólo puede hacerse uso por una sola vez.

Artículo 61. Informado por el Secretario que se ha cumplido la fijación en lista, se
ordenará la práctica de las pruebas que se hubieren solicitado para lo cual se señalará un
término que no será inferior a diez días ni superior a veinte. Este término se contará
desde el día siguiente en que quede notificada la providencia que lo señala.

Si las pruebas fueren documentales y se agregaren a los autos se considerará terminado el período fijado para la práctica de pruebas y se entrará a decidir el mérito de la
actuación.

Artículo 62. Es potestativo del Tribunal de lo contencioso-administrativo dictar auto
para mejor proveer, con el fin de aclarar los puntos dudosos u obscuros de la contienda.
Para hacer practicar las correspondientes pruebas, dispondrá de un término que no podrá
pasar en ningún caso de treinta días, más las distancias.

Artículo 63. Contra esta clase de autos no se admite recurso alguno, y las partes no
tienen en su ejecución más atribuciones que las que el juzgador les confiera.

Artículo 64. La sentencia, una vez extendida, se notificará personalmente a las partes, o por medio de edicto que permanecerá fijado por tres días. Vencido el término del
edicto se considerará ejecutoriada la sentencia.

Al Fiscal se hará siempre notificación personal.

Artículo 65. Una vez firme, la sentencia debe comunicarse con copia íntegra de su
texto, para su ejecución y cumplimiento, a la autoridad o funcionario correspondiente, si
fuere el caso.

Artículo 66. En cualquier estado del juicio es admisible, por declaración expresa, el
desistimiento del recurso contencioso-administrativo.

El desistimiento será siempre notificado a la parte contraria.

Artículo 67. Las gestiones en los juicios contencioso-administrativos se harán siempre en la misma clase de papel sellado que las gestiones ante los tribunales ordinarios, teniendo en cuenta los privilegios que a este respecto conceden las leyes a la Nación y a otras entidades.

La actuación se adelantará siempre en papel sellado de segunda clase.

CAPÍTULO III
COSTAS.

Artículo 68. El demandante cuya demanda hubiese sido rechazada pagará las costas del juicio en la forma y plazo que determine la sentencia.

Artículo 69. No procederá la condenación en costas en los casos siguientes:

1° Cuando la decisión contenida en la sentencia fuere dictada en virtud de pruebas cuya existencia verosímilmente no haya conocido la contraria y por virtud de ello se justificare la oposición de la parte.

2° Cuando por la naturaleza de las cuestiones debatidas en el litigio, y que dieron base a la demanda o a la contestación, haya habido, a juicio del Tribunal, motivo fundado para litigar.

CAPÍTULO IV
CADUCIDAD.

Artículo 70. Procederá la declaración de caducidad de la instancia cuando transcurrieren dos meses sin que ninguna de las partes haga gestión alguna encaminada a la continuación del juicio.

Esta declaración deberá dictarse de oficio si no la solicitare el Fiscal.

Artículo 71. Declarada la caducidad de la instancia se devolverá la actuación a la autoridad que dictó el acto base del recurso contencioso-administrativo, o al órgano administrativo de origen, según proceda.

Artículo 72. Contra el auto que declare la caducidad de la instancia sólo procederá el recurso de revisión por error para considerar si existe el error alegado como fundamento de la revisión.

CAPÍTULO V
DE LA SUSPENSIÓN PROVISIONAL.

Artículo 73. El Tribunal de lo contencioso-administrativo en pleno puede suspender los efectos de un acto, resolución o disposición, si a su juicio, ello es necesario para evitar un perjuicio notoriamente grave.

Artículo 74. No habrá lugar a suspensión provisional en los siguientes casos:

1° En las acciones referentes a cambios, remociones, suspensión o retiro en el personal administrativo, salvo los casos de empleados nombrados por períodos fijos;

2° En las acciones sobre monto, atribución o pago de impuestos, contribuciones o tasas.

3° Cuando la acción principal está prescrita;

4° Cuando la ley expresamente lo dispone.

Artículo 75. Cuando estando pendiente un juicio se hubiere ordenado suspender provisionalmente un acto administrativo, y la misma corporación o funcionario lo reprodujere contra la prohibición del artículo 54, bastará solicitar la suspensión, acompañando copia del nuevo acto.

Estas solicitudes se decidirán inmediatamente, cualquiera que sea el estado del juicio, y en la sentencia definitiva se resolverá si se levanta o mantiene la suspensión.

Artículo 76. Los Gobernadores y Alcaldes deberán objetar los proyectos de ordenanzas y acuerdos municipales que reproduzcan disposiciones anuladas o suspendidas por el Tribunal de lo contencioso-administrativo.

Artículo 77. Para declarar infundadas las objeciones de los Gobernadores y Alcaldes, en los mencionados casos, se requerirá por parte de los Ayuntamientos y Concejos Municipales una mayoría de los dos tercios de los miembros de los Ayuntamientos o de los Concejos.

CAPÍTULO VI
IMPEDIMENTOS Y RECUSACIONES.

Artículo 78. Son causas de impedimento y recusación en los miembros del Tribunal de lo contencioso-administrativo las siguientes;

1° Haber conceptuado sobre la validez o nulidad del acto que se acusa, o sobre el negocio sometido al conocimiento de la corporación, o haber favorecido a cualquiera de las partes en el mismo;

2° Haber dictado el acto o providencia de cuya revisión se trate, o haber contribuido a dictarlo, o haber ejecutado o contribuido a ejecutar el hecho u operación administrativa sobre que versa la actuación;

3° Estar dentro del cuarto grado de parentesco de consanguinidad o segundo de afinidad con alguna de las partes o sus apoderados;

4° Tener interés en la actuación o tenerlo alguno de los parientes expresados en el inciso anterior.

Artículo 79. Cuando en un magistrado ocurra alguna de las causales señaladas, deberá manifestarse impedido para conocer del negocio de que se trate, sea contencioso o no, y expondrá los hechos que constituyen el impedimento. En vista de esta manifestación, el resto de los miembros que forman la corporación decidirá si es fundado o no el impedimento.

Si lo fuere, se dispondrá que pase el asunto al magistrado que sigue en turno; y si no, que continúe en el conocimiento el que se manifestó impedido.

La resolución que se adopte, en uno u otro sentido, no está sujeta a recurso alguno.

Artículo 80. Cuando existiendo un motivo de impedimento en un magistrado, no fuere manifestado por éste, podrá recusarlo cualquiera de las partes.

La recusación puede presentarse en cualquier estado del juicio antes del pronunciamiento del fallo.

Artículo 81. La recusación se propondrá ante el resto de los magistrados que forman la corporación y debe estar concebida en términos respetuosos.

No están impedidos ni son recusables los magistrados a quienes corresponda la resolución del incidente.

Artículo 82. Si la recusación no se funda en ninguna de las causales señaladas, se declara inadmisible sin más actuación.

Si la causal invocada es legal, se pedirá informe al recusado quien deberá rendirlo al día siguiente; y, si no hiciere manifestación ninguna dentro de dicho término, o aceptare los hechos aducidos por el recusante, se le declarará separado del conocimiento del negocio.

En el caso contrario, se abrirá a prueba si incidente por un término que no podrá pasar de cinco días, y se decide dentro de los dos días siguientes.

Tampoco contra esta decisión se concederá ningún recurso.

Artículo 83. Los magistrados suplentes y los conjueces en los negocios en que actúan están impedidos y pueden ser recusados de la misma manera y por los mismos motivos antes, establecidos.

Artículo 84. Los Secretarios deberán manifestarse impedidos y son recusables en la forma Expresada.

Artículo 85. De la recusación conocerá el magistrado ponente y conforme a lo establecido en las disposiciones precedentes. Decretada la separación del Secretario, lo reemplazará en la actuación el asistente y, a falta de éste un secretario ad-hoc nombrado por el Tribunal.

CAPÍTULO VII
EXCEPCIONES.

Artículo 86. En los juicios ante lo contencioso-administrativo sólo son admisibles las excepciones que se oponen a lo sustancial de la acción.

Artículo 87. Las excepciones deben alegarse o proponerse por quienes tengan intervención en el juicio, desde que el negocio se fija en lista hasta que, se dicte el fallo.

Artículo 88. Las excepciones se deciden en la sentencia definitiva.

Pueden ser declaradas sin instancia de parte, cuando se encuentren justificados los hechos, u omisiones que las constituyen.

Artículo 89. Si se encuentra probada una excepción, no hay obligación de estudiar las demás propuestas o alegadas.

CAPÍTULO VIII
NULIDADES.

Artículo 90. En los procedimientos ante lo contencioso-administrativo hay nulidad en los casos siguientes:

1° Por incompetencia de jurisdicción;

2° Por falta o ilegitimidad de personería en alguna de las partes, o de su apoderado o representante legal;

3° Por falta de notificación en forma legal, de cualquiera de las partes;

4° Por no haberse dictado auto para abrir a pruebas la causa, cuando fuere del caso hacerlo.

Artículo 91. Hay incompetencia de jurisdicción:

1° Cuando por la naturaleza del asunto, o por disposición de la ley, el conocimiento del negocio corresponde a funcionario o corporación distinta del Tribunal de lo contencioso-administrativo:

2° Cuando recusado un magistrado continúa conociendo del negocio, después de que se le ha solicitado el informe prevenido en el inciso segundo del artículo 82.

3° En los demás casos señalados en las disposiciones legales.

Artículo 92. No hay nulidad por falta o ilegitimidad de la personería en los casos señalados en los ordinales 1°, 2°, 3° y 4° y del artículo 608 del Código Judicial,

En los demás casos, la nulidad se sanea por la ratificación expresa de la misma parte, si es hábil para comparecer en juicio, o de su representante

Artículo 93. La nulidad por falta de notificación no podrá alegarse cuando la persona que no fue legalmente notificada ha seguido representando en el juicio sin hacer reclamación al respecta,

Artículo 94. En el caso del ordinal 4° del artículo 90 se puede sanear la nulidad por el consentimiento de todas las partes, o por el de aquella que hubiere de recibir perjuicios por la irregularidad.

Artículo 95. Cuando en cualquier estado del juicio se observare una causal, de nulidad, se ordenará ponerla en conocimiento de las partes por; medio de auto que se notifica en la forma común. Si la que tiene derecho a pedir la reposición ratifica expresamente lo actuado, dentro de los dos días siguientes a la notificación, se da por allanada la nulidad, y se continúa el curso del juicio, pero si dicha parte guarda silencio o pide expresamente la anulación, se invalida la actuación desde el estado que tenía cuando ocurrió la causal; quedando en firme la actuación practicada antes.

Artículo 96. Las partes pueden en cualquier estado del juicio que se declare una nulidad de las establecidas en la presente ley.

Artículo 97. De esta solicitud se dará traslado a la parte contraria por tres días. Evacuado el traslado se falla dentro de los dos días siguientes, si el asunto fuere únicamente de derecho. Si hubiere hechos que probar, se concederá un término de cinco días para practicar las pruebas que se soliciten. Vencido este término, se decide el incidente.

CAPÍTULO IX
CUMPLIMIENTO Y EJECUCIÓN DE LOS FALLOS.

Artículo 98. Las sentencias firmes dictadas por el Tribunal de lo contencioso-administrativo se comunican como se previene en el artículo 65.

Artículo 99. Las autoridades, corporaciones o funcionarios de todo orden a los cuales corresponda la ejecución de una sentencia del órgano de lo contencioso-administrativo, dictarán dentro del término de cinco días, contados desde su ejecutoria, la resolución competente, en la cual se adoptarán las medidas necesarias para el debido cumplimiento de lo resuelto.

TITULO III
CAPÍTULO I
DEL MINISTERIO PÚBLICO.

Artículo 100. El Ministerio; Público estará representado por un Fiscal del Tribunal de lo Contencioso-administrativo que deberá intervenir en todas las actuaciones contenciosas que se ventilen en dicho Tribunal. Ejercerá, además, las otras funciones que le señaló la ley con respecto a esta Corporación.

Artículo 101. El Fiscal del Tribunal servirá de consejero jurídico a los funcionarios administrativos que consultaren su parecer respecto a determinada interpretación de la ley o el procedimiento que deben seguir.

Sus opiniones serán emitidas verbalmente o por escrito según la forma en que haya sido consultado.

Artículo 102. Todas las providencias y resoluciones en los juicios administrativos que se ventilen ante el Tribunal de lo contencioso deberán ser notificadas al Fiscal, quien puede usar en relación con ellas de los recursos legales.

Artículo 103. El Fiscal tendrá la representación de los intereses nacionales, provinciales y municipales en todos los negocios contencioso-administrativos que se sigan en el Tribunal.

Sin embargo, los Ayuntamientos y los Municipios pueden constituir los apoderados que a bien tengan para defender sus respectivos intereses en los juicios municipales, pero sujetos tales apoderados a la asesoría del Fiscal del Tribunal.

Artículo 104. Cuando se siga un juicio ante el Tribunal en cuyas resultas tengan, intereses opuestos una provincia y un municipio el Fiscal debe defender los intereses de la primera. En este caso podrá el municipio contratar los servicios de un abogado que represente los suyos.

Si se diere el caso de que fuere el ayuntamiento, quien, constituye apoderado especial la representación *DEL* municipio correrá a cargo del Fiscal.

En las acciones de nulidad, el Fiscal del Tribunal obra en interés de la ley.

Artículo 105. Créase el puesto de Fiscal de- Tribunal de lo contencioso-administrativo, el cual será de libre nombramiento y remoción del Presidente de la República.

Artículo 106. Este Fiscal tendrá dos suplentes que, lo reemplazarán en sus faltas temporales, nombrados también por el Presidente de la República.

Artículo 107. Para ser Fiscal del Tribunal de lo contencioso-administrativo se requieren las mismas cualidades que se exigen para ser magistrado de este Tribunal.

Artículo 108. El Fiscal tendrá un Secretario, un escribiente y un portero, todos de su libre nombramiento y remoción.

TITULO IV

CAPÍTULO I

RECURSO DE REVISIÓN

Artículo 109. Procederá el recurso de revisión ante la Corte Suprema de Justicia de los autos y sentencias con fuerza de definitivos proferidos por el Tribunal de lo Contencioso-administrativo en los siguientes casos:

1° Cuando el Poder Ejecutivo lo estime necesario, por envolver una cuestión de principio;

2° Cuando la decisión cuya revisión se pide hubiere sido dictada sobre bases o supuestos de documentos falsos;

3° Cuando alguna de las partes hubiere impedido en el juicio la presentación de documentos considerados por la otra de valor decisivo y, como consecuencia de ello, el auto o sentencia dictados resultaren contrarios a lo que de otro modo hubieran sido;

4° Cuando se hubiere dictado un auto de caducidad de instancia por error.

Artículo 110. El recurso de revisión deberá interponerse dentro del término de diez días, si se trata de sentencia y de cinco, si se trata de auto.

El recurso en uno u otro caso deberá ser siempre fundado.

Artículo 111. Acogido el recurso por la Corte dará traslado del mismo por seis días a la otra parte. Si se ofrecen pruebas en los casos de los incisos 2°, 3° y 4° del artículo 109 éstas se producirán en el término de diez días, vencido el cual la Corte resolverá sin más trámite.

Artículo 112. La Corte Suprema dictará resolución definitiva sobre el recurso dentro del término de veinte días a contar, desde aquel en que el negocio quedare en estado, de sentencia.

Artículo 113. Las decisiones de la Corte son de carácter definitivo y contra ellos no procederá recurso alguno.

TITULO V

CAPÍTULO I

DISPOSICIONES ESPECIALES.

Artículo 114. Los sueldos de los Magistrados: y del Fiscal del Tribunal, de lo contencioso-administrativo y de sus subalternos serán los siguientes:

Cada uno de los Magistrados	B/ 400.00
Fiscal del Tribunal	350.00
Secretario-Relator del Tribunal	225.00
Asistente del Secretario	150.00
Cada Oficial	90.00
Portero del Tribunal	50.00
Secretario del Fiscal	175.00
Escribiente del Fiscal	90.00
Portero de la Fiscalía	50.00

Artículo 115. Inclúyase la partida correspondiente en el Presupuesto de Gastos de la actual vigencia para dar .cumplimiento a esta Ley, la cual comenzará a regir desde 1° de Junio del presente año de 1943.

Artículo 116. En los conflictos de competencia que ocurran entre el Tribunal de lo contencioso administrativo y la Corte Suprema de Justicia la insistencia de la última prevalece.

Artículo 117. Cuando la competencia se suscite entre el Tribunal de lo contencioso-administrativo y cualquier otro tribunal o juzgado de la justicia ordinaria es la insistencia de aquél la que prevalecerá.

Artículo 118. Las causas contencioso-administrativas que al entrar en vigor *esta* ley se hallaren en trámite o en estado de sentencia en los tribunales ordinarios de justicia o en la propia Administración nacional, provincial o municipal, serán falladas por éstos, de acuerdo con el derecho aplicable y como si no existiera la jurisdicción contenciosa que, por la presente ley, se crea, y no habrá por consiguiente contra las decisiones respectivas, recurso alguno ante dicha jurisdicción.

Dada en Panamá, a los veintiocho días del mes de Abril de mil novecientos cuarenta y tres.

El Presidente,
ROBERTO JIMÉNEZ.

El Secretario.
G. *Sierra Gutiérrez*.

República de Panamá.—-Poder Ejecutivo Nacional.—Panamá, treinta de Abril de mil novecientos cuarenta y tres.

Comuníquese y publíquese.
RICARDO ADOLFO DE LA GUARDIA.

El MINISTRO de Gobierno y Justicia,
CASOLO DE LA GUARDIA JE.

****

LEY NÚMERO 33

(de 11 de septiembre de 1946)

POR LA CUAL SE REFORMA LA LEY 135 DE 1943, ORGÁNICA DE LA JURISDICCIÓN CONTENCIOSO-ADMINISTRATIVA

La Asamblea Nacional de Panamá,

DECRETA:

TITULO I

CAPITULO I

DE LA ORGANIZACIÓN DEL TRIBUNAL.

Artículo 1°.

El artículo 1° de la Ley 135 de 1943 quedará así:

La jurisdicción contencioso-administrativa a que se refiere el Título XIV de la Constitución Nacional, se ejerce por un Tribunal de lo Contencioso-administrativo, radicado en la capital de la República. Este Tribunal funcionará con independencia de los Órganos ejecutivo y judicial y su jurisdicción comprende todo el país.

Artículo 2°.

El artículo 2° quedará así:

El Tribunal de lo Contencioso-administrativo se compondrá de tres magistrados, los cuales serán nombrados uno cada dos años para un período de seis que comenzará el primero de Noviembre.

El nombramiento de magistrado será hecho por el Órgano Ejecutivo como se estatuye en el ordinal 18 del artículo 144 de la Constitución.

Cada Magistrado tendrá un suplente nombrado para el mismo período, quien reemplazará al principal en sus faltas accidentales y en las absolutas mientras se llene la vacante.

En caso de falta absoluta de algún magistrado o suplente se hará nombramiento para el resto del período.

Cuando al tiempo de reemplazar a un magistrado falte el respectivo suplente, actuará por éste uno de los otros escogidos mediante sorteo que hará el propio Tribunal de lo Contencioso.

Artículo 3°.

El artículo 3° quedará así:

Para ser magistrado del Tribunal de lo Contencioso-administrativo se requieren las mismas calidades que para ser magistrado de la Corte Suprema de Justicia.

Artículo 4°.

El artículo 7° quedará así:

El período inicial de los magistrados del Tribunal de lo Contencioso-administrativo y de sus suplentes comenzará el primero de Noviembre de mil novecientos cuarenta y seis. Unos y otros tomarán posesión de sus cargos ante el Presidente de la República.

Los magistrados cuyo período se inicia en la fecha anterior durarán en sus cargos así: el primero seis años; el segundo, cuatro años; el tercero, dos años.

Artículo 5°.

El artículo 8° quedará así:

Se aplicará a los Magistrados del Tribunal de lo Contencioso-administrativo lo dispuesto en los artículos 168, 171, 172, 174 y 243 de la Constitución.

Artículo 6°

El artículo 10 quedará así:

El Presidente del Tribunal de lo Contencioso- administrativo será el magistrado de su seno, que en común acuerdo, designen dos de los magistrados que integran el Tribunal, y conservará su posición por todo el tiempo que continúe siendo magistrado. Igual procedimiento se seguirá para la designación del Vice-Presidente.

El Presidente enviará, cada dos años, a la Asamblea Nacional y al Órgano Ejecutivo, un informe sobre la marcha del Tribunal.

Artículo 7°.

El artículo 11 quedará así:

El Tribunal nombrará todos los años en el mes de Noviembre seis conjueces que reúnan las mismas condiciones de los magistrados, los cuales reemplazarán a éstos en los casos de impedimentos o recusaciones y gozarán de los honorarios acordados a los de la Corte Suprema de Justicia.

Artículo 8°.

El artículo 13 quedará así:

El Tribunal de lo Contencioso-administrativo tendrá para el despacho de los negocios que esta Ley le señala, además de los tres magistrados, el siguiente personal:

Un secretario-relator; un oficial mayor; cuatro mecanógrafos; un portero y un conserje.

Dicho personal será de libre nombramiento y remoción por el propio Tribunal, excepto el mecanógrafo de cada magistrado que será nombrado y removido libremente por éste.

Artículo 9°.

El artículo 15 quedará así:

Para ser Secretario del Tribunal de lo Contencioso-administrativo se requiere ser ciudadano en ejercicio y poseer diploma en Derecho, obtenido por estudios hechos como residente en alguna facultad o colegio nacional o extranjero.

Artículo 10.

El artículo 16 quedará así:

Los magistrados del Tribunal tienen facultad para castigar con multa hasta de veinticinco balboas o arresto hasta de seis días, a quienes desobedezcan sus órdenes o le falten el respeto a la Corporación o a cualquiera de sus miembros en el acto de desempeñar sus funciones oficiales.

Artículo 11.

El artículo 18 quedará así:

Corresponde a la Asamblea Nacional juzgar a los magistrados del Tribunal de lo Contencioso-administrativo por actos efectuados en ejercicio de sus funciones con violación de la Constitución o la Ley.

Artículo 12.

El artículo 20 quedará así:

El Tribunal tendrá un órgano en el cual se publicarán sus decisiones y otros trabajos doctrinales en el tiempo y en la forma que establezca su reglamento interno.

CAPÍTULO II
DE LAS FUNCIONES DEL TRIBUNAL.

Artículo 13.

Artículo nuevo (para iniciar el capítulo).

La jurisdicción contencioso-administrativa tiene por objeto revisar los actos, resoluciones, órdenes o disposiciones de todos los funcionarios nacionales, provinciales y municipales y de las entidades públicas autónomas o semi-autónomas, en el ejercicio de sus funciones o con pretexto de ejercerlas.

En consecuencia, el Tribunal de lo Contencioso-administrativo conocerá, en materia administrativa de lo siguiente:

1.   De todos los decretos, órdenes, resoluciones o cualesquiera actos, sean generales o individuales, en materia administrativa, que se acusen de ilegalidad;

2.   De los actos, resoluciones, órdenes o disposiciones de los gerentes o de las juntas directivas o de gobierno, cualquiera que sea su denominación, de las entida-

des públicas autónomas o semi-autónomas que sean violatorias de las leyes, de los decretos o de sus propios estatutos, reglamentos y acuerdos;

3. De los decretos-leyes, cuando sean acusados de violar la ley de concesión de facultades extraordinarias por virtud de la cual se expiden;

4. De los recursos contenciosos en los casos de adjudicación de tierras;

5. De las apelaciones, excepciones, tercerías y cualquier incidente en los juicios ejecutivos por jurisdicción coactiva;

6. De las cuestiones suscitadas con motivo de la celebración, cumplimiento o extinción de los contratos administrativos;

7. De las cuestiones que se susciten en el orden administrativo entre dos o más municipios, o entre un municipio y la nación;

8. De los acuerdos y de cualquier acto, resolución o disposición de los Consejos Municipales o de las autoridades y funcionarios que de ellos dependan, contrarios a las leyes, a los decretos que las reglamentan o a las normas de los propios Concejos;

9. De la interpretación de los actos administrativos cuando la autoridad judicial o administrativa encargada de su ejecución, antes de ejecutarlos o de resolver el fondo del negocio, así lo solicite, por tratarse de actos de sentido obscuro o ambiguo.

    También son susceptibles de esta interpretación, en los casos del inciso que antecede, las sentencias y autos del propio Tribunal de lo Contencioso-administrativo;

10. De la interpretación de los actos administrativos individuales que hayan de servir de base a cualquier decisión de la autoridad judicial cuando ante ésta se excepcione el alcance, sentido o validez jurídica de dichos actos;

11. De la excepción de ilegalidad de los actos administrativos generales que hayan de servir de base a cualquier decisión de la autoridad judicial;

12. De las indemnizaciones de que deben responder personalmente los funcionarios del Estado o de las entidades públicas autónomas o semi-autónomas por razón de daños o perjuicios causados por actos que el Tribunal de lo Contencioso-administrativo reforme o anule;

13. De las indemnizaciones por razón de la responsabilidad subsidiaria del Estado o de las entidades públicas autónomas o semi-autónomas, en virtud de los daños o perjuicios que originen las infracciones jurídicas en que incurra en el ejercicio de sus funciones o con pretexto de ejercerlas cualquier funcionario o entidad que haya proferido el acto administrativo impugnado;

14. De las indemnizaciones de que sean responsables directos el Estado o las entidades públicas autónomas o semi-autónomas causadas por el mal funcionamiento de los servicios públicos a ellos adscritos.

Artículo 14.

Artículo nuevo (después del anterior).

Podrán demandar la revisión las personas afectadas por el acto, resolución, orden o disposición de que se trate; y, en ejercicio de la acción popular, cualquier persona natural o jurídica, nacional o extranjera, en cualquier caso en que la Administración haya incurrido en injuria contra derecho.

El Órgano Ejecutivo podrá promover, por conducto del Fiscal del Tribunal, cualquier causa contencioso-administrativa en defensa de los derechos e intereses de la Nación. Por el mismo conducto y con la autorización del Concejo respectivo, el Municipio podrá promoverlas también en defensa de sus derechos e intereses propios.

El Órgano Ejecutivo, por conducto del Fiscal del Tribunal, podrá solicitar la nulidad de los acuerdos y de cualquier acto o disposición de los Concejos que estime contrarios al orden jurídico legal.

Artículo 15.

Artículo nuevo (después del anterior).

El Tribunal ejercerá su competencia en los actos previstos en el artículo 13, ya anulando los actos acusados de ilegalidad: ya restableciendo el derecho particular violado, estatuyendo disposiciones nuevas en reemplazo de las acusadas; ya pronunciándose prejudicialmente acerca del sentido y alcance de un acto administrativo o de su valor legal.

Artículo 16.

El artículo 26 quedará así:

Los motivos de ilegalidad comprenden tanto la infracción literal de los preceptos legales como la falta de competencia o de jurisdicción del funcionario o de la entidad que haya dictado el acto administrativo, o el quebrantamiento de las formalidades que deben cumplirse y la desviación de poder.

La apreciación de las responsabilidades a que haya lugar, ya se trate de las patrimoniales de los funcionarios, o de las principales o subsidiarias del Estado, o de las entidades públicas autónomas o semi-autónomas, corresponderá al Tribunal de lo Contencioso-administrativo.

Artículo 17.

El artículo 28 quedará así:

No son acusables ante la jurisdicción contencioso-administrativa:

1. Las resoluciones de los funcionarios o autoridades del orden administrativo que tengan origen en un contrato civil celebrado por la Nación o el Municipio,

2. Las resoluciones que se dicten en los juicios de policía de naturaleza penal o civil.

3. Las correcciones disciplinarias impuestas al personal de la fuerza pública y del cuerpo de policía a ella asimilado, excepto cuando impliquen suspensión, postergación para el ascenso o separación del cargo de empleados que sean inamovibles, según la Ley.

TITULO II

CAPÍTULO I

DEL PROCEDIMIENTO GUBERNATIVO.

Artículo 18.

El artículo 31 quedará así:

Si no pudiere hacerse notificación personal se fijará un edicto en papel común en lugar público del respectivo despacho por el término de cinco días, con inserción de la parte dispositiva de la resolución y con las prevenciones mencionadas en el artículo 29.

Artículo 19.

El artículo 32 quedará así:

Sin los anteriores requisitos no se tendrá por hecha ninguna notificación, ni producirá efectos tos legales la respectiva resolución, a menos que la parte interesada, dándose por suficientemente enterada, convenga en ella o utilice en tiempo los recursos legales.

Artículo 20.

El artículo 33 quedará así:

Por la vía gubernativa proceden los siguientes recursos en los asuntos administrativos de carácter nacional:

1. El de reconsideración ante el funcionario administrativo de la primera instancia, para que se aclare, modifique o revoque la resolución;

2. El de apelación, ante el inmediato superior. con el mismo objeto.

Estos recursos ordinarios no excluyen el de avocamiento, en la forma establecida por las leyes, decretos o reglamentos especiales.

Artículo 21.

El artículo 34 quedará así:

De uno u otro recurso o de ambos podrá hacerse uso dentro de cinco días útiles a partir de la notificación personal o dentro de los cinco días de fijación del edicto, cuando hubiere lugar a ello.

Artículo 22.

El artículo 36 quedará así:

Se considerará agotada la vía gubernativa:

1. Cuando interpuestos alguno o algunos de los recursos señalados en el artículo 33 se entienden negados, por haber transcurrido un plazo de dos meses sin que recaiga decisión resolutoria sobre ellos;

2. Cuando no se admita al interesado el escrito en que interponga cualquiera de los recursos señalados en el artículo 33.

    La circunstancia que contempla este inciso deberá ser probada plenamente;

3. Cuando transcurra el plazo de dos meses sin que recaiga decisión alguna sobre cualquier solicitud que se dirija a un funcionario o a una entidad pública autónoma o semi-autónoma siempre que dicha solicitud sea de las que originan actos recurribles ante la jurisdicción contencioso-administrativa.

    Si se comprobare plenamente que no fue admitido el memorial en que se hizo la solicitud de que trata el inciso anterior, se considerará asimismo agotada la vía gubernativa.

Artículo 23.

Artículo nuevo (después del 39).

Las reglas del presente capítulo no se aplicarán cuando las leyes o los decretos establezcan un procedimiento especial para el trámite de los negocios en cualquier dependencia de la Administración. En este último caso, regirá el procedimiento especial.

500 A. R. BREWER-CARÍAS - LEYES DE LO CONTENCIOSO ADMINISTRATIVO EN AMÉRICA LATINA

Artículo 24.

El artículo 40 quedará así:

En los asuntos municipales se aplicará el procedimiento de este capítulo, salvo cuando los acuerdos establezcan reglas especiales para negocios determinados.

CAPÍTULO II

DEL PROCEDIMIENTO ANTE EL TRIBUNAL.

Artículo 25.

El artículo 42 quedará así:

Para ocurrir en demanda ante el Tribunal de lo Contencioso-administrativo es necesario que se haya agotado la vía gubernativa, lo que se entenderá cuando los actos o resoluciones respectivos no son susceptibles de ninguno de los recursos establecidos en los artículos 83, 38, 39 y 41, o se han decidido, ya se trate de actos o resoluciones definitivas, o de providencias de trámite, si estas últimas deciden directa o indirectamente el fondo del asunto, de modo que le pongan término o hagan imposible su continuación.

Artículo 26.

Artículo nuevo (después del anterior).

La acción de nulidad contra un acto administrativo puede ejercitarse en cualquier tiempo, a partir de su expedición o después de su publicación, si necesita de este requisito para entrar en vigor.

Artículo 27.

Artículo nuevo (después del anterior).

La acción encaminada a obtener una reparación por lesión de derechos subjetivos prescribe, salvo disposición legal en contrario, al cabo de dos meses, a partir de la publicación, notificación o ejecución del acto o de realizado el hecho o la operación administrativa que causa la demanda.

Artículo 28.

El artículo 43 quedará así:

Toda demanda ante la jurisdicción de lo contencioso-administrativo contendrá:

1. La designación de las partes y de sus representantes;

2. Lo que se demanda;

3. Los hechos u omisiones fundamentales de la acción;

4. La expresión de las disposiciones que se estiman violadas y el concepto de la violación.

Artículo 29.

Artículo nuevo (después del anterior).

Si la acción intentada es la de nulidad de un acto administrativo, se individualizará éste con toda precisión; y si se demanda el restablecimiento de un derecho, deberán indicarse las prestaciones que se pretenden, ya se trate de indemnizaciones o de modificación o reforma del acto demandado o del hecho u operación administrativa que causa la demanda.

No será indispensable dirigir la demanda contra los actos simplemente confirmatorios que hayan agotado la vía gubernativa; pero dichos actos quedarán sin valor alguno si se anula o reforma el acto impugnado.

Artículo 30.

Artículo nuevo (después del anterior).

En las acciones de nulidad de un acto administrativo, cualquier persona puede pedir que se le tenga como parte para coadyuvar o impugnar la demanda.

En las demás clases de acciones el derecho de intervenir como parte sólo se reconoce a quien acredite un interés directo en las resultas del juicio.

Si alguna de las partes se opusiere a la intervención, la oposición se sustanciará como incidente.

Artículo 31.

El artículo 50 quedará así:

No se dará curso a la demanda que carezca de alguna de las anteriores formalidades, y su presentación no interrumpe los términos señalados para la prescripción de la acción.

Artículo 32.

El artículo 53 quedará así:

Cuando por sentencia definitiva se decrete la nulidad de un acuerdo municipal, en todo o en parte, quedará virtualmente sin vigor, en lo pertinente, dicho acuerdo.

Artículo 33.

El artículo 57 quedará así:

Recibida la demanda en el Tribunal y verificado el reparto, el magistrado sustanciador dispondrá, al admitirla, que se dé traslado de ella a la parte demandada; que se abra la causa a pruebas, por el término de cinco días y que se envíe copia de la demanda al funcionario que dictó el acto acusado, para que éste, dentro de igual término explique su conducta, por medio de un informe.

Artículo 34.

Artículo nuevo (después del 57).

En los casos del ordinal 9 del artículo 13, la interpretación del acto debe ser solicitada por escrito en que se expongan los motivos que ha tenido la autoridad para pedirla. Se acompañará copia auténtica de dicho acto.

En los casos de los ordinales 10 y 11 del mismo artículo, el escrito de excepción debe ser presentado a la autoridad judicial que conoce del negocio antes de que éste se halle en estado de ser resuelto. Dicha autoridad suspenderá todo procedimiento, una vez presentado el memorial respectivo y lo enviará al Tribunal de lo Contencioso para que éste decida la excepción.

En los negocios contencioso-administrativos a que se refiere este artículo se dará traslado al Fiscal, por el término de cinco días, para que emita concepto sobre el caso o conteste la excepción propuesta. Vencido dicho término, si no hubiere pruebas que practicar, se entrará a decidir el negocio.

502   A. R. BREWER-CARÍAS - LEYES DE LO CONTENCIOSO ADMINISTRATIVO EN AMÉRICA LATINA

Artículo 35.

Artículo nuevo (después del anterior).

Las excepciones, tercerías e incidentes en los juicios ejecutivos por jurisdicción coactiva tendrán una tramitación de dos instancias así: la primera, ante el magistrado a quien corresponda el negocio por razón del reparto; y la segunda, ante el resto del Tribunal para que se surta el recurso de apelación. En este caso el magistrado de la primera instancia no formará parte del Tribunal, que será integrado por uno de los conjueces escogido por sorteo.

Las apelaciones en estos juicios se tramitarán, en lo posible, conforme a las reglas del Código Judicial.

Artículo 36.

Artículo nuevo (después del anterior).

Los vacíos en el procedimiento establecido en esta Ley se llenarán por las disposiciones del Código Judicial y las leyes que lo adicionen y reformen, en cuanto sean compatibles con la naturaleza de los juicios y actuaciones que corresponden a la jurisdicción contencioso-administrativa.

Artículo 37.

El artículo 58 quedará así:

Es parte en el juicio a que da lugar la demanda el Fiscal del Tribunal, según se establece en el artículo 100.

Artículo 38.

El artículo 60 quedará así:

Hasta el último día del término para aducir pruebas puede aclararse o corregirse la demanda por el actor. En tal caso volverá a ordenarse la actuación del artículo 57; pero del derecho de variar la demanda, sólo puede hacerse uso por una sola vez.

Artículo 39.

El artículo 61 quedará así:

Informado por el Secretario que se ha vencido el término para aducir pruebas, se ordenará la práctica de las que se hubieren solicitado, para lo cual se señalará un término que no será inferior a diez días ni superior a veinte. Este término se contará desde el día siguiente al en que quede notificada la providencia que lo señala.

Si las pruebas fueren documentales y se agregaren a los autos se considerará terminado el período fijado para la práctica de pruebas y se entrará a decidir el mérito de la actuación,

Las partes pueden presentar, dentro de los cinco días siguientes al término fijado para practicar las pruebas, un alegato escrito respecto del litigio.

Artículo 40.

El artículo 64 quedará así:

La sentencia o auto definitivos una vez extendidos, se notificarán personalmente a las partes, o por medio de edicto que permanecerá fijado por cinco días.

Los fallos del Tribunal quedarán ejecutoriados cinco días después de la notificación personal o una vez hecha la notificación por edicto, salvo que dentro del término respectivo se pida aclaración de los puntos oscuros de la parte resolutiva o que se solicite alguna corrección por razón de error o que se interpongan el recurso de reconsideración o el de revisión en los casos en que procedan.

CAPÍTULO III

Artículo 41.

El artículo 68 quedará así:

El demandante cuya demanda hubiese sido rechazada pagará las costas del juicio en la forma y plazo que determine la sentencia, salvo la excepción establecida en el artículo 67.

CAPÍTULO V
DE LA SUSPENSIÓN PROVISIONAL.

Artículo 42.

El artículo 76 quedará así:

Los alcaldes deberán objetar los proyectos de acuerdos municipales que reproduzcan disposiciones anuladas o suspendidas por el Tribunal de lo Contencioso-administrativo.

Artículo 43.

El artículo 77 quedará así:

Para declarar infundadas las objeciones de los alcaldes en los mencionados casos se requerirá, por parte de los Concejos, una mayoría de los dos tercios de sus miembros.

CAPÍTULO IX
CUMPLIMIENTO Y EJECUCIÓN DE LOS FALLOS.

Artículo 44.

El artículo 99 quedará así:

Las autoridades, corporaciones o funcionarios de todo orden a los cuales corresponda la ejecución de una sentencia del Tribunal de lo Contencioso-administrativo, dictarán cuando sea el caso, dentro del término de cinco días, contados desde la fecha en que el Tribunal se la comunique, las medidas necesarias para el debido cumplimiento de lo resuelto.

TITULO III
CAPÍTULO I
DEL FISCAL DEL TRIBUNAL.

Artículo 45.

El artículo 100 quedará así:

El Fiscal del Tribunal de lo Contencioso-administrativo intervendrá en todas las actuaciones contenciosas que se ventilen en dicho Tribunal. Ejercerá, además, las otras funciones que le señale la Ley con respecto a esta Corporación.

Artículo 46.

El artículo 102 quedará así:

Todas las providencias y resoluciones en los juicios que se ventilen ante el Tribunal de lo Contencioso-administrativo deberán ser notificadas personalmente al Fiscal, quien puede usar en relación con ellas de los recursos legales.

Artículo 47.

El artículo 103 quedará así:

El Fiscal tendrá la representación de los intereses nacionales y municipales en todos los negocios contencioso-administrativos que se sigan en el Tribunal. Sin embargo, los Municipios pueden constituir los apoderados que a bien tengan para defender sus respectivos intereses en los juicios municipales, pero sujetos tales apoderados a la asesoría del Fiscal.

Artículo 48.

El artículo 104 quedará así:

Cuando se siga un juicio ante el Tribunal en cuyas resultas tengan intereses opuestos la Nación y el Municipio, el Fiscal debe defender los intereses de la primera. En este caso, el Personero Municipal defenderá los del Municipio, el cual podrá contratar los servicios de un abogado que lo represente también, pero sujeto a la asesoría del personero.

En las acciones de nulidad, el Fiscal del Tribunal obra en interés de la Ley.

Artículo 49.

El artículo 105 quedará así:

El Fiscal del Tribunal de lo Contencioso-administrativo será nombrado por el Presidente de la República, con aprobación de la Asamblea Nacional, para un período de seis años, que se contará a partir del primero de Noviembre de mil novecientos cuarenta y seis.

Artículo 50.

El artículo 108 quedará así:

El Fiscal tendrá un secretario, un mecanógrafo y un portero, todos de su libre nombramiento y remoción.

TITULO NUEVO (después del III)

CAPÍTULO I
RECURSO DE REVISIÓN.

Artículo 51.

Artículo nuevo:

Procederá ante el propio Tribunal de lo Contencioso-administrativo, el recurso de revisión de sus autos y sentencias que tengan fuerza de definitivos proferidos en los siguientes casos:

1. Cuando la decisión cuya revisión se pide hubiere sido dictada sobre bases o supuestos de documentos falsos;

2. Cuando alguna de las partes hubiere impedido en el juicio la presentación de documentos considerados por la otra de valor decisivo y, como consecuencia de ello, el auto o sentencia dictados resultaren contrarios a lo que de otro modo hubieran sido;

3. Cuando se hubiere dictado un auto de caducidad de instancia por error.

Artículo 52.

Artículo nuevo:

El recurso de revisión deberá interponerse dentro del término de diez días y deberá ser siempre fundado.

El término anterior se contará a partir de la notificación personal o por edicto de la sentencia o auto, pero la parte que intente interponer el recurso de revisión deberá manifestarlo así por escrito, dentro del término de ejecutoria.

Artículo 53.

Artículo nuevo:

Acogido el recurso se dará traslado del mismo por cinco días a la otra parte. Si se ofrecen pruebas en los casos de los incisos 1, 2 y 3 del artículo 51, éstas se producirán en el término de diez días, vencido el cual se resolverá sin más trámites.

Artículo 54.

Artículo nuevo:

El Tribunal dictará resolución definitiva sobre el recurso dentro del término de veinte días a contar desde aquel en que el negocio quedare en estado de sentencia.

Artículo 55.

Artículo nuevo:

Las decisiones del Tribunal son de carácter definitivo y contra ellas no procederá recurso alguno.

TITULO NUEVO (después del anterior)

CAPÍTULO I

DISPOSICIONES ESPECIALES.

Artículo 56.

El artículo 114 quedará así:

Los sueldos de los Magistrados y del Fiscal del Tribunal de lo Contencioso-administrativo y de sus subalternos serán los siguientes:

Cada uno de los Magistrados	B/. 500.00
Gastos de representación para los mismos	300.00
El Secretario-relator del Tribunal	275.00
El Oficial Mayor	175.00
Cad mecanógrafo	100.00
El conserje del Tribunal	75.00
El portero del Tribunal	50.00
El Fiscal del Tribunal	500.00
Gastos de representación del mismo	300.00
El secretario del Fiscal	225.00
El mecanógrafo del Fiscal	100.00
El portero de la Fiscalía	50.00

Artículo 57.

Artículo nuevo (después del 114).

Los sueldos y gastos señalados por el artículo anterior comenzarán a regir desde el 1° de Octubre de 1946.

Los Magistrados del Tribunal de lo Contencioso-administrativo devengarán a partir del 1° de Julio de 1946, los mismos gastos de representación asignados en la actualidad a los Magistrados de la Corte Suprema de Justicia, hasta tanto entren en vigor los nuevos sueldos y gastos de representación decretados por esta Ley.

Inclúyase en el Presupuesto de Rentas y Gastos de la actual vigencia la partida correspondiente para dar cumplimiento a la presente Ley.

Artículo 58.

El artículo 118 quedará así:

Las causas contencioso-administrativas que el 1° de Junio de 1943 se hallaban en trámite o en estado de sentencia en los tribunales ordinarios de justicia o en la propia Administración nacional, provincial o municipal, deben ser fallados por éstos, de acuerdo con el derecho aplicable y como si no existiera la jurisdicción contencioso- administrativa. Contra las decisiones que se dicten en tales causas no habrá por consiguiente recurso alguno ante dicha jurisdicción.

Artículo 59.

Esta ley entrará en vigencia desde su sanción por el Órgano Ejecutivo, deroga los artículos 14, 19, 21, 22, 23, 24, 25, 35, y 115, y reforma los artículos 1, 2, 3, 7, 8, 10, 11, 13, 15, 16, 18, 20, 26, 28, 31, 32, 33, 34, 36, 40, 42, 43, 50, 53, 57, 58, 60, 61, 64, 68, 76, 77, 99, 100, 102, 103, 104, 105, 108, 114, y 118 de la Ley 135 de 1943.

Dada en Panamá a los dos días del mes de Septiembre de mil novecientos cuarenta y seis.

El Presidente,

ABILIO BELLIDO.

El Secretario,

D. H. Turner.

República de Panamá.—Órgano Ejecutivo Nacional.—Panamá, once de Septiembre de mil novecientos cuarenta y seis.

Publíquese y cúmplase.

ENRIQUE A. JIMÉNEZ.

El Ministro de Gobierno y Justicia,

CARLOS SUCRE C.

CÓDIGO JUDICIAL

TEXTO ÚNICO 1982

Sección 5ª
Sala Tercera, de lo Contencioso-Administrativo

Artículo 97. A la Sala Tercera le están atribuidos los procesos que se originen por actos, omisiones, prestaciones defectuosas o deficientes de los servidores públicos, resoluciones, órdenes o disposiciones que ejecuten, adopten, expidan o en que incurran en ejercicio de sus funciones o pretextando ejercerlas, los funcionarios públicos o autoridades nacionales, provinciales, municipales y de las entidades públicas autónomas o semiautónomas.

En consecuencia, la Sala Tercera conocerá en materia administrativa de lo siguiente:

1. De los decretos, órdenes, resoluciones o cualesquiera actos, sean generales o individuales, en materia administrativa, que se acusen de ilegalidad:

2. De los actos, resoluciones, órdenes o disposiciones de los gerentes o de las juntas directivas o de Gobierno, cualquiera que sea su denominación, de las entidades públicas autónomas o semiautónomas que se acusen de ser violatorias de las leyes, de los decretos reglamentarios o de sus propios estatutos, reglamentos y acuerdos;

3. De los Recursos Contenciosos en los casos de adjudicación de tierras y de bienes ocultos;

4. De las apelaciones, excepciones, tercerías o cualquier incidente en los procesos por cobro coactivo;

5. De las cuestiones suscitadas con motivo de la celebración, cumplimiento o extinción de los contratos administrativos;

6. De las cuestiones que se susciten en el orden administrativo entre dos o más municipios o entre dos o más instituciones autónomas o entre un municipio y la Nación o entre una institución autónoma y la Nación o entre cualesquiera de ellas;

7. De los acuerdos o cualquier acto, resolución o disposición de los Consejos Provinciales, los consejos municipales, juntas comunales y juntas locales o de las autoridades y funcionarios que de ellas dependan, contrarios a las leyes, a los decretos que las reglamenten o a sus propias normas;

8. De las indemnizaciones de que deban responder personalmente los funcionarios del Estado, y de las restantes entidades públicas, por razón de daños o perjuicios causados por actos que esta misma Sala reforme o anule;

9. De las indemnizaciones por razón de la responsabilidad del Estado, y de las restantes entidades públicas, en virtud de daños o perjuicios que originen las infracciones en que incurra en el ejercicio de sus funciones o con pretexto de ejercerlas cualquier funcionario o entidad que haya proferido el acto administrativo impugnado;

10. De las indemnizaciones de que sean responsables directos el Estado y las restantes entidades públicas, por el mal funcionamiento de los servicios públicos a ellos adscritos;

11. De la interpretación prejudicial acerca del alcance y sentido de los actos administrativos cuando la autoridad judicial encargada de decidir un proceso o la administrativa encargada de su ejecución, lo solicite de oficio antes de resolver el fondo del negocio o de ejecutar el acto, según corresponda;

12. Conocer prejudicialmente sobre la validez de los actos administrativos que deberán servir de base a una decisión jurisdiccional por consulta que al efecto formule la autoridad encargada de administrar justicia;

13. Conocer del Recurso de Casación Laboral, a que se refiere el Capítulo IV, Título VIII. Libro Cuarto del Código de Trabajo, hasta tanto se instituya la Corte de Casación Laboral;

14. Ejercer todas las demás atribuciones que el Código de Trabajo atribuye a la Corte de Casación Laboral;

15. Del proceso de protección de los derechos humanos mediante el cual la Sala podrá anular actos administrativos expedidos por autoridades nacionales y, si procede, restablecer o reparar el derecho violado cuando mediante dichos actos administrativos se violen derechos humanos justiciables previstos en las leyes de la República, incluso aquéllas que aprueben convenios internacionales sobre derechos humanos. Este proceso se tramitará según las normas de la Ley 135 de 30 de abril de 1943 y de la Ley 33 de 11 de septiembre de 1946, pero no se requerirá que el agraviado agote previamente la vía gubernativa; el Procurador de la Administración sólo intervendrá en interés de la ley.

Artículo 98. Las leyes 135 de 1943, 33 de 1946 y 39 de 1954, se aplicarán por la Sala Tercera en cuanto no contradigan lo dispuesto en este Código.

Artículo 99. Las sentencias que dicte la Sala Tercera, en virtud de lo dispuesto en esta Sección, son finales, definitivas y obligatorias; no admiten recurso alguno, y las de nulidad deberán publicarse en la Gaceta Oficial.

PARAGUAY

LEY Nº 1462/1935

ESTABLECE EL PROCEDIMIENTO PARA LO CONTENCIOSO ADMINISTRATIVO

El Senado y Cámara de Diputado de la Nación Paraguaya, reunidos en Congreso, sanciona con fuerza de:

LEY

Artículo 1º.- El Superior Tribunal de Justicia, conocerá originariamente, en única instancia, del recurso de lo contencioso administrativo.-

Artículo 2º.- A los efectos de la jurisdicción conferida al Superior Tribunal, se reputará también causa contencioso administrativo, además del caso previsto en el artículo 43 de la Ley 324, Orgánica de los Tribunales, la lesión de derecho administrativo, causada contra la administración pública por la autoridad administrativa, cuando procede en uso de sus facultades regladas .

Artículo 3º.- La demanda contencioso administrativa podrá deducirse por un particular o por una autoridad administrativa, contra las resoluciones administrativas que reúnen los requisitos siguientes:

a) Que acusen estado y no haya por consiguiente recurso administrativo contra ellas;

b) Que la resolución de la administración proceda del uso de sus facultades regladas;

c) Que no exista otro juicio pendiente sobre el mismo asunto;

d) Que la resolución vulnere un derecho administrativo preestablecido a favor del demandante; y

e) Que se halle abonada la cuantía del impuesto u otra liquidación de cuentas ordenada por el Tribunal de Cuentas (Derogado por Art. 3º del Dto- Ley 8723/41.)

Articulo 4º.- El recurso de lo contencioso administrativa se interpondrá en el término de cinco días. (Ampliado Ver Dto- Ley 9070 16-X-38).

Artículo 5°.- En la sustanciación del juicio, regirán las disposiciones de C. de Procedimiento Civiles y Comerciales, de la Ley Orgánica de los Tribunales, y de las leyes especiales sobre la materia.

Artículo 6°.- El término de prueba será el que señale el Superior Tribunal dentro del ordinario, y vencido el plazo, se dictará la providencia de autos para sentencia, pudiendo las partes presentar dentro de cinco días de la modificación de aquella providencia un memorial sobre los fundamentos del caso

Artículo 7°.- El Superior Tribunal dictará sentencia dentro del término de treinta días después de ejecutoriarse la providencia de auto

Artículo 8°.- Se tendrá por abandonada la instancia contencioso administrativa, si no se hubiesen efectuado ningún acto de procedimiento durante el término de tres meses, cargándose las costas al actor. (En vigencia s/ Ley N. 398 del 8-IX-1956).

Artículo 9°.- El Superior Tribunal, al fallar en definitiva la demanda y al resolver los incidentes, impondrá las costas a la parte vencida, pero podrá eximirle en el todo, parte de esta responsabilidad, siempre que encuentren mérito para ello.

Artículo 10°.- Derógase el segundo párrafo del art. 35 de la Ley N. 817 de Organización Financiera, y las demás disposiciones que se opongan a la presente Ley

Art. 11° - Comuníquese al Poder Ejecutivo

.Dada en la Sala de Sesiones del H. Congreso Legislativo, a los quince días del mes de Julio de mil novecientos treinta y cinco.

El Pte. del Senado	El Pte. de la C. de D.D.
Raúl Casal Ribeiro	Geronimo Riart
Enrique González R.	Dionisio Prieto
Secretario	Secretario
	Asunción, 18 de Julio de 1935

Téngase por Ley, publíquese y dese al Registro Oficial

(Firmado)	EUSEBIO AYALA
"	Justo P. Prieto
"	Albino Mernes

PERÚ

DECRETO SUPREMO QUE APRUEBA EL TEXTO ÚNICO ORDENADO DE LA LEY N° 27584 - LEY QUE REGULA EL PROCESO CONTENCIOSO ADMINISTRATIVO

DECRETO SUPREMO

N°011-2019-JUS

EL PRESIDENTE DE LA REPÚBLICA

CONSIDERANDO:

Que, mediante Ley N° 27584, Ley que Regula el Proceso Contencioso Administrativo, se norma de manera integral el proceso contencioso administrativo, precisando sus principios, las actuaciones impugnables y las pretensiones que se pueden plantear en él, la competencia, la legitimidad para obrar, los supuestos de improcedencia, los plazos para interponer la demanda, el agotamiento de la vía administrativa, las vías procedimentales, la actividad probatoria, los recursos impugnatorios, las medidas cautelares, la sentencia y su ejecución;

Que, por Decreto Legislativo N° 1067, Decreto Legislativo que modifica la Ley N° 27584, Ley que Regula el Proceso Contencioso Administrativo, se varía e incorpora varios artículos a la Ley N° 27584;

Que, con el Decreto Supremo N° 013-2008-JUS, se aprueba el Texto Único Ordenado de la Ley N° 27584, Ley que Regula el Proceso Contencioso Administrativo;

Que, mediante Ley N° 30914, Ley que modifica la Ley N° 27584, Ley que Regula el Proceso Contencioso Administrativo, respecto a la intervención del Ministerio Público y a la vía procedimental, se derogan y modifican algunas numerales y artículos de la Ley N° 27584;

Que, la Segunda Disposición Complementaria Final de la Ley N° 30914, dispone que el Poder Ejecutivo, a través del Ministerio de Justicia y Derechos Humanos, adecúa el Texto Único Ordenado de la Ley 27584, aprobado por el Decreto Supremo 013-2018-JUS, a lo dispuesto en la Ley N° 30914;

Que, conforme a lo establecido en la Sexta Disposición Complementaria Final del Texto Único Ordenado de la Ley N° 27444, Ley del Procedimiento Administrativo General, aprobado mediante Decreto Supremo N° 004-2019-JUS, el presente decreto supremo cuenta con la opinión previa favorable de este Ministerio;

Que, considerando que las modificaciones efectuadas por la Ley N° 30914 incluyen la derogación de dos artículos de la Ley N° 27584, lo que conlleva una modificación de la numeración del articulado, así como una variación en la remisión interna de las normas, se considera pertinente aprobar un nuevo Texto Único Ordenado de la Ley N° 27584, Ley que Regula el Proceso Contencioso Administrativo;

De conformidad con lo dispuesto por el inciso 8 del artículo 118 de la Constitución Política del Perú, la Ley N° 29158, Ley Orgánica del Poder Ejecutivo y la Ley N° 30914, Ley que modifica la Ley N° 27584, Ley que Regula el Proceso Contencioso Administrativo, respecto a la intervención del Ministerio Público y a la vía procedimental;

DECRETA:

Artículo 1.- Objeto. Apruébase el Texto Único Ordenado de la Ley N° 27584, Ley que Regula el Proceso Contencioso Administrativo, que consta de siete (7) capítulos, cuarenta y nueve (49) artículos, siete (7) disposiciones complementarias finales, una (1) disposición complementaria modificatoria, y dos (2) disposiciones complementarias derogatorias.

Artículo 2.- Derogación. Derógase, a partir de la vigencia de la presente norma, el Texto Único Ordenado de la Ley N° 27584, Ley que Regula el Proceso Contencioso Administrativo, aprobado por Decreto Supremo N° 013-2008-JUS.

Artículo 3.- Publicación. Disponer la publicación del presente Decreto Supremo en el diario oficial El Peruano, en el Portal Institucional del Estado Peruano (www.peru.gob.pe) y en el Portal Institucional del Ministerio de Justicia y Derechos Humanos (www.gob.pe/minjus), el mismo día de la publicación de la presente norma.

Artículo 4.- Refrendo. El presente Decreto Supremo es refrendado por el Ministro de Justicia y Derechos Humanos.

Dado en la Casa de Gobierno, en Lima, a los tres días del mes de mayo del año dos mil diecinueve.

MARTÍN ALBERTO VIZCARRA CORNEJO

Presidente de la República

VICENTE ANTONIO ZEBALLOS SALINAS

Ministro de Justicia y Derechos Humanos

TEXTO ÚNICO ORDENADO DE LA LEY QUE REGULA EL PROCESO CONTENCIOSO ADMINISTRATIVO

CAPÍTULO I

Normas Generales

Artículo 1.- Finalidad. La acción contencioso administrativa prevista en el artículo 148 de la Constitución Política tiene por finalidad el control jurídico por el Poder Judicial de las actuaciones de la administración pública sujetas al derecho administrativo y la efectiva tutela de los derechos e intereses de los administrados.

Para los efectos de esta Ley, la acción contencioso administrativa se denominará proceso contencioso administrativo.

(Texto según el artículo 1 de la Ley N° 27584)

Artículo 2.- Principios. El proceso contencioso administrativo se rige por los principios que se enumeran a continuación y por los del derecho procesal, sin perjuicio de la aplicación supletoria de los principios del derecho procesal civil en los casos en que sea compatible:

1. Principio de integración.- Los jueces no deben dejar de resolver el conflicto de intereses o la incertidumbre con relevancia jurídica por defecto o deficiencia de la ley. En tales cases deberán aplicar los principios del derecho administrativo.

2. Principio de igualdad procesal.- Las partes en el proceso contencioso administrativo deberán ser tratadas con igualdad, independientemente de su condición de entidad pública o administrado.

3. Principio de favorecimiento del proceso.- El Juez no podrá rechazar liminarmente la demanda en aquellos casos en los que por falta de precisión del marco legal exista incertidumbre respecto del agotamiento de la vía previa.

Asimismo, en caso de que el Juez tenga cualquier otra duda razonable sobre la procedencia o no de la demanda, deberá preferir darle trámite a la misma.

4. Principio de suplencia de oficio.- El Juez deberá suplir las deficiencias formales en las que incurran las partes, sin perjuicio de disponer la subsanación de las mismas en un plazo razonable en los casos en que no sea posible la suplencia de oficio.

(Texto según el artículo 2 de la Ley N° 27584)

CAPÍTULO II

Objeto del Proceso

Artículo 3.- Exclusividad del proceso contencioso administrativo. Las actuaciones de la administración pública sólo pueden ser impugnadas en el proceso contencioso administrativo, salvo los casos en que se pueda recurrir a los procesos constitucionales.

(Texto según el artículo 3 de la Ley N° 27584)

Artículo 4.-Actuaciones impugnables. Conforme a las previsiones de la presente Ley y cumpliendo los requisitos expresamente aplicables a cada caso, procede la demanda contra toda actuación realizada en ejercicio de potestades administrativas.

Son impugnables en este proceso las siguientes actuaciones administrativas:

1. Los actos administrativos y cualquier otra declaración administrativa.

2. El silencio administrativo, la inercia y cualquier otra omisión de la administración pública.

3. La actuación material que no se sustenta en acto administrativo.

4. La actuación material de ejecución de actos administrativos que transgrede principios o normas del ordenamiento jurídico.

5. Las actuaciones u omisiones de la administración pública respecto de la validez, eficacia, ejecución o interpretación de los contratos de la administración pública, con excepción de los casos en que es obligatorio o se decida, conforme a ley, someter a conciliación o arbitraje la controversia.

6. Las actuaciones administrativas sobre el personal dependiente al servicio de la administración pública.

(Texto según el artículo 4 de la Ley N° 27584)

Artículo 5.- Pretensiones. En el proceso contencioso administrativo podrán plantearse pretensiones con el objeto de obtener lo siguiente:

1.   La declaración de nulidad, total o parcial o ineficacia de actos administrativos.

2.   El reconocimiento o restablecimiento del derecho o interés jurídicamente tutelado y la adopción de las medidas o actos necesarios para tales fines.

3.   La declaración de contraria a derecho y el cese de una actuación material que no se sustente en acto administrativo.

4.   Se ordene a la administración pública la realización de una determinada actuación a la que se encuentre obligada por mandato de la ley o en virtud de acto administrativo firme.

5.   La indemnización por el daño causado con alguna actuación impugnable, conforme al artículo 238 de la Ley N" 27444, siempre y cuando se plantee acumulativamente a alguna de las pretensiones anteriores.

(Texto según el artículo único del Decreto Legislativo N° 1067)

Artículo 6.- Acumulación de pretensiones. Las pretensiones mencionadas en el artículo 5, pueden acumularse, sea de manera originaria o sucesiva, siempre que se cumplan los requisitos previstos en la presente Ley.

(Texto según el artículo único del Decreto Legislativo N° 1067)

Artículo 7.- Requisitos de la acumulación de pretensiones. La acumulación de pretensiones procede siempre que se cumplan los siguientes requisitos:

1.   Sean de competencia del mismo órgano jurisdiccional;

2.   No sean contrarias entre sí, salvo que sean propuestas en forma subordinada o alternativa;

3.   Sean tramitables en una misma vía procedimental; y,

4.   Exista conexidad entre ellas, por referirse a la misma actuación impugnable o se sustenten en los mismos hechos, o tengan elementos comunes en la causa de pedir.

(Texto según el artículo único del Decreto Legislativo N° 1067)

Artículo 8.- Caso especial de acumulación de pretensiones sucesivas. En los casos previstos en el artículo 17 es posible que el demandante incorpore al proceso otra pretensión referida a una nueva actuación administrativa, siempre que se cumplan con los requisitos previstos en el artículo

7.   El pedido de acumulación puede presentarse hasta antes de la expedición de la sentencia en primer grado, el que se resolverá previo traslado a la otra parte, conforme al trámite previsto en el artículo 17.

Si a consecuencia de la referida incorporación, es necesaria la citación a audiencia para la actuación de un medio probatorio, el Juez dispondrá su realización.

El Juez oficiará a la entidad demandada para que remita el expediente administrativo o los actuados referidos a la actuación administrativa incorporada o, en su defecto, la entidad podrá remitir copias certificadas de los mismos.

(Texto según el artículo único del Decreto Legislativo N° 1067)

Artículo 9.- Facultades del Órgano Jurisdiccional.- Son facultades del órgano jurisdiccional las siguientes:

1.   - Control Difuso

En aplicación de lo dispuesto en los artículos 51 y 138 de la Constitución Política del Perú, el proceso contencioso administrativo procede aún en caso de que la actuación impugnada se base en la aplicación de una norma que transgreda el ordenamiento jurídico. En este supuesto, la inaplicación de la norma se apreciará en el mismo proceso.

2.   - Motivación en serie

Las resoluciones judiciales deben contener una adecuada motivación.

Cuando se presenten casos análogos y se requiera idéntica motivación para la resolución de los mismos, se podrán usar medios de producción en serie, siempre que no se lesione las garantías del debido proceso, considerándose cada uno como acto independiente.

(Texto según el artículo único del Decreto Legislativo N° 1067)

CAPÍTULO III
Sujetos del Proceso
SUBCAPÍTULO I
Competencia

Artículo 10.- Competencia territorial. Es competente para conocer el proceso contencioso administrativo en primera instancia, a elección del demandante, el Juez en lo contencioso administrativo del lugar del domicilio del demandado o del lugar donde se produjo la actuación materia de la demanda o el silencio administrativo.

(Texto según el artículo único del Decreto Legislativo N° 1067)

Artículo 11.- Competencia funcional. Son competentes para conocer el proceso contencioso administrativo el Juez Especializado y la Sala Especializada en lo Contencioso Administrativo, en primer y segundo grado, respectivamente.

Cuando el objeto de la demanda verse sobre actuaciones del Banco Central de Reserva del Perú (BCR), Superintendencia del Mercado de Valores (SMV), de la Superintendencia de Banca, Seguros y Administradoras Privadas de Fondos de Pensiones (SBS) y de la Superintendencia Nacional de Salud, es competente, en primera instancia, la Sala Especializada en lo Contencioso Administrativo de la Corte Superior respectiva. En este caso, la Sala Civil de la Corte Suprema resuelve en apelación y la Sala Constitucional y Social en casación, si fuera el caso. Es competente para conocer la solicitud de medida cautelar la Sala Especializada en lo Contencioso Administrativo de la Corte Superior.

En los lugares donde no exista juez o Sala Especializada en lo Contencioso Administrativo, es competente el Juez en lo Civil o el Juez Mixto en su caso, o la Sala Civil correspondiente.

(Texto según la Primera Disposición Complementaria Modificatoria del Decreto Legislativo N° 1158)

Artículo 12.- Remisión de oficio. En aquellos casos en los que se interponga demanda contra las actuaciones a las que se refiere el artículo 4, el Juez o Sala que se considere incompetente conforme a ley, remitirá de oficio los actuados al órgano jurisdiccional que corresponda, bajo sanción de nulidad de lo actuado por el Juez o Sala incompetente.

(Texto según el artículo 10 de la Ley N° 27584)

SUBCAPÍTULO II

Partes del proceso

Artículo 13.- Legitimidad para obrar activa. Tiene legitimidad para obrar activa quien afirme ser titular de la situación jurídica sustancial protegida que haya sido o esté siendo vulnerada por la actuación administrativa impugnable materia del proceso.

También tiene legitimidad para obrar activa la entidad pública facultada por ley para impugnar cualquier actuación administrativa que declare derechos subjetivos; previa expedición de resolución motivada en la que se identifique el agravio que aquella produce a la legalidad administrativa y al interés público, y siempre que haya vencido el plazo para que la entidad que expidió el acto declare su nulidad de oficio en sede administrativa.

(Texto según el artículo 11 de la Ley N° 27584)

Artículo 14.- Legitimidad para obrar activa en tutela de intereses difusos. Cuando la actuación impugnable de la administración pública vulnere o amenace un interés difuso, tendrán legitimidad para iniciar el proceso contencioso administrativo:

1.   El Ministerio Público, que en estos casos actúa como parte.

2.   El Defensor del Pueblo.

3.   Cualquier persona natural o jurídica.

(Texto según el artículo 12 de la Ley N° 27584)

Artículo 15.- Legitimidad para obrar pasiva. La demanda contencioso administrativa se dirige contra:

1.   La entidad administrativa que expidió en última instancia el acto o la declaración administrativa impugnada.

2.   La entidad administrativa cuyo silencio, inercia u omisión es objeto del proceso.

3.   La entidad administrativa cuyo acto u omisión produjo daños y su resarcimiento es discutido en el proceso.

4.   La entidad administrativa y el particular que participaron en un procedimiento administrativo trilateral.

5.   El particular titular de los derechos declarados por el acto cuya nulidad pretenda la entidad administrativa que lo expidió en el supuesto previsto en el segundo párrafo del artículo 13.

6.   La entidad administrativa que expidió el acto y la persona en cuyo favor se deriven derechos de la actuación impugnada en el supuesto previsto en el segundo párrafo del artículo 13.

7.   Las personas jurídicas bajo el régimen privado que presten servicios públicos o ejercen función administrativa, en virtud de concesión, delegación o autorización del Estado están incluidas en los supuestos previstos precedentemente, según corresponda.

(Texto según el artículo 13 de la Ley N° 27584)

Artículo 16.- Representación y defensa de las entidades administrativas. 16.1 La representación y defensa de las entidades administrativas estará a cargo de la Procuraduría Pública competente o, cuando lo señale la norma correspondiente, por el representante judicial de la entidad debidamente autorizado.

16.2 Todo representante, judicial de las entidades administrativas, dentro del término para contestar la demanda, pondrá en conocimiento del titular de la entidad su opinión profesional motivada sobre la legalidad del acto impugnado, recomendándole las acciones necesarias en caso de que considere procedente la pretensión.

(Texto según el artículo 15 de la Ley N° 27584)

CAPÍTULO IV

Desarrollo del Proceso

SUBCAPÍTULO I

Admisibilidad y procedencia de la demanda

Artículo 17.- Modificación y ampliación de la demanda. El demandante puede modificar la demanda, antes de que ésta sea notificada.

También puede ampliarse la demanda siempre que, antes de la expedición de la sentencia, se produzcan nuevas actuaciones impugnables que sean consecuencia directa de aquella o aquellas que sean objeto del proceso. En estos casos, se deberá correr traslado a la parte demandada por el plazo de tres días.

(Texto según el artículo único del Decreto Legislativo N° 1067)

Artículo 18.- Plazos. La demanda deberá ser interpuesta dentro de los siguientes plazos:

1. Cuando el objeto de la impugnación sean las actuaciones a que se refieren los numerales 1,3, 4, 5 y 6 del artículo 4, el plazo será de tres meses a contar desde el conocimiento o notificación de la actuación impugnada, lo que ocurra primero.

2. Cuando la ley faculte a las entidades administrativas a iniciar el proceso contencioso administrativo de conformidad al segundo párrafo del artículo 13, el plazo será el establecido en la Ley de Procedimiento Administrativo General, salvo disposición legal que establezca plazo distinto.

3. Cuando se trate de silencio administrativo negativo, se observará lo establecido en el numeral 188.5 del artículo 188 de la Ley N° 27444 Ley del Procedimiento Administrativo General. Carece de eficacia el pronunciamiento hecho por la administración una vez que fue notificada con la demanda. Si el acto expreso se produce antes de dicha notificación, el órgano jurisdiccional podrá, a solicitud del actor, incorporar como pretensión la impugnación de dicho acto expreso o concluir el proceso.

Cuando se trate de inercia o cualquier otra omisión de las entidades distinta del silencio administrativo negativo, no se computará plazo para interponer la demanda.

4. Cuando se trate de silencio administrativo positivo por transcurso del plazo previsto en la Ley del Procedimiento Administrativo General o por normas especiales, el plazo para el tercero legitimado será de tres meses.

5. Cuando se pretenda impugnar actuaciones materiales que no se sustenten en actos administrativos el plazo será de tres meses a contar desde el día siguiente en que se tomó conocimiento de las referidas actuaciones.

Cuando la pretensión sea planteada por un tercero al procedimiento administrativo que haya sido afectado con la actuación administrativa impugnable, los plazos previstos en el presente artículo serán computados desde que el tercero haya tomado conocimiento de la actuación impugnada.

Los plazos a los que se refiere el presente artículo son de caducidad.

(Texto según el artículo único del Decreto Legislativo N° 1067)

Artículo 19.-Agotamiento de la vía administrativa. Es requisito para la procedencia de la demanda el agotamiento de la vía administrativa conforme a las reglas establecidas en la Ley de Procedimiento Administrativo General o por normas especiales.

(Texto según el artículo 18 de la Ley N° 27584)

Artículo 20.- Excepciones al agotamiento de la vía administrativa. No será exigible el agotamiento de la vía administrativa en los siguientes casos:

1.   Cuando la demanda sea interpuesta por una entidad administrativa en el supuesto contemplado en el segundo párrafo del artículo 13.

2.   Cuando en la demanda se formule como pretensión la prevista en el numeral 4 del artículo 5. En este caso el interesado deberá reclamar por escrito ante el titular de la respectiva entidad el cumplimiento de la actuación omitida. Si en el plazo de quince días a contar desde el día siguiente de presentado el reclamo no se cumpliese con realizar la actuación administrativa el interesado podrá presentar la demanda correspondiente.

3.   Cuando la demanda sea interpuesta por un tercero al procedimiento administrativo en el cual se haya dictado la actuación impugnable.

4.   Cuando la pretensión planteada en la demanda esté referida al contenido esencial del derecho a la pensión y, haya sido denegada en la primera instancia de la sede administrativa.

(Texto según el artículo único del Decreto Legislativo N° 1067)

Artículo 21.- Requisitos especiales de admisibilidad. Sin perjuicio de lo dispuesto por los artículos 424 y 425 del Código Procesal Civil son requisitos especiales de admisibilidad de la demanda los siguientes:

1.   El documento que acredite el agotamiento de la vía administrativa, salvo las excepciones contempladas por la presente Ley.

2.   En el supuesto contemplado en el segundo párrafo del artículo 13, la entidad administrativa que demande la nulidad de sus propios actos deberá acompañar el expediente de la demanda.

(Texto según el artículo 20 de la Ley N° 27584)

Artículo 22.- Improcedencia de la demanda. La demanda será declarada improcedente en los siguientes supuestos:

1.   Cuando sea interpuesta contra una actuación no contemplada en el artículo 4.

2.   Cuando se interponga fuera de los plazos exigidos en la presente Ley. El vencimiento del plazo para plantear la pretensión por parte del administrado, impide el inicio de cualquier otro proceso judicial con respecto a la misma actuación impugnable.

3.   Cuando el administrado no haya cumplido con agotar la vía administrativa, salvo las excepciones contempladas en la presente Ley.

4.   Cuando exista otro proceso judicial o arbitral idéntico, conforme a los supuestos establecidos en el artículo 452 del Código Procesal Civil.

5.   Cuando no se haya vencido el plazo para que la entidad administrativa declare su nulidad de oficio en el supuesto del segundo párrafo del artículo 13.

6.   Cuando no se haya expedido la resolución motivada a la que se hace referencia en el segunde párrafo del artículo 13.

7.   En los supuestos previstos en el artículo 427 del Código Procesal Civil.

(Texto según el artículo 21 de la Ley N° 27584)

Artículo 23.- Remisión de actuados administrativos. Al admitir a trámite la demanda, el Juez ordenará, de ser el caso, a la Entidad Administrativa, a fin de que el funcionario competente remita copia certificada del expediente con lo relacionado a la actuación impugnada, en un plazo que no podrá exceder de quince días hábiles, con los apremios que el Juez estime necesarios para garantizar el efectivo cumplimiento de lo ordenado, pudiendo imponer a la Entidad multas compulsivas y progresivas en caso de renuencia.

El Juez además de realizar las acciones antes referidas en el párrafo anterior, ante la manifiesta renuencia a cumplir con el mandato, prescindirá del expediente administrativo.

El incumplimiento de lo ordenado a la entidad administrativa no suspende la tramitación del proceso, debiendo el Juez en este caso aplicar le dispuesto en el artículo 282 del Código Procesal Civil, al memento de resolver; sin perjuicio que tal negativa pueda ser apreciada por el Juez como reconocimiento de verdad de los hechos alegados.

(Texto según el artículo único del Decreto Legislativo N° 1067)

Artículo 24.- Efecto de la Admisión de la demanda. La admisión de la demanda no impide la vigencia ni la ejecución del acto administrativo, salvo que el Juez mediante una medida cautelar o la ley, dispongan lo contrario.

(Texto según el artículo único del Decreto Legislativo N° 1067)

SUBCAPÍTULO II
Vía procedimental

Artículo 25.- Proceso Urgente. Se tramita como proceso urgente únicamente las siguientes pretensiones:

1. El cese de cualquier actuación material que no se sustente en acto administrativo.

2. El cumplimiento por la administración de una determinada actuación a la que se encuentre obligada por mandato de la ley o en virtud de acto administrativo firme.

3. Las relativas a materia previsional en cuanto se refieran al contenido esencial del derecho a la pensión.

Para conceder la tutela urgente se requiere que del mérito de la demanda y sus recaudos, se advierta que concurrentemente existe:

a) Interés tutelable cierto y manifiesto,

b) Necesidad impostergable de tutela, y

c) Que sea la única vía eficaz para la tutela del derecho invocado.

(Texto según el artículo único del Decreto Legislativo N° 1067)

Artículo 26.- Reglas de Procedimiento. Cualquiera de las pretensiones a que se refiere el presente artículo será tramitada, bajo responsabilidad de quien lo pide, como medida urgente previo traslado a la otra parte por el plazo de tres días. Vencido el plazo, con o sin absolución de la demanda, el Juez dictará en la sentencia la medida que corresponda a la pretensión invocada dentro del plazo de cinco días.

El plazo para apelar la sentencia es de cinco días, contados a partir de su notificación y se concede con efecto suspensivo.

Las demandas cuyas pretensiones no satisfagan los requisitos para la tutela urgente, se tramitarán conforme a las reglas establecidas para el proceso especial.

(Texto según el artículo único del Decreto Legislativo N° 1067)

Artículo 27.- Proceso ordinario. Se tramitan conforme al presente procedimiento las pretensiones no previstas en el artículo 25, con sujeción a las disposiciones siguientes:

27.1 Reglas del proceso ordinario. En esta vía no procede reconvención.

Transcurrido el plazo para contestar la demanda, el Juez expedirá resolución declarando la existencia de una relación jurídica procesal válida; o la nulidad y la consiguiente conclusión del proceso por invalidez insubsanable de la relación, precisando sus defectos; o, si fuere el caso, la concesión de un plazo, si los defectos de la relación fuesen subsanables.

Subsanados los defectos, el Juez declarará saneado el proceso por existir una relación jurídica procesal válida. En caso contrario, lo declarará nulo y consiguientemente concluido.

Cuando se hayan interpuesto excepciones o defensas previas, la declaración referida se hará en la resolución que las resuelva.

Si el proceso es declarado saneado, el Auto de saneamiento deberá contener, además, la fijación de Puntos controvertidos y la declaración de admisión o rechazo, según sea el caso, de los medios probatorios ofrecidos.

Sólo cuando la actuación de los medios probatorios ofrecidos lo requiera, el Juez señalará día y hora para la realización de una audiencia de pruebas. La decisión por la que se ordena la realización de esta audiencia o se prescinde de ella es impugnable y la apelación será concedida sin efecto suspensivo y con la calidad de diferida.

Luego de expedido el auto de saneamiento o de realizada la audiencia de pruebas, según sea el caso, el expediente queda expedito para dictar sentencia. Las partes pueden solicitar al juez la realización de informe oral, el que será concedido por el solo mérito de la solicitud oportuna.

27.2 Plazos. Los plazos previstos en esta ley se computan desde el día siguiente de recibida la notificación.

Los plazos aplicables son;

a)   Tres días para interponer tacha u oposiciones a los medios probatorios, contados desde la notificación de la resolución que los tiene por ofrecidos;

b)   Cinco días para interponer excepciones o defensas, contados desde la notificación de la demanda;

c)   Diez días para contestar la demanda, contados desde la notificación de la resolución que la admite a trámite;

d)   Tres días para solicitar informe oral, contados desde la notificación de la resolución que dispone que el expediente se encuentra en el estado de dictar sentencia;

e)   Quince días para emitir sentencia, contados desde la vista de la causa. De no haberse solicitado informe oral ante el juez de la causa, el plazo se computa desde el día siguiente de vencido el plazo para dicha solicitud.

f)   Cinco días para apelar la sentencia, contados desde su notificación.

(Texto según el artículo único de la Ley N° 30914)

Artículo 28.- Notificación Electrónica.. Las notificaciones de las resoluciones que se dicten en el proceso se efectuarán mediante sistemas de comunicación electrónicos o telemáticos, tales como el correo electrónico. Internet u otro medio idóneo que permita confirmar fehacientemente su recepción, salvo cuando se trate de las siguientes resoluciones:

1.   El traslado de la demanda, inadmisibilidad o improcedencia;

2.   La citación a audiencia;

3.   El auto que se pronuncia sobre el saneamiento procesal, fijación de puntos controvertidos, saneamiento probatorio y/o el juzgamiento anticipado;

4.   La sentencia; y,

5.   Las otras resoluciones que el Juez disponga motivadamente.

Las resoluciones mencionadas se notificarán mediante cédula.

Para efectos de la notificación electrónica, las partes deben consignar en la demanda o en su contestación una dirección electrónica, bajo apercibimiento de declararse la inadmisibilidad de tales actos postulatorios.

La notificación electrónica surte efectos desde el día siguiente que llega a la dirección electrónica.

(Texto según el artículo único del Decreto Legislativo N° 1067)

SUBCAPÍTULO III
Medios Probatorios

Artículo 29.-Actividad probatoria. En el proceso contencioso administrativo, la actividad probatoria se restringe a las actuaciones recogidas en el procedimiento administrativo, salvo que se produzcan nuevos hechos o que se trate de hechos que hayan sido conocidos con posterioridad al inicio del proceso. En cualquiera de estos supuestos, podrá acompañarse los respectivos medios probatorios.

En el caso de acumularse la pretensión indemnizatoria, podrán alegarse todos los hechos que le sirvan de sustento, ofreciendo los medios probatorios pertinentes.

(Texto según el artículo único del Decreto Legislativo N° 1067)

Artículo 30.- Oportunidad. Los medios probatorios deberán ser ofrecidos por las partes en los actos postulatorios, acompañándose todos los documentos y pliegos interrogatorios.

Se admitirán excepcionalmente medios probatorios extemporáneos, cuando estén referidos a hechos ocurridos o conocidos con posterioridad al inicio del proceso, vinculados directamente a las pretensiones postuladas.

De presentarse medios probatorios extemporáneos, el Juez correrá traslado a la parte contraria por el plazo de tres días.

Si a consecuencia de la referida incorporación es necesaria la citación a audiencia para la actuación de un medio probatorio, el Juez dispondrá su realización.

Si el particular que es parte del proceso no tuviera en su poder algún medio probatorio y éste se encuentre en poder de alguna entidad administrativa, deberá indicar dicha circunstancia en su escrito de demanda o de contestación, precisando el contenido del documento y la entidad donde se encuentra con la finalidad de que el órgano jurisdiccional pueda disponer todas las medidas necesarias destinadas a la incorporación de dicho documento al proceso.

(Texto según el artículo único del Decreto Legislativo N° 1067)

Artículo 31.- Pruebas de oficio. Cuando los medios probatorios ofrecidos por las partes sean insuficientes para formar convicción, el Juez en decisión motivada e inimpugnable, puede ordenar la actuación de los medios probatorios adicionales que considere convenientes.

(Texto según el artículo 29 de la Ley N° 27584)

Artículo 32.- Carga de la prueba. Salvo disposición legal diferente, la carga de la prueba corresponde a quien afirma los hechos que sustentan su pretensión.

Sin embargo, si la actuación administrativa impugnada establece una sanción o medidas correctivas, o cuando por razón de su función o especialidad la entidad administrativa está en mejores condiciones de acreditar los hechos, la carga de probar corresponde a ésta.

(Texto según el artículo único del Decreto Legislativo N° 1067)

Artículo 33.- Obligación de colaboración por parte de la administración. Las entidades administrativas deberán facilitar al proceso todos los documentos que obren en su poder e informes que sean solicitados por el Juez. En caso de incumplimiento, el juez podrá aplicar las sanciones previstas en el artículo 53 del Código Procesal Civil al funcionario responsable.

(Texto según el artículo 31 de la Ley N° 27584)

CAPÍTULO V

Medios impugnatorios

Artículo 34.- Recursos. En el proceso contencioso administrativo proceden los siguientes recursos:

1.   El recurso de reposición contra los decretos a fin de que el Juez los revoque.

2. El recurso de apelación contra las siguientes resoluciones:

2.1   Las sentencias, excepto las expedidas en revisión.

2.2   Los autos, excepto los excluidos por ley.

3. El recurso de casación contra las siguientes resoluciones:

3.1   Las sentencias expedidas en revisión por las Cortes Superiores;

3.2   Los autos expedidos por las Cortes Superiores que, en revisión, ponen fin al proceso.

El recurso de casación procede en los casos que versen sobre pretensiones no cuantificables. Tratándose de pretensiones cuantificables, cuando la cuantía del acto impugnado sea superior a 140 Unidades de Referencia Procesal (U.R.P) o cuando dicho acto impugnado provenga de autoridad de competencia provincial, regional o nacional; y, por excepción, respecto de los actos administrativos dictados por autoridad administrativa distrital, cuando la cuantía sea superior a 140 Unidades de Referencia Procesal (U.R.P).

En los casos a que se refiere el artículo 25 no procede el recurso de casación cuando las resoluciones de segundo grado confirmen las de primera instancia, en caso de amparar la pretensión.

4.   El recurso de queja contra las resoluciones que declaran inadmisible e improcedente el recurso de apelación o casación. También procede contra la resolución que concede el recurso de apelación con un efecto distinto al solicitado.

(Texto según el artículo único del Decreto Legislativo N° 1067)

Artículo 35.- Requisitos de admisibilidad y procedencia. Los recursos tienen los mismos requisitos de admisibilidad y procedencia regulados en el Código Procesal Civil.

En caso de que el recurrente no acompañase la tasa respectiva o la acompañase en un monto inferior, el Juez o la Sala deberán conceder un plazo no mayor de dos días para que subsane el defecto.

(Texto según el artículo 33 de la Ley N° 27584)

Artículo 36.- Principios jurisprudenciales. Cuando la Sala Constitucional y Social de la Corte Suprema fije en sus resoluciones principios jurisprudenciales en materia contencioso administrativa, constituyen precedente vinculante.

Los órganos jurisdiccionales podrán apartarse de lo establecido en el precedente vinculante, siempre que se presenten circunstancias particulares en el case que conocen y que motiven debidamente las razones por las cuales se apartan del precedente.

El texto íntegro de todas las sentencias expedidas por la Sala Constitucional y Social de la Certe Suprema de Justicia de la República se publicarán en el Diario Oficial El Peruano y en la página web del Poder Judicial. La publicación se hace dentro de los sesenta días de expedidas, bajo responsabilidad.

De otro lado, se incorpora la exigencia que el Juez debe ponderar la proporcionalidad entre la eventual afectación que causaría al interés público o a terceros la medida cautelar y el perjuicio que causa al recurrente la eficacia inmediata de la actuación impugnable.

(Texto según el artículo único del Decreto Legislativo N° 1067)

CAPÍTULO VI Medidas Cautelares

Artículo 37.- Oportunidad. La medida cautelar podrá ser dictada antes de iniciado un proceso o dentro de éste, siempre que se destine a asegurar la eficacia de la decisión definitiva.

Para tal efecto, se seguirán las normas del Código Procesal Civil con las especificaciones establecidas en esta Ley.

(Texto según el artículo 35 de la Ley N° 27584)

Artículo 38.- Requisitos. La medida cautelar se dictará en la forma que fuera solicitada o en cualquier otra forma que se considere adecuada para lograr la eficacia de la decisión definitiva, siempre que de los fundamentos expuestos por el demandante:

1. Se considere verosímil el derecho invocado. Para tal efecto, se deberá ponderar la proporcionalidad entre la eventual afectación que causaría al interés público o a terceros la medida cautelar y, el perjuicio que causa al recurrente la eficacia inmediata de la actuación impugnable.

2. Se considere necesaria la emisión de una decisión preventiva por constituir peligro la demora del proceso, o por cualquier otra razón justificable. No es exigible este requisito cuando se trate de pretensiones relacionadas con el contenido esencial del derecho a la pensión.

3. Se estime que resulte adecuada para garantizar la eficacia de la pretensión.

Para la ejecución de la medida cautelar el demandante deberá ofrecer contracautela atendiendo a la naturaleza de la pretensión que se quiere asegurar.

Tratándose de pretensiones contra actuaciones administrativas con contenido pecuniario, el Juez podrá requerir de una contracautela distinta a la caución juratoria.

Si la resolución final no reconoce el derecho reclamado por el demandante, a pedido de la parte interesada se procede conforme a las reglas establecidas en el Código Procesal Civil para la ejecución de la contracautela.

(Texto según el artículo único del Decreto Legislativo N° 1067)

Artículo 39.- Medidas de innovar y de no innovar. Son especialmente procedentes en el proceso contencioso administrativo las medidas cautelares de innovar y de no innovar.

(Texto según el artículo 37 de la Ley N° 27584)

CAPÍTULO VII

Sentencia

Artículo 40.- Sentencias estimatorias. La sentencia que declare fundada la demanda podrá decidir en función de la pretensión planteada lo siguiente:

1.   La nulidad, total o parcial, o ineficacia del acto administrativo impugnado, de acuerdo a lo demandado.

2.   El restablecimiento o reconocimiento de una situación jurídica individualizada y la adopción de cuantas medidas sean necesarias para el restablecimiento o reconocimiento de la situación jurídica lesionada, aun cuando no hayan sido pretendidas en la demanda.

3.   La cesación de la actuación material que no se sustente en acto administrativo y la adopción de cuanta medida sea necesaria para obtener la efectividad de la sentencia, sin perjuicio de poner en conocimiento del Ministerio Público el incumplimiento para el inicio del proceso penal correspondiente y la determinación de los daños y perjuicios que resulten de dicho incumplimiento.

4.   El plazo en el que la administración debe cumplir con realizar una determinada actuación a la que está obligada, sin perjuicio de poner en conocimiento del Ministerio Público el incumplimiento para el inicio del proceso penal correspondiente y la determinación de los daños y perjuicios que resulten de dicho incumplimiento.

5.   El monto de la indemnización por los daños y perjuicios ocasionados.

(Texto según el artículo único del Decreto Legislativo N° 1067)

Artículo 41.- Conclusión anticipada del proceso. Si la entidad demandada reconoce en vía administrativa la pretensión del demandante, el Juez apreciará tal pronunciamiento y, previo traslado a la parte contraria, con su absolución o sin ésta, dictará sentencia, salvo que el reconocimiento no se refiera a todas las pretensiones planteadas.

(Texto según el artículo único del Decreto Legislativo N° 1067)

Artículo 42.- Transacción o conciliación. En cualquier momento del proceso, las partes podrán transigir o conciliar sobre pretensiones que contengan derechos disponibles. Si el acuerdo homologado o aprobado estatal, producirá la conclusión del proceso. De ser parcial, el proceso continuará sobre los aspectos no comprendidos. Para proponer o acceder a la fórmula de composición, la entidad deberá analizar objetivamente la expectativa de éxito de su posición jurídica en el proceso.

(Texto según el artículo único del Decreto Legislativo N° 1067)

Artículo 43.- Especificidad del mandato judicial. Sin perjuicio de lo establecido en el artículo 122 del Código Procesal Civil, la sentencia que declara fundada la demanda deberá establecer el tipo de obligación a cargo del demandado, el titular de la obligación, el funcionario a cargo de cumplirla y el plazo para su ejecución.

(Texto según el artículo 39 de la Ley N° 27584)

Artículo 44.- Ejecución de la sentencia. La potestad de hacer ejecutar las sentencias y demás resoluciones judiciales corresponde exclusivamente al Juzgado o Sala que conoció del proceso en primera instancia. En caso de que la ejecución corresponda a una Sala ésta designará al Vocal encargado de la ejecución de la resolución.

Los conflictos derivados de actuaciones administrativas expedidas en ejecución de la sentencia serán resueltos en el propio proceso de ejecución de la misma. Antes de acudir al Juez encargado de la ejecución, el interesado, si lo considera conveniente, podrá solicitar en vía administrativa la reconsideración de la actuación que originó el conflicto.

(Texto según el artículo 40 de la Ley N° 27584)

Artículo 45.- Deber personal de cumplimiento de la sentencia. 45.1 Conforme a lo dispuesto en el inciso 2 del artículo 139 de la Constitución Política y el artículo 4 de la Ley Orgánica del Poder Judicial, las resoluciones judiciales deben ser cumplidas por el personal al servicio de la administración pública, sin que éstos puedan calificar su contenido o sus fundamentos, restringir sus efectos o interpretar sus alcances, bajo responsabilidad civil, penal o administrativa; estando obligados a realizar todos los actos para la completa ejecución de la resolución judicial.

45.2 El responsable del cumplimiento del mandato judicial será la autoridad de más alta jerarquía de la entidad, el que podrá comunicar por escrito al Juez qué funcionario será encargado en forma específica de la misma, el que asumirá las responsabilidades que señala el inciso anterior.

Sin perjuicio de lo anteriormente señalado, el Juez podrá identificar al órgano responsable dentro de la entidad y otorgarle un plazo razonable para la ejecución de la sentencia.

45.3 En la ejecución de la sentencia los funcionarios encargados de exteriorizar la voluntad de las entidades mediante actuaciones son solidariamente responsables con ésta.

45.4 La renuncia, el vencimiento del período de la función o cualquier otra forma de suspensión o conclusión del vínculo contractual o laboral con la administración pública no eximirá al personal al servicio de ésta de las responsabilidades en las que ha incurrido por el incumplimiento del mandato judicial, si ello se produce después de haber sido notificado.

(Texto según el artículo 41 de la Ley N° 27584)

Artículo 46.- Ejecución de obligaciones de dar suma de dinero. Las sentencias en calidad de cosa juzgada que ordenen el pago de suma de dinero, serán atendidas por el Pliego Presupuestario en donde se generó la deuda, bajo responsabilidad del Titular del Pliego, y su cumplimiento se hará de acuerdo con los procedimientos que a continuación se señalan:

46.1 La Oficina General de Administración o la que haga sus veces del Pliego Presupuestario requerido deberá proceder conforme al mandato judicial y dentro del marco de las leyes anuales de presupuesto.

46.2 En el caso de que para el cumplimiento de la sentencia el financiamiento ordenado en el numeral anterior resulte insuficiente, el Titular del Pliego Presupuestario, previa evaluación y priorización de las metas presupuestarias, podrá realizar las modificaciones presupuestarias dentro de los quince días de notificada, hecho que deberá ser comunicado al órgano jurisdiccional correspondiente.

46.3 De existir requerimientos que superen las posibilidades de financiamiento expresadas en los numerales precedentes, los pliegos presupuestarios, bajo responsabilidad del Titular del Pliego o de quien haga sus veces, mediante comunicación escrita de la Oficina General de Administración, hacen de conocimiento de la autoridad judicial su compromiso de antender tales sentencias de conformidad con el artículo 70 del Texto Único Ordenado de la Ley 28411, Ley General del Sistema Nacional de Presupuesto, aprobado mediante el Decreto Supremo 304-2012-EF.

46.4 Transcurridos seis meses de la notificación judicial sin haberse iniciado el pago u obligado al mismo de acuerdo a alguno de los procedimientos establecidos en los numerales 46.1,46.2 y 46.3 precedentes, se podrá dar inicio al proceso de ejecución de resoluciones judiciales previsto en el artículo 713 y siguientes del Código Procesal Civil. No podrán ser materia de ejecución los bienes de dominio público conforme al artículo 73 de la Constitución Política del Perú.

(Texto según el artículo 1 de la Ley N° 27684, la Primera Disposición Complementaria Modificatoria de Ley N° 30137 y el Numeral 3 de la Sentencia del Tribunal Constitucional sobre los Expedientes Acumulados N° 015-2001-AI-TC, Expediente N° 016-2001-AI-TC y Expediente N° 004-2004-AI-TC)

Artículo 47.- Pago de intereses. La entidad está obligada al pago de los intereses que generen el retraso en la ejecución de la sentencia.

(Texto según el artículo 43 de la Ley N° 27584)

Artículo 48.- Actos administrativos contrarios a la sentencia. Son nulos de pleno derecho los actos y disposiciones contrarios a los pronunciamientos de las sentencias que se dicten con la finalidad de eludir el cumplimiento de éstas.

(Texto según el artículo 44 de la Ley N° 27584)

Artículo 49.- Costas y Costos. Las partes del proceso contencioso administrativo no podrán ser condenadas al pago de costos y costas.

(Texto según el artículo 45 de la Ley N° 27584)

DISPOSICIONES
COMPLEMENTARIAS FINALES

Primera.- Las demandas contra actuaciones de las Autoridades Administrativas de Trabajo, son competencia de los Jueces especializados en materia laboral, siguiendo las reglas del proceso contencioso administrativo contenidas en la presente Ley.

(Texto según la sección de las Disposiciones Complementarias de la Ley N° 27584)

Segunda.- El Consejo Ejecutivo del Poder Judicial, en ejercicio de las atribuciones previstas en la Ley Orgánica del Poder Judicial, cuando lo considere conveniente, podrá instituir un sistema específico de sub especialidades a fin de brindar un servicio de Justicia más eficiente en atención a las características particulares del conflicto.

(Texto según el artículo único del Decreto Legislativo N°1067)

Tercera.- De conformidad con lo establecido en la Ley de Represión de Conductas Anticompetitivas, aprobada mediante Decreto Legislativo N° 1034, el Juez Especializado en lo contencioso administrativo con competencia para conocer de las impugnaciones contra las decisiones de los órganos resolutivos del Indecopi es competente para conocer del procedimiento de autorización previsto en los literales (c) y (d) del numeral 15.3 del artículo 15 de la referida Ley.

(Texto según la Primera Disposición Complementaria Modificatoria del Decreto Legislativo N° 1205)

Cuarta.- El Código Procesal Civil es de aplicación supletoria en los casos no previstos en la presente Ley.

(Texto según la sección de las Disposiciones Finales de la Ley N° 27584)

Quinta.- Las disposiciones de la presente Ley sólo serán modificadas por ley expresa.

(Texto según la sección de las Disposiciones Finales de la Ley N° 27584)

Sexta.- Esta Ley entrará en vigor a los 30 (treinta) días naturales siguientes a su publicación en el Diario Oficial El Peruano.

(Texto según la sección de las Disposiciones Finales de la Ley N° 27584. Esta disposición se refiere a la vigencia de la Ley N° 27584. De conformidad con el artículo 5 de la Ley N° 27684, la Ley N° 27584 entró en vigencia a partir del 15 de abril de 2002)

Séptima.- Los procesos contencioso administrativos iniciados antes de la vigencia de esta Ley, continuarán su trámite según las normas procesales con las que se iniciaron.

Los procesos contenciosos administrativos que se inicien a partir de la vigencia de esta Ley se tramitan conforme a sus disposiciones.

(Texto según la sección de las Disposiciones Finales de la Ley N° 27584)

DISPOSICIÓN COMPLEMENTARIA MODIFICATORIA

Única.- Modifíquese el numeral 16.2 del artículo 16 de la Ley del Procedimiento de Ejecución Coactiva N° 26979, en los términos siguientes:

"Además del Ejecutor podrá disponer la suspensión del procedimiento el Poder Judicial, sólo cuando dentro de un proceso de amparo o contencioso administrativo, exista medida cautelar".

(Texto según la sección de la Disposición Modificatoria de la Ley N° 27584)

DISPOSICIONES COMPLEMENTARIAS DEROGATORIAS

Primera.- A partir de la vigencia de la presente Ley, quedan derogados:

1. Los artículos 540 al 545 del Subcapítulo Seis del Título II de la Sección Quinta del Código Procesal Civil promulgado por Decreto Legislativo N° 768.

2. Los artículos 79 al 87 del Título III de la Sección Sétima de la Ley Procesal de Trabajo N° 26636.

3. Los artículos 157 al 161 del Título IV del Libro Tercero del Texto Único Ordenado del Código Tributario, aprobado por Decreto Supremo N° 135-99-EF y sus normas modificatorias.

4. El artículo 157 del Capítulo XV del Título Duodécimo del Texto Único Ordenado de la Ley General de Minería, aprobado por Decreto Supremo N° 014-92-EM.

5. Los artículos 9 y 10 del Capítulo II y la Décima Disposición Complementaria, Transitoria y Final del Texto Único Ordenado del Régimen Pensionario del Estado, aprobado por Decreto Supremo N° 070-98-EF.

6.   El primer párrafo del artículo 17 del Decreto Ley N° 25868, modificado por el artículo 64 del Decreto Legislativo N° 807.

7.   La Tercera Disposición Complementaria y Transitoria de la Ley N° 26981.

8.   El artículo 370 de la Ley N° 26702, Ley General del Sistema Financiero y del Sistema de Seguros y Orgánica de la Superintendencia de Banca y Seguros;

9.   Todas las demás disposiciones legales que se opongan a la presente Ley, cualquiera sea su especialidad.

(Texto según el artículo 2 de la Ley N° 27684. Esta disposición se refiere a la vigencia de la Ley N° 27584. De conformidad con el artículo 5 de la Ley N° 27684, la Ley N° 27584 entró en vigencia a partir del 15 de abril de 2002)

Segunda.- Déjense sin efecto todas las disposiciones administrativas incompatibles con la presente Ley.

(Texto según la sección de las Disposiciones Derogatorias de la Ley N° 27584).

REPÚBLICA DOMINICANA

I. **LEY Nº. 1494 QUE INSTITUYE LA JURISDICCIÓN CONTENCIOSO-ADMINISTRATIVA G.O. Nª 6673, DEL 9 DE AGOSTO DE 1947**

EL CONGRESO NACIONAL EN NOMBRE DE LA REPUBLICA

NUMERO 1494.

VISTO el artículo 33, inciso 12, de la constitución de la república,

HA DADO LA SIGUIENTE LEY QUE INSTITUYE
LA JURISDICCIÓN CONTENCIOSO-ADMINISTRATIVA

CAPITULO I

DEL RECURSO

Art. 1.- Toda persona, natural o jurídica, investida de un interés legítimo, podrá interponer el recurso contencioso administrativo que más adelante se prevé, en los casos, plazos y formas que esta ley establece, 1ro. contra las sentencias de cualquier Tribunal contencioso-administrativos de primera instancia o que en esencia tenga este carácter, y 2do. contra los actos administrativos violatorios de la ley, los reglamentos y decretos, que reúnan los siguientes requisitos:

a) Que se trate de actos contra los cuáles se haya agotado toda reclamación jerárquica dentro de la propia administración o de los órganos administrativos autónomos;

b) Que emanen de la administración o de los órganos administrativos autónomos en el ejercicio de aquellas de sus facultades que estén regladas por las leyes, los reglamentos o los decretos;

c) Que vulneren un derecho, de carácter administrativo, establecido con anterioridad a favor del recurrente por una ley, un reglamento un decreto o un contrato administrativo;

d) Que constituyan un ejercicio excesivo, o desviado de su propósito legítimo, de facultades discrecionales conferidas por las leyes, los reglamentos o los decretos.

Art. 2.- Procederá también el recurso cuando la administración o algún órgano administrativo autónomo no dictare resolución definitiva en el término de dos meses, estando agotado el trámite, o cuando pendiente éste, se paralizará sin culpa del recurrente, por igual término. Si se tratare de Consejos, Comisiones, Juntas u otras entidades cole-giadas, procederá también el recurso, por retardación, si sus miembros dejaran transcu-rrir el término de treinta días sin reunirse, salvo el caso de receso legal.

Art. 3.- El Tribunal Superior Administrativo será la jurisdicción competente para co-nocer y decidir, en la primera y última instancia, las cuestiones relativas al cumplimien-to, caducidad, rescisión, interpretación, y efectos de los contratos administrativos (con-cesiones y contratos de servicios públicos o de construcción de obras públicas de Santo Domingos las Comunes y Distritos Municipales con personas o empresas particulares, como igualmente las que versen sobre el uso y goce de las dependencias del dominio público del Estado. las Comunes o Distritos Municipales.

Art. 4.- Dará también lugar al recurso la revocación de actos administrativos por los últimos superiores jerarquías de los departamentos administrativos o de los órganos administrativo autónomos, cuando la revocación ocurra después de un año cuando no esté fundada en una disposición del propio acto renovado.

Art. 5.- Las controversias sobre derechos de registros transcripción e inscripción de hipotecas, serán conocidas en primera y última instancia por el Tribunal Superior Admi-nistrativo.

Art. 6.- También conocerá el Tribunal Superior Administrativo en primera y última instancia las controversias sobre distribución de aguas públicas.

Art. 7.- No corresponde al Tribunal Superior Administrativo:

a)   Las cuestiones que versen sobre inconstitucionalidad de las leyes, reglamentos, decretos, resoluciones o actos;

b)   Los actos que dicten o realicen los Poderes del Estado en uso de atribuciones constitucionales;

c)   Los actos de las autoridades militares relacionadas con los miembros de los cuerpos correspondientes;

d)   Los actos relativos a la conservación de la seguridad y el orden público;

e)   Los actos de carácter disciplinario dentro de los servicios públicos;

f)   Las cuestiones de índole civil, comercial y penal, y todas aquellas en que la ad-ministración o un órgano administrativo autónomo obre como persona jurídica de derecho privado.

Art. 8.- (Modificado por la Ley No. 540 del 16 de diciembre de 1964, G. O. 8911 del 23 de diciembre de 1964). No se podrá recurrir ante el Tribunal Superior Administrativo contra las decisiones relativas a la aplicación de impuestos, tasas, derechos, multas o recargos sin la debida prueba de que los mismos han sido pagados ante las oficinas re-caudadoras correspondientes.

Art. 9.- (Modificado por la Ley No. 3835 del 20 de mayo de 1954, G. O. No. 7698 del 26 de mayo de 1954). El término para recurrir ante los Secretarios de Estado o ante los órganos administrativos autónomos, contra las decisiones con carácter contencioso-administrativo dictadas por los directores, administradoras o encargados de las oficinas que le están subordinadas, es de diez (10) días, a contar de la fecha del recibo por el interesado, de la comunicación que por correo certificado de entrega especial deberán efectuar dichos directores, administradoras o encargados.

PÁRRAFO I.- El término para recurrir ante el Tribunal Superior Administrativo es de quince (15) días, a contar del día que el recurrente haya recibido la sentencia del Tribunal contencioso administrativo de primera instancia, si se tratare de una apelación, o del día en que recibiere la participación del acto recurrido, o del día de publicación oficial del acto recurrido por la autoridad de que de que haya emanado o del día de expiración de los plazos fijados en el artículo 2 de esta ley, si se tratare de un recurso por retardación.

Art. 10.- A los efectos del artículo anterior, ninguna persona será recibible en un recurso contencioso-administrativo si no reside en el país, o ha constituido en él, antes del recurso un apoderado formalmente conocido por la jurisdicción o administración contra la cual se recurre.

CAPITULO II

DEL TRIBUNAL SUPERIOR ADMINISTRATIVO

Art. 11.- El Tribunal Superior Administrativo tendrá su asiento en Santo Domingo y se compondrá de un Juez Presidente, un Juez Vicepresidente tres Jueces, nombrados por decreto del poder ejecutivo.

Art. 12.- Para ser Juez del Tribunal Superior Administrativo se requiere ser dominicano en el pleno ejercicio de los derechos civiles y políticos: haber cumplido la edad de treinta años y ser doctor o licenciado en derecho.

Art. 13.- El Tribunal Superior Administrativo no podrá reunirse, deliberar y fallar válidamente sin la concurrencia de tres Jueces por lo menos, entre los cuales deberá figurar el Presidente o el Vicepresidente.

Art. 14.- El Tribunal Superior Administrativo ejercerá sus funciones con la asistencia de un Secretario, nombrado por el Poder Ejecutivo, el cual tendrá fe pública en el desempeño de sus atribuciones.

Art. 15.- la Administración Pública, los establecimientos públicos, el Distrito de Santo Domingo, las Comunes y Distritos Municipales, estarán representados permanentemente ante el Tribunal Superior Administrativo por un Procurador General Administrativo, al cual se comunicarán todos los expedientes de los asuntos contenciosos de que conozca el Tribunal, y su dictamen escrito será indispensable en la decisión de todo asunto por el Tribunal

Art. 16.- Para el desempeño de sus funciones el Procurador General Administrativo podrá solicitar y deberá obtener de todos los organismos administrativos los documentos datos y certificados que considere necesarios para el estudio y dictamen escrito de los asuntos a su cargo.

Art. 17.- El Procurador General Administrativo tendrá un Abogado Ayudante, que podrá hacer sus veces en todos los casos de ausencia o impedimento de aquél.

Art. 18.- Para ser Procurador General Administrativo o Ayudante del Procurador General Administrativo se requieren las mismas condiciones que para ser Juez del Tribunal Superior Administrativo.

PÁRRAFO.- Ambos funcionarios serán nombrados por decreto del Poder Ejecutivo.

Art. 19.- Tanto el Tribunal como el Procurador General tendrá los empleados auxiliares que provea la Ley de Gastos Públicos.

Art. 20.- El Presidente del Tribunal Superior Administrativo y el Procurador General Administrativo comunicarán directamente con el Presidente de la República.

Art. 21.- El Procurador General Administrativo deberá rendir en el mes de enero de cada año, al Presidente de la República, una Memoria explicativa de sus actuaciones durante el año anterior.

CAPITULO II
PROCEDIMIENTO Y SENTENCIAS

Art. 22.- El apoderamiento del Tribunal Superior Administrativo para el conocimiento y decisión de todo caso se hará por una instancia del recurrente dirigida al Presidente del Tribunal, o por el recurrente o el Procurador General Administrativo cuando se trate de un recurso relativo a contratos administrativos o concesiones, o al uso y goce del dominio público, o de un recurso en revisión.

Art. 23.- La instancia expondrá todas las circunstancias de hecho y de derecho que motiven el recurso; transcribirá todos los actos y con las conclusiones articuladas del recurrente. No deberán contener ningún término o expresión que no conciernan al caso que se trate.

Art. 24.- Al recibir la instancia, el Presidente del Tribunal dictará un auto ordenando que sea comunicado al Procurador General Administrativo o al demandado, según fuere el caso.

Art. 25.- Dentro de los quince días subsiguientes a la comunicación de la instancia, la parte demandada deberá notificar su defensa al Presidente del Tribunal y éste, por auto, la hará comunicar al recurrente.

Art. 26.- Dentro de los quince días de la comunicación de la defensa el Procurador General Administrativo o el recurrente la devolverán al Presidente del Tribunal.

Art. 27.- Si el Procurador General Administrativo o la parte contraria la acompañaren de nuevos alegatos, el Presidente del Tribunal por auto hará comunicar dichos alegatos a la otra parte, para que amplié su defensa si lo cree pertinente, enviándola al Presidente del Tribunal dentro de los diez días de la comunicación.

Art. 28.- Una vez que las partes hayan puntualizado sus conclusiones y expuesto sus medios de defensa el asunto controvertido se reputará en estado y bajo la jurisdicción del tribunal. El Presidente hará que el Secretario ponga disposición de los Jueces el expediente completo para su estudio. Terminado éste por todos los Jueces, incluyendo el Presidente, éste se reunirá en cámara de deliberación con los Jueces, en el debido quórum redactará la sentencia o comisionará a uno de los Jueces para que lo haga, por el turno que haya acordado el Tribunal, y luego de acordada la sentencia, que deberá ser suscrita sin mención de discrepancias por todos los jueces deliberantes fijará por auto la audiencia pública en que la sentencia será leída, notificándose el auto a todas las partes.

Art. 29.- La sentencia podrá decidir el fondo del asunto o disponer las medidas de instrucción que hubieren pedido las partes, el Tribunal las considerare de lugar para el esclarecimiento del asunto. Si tal fuere el caso, el Tribunal celebrará las audiencias que fueren necesarias, con asistencia o representación de las partes, hasta dictar sentencia definitiva. Todas las sentencias del Tribunal Superior Administrativo se fundamentarán en los preceptos de carácter administrativo que rijan el caso controvertido y en los principios que de ellos se deriven y en caso de falta o insuficiencia de aquellos, los preceptos adecuados de la legislación civil. Se redactarán en la misma forma de las sentencias de los Tribunales del orden Judicial.

Art. 30.- Cuando el Tribunal Superior Administrativo sea apoderado de un recurso para conocer el cual se considere incompetente podrá dictar de oficio sentencia declarando tal incompetencia. Si estimare que la incompetencia existe en relación con algún aspecto del caso, podrá declarar su incompetencia acerca de ese aspecto, conociendo y fallando sobre lo restante del caso. Si se tratare de una cuestión sin cuya decisión previa por otro Tribunal no pudiere decidirse el resto o el conjunto del caso, el Tribunal Superior Administrativo dictará una sentencia de sobreseimiento, hasta que el recurrente o la parte más diligente obtenga la decisión previa necesaria.

Art. 31.- Cuando una parte alegue la incompetencia del Tribunal Superior Administrativo, y esa parte sea la demandada, el tribunal dictará sentencia sobreyendo el caso y dentro de los tres días se someterá la cuestión, por medio de una instancia, a la Suprema Corte de Justicia, la cual deberá decidir sobre la cuestión de la competencia o incompetencia, previo dictamen del Procurador General de la República, dentro de los quince días de recibir la instancia. El Secretario de la Suprema Corte comunicará la sentencia, dentro de los tres días al Presidente del Tribunal Superior Administrativo, para los fines del lugar.

Art. 32.- Si la sentencia de la Suprema Corte reconoce la competencia del Tribunal Superior Administrativo para conocer de la cuestión controvertida, dicho Tribunal continuará el procedimiento no computándose en los plazos el tiempo durante el cual el caso permaneció sobreseído y sin ser devuelto al Tribunal Superior Administrativo.

Art. 33.- En todos los casos en que la sentencia de la Suprema Corte de Justicia declare la incompetencia del Tribunal Superior Administrativo, fundándose en los apartados a) y f) del artículo 7 de esta ley, los Tribunales del orden judicial serán competentes para conocer los casos de que se trate, entre las partes interesadas, y así se hará constar en la sentencia de la Suprema Corte.

Art. 34.- En los anteriores casos la actuación de la Suprema Corte de justicia se realizará sin más formalidades.

Art. 35.- Ninguna sentencia del Tribunal Superior Administrativo podrá ser atacada por incompetencia por las partes que no hayan alegado esa incompetencia antes de dictarse la sentencia.

Art. 36.- Las sentencias de los Tribunales del orden judicial tendrán autoridad de cosa juzgada entre las partes ante el Tribunal Superior Administrativo.

CAPITULO III
DE LA REVISIÓN

Art. 37.- (Modificado por la Ley No. 3835 de mayo de 1954 G.O. No. 7698 del 26 de mayo de 1954).- Las sentencias de la Cámara de Cuentas en funciones de Tribunal Superior Administrativo, después de dictadas y notificadas como más adelante se establece, serán susceptibles del recurso de revisión en los casos que se especifican limitativamente en el siguiente artículo, o del recurso de casación, que se establece en el artículo 60 de la presente Ley.

Art. 38.- (ampliado por la Ley No 2135 del 22 de octubre de 1949 G.O. No. 7017 del 29 de octubre de 1949).- Procede la revisión, la cual se sujetará al mismo procedimiento anterior, en los casos siguientes:

a)   Cuando las sentencias es consecuencia del dolo de una de las partes contra la otra;

b)   Cuando se ha juzgado a base de documentos declarados falsos después de la sentencia;

c)   Cuando se ha juzgado a base de documentos falsos antes de la sentencia, siempre que el recurrente pruebe que sólo ha tenido conocimiento de la falsedad después de pronunciada aquélla;

d)   Cuando después de la sentencia la parte vencida ha recuperado documentos decisivos que no pudo presentar en juicio por causa de fuerza mayor o por culpa de la otra parte;

e)   Cuando se ha estatuido en exceso de lo demandado

f)   Cuando hay omisión de estatuir sobre lo demandado;

g)   Cuando en el dispositivo de la sentencia hay decisiones contradictorias

Art. 39.- Sólo el Tribunal Superior Administrativo podrá conocer de la revisión de sus sentencias.

Art. 40.- El plazo para la interposición del recurso de revisión será También de quince días. En los casos a), b), c) y d), del artículo 38 dicho plazo se contará desde los hechos que pueden justificar el recurso pero en ningún caso excederá de un año.

PÁRRAFO.- Para los terceros, de plazo comenzará a partir de la publicación de la sentencia.

Art. 41.- Todo asunto sometido al Tribunal Superior Administrativo deberá ser fallado de modo definitivo dentro de los sesenta días del apoderamiento del Tribunal, salvo en los asuntos considerados nuevos o de especial importancia por el Presidente, o cuando se hayan dictado sentencias disponiendo medidas de instrucción, en los que el plazo será de noventa días, todo teniendo en cuenta lo dispuesto en el artículo 32 para los casos de sobreseimiento.

CAPITULO IV
NOTIFICACIÓN DE LAS SENTENCIAS Y SUS EFECTOS

Art. 42.- Toda sentencia del Tribunal Superior Administrativo será notificada por el Secretario dentro de los cinco días de su pronunciamiento al Procurador General Administrativo y a la otra parte o partes.

Art. 43.- Dentro de los cinco días de recibir la notificación, el Procurador General Administrativo comunicará la sentencia a la entidad administrativa cuya representación hubiera tenido en el caso de que se tratare.

Art. 44.-El Tribunal Superior Administrativo será el único competente para resolver sobre las dificultades de ejecución de sus sentencias, y tendrá capacidad para fijar, en las mismas o en sentencias subsiguientes a petición de la parte interesada, las indemnizaciones que deberán recibir las partes gananciosas, por efectos del fallo principal, o en los casos de incumplimiento de aquel a partir de su notificación por el Procurador General Administrativo.

Art. 45.- En ningún caso, sin embargo, las entidades públicas podrán ser objetos de embargos, secuestros o compensaciones forzosas, ni el Tribunal podrá dictar medidas administrativas en ejecución de sus propias sentencias.

CAPITULO V
DISPOSICIONES GENERALES

Art. 46.- Todas las notificaciones a que se requiere esta ley se harán por correo certificado de entrega especial. Las partes podrán utilizar el ministerio de alguaciles, pero a sus propias expensas cuando así lo deseen. Estos actos no requerirán registro.

Art. 47.- Cuando las partes abandonen expresamente un procedimiento, este será sobreseído por un simple acto. Cuando se abstengan de ampliar sus instancias o defensas, se dictará sentencia sobre el caso

Art. 48.- En los casos de intervención de terceros, de incidentes, o en cualquier otro cuya resolución no haya sido regulada por esta Ley, el Tribunal Superior Administrativo podrá dictar reglas especiales de procedimiento para el caso de que se trate únicamente comunicando estas reglas a las partes interesadas.

Art. 49.- Salvo en los casos de revisión, los participantes no tendrán que estar representados por abogados en los procedimientos ante el Tribunal Superior Administrativo.

Art. 50.- Los Jueces del Tribunal Superior Administrativo podrán inhibirse y serán recusados por las mismas causas de inhibición o recusación de los Jueces del orden judicial El Propio Tribunal decidirá esos casos

Art. 51.- Todo documento Presentado al Tribunal Superior Administrativo por particulares deberá llevar adherido a cada página el sello de Rentas Internas del valor de RD$ 0.10 cada uno. En caso de ganancia de causa el particular tendrá derecho al reembolso de las sumas así empleadas.

Art. 52.- En materia de licencia, vacaciones o pensiones, los Jueces del Tribunal Superior Administrativo, el Procurador General Administrativo y los funcionarios o empleados de ambos, se regirán por las leyes y reglamentos administrativos correspondientes.

Art. 53.- En materia disciplinaria regirá para los mismos funcionarios el reglamento administrativo correspondiente.

Art. 54.- El Tribunal Superior Administrativo y la Procuraduría General Administrativa podrán acordar reglamentaciones para sus respectivos regímenes interiores, pero nada en esta reglamentación podrá referirse al procedimiento ante el Tribunal. Alt. 55.- En cada trimestre del año, el Secretario del Tribunal Superior Administrativo publicará un boletín con el texto íntegro de las sentencias del trimestre anterior o las hará publicar en la Gaceta Oficial.

Art. 56.- Las cuestiones contencioso-electorales, de ajuste de cuentas oficiales y reclamaciones contra el Estado, de expropiación pública y seguros sociales serán conocidas por las jurisdicciones especiales ya establecidas y no estarán bajo la competencia del Tribunal Superior Administrativo.

Art. 57.- Mientras el Poder Ejecutivo no designe los Jueces, el Procurador General, el Secretario del Tribunal Superior Administrativo: la Cámara de Cuentas de la República ejercerá las funciones del Tribunal Superior Administrativo prevista en esta Ley, actuando el Procurador Permanente existente con la denominación del Procurador General Administrativo, auxiliado por el Ayudante previsto en esta ley.

Art. 58.- Modificado por la Ley No. 2998 del 8 de julio de 1951 G.O. No. 7307 del 14 de julio de 1951).- Mientras la Cámara de Cuentas ejerza las funciones del Tribunal Superior Administrativo, el quórum para sus deliberaciones y la mayoría para sus decisiones, en los casos contencioso-administrativos, se regirán por las mismas disposiciones del artículo 29 de la Ley sobre la Cámara de Cuentas de la República, No. 130, del 2 de diciembre de 1942, publicada en la Gaceta Oficial No. 5837, del mismo mes y año.

Art. 59.- Quedan derogados los artículos 16 al 23 de la Ley sobre la Cámara de Cuentas No. 130, del 2 de diciembre de 1942, toda otra disposición legal o reglamentaria que se refiera a las atribuciones contencioso-administrativas de dicha Cámara, y en general, toda otra disposición legal o reglamentaria que esté en oposición a la presente ley.

Art. 60.- (agregado por la Ley No. 3835, del 20 de mayo de 1954, G.O. No. 7698, del 26 de mayo de 1954).- Las sentencias de la Cámara de Cuentas en funciones de Tribunal Superior Administrativo, serán susceptibles del recurso de casación conforme a las disposiciones establecidas para la materia civil y comercial por la Ley No. 3726, del 29 de diciembre de 1953, o por la que sustituya.

PÁRRAFO I.- El recurso de casación se interpondrá con un memorial suscrito por abogado, que contendrá todos los medios en que se funda y que se deberá ser depositado en la Secretaría de la Suprema Corte de Justicia en los dos meses de la notificación de la sentencia.

PÁRRAFO II.- El secretario de la Suprema Corte de Justicia remitirá copia del memorial del recurso de casación al Procurador General Administrativo y le avisará el día que haya .sido fijado para la celebración de la audiencia, a fin de que en ella el referido funcionario presente sus conclusiones, en representaciones de los organismos administrativos.

PÁRRAFO III.- En caso de casación con envío, la Cámara de Cuentas en funciones de Tribunal Superior Administrativo, estará obligada, al fallar nuevamente el caso, a atenerse a las disposiciones de la Suprema Corte de Justicia en los puntos de derecho que hubiesen sido objeto de casación.

PÁRRAFO IV.- No será necesario, en esta materia, acompañar el memorial-de casación con la copia de la sentencia recurrida, ni con los documentos justificativos del recurso, los cuáles serán enunciados solamente en dicho memorial-, de modo que el Secretario General de la Suprema Corte de Justicia los solicite sin demora al Secretario General de la Cámara de Cuentas, a fin de ser incluidos en el expediente del caso. Fallado el recurso, deberá el Secretario General de la Suprema Corte de Justicia devolver los documentos al Secretario de la Cámara de Cuentas.

PÁRRAFO V.- En este recurso no habrá condenación en costas.

DADA EN................... PUBLICADA EL 2 DE AGOSTO DE 1947 -G. O. No. 6673.

II. LEY No. 13-07 DE 2007 QUE TRASPASA LAS COMPETENCIAS DEL TRIBUNAL SUPERIOR ADMINISTRATIVO (LEY NO. 1494, DE 1947), Y DEL TRIBUNAL CONTENCIOSO TRIBUTARIO (LEY 11-92, DE 1992), AL TRIBUNAL CONTENCIOSO TRIBUTARIO Y ADMINISTRATIVO.

EL CONGRESO NACIONAL

En Nombre de la República

Ley No. 13-07

CONSIDERANDO: Que en el sistema constitucional de división de poderes de República Dominicana el monopolio de la función jurisdiccional del Estado reside en los Tribunales que conforman el Poder Judicial;

CONSIDERANDO: Que mediante la Ley 1494, del año 1947, se instituyó el Tribunal Superior Administrativo con el propósito de conocer la legalidad de las actuaciones de los órganos y entidades de la Administración Pública, ubicándose institucionalmente dicho órgano jurisdiccional en el ámbito del Poder Ejecutivo, ya que sus jueces serían designados por ese Poder del Estado, configurándose así lo que en el Derecho Administrativo se conoce como el sistema de justicia retenida, esto es, que la administración se juzga a sí misma;

CONSIDERANDO: Que mediante la Ley 2998, de fecha 8 de julio de 1951, las competencias en el ámbito contencioso administrativo le fueron asignadas a la Cámara de Cuentas, órgano constitucional de control financiero externo del Estado, cuyos miembros son designados por el Senado de la República de una terna que le presenta el Poder Ejecutivo;

CONSIDERANDO: Que en fecha 20 del mes de mayo del año 1954, mediante la Ley 3835, se estableció un vínculo de la jurisdicción contenciosa administrativa con el Poder Judicial, al disponerse que las decisiones del Tribunal Superior Administrativo podrán ser objeto de un recurso de casación por ante la Suprema Corte de Justicia;

CONSIDERANDO: Que uno de los ejes fundamentales del "Programa de Reforma Institucional y Modernización del Congreso Nacional y la Cámara de Cuentas de la República Dominicana", en lo atinente al órgano de control financiero externo del Estado, lo constituye el relativo a la separación de la función de control, de la contencioso-administrativa, por lo que la Ley 10-04, de fecha 20 de enero de 2004, dispuso en el Artículo 58 que la "Cámara de Cuentas continuará desempeñando las funciones de Tribunal Superior Administrativo hasta que sea aprobada y entre en vigencia una nueva legislación que asigne estas funciones a otro organismo";

CONSIDERANDO: Que conforme a la Ley 10-04, la Cámara de Cuentas está facultada para dictar actos administrativos en materia de responsabilidad de funcionarios públicos cuando éstos incurran en actuaciones u omisiones que causen un perjuicio económico a una entidad pública, los que son impugnables ante el Tribunal Superior Administrativo, cuya competencias ejerce en la actualidad la propia Cámara de Cuentas, con lo que se afecta el principio de imparcialidad y de protección judicial efectiva;

CONSIDERANDO: Que la Ley Monetaria y Financiera No. 183-02, crea un Tribunal Contencioso Administrativo de lo Monetario y Financiero el que por razones de economía no ha sido puesto en funcionamiento por la Suprema Corte de Justicia, constituyendo actualmente, los actos susceptibles de ser impugnados ante esa jurisdicción especializada, zonas exentas del control jurisdiccional en detrimento del Estado de Derecho;

CONSIDERANDO: Que la ubicación de la sede del Tribunal Contencioso Tributario en la ciudad de Santo Domingo es una limitante para el acceso a la justicia en las controversias contenciosa administrativa en el ámbito municipal;

CONSIDERANDO: Que una de las carencias fundamentales de que adolece el sistema de control contencioso administrativo y contencioso tributario lo constituye la inexistencia de un procedimiento para la adopción de las medidas cautelares que sirvan de contrapeso al privilegio de autotutela declarativa y ejecutiva con que se encuentra investida la administración pública;

CONSIDERANDO: Que en la actualidad el Comisionado para la Reforma y Modernización de la Justicia conjuntamente con el Programa PARME de la Unión Europea, está auspiciando un anteproyecto de ley sobre la actividad de la administración y su control por los tribunales, que contempla una "vacatio legis" para su entrada en vigencia no menor de un año, a los fines de preparar los recursos humanos y materiales para su implementación, ya que conlleva un cambio absoluto del modelo de control contencioso administrativo de tipo objetivo, hacia un control subjetivo que garantice de manera efectiva los derechos de los administrados, introduciendo asimismo el doble grado de jurisdicción en el ámbito de la jurisdicción contenciosa administrativa;

CONSIDERANDO: Que se hace necesario el voto y promulgación de una Ley de transición que ponga en marcha el inaplazable proceso hacia el establecimiento de un sistema de control jurisdiccional de la actividad administrativa, adelantando algunos aspectos de la reforma, como lo constituyen la posibilidad de la adopción de medidas cautelares en el curso del proceso contencioso administrativo, la ampliación de la competencia y del plazo para acudir a la jurisdicción contenciosa administrativa y tributaria, el carácter optativo de los recursos administrativos, así como el sistema de representación por ante esa jurisdicción de los órganos y entidades que conforman la administración pública;

HA DADO LA SIGUIENTE LEY:

Artículo 1.- Traspaso de Competencias. Se dispone que en lo sucesivo las competencias del Tribunal Superior Administrativo atribuidas en la Ley No. 1494, de 1947, y en otras leyes, así como las del Tribunal Contencioso Administrativo de lo Monetario y Financiero, sean ejercidas por el Tribunal Contencioso Tributario instituido en la Ley 11-92, de 1992, el que a partir de la entrada en vigencia de la presente ley se denominará Tribunal Contencioso Tributario y Administrativo.

Párrafo: Extensión de Competencias.- El Tribunal Contencioso Tributario y

Administrativo tendrá competencia además para conocer: (a) de la responsabilidad patrimonial del Estado, de sus organismos autónomos, del Distrito Nacional, de los municipios que conforman la provincia de Santo Domingo, así como de sus funcionarios, por su inobservancia o incumplimiento de las decisiones emanadas de autoridad judicial competente, que diriman controversias relativas a actos inherentes a sus funciones ; (b) los actos y disposiciones de las corporaciones profesionales adoptados en el ejercicio de potestades públicas; (c) los procedimientos relativos a la expropiación forzosa por causa de utilidad pública o interés social; y (d) los casos de vía de hecho administrativa, excepto en materia de libertad individual.

Artículo 2.- Creación de Salas. La Suprema Corte de Justicia, en atención al número de asuntos, podrá dividir el Tribunal Contencioso Tributario y Administrativo en Salas integradas por no menos de tres (3) magistrados, entre los cuales habrá un Presidente.

Artículo 3.- Contencioso Administrativo Municipal. El Juzgado de Primera Instancia en sus atribuciones civiles, con la excepción de los del Distrito Nacional y la Provincia de Santo Domingo, serán competentes para conocer, en instancia única, y conforme al procedimiento contencioso tributario, de las controversias de naturaleza contenciosa administrativa que surjan entre las personas y los Municipios, entre las que se incluyen las demandas en responsabilidad patrimonial contra el Municipio y sus funcionarios por actos inherentes a sus funciones, con la sola excepción de las originadas con la conducción de vehículos de motor, así como los casos de vía de hecho administrativa incurrido por el Municipio. Al estatuir sobre estos casos los Juzgados de Primera Instancia aplicarán los principios y normas del Derecho Administrativo y sólo recurrirán de manera excepcional, en ausencia de éstos, a los preceptos adecuados de la legislación civil.

Artículo 4.- Agotamiento facultativo vía Administrativa. (Ver art. 3 de la Ley 173-07, sobre

Eficiencia Recaudatoria, de fecha 17 de junio de 2007. Cuyo texto se copia al final de este artículo) El agotamiento de la vía administrativa será facultativo para la interposición de los recursos, contencioso administrativo y contencioso tributario, contra los actos administrativos dictados por los órganos y entidades de la administración pública, excepto en materia de servicio civil y carrera administrativa.

Párrafo I.- Si se acude directamente a la vía jurisdiccional, sin haber agotado la vía administrativa, el superior jerárquico del órgano o entidad competente, podrá confirmar, modificar, anular, revocar, o cesar la conducta administrativa impugnada, en beneficio del administrado, dentro de los quince (15) primeros días de la notificación de la instancia contentiva del recurso, sin suspensión de los procedimientos.

Párrafo II.- Si dentro del plazo señalado en el párrafo anterior, el órgano o entidad de la Administración Pública modifica, anula, revoca, cesa, enmienda o corrige la conducta administrativa adoptada, en beneficio del administrado, se tendrá por terminado el proceso.

Párrafo III.- Los servidores públicos sujetos a las disposiciones de la Ley No. 14-91, de Servicio Civil y Carrera Administrativa, de fecha 20 de mayo de 1991, tendrán un plazo de diez (10) días para interponer el Recurso de Reconsideración por ante las autoridades que hayan dispuesto los actos que afecten sus derechos. Cuando antes del vencimiento de este plazo, dichos servidores públicos sometan sus casos a la consideración de la Comisión de Personal creada en el artículo 9 de la indicada Ley 14-91, en sus atribuciones de instancia de conciliación, dicho plazo se interrumpirá e iniciará nuevamente a partir del momento en que la Comisión de Personal haya comunicado al servidor público que promueve la acción, el Acta de Acuerdo o No Acuerdo.

Artículo 3.- A partir de la entrada en vigencia de la presente ley, todo contribuyente, responsable, agente de retención, agente de percepción, agente de información, fuere persona natural o jurídica, investida de un interés legítimo, podrá imponer el Recurso Contencioso Tributario ante el Tribunal Contencioso Tributario Administrativo, en los casos, plazos y formas que establece la Ley 11-92, de fecha 16 de mayo de 1992 (Código Tributario de la República Dominicana), contra las resoluciones de la Administración Tributaria, los actos administrativos violatorios de la Ley Tributaria, y de todo fallo o decisión relativa a la aplicación de los tributos nacionales y municipales administrados por cualquier ente de derecho público, o que en esencia tenga este carácter, que reúna los siguientes requisitos:

a)   Que se trate de actos contra los cuales se haya agotado toda reclamación de reconsideración dentro de la administración o de los órganos administradores de impuestos, el cual deberá ser conocido en un plazo no mayor de 90 (noventa) días, a partir del cual quedará abierto el recurso en el Tribunal Contencioso Tributario.

b)   Que emanen de la administración o de los órganos administradores de impuestos, en el ejercicio de aquellas de sus facultades que estén reguladas por las leyes, reglamentos o decretos.

c)   Que constituyan un ejercicio excesivo desviado de su propósito legítimo, de facultades discrecionales conferidas por las leyes tributarias, los reglamentos, normas generales, resoluciones y cualquier tipo de norma de carácter general aplicable, emanada de la administración tributaria en general, que le cause un perjuicio directo.

Artículo 5.- Plazo para recurrir. El plazo para recurrir por ante el Tribunal Contencioso Tributario y Administrativo, será de treinta (30) días a contar del día en que el recurrente reciba la notificación del acto recurrido, o del día de publicación oficial del acto recurrido por la autoridad de que haya emanado o del día de expiración de los plazos fijados si se tratare de un recurso por retardación o silencio de la Administración. Si el recurso contencioso-administrativo se dirigiera contra una actuación en vía de hecho, el plazo para interponer el recurso será de diez (10) días a contar del día en que se inició la actuación administrativa en vía de hecho. En los casos de responsabilidad patrimonial del Estado, los Municipios, los organismos autónomos y sus funcionarios el plazo para recurrir ante el Tribunal Contencioso Tributario y Administrativo será de un año a partir del hecho o acto que motive la indemnización.

Artículo 6.- Representación de las entidades públicas. El Distrito Nacional y los Municipios que conforman la Provincia Santo Domingo serán asistidos representados en los asuntos que cursen ante el Tribunal Contencioso Tributario y Administrativo por los Abogados que tengan a bien designar. La Administración Central del Estado y los organismos autónomos instituidos por leyes estarán representados permanentemente por el Procurador General Tributario, el que a partir de la entrada en vigencia de esta ley se denominará Procurador General Tributario y Administrativo. No obstante, los órganos y entidades públicas podrán designar abogados para que los representen, lo que deberá ser comunicado por escrito al Procurador General Tributario y Administrativo por el titular del órgano o entidad administrativa, dentro de los cinco (5) días siguientes a la comunicación de la instancia de apoderamiento, a los fines de que se abstenga de producir en su representación el escrito de defensa.

Párrafo I.- Comunicación de instancia de apoderamiento.- Cuando el Tribunal Contencioso Tributario y Administrativo, o el Juzgado de Primera Instancia reciban un recurso contencioso administrativo en el ámbito de sus respectivas competencias el Presidente del Tribunal dictará un auto ordenando que la instancia sea notificada al Síndico Municipal, al representante legal o máximo ejecutivo de la entidad u órgano administrativo, y al Procurador General Tributario y Administrativo, según sea el caso, a los fines de que produzca su defensa, tanto sobre los aspectos de forma como de fondo, en un plazo que no excederá de treinta (30) días a partir de la comunicación de la instancia. El tribunal Contencioso Tributario y Administrativo a solicitud de la parte demandada podrá autorizar prórrogas de dicho plazo, atendiendo a la complejidad del caso, pero sin que dichas prórrogas sobrepasen en total los sesenta (60) días.

Párrafo II.- Si el responsable de producir la defensa no lo hace en los plazos previstos en El párrafo I precedente, ni solicita al Tribunal Contencioso Tributario y Administrativo ninguna medida preparatoria del proceso, el Presidente del Tribunal lo pondrá en mora de presentar dicha defensa en un plazo que le otorgará a tales fines y que no excederá de cinco (5) días. Una vez vencidos los plazos para presentar la defensa, sin que la misma haya sido presentada o que habiéndose presentado, las partes hayan puntualizado sus conclusiones y expuestos sus medios de defensa, el asunto controvertido quedará en estado de fallo y bajo la jurisdicción del Tribunal.

Artículo 7.- Medidas Cautelares. El recurrente podrá solicitar, en cualquier momento del proceso, por ante el Presidente del Tribunal Contencioso Tributario y Administrativo, la adopción de cuantas medidas cautelares sean necesarias para asegurar la efectividad de una eventual sentencia que acoja el recurso contencioso administrativo o contencioso tributario. Esta petición se someterá mediante instancia separada del recurso principal. Una vez recibida, el Presidente del Tribunal, o el de una de sus Salas que designe mediante auto, convocará a las partes a una audiencia pública que celebrará dentro de los cinco (5) días siguientes, a los fines de escuchar sus argumentos y conclusiones, debiendo fallar el asunto en un plazo no mayor de cinco (5) días.

Párrafo I. Requisitos para la adopción de Medidas Cautelares. El Presidente del Tribunal Contencioso Tributario y Administrativo, o el de una de sus Salas, adoptará la medida cautelar idónea siempre que: (a) Pudieran producirse situaciones que impidieren o dificultaren la efectividad de la tutela que pudiera otorgarse en la sentencia; (b) De las alegaciones y documentos aportados por el solicitante, sin prejuzgar el fondo del asunto, parezca fundada la pretensión; y (c) No perturbare gravemente el interés público o de terceros que sean parte en el proceso. Si de la medida cautelar pudieran derivarse perjuicios podrá exigirse la constitución de una garantía o acordarse las medidas que sean adecuadas para evitar o paliar dichos perjuicios. En este caso la medida cautelar adoptada no se llevará a efecto hasta que se acredite el cumplimiento de la garantía.

Párrafo II. Modificación o levantamiento de las Medidas Cautelares. El Presidente del Tribunal Contencioso Tributario y Administrativo, o el de una de sus Salas, podrá acordar la modificación o el levantamiento de las medidas cautelares, siempre que: (a) Se acrediten circunstancias que no pudieron tenerse en cuenta al concederse; (b) Si cambiaran las circunstancias en virtud de las cuales se hubiesen adoptado; (c) Si, dándose alguno de los supuestos descritos en los apartados anteriores de este párrafo, el Estado o la entidad pública demandada acredita que la medida cautelar adoptada lesiona gravemente el interés público.

Párrafo III. En todo lo relativo a los actos emanados de la Administración Tributaria, integrada por la Dirección General de Aduanas y la Dirección General de Impuestos Internos, así como de la Administración Monetaria y Financiera, las medidas cautelares se regirán de conformidad con las disposiciones establecidas en la Ley 11-92, de fecha 16 de mayo de 1992 y sus modificaciones (Código Tributario de la República Dominicana), la Ley No. 3489 de fecha 14 de octubre de 1953 y sus modificaciones, y la Ley

Monetaria y Financiera No. 183-02, de fecha 21 de noviembre del 2002, y las demás leyes que rigen dichas materias, según apliquen.

Párrafo IV. Medidas cautelares anticipadas. Las medidas cautelares podrán ser solicitadas al Presidente del Tribunal Contencioso Tributario y Administrativo, antes de iniciarse el proceso contencioso administrativo. En caso de que la medida cautelar sea concedida, el recurso contencioso administrativo o contencioso tributario deberá presentarse en el plazo previsto en esta ley; de lo contrario, se ordenará su levantamiento y se condenará a la parte solicitante al pago de las costas. En caso de que el administrado haya interpuesto recurso en vía administrativa el plazo para interponer el recurso contencioso administrativo o contencioso tributario, a los fines de este párrafo, se computa a partir del momento en que se haya agotado la vía administrativa.

Párrafo V. Medida cautelar ante el Juzgado de Primera Instancia. En los casos previstos en el artículo 3 de esta Ley, la adopción de medidas cautelares previstas en los párrafos anteriores, así como su modificación o levantamiento serán solicitadas al Juez de los Referimientos.

Párrafo VI. Carácter suspensivo actos sancionadores. La solicitud de adopción de una medida cautelar en relación a un acto administrativo sancionador tendrá carácter suspensivo mientras se conoce y estatuye en relación a la petición.

Artículo 8.- Ausencia de efecto suspensivo. La demanda en suspensión interpuesta en ocasión de un Recurso de Casación por ante la Suprema Corte de Justicia contra las Sentencias que dicte el Tribunal Contencioso Tributario y Administrativo, o su Presidente o el de una de sus Salas, en materia de medidas cautelares, no tendrá efecto suspensivo.

Artículo 9.- Expedientes en curso. La Cámara de Cuentas remitirá en el más breve plazo y bajo inventario al Tribunal Contencioso Tributario y Administrativo, todos los expedientes que actualmente se encuentren en curso de instrucción o pendientes de fallo, a los fines de que continúen su curso por ante el Tribunal Contencioso Tributario y Administrativo.

Artículo 10.- Facultad reglamentaria. La Suprema Corte de Justicia queda facultada para dictar los reglamentos necesarios para viabilizar la aplicación de la presente Ley.

Artículo 11.- Derogación general. Quedan derogadas toda ley o parte de ley que sea contraria a la presente ley."

DADA en la Sala de Sesiones del Senado, Palacio del Congreso Nacional, en Santo Domingo de Guzmán, Distrito Nacional, capital de la República Dominicana, a los veinticinco (25) días del mes de octubre del año dos mil seis (2006); años 163 de la Independencia y 144 de la Restauración.

Reinaldo Pared Pérez,
Presidente

Amarilis Santana Cedano,   Juan Orlando Mercedes Sena,
Secretaria   Secretario Ad-Hoc.

DADA en la Sala de Sesiones de la Cámara de Diputados, Palacio del Congreso Nacional, en Santo Domingo de Guzmán, Distrito Nacional, capital de la República Dominicana, a los diecisiete (17) días del mes de enero del año dos mil siete (2007); años 163° de la Independencia y 144 ° de la Restauración.

Julio César Valentín Jiminián,
Presidente

María Cleofia Sánchez Lora,   Teodoro Ursino Reyes,
Secretaria   Secretario

LEONEL FERNANDEZ
Presidente de la República Dominicana

En ejercicio de las atribuciones que me confiere el Artículo 55 de la Constitución de la República.

PROMULGO la presente Ley y mando que sea publicada en la Gaceta Oficial, para su conocimiento y cumplimiento.

DADA en Santo Domingo de Guzmán, Distrito Nacional, capital de la República Dominicana, a los cinco (5) días del mes de febrero del año dos mil siete (2007); años 163 de la Independencia y 144 de la Restauración.

LEONEL FERNANDEZ

U R U G U A Y

DECRETO LEY 15524 DE 1984.
LEY ORGÁNICA DEL TRIBUNAL DE LO
CONTENCIOSO ADMINISTRATIVO*

Reformada por: Ley N° 16.002 de 25/11/1988;
Ley N° 16.049 de 22/06/1989; Ley N° 16.320 de 01/11/1992;
Ley N° 18.719 de 27/12/2010;

PARTE PRIMERA
ORDENAMIENTO ORGÁNICO

TITULO I
DE LA JURISDICCIÓN CONTENCIOSO ADMINISTRATIVA

CAPITULO I
ORGANIZACIÓN DEL TRIBUNAL DE LO
CONTENCIOSO ADMINISTRATIVO

Artículo 1. La Justicia Administrativa será ejercida por el Tribunal de lo Contencioso Administrativo y los Juzgados Letrados, de Primera Instancia en lo Contencioso Administrativo en la forma que esta ley establece.

Artículo 2. El Tribunal de lo Contencioso Administrativo tendrá su Sede en Montevideo.

Artículo 3. La Presidencia del Tribunal de lo Contencioso Administrativo se ejercerá por turno anual rotativo entre sus miembros, según el orden de antigüedad en el cargo. El turno comenzará con la apertura de los Tribunales.

En caso de vacancia, licencia, recusación o impedimento, la Presidencia será desempeñada provisoriamente por el Ministro de mayor antigüedad en el cargo.

Los Ministros precederán entre sí, en el mismo orden.

---

* Promulgación: 09/01/1984; Publicación: 30/01/1984. Registro Nacional de Leyes y Decretos: Tomo: 1, Semestre: 1, Año: 1984, Página: 41. En https://www.impo.com.uy/bases/decretos-ley/15524.

Artículo 4. El Tribunal de lo Contencioso Administrativo designará los cargos de Secretario y Prosecretario Letrado, requiriéndose al efecto cuatro votos conformes.

Para ser Secretario y Prosecretario Letrado se requieren las calidades establecidas en el artículo 81 de la ley 15.750, de 24 de junio de 1985.

Artículo 5. En los casos de vacancia, en los de impedimento, recusación, abstención o discordia, para el cumplimiento de su función jurisdiccional, el Tribunal de lo Contencioso Administrativo se integrará de oficio y por sorteo entre los miembros de los Tribunales de Apelaciones.

Todo integrante continuará conociendo en el asunto hasta que se dicte la sentencia que motivó la integración.

Artículo 6. No pueden ser simultáneamente miembros del Tribunal ni aún para el caso de integración, los cónyuges, los parientes consanguíneos o afines en línea recta, y los colaterales hasta el cuarto grado inclusive de consanguinidad o segundo de afinidad.

Artículo 7. Los cargos de miembros del Tribunal son incompatibles con toda otra función pública retribuida, salvo el ejercicio del profesorado en la Enseñanza Pública Superior, en materia jurídica, y con toda otra función pública honoraria permanente, excepto aquéllas especialmente conexas con la suya propia.

Artículo 8. A los miembros del Tribunal les está prohibido el ejercicio de la profesión de abogado o escribano y el de toda actividad comercial o industrial.

Cesa la prohibición de ejercer la abogacía, únicamente cuando se trate de asuntos personales de los Ministros o de sus cónyuges, y de sus descendientes o ascendientes, legítimos o naturales.

Artículo 9. Los Miembros del Tribunal se abstendrán:

1°) De expresar y aún insinuar su juicio respecto de los asuntos que por ley son llamados a fallar, fuera de las oportunidades en que la ley procesal lo admite.

2°) De dar oído a cualquier alegación que las partes o terceras personas a nombre o por influencia de ellas, intenten hacerles en forma distinta de la establecida en las leyes.

Artículo 10. El Tribunal de lo Contencioso Administrativo tendrá dos períodos de feria: uno, del 25 de diciembre al 31 de enero del año siguiente, y el otro, del 1° al 15 de julio de cada año.

Artículo 11. El Tribunal actuará durante las Ferias y en los días feriados previa habilitación y en asuntos en que exista urgencia. Esa habilitación podrá decretarse antes del feriado o dentro de él.

La calificación de la urgencia será hecha por el Tribunal, por su Presidente o por el Ministro de Feria, según sea el caso   Sólo se estimarán urgentes para este efecto, las actuaciones cuya dilación pueda causar evidente perjuicio grave a los interesados o a la buena Administración de Justicia.

Artículo 12. El Tribunal designará el Ministro que deba actuar durante la Feria, y éste fijará el horario en que debe funcionar la oficina a los efectos jurisdiccionales.

En los días feriados habilitados proveerá el Presidente, de la Corporación.

El escrito respectivo podrá presentarse en el domicilio de cualquiera de los Secretarios Letrados.

Artículo 13. El Tribunal de lo Contencioso Administrativo dictará su reglamento interno.

CAPITULO II
DE LOS JUZGADOS LETRADOS DE PRIMERA INSTANCIA EN LO CONTENCIOSO ADMINISTRATIVO

Artículo 14. Derogados por: Ley N° 15.881 de 26/08/1987 artículo 4.

Artículo 15. Los asuntos respecto de los cuales existan procedimientos especiales o extraordinarios legalmente previstos, se tramitarán según lo establecido en las normas respectivas.

El procedimiento, tanto en Primera como en Segunda Instancia, será el establecido para el juicio ordinario por el Código de Procedimiento Civil, Leyes 9.594, 13.355, 14.861 y sus concordantes, modificativas y complementarias.

CAPITULO III
DE LA PROCURADURÍA DEL ESTADO EN LO CONTENCIOSO ADMINISTRATIVO

Artículo 16. La Procuraduría del Estado en lo Contencioso Administrativo es un órgano técnico, independiente en el ejercicio de sus funciones que, bajo la jefatura del Procurador del Estado, tiene a su cargo el cometido de dictaminar según su convicción estableciendo las conclusiones que crea arregladas a derecho en todos los asuntos de la Jurisdicción del Tribunal e lo Contencioso Administrativo. Este podrá asimismo disponer para mejor proveer el dictamen del Procurador del Estado en lo Contencioso Administrativo.

Artículo 17. El Procurador del Estado en lo Contencioso Administrativo dispondrá de un término de noventa días corridos para dictaminar, contados desde el día siguiente al de la entrega del expediente en su Oficina. Dicho término se suspende en la forma prevista en los artículos 46, 85 y 87.

Vencido el plazo a que refiere el artículo anterior sin que haya habido dictamen escrito, se entenderá que el Procurador del Estado ha producido informe a favor del actor. Todo ello sin perjuicio de dar cuenta al Poder Ejecutivo.

Artículo 18. El Procurador del Estado en lo Contencioso Administrativo, para mejor dictaminar, podrá pedir las mismas informaciones y medidas complementarias que por esta ley puede ordenar el Tribunal de lo Contencioso-Administrativo.

Artículo 19. Habrá un Procurador del Estado Adjunto en lo Contencioso Administrativo.

Será un cargo de carrera; su titular permanecerá en el mismo mientras dure su buen comportamiento.

Rigen respecto a este cargo las mismas incompatibilidades y prohibiciones establecidas para el Procurador del Estado en lo Contencioso Administrativo.

Artículo 20. En los casos de vacancia, licencia, impedimento, excusación o recusación del Procurador del Estado en lo Contencioso Administrativo, las funciones que le competen serán ejercidas por el Procurador del Estado Adjunto.

Artículo 21. Los funcionarios de la Procuraduría del Estado en lo Contencioso Administrativo no podrán patrocinar ni tramitar asuntos ante los órganos de la Justicia Administrativa, salvo que se trate de casos personales del funcionario, de su cónyuge y de sus descendientes o ascendientes, legítimos o naturales.

TITULO II
NATURALEZA, EXTENSIÓN Y LIMITES DE LA JURISDICCIÓN DEL TRIBUNAL DE LO CONTENCIOSO ADMINISTRATIVO

CAPITULO I
JURISDICCIÓN DEL TRIBUNAL

Artículo 22. Al Tribunal de lo Contencioso Administrativo corresponde el ejercicio de las competencias que privativamente le atribuyen los artículos 22 y 25 de la Sección XV de la Constitución, en la redacción dada por el artículo 1 del Acto Institucional N° 12.

Artículo 23. En particular y sin que ello importe una enumeración taxativa, se considerarán objeto de la acción de nulidad:

a) Los actos administrativos unilaterales, convencionales o de toda otra naturaleza dictados con desviación, abuso o exceso de poder, o con violación de una regla de derecho, considerándose tal, todo principio de derecho o norma constitucional, legislativa, reglamentaria o contractual.

b) Los que sean separables de los contratos administrativos.

c) Los que se hayan dictado durante la vigencia de la relación estatutaria que vincula al órgano estatal con el funcionario público sujeto a su autoridad, relativos a cualquier clase de reclamo referente a la materia regulada por ella, así éstos sean de índole puramente económica.

Artículo 24. Los actos administrativos, a los efectos de la acción anulatoria, adquieren carácter de definitivos cuando a su respecto se ha agotado la vía administrativa con la resolución expresa o ficta recaída sobre él o los recursos que correspondan, conforme a lo regulado en el capítulo sobre el cumplimiento de aquel presupuesto.

Dichos actos constituyen la última expresión de voluntad del órgano del Estado, Ente Autónomo, Servicio Descentralizado o Administración Municipal, manifestada en función administrativa y deben producir efectos jurídicos, esto es, ser creadores de la situación jurídica lesiva que se resiste con la acción de nulidad.

A los mismos efectos se consideran comprendidos entre los actos administrativos definitivos procesables, aquellos que hacen imposible o suspenden en forma indefinida la tramitación, decidiendo así, directa o indirectamente, el fondo del asunto.

Artículo 25. Será admisible la demanda de nulidad de los actos generales que dictare la Administración, que hubiesen de ser cumplidos directamente o no por los administrados, cuando no fuesen conformes a derecho y lesionaren algún derecho o interés legítimo, personal y directo de los administrados.

También lo será la impugnación de los actos dictados en aplicación de los actos generales mencionados en el inciso anterior, fundada en la ilegitimidad de éstos, o de los primeros aún cuando se hubiere omitido recurrir y contender a propósito del acto de carácter general.

CAPITULO II
ACTOS NO PROCESABLES

Artículo 26. No podrán ser objeto de la acción anulatoria:

1) Los actos políticos y de Gobierno.

2) **Derogado/s por:** Ley N° 15.869 de 22/06/1987

3) **Derogado/s por:** Ley N° 15.869 de 22/06/1987

4) **Derogado/s por:** Ley N° 15.869 de 22/06/1987

En el caso del numeral 2, el interesado podrá promover la acción reparatoria patrimonial.

Otro tanto podrá hacer en el caso del numeral 4, siempre que obtenga previamente la declaración de inconstitucionalidad de la ley.

Artículo 27. Entre otros, tampoco se consideran comprendidos en la jurisdicción anulatoria los actos que:

1) Se emitan denegando los reclamos de cobro de pesos, indemnización de daños y perjuicios que tienen su causa en un hecho precedente de la Administración, del que se la responsabiliza.

2) Desestimen la devolución de las cantidades de dinero que reclaman los interesados por entender que han sido indebidamente pagadas.

3) Desestimen las peticiones de los interesados que tiendan al reconocimiento de compensaciones de adeudos, imputación de sus créditos a pagos futuros o reclamos similares.

4) Estén regulados por el derecho privado.

5) Emanen de los mandos de las Fuerzas Armadas, por medio de las cuales, se aplique cualquier tipo de sanción o pena a sus efectivos, en virtud de la comisión de falta disciplinaria o, en su caso, delitos militares así como la baja como consecuencia de los mismos.

CAPITULO III
COMPETENCIA DEL TRIBUNAL

Artículo 28. El Tribunal se limitará a apreciar el acto en sí mismo, confirmándolo o anulándolo, sin reformarlo.

Cuando el Tribunal de lo Contencioso Administrativo declare la nulidad del acto administrativo impugnado por causar lesión a un derecho subjetivo del demandante, la decisión tendrá efecto únicamente en el proceso en que se dicte.

Cuando la decisión declare la nulidad del acto en interés de la regla de derecho o de la buena administración, producirá efectos generales y absolutos.

Artículo 29. Declarada la anulación o reservada la acción de reparación, en su caso, se podrá promover el contencioso de reparación para la determinación de los daños causados inmediata y directamente por el acto impugnado.

Artículo 30. **Derogado/s por:** Ley N° 15.869 de 22/06/1987

PARTE SEGUNDA
ORDENAMIENTO PROCESAL
TITULO I
DEL PROCEDIMIENTO ADMINISTRATIVO Y DE LOS PRESUPUESTOS DE LA ACCIÓN ANULATORIA
CAPITULO I
DE LAS PETICIONES ADMINISTRATIVAS

Artículo 31. Derogado/s por: Ley N° 15.869 de 22/06/1987

CAPITULO II
DE LOS RECURSOS ADMINISTRATIVOS - AGOTAMIENTO DE LA VÍA ADMINISTRATIVA - CADUCIDAD DE LA ACCIÓN ANULATORIA

Artículo 32. Derogado/s por: Ley N° 15.869 de 22/06/1987 artículo 13.

Artículo 33. Derogado/s por: Ley N° 15.869 de 22/06/1987 artículo 13.

Artículo 34. Derogado/s por: Ley N° 15.869 de 22/06/1987 artículo 13.

Artículo 35. Las disposiciones precedentes rigen sin excepción alguna respecto de la impugnación de los actos administrativos dictados por cualquier órgano del Estado, Ente Autónomo, Servicio Descentralizado o Administración Municipal, salvo que su juzgamiento esté o fuere sometido a una jurisdicción especial.

Artículo 36. La reforma o revocación parcial no hará exigible una nueva impugnación en vía administrativa. No habrá reposición de reposición.

Tampoco será exigible otra impugnación administrativa al tercero, eventualmente agraviado en su derecho o interés directo, por la revocación parcial o la reforma del acto originario objeto de tal decisión expresa de los recursos.

Artículo 37. Llevarán firma del letrado los escritos en que se interpongan recursos administrativos y los que se presenten durante su tramitación.

TITULO II
DEL PROCEDIMIENTO JURISDICCIONAL EN MATERIA ANULATORIA
CAPITULO I
DISPOSICIONES GENERALES

Artículo 38. El Tribunal de lo Contencioso Administrativo no ejercerá de oficio su jurisdicción en materia anulatoria.

La acción de nulidad sólo podrá ser ejercida por el titular de un derecho o de un interés directo, personal y legítimo, violado o lesionado por el acto administrativo.

Artículo 39. El Tribunal de lo Contencioso Administrativo dispondrá de las facultades necesarias para asegurar el más rápido y correcto desarrollo del procedimiento.

Las diligencias que deban practicarse fuera del radio de la ciudad se ejecutarán por los órganos judiciales respectivos, cuya intervención recabará directamente el Tribunal de lo Contencioso Administrativo.

Artículo 40. El Tribunal podrá cometer a uno de sus miembros o a los Secretarios la práctica de las diligencias probatorias.

Artículo 41. El Ministro o el Secretario que reciba la prueba testimonial podrá formular a los testigos las preguntas que considere pertinentes.

Artículo 42. El Ministro o el Secretario receptor de la prueba vigilará el puntual cumplimiento de las diligencias dispuestas; en caso de demora excesiva, dará inmediata cuenta, al Tribunal, el que ordenará lo que estime conveniente al desarrollo normal del procedimiento.

Artículo 43. Para hacer ejecutar sus decretos o resoluciones, y para practicar o hacer practicar los actos que dicte, podrá el Tribunal requerir de las demás autoridades el concurso de la fuerza pública que de ellas dependa o de los otros medios conducentes de que dispongan.

La autoridad requerida en forma debe prestar su concurso sin que le corresponda calificar el fundamento con que se le pide, ni la justicia o legalidad del decreto o resolución que se trate de ejecutar.

Artículo 44. Las decisiones o decretos que el Tribunal expidiere en los asuntos de que conoce, no le imponen responsabilidad sino en los casos expresamente previstos por la Constitución y las leyes.

Artículo 45. Los expedientes podrán retirarse de la oficina bajo firma de letrado sin necesidad de mandato del Tribunal, para alegar de bien probado, interponer el recurso de revisión y evacuar el traslado del mismo.

Podrán igualmente ser retirados para su estudio por un plazo de hasta tres días hábiles, siempre que su entrega no obste al cumplimiento de una diligencia pendiente ni perturbe el desarrollo normal del proceso.

Artículo 46. Los plazos procesales que se cuentan por días sólo se suspenderán durante las ferias judiciales y la Semana de Turismo.

Cuando venzan en día inhábil quedarán prorrogados hasta el primer día hábil siguiente.

Exceptúanse los plazos cuya duración no exceda de quince días y los que se cuentan por horas, en los cuales solamente se computarán los días hábiles.

Los días son hábiles o inhábiles según funcione o no en ellos, la Oficina del Tribunal de lo Contencioso Administrativo. También serán considerados inhábiles todos los días en que por cualquier causa, no abra sus puertas durante todo el horario habitual la oficina en que deba realizarse la gestión.

Para el cómputo de los plazos procesales fijados en meses o en años se contarán los días hábiles y los inhábiles.

El día para la práctica de todas las diligencias judiciales se entiende el natural, desde la salida del sol hasta su ocaso.

En los días inhábiles y en los hábiles fuera del día natural, no podrá practicarse diligencia judicial alguna sin previa habilitación por causa justificada. En los días inhábiles podrán presentarse escritos durante el día natural cuando sean de carácter urgente. Para el caso de no estar especialmente determinado en otras disposiciones, el término de los traslados será de seis días y tres el de las vistas.

Artículo 47. Mediante acuerdo expreso de partes, podrá suspenderse la tramitación del proceso por un término que especificarán. Dicho término podrá prorrogarse a petición de ambas partes.

Artículo 48. Los términos procesales se contarán desde el día siguiente al de la notificación de la resolución respectiva.

CAPITULO II

LAS PARTES, CAPACIDAD, LEGITIMACIÓN,
REPRESENTACIÓN, TERCERÍAS

Artículo 49. Las personas físicas o jurídicas titulares de un derecho o de un interés directo, personal y legítimo violado o lesionado por el acto administrativo, estarán legitimadas para promover la acción anulatoria

Artículo 50. Podrán comparecer ante el Tribunal de lo Contencioso Administrativo, las personas que gozan de la capacidad requerida por las leyes para estar en juicio.

Sin embargo, los menores de edad que desempeñan o hayan desempeñado cargos públicos, podrán comparecer por sí mismo en defensa de los derechos inherentes a esos empleos.

Artículo 51. Las personas no comprendidas en el artículo, precedente comparecerán representadas, asistidas o autorizadas, según las leyes que regulen su capacidad.

Las personas jurídicas litigarán por medio de sus representantes, según las leyes, sus estatutos o sus contratos.

Artículo 52. Las partes comparecerán por sí o por medio de procurador y siempre asistidas de letrado.

Artículo 53. La autoridad demandada podrá hacerse representar o asesorar por quien crea conveniente.

Artículo 54. La acumulación de acciones y de autos se regirán por las disposiciones correspondientes del Código de Procedimiento Civil y leyes concordantes, complementarias y modificativas.

La litis consorcio activa y pasiva se regirá, en lo pertinente, por las mismas disposiciones y en especial por las contenidas en los numerales 2 y 5 del artículo 771 del Código de Procedimiento Civil.

Artículo 55. Podrá intervenir en el proceso, como parte coadyuvante del demandado, cualquier persona comprendida en el artículo 49 que tuviere algún derecho o interés directo, personal y legítimo en el mantenimiento del acto que lo motivare.

La tercería será admitida con citación personal de las partes. Si se dedujere oposición, se seguirá el procedimiento de los incidentes.

Artículo 56. Los terceros mencionados en el artículo anterior podrán intervenir en cualquier momento del proceso hasta la citación para sentencia; pero no podrán hacer retroceder, modificar o suspender su curso ni alegar o probar lo que estuviere prohibido al principal, por ser pasado el término o por cualquier otro motivo.

Artículo 57. Cuando actuara como coadyuvante más de una persona y sus posiciones no fueren contradictorias, el Tribunal podrá exigir que designen procurador común en el plazo que al efecto señale. Si en el mismo, los requeridos no se pusieran de acuerdo, el Tribunal, podrá hacer la designación correspondiente.

CAPITULO III
EL DESARROLLO DEL PROCEDIMIENTO ANULATORIO

Artículo 58. El procedimiento será escrito y se observarán las normas previstas por el Código de Procedimiento Civil para el juicio ordinario.

Artículo 59. La demanda deberá contener:

1) El nombre y domicilio del actor.

2) El nombre de la persona jurídica demandada y la individualización precisa del órgano que expidió el acto lesivo. El Tribunal, en cada caso, determinará el domicilio donde deberá efectuarse la notificación.

3) La determinación del acto cuya anulación se solicita.

4) El detalle de los extremos configurativos del agotamiento de la vía administrativa y comparecencia en plazo, expuestos con toda precisión.

5) Los hechos y actos en que se funda el pedido de anulación expuestos con claridad y precisión.

6) Los fundamentos de derecho establecidos de la misma manera, individualizando la norma o normas que se consideren vulneradas o los extremos que se estimen configurativos de desviación, abuso o exceso de poder

7) La petición expresada con total claridad.

Artículo 60. Aún cuando el promotor aluda al acto confirmatorio con el que hubiera concluido la vía administrativa, la demanda se entenderá siempre dirigida contra el acto originario creador de la situación de perjuicio que se invoca en el reclamo anulatorio. Si ha mediado revocación parcial o reforma, se entenderá como objeto del juicio el acto administrativo tal como quedara a raíz de la modificación aludida.

Cuando los actos administrativos de un órgano requieran para su formulación o eficacia la iniciativa, el consentimiento, la anuencia, la autorización, la aprobación o la colaboración de otro, se considerarán, a os efectos de su impugnación, como dictados exclusivamente por el órgano mencionado en primer término.

Artículo 61. Con la demanda se acompañarán:

1) El o los documentos que acrediten la representación del compareciente cuando no sea el mismo interesado.

2) El o los documentos en que se funda el derecho. Si no los tuviere a su disposición, los mencionará con la individualización posible expresando lo que de ellos resulte, y designando el archivo, oficina pública o lugar donde se encuentren los originales.

Después de interpuesta la demanda, no se admitirán al actor otros de esa naturaleza que los de fecha posterior o anterior con sujeción al artículo 374 del Código de Procedimiento Civil y sin perjuicio de la facultad conferida al Tribunal por el artículo 73 de esta ley.

3) La copia o notificación del acto impugnado o la individualización del "Diario Oficial" en que se haya publicado. De no ser posible, la indicación del expediente en el que haya recaído al acto administrativo que es objeto del juicio.

Artículo 62. Cuando la demanda, a juicio del Tribunal, no reúna las exigencias precedentes - requisitos para la validez de la comparecencia - señalará un plazo de treinta días para que el accionante subsane el o los defectos que le indicará, mediante providencia que se notificará personalmente.

La caducidad no se operará durante dicho plazo de treinta días. Si en el plazo acordado, el actor no cumpliera con lo requerido, el Tribunal podrá ordenar el archivo de las actuaciones, teniéndose por no interpuesta la demanda.

Si el accionante alegara impedimentos atendibles a juicio del Tribunal, éste podrá dar trámite a la demanda.

Artículo 63. Interpuesta la demanda en forma, se dará traslado de la misma al demandado, con plazo de veinte días, quien dentro del mismo término deberá remitir los antecedentes administrativos.

Si la parte demandada solicitase antes de que se le haya acusado rebeldía que se le aumente el término para contestar, se le concederá la mitad del señalado.

Artículo 64. Sin perjuicio de la inclusión de todos lo documentos y actuaciones que se relacionen con el acto impugnado, los antecedentes administrativos deberán comprender el texto del referido acto, todos los elementos (dictámenes, informes, actuaciones sumariales, etc.) que hayan precedido a su formulación así como también la constancia de su notificación, los recursos administrativos interpuestos y la totalidad de las actuaciones cumplidas con posterioridad.

Artículo 65. La omisión de la parte demandada en enviar los informes, antecedentes o expedientes administrativos, no impedirá la prosecución del proceso. En tales casos, al dictar sentencia, el Tribunal podrá considerar como ciertas las afirmaciones del actor, salvo que resulten contradichas por otros elementos de juicio o se trate de una cuestión que esté comprendida en los casos en que la ley determine la existencia de secreto administrativo.

Artículo 66. Sólo son admisibles como excepciones dilatorias:

1)   La falta de jurisdicción.

2)   La falta de capacidad legal en el actor, o la de personería del representante o procurador.

3)   Defecto legal en el modo de preparar la demanda.

4)   Prestación de caución en los casos previstos por la ley.

Dentro del mismo plazo concedido para las dilatorias, son también admisibles las de:

a)   Cosa juzgada.

b)   Falta de agotamiento de la vía administrativa.

c)   Caducidad

Artículo 67. Si se opusieran excepciones dilatorias y entre ellas no se encontraren las de falta de jurisdicción, de agotamiento de la vía administrativa ni la de caducidad, el Tribunal igual se pronunciará de oficio sobre tales presupuestos del ejercicio de la acción de nulidad, si del examen de los antecedentes administrativos resultare de modo inequívoco y manifiesto su carencia o incumplimiento.

Artículo 68. Si la parte demandada quiere oponer alguna o algunas de las excepciones mencionadas en los artículos precedentes, deberá hacerlo dentro del término de nueve días perentorios

Artículo 69. Del escrito en que se opongan excepciones dilatorias se dará traslado con calidad de autos, al actor, quien deberá evacuarlo dentro del término de seis días.

Artículo 70. Si en vista de la contestación del actor, el Tribunal lo estimare necesario, abrirá el incidente a prueba por el término de treinta días.

Artículo 71 Vencido que sea el término, el Secretario agregará las pruebas que se hubiesen producido y se oirá sobre ellas al demandado y al actor con término de seis días a cada uno. Presentados los respectivos escritos de las partes o acusada rebeldía y previa vista al Procurador del Estado, quedará concluso el incidente para sentencia interlocutoria y se ordenará que los autos pasen a estudio de los Ministros por su orden.

Sin embargo, el Tribunal, por voto unánime, podrá a los efectos de dictar sentencia interlocutoria, ver los autos en el Acuerdo.

Este procedimiento se observará, asimismo, para el trámite de los incidentes.

Artículo 72. Opuesta alguna o algunas de las excepciones enumeradas en el artículo 66, el Tribunal, también por voto unánime, podrá sin otro trámite dictar la resolución que corresponda cuando a su juicio su sustanciación pudiera causar una inútil demora en el desenvolvimiento del proceso.

Artículo 73. Si la parte demandada no opone las excepciones referidas en el artículo 66, evacuado el traslado de la demanda o acusada rebeldía, el Tribunal procederá en la forma prevista en el artículo 67, cuando correspondiere.

En caso contrario, si las partes hubiesen ofrecido prueba o el Tribunal lo considerase necesario por entender que los hechos expuestos son de indudable trascendencia para la resolución del pleito, o no haber acuerdo de las partes sobre los mismos, se abrirá la causa a prueba por el término de sesenta días.

El Tribunal podrá ordenar las diligencias probatorias y solicitar los informes que considere conducentes.

Artículo 74. El Tribunal podrá rechazar "in limine" aquellos medios de prueba prohibidos por la ley, o notoriamente dilatorios o propuestos con el objeto de entorpecer la marcha regular del juicio o que resulten no ser pertinentes a la materia litigiosa.

La no admisión de un medio de prueba en oportunidad de su proposición no obsta a que luego sea ordenada por el Tribunal para mejor proveer o a pedido del Procurador del Estado para mejor dictaminar o a pedido de un Ministro para mejor estudio.

Artículo 75. Los abogados podrán concurrir a las diligencias de prueba sin la presencia de los litigantes cuando éstos los autoricen a ello en alguno de los escritos presentados en el juicio.

Artículo 76. En las declaraciones de testigos las respuestas se asentarán a continuación de las preguntas. A ese efecto, las preguntas se transcribirán de los interrogatorios formulados.

Artículo 77. Sólo podrán dar testimonio por certificación o informe el Presidente de la República, los Ministros y Subsecretarios del Poder Ejecutivo, los Oficiales Generales y Oficiales Superiores del Ejército, de la Armada, y de la Fuerza Aérea en actividad o en situación de retiro, los Legisladores Nacionales, los Ministros de la Suprema Corte de Justicia los del Tribunal de lo Contencioso Administrativo, los del Tribunal de Cuentas, los de la Corte Electoral, los de los Tribunales de Apelaciones de la Administración de Justicia, los Jueces y Fiscales Letrados y los Embajadores y Diplomáticos acreditados en el país que gocen de inmunidad de acuerdo con el Derecho Internacional.

Artículo 78. Los representantes de las personas jurídicas de derecho público y los apoderados que comparezcan en juicio por las mismas, no pueden ser citados a absolver posiciones.

Sin embargo, el Tribunal podrá, de oficio o a petición de parte, requerir de aquéllas informes escritos sobre hechos cumplidos por las personas físicas que las integran o representan, concernientes a la materia en cuestión y la exhibición y entrega de cosas o documentos en su poder, cuando su conocimiento se estime necesario a los fines del proceso.

Artículo 79. Vencido el término de prueba, la Secretaría la agregará a los autos con el certificado respectivo y el Tribunal mandará alegar de bien probado por su orden con plazo de quince días improrrogables.

El cómputo se suspenderá por el término que los autos no estén en condiciones de ser entregados, circunstancia que deberá hacerse constar por la Oficina con expresión de causa.

Artículo 80. Presentados los alegatos, o acusada rebeldía y oído el Procurador del Estado, quedará conclusa la causa y se dispondrá el pase a estudio de los señores Ministros, citándose a las partes para sentencia.

Sin embargo, el Tribunal, conclusa la causa, podrá por el voto unánime a los efectos de dictar sentencia, ver los autos directamente en el Acuerdo.

Artículo 81. Después del decreto de conclusión de la causa, quedará cerrada toda discusión; no podrán admitirse alegatos escritos ni verbales, ni producirse más prueba ni aún por medio de posiciones, salvo las que el Tribunal creyere oportunas para mejor proveer, o solicitare un Ministro para mejor estudio.

La prohibición no alcanza al desistimiento de la acción ni al pedido de clausura que se presente por haber sido revocado el acto en sede administrativa por razones de legalidad.

CAPITULO IV
LA SENTENCIA EN EL PROCEDIMIENTO DE ANULACIÓN

Artículo 82. Los miembros del Tribunal de lo Contencioso Administrativo dispondrán para estudiar el asunto, de un plazo de cuarenta y cinco días, que empezará a correr desde el día siguiente al de la fecha en que fueron pasados los autos a ese efecto, según nota de Secretaría.

Si entre la fecha de devolución de los autos por un Ministro y la nota de Secretaría pasando el expediente a estudio del que le sigue, mediaren más de diez días, dicho plazo empezará a correr, no desde la fecha de la nota de Secretaría, sino desde la devolución.

De igual modo, si entre la fecha de la última actuación y la nota de la Secretaría pasando los autos a estudio de un Ministro mediaren más de treinta días, el plazo indicado, empezará a correr desde la última actuación y no desde la nota de la Secretaría.

Tratándose de sentencias interlocutorias el término para estudio será de veinte días.

Artículo 83. (Prórroga del plazo). Los miembros del Tribunal de lo Contencioso Administrativo podrán solicitar al Cuerpo ampliación del término para estudio, el que podrá concederlo por única vez si encuentra motivo fundado, en resolución que dictarán los otros Ministros, dejándose la debida constancia en los autos.

(Multas). El Ministro que dejare vencer los plazos para el dictado de sentencia será sancionado con multa. En caso que registre el vencimiento de más de dos casos en el mes, será sancionado con la pérdida del 10% (diez por ciento) del sueldo. Si al cabo del año registra más de seis casos de vencimiento del término, será sancionado, además, con el descuento del 20% (veinte por ciento) del sueldo al mes siguiente del año calendario o del año en que ha permanecido en el cargo.

El Tribunal de lo Contencioso Administrativo reglamentará el control efectivo del cumplimiento de esos deberes y el de la aplicación de las sanciones.

Artículo 84. Devuelto el expediente por el Ministro a quien haya correspondido estudiarlo en último término o resuelto ver los autos en el Acuerdo la sentencia deberá ser dictada dentro de los veinte días siguientes.

Artículo 85. Las diligencias para mejor proveer, las decretadas a solicitud del Procurador del Estado para mejor dictaminar o a pedido de un Ministro para mejor estudio, así como las demás indispensables que correspondieren, suspenderán los términos respectivos pero cumplidas que sean, se computará el tiempo transcurrido hasta que se dispuso la diligencia.

Sólo una vez podrá suspenderse el término respectivo por tal motivo, para el Procurador del Estado, el Ministro respectivo o el Tribunal en su caso.

Artículo 86. Al integrante que, por cualquier causa, entre a conocer de un asunto en sustitución de otro no se le computará el término transcurrido durante la actuación del sustituido.

Artículo 87. Las licencias de los Ministros suspenderán los términos respectivos, pero reintegrados a sus funciones, se les computará el tiempo transcurrido hasta la fecha en que comenzó la licencia.

Artículo 88. Las sentencias dictadas con intervención de uno o más miembros impedidos son absolutamente nulas.

Artículo 89. El Tribunal podrá funcionar con tres miembros, pero deberán concurrir los cinco para dictar sentencia definitiva.

Para pronunciar la nulidad del acto impugnado por lesión de un derecho subjetivo y resolver las contiendas de competencia y las diferencias mencionadas en los artículos 101 y 102 bastará la simple mayoría.

En los demás casos, para pronunciar la nulidad del acto, se requerirán cuatro votos conformes. Sin embargo, el Tribunal reservará a la parte demandante la acción de reparación, si tres votos conformes declaran suficientemente justificada la causal de nulidad invocada.

Tratándose de interlocutorias, el incidente será estudiado y resuelto por tres de los miembros del Tribunal, requiriéndose la unanimidad de votos para pronunciar sentencia.

Los decretos de sustanciación podrán ser dictados por los miembros del Tribunal.

Artículo 90. Las mayorías se determinarán por los votos, aunque no haya acuerdo sobre los fundamentos.

Cuando en una misma sentencia deban resolverse distintas cuestiones y se suscitaren discordias parciales, se considerará alcanzado el número de votos para dictarla si sobre cada una de ellas se obtienen los votos necesarios establecidos en el artículo precedente.

Artículo 91. Las providencias de trámite serán rubricadas por dos Ministros y las sentencias definitivas o interlocutorias serán suscritas con media firma por todos los que contribuyan a dictarla, aún por los discordes, pudiendo estos últimos dejar constancia de sus votos bajo su firma, en el libro respectivo o a continuación del fallo.

También podrán dejar igual constancia los miembros que concurran a dictar sentencia por fundamentos distintos a los consignados en ella.

Artículo 92. El Tribunal designará al Ministro que debe redactar la sentencia, lo que se hará constar en el expediente por Secretaría.

Artículo 93. Las sentencias definitivas o interlocutorias con fuerza de definitivas, se comunicarán además e inmediatamente, con copia de las mismas, a la autoridad que haya intervenido en el asunto.

CAPITULO V
OTROS MODOS DE TERMINACIÓN DEL PROCESO

Artículo 94. El actor podrá desistir del proceso antes de recaer sentencia.

Si los demandantes fuesen varios, el juicio continuará respecto de aquellos que no hubiesen desistido.

Artículo 95. Si antes de pronunciada la sentencia la Administración revocara el acto por razones de legalidad, comprobado el hecho fehacientemente, se dispondrá la clausura y archivo de los procedimientos a petición de cualquiera de las partes y aún de oficio si el Tribunal tuviera conocimiento auténtico de la referida situación.

Artículo 96. La perención de la instancia se verificará cuando transcurran seis meses sin que se haya hecho ningún acto del procedimiento, sin perjuicio de lo dispuesto por el artículo 47. La perención podrá declararse de oficio o a petición de parte.

CAPITULO VI
DE LOS RECURSOS

Artículo 97. Contra los actos dictados durante el trámite de la acción anulatoria habrá recurso de reposición, salvo que la ley declare el acto irrecurrible.

Artículo 98. Notificada a las partes la sentencia definitiva, cualquiera de ellas podrá solicitar, dentro del término de tres días, la explicación de algún concepto oscuro o palabra dudosa que contenga. El Tribunal, sin más trámite se expedirá dentro del término de quince días.

También se podrá, a igual pedimento, dentro de los mismos términos, ampliar el fallo pronunciándose el Tribunal sobre algún punto esencial del pleito que se hubiese omitido en la sentencia.

Artículo 99. Contra las sentencias definitivas o interlocutorias con fuerza de definitivas habrá el recurso de revisión que sólo podrá interponerse cuando se presenten nuevos elementos de juicio que, por su naturaleza, puedan determinar la modificación de la sentencia y de los cuales no hubiese podido hacer uso el recurrente durante el proceso.

Este último extremo será probado, si correspondiere, en forma breve y sumaria.

El Tribunal podrá rechazar de plano el recurso interpuesto cuando a su juicio resultare manifiesta su improcedencia.

Artículo 100. El recurso deberá interponerse dentro de los veinte días perentorios contados desde el siguiente al de la notificación de la sentencia.

Del recurso interpuesto se dará traslado a la contraparte por el término de veinte días perentorios contados desde el siguiente al de la notificación del auto que lo confiere.

Evacuado que fuere el traslado o vencido el término respectivo, se procederá, si correspondiere, al diligenciamiento de la prueba con término de treinta días y, oído el Procurador del Estado, que deberá expedirse dentro de cuarenta y cinco días, se citará para sentencia.

TITULO III
OTROS PROCEDIMIENTOS
CAPITULO ÚNICO

Artículo 101. Las contiendas de competencia y las diferencias previstas en el artículo 25 de la Sección XV de la Constitución en la redacción dada por el artículo 1 del Acto Institucional Nº 12 podrán ser sometidas a resolución del Tribunal por cualquiera de los órganos interesados, mediante petición fundada, con los antecedentes respectivos.

El Tribunal dará vista de la petición al órgano correspondiente por el término de quince días improrrogables, el que, al evacuarla, presentará los antecedentes a su disposición.

Evacuada la vista o vencido el término estipulado, el Tribunal procederá como se indica en el artículo 103.

Artículo 102. Planteada una contienda o diferencia entre los miembros de la Junta de Vecinos, Directorios o Consejos de las Empresas Públicas, Entes Autónomos o Servicios Descentralizados, en las condiciones previstas en el artículo 25 de la Sección XV de la Constitución en la redacción dada por el artículo 1 del Acto Institucional Nº 12, el órgano respectivo, a pedido de cualquiera de sus miembros, someterá el asunto a resolución del Tribunal, expresando las razones que se hayan expuesto durante la deliberación, con los antecedentes del caso o copia autenticada del mismo.

Artículo 103. Si se ofrece prueba, el Tribunal podrá disponer su diligenciamiento por el término de treinta días así como el de aquella que estime necesaria para la mejor instrucción del asunto.

Diligenciada la prueba será oído el Procurador del Estado, llamándose los autos para sentencia, previo estudio por su orden.

Si no se ofrece prueba, o si el Tribunal no la dispone de oficio, se procederá como lo dispone el inciso anterior.

DISPOSICIONES GENERALES Y TRANSITORIAS

Artículo 104. En todos los puntos no regulados expresamente por esta ley, se estará a lo dispuesto en la Ley de Organización de los Tribunales, Código de Procedimiento Civil y demás leyes que rijan la materia, concordantes, complementarias y modificativas.

Artículo 105. A partir de la vigencia de esta ley lo relativo a la Presidencia del Tribunal a que se refiere el artículo 3, inciso primero de la misma se organizará de forma tal que se inicie y prosiga el sistema rotativo con prelación de quienes no hubieren desempeñado ya la Presidencia del órgano.

Artículo 106. Mientras no se cree el cargo de Procurador del Estado Adjunto con arreglo a la ley presupuestal respectiva, ejercerá la referida función el integrante del escalafón técnico-profesional de mayor antigüedad en el cargo, siempre que cumpla con los requisitos previstos en el inciso final del artículo 19. Si éste estuviere impedido, el subrogante será designado por el Poder Ejecutivo.

Artículo 107. Todas las modificaciones que se introducen en las materias de agotamiento de la vía administrativa y del plazo en que debe ejercitarse la acción de nulidad, regirán respecto de los actos administrativos originarios que se emitan a partir de la vigencia de la presente ley.

El plazo que tiene la Administración para decidir las peticiones que se hallaren en trámite a la fecha de entrada en vigencia de esta ley, se regirá por el régimen anterior.

Artículo 108. La presente ley comenzará a regir a partir del 1° de febrero de 1984 y se aplicará a los asuntos en trámite.

No regirá para los recursos interpuestos ni para los trámites, diligencias y plazos que hubieran tenido principio de ejecución o empezado a correr antes de esa fecha.

En materia de competencia, los asuntos en trámite a esa fecha continuarán bajo el régimen anterior, en todas sus instancias y hasta su terminación.

Los asuntos pendientes ante los actuales Juzgados Letrados de Primera Instancia en lo Civil, y que a partir de la vigencia de la presente ley corresponderán a los Juzgados Letrados de Primera Instancia en lo Contencioso Administrativo, continuarán su trámite, hasta su conclusión, ante los mismos Juzgados donde se están sustanciando.

Artículo 109. Deróganse los artículos 62 a 66 de la ley 9.515, de 28 de octubre de 1935; 56 y 60 de la ley 12.549, de 16 de octubre de 1958; 345 a 348 de la ley 13.318, de 28 de diciembre de 1964; 44 y 47 de la ley 14.101, de 4 de enero de 1973; 78 inciso 1°, 79 y 82 de la ley 14.306, de 29 de noviembre de 1974 y todas las disposiciones que se opongan a la presente ley.

Artículo 110 Comuníquese, etc.

GREGORIO C. ALVAREZ   ENRIQUE V. FRIGERIO

VENEZUELA

LEY ORGÁNICA DE LA JURISDICCIÓN CONTENCIOSO ADMINISTRATIVA

**LA ASAMBLEA NACIONAL
DE LA REPÚBLICA BOLIVARIANA DE VENEZUELA**

Decreta

la siguiente,

LEY ORGÁNICA DE LA JURISDICCIÓN CONTENCIOSO ADMINISTRATIVA*

TÍTULO I
DISPOSICIONES FUNDAMENTALES

Objeto

Artículo 1. Esta Ley tiene como objeto regular la organización, funcionamiento y competencia de los órganos de la Jurisdicción Contencioso Administrativa, salvo lo previsto en leyes especiales.

Principios

Artículo 2. Los órganos de la Jurisdicción Contencioso Administrativa orientarán su actuación por los principios de justicia gratuita, accesibilidad, imparcialidad, idoneidad, transparencia, autonomía, independencia, responsabilidad, brevedad, oralidad, publicidad, gratuidad, celeridad e inmediación.

Publicidad

Artículo 3. Los actos del proceso serán públicos, salvo que la ley disponga lo contrario o el tribunal así lo decida por razones de seguridad, orden público o protección de la intimidad de las partes.

---

*   *Gaceta Oficial* Nº 39.451 de 22 de junio de 2010.

Impulso del procedimiento

Artículo 4. El Juez o Jueza es el rector del proceso y debe impulsarlo de oficio o a petición de parte, hasta su conclusión.

Prohibición de decidir con asociados

Artículo 5. Los tribunales de la Jurisdicción Contencioso Administrativa no podrán constituirse con asociados para dictar sentencia.

Medios alternativos de resolución de conflictos

Artículo 6. Los tribunales de la Jurisdicción Contencioso Administrativa promoverán la utilización de medios alternativos de solución de conflictos en cualquier grado y estado del proceso, atendiendo a la especial naturaleza de las materias jurídicas sometidas a su conocimiento.

Entes y órganos controlados

Artículo 7. Están sujetos al control de la Jurisdicción Contencioso Administrativa:

a.   Los órganos que componen la Administración Pública;

b.   Los órganos que ejercen el Poder Público, en sus diferentes manifestaciones, en cualquier ámbito territorial o institucional;

c.   Los institutos autónomos, corporaciones, fundaciones, sociedades, empresas, asociaciones y otras formas orgánicas o asociativas de derecho público o privado donde el Estado tenga participación decisiva, así como cualquier otro sujeto que dicte actos de autoridad o actúe en función administrativa;

d.   Los consejos comunales y otras entidades o manifestaciones populares de planificación, control, ejecución de políticas y servicios públicos, cuando actúen en función administrativa; y

e.   Las entidades prestadoras de servicios públicos en su actividad prestacional.

Universalidad del control

Artículo 8. Será objeto de control de la Jurisdicción Contencioso Administrativa, la actividad administrativa desplegada por los entes enumerados en el artículo anterior, lo cual incluye actos de efectos generales y particulares, actuaciones bilaterales, vías de hecho, silencio administrativo, prestación de servicios públicos, omisión de cumplimiento de obligaciones y, en general, cualquier situación que pueda afectar los derechos o intereses públicos o privados.

Competencia de los órganos
de la Jurisdicción Contencioso Administrativa

Artículo 9. Los órganos de la Jurisdicción Contencioso Administrativa serán competentes para conocer de:

1.   Las impugnaciones que se interpongan contra los actos administrativos de efectos generales o particulares contrarios a derecho, incluso por desviación de poder.

2.   De la abstención o la negativa de las autoridades a producir un acto al cual estén obligados por la ley.

3.   Las reclamaciones contra las vías de hecho atribuidas a los órganos del Poder Público.

4. Las pretensiones de condena al pago de sumas de dinero y la reparación de daños y perjuicios originados por responsabilidad contractual o extracontractual de los órganos que ejercen el Poder Público.

5. Los reclamos por la prestación de los servicios públicos y el restablecimiento de las situaciones jurídicas subjetivas lesionadas por los prestadores de los mismos.

6. La resolución de los recursos de interpretación de leyes de contenido administrativo.

7. La resolución de las controversias administrativas que se susciten entre la República, algún estado, municipio u otro ente público, cuando la otra parte sea alguna de esas mismas entidades.

8. Las demandas que se ejerzan contra la República, los estados, los municipios, los institutos autónomos, entes públicos o empresas, en las cuales la República, los estados, los municipios o cualquiera de las personas jurídicas antes mencionadas tengan participación decisiva.

9. Las demandas que ejerzan la República, los estados, los municipios, los institutos autónomos, entes públicos o empresas, en la cual la República, los estados, los municipios o cualquiera de las personas jurídicas antes mencionadas tengan participación decisiva, si es de contenido administrativo.

10. Las actuaciones, abstenciones, negativas o las vías de hecho de los consejos comunales y de otras personas o grupos que en virtud de la participación ciudadana ejerzan funciones administrativas.

11. Las demás actuaciones de la Administración Pública no previstas en los numerales anteriores.

La participación popular en la Jurisdicción
Contencioso Administrativa

Artículo 10. Los entes, consejos comunales, colectivos y otras manifestaciones populares de planificación, control, ejecución de políticas y servicios públicos, podrán emitir su opinión en los juicios cuya materia debatida esté vinculada a su ámbito de actuación, aunque no sean partes.

TÍTULO II
DE LA ESTRUCTURA ORGÁNICA DE LA JURISDICCIÓN CONTENCIOSO ADMINISTRATIVA

CAPÍTULO I:
ÓRGANOS DE LA JURISDICCIÓN CONTENCIOSO ADMINISTRATIVA

Órganos que la componen

Artículo 11. Son órganos de la Jurisdicción Contencioso Administrativa:

1. La Sala Político-Administrativa del Tribunal Supremo de Justicia.

2. Los Juzgados Nacionales de la Jurisdicción Contencioso Administrativa.

3. Los Juzgados Superiores Estadales de la Jurisdicción Contencioso Administrativa.

4. Los Juzgados de Municipio de la Jurisdicción Contencioso Administrativa.

Jurisdicción especial tributaria

Artículo 12. La jurisdicción especial tributaria forma parte de la Jurisdicción Contencioso Administrativa, su régimen especial es el previsto en el Código Orgánico Tributario.

CAPÍTULO II
DE LA DISTRIBUCIÓN TERRITORIAL Y LA CONFORMACIÓN DE LOS ÓRGANOS DE LA JURISDICCIÓN CONTENCIOSO ADMINISTRATIVA

Sección primera:
Sala Político-Administrativa

Máxima instancia

Artículo 13. La Sala Político-Administrativa del Tribunal Supremo de Justicia es la máxima instancia de la Jurisdicción Contencioso Administrativa. Contra sus decisiones no se oirá recurso alguno, salvo lo previsto en la Constitución de la República.

Distribución territorial

Artículo 14. Corresponderá al Tribunal Supremo de Justicia en sala plena, a solicitud de la Sala Político-Administrativa, establecer el número y la distribución territorial de los órganos de la Jurisdicción Contencioso Administrativa.

Sección segunda:
Los Juzgados Nacionales de la Jurisdicción Contencioso Administrativa

Competencia territorial

Artículo 15. La competencia territorial de los Juzgados Nacionales de la Jurisdicción Contencioso Administrativa estará delimitada de la siguiente manera:

1. Dos Juzgados Nacionales de la Jurisdicción Contencioso Administrativa de la Región Capital con competencia en el Distrito Capital y los estados Miranda, Vargas, Aragua, Carabobo y Guárico.

2. Un Juzgado Nacional de la Jurisdicción Contencioso Administrativa de la Región Centro-Occidental, con competencia en los estados Cojedes, Falcón, Yaracuy, Lara, Portuguesa, Barinas, Apure, Táchira, Trujillo, Mérida y Zulia.

3. Un Juzgado Nacional de la Jurisdicción Contencioso Administrativa de la Región Nor-Oriental con competencia en los estados Nueva Esparta, Anzoátegui, Sucre, Monagas, Bolívar, Amazonas y Delta Amacuro.

El Tribunal Supremo de Justicia, en sala plena, a solicitud de la Sala Político-Administrativa, de conformidad con el artículo anterior, podrá crear nuevos Juzgados Nacionales de la Jurisdicción Contencioso Administrativa o modificar su distribución territorial, de acuerdo con las necesidades de esta Jurisdicción.

Integración

Artículo 16. Los Juzgados Nacionales de la Jurisdicción Contencioso Administrativa estarán integrados por tres jueces o juezas. Sus respectivos juzgados de sustanciación serán unipersonales.

Artículo 17. Para ser Juez o Jueza de los Juzgados Nacionales de la Jurisdicción Contencioso Administrativa, se requiere:

1. Ser venezolano o venezolana.

2. Ser abogado o abogada de reconocida honorabilidad y prestigio profesional.

3. Tener un mínimo de doce años de graduado o graduada y:

    a. Tener título universitario de postgrado en el área del derecho público; o

    b. Ser o haber sido profesor universitario o profesora universitaria en el área del derecho público, durante un mínimo de siete años; o

    c. Ser o haber sido Juez administrativo o Jueza administrativa con un mínimo de siete años en el ejercicio de la carrera judicial; o

    d. Haber desempeñado funciones en órganos del Estado pertenecientes al sistema de justicia administrativa por más de siete años; o

    e. Haber desempeñado funciones de asesoría jurídica o de gestión en la Administración Pública por más de siete años.

4. Los demás previstos en la ley.

En el caso de los estados fronterizos se requerirá ser venezolano o venezolana por nacimiento y sin otra nacionalidad.

Sección tercera:
Juzgados Superiores Estadales de la Jurisdicción Contencioso Administrativa

Artículo 18. En cada estado funcionará al menos un Juzgado Superior Estadal de la Jurisdicción Contencioso Administrativa.

Artículo 19. Los Juzgados Superiores Estadales de la Jurisdicción Contencioso Administrativa serán unipersonales.

Artículo 20. Para ser Juez o Jueza de los Juzgados Superiores Estadales de la Jurisdicción Contencioso Administrativa se requiere:

1. Ser venezolano o venezolana.

2. Ser abogado o abogada de reconocida honorabilidad y prestigio profesional.

3. Tener un mínimo de diez años de graduado o graduada y:

    a. Tener título universitario de postgrado en el área del derecho público; o

    b. Ser o haber sido profesor universitario o profesora universitaria en el área del derecho público, durante un período mínimo de cinco años; o

    c. Ser o haber sido Juez administrativo o Jueza administrativa, con un mínimo de cinco años en el ejercicio de la carrera judicial; o

    d. Haber desempeñado funciones en órganos del Estado pertenecientes al sistema de justicia vinculados al derecho público, por más de cinco años; o

e.   Haber desempeñado funciones de asesoría jurídica o de gestión en la Administración Pública por más de cinco años.

4.   Los demás previstos en la ley.

En el caso de los estados fronterizos se requerirá ser venezolano o venezolana por nacimiento y sin otra nacionalidad.

Sección cuarta:
Los Juzgados de Municipio de la Jurisdicción Contencioso Administrativa

Integración

Artículo 21. Los Juzgados de Municipio de la Jurisdicción Contencioso Administrativa serán unipersonales.

Requisitos

Artículo 22. Para ser Juez o Jueza de los Juzgados de Municipio de la Jurisdicción Contencioso Administrativa se requiere:

1.   Ser venezolano o venezolana.

2.   Ser abogado o abogada de reconocida honorabilidad y prestigio profesional.

3.   Tener un mínimo de cinco años de graduado o graduada y:

a.   Tener título universitario de postgrado en el área del derecho público; o

b.   Ser o haber sido profesor universitario o profesora universitaria en el área del derecho público, durante un período mínimo de tres años; o

c.   Haber desempeñado funciones en órganos del Estado pertenecientes al sistema de justicia vinculados al derecho público por más de tres años; o

d.   Haber desempeñado funciones de asesoría jurídica o de gestión en la Administración Pública por más de tres años.

e.   Los demás previstos en la ley.

En el caso de los estados fronterizos se requerirá ser venezolano o venezolana por nacimiento y sin otra nacionalidad.

TÍTULO III
DE LA COMPETENCIA DE LOS ÓRGANOS DE LA JURISDICCIÓN CONTENCIOSO ADMINISTRATIVA

CAPÍTULO I
COMPETENCIA DE LA SALA POLÍTICO-ADMINISTRATIVA DEL TRIBUNAL SUPREMO DE JUSTICIA

Competencias de la Sala Político-Administrativa

Artículo 23. La Sala Político-Administrativa del Tribunal Supremo de Justicia es competente para conocer de:

1.   Las demandas que se ejerzan contra la República, los estados, los municipios, o algún instituto autónomo, ente público o empresa, en la cual la República, los estados, los municipios u otros de los entes mencionados tengan participación decisiva, si su cuantía excede de setenta mil unidades tributarias (70.000 U.T.),

cuando su conocimiento no esté atribuido a otro tribunal en razón de su especialidad.

2. Las demandas que ejerzan la República, los estados, los municipios, o algún instituto autónomo, ente público o empresa, en la cual la República, los estados, los municipios o cualquiera de los entes mencionados tengan participación decisiva, si su cuantía excede de setenta mil unidades tributarias (70.000 U.T.), cuando su conocimiento no esté atribuido a otro tribunal en razón de su especialidad.

3. La abstención o la negativa del Presidente o Presidenta de la República, del Vicepresidente Ejecutivo o Vicepresidenta Ejecutiva de la República, de los Ministros o Ministras, así como de las máximas autoridades de los demás órganos de rango constitucional, a cumplir los actos a que estén obligados por las leyes.

4. Las reclamaciones contra las vías de hecho atribuidas a las altas autoridades antes enumeradas.

5. Las demandas de nulidad contra los actos administrativos de efectos generales o particulares dictados por el Presidente o Presidenta de la República, el Vicepresidente Ejecutivo o Vicepresidenta Ejecutiva de la República, los Ministros o Ministras, así como por las máximas autoridades de los demás organismos de rango constitucional, si su competencia no está atribuida a otro tribunal.

6. Las demandas de nulidad que se ejerzan contra un acto administrativo de efectos particulares y al mismo tiempo el acto normativo sub-legal que le sirve de fundamento, siempre que el conocimiento de este último corresponda a la Sala Político-Administrativa.

7. Las controversias administrativas entre la República, los estados, los municipios u otro ente público, cuando la otra parte sea una de esas mismas entidades, a menos que se trate de controversias entre municipios de un mismo estado.

8. Las controversias administrativas entre autoridades de un mismo órgano o ente, o entre distintos órganos o entes que ejerzan el Poder Público, que se susciten por el ejercicio de una competencia atribuida por la ley.

9. La apelación de los juicios de expropiación.

10. Las demandas que se interpongan con motivo de la adquisición, goce, ejercicio o pérdida de la nacionalidad o de los derechos que de ella derivan.

11. Las demandas que se ejerzan con ocasión del uso del espectro radioeléctrico.

12. Las demandas que le atribuyan la Constitución de la República o las leyes especiales, o que le correspondan conforme a éstas, en su condición de máxima instancia de la Jurisdicción Contencioso Administrativa.

13. Las demás demandas derivadas de la actividad administrativa desplegada por las altas autoridades de los órganos que ejercen el Poder Público, no atribuidas a otro tribunal.

14. Las causas que se sigan contra los representantes diplomáticos acreditados en la República, en los casos permitidos por el derecho internacional.

15. Las apelaciones de las decisiones de los Juzgados Nacionales de la Jurisdicción Contencioso Administrativa y de las consultas que le correspondan conforme al ordenamiento jurídico.

16. El avocamiento, de oficio o a petición de parte, sobre algún asunto que curse en otro tribunal cuando sea afín con la materia administrativa.

17. Los juicios en que se tramiten acciones conexas, cuando a la Sala Político Administrativa le esté atribuido el conocimiento de alguna de ellas.

18. **(anulado)** Del recurso especial de juridicidad, de conformidad con lo establecido en esta Ley. *

19. Los conflictos de competencia que surjan entre los tribunales de la Jurisdicción Contencioso Administrativa.

20. Las consultas y recursos de regulación de jurisdicción.

21. Los recursos de interpretación de leyes de contenido administrativo.

22. Los juicios sobre hechos ocurridos en alta mar, en el espacio aéreo internacional o en puertos o territorios extranjeros tramitados en la República, cuando su conocimiento no estuviese atribuido a otro tribunal.

23. Los juicios para declarar la fuerza ejecutoria de las sentencias dictadas por autoridades extranjeras, de acuerdo con lo dispuesto en los tratados internacionales o en la ley.

24. Conocer y decidir las pretensiones, acciones o recursos interpuestos, en el caso de retiro, permanencia, estabilidad o conceptos derivados de empleo público del personal con grado de oficiales de la Fuerza Armada Nacional Bolivariana.

25. Las demás causas previstas en la ley.

CAPÍTULO II

COMPETENCIA DE LOS JUZGADOS NACIONALES
DE LA JURISDICCIÓN CONTENCIOSO ADMINISTRATIVA

*Competencia de los Juzgados Nacionales
de la Jurisdicción Contencioso Administrativa*

Artículo 24. Los Juzgados Nacionales de la Jurisdicción Contencioso Administrativa son competentes para conocer de:

1. Las demandas que se ejerzan contra la República, los estados, los municipios, o algún instituto autónomo, ente público o empresa, en la cual la República, los estados, los municipios u otros de los entes mencionados tengan participación decisiva, si su cuantía excede de treinta mil unidades tributarias (30.000 U.T.) y no supera setenta mil unidades tributarias (70.000 U.T.), cuando su conocimiento no esté atribuido expresamente a otro tribunal, en razón de su especialidad.

2. Las demandas que ejerzan la República, los estados, los municipios, o algún instituto autónomo, ente público o empresa, en la cual la República, los estados, los municipios u otros de los entes mencionados tengan participación decisiva, si su

---

*   Mediante sentencia Nº 281 de 30 de abril de 2014 de la Sala Constitucional del Tribunal Supremo de Justicia se declaró la nulidad con efectos *ex tunc,* de los artículos 23.18, 95, 96, 97, 98, 99, 100, 101 y 102 de la Ley Orgánica de la Jurisdicción Contencioso Administrativa y el artículo 26.18 de la Ley Orgánica del Tribunal Supremo de Justicia, todos relativos al recurso especial de juridicidad.

cuantía excede de las treinta mil unidades tributarias (30.000 U.T.) y no supera setenta mil unidades tributarias (70.000 U.T.), cuando su conocimiento no esté atribuido a otro tribunal en razón de su especialidad.

3. La abstención o la negativa de las autoridades distintas a las mencionadas en el numeral 3 del artículo 23 de esta Ley y en el numeral 4 del artículo 25 de esta Ley.

4. Las reclamaciones contra las vías de hecho atribuidas a las autoridades a las que se refiere el numeral anterior.

5. Las demandas de nulidad de los actos administrativos de efectos generales o particulares dictados por autoridades distintas a las mencionadas en el numeral 5 del artículo 23 de esta Ley y en el numeral 3 del artículo 25 de esta Ley, cuyo conocimiento no esté atribuido a otro tribunal en razón de la materia.

6. Los juicios de expropiación intentados por la República, en primera instancia.

7. Las apelaciones de las decisiones de los Juzgados Superiores Estadales de la Jurisdicción Contencioso Administrativa y de las consultas que les correspondan conforme al ordenamiento jurídico.

8. Las demandas derivadas de la actividad administrativa contraria al ordenamiento jurídico desplegada por las autoridades de los órganos que ejercen el Poder Público, cuyo control no haya sido atribuido a la Sala Político-Administrativa o a los Juzgados Superiores Estadales de la Jurisdicción Contencioso Administrativa.

9. Las demás causas previstas en la ley.

Los Juzgados Nacionales de la Jurisdicción Contencioso Administrativa, con sede en la ciudad de Caracas, conocerán exclusivamente la materia de los supuestos previstos en los numerales 3, 4 y 5 de este artículo, cuando se trate de autoridades cuya sede permanente se encuentre en el Área Metropolitana de Caracas.

CAPÍTULO III

COMPETENCIA DE LOS JUZGADOS SUPERIORES ESTADALES
DE LA JURISDICCIÓN CONTENCIOSO ADMINISTRATIVA

Competencia

Artículo 25. Los Juzgados Superiores Estadales de la Jurisdicción Contencioso Administrativa son competentes para conocer de:

1. Las demandas que se ejerzan contra la República, los estados, los municipios, o algún instituto autónomo, ente público o empresa en la cual la República, los estados, los municipios u otros de los entes mencionados tengan participación decisiva, si su cuantía no excede de treinta mil unidades tributarias (30.000 U.T.), cuando su conocimiento no esté atribuido a otro tribunal en razón de su especialidad.

2. Las demandas que ejerzan la República, los estados, los municipios, o algún instituto autónomo, ente público o empresa en la cual la República, los estados, los municipios u otros de los entes mencionados tengan participación decisiva, si su cuantía no excede de treinta mil unidades tributarias (30.000 U.T.), cuando su conocimiento no esté atribuido a otro tribunal en razón de su especialidad.

3. Las demandas de nulidad contra los actos administrativos de efectos generales o particulares, dictados por las autoridades estadales o municipales de su jurisdicción, con excepción de las acciones de nulidad ejercidas contra las decisiones administrativas dictadas por la Administración del trabajo en materia de inamovilidad, con ocasión de una relación laboral regulada por la Ley Orgánica del Trabajo.

4. La abstención o la negativa de las autoridades estadales o municipales a cumplir los actos a que estén obligadas por las leyes.

5. Las reclamaciones contra las vías de hecho atribuidas a autoridades estadales o municipales de su jurisdicción.

6. Las demandas de nulidad contra los actos administrativos de efectos particulares concernientes a la función pública, conforme a lo dispuesto en la ley.

7. Las apelaciones de las decisiones de los Juzgados de Municipio de la Jurisdicción Contencioso Administrativa.

8. Las demandas derivadas de la actividad administrativa contraria al ordenamiento jurídico de los órganos del Poder Público estadal, municipal o local.

9. Las controversias administrativas entre municipios de un mismo estado por el ejercicio de una competencia directa e inmediata en ejecución de la ley.

10. Las demás causas previstas en la ley.

CAPÍTULO IV
COMPETENCIA DE LOS JUZGADOS DE MUNICIPIO DE LA JURISDICCIÓN CONTENCIOSO ADMINISTRATIVA

Competencia

Artículo 26. Los Juzgados de Municipio de la Jurisdicción Contencioso Administrativa son competentes para conocer de:

1. Las demandas que interpongan los usuarios o usuarias o las organizaciones públicas o privadas que los representen, por la prestación de servicios públicos.

2. Cualquiera otra demanda o recurso que le atribuyan las leyes.

TÍTULO IV
LOS PROCEDIMIENTOS DE LA JURISDICCIÓN CONTENCIOSO ADMINISTRATIVA

CAPÍTULO I
DISPOSICIONES GENERALES

Sección primera:
Capacidad, legitimación e interés

Capacidad procesal

Artículo 27. Podrán actuar ante la Jurisdicción Contencioso Administrativa las personas naturales o jurídicas, públicas o privadas, las irregulares o de hecho, las asociaciones, consorcios, comités, consejos comunales y locales, agrupaciones, colectivos y cualquiera otra entidad.

Asistencia y representación

Artículo 28. Las partes actuarán en juicio asistidos o representados por un abogado o abogada, salvo cuando se trate de reclamos por la omisión, demora o deficiente prestación de los servicios públicos, donde el pueblo organizado establecerá sus mecanismos de asistencia o representación.

Legitimación e interés

Artículo 29. Están legitimadas para actuar en la Jurisdicción Contencioso Administrativa todas las personas que tengan un interés jurídico actual.

Sección segunda:
las demandas

La iniciativa procesal

Artículo 30. Los órganos de la Jurisdicción Contencioso Administrativa conocerán a instancia de parte, o de oficio, cuando la ley lo autorice.

Trámite procesal de las demandas

Artículo 31. Las demandas ejercidas ante la Jurisdicción Contencioso Administrativa se tramitarán conforme a lo previsto en esta Ley; supletoriamente, se aplicarán las normas de procedimiento de la Ley Orgánica del Tribunal Supremo de Justicia y del Código de Procedimiento Civil.

Cuando el ordenamiento jurídico no contemple un procedimiento especial, el Juez o Jueza podrá aplicar el que considere más conveniente para la realización de la justicia.

Caducidad

Artículo 32. Las acciones de nulidad caducarán conforme a las reglas siguientes:

1. En los casos de actos administrativos de efectos particulares, en el término de ciento ochenta días continuos, contados a partir de su notificación al interesado, o cuando la administración no haya decidido el correspondiente recurso administrativo en el lapso de noventa días continuos, contados a partir de la fecha de su interposición. La ilegalidad del acto administrativo de efectos particulares podrá oponerse siempre por vía de excepción, salvo disposiciones especiales.

2. Cuando el acto impugnado sea de efectos temporales, el lapso será de treinta días continuos.

3. En los casos de vías de hecho y recurso por abstención, en el lapso de ciento ochenta días continuos, contados a partir de la materialización de aquéllas o desde el momento en el cual la administración incurrió en la abstención, según sea el caso.

Las acciones de nulidad contra los actos de efectos generales dictados por el Poder Público podrán intentarse en cualquier tiempo.

Las leyes especiales podrán establecer otros lapsos de caducidad.

Sección tercera:
disposiciones comunes a los procedimientos

Requisitos de la demanda

Artículo 33. El escrito de la demanda deberá expresar:
1. Identificación del tribunal ante el cual se interpone.

2. Nombre, apellido y domicilio de las partes, carácter con que actúan, su domicilio procesal y correo electrónico, si lo tuviere.

3. Si alguna de las partes fuese persona jurídica deberá indicar la denominación o razón social y los datos relativos a su creación o registro.

4. La relación de los hechos y los fundamentos de derecho con sus respectivas conclusiones.

5. Si lo que se pretende es la indemnización de daños y perjuicios, deberá indicarse el fundamento del reclamo y su estimación.

6. Los instrumentos de los cuales se derive el derecho reclamado, los que deberán producirse con el escrito de la demanda.

7. Identificación del apoderado y la consignación del poder.

En casos justificados podrá presentarse la demanda en forma oral ante el tribunal, el cual ordenará su trascripción. La negativa a aceptar la presentación oral deberá estar motivada por escrito.

Presentación de la demanda ante otro tribunal

Artículo 34. El demandante en cuyo domicilio no exista un tribunal de la Jurisdicción Contencioso Administrativa competente para conocer de la demanda, podrá presentarla ante un tribunal de municipio, el cual deberá remitir inmediatamente el expediente, foliado y sellado, al tribunal señalado por la parte actora. La caducidad de la acción se determinará por la fecha de presentación inicial de la demanda.

El tribunal receptor antes de efectuar la indicada remisión, lo hará constar al pie del escrito y en el libro de presentación.

Inadmisibilidad de la demanda

Artículo 35. La demanda se declarará inadmisible en los supuestos siguientes:

1. Caducidad de la acción.

2. Acumulación de pretensiones que se excluyan mutuamente o cuyos procedimientos sean incompatibles.

3. Incumplimiento del procedimiento administrativo previo a las demandas contra la República, los estados, o contra los órganos o entes del Poder Público a los cuales la ley les atribuye tal prerrogativa.

4. No acompañar los documentos indispensables para verificar su admisibilidad.

5. Existencia de cosa juzgada.

6. Existencia de conceptos irrespetuosos.

7. Cuando sea contraria al orden público, a las buenas costumbres o a alguna disposición expresa de la ley.

Admisión de la demanda

Artículo 36. Si el tribunal constata que el escrito cumple con los requisitos exigidos en el artículo anterior, procederá a la admisión de la demanda, dentro de los tres días de despacho siguientes a su recibo. En caso contrario, o cuando el escrito resultase ambiguo o confuso, concederá al demandante tres días de despacho para su corrección, indicándole los errores u omisiones que se hayan constatado.

Subsanados los errores, el tribunal decidirá sobre su admisibilidad dentro de los tres días de despacho siguientes. La decisión que inadmita la demanda será apelable libremente dentro de los tres días de despacho siguientes ante el tribunal de alzada, el cual deberá decidir con los elementos cursantes en autos dentro de los diez días de despacho siguientes a la recepción del expediente, la que admita será apelable en un solo efecto.

Citación

Artículo 37. La citación personal se hará conforme a las previsiones del Código de Procedimiento Civil a excepción de la del procurador, que se hará de acuerdo al Decreto con Rango, Valor y Fuerza de Ley de Reforma Parcial del Decreto con Fuerza de Ley Orgánica de la Procuraduría General de la República.

A partir de que conste en autos la citación practicada, comenzará a computarse el lapso de comparecencia en el caso de las demandas de contenido patrimonial.

Hecha la citación las partes quedan a derecho, y no habrá necesidad de una nueva citación para ningún otro acto del juicio, a menos que exista disposición contraria de la ley.

Citaciones y notificaciones por medios electrónicos

Artículo 38. El tribunal podrá practicar las citaciones y notificaciones por medios electrónicos.

Las certificaciones de las citaciones y notificaciones se harán de conformidad con lo establecido en la Decreto con Fuerza de Ley Sobre Mensajes de Datos y Firmas Electrónicas, atendiendo siempre a los principios de inmediatez, brevedad y celeridad. El Secretario o Secretaria dejará constancia en el expediente de las citaciones y notificaciones realizadas, cumplido lo cual comenzarán a contarse los lapsos correspondientes.

Auto para mejor proveer

Artículo 39. En cualquier estado de la causa el Juez o Jueza podrá solicitar información o hacer evacuar de oficio las pruebas que considere pertinentes. Este auto será inapelable. Las partes podrán hacer observaciones sobre las actuaciones practicadas.

Resolución de incidencias

Artículo 40. Si por alguna necesidad del procedimiento una de las partes solicitara alguna providencia, el Juez o Jueza resolverá dentro de los tres días de despacho siguientes; a menos que haya necesidad de esclarecer algún hecho, caso en el cual ordenará la apertura de una articulación probatoria por ocho días de despacho.

Si la resolución incidiere en la decisión de la causa, el Juez o Jueza resolverá la articulación en la sentencia definitiva; en caso contrario, decidirá dentro de los tres días de despacho siguientes al vencimiento de aquélla.

Perención

Artículo 41. Toda instancia se extingue por el transcurso de un año sin haberse ejecutado ningún acto de procedimiento por las partes, salvo que el acto procesal siguiente le corresponda al Juez o Jueza.

Declarada la perención, podrá interponerse la acción inmediatamente después de la declaratoria.

Sección cuarta: la inhibición y la recusación

Causales de inhibición y de recusación

Artículo 42. Los funcionaros o funcionarias judiciales así como los auxiliares de justicia, pueden ser recusados por algunas de las causas siguientes:

1. Por parentesco de consanguinidad o de afinidad dentro del cuarto y segundo grado, respectivamente, con cualquiera de las partes, sus representantes o cónyuges.

2. Por haber sido el recusado padre o madre adoptante o hijo adoptivo o hija adoptiva de alguna de las partes.

3. Por tener con alguna de las partes amistad íntima o enemistad manifiesta.

4. Por tener el recusado, su cónyuge, o algunos de sus afines o parientes consanguíneos, dentro de los grados indicados, interés directo en los resultados del proceso.

5. Por haber manifestado opinión sobre lo principal del juicio o sobre la incidencia pendiente, antes de la emisión de la sentencia correspondiente, siempre que el recusado sea el Juez o Jueza de la causa.

6. Cualquiera otra causa fundada en motivos graves que afecte su imparcialidad.

Deber de inhibición

Artículo 43. Los funcionarios o funcionarias y auxiliares de justicia a quienes scan aplicables cualquiera de las causales señaladas en el artículo anterior, deberán inhibirse del conocimiento del asunto sin esperar a que se les recuse.

Igualmente lo harán si son recusados y estimen procedente la causal imputada.

Contra la inhibición no habrá recurso alguno.

Lapso para inhibirse

Artículo 44. La inhibición del funcionario o funcionaria judicial o del auxiliar de justicia, podrá manifestarse en cualquier estado del juicio y deberá proponerse dentro de los tres días de despacho siguientes al momento en que se conozca la causa que la motive.

Allanamiento

Artículo 45. El funcionario o funcionaria judicial o el auxiliar de justicia inhibido podrá continuar en sus funciones si convinieren en ello las partes o aquélla contra quien obrare el impedimento, dentro de los cinco días de despacho siguientes. No habrá allanamiento cuando la causal manifestada sea el parentesco o relaciones de pareja.

Los apoderados judiciales no necesitarán autorización especial para prestar su consentimiento en este caso.

Remisión del expediente

Artículo 46. Cuando el Juez o Jueza advierta que está incurso en alguna de las causales de recusación o inhibición, se abstendrá de conocer, levantará un acta y la remitirá con sus recaudos en cuaderno separado al tribunal competente.

No suspensión de la causa por la incidencia

Artículo 47. Ni la recusación ni la inhibición detendrán el curso de la causa, cuyo conocimiento pasará inmediatamente mientras se decide la incidencia a otro tribunal de la misma categoría si lo hubiera en la localidad y en defecto de éste a quien deba suplirlo conforme a la ley.

Si la recusación o la inhibición fuere declarada con lugar, el Juez sustituto o Jueza sustituta continuará conociendo de la causa; en caso contrario, devolverá los autos al Juez o Jueza que venía conociendo del asunto.

Oportunidad para recusar

Artículo 48. La recusación de los funcionarios o funcionarias judiciales o de los auxiliares de justicia, sólo podrá proponerse hasta el día en que concluya el lapso probatorio. Cuando el motivo de la recusación fuese sobrevenido, ésta podrá proponerse hasta el día fijado para el acto de informes. Si fenecido el lapso probatorio el Juez o Jueza, el funcionario o funcionaria judicial o el auxiliar de justicia interviniere en la causa, las partes podrán recusarlo por cualquier motivo legal dentro de los cinco días de despacho siguientes a su aceptación. Cuando la causa fuese sobrevenida, la recusación deberá proponerse dentro de los cinco días de despacho siguientes al momento en que se conozca la causa que la motiva.

Trámite de la recusación

Artículo 49. La recusación se propondrá mediante diligencia o escrito ante el tribunal de la causa. Si la recusación se funda en un motivo que la haga admisible, el recusado, a más tardar al día siguiente, informará ante la secretaría, debiendo remitir la recusación al tribunal competente para su conocimiento dentro de los cinco días de despacho siguientes.

Inadmisibilidad de la recusación

Artículo 50. El Juez o Jueza recusado declarará inadmisible la recusación que se intente sin estar fundada en motivo legal, fuera del lapso. Esta decisión será apelable.

Incidencia de la recusación

Artículo 51. El Juez o Jueza a quien corresponda conocer de la incidencia, admitirá y evacuará las pruebas que los interesados presenten dentro de los cinco días de despacho siguientes a la fecha en que reciba las actuaciones y sentenciará dentro de los cinco días de despacho siguientes al vencimiento del lapso probatorio.

Recusación de funcionario o funcionaria judicial

Artículo 52. Si el inhibido o el recusado es el Secretario o Secretaria del tribunal, el Juez o Jueza nombrará un sustituto el mismo día o en el siguiente; y de igual forma se procederá cuando se trate de otros funcionarios o funcionarias judiciales.

Si el inhibido o el recusado es un auxiliar de justicia, el Juez o Jueza procederá sin más trámite a hacer un nuevo nombramiento.

Conocimiento de la recusación

Artículo 53. Si la recusación o inhibición fuere declarada con lugar, conocerá del proceso en curso cualquier otro tribunal de la Jurisdicción Contencioso Administrativa de la misma categoría, si lo hubiere en la jurisdicción; de no haberlo o si los jueces o juezas de estos tribunales se inhibieran o fuesen recusados, serán convocados los suplentes.

Multas

Artículo 54. Declarada inadmisible la recusación, la parte o su apoderado pagarán multa equivalente a cincuenta unidades tributarias (50 U.T.). Igual monto pagará si desiste de la recusación o ésta sea declarada sin lugar, siempre que su interposición hubiese sido temeraria. La decisión sobre la temeridad deberá motivarse.

La multa se pagará dentro del lapso de cinco días hábiles siguientes a la decisión de la incidencia, ante una oficina receptora de fondos nacionales.

Si la parte o el abogado o abogada que la represente, según sea el caso, no acredite en el expediente el pago de la multa, quedarán impedidos de actuar en la causa.

Recusación e inhibición en tribunales colegiados

Artículo 55. En el caso de los tribunales colegiados la incidencia será decidida por el Presidente o Presidenta; cuando éste fuere el recusado por el Vicepresidente o Vicepresidenta; y cuando fuesen recusados todos se convoca a los suplentes por el orden de la lista.

CAPÍTULO II
PROCEDIMIENTO EN PRIMERA INSTANCIA

Sección primera:
demandas de contenido patrimonial

Supuestos de procedencia

Artículo 56. El procedimiento regulado en esta sección regirá la tramitación de las demandas de contenido patrimonial en las que sean partes los sujetos enunciados en el artículo 7 de esta Ley.

Las previsiones de esta sección tendrán carácter supletorio en los demás procedimientos.

Audiencia preliminar

Artículo 57. La audiencia preliminar tendrá lugar el décimo día de despacho siguiente a la hora que fije el tribunal. Dicha audiencia será oral, con la asistencia de las partes. En este acto, el Juez o Jueza podrá resolver los defectos del procedimiento, de oficio o a petición de parte, lo cual hará constar en acta.

El demandado deberá expresar con claridad si contraviene los hechos alegados por la contraparte, a fin de que el Juez o Jueza pueda fijar con precisión los no controvertidos. En esta oportunidad, las partes deberán promover los medios de prueba que sustenten sus afirmaciones.

De la participación popular en juicio

Artículo 58. El Juez o Jueza podrá, de oficio o a petición de parte, convocar para su participación en la audiencia preliminar a las personas, entes, consejos comunales, colectivos o cualquier otra manifestación popular de planificación, control y ejecución de políticas y servicios públicos, cuyo ámbito de actuación se encuentre vinculado con el objeto de la controversia, para que opinen sobre el asunto debatido.

De ser procedente su participación se les notificará, de conformidad con lo dispuesto en el artículo 37 de esta Ley, fijándose la audiencia cuando conste en autos la notificación respectiva.

Las personas y entes antes señalados, no requerirán representación ni asistencia de abogado. El Juez o Jueza facilitará su comparecencia y deberá informarles sobre los aspectos relevantes de la controversia.

Representación en la audiencia preliminar

Artículo 59. Cuando el Juez o Jueza acuerde la participación de las personas o entes indicados en el artículo anterior, podrá escoger entre los presentes quien los represente.

Ausencia de las partes

Artículo 60. Si el demandante no compareciere a la audiencia preliminar, se declarará desistido el procedimiento.

El desistimiento del procedimiento sólo extingue la instancia y el demandante podrá volver a proponer nueva demanda inmediatamente.

Si el demandado no compareciere a la audiencia preliminar, la causa seguirá su curso.

Contestación de la demanda

Artículo 61. La contestación deberá realizarse por escrito dentro de los diez días de despacho siguientes a la celebración de la audiencia preliminar, y deberán presentarse los documentos probatorios. Para las actuaciones posteriores se dejará transcurrir íntegramente el lapso previsto en este artículo.

Lapso de pruebas

Artículo 62. Dentro de los cinco días de despacho siguientes al vencimiento del lapso previsto en el artículo anterior, las partes presentarán sus escritos de pruebas.

Dentro de los tres días siguientes a la presentación de los escritos de pruebas, las partes podrán expresar si convienen en algún hecho u oponerse a las pruebas que aparezcan manifiestamente ilegales o impertinentes.

Vencido el lapso anterior, dentro de los tres días de despacho siguientes al vencimiento del referido lapso, el Juez o Jueza admitirá las pruebas que no sean manifiestamente ilegales o impertinentes y ordenará evacuar los medios que lo requieran, para lo cual se dispondrá de diez días de despacho, prorrogables a instancia de parte por diez días.

Cuando las partes sólo promuevan medios de pruebas que no requieran evacuación, se suprimirá el lapso previsto para tal fin.

Audiencia conclusiva

Artículo 63. Finalizado el lapso de pruebas, dentro de cinco días de despacho siguientes, se fijará la oportunidad para la celebración de la audiencia conclusiva.

En los tribunales colegiados se designará ponente en esta oportunidad.

En la audiencia conclusiva, las partes expondrán oralmente sus conclusiones, las cuales podrán consignar por escrito.

Al comenzar la audiencia, el Juez o Jueza indicará a las partes el tiempo para exponer sus conclusiones, réplica y contrarréplica.

Oportunidad para dictar sentencia

Artículo 64. Concluida la audiencia, el Juez o Jueza dispondrá de treinta días continuos para decidir. El pronunciamiento podrá diferirse justificadamente por treinta días continuos. La sentencia publicada fuera del lapso deberá ser notificada a las partes, sin lo cual no correrá el lapso para recurrir.

Sección tercera: procedimiento breve

Supuestos de aplicación

Artículo 65. Se tramitarán por el procedimiento regulado en esta sección, cuando no tengan contenido patrimonial o indemnizatorio, las demandas relacionadas con:

1. Reclamos por la omisión, demora o deficiente prestación de los servicios públicos.
2. Vías de hecho.
3. Abstención.

La inclusión de peticiones de contenido patrimonial, no impedirá que el tribunal dé curso exclusivamente a las acciones mencionadas.

Requisitos de la demanda

Artículo 66. Además de los requisitos previstos en el artículo 33, el demandante deberá acompañar los documentos que acrediten los trámites efectuados, en los casos de reclamo por la prestación de servicios públicos o por abstención.

Citación

Artículo 67. Admitida la demanda, el tribunal requerirá con la citación que el demandado informe sobre la causa de la demora, omisión o deficiencia del servicio público, de la abstención o de las vías de hecho, según sea el caso.

Dicho informe deberá presentarse en un lapso no mayor de cinco días hábiles, contados a partir de que conste en autos la citación.

Cuando el informe no sea presentado oportunamente, el responsable podrá ser sancionado con multa entre cincuenta unidades tributarias (50 U.T.) y cien unidades tributarias (100 U.T.), y se tendrá por confeso a menos que se trate de la Administración Pública.

En los casos de reclamos por prestación de servicios públicos, la citación del demandado será practicada en la dependencia u oficina correspondiente.

Notificaciones

Artículo 68. En el caso previsto en el numeral 1 del artículo 65 de esta Ley, deberá notificarse a:

1. La Defensoría del Pueblo, al Instituto para la Defensa de las Personas en el Acceso a los Bienes y Servicios (INDEPABIS) y a los consejos comunales o locales directamente relacionados con el caso.

2. El Ministerio Público.

3. Cualquiera otra persona o ente del Poder Popular relacionado con el asunto, a solicitud de parte o a juicio del tribunal.

Medidas cautelares

Artículo 69. Admitida la demanda, el tribunal podrá de oficio o a instancia de parte, realizar las actuaciones que estime procedentes para constatar la situación denunciada y dictar medidas cautelares. La oposición a la medida cautelar será resuelta a la mayor brevedad.

Audiencia oral

Artículo 70. Recibido el informe o transcurrido el término para su presentación, el tribunal dentro de los diez días de despacho siguientes, realizará la audiencia oral oyendo a las partes, a los notificados y demás interesados. Los asistentes a la audiencia podrán presentar sus pruebas.

Si el demandante no asistiere a la audiencia se entenderá desistida la demanda, salvo que otra persona de las convocadas manifieste su interés en la resolución del asunto.

Contenido de la audiencia

Artículo 71. En la oportunidad de la audiencia oral, el tribunal oirá a los asistentes y propiciará la conciliación.

El tribunal admitirá las pruebas, el mismo día o el siguiente, ordenando la evacuación que así lo requieran.

Prolongación de la audiencia

Artículo 72. En casos especiales el tribunal podrá prolongar la audiencia.

Finalizada la audiencia, la sentencia será publicada dentro de los cinco días de despacho siguientes.

Uso de medios audiovisuales

Artículo 73. Las audiencias orales deberán constar en medios audiovisuales, además de las actas correspondientes. Las grabaciones formarán parte del expediente.

Contenido de la sentencia

Artículo 74. Además de los requisitos del artículo 243 del Código de Procedimiento Civil, la sentencia deberá indicar:

1. Las medidas inmediatas necesarias para restablecer la situación jurídica infringida.
2. En el caso de reclamos por prestación de servicios públicos, las medidas que garanticen su eficiente continuidad.
3. Las sanciones a que haya lugar.

Apelación

Artículo 75. De la sentencia dictada se oirá apelación en un solo efecto.

Sección cuarta:
procedimiento común a las demandas de nulidad, interpretación y controversias administrativas

Supuestos de aplicación

Artículo 76. Este procedimiento regirá la tramitación de las demandas siguientes:

1. Nulidad de actos de efectos particulares y generales.

2. Interpretación de leyes.

3. Controversias administrativas.

Recepción de la demanda

Artículo 77. El tribunal se pronunciará sobre la admisibilidad de la demanda dentro de los tres días de despacho siguientes a su recepción.

Notificación

Artículo 78. Admitida la demanda, se ordenará la notificación de las siguientes personas y entes:

1. En los casos de recursos de nulidad, al representante del órgano que haya dictado el acto; en los casos de recursos de interpretación, al órgano del cual emanó el instrumento legislativo; y en los de controversias administrativas, al órgano o ente contra quien se proponga la demanda.

2. Al Procurador o Procuradora General de la República y al o la Fiscal General de la República.

3. A cualquier otra persona, órgano o ente que deba ser llamado a la causa por exigencia legal o a criterio del tribunal.

Las notificaciones previstas se realizarán mediante oficio que será entregado por el o la Alguacil en la oficina receptora de correspondencia de que se trate. El o la Alguacil dejará constancia, inmediatamente, de haber notificado y de los datos de identificación de la persona que recibió el oficio.

Expediente administrativo

Artículo 79. Con la notificación se ordenará la remisión del expediente administrativo o de los antecedentes correspondientes, dentro de los diez días hábiles siguientes.

El funcionario o funcionaria que omita o retarde dicha remisión podrá ser sancionado por el tribunal, con multa entre cincuenta unidades tributarias (50 U.T.) y cien unidades tributarias (100 U.T.).

Cartel de emplazamiento

Artículo 80. En el auto de admisión se ordenará la notificación de los interesados, mediante un cartel que será publicado en un diario que indicará el tribunal, para que comparezcan a hacerse parte e informarse de la oportunidad de la audiencia de juicio. El cartel será librado el día siguiente a aquél en que conste en autos la última de las notificaciones ordenadas.

En los casos de nulidad de actos de efectos particulares no será obligatorio el cartel de emplazamiento, a menos que razonadamente lo justifique el tribunal.

Lapso para retirar, publicar y consignar el cartel

Artículo 81. El demandante deberá retirar el cartel de emplazamiento dentro de los tres días de despacho siguientes a su emisión, lo publicará y consignará la publicación, dentro de los ocho días de despacho siguientes a su retiro.

El incumplimiento de las cargas antes previstas, dará lugar a que el tribunal declare el desistimiento del recurso y ordene el archivo del expediente, salvo que dentro del lapso indicado algún interesado se diera por notificado y consignara su publicación.

Audiencia de juicio

Artículo 82. Verificadas las notificaciones ordenadas y cuando conste en autos la publicación del cartel de emplazamiento, el tribunal, dentro de los cinco días de despacho siguientes, fijará la oportunidad para la audiencia de juicio, a la cual deberán concurrir las partes y los interesados. La audiencia será celebrada dentro de los veinte días de despacho siguientes.

Si el demandante no asistiera a la audiencia se entenderá desistido el procedimiento.

En los tribunales colegiados, en esta misma oportunidad, se designará ponente.

Contenido de la audiencia

Artículo 83. Al comenzar la audiencia de juicio, el tribunal señalará a las partes y demás interesados el tiempo disponible para sus exposiciones orales, las cuales además podrán consignar por escrito.

En esta misma oportunidad las partes podrán promover sus medios de pruebas.

Lapso de pruebas

Artículo 84. Dentro de los tres días de despacho siguientes a la celebración de la audiencia de juicio, el tribunal admitirá las pruebas que no sean manifiestamente ilegales o impertinentes y ordenará evacuar los medios que lo requieran, para lo cual se dispondrá de diez días de despacho, prorrogables hasta por diez días más.

Si no se promueven pruebas o las que se promuevan no requieren evacuación, dicho lapso no se abrirá.

Dentro de los tres días siguientes a la presentación de los escritos de pruebas, las partes podrán expresar si convienen en algún hecho u oponerse a las pruebas que aparezcan manifiestamente ilegales o impertinentes.

Informes

Artículo 85. Dentro de los cinco días de despacho siguientes al vencimiento del lapso de evacuación de pruebas, si lo hubiere, o dentro de los cinco días de despacho siguientes a la celebración de la audiencia de juicio, en los casos en que no se hayan promovido pruebas o se promovieran medios que no requieran evacuación, se presentarán los informes por escrito.

Oportunidad para sentenciar

Artículo 86. Vencido el lapso para informes, el tribunal sentenciará dentro de los treinta días de despacho siguientes. Dicho pronunciamiento podrá diferirse justificadamente por un lapso igual. La sentencia publicada fuera de lapso deberá ser notificada, sin lo cual no correrá el lapso para interponer los recursos.

CAPÍTULO III
PROCEDIMIENTO EN SEGUNDA INSTANCIA

Lapso de apelación

Artículo 87. De las sentencias definitivas se podrá apelar en ambos efectos dentro de los cinco días de despacho siguientes a su publicación.

Sentencias interlocutorias

Artículo 88. De las sentencias interlocutorias se admitirá apelación en ambos efectos solamente cuando produzcan gravamen irreparable.

Admisión de la apelación

Artículo 89. Interpuesto el recurso de apelación dentro del lapso legal, el tribunal deberá pronunciarse sobre su admisión dentro de los tres días de despacho siguientes al vencimiento de aquél.

Remisión del expediente

Artículo 90. Admitida la apelación, el juzgado que dictó la sentencia remitirá inmediatamente el expediente al tribunal de alzada.

En los tribunales colegiados se designará ponente al recibir el expediente.

Pruebas

Artículo 91. En esta instancia sólo se admitirán las pruebas documentales, las cuales deberán ser consignadas con los escritos de fundamentación de la apelación y de su contestación.

Fundamentación de la apelación y contestación

Artículo 92. Dentro de los diez días de despacho siguientes a la recepción del expediente, la parte apelante deberá presentar un escrito que contenga los fundamentos de hecho y de derecho de la apelación, vencido este lapso, se abrirá un lapso de cinco días de despacho para que la otra parte dé contestación a la apelación.

La apelación se considerará desistida por falta de fundamentación.

A. R. BREWER-CARÍAS - LEYES DE LO CONTENCIOSO ADMINISTRATIVO EN AMÉRICA LATINA

Lapso para decidir

Artículo 93. Vencido el lapso para la contestación de la apelación, el tribunal decidirá dentro de los treinta días de despacho siguientes, prorrogables justificadamente por un lapso igual.

Consulta de sentencias

Artículo 94. Cuando ninguna de las partes haya apelado pero la sentencia deba ser consultada, se decidirá sin la intervención de aquéllas en un lapso de treinta días de despacho, contados a partir del recibo del expediente, prorrogables justificadamente por un lapso igual.

CAPÍTULO IV
RECURSO ESPECIAL DE JURIDICIDAD*

Recurso especial de juridicidad

Artículo 95. (anulado) La Sala Político-Administrativa del Tribunal Supremo de Justicia podrá, a solicitud de parte, revisar las sentencias definitivas dictadas en segunda instancia que transgredan el ordenamiento jurídico.

El recurso de juridicidad podrá intentarse contra las decisiones judiciales de segunda instancia que se pronuncien sobre destitución de jueces o juezas.

Este recurso no constituye una tercera instancia de conocimiento de la causa

Oportunidad para interponer el recurso

Artículo 96. (anulado) El recurso especial de juridicidad deberá interponerse dentro de los diez días de despacho siguientes a la publicación de la sentencia, ante el tribunal que la haya dictado. El escrito del recurso especial de juridicidad deberá hacer mención expresa de las normas transgredidas.

Remisión del expediente

Artículo 97. (anulado) El tribunal que dictó la sentencia deberá remitir inmediatamente el expediente con el recurso a la Sala Político-Administrativa, dejando constancia en el auto que ordena la remisión de los días de despacho transcurridos para su interposición.

Admisión del recurso

Artículo 98. (anulado) La Sala Político-Administrativa se pronunciará sobre la admisión del recurso dentro de los diez días de despacho siguientes a su recibo.

Escrito de contestación

Artículo 99. (anulado) Admitido el recurso, la contraparte dispondrá de diez días de despacho para que consigne por escrito que no excederá de diez páginas, su contestación.

---

* Mediante Sentencia N° 281 de 30 de abril de 2014 de la Sala Constitucional del Tribunal Supremo de Justicia se declaró la nulidad, con efectos *ex tunc,* de los artículos 23.18, 95, 96, 97, 98, 99, 100, 101 y 102 de la Ley Orgánica de la Jurisdicción Contencioso Administrativa y el artículo 26.18 de la Ley Orgánica del Tribunal Supremo de Justicia, todos relativos al recurso especial de juridicidad.

Lapso para dictar sentencia

Artículo 100. (anulado) Transcurrido el lapso establecido en el artículo anterior, la Sala Político-Administrativa dictará decisión dentro de los treinta días de despacho siguientes.

Contenido de la sentencia

Artículo 101. (anulado) En la decisión del recurso especial de juridicidad, la Sala Político-Administrativa podrá declarar la nulidad de la sentencia recurrida, ordenando la reposición del procedimiento o resolver el mérito de la causa para restablecer el orden jurídico infringido.

Multa

Artículo 102. (anulado) El recurrente, el abogado o abogada asistente o el apoderado o apoderada que interponga el recurso temerariamente, podrá ser multado por un monto entre cincuenta unidades tributarias (50 U.T.) y ciento cincuenta unidades tributarias (150 U.T.). La decisión que imponga la multa deberá motivarse.

CAPÍTULO V
PROCEDIMIENTO DE LAS MEDIDAS CAUTELARES

Ámbito del procedimiento

Artículo 103. Este procedimiento regirá la tramitación de las medidas cautelares, incluyendo las solicitudes de amparo constitucional cautelar, salvo lo previsto en el artículo 69 relativo al procedimiento breve.

Requisitos de procedibilidad

Artículo 104. A petición de las partes, en cualquier estado y grado del procedimiento el tribunal podrá acordar las medidas cautelares que estime pertinentes para resguardar la apariencia del buen derecho invocado y garantizar las resultas del juicio, teniendo en cuenta las circunstancias del caso y los intereses públicos generales concretizados y de ciertas gravedades en juego, siempre que dichas medidas no prejuzguen sobre la decisión definitiva.

El tribunal contará con los más amplios poderes cautelares para proteger a la Administración Pública, a los ciudadanos, a los intereses públicos y para garantizar la tutela judicial efectiva y el restablecimiento de las situaciones jurídicas infringidas mientras dure el proceso.

En causas de contenido patrimonial, el tribunal podrá exigir garantías suficientes al solicitante.

Tramitación

Artículo 105. Recibida la solicitud de medida cautelar, se abrirá cuaderno separado para el pronunciamiento dentro de los cinco días de despacho siguientes.

En los tribunales colegiados el juzgado de sustanciación remitirá inmediatamente el cuaderno separado. Recibido el cuaderno se designará ponente, de ser el caso, y se decidirá sobre la medida dentro de los cinco días de despacho siguientes.

Al trámite de las medidas cautelares se dará prioridad.

Oposición a las medidas

Artículo 106. La oposición se regirá por lo dispuesto en el Código de Procedimiento Civil.

CAPÍTULO VI
LA EJECUCIÓN DE LA SENTENCIA

Ejecución de la sentencia

Artículo 107. La ejecución de la sentencia o de cualquier otro acto que tenga fuerza de tal, le corresponderá al tribunal que haya conocido de la causa en primera instancia.

Ejecución voluntaria de la República y de los estados

Artículo 108. Cuando la República o algún estado sean condenados en juicio, se seguirán las normas establecidas en la Ley Orgánica de la Procuraduría General de la República.

En el caso de los municipios se aplicarán las normas de la ley especial que rija al Poder Público Municipal y supletoriamente, el procedimiento previsto en esta Ley.

Ejecución voluntaria de otros entes

Artículo 109. Cuando los institutos autónomos, entes públicos o empresas en los cuales estas personas tengan participación decisiva resultasen condenados por sentencia definitivamente firme, el tribunal, a petición de parte interesada, ordenará su ejecución. A estos fines, notificará a la parte condenada para que dé cumplimiento voluntario a la sentencia dentro de los diez días de despacho siguientes a su notificación. Durante ese lapso, se podrá proponer al ejecutante una forma de cumplir con la sentencia. Las partes podrán suspender el lapso establecido para la ejecución voluntaria por el tiempo que acuerden.

Continuidad de la ejecución

Artículo 110. Vencido el lapso para el cumplimiento voluntario, a instancia de parte, el tribunal determinará la forma y oportunidad de dar cumplimiento a lo ordenado por la sentencia, según las reglas siguientes:

1. Cuando la condena hubiese recaído sobre cantidad líquida de dinero, el tribunal ordenará a la máxima autoridad administrativa de la parte condenada que incluya el monto a pagar en el presupuesto del año próximo y el siguiente, a menos que exista provisión de fondos en el presupuesto vigente. El monto anual de dicha partida no excederá del cinco por ciento (5%) de los ingresos ordinarios del ejecutado. Cuando la orden del tribunal no fuese cumplida o la partida prevista no fuese ejecutada, el tribunal, a petición de parte, ejecutará la sentencia conforme al procedimiento previsto en el Código de Procedimiento Civil para la ejecución de sentencias de condena sobre cantidades líquidas de dinero.

2. Cuando en la sentencia se hubiese ordenado la entrega de bienes, el tribunal la llevará a efecto. Si tales bienes estuvieren afectados al uso público, servicio público o actividad de utilidad pública, el tribunal acordará que el precio sea fijado mediante peritos, en la forma establecida por la Ley de Expropiación por Causa de Utilidad Pública o Social. Fijado el precio, se procederá como si se tratare del pago de cantidades de dinero.

3. Cuando en la sentencia se hubiese condenado al cumplimiento de una obligación de hacer, el tribunal fijará un lapso de treinta días consecutivos para que la parte condenada cumpla. Si no fuese cumplida, el tribunal procederá a ejecutar la sentencia. A estos fines, se trasladará a la oficina correspondiente y requerirá su cumplimiento. Si a pesar de este requerimiento la obligación no fuese cum-

plida, el tribunal hará que la obligación se cumpla. Cuando por la naturaleza de la obligación, no fuere posible su ejecución en la misma forma como fue contraída, el tribunal podrá estimar su valor conforme a lo previsto en este artículo y proceder a su ejecución como si se tratase de cantidades de dinero.

4. Cuando en la sentencia se hubiese condenado a una obligación de no hacer, el tribunal ordenará el cumplimiento de dicha obligación.

Ejecución contra particulares

Artículo 111. Cuando el ejecutado sea un particular, se aplicará lo previsto en el Código de Procedimiento Civil.

DISPOSICIÓN DEROGATORIA

Única. Se derogan todas las disposiciones del ordenamiento jurídico que colidan con esta Ley.

DISPOSICIONES TRANSITORIAS

Primera. El Ejecutivo Nacional incluirá en la Ley de Presupuesto Anual, los recursos económicos necesarios para la creación y funcionamiento de los tribunales de la Jurisdicción Contencioso Administrativa.

Segunda. El Tribunal Supremo de Justicia, en sala plena, a solicitud de la Sala Político-Administrativa, podrá mediante resolución diferir la entrada en vigencia de la presente Ley, en las circunscripciones judiciales donde no existan las condiciones indispensables para su aplicación.

Tercera. El Tribunal Supremo de Justicia, en sala plena, a solicitud de la Sala Político-Administrativa, podrá modificar la nomenclatura de los tribunales de la Jurisdicción Contencioso Administrativa, conforme a esta Ley.

Cuarta. Las causas que se encuentren en primera instancia, se regirán en la forma siguiente:

1. En los procedimientos en los cuales no se haya efectuado el acto de informes, el Tribunal fijará un lapso de diez días de despacho para que las partes los presenten por escrito. El día de despacho siguiente, el tribunal dirá vistos y sentenciará dentro de los sesenta días continuos siguientes.

2. Las causas en curso a la fecha de entrada en vigencia de esta Ley, se tramitarán conforme a las reglas establecidas en la Ley Orgánica del Tribunal Supremo de Justicia, hasta que concluya el lapso probatorio. A partir de esta fase se aplicará la regla prevista en el numeral anterior.

Quinta. Las causas que cursen en segunda instancia serán resueltas de conformidad con lo establecido en esta Ley.

Sexta. Hasta tanto entren en funcionamiento los Juzgados de Municipio de la Jurisdicción Contencioso Administrativa, conocerán de las competencias atribuidas por esta Ley a dichos tribunales, los Juzgados de Municipio.

DISPOSICIÓN FINAL

Única. Esta Ley entrará en vigencia a partir de los noventa días de su publicación en la *Gaceta Oficial de la República Bolivariana de Venezuela.*

Dada, firmada y sellada en el Palacio Federal Legislativo, sede de la Asamblea Nacional, en Caracas, a los quince días del mes de diciembre de dos mil nueve.

Años 199° de la Independencia y 150° de la Federación.

CILIA FLORES
Presidenta de la Asamblea Nacional

SAÚL ORTEGA CAMPOS
Primer Vicepresidente

JOSÉ ALBORNOZ URBANO
Segundo Vicepresidente

IVÁN ZERPA GUERRERO
Secretario

VÍCTOR CLARK BOSCÁN
Subsecretario

www.ingramcontent.com/pod-product-compliance
Lightning Source LLC
Chambersburg PA
CBHW060945210326
41598CB00031B/4723